Bernd Camphausen (Hrsg.), Theo Vollmer, Jürgend Jandt, Frank Levin, Bernd Eichler

Grundlagen der Betriebswirtschaftslehre

Bernd Camphausen (Hrsg.), Theo Vollmer,
Jürgen Jandt, Frank Levin, Bernd Eichler

Grundlagen der Betriebswirtschaftslehre

Bachelor Kompaktwissen

3., überarbeitete und erweiterte Auflage

ISBN 978-3-11-035491-1
eISBN 978-3-11-035493-5

Library of Congress Cataloging-in-Publication Data
A CIP catalog record for this book has been applied for at the Library of Congress.

Bibliografische Information der Deutschen Nationalbibliothek
Die Deutsche Nationalbibliothek verzeichnet diese Publikation in der Deutschen Nationalbibliografie; detaillierte bibliografische Daten sind im Internet über http://dnb.dnb.de abrufbar.

Rosenheimer Straße 143, 81671 München, Deutschland
www.degruyter.com
Ein Unternehmen von De Gruyter

Lektorat:Thomas Ammon
Herstellung: Tina Bonertz
Grafik: thinkstockphotos.com
Druck und Bindung: CPI buch bücher.de GmbH, Birkach

Gedruckt in Deutschland
Dieses Papier ist alterungsbeständig nach DIN/ISO 9706.

Vorwort zur dritten Auflage

Die Darstellung von Grundlagenveranstaltungen des betriebswirtschaftlichen Bachelorstudiums in Form der Kapitel dieses Lehrbuches ist von den Studierenden sehr positiv aufgenommen worden. Daher wurden in der nun vorliegenden dritten Auflage nur kleinere Textkorrekturen und Anpassungen vorgenommen, sowie das Literaturverzeichnis aktualisiert.

Die Nachfrage nach dieser Art Lehrbuch erstreckt sich auch auf Studierende nicht betriebswirtschaftlicher Studienrichtungen, da diese betriebswirtschaftlichen Grundfächer auch ohne Vorkenntnisse verständlich vermittelt werden.

Danken möchte ich Herrn Jan Koops, der wie schon zuvor mit Engagement und Kompetenz zur Fertigstellung der dritten Auflage beigetragen hat.

Dortmund, Januar 2014 Bernd Camphausen

Vorwort zur zweiten Auflage

Das Konzept, den Studierenden ein Lehrbuch mit fünf Kernfächern der Betriebswirtschaftslehre anzubieten, ist angenommen worden. In der nun vorliegenden zweiten Auflage sind einige inhaltliche Erweiterungen vorgenommen worden. So wurde im Kapitel Einführung in die Betriebswirtschaftslehre unter anderem die Thematik Corporate Governance komplett überarbeitet und aktualisiert. Im Kapitel Unternehmensführung wurde das Thema Risikomanagement und im Kapitel Investition und Finanzierung das Thema Kapitalkosten hinzugefügt. Das Kapitel Rechnungswesen hat eine Erweiterung in der Kalkulationsrechnung für Kostenträger erfahren. Im Kapitel Supply Chain Management wurden einige Abschnitte aktualisiert und dabei neuere Entwicklungen wie Web 2.0 und Incoterms 2010 berücksichtigt. Weiterhin wurden Fehler beseitigt, Texte angepasst, Abbildungen optimiert, sowie Quellenangaben und Literaturhinweise aktualisiert.

Danken möchte ich den Herren Sebastian Künnemann und Torsten Reschke, die mit hohem Sachverstand und Engagement an der Fertigstellung der zweiten Auflage dieses Buches mitgewirkt haben.

Dortmund, März 2011 Bernd Camphausen

Vorwort zur ersten Auflage

Mit der Einführung der Bachelor-Studiengänge verändert sich auch der Aufbau und Inhalt des betriebswirtschaftlichen Studiums. Die Lehrveranstaltungen werden entsprechend neu strukturiert und auf die Ziele des Bachelor-Studiums ausgerichtet.

Das hier vorliegende Lehrbuch „Grundlagen der Betriebswirtschaftslehre" umfasst fünf Kernfächer der Betriebswirtschaftslehre, die die Studierenden in den ersten Semestern ihres Studiums hören werden. Die Autoren dieses Lehrbuches sind Professoren der Betriebswirtschaftslehre am Fachbereich Wirtschaft der Fachhochschule Dortmund. Ihr Anliegen ist es, den Aufbau und Verlauf ihrer Grundlagenveranstaltungen in Form eines Lehrbuches den Studierenden zur Verfügung zu stellen. Dabei stellt dieses Buch die Basis der jeweiligen Vorlesungsreihe dar und dient der vorlesungsbegleitenden Lektüre. Das in den jeweiligen Kapiteln dargelegte Grundkonzept beschränkt sich auf den Gesamtüberblick zu den einzelnen Themen, welche in den Vorlesungen und Übungen schwerpunktmäßig vertieft werden. Die ausgewählten Literaturhinweise berücksichtigen den Leserkreis dieses Buches und weisen auf allgemein anerkannte Lehrbücher der Betriebswirtschaftlehre hin, die zur Ver-tiefung der Themen geeignet sind.

Aufgrund des Aufbaus und der Didaktik der einzelnen Kapitel kann der Studierende das jeweilige Kapitel ohne betriebswirtschaftliche Vorkenntnisse lesen. Dies gilt für Studierende der Wirtschaftswissenschaften und Studierende anderer Fachrichtungen, die im Rahmen ihres Studiums betriebswirtschaftliche Grundlagenfächer belegen.

Danken möchte ich den Herren Jan Koops und Torsten Reschke für die außerordentlich kompetente und engagierte Arbeit in der redaktionellen Unterstützung bei der Fertigstellung dieses Buches.

Dortmund, März 2008 Bernd Camphausen

Inhaltsübersicht und Autoren

I Einführung in die Betriebswirtschaftslehre

Theo Vollmer

1 Grundfragen der Betriebswirtschaftslehre

Ganztägige Wirtschaftssender wie „Bloomberg-Television", das Handelsblatt oder sonstige Tageszeitungen mit umfangreichen Wirtschaftsteilen (FAZ, Süddeutsche Zeitung, Die Welt etc.), wöchentliche und monatliche Fachzeitschriften (Wirtschaftswoche, Capital, Manager-Magazin, Focus Money etc.) machen deutlich, welche Rolle das globale Phänomen spielt, welches wir allenthalben als „die Wirtschaft" bezeichnen. Von daher enthält der als Werbeslogan geprägte Satz der Zeitschrift Wirtschaftswoche „Nichts ist spannender als Wirtschaft" einen nicht zu unterschätzenden Wahrheitsgehalt. Jede Person ist auf vielfältigste Weise von den Auswirkungen der „Wirtschaft" betroffen, sei es als Arbeitgeber, Arbeitnehmer, Student oder Rentner, Lieferant, Kunde oder Kapitalanleger. Die „Wirtschaft" ist sprichwörtlich unser Schicksal, beeinflusst entscheidend unsere Lebensbedingungen, mehrt unseren Wohlstand und ermöglicht die Realisierung von Wünschen, die weit über existentielle Grundbedürfnisse (wie Nahrung, Kleidung, Wohnung) hinausgehen. Dass wirtschaftlicher Fortschritt und Wohlstandsgesellschaften allerdings auch in der heutigen Zeit nicht als selbstverständlich anzusehen sind, zeigt besonders krass die Situation mancher Entwicklungsländer, in denen die Versorgung vieler Menschen mit einfachsten Gütern des täglichen Grundbedarfs nicht sichergestellt ist (vgl. Schierenbeck / Wöhle, 2008, S. 3)

1.1 Betriebswirtschaftslehre als Wissenschaft

1.1.1 Erfahrungs- und Erkenntnisobjekt der Betriebswirtschaftslehre

Zu Beginn eines jeden akademischen Studiums sollte sich der Studierende die Frage nach der Ziel- und Zweckorientierung und der Einordnung der eigenen Fachdisziplin in den Kanon von Wissenschaften stellen. Betrachtet man zunächst den Forschungsgegenstand der Betriebswirtschaftslehre, so sind hier die Begriffe **Erfahrungsobjekt** und **Erkenntnisobjekt** zu unterscheiden. **Erfahrungsobjekte** als reale Erscheinungsbilder, welche den Ausgangspunkt wissenschaftlicher Forschungen in der Betriebswirtschaftslehre darstellen, sind etwa alle beobachtbaren Wirtschaftseinheiten, also **Betriebe**, die der Herstellung und Verteilung von Gütern dienen. **Erkenntnisobjekte** (man könnte auch von Denkobjekten sprechen) hingegen stellen nur einen Teilausschnitt des Gesamtkomplexes eines Erfahrungsobjektes dar und basieren letztlich auf gedanklicher Abstraktion bzw. Isolation und Selektion. Diesem Gedankengang folgend, besteht die Gefahr, dass der Wissenschaftler lediglich die wirtschaftliche Betrachtung von Betriebsproblemen fokussiert und somit ggf. soziale, technologische, ökologische u.a. Aspekte vernachlässigt. Da sich zahlreiche Auffassungen über das Erkenntnisobjekt der Betriebswirtschaftslehre gebildet haben und sich seine Bestimmung mithin als nicht so eindeutig wie beim Erfahrungsobjekt erweist, sei an dieser Stelle, auch aus didaktischen Gründen, das Treffen von in den Betrieben auftretenden **Entscheidungen über die Verwendung knapper Güter**, also „das Wirtschaften an sich“, als Erkenntnisobjekt definiert (vgl. Jung, 2010, S. 21f.).

1.1.2 Wissenschaftstheorie als Metatheorie

Betrachtet man die Wissenschaften nunmehr aus übergeordneter Sicht, quasi aus einer Meta-Ebene, so stößt man auf den Begriff der **Wissenschaftstheorie als Meta-Theorie**. Diese macht wissenschaftliche Theorien zu ihrem Gegenstand, ist also eine „Theorie der Theorie“. Als eigenständige Disziplin, die hier nur stichwortartig angerissen werden kann (vgl. vertiefend: Schauenberg, 2005, S. 48ff., Schneider, 2001, S. 379ff.), konzentriert sich die Wissenschaftstheorie auf die Beschreibung und Erklärung wissenschaftlicher Erkenntnisprozesse. Als namhafter, ja schon populärer Vertreter, gilt der vom britischen Königshaus 1965 geadelte, im Jahre 1994 im Alter von 92 Jahren verstorbene **Sir Karl Raimund Popper**, welcher die **Methodenlehre des Kritischen Rationalismus** (wie von Gefolgsleuten, im deutschen Sprachraum erstmals Hans Albert, bezeichnet) entwarf. Die zentrale Perspektive dieses Ansatzes, mit nachhaltigem Einfluss gerade auch auf die Diskussion wirtschaftswissenschaftlicher Methoden, ist, dass die Wissenschaft keine endgültigen, wahren Aussagen hervorbringen kann. Vielmehr muss jede theoretische Aussage an der Realität auf ihre **Widerlegbarkeit (Falsifizierung)** hin geprüft werden. Folglich macht Wissenschaft lediglich Vorschläge zur Problemlösung, die nur vorläufigen Charakter haben. Nach dem „**Trial- and Error-Prinzip**“ steht dabei nicht die Bestätigung einer Aussage, sondern ihre Widerlegung im Vordergrund, um somit neue und bessere Problemlösungsvorschläge zu generieren. **Wissenschaft** ist damit ein **dynamischer Prozess** und hat stets aktuelle Veränderungen in seinem Gegenstandsbereich zu berücksichtigen (vgl. Töpfer, 2007, S.2).

1.1.3 Wissenschaftsziele am Beispiel des Erfahrungskurvenphänomens

Der Frage nachgehend, aus welchem Grunde Wissenschaft nun überhaupt betrieben wird, kann man drei abgestufte Zielsetzungen verorten, die allesamt letztlich auf die **Gewinnung neuer Erkenntnisse** ausgerichtet sind (vgl. Abb. 1.1).

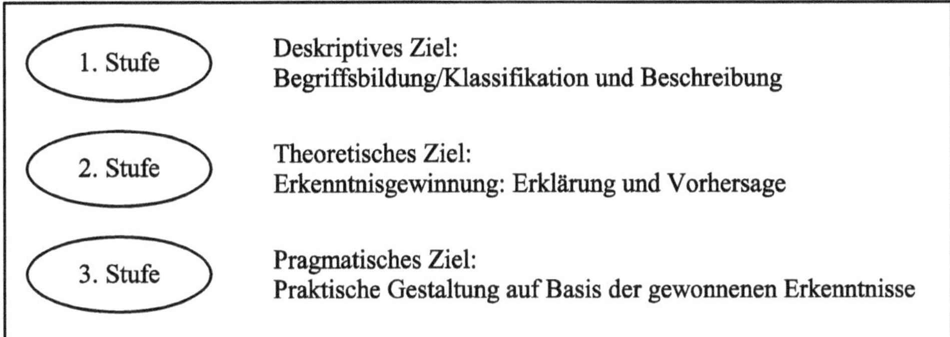

Abb. 1.1 *Ziele einer Wissenschaft (Töpfer, 2007, S. 3)*

In der ersten Stufe der **deskriptiven (beschreibenden) Zielsetzung** will der Wissenschaftler durch die Konzipierung adäquater Begrifflichkeiten Phänomene der Praxis nachvollziehbar machen. Anschließend wird im Rahmen der im Mittelpunkt stehenden **theoretischen Zielsetzung** versucht, Zusammenhänge und Mechanismen zu erkennen, mit denen die beobachteten Ereignisse erklärt bzw. für zukünftige Zwecke vorhergesagt werden können. Vornehmlich geht es dabei um die Erarbeitung meist mehrstufiger Ursache-Wirkungs-Beziehungen. Im Bereich der **pragmatischen Zielsetzung** sollen - dem Gedankengang der Anwendungsorientierung folgend - Gestaltungsempfehlungen für konkrete Aufgabenstellungen im Sinne von Ziel-Mittel-Relationen gegeben werden (vgl. Töpfer, 2007, S. 2f.).

Die oben getroffenen Aussagen seien nachfolgend an einem realen Beispiel konkretisiert.

Deskriptives Ziel

Bereits Anfang der 60-er Jahre entdeckt die amerikanische Beratungsgesellschaft „Boston Consulting Group" (BCG) bei Hunderten von Mandantenuntersuchungen das branchenweite Phänomen sinkender Stückkosten mit zunehmender Erfahrung. Sie formuliert daraus 1966 die im Rahmen von Geschäftsstrategien allseits bekannte „Erfahrungskurve" (experience curve). Die zentrale, empirisch ermittelte Erkenntnis lautet: Mit jeder Verdopplung der kumulierten Produktionsmengen gehen die auf die Wertschöpfung (d.h. der eigenen Leistung und nicht auf die Kosten der von außen bezogenen Leistungen) bezogenen (inflationsbereinigten) Stückkosten eines Produkts potentiell um 20 bis 30 Prozent zurück. Dies gilt tendenziell, d.h., mit unterschiedlich starkem Effekt, für Fernsehgeräte und Kühlschränke ebenso wie für elektronische Bauelemente, Stahlwerke oder Fast-Food-Ketten. Die Erfahrungskurve kann entweder auf linear (hyperbolischer Verlauf) oder logarithmisch (linearer Verlauf) eingeteilten Ordinaten dargestellt werden (vgl. Teil II, Kap. 2.1.3).

Theoretisches Ziel

Die Wirksamkeit der Erfahrungskurve vermag man durch ein Bündel von Ursache-Wirkungs-Relationen zu erklären. So verweist die BCG etwa auf den Lernkurveneffekt (bei einem erstmaligen Arbeitsgang in der Fertigung geht der dafür notwendige Zeitaufwand mit jeder Verdopplung der Stückzahlen bis zu einem gewissen Punkt jeweils um 10 bis 20 Prozent zurück), die Fixkostendegression (bei „gleich bleibenden“ Fixkosten), bessere Produktionsmittel und -bedingungen (technischer Fortschritt), bessere Ablauforganisation (Organisationsmaßnahmen) und Produktveränderungen mit Kosteneinsparungen ohne Qualitätsverlust (Wertanalyse). Ebenso ermöglicht das Erfahrungskurvenphänomen die Abschätzung und Vorhersage zukünftiger Kostenentwicklungen, auch mit Blick auf die stärksten Wettbewerber.

Pragmatisches Ziel
Den letzten Gedankengang aufgreifend, kann konstatiert werden, dass bei ausreichenden Informationen über die kumulierten Mengen des Mitbewerbers (z.B. ableitbar über Marktanteile) dessen Kostenniveau (und damit auch Gewinnspanne) geschätzt werden könnte. Die BCG errechnet sogenannte relative Kostenpositionen, ableitbar aus den jeweiligen Kostenverläufen und relativen Marktanteilen (eigener Marktanteil im Vergleich zum Marktanteil des stärksten Konkurrenten). Damit kommt die Erfahrungskurve auch als Theoriebaustein des populären Marktanteil/Marktwachstum-Portfolio der BCG (BCG-4-Felder-Matrix, vgl. Teil II, Kap. 2.1.3)) zur Anwendung, indem die X-Achse durch den relativen Marktanteil im (logarithmischen) Maßstab aufgespannt wird. Das Phänomen der Erfahrungskurve hat folglich weit reichende Konsequenzen im Rahmen von Gestaltungsempfehlungen für strategische Verhaltensoptionen von Unternehmen.

Im Sinne von wissenschaftstheoretisch geforderter Widerlegbarkeit (Falsifizierung), wie oben dargestellt, erntete das Erfahrungskurvenkonzept im Zeitablauf reichhaltige Kritik, die hier nur ansatzweise wiedergegeben werden kann. Das Modell könne keine generelle Gültigkeit beanspruchen, da empirisch auch gänzlich andere Kostenverläufe feststellbar seien. Auch gelte die Erfahrungskurve nur für eine gegebene Technologie, sodass Technologiesprünge sofort eine neue Erfahrungskurve begründen würden. Ferner „verführe“ die strategische Logik dieses Ansatzes zu reinen Volumenstrategien mit der Folge von Überkapazitäten und sinkenden Renditen (angesichts umfangreicher Literatur zur Erfahrungskurve und zur BCG-Matrix vgl. stellvertretend: Welge/Al-Laham, 2008, S. 252ff., S. 477ff., Camphausen, 2007, S. 69ff., S. 132f., Steinmann/Schreyögg, 2005, S. 224-226, S. 243ff., Thommen/Achleitner, 2009, S. 1016ff.).

1.1.4 Betriebswirtschaftslehre im System der Wissenschaften

Aufgrund des großen Umfangs wissenschaftlicher Disziplinen soll im nächsten Untersuchungsschritt die Betriebswirtschaftslehre in das System der Wissenschaften eingeordnet werden (vgl. Abb. 1.2). Wissenschaft insgesamt kann untergliedert werden in einen metaphysischen und in einen nicht-metaphysischen Bereich. Zu den metaphysischen Disziplinen zählen etwa die Theologie und Teile der Philosophie mit Konzentration auf ontologische Fragestellungen (betreffend das „Sein und seine Prinzipien“).

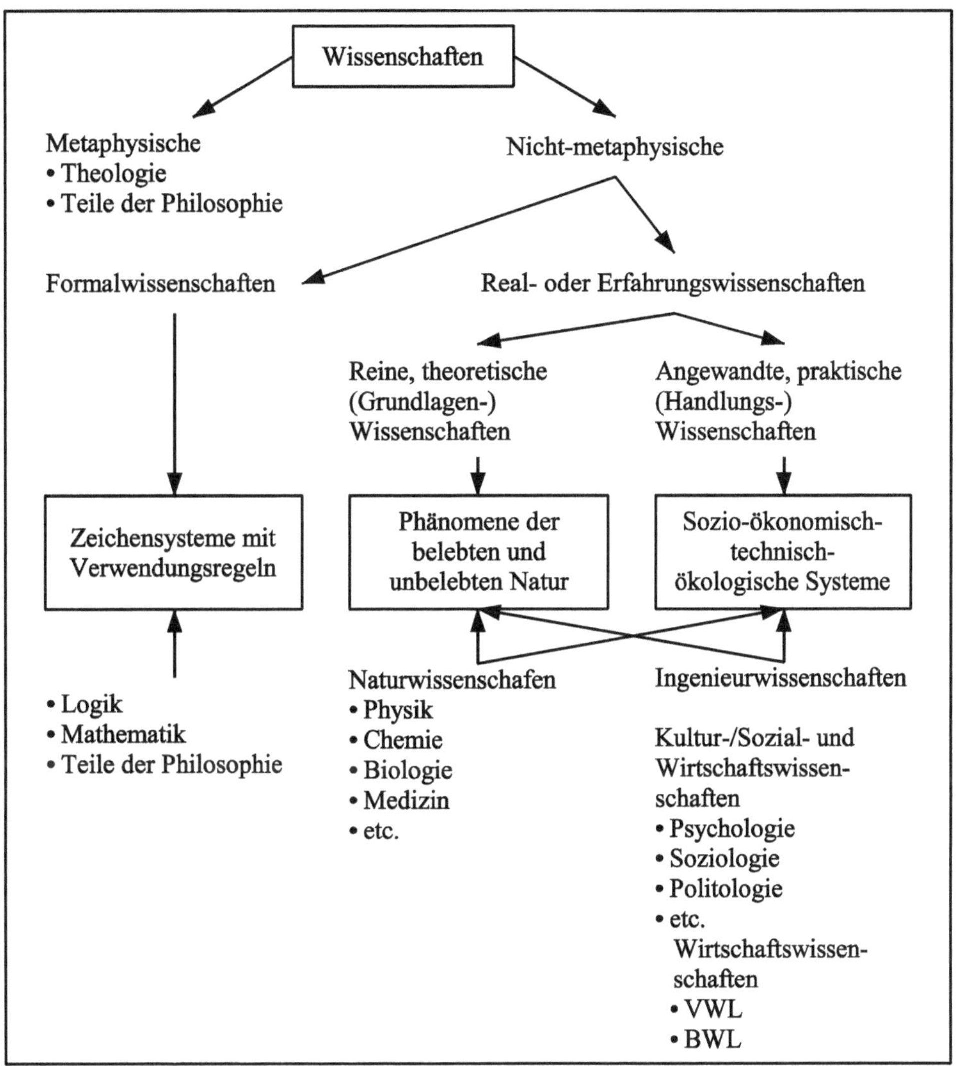

Abb. 1.2 *Die Betriebswirtschaftslehre im System der Wissenschaften (Töpfer, 2007, S. 6)*

Die nicht-metaphysischen Wissenschaften unterteilen sich in zum einen in **Formalwissenschaften** (auch Idealwissenschaften genannt) und andererseits in **Real- oder Erfahrungswissenschaften**. Die Gegenstandsgebiete der **Formalwissenschaften** sind in der Realität gar nicht existent, sondern entstehen erst durch Denkprozesse des Menschen. Dies gilt etwa für die Logik, die Mathematik oder auch die Methodenlehre. In diesen Disziplinen werden Denkformen entwickelt und Verfahrensregeln bereitgestellt, die auch in den Realwissenschaften zum Einsatz kommen und der Erkenntnisgewinnung dienen. Die **Real- oder Erfahrungswissenschaften** hingegen beschäftigen sich mit Gegenständen, die in der Wirklichkeit tatsächlich beobachtbar und vorhanden sind und zwar unabhängig davon, ob sich der menschliche Denkprozess nun ihrer annimmt oder nicht. In Abhängigkeit von der jeweiligen Forschungsrichtung erscheint es zweckmäßig, im Folgeschritt zunächst eine Unterteilung in die „reinen, theoretischen (Grundlagen-)Wissenschaften“ und die „angewandten, praktischen (Handlungs-)Wissenschaften“ vorzunehmen. Erstere stellen Erscheinungsformen der belebten und unbelebten Natur in den Vordergrund und münden folgerichtig in die Naturwissenschaften, welche sich mit der gesamten Natur, einschließlich des Menschen, beschäftigen. Die Gegenstandsgebiete sind natürliche und prinzipiell von menschlicher Beeinflussung unabhängig existierende reale Sachverhalte. Diese sollen systematisch, mit Blick auf grundlegende Gesetzmäßigkeiten (von daher auch **Grundlagenwissenschaften**), erforscht werden.

Der zweite Bereich, auch **Handlungswissenschaften** genannt, fokussiert als Forschungsgegenstand auf die theoretische Durchdringung, aber auch Gestaltung sozialer, ökonomischer, technischer sowie ökologischer Systeme. Vielfach wird dabei auf die gewonnenen Erkenntnisse der reinen Wissenschaften aufgebaut. Beispielhaft sei auf die **Ingenieurwissenschaften** als angewandte Disziplinen verwiesen, die etwa auf Forschungsergebnisse der theoretischen Naturwissenschaften Physik oder Chemie aufbauen. Bei der weiteren Untergliederung stößt man auf die **Kultur-/Sozial- und Wirtschaftswissenschaften**, die man auch als **Geisteswissenschaften** bezeichnen kann. Hierbei stehen Sachverhalte im Mittelpunkt, *„...die vom Menschen und für den Menschen erdacht, entwickelt, eingeführt, verändert und ggf. wieder aufgegeben werden“ (Jung, 2010, S. 20)*. Dabei spielt der Mensch selbst die Rolle des Trägers als auch des Mitgetragenen der Kultur. Zu den Geisteswissenschaften zählen neben Psychologie, Soziologie, Politologie etwa auch Recht, Kunst oder Sprachen. Die **Wirtschaftswissenschaften** als weiteres Teilgebiet unterteilt man in die **Volkswirtschaftslehre** und die **Betriebswirtschaftslehre**.

Anzumerken ist, dass das vorgestellte Gliederungsschema nicht immer überschneidungsfrei sein kann. So weist etwa die naturwissenschaftliche Disziplin Medizin durch ihr Fachgebiet der klinischen Psychiatrie einen engen Zusammenhang zur geisteswissenschaftlichen Fakultät der Psychologie auf. Ebenso könnte man die Individualpsychologie als eigentlich sozialwissenschaftliche Disziplin durchaus im Rahmen der theoretischen Grundlagenwissenschaften einordnen (vgl. Töpfer, 2007, S. 5ff., Jung, 2010, S. 19ff., Vahs/Schäfer-Kunz, 2007, S. 19ff.).

1.2 Begriffsvielfalt und Gliederung der Betriebswirtschaftslehre

In den ersten drei Abschnitten der Grundfragen der Betriebswirtschaftslehre wurde die Gewinnung neuer Erkenntnisse in einer Wissenschaft aufgegriffen und dann durch drei abgestufte Zielsetzungen am Beispiel des betriebswirtschaftlichen Phänomens der Erfahrungskurve konkretisiert. Anschließend wurde die Betriebswirtschaftslehre in den Reigen der Wissenschaften als angewandte, praktische Handlungswissenschaft eingeordnet. Diese Auffassung entspricht auch der Absicht und Zielrichtung dieses Lehrbuches. Darauf aufbauend gilt es, im nächsten Schritt die Gliederungsmöglichkeiten der Betriebswirtschaftslehre aufzuzeigen.

Angesichts umfangreicher Literatur zur Einführung in die (allgemeine) Betriebswirtschaftslehre mit unterschiedlichen Vorstellungen zur Ausgestaltung dieses Lehr- und Forschungsgebietes, darf man sicherlich keine einheitliche, allseits anerkannte Begrifflichkeit und Gliederungssystematik erwarten (vgl. z.B. Beschorner/Peemöller, 2006, S. 3ff., Brede, 2004, S.14ff., Luger, 2004, S. 23ff.,Weber/Kabst, 2006, S 14ff.). Dabei ist zu berücksichtigen, dass beim Versuch einer Kategorisierung zunehmende Spezialisierung und notwendige Professionalisierung innerhalb der Betriebswirtschaftslehre ebenso zum Ausdruck kommen müssen, wie spezifische institutionelle Besonderheiten (vgl. Specht/Balderjahn, 2005, S. 23). Da sich in der Literatur im Laufe der Zeit institutionelle, funktionelle und genetische Ansätze herauskristallisiert haben, wird nachfolgend der Gliederungsstruktur von Jung (vgl. Jung, 2010, S. 25ff.) gemäß Abb. 1.3 gefolgt, ergänzt durch den prozessorientierten Ansatz, welcher die „Unternehmensführung" als Kernfunktion in den Mittelpunkt des betrieblichen Geschehens rückt (vgl. Wöhe, 2010, S. 42ff.).

Die **Allgemeine Betriebswirtschaftslehre** konzentriert sich traditionell auf die Beschreibung und Erklärung von Tatbeständen, die für möglichst alle Wirtschaftseinheiten (Betriebe und Haushalte) Gültigkeit besitzen. Sie besitzt auch als Einführungsveranstaltung zahlreicher betriebswirtschaftlicher Studiengänge eine hohe praktische Relevanz und bildet quasi das Fundament, auf dem weiterführende Veranstaltungen (insb. gemäß funktionellem Gliederungsansatz in Abb. 1.3) aufbauen. In Anlehnung an die weiter oben aufgeführten Wissenschaftsziele unterteilt sich die Allgemeine Betriebswirtschaftslehre in einen **theoretischen Teil** (betriebswirtschaftliche Theorie, z.B. Lagerhaltungstheorie oder Break even-Analyse=Gewinnschwellenermittlung) und einen **pragmatisch, angewandten Teil** (Betriebspolitik, z.B. Optimierung der Bestellmengen und Absatzpreise). Denkbar ist aber auch eine Unterteilung der Allgemeinen Betriebswirtschaftslehre (vgl. Korndörfer, 2003, S. 18) in die drei Kategorien **Betriebsaufbau** (z.B. Rechtsformen, Unternehmenszusammenschlüsse), **Betriebsablauf** (z.B. einzelne Funktionsbereiche, Planung, Organisation und Kontrolle des gesamten Betriebsprozesses) und **Soziale Betriebsgestaltung** (z.B. Personalverwaltung und -führung, Aus- und Weiterbildung, Personalentwicklung etc.).

Dem **institutionellen Gliederungsansatz** werden auch die **Speziellen Betriebswirtschaftslehren** zugeordnet. Dazu zählen etwa die Industriebetriebslehre, die Handelsbetriebslehre, die Bankbetriebslehre, aber auch Betriebswirtschaftslehren mit Fokussierung auf Versicherungen, Wirtschaftsprüfung und Treuhandwesen, Land- und Forstwirtschaft, Fremdenverkehr, Immobilienwirtschaft oder Öffentliche Haushalte. Als dritter Bestandteil der institutionellen Gliederung gilt die **Betriebswirtschaftliche Verfahrenstechnik**, auch als Verfahrenslehre oder -kunde bezeichnet. Als eine Art Werkzeug hat sie hat solche (technischen) Kenntnisse zum Inhalt, die teilweise Vorbedingungen und Grundvoraussetzungen des betriebswirtschaftlichen Studiums bilden. Darunter fallen beispielsweise Buchhaltung und Bilanz, Kostenrechnung, Finanz- und Wirtschaftsmathematik, Statistik oder Informatik.

Die **funktionelle Gliederung** beruht auf einer Einteilung betrieblicher Fragestellungen und Probleme, die sich aus dem betrieblichen Umsatzprozess ergeben. Die aufgeführten, wesentlichen Unternehmensfunktionen könnten durchaus noch ergänzt werden durch die Aufgabenbereiche Forschung und Entwicklung, Informations- und Wissensmanagement sowie Recht (vgl. Thommen/Achleitner, 2009, S. 66f.). Auch der Aufbau dieses Lehrbuches folgt prinzipiell dem funktionellen Gliederungsansatz.

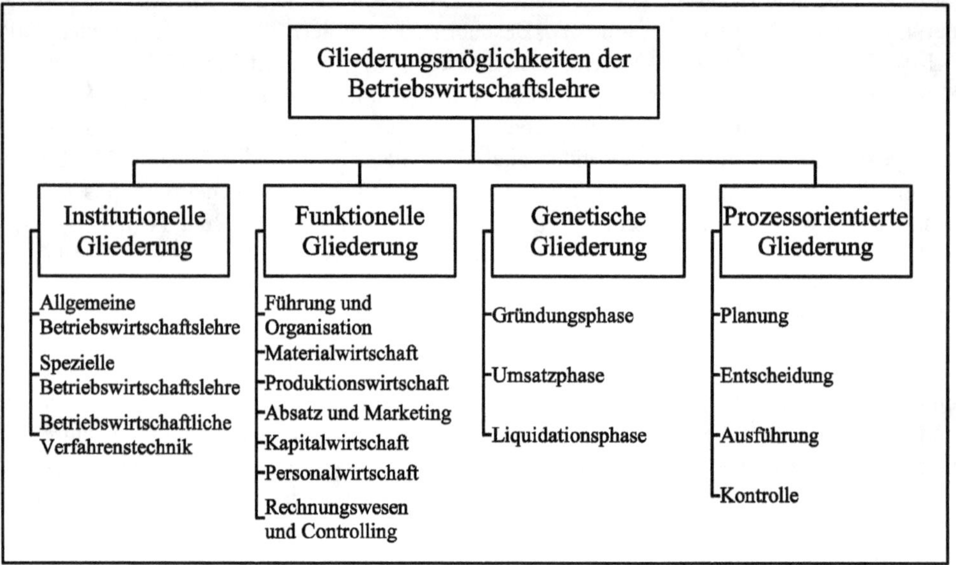

Abb. 1.3 *Gliederung der Betriebswirtschaftslehre (in Anlehnung an Jung, 2010, S.27, Wöhe, 2010, S. 42ff.)*

Die in der Literatur zwar nicht so stark verbreitete, aber hier als sinnvolle Ergänzung empfundene **genetische Gliederung,** basiert auf einem Lebenszyklus von Unternehmen. Erfasst und problematisiert werden sollen damit vornehmlich all jene betriebswirtschaftlichen Entscheidungen, die zum Teil einmaliger oder seltener Natur sind und folglich das Unternehmen auf lange Sicht prägen. In der **Gründungs-**(oder Errichtungs-)**phase** stehen konstitutive Entscheidungen im Vordergrund. Das betriebliche Zielsystem, die Art der Leistungserstellung, die Organisation, die Wahl der Rechtsform und des Standortes bilden die zentralen Gesichtspunkte. Angemerkt sei an dieser Stelle, dass gerade in den letzten ca. 10 Jahren der Arbeitsschwerpunkt „Existenzgründung" an deutschen Hochschulen, aber auch in der Praxis, einen enormen Bedeutungszuwachs erfahren hat. In der **Umsatzphase** sind Entscheidungen zu treffen, die sich auf den güter- und finanzwirtschaftlichen Umsatzprozess beziehen. Insbesondere Veränderungen gesellschaftlicher, ökologischer, technischer und ökonomischer Umweltbedingungen sind dabei zu berücksichtigen. Zudem ist die Gültigkeit einzelner, in der Gründungsphase getroffener Entscheidungen auf den Prüfstand zu stellen. Fragestellungen, die nachhaltige Zweckmäßigkeit der Art der Leistungserstellung betreffend, Überlegungen zur Wettbewerbssituation und zur Notwendigkeit eines Unternehmenszusammenschlusses gewinnen an Bedeutung und können in den Mittelpunkt der Betrachtungen treten. Eine **Liquidations-**(oder Auflösungs-)**phase** mag dem Leser zunächst ungewöhnlich erscheinen, da die überwiegende Mehrheit der Unternehmen auf Dauer angelegt ist. Angesichts beispielsweise kontinuierlich steigender Insolvenzen in Deutschland im Zeitraum von 1999 bis 2003 (von 26.476 auf 39.320 Insolvenzen, +48,5%, Quelle: Statistisches Bundesamt) wird jedoch schnell deutlich, dass hier eine betriebswirtschaftliche Problematik (konjunkturelle und strukturelle Absatzprobleme, mangelnde Rentabilität etc.) betroffen ist, die eine derartige Phasenbetrachtung voll rechtfertigt.

Die **prozessorientierte Gliederung** konzentriert sich auf die Managementfunktion, d.h., auf planende, Entscheidungen treffende, ausführende (organisierende) und kontrollierende Aktivitäten. Dieser Komplex von Steuerungsaufgaben im prozessualen Sinne dient der Leistungserstellung und -sicherung in arbeitsteiligen Organisationen. Da dieses Aufgabenbündel quasi in jeder Leitungsposition und jedem Ressort anfällt, damit die Materialwirtschaft ebenso betrifft wie Absatz und Marketing oder die Personalwirtschaft (siehe funktionelle Gliederung), überlagert die Managementfunktion diese Sachfunktionen gleichsam netzartig und dringt steuernd in diese Bereiche ein. Damit wird auch die Verortung der **Managementlehre als Querschnittsfunktionslehre** in der Betriebswirtschaftslehre deutlich. Wie in der Abb. 1.3 durch die funktionellen Begriffe „Führung und Organisation" charakterisiert, fügt sich die Managementlehre im Sinne einer Dispositionslehre nach Gutenberg (vgl. Dispositive Produktionsfaktoren, Kap. 1.7.3) gleichzeitig auch als Teilfunktionslehre in die Betriebswirtschaftslehre ein (vgl. Steinmann/Schreyögg, 2005, S. 6ff.).

1.3 Geschichtliche Entwicklung der Betriebswirtschaftslehre

In diesem Gliederungspunkt soll ein kurzer geschichtlicher Abriss der Betriebswirtschaftslehre, beginnend bei ihren Ursprüngen in der Antike, ersten verkehrs- und rechnungstechnischen Anleitungen im Mittelalter, den Beginn einer systematischen Handelswissenschaft in der Neuzeit gegen Ende des 17. Jahrhunderts mit Niedergang im 19. Jahrhundert sowie die wissenschaftliche Orientierung ab etwa 1900 bis zum 2. Weltkrieg, gegeben werden. In den nächsten drei Abschnitten (1.4 - 1.6) werden die zentralen Lehrmeinungen und Leitbilder (Basiskonzeptionen und Wissenschaftsprogramme) bis Anfang des neuen Jahrtausends skizziert. Diese Vorgehensweise erscheint sinnvoll, da die Beschäftigung mit einer Wissenschaft gewisse Kenntnisse ihrer historischen Entwicklung voraussetzt (vgl. zur Geschichte der Betriebswirtschaftslehre insb.: Schneider, 2001, Bea/Schweitzer, 2009, Wöhe, 2000, 2005 und 2010, Jung, 2010, Beschorner/Peemöller, 2006, Korndörfer, 2003). Schon seit geraumer Zeit nimmt in den Wirtschaftswissenschaften die wirtschaftshistorische und dogmengeschichtliche Ausbildung einen eher bedauernswert niedrigen Stellenwert ein (vgl. Wöhe, 2000, S. 57). Dieser Trend wird noch verstärkt, wenn man die verkürzte (Regel-) Studienzeit bedenkt, die sich für die Mehrzahl der Studierenden durch Umstellung der Diplomstudiengänge auf Bachelor- und Masterprogramme ergibt.

Betrachtet man die Betriebswirtschaftslehre gemäß Einordnung in den Kanon von Wissenschaften - wie weiter oben dargestellt - als eigenständige wirtschaftswissenschaftliche Disziplin, beginnt ihre Geschichte demgemäß erst Anfang des 20. Jahrhunderts. Damit ist sie deutlich jünger als die Volkswirtschaftslehre.

Gleichwohl lassen sich ihre Ursprünge in Form von Schrift, Schreibunterlagen und Zahlen als erste Kulturleistungen der Menschheit bis zu den Ägyptern und Babyloniern, insbesondere aber bis zu den Griechen und Römern, zurückverfolgen. Die frühesten Belege einer „Schrift" in Form von Tontafeln der Sumerer, interpretierbar als „Rechnungen" für tägliche Lieferungen von Bier und Brot, datieren aus der Zeit um **3500 v.Chr.**. Eine aus der Zeit um **3000 v.Chr.** stammende Tontafel enthält eine Art „Inventur", in welcher u.a. 22 Kupferminen und 20 Maßeinheiten gesiebte Gerste aufgeführt sind. Aus der Durchführung von Großprojekten orientalischer Obrigkeitsstaaten (Straßenbau, Wehr- und Hafenanlagen, Bewässerungssysteme) lässt sich schon frühzeitig die Notwendigkeit technischer und wirtschaftlicher Planungen ableiten. So stammt die älteste Fabrikbuchhaltung einschließlich monatlicher Gewinn- und Verlustrechnung (zuzüglich Inventar) aus dem Zeitraum **2900 v. Chr.**, vorgefunden im Tempel Dublal-mach in Ur (Mesopotamien, heutiger Irak). Nicht ganz unstrittig ist, ob in Babylonien bereits **1728 v.Chr.** eine Buchführungspflicht existierte und die Ägypter eine „Art" amerikanischer Buchführung kannten. Sicher ist, dass römische Bankiers schon zur Kaiserzeit verpflichtet wurden, Bücher zu führen. Ebenfalls ist bekannt, dass wohlhabende Römer in der Antike Geschäftsvorgänge zunächst nach ihrem zeitlichen Anfall in einer Kladde und abschließend, geordnet nach Personen oder Sachen, in einem Hauptbuch verzeichneten (vgl. Schneider, 2001, S. 69ff.).

Zeitlich sehr viel spätere Aufzeichnungen mit dem Charakter wirtschaftlicher Lehren findet man bei **Xenophon (430-354 v.Chr.**), der eine landwirtschaftliche Betriebslehre „OIKONOMIKOS" entwickelt oder bei **Aristoteles (384-322 v.Chr.)**, mit seiner Lehre vom Wirtschaftsbetrieb. Weitere methodische Grundlagen mit Bedeutung für Betriebslehren sind auch bei Sokrates, Platon und Epikur vorzufinden (vgl. Bea/Schweitzer, 2009, S. 1f.).

Den Ursprüngen betriebswirtschaftlicher Handlungsweisen im Altertum folgt als nächste klassifizierbare Epoche die „**Frühzeit verkehrs- und rechentechnischer Anleitungen**", ein Zeitraum von ca. **1300 bis 1600 n.Chr.** (vgl. Abb. 1.4). Als der wohl bedeutendste Vertreter jener Zeit, manchmal auch als Vorläufer der Betriebswirtschaftslehre bezeichnet, gilt der aus der Toskana stammende Franziskanermönch und Mathematikprofessor **Luca Pacioli (1445-1509)**. Bei seinem wirtschaftsmathematischen Werk „Summa de Arithmetica, Geometria, Proportioni et Proportionalita" aus dem Jahre 1494 handelt es sich um die älteste, gedruckte Veröffentlichung handelstechnischer Art. Neben der Anwendung mathematischer Verfahren auf die kaufmännische Praxis, stellt Pacioli ausführlich das System der doppelten Buchführung vor und beschreibt, wie die Kaufleute Venedigs sie anwenden. Noch heute existieren Originalexemplare dieser Schrift in der Widener Library der Harvard Business School, USA, als auch in der Universitätsbibliothek Göttingen. Des Weiteren stehen in diesem Zeitabschnitt Fragen des Schriftverkehrs, der Dokumentation und Ermittlung von Rechengrößen (Maße, Gewichte, Zinstafeln, Warennotierungen etc.) und sonstige handelskundliche Anleitungen im Vordergrund.

Frühzeit verkehrs- und rechnungs-technischer Anleitungen	F.B. Pegalotti: Luca Pacioli: Ulrich Wagner: Loreenz Meder: Giovanni Domenico Peri:	Practica Della Mercatura (1335-1345) Summa de Arithmetica, Geometria Proportioni et Proportionalita (1494) „Rechenbüchlein" (1482) Handel Buch (1558) Il Negotiante (1683)
Systematische Handels-wissen-schaften (Ende 17. Jahrhundert)	Jaques Savary (1622-1690): Paul Jacob Marperger (1656-1730): Karl Günther Ludovici (1707-1778): Johann Michael Leuchs:	Le Parfait Negociant (1675) Kaufmannsmagazin (1710) Eröffnete Akademie der Kaufleute oder vollständiges Kaufmannslexikon (1752-1756) System des Handels (1804)
Niedergangs-zeit der Handlungs-wissen-schaften	Im 19. Jahrhundert: Vernachlässigung der Handlungswissenschaften. Die wissenschaftlichen Werke blieben ohne Einfluss.	
Wissenschaft-liche Betriebs-wirtschafts-lehre ab 1900	Josef Hellauer (1871-1956): Johann Friedrich Schär (1846-1924): Heinrich Nicklisch (1876-1946): Eugen Schmalenbach (1873-1955): Wilhelm Rieger (1878-1971): Fritz Schmidt (1882-1950):	System der Welthandelslehre (1910) Allgemeine Handelsbetriebslehre (1911) Allgemeine kaufmännische Betriebslehre Grundlagen dynamischer Bilanzlehre (1920) Einführung in die Privatwirtschaftslehre (1928) Die organische Bilanz im Rahmen der Wirtschaft (1921)

Abb. 1.4 *Entwicklungsschritte und bedeutende Autoren der Betriebswirtschaftslehre von 1300 bis 1940 (Beschorner/Peemöller, 2006, S. 12)*

Die Anfänge einer **Systematischen Handelswissenschaft** (auch Handlungswissenschaft genannt) gegen **Ende des 17. Jahrhunderts** sind wirtschaftspolitisch in das „merkantilistische" Zeitalter (1650-1800), allgemein historisch auch Zeitalter des „Absolutismus" genannt, einzuordnen. Als eine der bekanntesten Publikationen aus dieser Zeit gilt die in mehrere Sprachen, und 1676 auch ins Deutsche übersetzte, 3-bändige Schrift „Der vollkommene Kauf- und Handelsmann" von **Jacques Savary**, zu jener Zeit ein enger Mitarbeiter des amtierenden französischen Finanz- und Wirtschaftsministers Colbert. Dieses Werk gilt als Meisterstück kaufmännischer Erziehungslehren und enthält in durchaus straffer Aufarbeitung allgemeine Richtlinien und Regeln für den Kaufmann und beschäftigt sich auch mit dem Überseehandel. Von großer Bedeutung in dieser Epoche, im Sinne erster lexikalischer Zusammenfassungen, sind auch ca. 60 handelskundliche Schriften von **Paul Jacob Marperger** (1656-1730) sowie die in den Jahren 1752 - 1756 erschienene fünfbändige Reihe „Eröffnete Akademie der Kaufleute: oder vollständiges Kaufmannslexikon" von **Carl Günther Ludovici**.

Im **19. Jahrhundert** schließlich erfolgt ein rascher **Niedergang der Handlungswissenschaften**, während die Volkswirtschaftslehre einen beachtlichen Aufschwung erlebt und als eigenständige wissenschaftliche Disziplin in vielen Universitäten Einzug hält. Im Gegensatz dazu verkümmert die Betriebswirtschaftslehre zu einer reinen Techniklehre der Buchhaltung, des Schriftverkehrs, der Maßeinheiten usw.

Als **Geburtsjahr** der **Wissenschaftlichen Betriebswirtschaftslehre** gilt im Allgemeinen das **Jahr 1898**, in welchem die ersten Handelshochschulen in Leipzig, St. Gallen und Aachen sowie die Exportakademie in Wien gegründet werden. Schnell folgen weitere, einige werden zu Universitäten (Köln, Frankfurt und Mannheim) ausgebaut. Die fortschreitende Industrialisierung ab Mitte des 19. Jahrhunderts hatte betriebswirtschaftliche Fragen immer mehr in den Mittelpunkt treten und den Bedarf an ökonomisch ausgebildeten Führungskräften anwachsen lassen. Im Vordergrund stehen jetzt Probleme der Finanz- und Liquiditätspolitik, bilanztheoretische Fragen, Buchhaltung, Kostenrechnung und Kalkulation, aber auch rechtliche Aspekte (BGB, HGB). In Abb. 1.4 sind die wichtigsten Autoren und ihre wesentlichen Werke aus dieser Aufbauzeit erfasst, die sich um eine einheitliche Sicht der umfangreichen betrieblichen Problemkreise bemühten. Anfangs betrachtet die als wissenschaftliche Disziplin bereits etablierte Volkswirtschaftslehre die neue Konkurrenz noch sehr skeptisch. Anerkennung als eigenständige Wissenschaft findet das junge Fach erst kurz vor dem 1. Weltkrieg. Als wichtigster Nestor des Faches in dieser Epoche gilt **Eugen Schmalenbach**, der im engeren Sinne als Begründer der Betriebswirtschaftslehre anzusehen ist und der jungen Disziplin ihren Namen gab. Schmalenbach war der Auffassung, die Betriebswirtschaftslehre müsse Verhaltensregeln aufzeigen und fühlte sich folgerichtig einer empirisch-realistischen Forschungsrichtung verpflichtet. Schwerpunkte seiner Arbeit betreffen zunächst die Problemfelder Bilanzierung, Finanzierung und Kostenrechnung, später konzentriert er sich auf Fragen der Betriebsleitung und -organisation und beschäftigt sich auch mit der Wirtschaftsordnung. Als weitere herausragende Wegbereiter der frühen Betriebswirtschaftslehre gelten **Wilhelm Rieger** und **Heinrich Nicklisch**. In seiner „Einführung in die Privatwirtschaftslehre" nimmt Rieger eine Antiposition zu Schmalenbachs praxisorientiertem Forschungspfad ein und versteht die Betriebswirtschaftslehre im Sinne einer reinen Wissenschaft, die keine direkten Eingriffe in das Leben vornehmen dürfe. Da Rieger das Streben nach Gewinn (Rentabilität) als entscheidende unternehmerische Aufgabe ansieht, gehört er im Übrigen zu den geistigen Vätern der modernen „Shareholder Value"-Orientierung. Heinrich Nicklisch klassifiziert die Betriebswirtschaftslehre als ethisch-normative Wissenschaft und begreift Betriebe als einheitliche und eigenständige Sozialgebilde. Eine ebenfalls große Bedeutung als Wissenschaftler in diesem Zeitraum erlangt **Fritz Schmidt**, der, anders als Nicklisch, Betriebe als Bestandteile des marktwirtschaftlichen Gefüges interpretiert. Insbesondere richtet sich das Interesse von Schmidt auf die Problematik von Geldwertschwankungen und ihre Berücksichtigung in Kalkulation, Bilanz- und Preispolitik. Propagiert wird damit das Prinzip der Substanzerhaltung.

1.4 Basiskonzeptionen der Betriebswirtschaftslehre

Konzentriert man sich auf die Entwicklung der Betriebswirtschaftslehre nach dem 2. Weltkrieg, so wird man mit einer kaum noch überschaubaren Vielzahl von Lehrmeinungen und Leitbildern konfrontiert. Dieses Nebeneinander von Basiskonzeptionen oder Wissenschaftsprogrammen führt zu einem Wissenschaftspluralismus, bei dem die Dominanz eines einzelnen Ansatzes für die Betriebswirtschaftslehre nicht erkennbar ist. Von daher wird der Meinungsstreit, welche der zahlreichen Forschungskonzeptionen denn nun die „richtige“ sei, vom Grundsatz her bis in die heutige Zeit geführt. Erkennbar sind zwei Strömungen, von denen die erste die Betriebswirtschaftslehre als eine an Rentabilität und Effizienz ausgerichtete Wissenschaft begreift, die zweite hingegen eine sozialwissenschaftlich geprägte Betriebswirtschaftslehre in den Vordergrund stellt, bei der schwerpunktmäßig soziologische, psychologische und verhaltenswissenschaftliche Aspekte zu berücksichtigen sind.

In den folgenden Gliederungsabschnitten (1.4.1 - 1.4.5) werden zunächst die fünf wichtigsten Forschungsansätze kurz skizziert. Anschließend fokussiert Gliederungspunkt 1.5 auf die stark angelsächsisch geprägte, Anknüpfungspunkte zwischen Volkswirtschaftslehre und Betriebswirtschaftslehre generierende, „Neue Institutionenökonomik“. Abschließend werden in Abschnitt 1.6 in tabellarischer Form weitere, unterschiedlich stark Verbreitung gefundene Theorieansätze aufgezählt. Letztere entstanden entwicklungsgeschichtlich gesehen zum Teil erst zu Beginn des neuen Jahrtausends.

Bereits an dieser Stelle sei darauf hingewiesen, dass im Rahmen der Darlegung der Wissenschaftsprogramme in den Gliederungsteilen 1.4 - 1.6 einige aktuelle betriebswirtschaftliche Fragestellungen angesprochen werden, die direkt aus diesen Forschungszweigen ableitbar sind. Dabei handelt es sich um nachfolgende, jeweils als Exkurs aufgegriffene Themenschwerpunkte:

- Stakeholder- und Shareholder-Value aus ökologieorientierter Sicht (Kap. 1.4.5)
- Make-or-buy-Entscheidung unter Berücksichtigung von Transaktionskosten (Kap. 1.5.3)
- Unternehmensethik und Corporate Governance im Lichte der Principal-Agent-Theorie (Kap. 1.5.5)

Zwecks Vertiefung des Stoffes der Kapitel 1.4 - 1.6 sei verwiesen auf: Bea/Schweitzer, 2009, S. 103ff., Wöhe, 2000, S. 72ff., Wöhe, 2005, S. 32ff., Wöhe, 2010, S. 15ff., Jung, 2010, S. 48ff., Specht/Balderjahn, 2005, S. 32ff., Hentze/Heinecke/Kammel, 2001, S. 73ff., Töpfer, 2007, S. 30ff., Welge/Al-Laham, 2008, S. 43ff.

Einen ersten Überblick, die Gliederungsabschnitte 1.4.1 - 1.4.5 betreffend, bietet Abb. 1.5. Die zu beschreibenden Wissenschaftsprogramme sind hier nach zeitlicher Abfolge, den jeweiligen Hauptvertretern sowie nach Leitgedanken gegliedert.

Basiskonzeptionen	Hauptvertreter	Leitideen
Faktortheoretischer Ansatz (50-er Jahre)	Erich Gutenberg (1897-1984)	Optimale Kombination der Produktionsfaktoren
Entscheidungs-theoretischer Ansatz (Anfang der 60-er Jahre)	Edmund Heinen (1919-1996)	Optimale Vorbereitung von Entscheidungen
Systemtheoretischer Ansatz, sog. St. Gallener Ansatz (Mitte der 60-er Jahre)	Hans Ulrich (1919-1997)	Denken in kybernetischen Zusammenhängen
Verhaltenstheoretischer Ansatz (70-er Jahre)	Günter Schanz/ Werner Kroeber-Riel (1934-1995)	Sozialwissenschaftliche Öffnung der Betriebswirtschaftslehre
Umwelt-(ökologie-) orientierter Ansatz (80-er/ 90-er Jahre)	Strebel, H./ Seidel, E./ Menn, H./ Meffert, H./ Hopfenbeck, W./ Kirchgeorg, M./ Wicke, L./ Müller-Christ, G./ (u.a.)	Vereinbarkeit ökologischer und betriebswirtschaftlicher Sichtweisen / Einbeziehung ökologischer Fragestellungen in die traditionelle BWL

Abb. 1.5 *Fünf zentrale Forschungskonzeptionen der Betriebswirtschaftslehre (1950-2000)*

1.4.1 Der produktivitätsorientierte Ansatz von Erich Gutenberg

Erich Gutenberg gilt als der bedeutendste Fachvertreter der deutschen Betriebswirtschaftslehre nach dem 2. Weltkrieg. Er entwickelte mit seinem (auch mikroökonomisch fundierten) **faktortheoretischen Ansatz** durch Kombination der Produktionsfaktoren (Produktivitätsbeziehung zwischen Faktoreinsatz und Faktorertrag) als erster ein in sich geschlossenes System der Betriebswirtschaftslehre. Sein Werk, die „Grundlagen der Betriebswirtschaftslehre", besteht aus den 3 Bänden „Die Produktion" (1951), „Der Absatz" (1955) und - mit zeitlicher Verzögerung - „Die Finanzen" (1968). Oberstes Zielkriterium der Betrachtungen Gutenbergs ist die Gewinnmaximierung. Er postuliert „Wertfreiheit“ für seine Forschungsarbeiten und stellt die „reine Theorie“ in den Vordergrund. Die hohe quantitative Orientierung Gutenbergs führt in Folge zu einer verstärkten Mathematisierung der produktions- und kostentheoretischen Forschungen. Als Schwächen der Basiskonzeption von Gutenberg gelten vornehmlich die Annahme idealtypischer Situationen (vollkommene Rationalität, „homo oeconomicus“, implizite Unterstellung: omnipotenter Unternehmer + souveräner Konsument) für alle Betriebe im marktwirtschaftlichen System und der Verzicht auf die Einbeziehung verhaltenswissenschaftlicher Erkenntnisse. Von daher besteht die Gefahr, dass durch die einseitige Ausrichtung auf die reine Theorie mangelnder Praxisbezug und damit eine tendenziell wirklichkeitsfremde Konstruktion entstehen könnte.

1.4.2 Entscheidungsorientierter Ansatz nach Edmund Heinen

Begreift man die Betriebswirtschaftslehre - entsprechend der Auffassung auch dieses Lehrbuches - als angewandte Wissenschaft, so besteht eine ihrer Hauptaufgaben darin, Beiträge zur **Optimierung unternehmerischer Entscheidungen** zu liefern. Im Gegensatz zur eher statisch orientierten Denkweise der Neoklassik im Gutenberg`schen Sinne, verlässt Heinen die Annahme vollkommener Informationen, geht von realistischen Prämissen aus und bezieht (im sozialwissenschaftlichen Sinne) das tatsächliche menschliche Entscheidungsverhalten mit ein. Insbesondere das **Zeitproblem** wird thematisiert, indem die **Abfolge von Entscheidungen über mehrere Perioden** unter Einbeziehung von Sicherheit, **Risiko** und Unsicherheit betrachtet wird. Im Vordergrund stehen Modelle zur Optimierung von Produktions-, Investitions- und Finanzierungsprogrammen oder Fragen der optimalen Lagerhaltung. Es entsteht das betriebswirtschaftliche Teilgebiet „**Operations Research**“ (Entscheidungsforschung/Unternehmensforschung) mit stark quantitativer Orientierung, gekennzeichnet durch die Entwicklung und den Einsatz mathematischer Methoden. Noch heute folgen moderne Einführungswerke der Betriebswirtschaftslehre wie Domschke/Scholl (2008) dem entscheidungsorientierten Ansatz. Auch Anbieter betriebswirtschaftlicher Standardsoftware wie SAP streben mit Hilfe umfangreicher modellgestützter Planungsmodelle eine verbesserte Entscheidungsunterstützung an.

1.4.3 Systemorientierter Ansatz nach Hans Ulrich

Konzentrierte sich Gutenberg auf Beschreibungs- und Erklärungsmodelle und entwarf Heinen betriebswirtschaftliche Entscheidungsmodelle, versucht Hans Ulrich noch einen Schritt weiter zugehen und sieht die Aufgabe der Betriebswirtschaftslehre in der Entwicklung von Gestaltungsmodellen für „zukünftige Wirklichkeiten“. Ulrich lässt sich dabei von der Idee leiten, dass die **Kybernetik** als allgemeine **Steuerungs- und Regelungslehre** in den Ingenieurwissensschafen der Konstruktion beispielsweise neuartiger Maschinen und Anlagen dient, also der Gestaltung technischer Systeme. Im Analogieschluss konzipiert er die systemorientierte Betriebswirtschaftslehre als eine den Ingenieurwissenschaften verwandte Gestaltungslehre, nur mit dem Unterschied, dass diese sich nicht technischen, sondern sozialen Systemen widmen sollte. Da der systemtheoretische Bezugsrahmen durch simultane Einbeziehung verschiedenster Variablen und Einflussfaktoren instrumentellen Charakter besitzt, vermag man ökonomische, psychologische, soziologische und technologische Aspekte bewusst interdisziplinär zu verarbeiten. Dem Gedankengang Ulrichs folgend, trägt das systemorientierte Denken damit zur besseren Strukturierung von Steuerungs- und Führungsproblemen in Unternehmen bei. Erwähnt werden muss, dass Hans Ulrich seine an der Universität St. Gallen (Schweiz) entwickelte systemtheoretische Betriebswirtschaftslehre in späteren Publikationen (mit W. Krieg) zur systemorientierten Managementlehre (**St. Galler Management-Modell**) ausbaute.

Dem folgte in den neunziger Jahren das weiterentwickelte **St. Galler Management-Konzept** von Knut Bleicher und schließlich, stark überarbeitet, das **Neue St. Galler Management-Modell** von Johannes Rüegg-Stürm, erstmals im Jahre 2002 veröffentlicht (vgl. Thommen/Achleitner, 2009, S. 941ff.). In dieser Tradition steht auch der als Erstauflage in 2001 publizierte, von Günter Müller-Stewens/Christoph Lechner konfigurierte **St. Galler General Management Navigator**, ein übergreifender Bezugsrahmen, der die Disziplin des Strategischen Managements systematisch strukturiert und als integrativer Ansatz ein Navigieren in der komplexen Welt der Strategischen Unternehmensführung ermöglicht (vgl. Müller-Stewens/Lechner, 2005).

1.4.4 Der verhaltensorientierte Ansatz

Im Rahmen des verhaltensorientierten Ansatzes, der vornehmlich in der Organisations- und Personallehre sowie im Marketing zahlreiche Anhänger gefunden hat, wird die **Betriebswirtschaftslehre** gemäß der Gliederung von Wissenschaften (vgl. Abb. 1.2) erstmals als **angewandte Sozialwissenschaft** interpretiert . Wenngleich verhaltenswissenschaftliche Dimensionen auch in den beiden zuvor beschriebenen Basiskonzeptionen eine bedeutende Rolle spielen, stehen in der verhaltensorientierten Betriebswirtschaftslehre unter Aufgabe des Rationalprinzips das **Individuum** und sein **tatsächliches Entscheidungsverhalten** im Mittelpunkt der Forschungen. In vereinfachten Modellen finden Verfahren der Psychologie, Sozialpsychologie und Soziologie Anwendung, um allgemeine Theorien über menschliches Verhalten zu generieren. Daraus resultierende Erkenntnisse sollen bei der Erklärung und Gestaltung betriebswirtschaftlich relevanter Sachverhalte zum Einsatz kommen. Vertreter des verhaltensorientierten Forschungszweiges üben Kritik an der Realitätsferne der traditionellen Wirtschaftswissenschaften. Deren Verfechter wiederum favorisieren die Annahme des Rationalprinzips („homo oeconomicus“) als das Treffen einer methodologischen Vorentscheidung, um Eindeutigkeit in der Erklärung beobachtbarer Tatbestände zu gewährleisten. Zudem wird bezweifelt, ob die Komplexität von Verhalten überhaupt durch Gesetze erklärt und beschrieben werden könne. Die Leitgedanken des verhaltenswissenschaftlichen Forschungsprogramms weisen eine gewisse Nähe zum volkswirtschaftlichen Ansatz der Neuen Institutionenökonomie auf, welcher im übernächsten Abschnitt behandelt wird.

Als aktuelle Fortführung der verhaltensorientierten Basiskonzeption (aber auch der ethisch-normativen Richtung von Heinrich Nicklisch) ist im Übrigen die in den letzten Jahren an Fahrt gewinnende Ethikdiskussion zu nennen, welche im Rahmen von „Corporate Governance“ (Unternehmensverfassung) eine Unternehmensführung fordert, die sogenanntes „opportunistisches Verhalten“ verbietet (vgl. insbesondere: Kap. 1.5.5).

1.4.5 Der umwelt-(ökologie-)orientierte Ansatz

Spätestens seit Vergabe des Friedensnobelpreises im Oktober 2007 an den früheren US-Vizepräsidenten Al Gore und den UN-Klimarat (IPPC) für ihren unermüdlichen Einsatz gegen die drohende Klimakatastrophe, wird deutlich, welcher Stellenwert dem in der Betriebswirtschaftslehre seit den 80-er Jahren betriebenen umwelt- und ökologieorientierten Forschungszweig zwischenzeitlich beizumessen ist. Verwiesen sei an dieser Stelle ebenfalls auf den in Abb. 1.14 aufgeführten **„Nachhaltigkeitsansatz“ (Sustainable Development)**, der im Zentrum der Diskussionen der Konferenz der Vereinigten Nationen für Umwelt und Entwicklung (UNCED) im Juni 1992 stand. Nachhaltiges Wirtschaften heißt demgemäß, die Zielbereiche des ökonomischen, umweltverträglichen und sozialverträglichen Handels optimal zu kombinieren. Der heutige Einsatz ökologieorientierter Kennzahlen, die Aufstellung von Öko-Bilanzen und die Einrichtung von Umweltmanagementsystemen (EG-Öko-Audit-Verordnung und ISO 14001) resultieren aus dieser Forschungsrichtung (vgl. Specht/Balderjahn, 2005, S. 52ff.).

Die Problematik der Umweltbelastung durch Produktionsprozesse war im Rahmen wirtschaftswissenschaftlicher Untersuchungen zunächst der Volkswirtschaftslehre vorbehalten, da ökologische Folgen des Wirtschaftens die Gesellschaft insgesamt betreffen. Als Verursacher von Schädigungen der natürlichen Umwelt sind aber letztlich die Betriebe anzusehen, sodass sich folgerichtig die Betriebswirtschaftslehre dieser Problemstellung widmete. Im weiteren Verlauf entwickelten sich zwei Grundströmungen des ökologieorientierten Forschungszweiges. Zum einen ist die **ethisch-normative ökologische Betriebswirtschaftslehre** zu nennen, deren Befürworter ein grundsätzliches Umdenken dahingehend fordern, dass forthin nicht mehr der ökonomische Erfolg von Einzelwirtschaften im Vordergrund stehen solle, sondern die **Vereinbarkeit ökologischer und betriebswirtschaftlicher Sichtweisen**. Dieser Ansatz gilt aber mittlerweile als überholt, da er stellenweise mit utopischen und nicht immer praxisrelevanten Problemlösungen aufwartet und die Einsicht in die ökonomische Notwendigkeit der Beschäftigung mit ökologischen Fragen längst allenthalben Akzeptanz gefunden hat. Als zweiter ökologieorientierter Ansatz im engeren Sinne wurde die **Einbeziehung ökologischer Fragestellungen in die traditionelle Betriebswirtschaftslehre** formuliert. Hierbei geht es eben nicht um die völlige Neuorientierung betriebswirtschaftlicher Denkweisen, sondern um die Erkenntnis, dass Umweltschutz nicht länger als konkurrierendes Ziel zum Gewinnstreben anzusehen ist; vielmehr stellt dieses Element eine weitere Nebenbedingung der langfristigen Gewinnmaximierung dar. Damit entwickelt sich die betriebliche Umweltökonomie zu einer **Teildisziplin der Betriebswirtschaftslehre**.

Exkurs: Stakeholder/Shareholder-Value
(vgl. ausführlich, auch zu den Vorstellungen der sogenannten Koalitionstheorie: Teil IV, Kap. 1.2)
Stellt man die Frage nach der Eingliederung ökologischer Ziele in das Zielsystem einer Unternehmung, so wird man heutzutage mit zwei verschiedenen Ansätzen konfrontiert. Bei der sogenannten **Stakeholder-Orientierung** fokussieren sozialwissenschaftlich geprägte Betriebswirte auf die Koalition verschiedener Anspruchsgruppen (Stakeholder) des Unternehmens (vgl. auch: Kap. 3.1). Arbeitnehmer, Lieferanten, Kunden oder auch die kritische Öf-

fentlichkeit setzen das Management unter Druck, nicht nur ökonomische, sondern auch ökologische Ziele zu verfolgen. Im Rahmen der **Shareholder-Value-Orientierung** steht ausschließlich das Interesse der Anteilseigner, d.h., der Eigenkapitalgeber, im Mittelpunkt. Deren Zielsetzung ist die Steigerung des Unternehmenswertes (Reinvermögens), was sich im steigenden Marktwert des Vermögens der Anteilseigner niederschlägt oder verkürzt formuliert, das Streben nach langfristiger Gewinnmaximierung. Umweltbezogenes Handeln wird hier - vereinfacht ausgedrückt - lediglich nach den Kriterien Nutzen/Kosten bzw. Ertrag/Aufwand bewertet. Dabei setzt sich zunehmend die Erkenntnis durch, dass umweltbewusstes Handeln nicht nur steigenden Aufwand bedeutet, sondern auch erhöhte Erträge bewirken kann. Gerade umweltorientierte Käuferschichten sind durchaus bereit, umweltfreundliche Produkte preislich höher zu honorieren.

1.5 Theoriegebäude der Neuen Institutionenökonomik

Betriebswirtschaftslehre und Volkswirtschaftslehre als wirtschaftswissenschaftliche Disziplinen weisen im Bereich der Mikroökonomik starke Berührungspunkte auf. Ausgehend vom angelsächsischen Bereich entfernte sich die Mikroökonomie im vergangenen Jahrhundert schrittweise von ihren stringenten neoklassischen Modellannahmen (vollständige Information und Markttransparenz, strenges Rationalprinzip, lediglich Unternehmen und Haushalte als Marktparteien). Zug um Zug entstand durch permanentes kritisches Hinterfragen der idealisierten neoklassischen Prämissen ein neues Theoriegebäude, welches man als **Institutionenökonomik** oder auch als **Neue Institutionenökonomik** bezeichnet. So wurde etwa das Paradigma vollkommen rational handelnder Wirtschaftssubjekte, wie bereits im verhaltensorientierten Ansatz angedeutet (vgl. Kap. 1.4.4), zugunsten einer begrenzten Rationalität aufgegeben (vgl. als aktuelle und ausführliche Quelle, auch mit Blick auf die Relevanz der in Abb. 1.6 aufgeführten drei Teilgebiete für das Strategische Management, Welge/Al-Laham, 2008, S. 43-63).

Der bereits aus dem Jahre 1937 stammende, nach wie vor häufig zitierte Aufsatz des Nobelpreisträgers für Wirtschaftswissenschaften 1991, **Ronald H. Coase**, mit dem Titel „The Nature of the Firm“, markiert einen ersten Meilenstein des neu entstehenden Wissenschaftsprogramms. Coase stellt darin die Frage nach den Entstehungsgründen für Unternehmen. Begreift man den Wertschöpfungsprozess eines Betriebes als Ausgangspunkt jeglicher organisatorischer Gestaltung, so durchläuft jedes Produkt eine Wertschöpfungskette über mehrere Stufen, bis es schließlich beim Endabnehmer angelangt (z.B. ein Automobil). Je nach gewählter Fertigungstiefe variieren Eigenfertigung und Fremdbezug des Unternehmens. Folglich kann die Wertschöpfungskette (intern und extern) als Transaktionsprozess beschrieben werden. Damit konkurrieren in der Institutionenökonomik betriebsinterne Leistungen mit Marktleistungen, als Schlagwort mit „**Markt versus Hierarchie**“ ausgedrückt. Den Gedankengängen von Coase folgend, scheint es nun unter bestimmten Umständen vorteilhafter, die Koordination ökonomischer Aktivitäten innerhalb des Unternehmens denen des Marktes vorzuziehen, da der Bezug von Vorleistungen am Markt kostenträchtiger sein könne, wenn man etwa an Kostenbestandteile wie die der Informationsbeschaffung, Anbahnung, Verhandlung oder Abwicklung denkt (vgl. Thommen/Achleitner, 2006, S. 805ff.).

Als heterogenes Forschungsgebiet, modulweise entwickelt von weiteren hier nicht genannten herausragenden Vertretern vorwiegend angelsächsischer Provenienz (vgl. Bea/Schweitzer, 2009, S. 133ff.), einige ebenfalls Nobelpreisträger für Wirtschaftswissenschaften (1986, 1991 und 1993), wird die Neue Institutionenökonomik von vier Grundrichtungen bestimmt (vgl. Abb. 1.6). Erwähnt werden sollte an dieser Stelle, dass dieser Forschungszweig, wohl auch wegen seiner intellektuellen Anziehungskraft, mittlerweile viele Anhänger auch in der deutschsprachigen Organisations- und Strategieforschung gefunden hat (vgl. Welge/Al-Laham, 2008, S. 43). Von daher erscheint eine Kurzbeschreibung dieses Ansatzes im Rahmen der Grundfragen der Betriebswirtschaftslehre als sinnvoll.

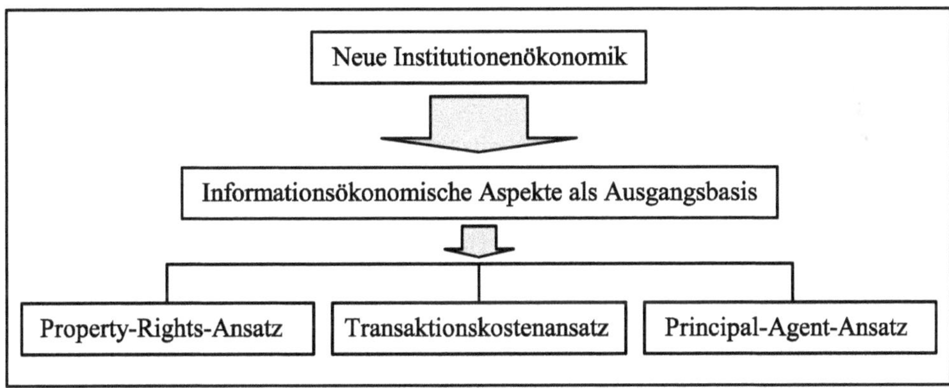

Abb. 1.6 *Teilgebiete der Neuen Institutionenökonomik im Überblick*

1.5.1 Informationsökonomische Aspekte als Ausgangsbasis

Betrachtet man als ersten Baustein die **Informationsökonomie**, so bildet diese die Ausgangsbasis der eigentlichen drei Hauptansätze. Im Mittelpunkt stehen sogenannte **Informationsasymmetrien**, die bei Vertragsabschlüssen hinderlich sein können. Beabsichtigt ein Kaufinteressent beispielsweise auf einem Gebrauchtwagenmarkt einen Pkw zu erwerben, so ist der Anbieter über die Eigenschaften seines Fahrzeuges besser informiert als der Käufer. Vielleicht hatte das Auto bereits einen Unfall oder der Tachostand stimmt nicht mit den wirklich gefahrenen Kilometern überein. Wenn der Verkäufer diese Informationen verschweigt, quasi die Unwissenheit des (potentiellen) Erwerbers ausnutzt, spricht man von opportunistischem oder auch Nutzen maximierendem Verhalten. Ahnt der Käufer, dass er mit diesen beiden Problemkreisen, nämlich **asymmetrischer Information** und **opportunistischem Verhalten** seitens des Verkäufers rechnen muss, kommt ein Geschäftsabschluss nicht zustande. Man bezeichnet diese Situation auch als **adverse Selektion** oder Marktversagen. Der Käufer verlässt den Gebrauchtwagenmarkt und wendet sich ggf. an einen Vertragshändler (vgl. Albach, 2001, S. 56ff.). Es sei angemerkt, dass das Teilgebiet der Informationsökonomik in der Literatur nicht immer als eigenständiger Ansatz interpretiert wird, da Fragestellungen der Informationsbeschaffung, -verarbeitung und -übermittlung auch Bestandteile der im Folgenden zu behandelnden Bausteine darstellen (vgl. Thommen/Achleitner, 2009, S. 886).

1.5.2 Der Property-Rights-Ansatz

Der Wert eines Gutes wird nicht allein durch den Besitz oder seine physischen Eigenschaften bestimmt, sondern gemäß **Property-Rights-Theorie (Theorie der Verfügungs- bzw. Handlungsrechte)** sind vornehmlich die daran bestehenden Verfügungsrechte von Bedeutung. Durch Einzeltransaktionen (etwa Kauf-, Miet-, Leasing-, Darlehens- oder Arbeitsvertrag) vollzieht sich ein Tausch von Verfügungsrechten. Da die Unternehmung als Institution eine Vielzahl von Verträgen schließt, kommt es zur Übertragung der Verfügungsrechte von Gütern und daraus resultierenden Erträgen auf andere Rechtssubjekte. Der Property-Rights-Ansatz widmet sich dabei der interessanten Fragestellung, welchen Einfluss denn nun die Verteilung der Verfügungsrechte auf das Verhalten von Wirtschaftssubjekten hat. Wird beispielsweise ein gekauftes Auto vom Eigentümer anders behandelt, als wenn er es geleast hätte und nur Besitzer wäre? Wie ist die Übertragung der Verfügungsrechte im Falle von Kauf oder Miete von Gütern kostenmäßig (Transaktionskostenansatz) zu beurteilen? Wird etwa die Fragestellung des Erwerbs oder der Anmietung einer Eigentumswohnung aufgeworfen, so wäre zu berücksichtigen, ob und ggf. wann der zukünftige Wohnungsnutzer (z.B. berufsbedingt) den Standort wieder wechseln wird. Ist von einer hohen künftigen Wechselwahrscheinlichkeit auszugehen, so sind die hohen Transaktionskosten der Eigentumsübertragung wie Maklercourtage, Notariats- und Gerichtskosten sowie die Grunderwerbsteuer ins Kalkül einzubeziehen (vgl. Wöhe, 2010, S. 23). Ein wichtiges Anwendungsfeld stellt auch die ökonomische Analyse und Gestaltung von Unternehmensverfassungen dar. Fragen des Entscheidungs- und Koordinationsrechts des Managements, aber auch Aspekte der Gewinn- und Verlustverteilung stehen auf dem Prüfstand. Der erstaunlich breite Anwendungsbereich der Theorie der Verfügungsrechte wird deutlich, wenn man etwa an patentrechtliche Angelegenheiten oder an haftungsrechtliche Probleme im Umweltschutz (Stichwort: externe Effekte) denkt (vgl. Bea/Schweitzer, 2009, S. 135ff.).

1.5.3 Der Transaktionskostenansatz

Der **Transaktionskostenansatz** widmet sich der Fragestellung, welche Kosten bei der Übertragung von Verfügungsrechten entstehen. Es handelt sich um Kostenbestandteile, die durch den Koordinationsmechanismus von Märkten hervorgerufen werden (vgl. nachfolgend: Albach, 2001, S. 53ff.). Beabsichtigt ein Unternehmen beispielsweise den Kauf einer Spezialmaschine für ihre Produktion, so gilt es, zunächst den richtigen Lieferanten zu finden (**Suchaufwand**). Im nächsten Schritt werden Vorgespräche, anschließend Verhandlungen mit potentiellen Anbietern geführt (**Verhandlungsaufwand**). Unter Umständen sind Probeläufe des Prototyps der Maschine im Werk des Lieferanten, in jedem Falle aber nach Auslieferung der Spezialmaschine im Betrieb des Kunden durchzuführen (**Prüf- und Inspektionsaufwand**). Kommt es zu späteren Störungen im Produktionseinsatz beim Kunden, werden weitere Kosten anfallen (**Reklamationsaufwand**). Eventuell entstehen Gerichtskosten, zudem ist die laufende Kommunikation während der gesamten Abwicklungsphase zu berücksichtigen (**Informations- und Abwicklungsaufwand**). Neben diesen **Markttransaktionskosten** unterscheidet die Theorie sogenannte **Unternehmungstransaktionskosten**. Hierbei handelt es sich um Kosten, die die Einrichtung, Erhaltung oder Änderung von Organisationsstrukturen betreffen, zum Anderen um Betriebskosten der Organisation wie Informationskosten oder Kosten der Güter- und Dienstleistungsübertragung über physikalische Schnittstellen hinweg (vgl. Welge/Al-Laham, 2008, S. 58). Wie man unschwer erkennt, sind die Transaktionskosten, die man überdies in ex-ante- und ex-post-Transaktionsaktionskosten (vor, während und nach Vertragsabschluss) differenzieren kann, beträchtlich. In modernen Marktwirtschaften scheinen nach Schätzungen 70-80% des Nettosozialproduktes möglich (vgl. Bea/Schweitzer, 2009, S. 137), sodass Albachs Plädoyer für eine funktionierende Transaktionskostenrechnung im Unternehmen (vgl. Albach, 2001, S. 64) verständlich erscheint. Zielsetzung ist es nun, eine Rechtsgestaltung zu finden, die Transaktionskosten minimiert. Insbesondere die Bereitstellung von Standardverträgen für kurzfristige Liefergeschäfte wird vom klassischen Vertragsrecht eingefordert.

Exkurs: Anwendung bei einer Make-or-buy-Entscheidung
Wie bereits weiter oben angesprochen, spielt in der Neuen Institutionenökonomik die Betrachtung der Wertschöpfungskette und - in Abhängigkeit von der Fertigungstiefe - die Frage hinsichtlich Eigenfertigung oder Fremdbezug ein große Rolle. Steht ein Unternehmen hier vor einer konkreten Entscheidungssituation, so hat diese eine **taktische** und eine **strategische Dimension** (vgl. Albach, 2001, S. 112ff.). Berücksichtigt sei im Folgenden zunächst die **taktische Variante** (vgl. Abb. 1.7). Dabei hat die Unternehmung die Kosten der Selbsterstellung mit den Kosten des Fremdbezugs von Werkstoffen zu vergleichen. Wichtig ist nun, dass bei diesem Beispiel der **Fremdbezug einschließlich Transaktionskosten** betrachtet werden soll. Angemerkt sei, dass aus Vereinfachungsgründen der Bezugspreis für Material als bezugsmengenunabhängig definiert wird. Ebenfalls wird unterstellt, dass die variablen Kosten je Einheit konstant bleiben. Unter Transaktionskosten werden fixe und variable Kostenbestandteile verstanden, die bei der Eigenerstellung nicht anfallen. Dazu gehören etwa Kosten für die Suche des besten Lieferanten, Verhandlungsaufwand, Kosten des Vertragsabschlusses, Kosten für Qualitätskontrollen bei Materiallieferungen, Kosten der Lieferantenpflege und vieles mehr (s.o.).

Konkretisiert sich nun die Entscheidung eines Fremdbezugs, sind notwendigerweise auch **strategische Aspekte** zu berücksichtigen (vgl. Abb. 2.1, Teil 2). So ist etwa die Überlegung anzustellen, ob für die zukünftig fremdbezogenen Werkstoffe überhaupt noch Forschung und Entwicklung im Unternehmen betrieben werden sollte. Diese wichtige Aufgabenstellung könnte dann gegebenenfalls der Lieferant selbst übernehmen. Eventuell stellt die Unternehmung in diesem Fall sogar ihren aktuellen Entwicklungsstand dem Lieferanten zur Verfügung. Insofern es sich bei diesem Beispiel um strategisch wichtige Komponenten (z.B. Autoelektronik) handelt, erscheint es dringend geboten, die Forschungsaktivitäten des Lieferanten regelmäßig zu überwachen. Dieses könnte man sich vertraglich zusichern lassen. Ist allerdings zu befürchten, dass der Abnehmer die Kontrolle über Qualität und Kosten des Materials und über die Preispolitik des Lieferanten verliert, dieser möglicherweise sogar die Konkurrenten beliefert, könnten die strategischen Wettbewerbsvorteile der Unternehmung schnell verloren gehen. Wie man erkennt, vermögen strategische Betrachtungen durchaus dazu führen, von einem Fremdbezug Abstand zu nehmen. Ist aber der Fremdbezug bereits realisiert, könnten die aufgeführten Bedenken dazu führen, dass der Abnehmer die Entscheidung trifft, den Lieferanten zu kaufen. Man bezeichnet diese Strategie auch als **Rückwärtsintegration** (vgl. Kap. 2.3.2).

Anwendungsbeispiel: Make-or-Buy-Entscheidung (inkl. Transaktionskosten)

Annahmen:

Kosten der Eigenfertigung: $K_{Ee} = K_{Ee}^{F} + k_{Ee}^{V} \cdot r$

Kosten des Fremdbezugs: $K_{Fb} = q \cdot r + T + t_{v} \cdot r$

Legende:

K_{Ee}^{F} = fixe Kosten der Eigenfertigung (Kosten für Gebäude, Maschinen, den Werkmeister, etc.)
k_{Ee}^{V} = variable Kosten der Eigenfertigung (Kosten für Produktionsfaktoren der Materialherstellung)
T = fixe Transaktionskosten
t_{v} = variable Transaktionskosten
q = Preis je Einheit des beschafften Werkstoffs
r = beschaffte Menge des Werkstoffs

Aufgabenstellung:

Gesucht wird die kritische Menge (r^*), bei der die Unternehmung zwischen Eigenfertigung und Fremdbezug indifferent ist.

Lösung:

$$K_{Ee} = K_{Fb}$$

$$K_{Ee}^{F} + k_{Ee}^{V} \cdot r = q \cdot r + T + t_{v} \cdot r$$

$$K_{Ee}^{F} - T = q \cdot r + t_{v} \cdot r - k_{Ee}^{V} \cdot r$$

$$K_{Ee}^{F} - T = r \cdot (q + t_{v} - k_{Ee}^{V})$$

$$\boxed{\frac{K_{Ee}^{F} - T}{q + t_{v} - k_{Ee}^{V}} = r^*}$$

Aussage:

Erkennbar ist, dass hohe fixe wie variable Transaktionskosten bewirken, dass die kritische Menge, ab der es lohnenswert erscheint, selbst zu fertigen, schneller erreicht wird.

Abb. 1.7 Entscheidung über die Wertschöpfungstiefe (vgl. Albach, 2001, S. 112ff.)

1.5.4 Der Principal-Agent-Ansatz

Der **Principal-Agent-Ansatz** richtet sein Interesse auf einen speziellen Vertragstyp. Gemeint ist der „Auftrag", konkretisiert durch die Rollen in einer **Austauschbeziehung** zwischen **Auftraggeber** (Principal) und **Auftragnehmer** (Agent). Analysiert wird das wechselseitige Verhältnis dieser „Vertragspartner" mit dem Ziel, eine optimale Gestaltungsform der Auftragsbeziehung zu finden. Vorstellbar sind nun viele solcher Beziehungen, etwa zwischen Eigentümern und Management, Aufsichtsrat und Vorstand oder Vorgesetzten und Mitarbeitern. Dabei kann ein und dieselbe Person sowohl als Principal als auch als Agent agieren. Der Abteilungsleiter beispielsweise handelt als Principal gegenüber seinen Mitarbeitern, fungiert aber in der Rolle des Agent in der Beziehung zu seinem Bereichsleiter. In Anlehnung an den verhaltensorientierten Ansatz der Betriebswirtschaftslehre (vgl. Kap. 1.4.4) kann man einerseits unterschiedliches, interessenabhängiges Individualverhalten unterstellen, andererseits ist von Informationsasymmetrien zugunsten des Agent auszugehen (vgl. Schmalen/Pechtl, 2009, S. 53). Als Folge kann opportunistisches, d.h., eigennutzorientiertes Verhalten seitens des Auftragnehmers nicht ausgeschlossen werden (vgl. Kap. 1.5.1). Lösungsansätze dieser Informations- und Kontrollprobleme des Auftraggebers bieten sogenannte „anreizkompatible Verträge" oder auch anreizkompatible Entlohnungssysteme. Dazu zählt bei börsennotierten Aktiengesellschaften im Rahmen wertorientierter Managementvergütung etwa die Beteiligung des Vorstandes am Unternehmen durch Aktienoptionsprogramme (stock options) als variabler Entlohnungsbestandteil (vgl. ausführlich: Albach, 2001, S. 312ff.). Darüber hinaus kann das Delegationsrisiko des Principal durch entsprechende Informations-, Kontroll- und Überwachungssysteme begrenzt werden. Erwähnt werden muss, dass die hier aufgeführten Maßnahmen der Risikoreduzierung aber wiederum mit Transaktionskosten - auch Agency-Kosten genannt - einhergehen (vgl. Bea/Schweitzer, 2009, S. 139f.).

Beleuchtet man aus Sicht der Principal-Agent-Theorie Verfehlungen des Topmanagements aus der jüngeren Vergangenheit, die nicht nur auf gravierende Managementfehler, sondern zum Teil auch auf unethisches, gelegentlich sogar kriminelles Verhalten zurückzuführen sind, wird der Ruf nach einer wirksamen Risikobegrenzung unüberhörbar. Dieser dringende Appell an ein effizientes Steuerungs- und Überwachungssystem für Unternehmen führt im nächsten Schritt als Exkurs zur **Corporate Governance** (vgl. Thommen/Achleitner, 2009, S. 1028ff.).

1.5.5 Exkurs: Unternehmensethik und Corporate Governance

Stellvertretend für in Einzelfällen auftretendes Fehlverhalten von Unternehmen, welches in unterschiedlichen nationalen Volkswirtschaften zu beobachten ist, seien verkürzt drei Beispiele aufgezeigt, welche die unternehmensethikorientierten Diskussionen zu Beginn des neuen Jahrtausends bewegten (vgl. dazu ausführlich: Töpfer, 2007, S.215ff.). Das im Energiehandel tätige amerikanische Unternehmen **ENRON**, einst Vorzeigeunternehmen und zum „Börsenliebling" gekürt, stellt nach heftigen Finanzmanipulationen, Parteispendenaffären und Informationsverschleierungen im Dezember 2001 den Antrag auf Gläubigerschutz nach Chapter 11 (Insolvenz nach deutschem Recht). In diesen Sog gerät auch die international renommierte Wirtschaftsprüfungsgesellschaft ARTHUR ANDERSON. Sie hatte die Bilanzen von ENRON geprüft und die Finanzkonstruktionen „abgesegnet". Im Juni 2002 wird ARTHUR ANDERSON verurteilt und gleichzeitig von der Prüfung börsennotierter amerikanischer Unternehmen ausgeschlossen. Nach Abwanderung von Mandanten kommt es zum Konkurs und das Unternehmen wird aufgeteilt. Kapitalanleger und Banken sind gezwungen, ihre Forderungen an ENRON abzuschreiben, viele Beschäftigte verlieren ihren Arbeitsplatz und ihre Pensionsansprüche. Die verantwortlichen Führungskräfte werden angeklagt und verurteilt. Der Vertrauensverlust in wirtschaftliche Vorgänge ist enorm, immer stärker wird eine leistungsfähige Corporate Governance gefordert. Der amerikanische Telekommunikationsanbieter **WORLDCOM** muss nach massiven Bilanzfälschungen (Falschverbuchung von 11 Mrd. US-Dollar seit 1999, da Aufwendungen als Investitionen „aktiviert" wurden) im Juli 2002 Insolvenz anmelden. Der italienische Milchprodukt- und Lebensmittelanbieter **PARMALAT** erleidet durch Misswirtschaft zunächst hohe Verluste und begeht anschließend Scheckbetrug und Bilanzfälschungen. Der PARMALAT-Gründer tritt Ende 2003 zurück, die Insolvenz des Unternehmens betrifft seine operativen Teile. Vermutet wird eine Bereicherung der Unternehmerfamilie, angeklagt werden 26 Personen.

Aus der Perspektive des Principal-Agent-Ansatzes betrachtet, liegt die Problematik der aufgezeigten Fallbeispiele wohl weniger in Informationsasymmetrien des Managements, sondern in bewusster Vermeidung von Transparenz und Kontrolle, womit derartige betrügerische Verhaltenweisen ermöglicht wurden. Neben der Fragestellung ethischer oder unethischer Handlungen der Unternehmensführung stellt sich also darüber hinaus die Frage des legalen (gesetzeskonformen) oder illegalen (ungesetzlichen) Verhaltens. Ausgehend vom Wortstamm, bedeutet ethisches Verhalten des Menschen „sittliches" oder „moralisches" Verhalten, also eine Orientierung am (ungeschriebenen) Normenkonsens der Gesellschaft. **Unternehmensethik** wird allgemein als **Lehre vom friedensstiftenden Handeln** des Managements bei Konflikten mit den betroffenen Anspruchsgruppen (Stakeholdern) angesehen. Die bewusste Orientierung von Unternehmen an ethischen Werten, insbesondere die Einhaltung weltweit gültiger Sozialstandards, basierend auf Mindestanforderungen bei Arbeitsbedingungen, eröffnet heutzutage sogar die Möglichkeit einer offiziellen Zertifizierung. Als Initiative steht die „**Social Accountability 8000 (SA 8000)**" zur Verfügung, als Träger des Programms das Institut „Social Accountability International (SAI)" in New York (vgl. Jung/Bruck/Quarg, 2008, S. 105ff., Steinmann/Schreyögg, 2005, S. 120ff.).

Um Unsicherheiten bei den Anspruchsgruppen (Stakeholdern) zu verringern, Informationsasymmetrien im Unternehmen abzubauen sowie unethisches und opportunistisches Verhalten des Managements zu vermeiden, sind entsprechende Strukturen und Regelungen vonnöten. Im Sinne einer „gestaltenden Ordnung" wird dieser Zweck durch eine Unternehmensverfassung, auch „**Spitzenverfassung**" und seit einiger Zeit „**Corporate Governance**" genannt, erfüllt. Diese nimmt quasi die Rolle eines „Grundgesetzes" im Unternehmen ein und umspannt *„... ein System von vertraglichen Regelungen der Eigentums-, Leitungs- und Kontrollrechte, das auf der Basis des geltenden Handels-, Gesellschafts- und Mitbestimmungsrechts geschaffen wird." (Vahs/Schäfer-Kunz, 2007, S. 224)*. An dieser Stelle wird erkennbar, dass neben der Principal-Agent-Theorie auch der Property-Rights-Ansatz Basisarbeit für die Corporate-Governance-Diskussion geleistet hat (vgl. Kap. 1.5.2).

Die Institutionalisierung der Corporate Governance im In- und Ausland erfolgte in den letzten Jahren durch privatwirtschaftliche Initiative und Richtlinienerlasse diverser Behörden. So sind zu nennen der US-amerikanische Sarbanes-Oxley Act, der Swiss Code of Best Practice in Corporate Governance oder der **Deutsche Corporate Governance Kodex** (vgl. nachfolgend: Töpfer, 2007, S 224, Vahs/Schäfer-Kunz, 2007, S. 225, S. 230ff., Thommen/Achleitner, 2009, S. 1028ff.). Letzterer gilt als Leitfaden für anforderungskonformes Verhalten und wurde im **Jahre 2002** durch die **Cromme-Kommission**, benannt nach ihrem Vorsitzenden, Dr. Gerhard Cromme (Aufsichtsratsvorsitzender der ThyssenKrupp AG und Siemens AG), entwickelt. Dieser Kodex enthält eine Vielzahl von Vorschriften, die geltende deutsche Gesetzesnormen zur Leitung und Überwachung deutscher börsennotierter Gesellschaften beschreiben (etwa 50%), über das geltende Recht hinausgehende Empfehlungen (ca. 40%) und unverbindliche Anregungen (ca. 10%). **Empfehlungen** des Kodex sind textlich durch die Verwendung des Begriffes **„soll“**, **Anregungen** durch Verwendung der Wörter **„sollte“** oder **„kann“** gekennzeichnet.

Der Kodex soll das deutsche Corporate Governance-System transparent und nachvollziehbar machen. Von großer Bedeutung sind beispielsweise die Aufgaben und das Zusammenwirken zwischen Vorstand und Aufsichtsrat. Der Aufsichtsrat hat eine Beratungs- und Überwachungsfunktion und ist vom Vorstand bei grundlegenden Fragestellungen, vornehmlich bei der Erörterung und Abstimmung unternehmensstrategischer Entscheidungen, einzubinden. Umfassende, zeitnahe und regelmäßige Informationen mit Blick auf die Unternehmensplanung, Geschäftsentwicklung und Risikolage sind seitens des Vorstandes sicherzustellen. Einen Überblick, die einzelnen Abschnitte des Deutschen Corporate Governance Kodex betreffend, bietet Abb. 1.8.

Es wird erwartet, dass der Kodex auch Ausstrahlungswirkung auf nicht-börsennotierte Unternehmen hat. Da die **Corporate Governance Regeln** einer **jährlichen Aktualisierung** unterzogen werden, ist auf eine **Erweiterung** aus dem **Jahre 2005** zu verweisen, die in der Wirtschaftswelt starke Beachtung fand. Der schon beinahe als Normalfall angesehene Wechsel vom Vorstands- in den Aufsichtsratsvorsitz wird „angeprangert“ und soll (Empfehlung gemäß Ziffer 5.4.4 des Kodex) möglichst vermieden werden. Zukünftig müssen im Falle eines Wechsels ausführliche Begründungen erfolgen, die den Aktionären auf der Hauptversammlung ihrer Gesellschaft vorzutragen sind.

Mit Inkrafttreten des Transparenz- und Publizitätsgesetzes (TransPuG) am 26.07.2002 wurde in **§ 161 AktG** eine neue Vorschrift eingefügt, die Vorstand und Aufsichtsrat börsennotierter Aktiengesellschaften verpflichtet, **einmal jährlich** in einer **„Entsprechenserklärung“** (sogenannte „comply or explain“ - Regel) Stellung zu beziehen, ob sie den **Empfehlungen** des Deutschen Corporate Governance Kodex gefolgt oder davon abgewichen sind oder abweichen werden. Diese Erklärung ist den Aktionären dauerhaft zugänglich zu machen. Gemäß empirischer Untersuchungen beträgt die Entsprechungsrate deutscher Aktiengesellschaften zwischenzeitlich ca. 90%, was nicht überrascht, da viele Empfehlungen des Kodex relativ selbstverständlich erscheinen (vgl. Bea/Schweitzer, 2009, S. 299).

Kapitel	Inhalt
1. Präambel	Zielsetzung des Kodex, duales Führungssystem, verwendete Formulierungen, Geltungsbereich
2. Aktionäre und Hauptversammlung	Rechte der Aktionäre, Vorgehensweise bei Hauptversammlungen, Einladungen zu Hauptversammlungen
3. Zusammenwirken von Vorstand und Aufsichtsrat	Abzustimmende Sachverhalte, Informationsversorgung des Aufsichtsrates, Erstellung eines Corporate Governance Berichtes
4. Vorstand	Aufgaben, Zuständigkeiten, Zusammensetzung, Vergütung, Vorgehen bei Interessenkonflikten
5. Aufsichtsrat	Aufgaben, Zuständigkeiten, Zusammensetzung, Vergütung, Befugnisse des Aufsichtsratsvorsitzenden, Bildung von Ausschüssen, Vorgehen bei Interessenkonflikten, Effizienzprüfung
6. Transparenz	Festlegung der zu veröffentlichenden Sachverhalte, Vorgehen bei der Information von Aktionären und Anlegern
7. Rechnungslegung und Abschlussprüfung	Vorgehen bei der Aufstellung von Konzernabschlüssen und Zwischenberichten, Vorgehen bei der Abschlussprüfung

Abb. 1.8 *Übersicht über die Bestimmungen und Regelungen des Deutschen Corporate Governance Kodex (Vahs/Schäfer-Kunz, 2007, S. 231)*

Gleichwohl ist es durchaus denkbar, dass bei spezifischen Einzelempfehlungen die Unternehmen begründeter weise andere Auffassungen vertreten. Damit leistet der Kodex einen Beitrag zur Flexibilisierung und Selbstregulierung der deutschen Unternehmensverfassung. Als Beispiel für eine „Entsprechenserklärung“ sei auf die Erklärung der Allianz SE (SE=Societas Europaea=Europäische Aktiengesellschaft) vom 15. Dezember 2010 (vgl. Abb. 1.9) verwiesen.

Erklärung des Vorstands und des Aufsichtsrats der Allianz SE zu den Empfehlungen der „Regierungskommission Deutscher Corporate Governance Kodex" gemäß § 161 Aktiengesetz

1. Seit der letzten Entsprechenserklärung vom 17. Dezember 2009, die sich auf den Deutschen Corporate Governance Kodex in der Fassung vom 18. Juni 2009 bezog, hat die Allianz SE sämtlichen Empfehlungen der „Regierungskommission Deutscher Corporate Governance Kodex" in der damals geltenden Fassung entsprochen.

2. Die Allianz SE wird sämtlichen Empfehlungen der „Regierungskommission Deutscher Corporate Governance Kodex" in der Fassung vom 26. Mai 2010 mit folgender Ausnahme entsprechen:

   Die Mitglieder des Aufsichtsrats erhalten bislang neben einer festen auch eine erfolgsorientierte Vergütung (Ziff. 5.4.6 DCGK). Die Gesellschaft beabsichtigt, der ordentlichen Hauptversammlung 2011 die Umstellung auf eine reine Festvergütung vorzuschlagen. Insofern ist eine Abweichung von Ziff. 5.4.6 Abs. 2 Satz 1 Deutscher Corporate Governance Kodex geplant. Die Gesellschaft hält eine angemessene feste Vergütung für besser geeignet, der unabhängig vom Unternehmenserfolg zu erfüllenden Kontrollfunktion des Aufsichtsrats Rechnung zu tragen.

München, 15. Dezember 2010

Allianz SE

Für den Vorstand:		Für den Aufsichtsrat:
Michael Diekmann	Dr. Paul Achleitner	Dr. Henning Schulte-Noelle

Abb. 1.9 *Allianz SE, Entsprechenserklärung 2010, Internetpräsenz vom 25.01. 2011*

Da **Compliance** als ein Bestandteil von Corporate Governance anzusehen ist und eine wesentliche Leitungsaufgabe des Vorstands darstellt, verdeutlichen die Abb. 1.10 - 1.12 beispielhaft das Compliance Programm, das Compliance Commitment des Vorstandes sowie die Whistleblower Hotline der ThyssenKrupp AG 2009/10.

THYSSENKRUPP: Compliance Programm

Compliance als Maßnahmen zur Einhaltung von Recht, Gesetz und unternehmensinternen Richtlinien ist bei ThyssenKrupp eine wesentliche Leitungsaufgabe. Der Schwerpunkt der konzernweiten Compliance Aktivitäten des Unternehmens liegt in den Bereichen Kartellrecht und Korruptionsbekämpfung.

Das ThyssenKrupp Compliance Programm wurde unmittelbar nach der Fusion von Thyssen und Krupp im Jahre 1999 eingeführt. Es wird seitdem regelmäßig überprüft und weiterentwickelt.

Der Vorstand der ThyssenKrupp AG hat seine ablehnende Haltung zu Kartell- und Korruptionsverstößen im April 2007 noch einmal unmissverständlich zum Ausdruck gebracht und zu diesem Zweck das ThyssenKrupp Compliance Commitment abgegeben:
Kartellverstöße oder Verstöße gegen die Vorschriften zur Korruptionsbekämpfung werden im ThyssenKrupp Konzern nicht geduldet (Zero Tolerance). Das ThyssenKrupp Compliance Commitment wird ergänzt durch einen Compliance Code of Conduct und verschiedene Konzernrichtlinien und Informationsschriften, mit denen die zugrunde liegenden gesetzlichen Bestimmungen näher erläutert und für den Konzern und seine Mitarbeiter konkretisiert werden.

Compliance ist im Vorstand der ThyssenKrupp AG dem Ressort Finanzen zugeordnet. An den Finanzvorstand berichtet der Chief Compliance Officer, der den zentralen Compliance Bereich leitet und die Compliance Aktivitäten im ThyssenKrupp Konzern koordiniert. Der Compliance Bereich der ThyssenKrupp AG besteht aus zwei Abteilungen, von denen eine für die Compliance Beratung und die andere für Grundsatzfragen und Compliance Untersuchungen zuständig ist. In Ausübung der Beratungsfunktion unterstützt das Compliance Team die Unternehmen, Geschäftsleiter und Mitarbeiter des Konzerns zentral in sämtlichen Compliance Angelegenheiten.
Das für Grundsatzfragen und Compliance Untersuchungen zuständige Compliance Team trägt Sorge für die fortlaufende Weiterentwicklung des Compliance Programms und seine Umsetzung und führt interne Compliance Untersuchungen durch. Sofern es Hinweise auf Verstösse gegen das ThyssenKrupp Compliance Programm gibt, werden diese aufgenommen und geprüft.

In den Konzernunternehmen werden aus dem Kreis der Führungskräfte Compliance Manager bestimmt, die dort für die Umsetzung der Compliance Richtlinien verantwortlich sind.

Mitarbeiter des Konzerns werden in Präsenzschulungen sowie durch ein konzernweit eingeführtes interaktives E-Learning Programm über die maßgeblichen gesetzlichen Bestimmungen bzw. internen Richtlinien informiert.

Mitarbeiter können Hinweise auf mögliche Gesetzes- und Richtlinienverstöße dem Vorgesetzten oder direkt an die Compliance Abteilung melden. Daneben steht ihnen die sog. Whistleblower Hotline zur Verfügung, bei der Compliance Verstöße auf Wunsch auch unter Geheimhaltung der Identität des Meldenden entgegen genommen werden.

Abb. 1.10 *ThyssenKrupp AG, Auszug Compliance Programm, Internetpräsenz vom 25.01. 2011*

THYSSENKRUPP: Compliance Commitment des Vorstands

Der Vorstand der ThyssenKrupp AG hat für die Bereiche Korruption und Kartellrecht das folgende ThyssenKrupp Compliance Commitment abgegeben, das seine Einstellung zur Einhaltung der entsprechenden Gesetze und Richtlinien im Konzern unmissverständlich zum Ausdruck bringt:

ThyssenKrupp steht für technologische Kompetenz, Innovationskraft, Kundenorientierung und motivierte, verantwortungsvoll handelnde Mitarbeiter. Darauf basieren unsere hohe Reputation und der nachhaltige wirtschaftliche Erfolg des Konzerns im globalen Wettbewerb.

Korruption und Kartellverstöße bedrohen diese Erfolgsgaranten und werden nicht geduldet (Zero Tolerance).

Schmiergelder oder Kartellabsprachen sind für uns keine Mittel, um einen Auftrag zu erlangen. Lieber verzichten wir auf ein Geschäft und auf das Erreichen interner Ziele, als gegen Gesetze zu verstoßen.

Mit seinem Compliance Programm hat ThyssenKrupp weitreichende Maßnahmen ergriffen, damit die Korruptions- und Kartellvorschriften sowie die darauf beruhenden Konzernrichtlinien eingehalten werden. Verstöße werden nicht toleriert und führen zu Sanktionen gegen die betroffenen Personen. Alle Vorstände und Geschäftsführer, alle leitenden Angestellten und alle weiteren Mitarbeiter müssen sich über die außerordentlichen Risiken im Klaren sein, die ein Korruptions- oder Kartellfall für ThyssenKrupp, aber auch für sie persönlich bedeuten kann.

Jeder Mitarbeiter ist aufgefordert, in seinem Verantwortungsbereich aktiv an der Umsetzung des ThyssenKrupp Compliance Programms mitzuwirken.

Abb. 1.11 *ThyssenKrupp AG, Compliance Commitment des Vorstands, Internetpräsenz vom 25.01. 2011*

Um zu gewährleisten, dass vor dem Hintergrund nationaler und internationaler Entwicklungen der Deutsche Corporate Governance Kodex stets dem aktuellen Stand entspricht, wird der Kodex im Regelfall einmal jährlich auf Verbesserungen geprüft. So hat sich die Kommission um den heutigen Vorsitzenden Klaus-Peter Müller (ehemaliger Commerzbank-Chef) zuletzt beispielsweise mit der Qualifikation und Weiterbildung von Aufsichtsräten, dem Frauenanteil und der Internationalisierung des Aufsichtsrates sowie der Vorbeugung von Interessenkonflikten in Aufsichtsräten beschäftigt.

Mit Blick auf Fort- und Weiterbildungsmaßnahmen für zukünftige und amtierende Aufsichtsratsmitglieder erscheinen aus Sicht der Kommission theoretische und praxisbezogene Themenfelder sinnvoll. Fundierte und aktuelle Informationen zu rechtlichen Grundlagen, Konzernrechnungslegung und Risikocontrolling sollten dabei im Fokus stehen.

THYSSENKRUPP: Whistleblower Hotline

Die ThyssenKrupp Whistleblower Hotline steht Mitarbeitern des ThyssenKrupp Konzerns zur Verfügung, um Hinweise auf mögliche Gesetzes- oder Richtlinienverstöße, insbesondere aus den Bereichen Kartellrecht und Korruption, zu melden, die Unternehmen des ThyssenKrupp Konzerns betreffen. Auch Dritte (Kunden, Lieferanten etc.) können sich an die Hotline wenden. Damit wird eine weitere Möglichkeit eröffnet, dem Unternehmen Hinweise auf Rechtsverstöße anzuzeigen. Die Möglichkeit für alle Mitarbeiter, den Vorgesetzten oder die Rechtsabteilung unmittelbar zu informieren, bleibt selbstverständlich erhalten.

Die ThyssenKrupp Whistleblower Hotline ist grundsätzlich weltweit erreichbar und kostenfrei. Hinweise können telefonisch oder per E-Mail übermittelt werden. Dazu stehen je nach Standort des Hinweisgebers unterschiedliche Kontaktdaten zur Verfügung.

Die Meldungen gehen bei der internationalen Rechtsanwaltskanzlei Simmons & Simmons oder einer von dieser beauftragten Partnerkanzlei ein und werden von dort zur weiteren unternehmensinternen Prüfung weitergegeben. Auf Wunsch des Hinweisgebers erhält dieser die Zusage, dass die Weiterleitung an ThyssenKrupp ohne Offenlegung seiner Identität erfolgt. ThyssenKrupp wird zudem sicherstellen, dass kein Mitarbeiter allein aufgrund seiner im besten Wissen getätigten Meldung an die Hotline Nachteile erleidet.

Sollte sich bei der unternehmensinternen Untersuchung ergeben, dass der eingegangene Hinweis zutreffend ist, wird der betroffene Mitarbeiter mit den Vorwürfen konfrontiert werden und es sind einzelfallabhängig ggfs. weitere Maßnahmen zu ergreifen (Revisionsprüfungen, Einschalten von Behörden, arbeitsrechtliche Sanktionen). Sollten sich die Hinweise als gegenstandslos herausstellen, ist die interne Prüfung abgeschlossen und die Meldung wird unter Einhaltung der datenschutzrechtlichen Regeln behandelt (Löschung personenbezogener Daten).

Rechtsanwälte Simmons & Simmons sind ausschließlich im Auftrag von ThyssenKrupp tätig. Eine Rechtsberatung von Mitarbeitern oder Dritten durch Simmons & Simmons findet nicht statt.

Abb. 1.12 *ThyssenKrupp AG, Whistleblower Hotline, Internetpräsenz vom 25.01. 2011*

Da der Deutsche Corporate Governance Kodex als allgemeiner Orientierungsrahmen einerseits wesentliche gesetzliche Vorschriften zur Leitung und Überwachung deutscher börsennotierter Gesellschaften darstellt und andererseits international und national anerkannte Standards guter und verantwortungsvoller Unternehmensführung aufzeigt, soll damit das Vertrauen der Aktionäre, der Kunden, der Mitarbeiter und der Öffentlichkeit gefördert werden. Von daher sei abschließend mit Blick auf die unternehmensindividuelle Ausgestaltung auf einen die Corporate Governance betreffenden Auszug (S. 17f.) des Jahresberichtes 2009 der Deutsche Bank AG (vgl. Abb. 1.13) verwiesen. Das in der Abb. 1.13 ausgewiesene Dokument wurde um die Passage „Entsprechenserklärung“ gekürzt.

DEUTSCHE BANK: CORPORATE GOVERNANCE 2009

Wirkungsvolle Corporate Governance, die hohen internationalen Standards entspricht, ist Teil unseres Selbstverständnisses. Die wesentlichen Grundlagen sind für uns vor allem das deutsche Aktiengesetz und der Deutsche Corporate Governance Kodex, der zuletzt im Juni 2009 aktualisiert wurde. Da unsere Aktie auch an der New Yorker Börse notiert ist, unterliegen wir zudem den betreffenden US-amerikanischen Kapitalmarktgesetzen und Bestimmungen der Securities and Exchange Commission (SEC) sowie der New York Stock Exchange.

Durch unsere Corporate Governance stellen wir eine verantwortungsbewusste sowie leistungsbezogene, auf nachhaltige Wertschöpfung ausgerichtete Leitung und Kontrolle der Deutschen Bank sicher. Vier Elemente sind dafür kennzeichnend: gute Beziehungen zu den Aktionären, eine effektive Zusammenarbeit von Vorstand und Aufsichtsrat, ein erfolgsorientiertes Vergütungssystem sowie eine transparente Rechnungslegung und frühzeitige Berichterstattung.

Aktionäre

Die Aktionäre sind per Gesetz an grundlegenden Unternehmensentscheidungen wie Satzungsänderungen, der Verwendung des Bilanzgewinns, der Ermächtigung zur Ausgabe neuer Aktien und wesentlichen Strukturveränderungen beteiligt. Außerdem können sie über die Billigung des Vergütungssystems für die Vorstandsmitglieder ihr Votum abgeben. Die Deutsche Bank hat nur eine Gattung von Aktien, die je Stück eine Stimme verbriefen. Um unseren Aktionären die Wahrnehmung ihrer Rechte zu erleichtern, setzen wir bei der Hauptversammlung elektronische Medien ein. Insbesondere können Vollmachten und Weisungen an die Stimmrechtsvertreter der Deutschen Bank via Internet erteilt werden.

Vorstand

Der Vorstand leitet die Gesellschaft in eigener Verantwortung und kontrolliert die Konzerngesellschaften. Er sorgt dafür, dass die gesetzlichen Bestimmungen und die unternehmensinternen Richtlinien eingehalten werden. Die Mitglieder des Vorstands, die nicht zum Vorstand gehörenden Leiter der Kerngeschäftsfelder sowie der Leiter der Region Americas bilden zusammen das Group Executive Committee (GEC). Dieses Gremium analysiert die Entwicklung der Geschäftsbereiche, erörtert konzernstrategische Fragen und erarbeitet Empfehlungen für den Vorstand zur abschließenden Entscheidung.

Aufsichtsrat

Der Aufsichtsrat überwacht und berät den Vorstand bei der Geschäftsführung. Er bestellt die Vorstandsmitglieder und plant gemeinsam mit dem Vorstand langfristig deren Nachfolge. Grundlegende Entscheidungen, welche die Bank betreffen, benötigen seine Zustimmung. Der Aufsichtsrat legt die Informations- und Berichtspflichten des Vorstands fest. Er hat neben dem gesetzlich zu bildenden Vermittlungsausschuss einen Präsidial-, einen Prüfungs-, einen Risiko- sowie einen Nominierungsausschuss eingerichtet.

Erfolgsorientierte Vergütung

Die Vergütung unserer Vorstandsmitglieder richtet sich insbesondere nach dem erzielten Ergebnis der Bank, nach dem Verhältnis der Aktienrendite im Zweijahresvergleich zum entsprechenden Durchschnittswert einer ausgewählten Gruppe vergleichbarer Wettbewerber, teilweise auch nach Bereichsergebnissen und darüber hinaus nach der individuellen Leistung. Der überwiegende Teil der variablen Vergütungsbestandteile wird aufgeschoben vergütet, ist aber verfallbar und zu einem angemessenen Teil von der nachhaltigen Wertentwicklung der Deutschen Bank abhängig, wobei sowohl negativen als auch positiven Entwicklungen Rechnung getragen wird.

Die Vergütung des Aufsichtsrats besteht aus einer festen und einer auf den langfristigen Unternehmenserfolg bezogenen jährlichen Komponente sowie einem dividendenabhängigen Bonus. Diese Beträge erhöhen sich für die Mitgliedschaft und den Vorsitz in einem Ausschuss des Aufsichtsrats sowie für den Aufsichtsratsvorsitzenden und seinen Stellvertreter. Die Mitglieder des Aufsichtsrats erhalten außerdem Sitzungsgelder und werden in eine von der Deutschen Bank abgeschlossenen Vermögensschaden-Haftpflichtversicherung (D & O-Versicherung) einbezogen.

Die individuelle Vergütung der Vorstands- und Aufsichtsratsmitglieder sowie die Grundzüge unseres Vergütungssystems sind im Vergütungsbericht veröffentlicht (siehe Finanzbericht 2009, Seite 320 ff.).

Rechnungslegung nach internationalen Standards

Anteilseigner und Öffentlichkeit werden regelmäßig vor allem durch den jährlichen Geschäftsbericht, der den Konzernabschluss enthält, sowie die Zwischenberichte informiert. Unsere Konzernrechnungslegung erfolgt auf Basis der International Financial Reporting Standards (IFRS). Damit schaffen wir eine hohe Transparenz und internationale Vergleichbarkeit.

Abb. 1.13 *Deutsche Bank AG, Auszug Corporate Governance 2009, Internetpräsenz vom 25.01. 2011*

Der Vollständigkeit halber sollte noch angemerkt werden, dass als Vorläufer und Katalysator der Corporate Governance-Diskussion in Deutschland das Gesetz zur Kontrolle und Transparenz im Unternehmensbereich (**KonTraG**) anzusehen ist, welches im Jahre 1998 in Kraft trat. Dabei handelt es sich nicht um ein eigenständiges Gesetz, sondern lediglich um ein **Änderungsgesetz**, vornehmlich bezogen auf das Aktiengesetz und das Handelsgesetzbuch. Diese Gesetzesinitiative, als Teil eines umfassenden Reformpakets, die Sicherung des Finanzplatzes Deutschland betreffend, zielt insbesondere auf eine Verbesserung des Risikomanagements deutscher börsennotierter Aktiengesellschaften mit Ausstrahlungswirkung auch auf andere Rechtsformen. So muss der Vorstand gemäß § 91 Abs. 2 AktG für die Einrichtung eines konzernweiten Überwachungssystems Sorge tragen, damit den Fortbestand der Gesellschaft gefährdende Entwicklungen frühzeitig erkannt werden. Ebenso werden die Wirtschaftsprüfungsgesellschaften nach § 317 Abs. 4 HGB in die Pflicht genommen, im Rahmen der Prüfung zu beurteilen, ob der Vorstand ein Risikomanagementsystem in geeigneter Form hat einrichten lassen und dieses auch seine Aufgaben erfüllen kann. Ferner muss im Rahmen des Bestätigungsvermerks des Abschlussprüfers auf Risiken, die den Fortbestand des Unternehmens oder eines Konzernunternehmens gefährden, gesondert eingegangen werden (§ 322 Abs. 2 HGB), und zudem ist im (Konzern-)Lagebericht anzusprechen, ob die Chancen und Risiken der zukünftigen Unternehmensentwicklung auch zutreffend dargestellt sind (§ 322 Abs. 6 HGB).

1.6 Weitere theoretische Ansätze

In der folgenden Tabelle (vgl. Abb. 1.14) ist eine Auswahl weiterer, unterschiedlich stark verbreiteter, betriebswirtschaftlicher Ansätze zusammengefasst. Diese Konzepte beschäftigen sich überwiegend mit Teilaspekten und umspannen einen Zeitraum, der von den 70-er Jahren des 20. Jahrhunderts bis zum Beginn des 21. Jahrhunderts reicht. Angemerkt sei, dass spezifische, insbesondere das Gebiet des Strategischen Managements betreffende Forschungsprogramme nicht aufgeführt sind. Gemeint sind damit Basiskonzeptionen wie etwa der „Resource-based View“, „Market-based View“, „Knowledge-based View“ „Capability-based View“ oder auch das Modell der „Wertorientierung“ (Alfred Rappaport). Diese, vielfach aus den USA stammenden Wissenschaftsansätze, sind nicht immer ganz überschneidungsfrei mit den hier behandelten Theoriekonzepten (vgl. Teil II, Kap. 2, Töpfer, 2007, S. 29ff., Welge/Al-Laham, 2008, Müller-Stewens/Lechner, 2005).

Theoretische Ansätze	Hauptvertreter	Leitideen
Arbeitsorientierte Einzelwirtschaftslehre (AOEWL)	Gewerkschaften	Orientierung an Arbeitnehmerinteressen
Empirische Theorie der Unternehmung	Albach, Horst / Witte, Erich	Überprüfung theoretischer Hypothesen durch empirische Tests
Evolutionstheoretischer Ansatz	Kirsch, Werner	Prozessorientierung und Selbstorganisation
Konflikt- und machttheoretische Ansätze	Dahrendorf, Ralf / Krüger, Wilfried	Ursachenerforschung sowie Gestaltung und Steuerung von Konflikten / Machtbegriffe, Machtmerkmale, Machtmessung, Prognose von Machtproblemen
Situativer Ansatz / Kontingenzansatz	Kieser, Alfred / Kubicek, Herbert / Staehle, W. H.	Situationsadäquate Gestaltung von Organisations- und Führungsprinzipien
Marketing-Ansatz	Meffert, Heribert / Nieschlag, Robert / Dichtl, Erwin / Hörschgen, Hans	Steuerung des Unternehmens vom Markt her
EDV-orientierter Ansatz	Scheer, August-Wilhelm	Einsatz der Informationstechnologie in der Betriebswirtschaft
Prozess- und kompetenzorientierter Ansatz	Gaitanides, M. et al. / Specht, Günter / Töpfer, Armin	Optimierung betrieblicher Wertschöpfungsprozesse / Steuerung von Kernkompetenzen in dynamischer Umwelt
Nachhaltigkeitsansatz / (Sustainable Developement)	Balderjahn, Inge	Gleichzeitige Berücksichtigung von Verantwortungs-Kreislauf- sowie Kooperations- und Partnerschaftsprinzip
Unternehmerisch fundierter Ansatz (Corporate Entrepreneurship)	Donnelly, J.H., et al./ Stopford, J.M. / Baden-Fuller, C.W.F. / Hentze, J. / Kammel, A. / Lindert, K.	Laufende strategische Gesamterneuerung der Organisation / Steigerung von Innovationskraft / Initiierung von Wandel
Ansatz einer ganzheitlichen Qualitätsorientierung	Töpfer, Armin / Kamiske, Gerd F. / Pfeifer, Tilo / Deming, W. Edwards / Juran, Joseph M.	Anforderungs- und ergebnisorientierte Gestaltung und Steuerung von Prozessen, Strukturen und Potentialen zwecks Erreichung der übergeordneten Qualitätszielsetzung

Abb. 1.14 *Weitere Theorieansätze der Betriebswirtschaftslehre*

1.7 Grundlagen des Wirtschaftens

Bezug nehmend auf den produktivitätsorientierten Ansatz von Erich Gutenberg (vgl. Kap. 1.4.1), entwickelte dieser eine möglichst allgemeingültige Charakteristik des Wirtschaftens, die unabhängig von der jeweiligen Wirtschaftsordnung sein sollte. Als unabhängige Bestimmungsfaktoren von Wirtschaftssystemen (vgl. Bea/Schweitzer, 2009, S. 104ff., Wöhe, 2005, S.50ff.) gelten nach Gutenberg:

- die Kombination der Produktionsfaktoren
- die Realisierung des Wirtschaftlichkeitsprinzips
- die Einhaltung des finanziellen Gleichgewichts (jederzeitige Liquidität)

Nachdem zunächst die Grundbegriffe „Bedürfnisse und Wirtschaftsgüter“ geklärt werden, bilden die Schwerpunkte der nachfolgenden Abschnitte das ökonomische Prinzip und das System der Produktionsfaktoren.

1.7.1 Bedürfnisse und Wirtschaftsgüter

Menschliche **Bedürfnisse** sind objektiv vorhandene, aber auch subjektiv empfundene Mangelerscheinungen bei gleichzeitigem Wunsch ihrer Befriedigung. Bedürfnisse sind gemäß „Unersättlichkeitsaxiom“ in unbegrenzter Anzahl festzustellen. In Anhängigkeit von ihrer Dringlichkeit lassen sich drei Kategorien von Bedürfnissen unterscheiden:

Existenzbedürfnisse, die man auch primäre Bedürfnisse nennt, dienen der Erhaltung des Lebens. Dazu zählen etwa Nahrung, Kleidung und Wohnung.

Grundbedürfnisse sind Mangelerscheinungen, deren Befriedigung zwar nicht existenznotwendig ist, die sich aber aus dem allgemeinen Lebensstandard bestimmter Gesellschaften ergeben. Hierzu gehören Haushaltsgegenstände wie Kühlschranke, Waschmaschinen, Radio- und Fernsehgeräte ebenso wie kulturelle Bedürfnisse (Theater, Oper, Pop-Konzerte etc.), aber auch Weiterbildung, Sport und Reisen. Moderne Kommunikationsmittel und -wege wie Handys und Internet fallen ebenfalls in diese Kategorie.

Luxusbedürfnisse bezeichnen Wünsche nach exklusiven Gütern und Dienstleistungen, die auch mit Status und Prestige einhergehen. Zu nennen wären beispielsweise hochwertiger Schmuck, Kunstobjekte und Antiquitäten, Luxusautos oder Ferienhäuser im Ausland.

In Anlehnung an den verhaltensorientierten Ansatz der Betriebswirtschaftslehre (vgl. Kap. 1.4.4) haben sich in der Vergangenheit insbesondere die wissenschaftlichen Disziplinen der Psychologie, Sozialpsychologie und Soziologie mit der Fragestellung menschlicher Bedürfnisstrukturen beschäftigt. Entwickelt wurden verschiedene **Motivationstheorien**, deren populärste die „Bedürfnispyramide von Maslow“ darstellt. Einen hohen Bekanntheitsgrad erreichten aber auch die „Zwei-Faktorentheorie von Herzberg“ und das „Erwartungs-Valenz-Modell von Porter/Lawler“. Die genannten Ansätze werden im Teil II dieses Lehrbuches aufgegriffen und beschrieben (vgl. Teil II, Kap. 3.2.2).

Im Gegensatz zu unbegrenzt vorhandenen Bedürfnissen sind deren Befriedigung dienende Gegenstände, Tätigkeiten und (Verfügungs-) Rechte, also **Wirtschaftsgüter**, in nicht ausreichendem Maße vorhanden. Von daher bezeichnet man Wirtschaftsgüter auch als **knappe Güter** und spricht vom „Knappheitsaxiom". Davon zu unterscheiden sind so genannte **freie Güter**, die grundsätzlich in unbegrenzter Menge und kostenlos durch die Natur zur Verfügung gestellt werden (z.B. Luft, Licht, Wasser). Wie man schnell erkennt, ist die Beurteilung, inwieweit es sich im Einzelfall um ein freies Gut handelt oder nicht, uneindeutig. Für den Sport- oder Berufstaucher im atlantischen Ozean etwa ist die Luft kein freies Gut, da er die Sauerstoffversorgung bezahlen muss. Auch die Nutzung von Trinkwasser ist kostenpflichtig, und Zukunftsprognosen sagen sogar eine deutliche Verknappung in manchen Regionen der Welt voraus. Auch die Qualität freier Güter stellt eine nicht zu unterschätzende Problematik dar, wenn man etwa an den hohen Grad von Luftverschmutzung in chinesischen Großstädten denkt.

Es bestehen nun vielfältige Möglichkeiten, Wirtschaftsgüter zu klassifizieren. Nachfolgend wird auf die wesentlichen Unterscheidungskriterien eingegangen (vgl. Schierenbeck/Wöhle, 2008, S. 4f., Specht/Balderjahn, 2005, S. 11ff., Teil V, Kap. 1.1).

Materielle-Immatrielle Güter: Differenzierungsmerkmal ist hier die physische Substanz. Zu ersteren zählen beispielsweise Möbel, Kleidung, Automobile, zu letzteren gehören Dienstleistungen (z.B. Unternehmensberatung, Wirtschaftsprüfung) und Rechte (z.B. Patente).

Input-Outputgüter: Anknüpfungspunkt ist die Stellung im wirtschaftlichen Produktionsprozess. Inputgüter (Materialien, Maschinen, menschliche Arbeitskraft) sind erforderlich, um Outputgüter (z.B. Digitalkameras) herzustellen.

Konsum-Produktionsgüter: Entscheidend ist hier der direkte oder indirekte Verwendungszweck. Konsumgüter (z.B. DVD-Player, Rennräder, Flugreisen) sind immer Outputgüter und werden unmittelbar vom Endverbraucher (Konsumenten) nachgefragt. Produktions- oder Industriegüter (z.B. Werkzeuge, Maschinen und Anlagen) hingegen sind einerseits Outputgüter, andererseits aber auch Inputgüter für nachgelagerte Produktionsprozesse. Ihr Einsatz ist notwendig, um zum Beispiel für die Druckindustrie Sortier-, Stapel- und Druckmaschinen zu produzieren.

Verbrauchs-Gebrauchsgüter: Es empfiehlt sich, dieses Begriffspaar zunächst im Sinne der Nutzungshäufigkeit für Konsumgüter zu differenzieren. Verbrauchsgüter dienen dem einmaligen Gebrauch (z.B. Gebäck, Milch, Waschpulver), Gebrauchsgüter können über einen längeren Zeitraum verwendet werden (z.B. Wäschetrockner, Gefriertruhen, Kleidung). Im produktiven Bereich verwendet man die Begriffe **Repetierfaktoren** (Verbrauchsfaktoren) und **Potentialfaktoren** (Bestandsfaktoren). Zur ersten Gruppe zählen Werkstoffe in Form von Roh-, Hilfs- und Betriebsstoffen. So müssen beispielsweise Energie, Treib- und Brennstoffe, aber auch Kühl-, Schmier- und Putzmittel als Betriebsstoffe im Produktionsprozess immer wieder neu (repetitiv=sich wiederholend) hinzugefügt werden. Potentialfaktoren, auch als Investitionsgüter bezeichnet, werden definiert durch die „ausführende menschliche Arbeit" (Humanfaktoren) sowie durch materielle und immaterielle Betriebsmittel-Potentialfaktoren. Zur materiellen Klassifikation gehören etwa Grundstücke, Gebäude, Maschinen, Werkzeuge, immaterielle Bestandteile betreffen Rechte, Patente, Konzessionen und Lizenzen (vgl. ausführlich: Peters/Brühl/Stelling, 2005, S. 121ff., siehe auch: Kap. 1.7.3).

Real-Nominalgüter: Als Unterscheidungsform wird hier die Wirtschaftsform herangezogen. Der Begriff Nominalgüter beinhaltet Geld und Rechte auf Geld, folglich sind Nominalgüter stets immaterieller Natur. Nur in einer Geldwirtschaft ist damit die Unterscheidung zwischen Nominal- und Realgütern von Bedeutung. Fokussiert man hingegen auf die reine Tauschwirtschaft, werden Wirtschaftgüter ausschließlich durch materielle und immaterielle Real- und Sachgüter charakterisiert.

Den vorgenannten Überlegungen folgend, wird erkennbar, dass zwischen den prinzipiell unbegrenzten menschlichen Bedürfnissen auf der einen Seite und den nur begrenzt vorhandenen Ressourcen (Wirtschaftsgütern) auf der anderen Seite, ein Spannungsverhältnis (tradeoff) besteht. Um eine Annährung und bestmögliche Übereinstimmung dieser beiden Pole zu bewirken, ist der Mensch gezwungen, vernünftig (rational) zu wirtschaften (vgl. Weber/Kabst, 2006, S. 3). Das führt im nächsten Gliederungspunkt zum sogenannten Wirtschaftlichkeitsprinzip, auch ökonomisches Prinzip genannt.

1.7.2 Ökonomisches Prinzip

Bereits bei der Einführung in die Grundfragen der Betriebswirtschaftslehre wurde als Erkenntnisobjekt „das Wirtschaften an sich“ definiert. Gemeint ist damit das Treffen von in Betrieben auftretenden Entscheidungen über die Verwendung knapper Güter (vgl. Kap. 1.1.1). Dies sollte, wie schon angesprochen, unter Rationalitätsgesichtspunkten erfolgen. Man bezeichnet das **ökonomische Prinzip** (Ergiebigkeitsgrundsatz) von daher auch als „**Normatives Prinzip**“. Die „Norm“ als Richtschnur, Regel oder auch Vorschrift für eine Verfahrensweise, postuliert im Falle des Wirtschaftlichkeitsprinzips, dass es vernünftig (rational) ist, bei Güterknappheit diesem Prinzip zu folgen. Dass Wirtschaftssubjekte nun grundsätzlich nach diesem Prinzip handeln, kann nicht behauptet werden (vgl. nachfolgend: Schierenbeck/Wöhle, 2008, S. 5ff., Jung, 2010, S. 4f., Töpfer, 2007, S. 61ff.).

Die Ausprägungen des ökonomischen Prinzips in den korrespondierenden Varianten **Minimal- und Maximalprinzip** (mengenmäßige Definition) sowie **Spar- und Budgetprinzip** (wertmäßige Definition) verdeutlicht Abb. 1.15.

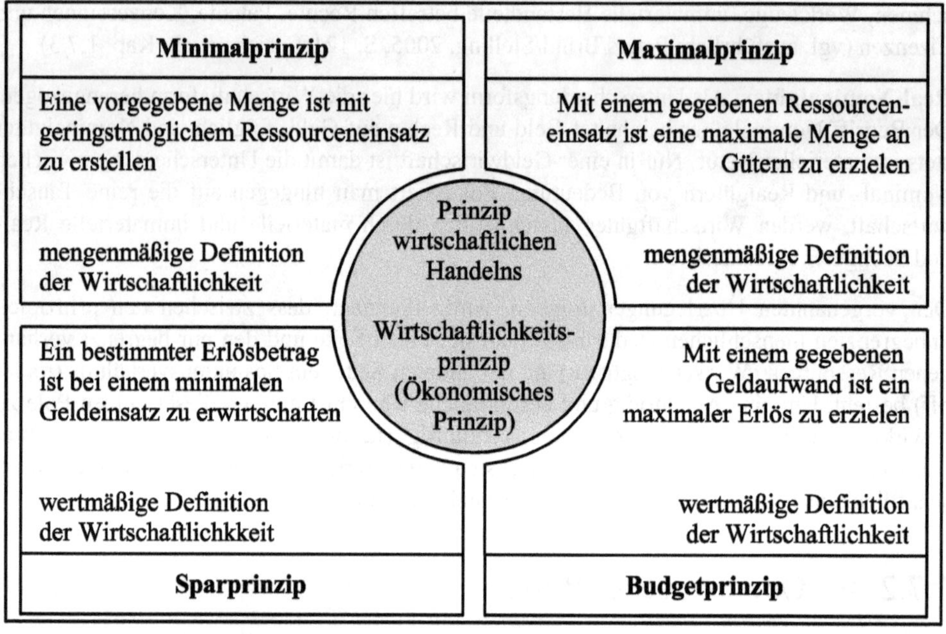
Minimalprinzip
Eine vorgegebene Menge ist mit geringstmöglichem Ressourceneinsatz zu erstellen
mengenmäßige Definition der Wirtschaftlichkeit
Maximalprinzip
Mit einem gegebenen Ressourceneinsatz ist eine maximale Menge an Gütern zu erzielen
mengenmäßige Definition der Wirtschaftlichkeit
Prinzip wirtschaftlichen Handelns
Wirtschaftlichkeitsprinzip (Ökonomisches Prinzip)
Ein bestimmter Erlösbetrag ist bei einem minimalen Geldeinsatz zu erwirtschaften
wertmäßige Definition der Wirtschaftlichkkeit
Sparprinzip
Mit einem gegebenen Geldaufwand ist ein maximaler Erlös zu erzielen
wertmäßige Definition der Wirtschaftlichkeit
Budgetprinzip

Abb. 1.15 *Ausprägungen des Wirtschaftlichkeitsprinzips (Spezialfälle)*

Da beim ökonomischen Prinzip stets auf ein Ergebnis-Einsatz-Verhältnis abgehoben wird, kann man den zweckorientierten Einsatz von Wirtschaftsgütern mit den Begriffen **Aufwand (bzw. Kosten)** und das bewertete Ergebnis dieser Handlung mit den Begriffen **Ertrag (bzw. Leistung)** erfassen. Folglich charakterisiert das Prinzip wirtschaftlichen Handelns das alternative Streben nach:

Ertrags-(Leistungs-)maximierung oder Aufwands-(Kosten-)minimierung

Beide Varianten und damit alle vier Formulierungen in Abb. 1.15 sind allerdings Spezialfälle des ökonomischen Prinzips. Sieht man indes von einer Vorgabe bzw. Konstanz der Ergebnisse oder des Mitteleinsatzes ab, so wäre zwecks Erreichung ökonomischer Ergiebigkeit zu fordern, ein möglichst günstiges Verhältnis zwischen Aufwand und Ertrag zu realisieren. Man spricht bei dieser dritten Variante auch vom **Generellen Extremumprinzip** oder der allgemeinsten Version des Wirtschaftlichkeitsprinzips. Auch wenn diese Fassung ein zunächst ungerichtetes Optimierungsproblem darzustellen scheint, ist zu konstatieren, dass die betriebswirtschaftliche Praxis heutzutage im gesamten Leistungserstellungsprozess vor eher komplexen Optimierungsproblemen steht. Von daher ist daran zu denken, Optimalitätskriterien (Minimierung oder Maximierung) problemabhängig für Teilprozesse festzulegen, um über eine stufenweise Näherung zur bestmöglichen Gestaltung wirtschaftlicher Abläufe zu gelangen. Darüber hinaus wird es so erst möglich, auch komplizierte Ergebnis-Einsatz-Konstellationen begrifflich zu berücksichtigen, selbst wenn der Mitteleinsatz hinsichtlich unterschiedlicher Zielerfüllungsgrade im Einzelfall verschiedenen Abhängigkeiten folgt (vgl. Töpfer, 2007, S. 64).

Anzusprechen an dieser Stelle ist ebenfalls das sogenannte **Min/Max-Prinzip**, welches bei minimalem Mitteleinsatz einen maximalen Ertrag fordert. Da diese weite Form des generellen Extremumprinzips auch nach mathematischen Optimierungsregeln kaum realisierbar erscheint, wurde diese Zielrichtung in früheren Zeiten häufig verworfen. Es ist aber der Auffassung Töpfers zu folgen, welcher auf die durchaus vorhandene praktische Relevanz verweist und dies mit dem Beispiel Qualitätsmanagement begründet. So versuchen etwa Unternehmen, Wettbewerbsvorteile zu erzielen, indem höchste Qualität, also völlige Fehlerfreiheit erreicht werden soll, und das bei möglichst geringen Kosten (vgl. Töpfer, 2007, S. 64f.). Zu den Ergebnissen ganzheitlicher und vernetzter Optimierungen durch Einsatz moderner Managementinstrumente gehören sicherlich auch neuere Ansätze wie die „kundenindividuelle Massenproduktion“ (Mass Customization) als simultane hybride Wettbewerbsstrategie (vgl. Camphausen, 2007, S. 100ff.). Beispiele für die erfolgreiche Entwicklung und Implementierung von Mass Customization liefern der amerikanische Jeansproduzent Levi Strauss & Co.Inc., der dänische Spielzeughersteller Legoland (Lego-Factory) oder das deutsche Online-Reiseportal Expedia.de. In jedem dieser drei Fälle können sich die Kunden ein (ursprüngliches) Massenprodukt individuell konfigurieren. Damit liegt eine Annäherung der Zielfunktionen „Nutzenmaximierung“ bei gleichzeitiger „Kostenminimierung“ im Bereich des Möglichen.

Das ökonomische Prinzip sollte nicht verwechselt werden mit dem Begriff der Wirtschaftlichkeit (vgl. nachfolgend: Schierenbeck/Wöhle, 2008, S. 6f.) Bei der Wirtschaftlichkeit handelt es sich lediglich um eine einfache Kennzahl, gebildet aus dem Quotienten von Ertrag (Leistung) und Aufwand (Kosten). Es wird keine Aussage darüber getroffen, inwieweit dieses Verhältnis im Sinne des ökonomischen Prinzips als optimal bezeichnet werden kann (vgl. Kap. 3.2.3).

$$\textbf{Wirtschaftlichkeit} = \frac{\textbf{Ertrag (Leistung)}}{\textbf{Aufwand (Kosten)}}$$

Die Aussagekraft dieser Kennzahl ließe sich aber steigern durch:

- Bestimmung der Soll-Wirtschaftlichkeit und Gegenüberstellung der Ist-Wirtschaftlichkeit,
- Aufspaltung der (wertmäßigen) Wirtschaftlichkeit in eine mengenmäßige Variante (Technizität nach Erich Kosiol) und eine Preiskomponente.

1.7.3 Kombination der Produktionsfaktoren

Als Produktionsfaktoren bezeichnet man alle Güter und Leistungen, die in den Produktionsprozess eingehen und die Hervorbringung anderer Güter und Leistungen bewirken. Dem faktortheoretischen Ansatz von Erich Gutenberg folgend (vgl. Kap. 1.4.1), ist eine systematische Kombination der verschiedenen Produktionsfaktoren Voraussetzung für das Ergebnis in Form der betrieblichen Leistung. Die Volkswirtschaftslehre sieht eine Dreiteilung der Produktionsfaktoren in Arbeit, Boden und Kapital vor; dabei wird die dispositive Arbeit nicht als gesonderter Faktor unterschieden. In der Betriebswirtschaftslehre hingegen ergibt sich die Notwendigkeit, die Produktionsfaktoren entsprechend der Abb. 1.16 in elementare und dispositive Bestandteile zu trennen.

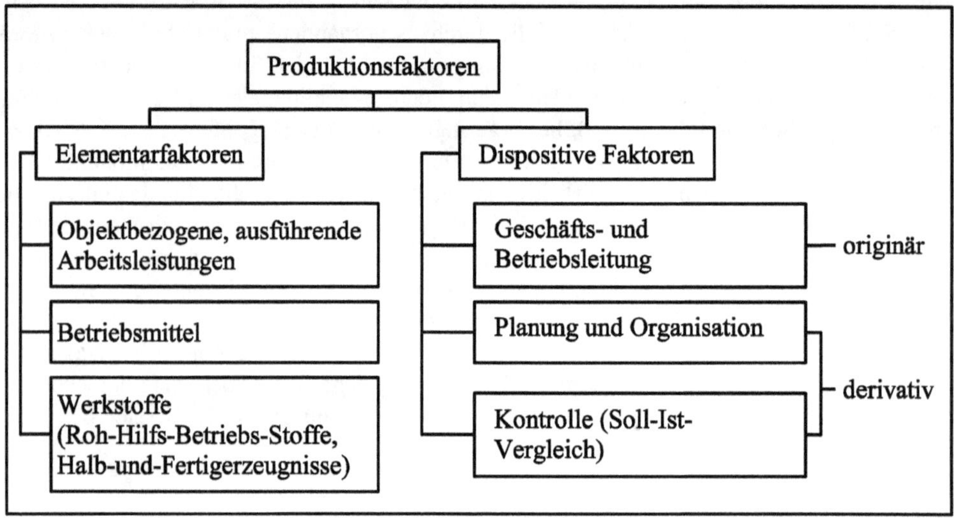

Abb. 1.16 *System der Produktionsfaktoren nach Gutenberg*

Überblicksartig ist zunächst erkennbar, dass die menschliche Arbeitskraft nach Art der Verrichtung und im Sinne des Objektbezugs ausführender und dispositver Art sein kann. Folglich enthält der Gutenberg`sche Ansatz neben den elementaren Größen Betriebsmittel und Werkstoffe in zweifacher Form den Faktor Arbeit, besteht damit quasi aus vier Produktionsfaktoren (vgl. nachfolgend auch: Bea/Schweitzer, 2009, S. 106ff., Teil V, Kap. 1.1).

Elementarfaktoren: Arbeit wird hier als vollziehende Tätigkeit verstanden, ohne (nach Gutenberg) „dispositiv-anordnender Natur" zu sein. Dazu zählen etwa Verrichtungen in der Fertigung (Drehen eines Rohlings) oder in der Verwaltung (Dateneingabe in der Buchhaltung). **Betriebsmittel**, die Gutenberg als „die gesamte technische Apparatur" bezeichnet, sind eingesetzte Arbeitsmittel wie Grundstücke, Gebäude, Maschinen, Werkzeuge, Fuhrpark usw. In jüngster Zeit werden hier auch Informationen, Algorithmen und Computer-Codes genannt (vgl. Domschke/Scholl, 2005, S.2). Die Definition der **Werkstoffe**, welche Gutenberg als „Ausgangs- und Grundstoffe" bezeichnet, ist in der neueren Literatur nicht einheitlich geregelt, was u.a. mit der Begrifflichkeit des „Repetierfaktors" zu tun hat (vgl. auch: Kap. 1.7.1). Unter Werkstoffen werden hier Roh-, Hilfs- und Betriebsstoffe sowie Halb- und Fertigerzeugnisse (Vorprodukte) verstanden. **Rohstoffe** bilden unmittelbare Hauptbestandteile fertiger Erzeugnisse (Holz bei der Möbelherstellung, Bleche im Automobilbau, Garne in der Weberei). **Hilfsstoffe** gehen zwar auch unmittelbar in das Fertigprodukt ein, haben aber nur „akzessorischen" (anhängenden, hinzutretenden) Charakter und sind von daher Nebenbestandteile (Säuren, Farben, Lacke, Nägel etc.). **Betriebsstoffe** bezeichnen Materialien, die nicht Bestandteile von Erzeugnissen werden, aber für die Aufrechterhaltung der Betriebsprozesse dringend notwendig sind (Energie, Kühl- und Schmiermittel, Büro- und Reinigungsmaterial etc.).

Dispositive Faktoren: Der Dispositionslehre Gutenbergs folgend, besteht die Hauptaufgabe der Geschäfts- und Betriebsleitung darin, die „drei Elementarfaktoren zu einer produktiven Kombination zu vereinen". Diese leitende, koordinierende und steuernde Tätigkeit ist als ein **originärer** Bestandteil zu begreifen, da es sich hierbei um die obersten, nicht delegierbaren Aufgaben des Top-Managements handelt. Entwicklungsgeschichtlich leitet sich diese Forderung aus dem Privateigentum in marktwirtschaftlichen Systemen ab, da letztlich nur der Eigentümer keinen übergeordneten Weisungen unterworfen ist. Dies trifft nur für die wenigsten Führungskräfte zu, da selbst der Vorstandsvorsitzende eines Unternehmens an den Aufsichtsratsvorsitzenden zu berichten hat (vgl. Principal-Agent-Theorie, Kap. 1.5.4). Neben diesen obersten Aufgaben umspannt der dispositive Faktor als weitere Bestandteile im prozessualen wie funktionalen Sinne planende, organisierende und kontrollierende Aktivitäten. Diese **derivativen** (abgeleiteten) Aufgaben können seitens der Unternehmensleitung in die nachgeordneten Instanzen des Führungssystems delegiert werden.

Würdigt man den produktivitätsorientierten Ansatz von Gutenberg aus heutiger Sicht, so hat seine Grundstruktur nach wie vor praktische Relevanz und genießt weithin eine hohe Beachtung. Die Trennungslinien zwischen dispositiver und ausführender Arbeit einerseits sowie originären und derivativen Bestandteilen andererseits haben sich verändert. Dazu beigetragen hat auch die sozialwissenschaftliche Öffnung der Betriebswirtschaftslehre (vgl. Kap. 1.4.4), die derartige Grenzlinien vor dem Hintergrund der Diskussion von Führungsstilen und Führungsprinzipien stark relativiert hat. Darüber hinaus sei erwähnt, dass die Wissenschaft weitere Versuche unternahm, um Produktionsfaktorensysteme zu entwerfen. So wurden seitens Ulrich (vgl. Kap. 1.4.3) etwa die Faktoren Mensch, Anlagen, Materialien, Energie, Informationen und Geld unterschieden (vgl. Specht/Balderjahn, 2005, S. 16).

Exkurs: Wissensmanagement

Greift man den Gedankengang von Ulrich auf, Informationen als Produktionsfaktor zu nutzen, und ersetzt man nach aktueller Lesart Informationen durch Wissen, so wird die Bedeutung dieses neuen Produktionsfaktors ersichtlich (vgl. nachfolgend: Bea/Haas, 2009, S. 368ff.). Wie die Abb. 1.17 verdeutlicht, dominieren bei der Herstellung materieller Produkte die sachlichen Produktionsfaktoren Gebäude, Maschinen, Anlagen, Rohstoffe usw. Bei klassischen Dienstleistungen wie Heizungswartung, Altenpflege oder Touristikdiensten steht der Faktor Arbeit im Vordergrund. Bei intelligenten Produkten und Dienstleistungen indes ist Wissen (auch „intellektuelles Kapital" genannt) der dominierende Produktionsfaktor.

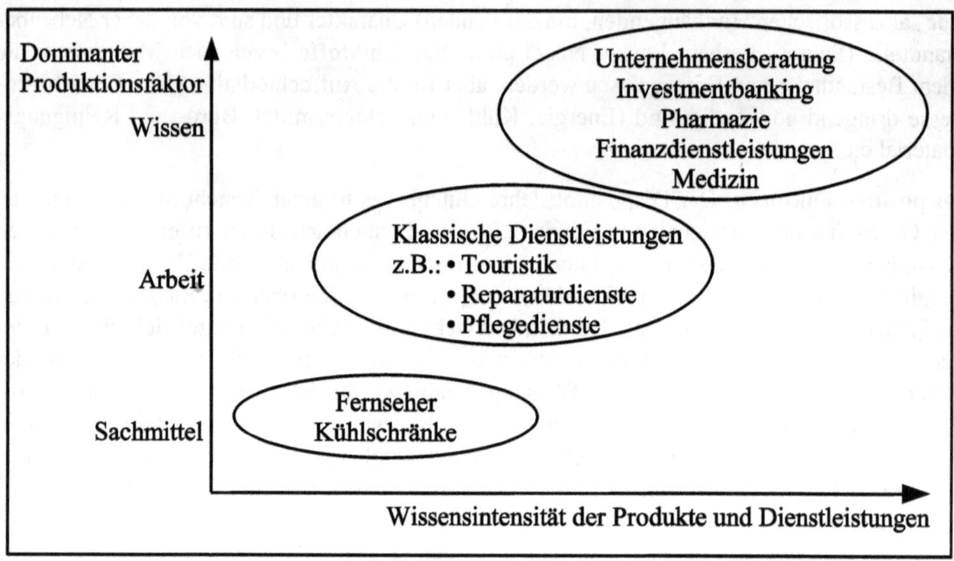

Abb. 1.17 *Wissen als neuer Produktionsfaktor (Bea/Haas, 2009, S. 371)*

Überträgt man das Modell von Gutenberg auf die Abb. 1.17, so beinhalten Sachmittel die Betriebsmittel und die Werkstoffe. Den Faktor Arbeit könnte man in elementare und dispositive Bestandteile zerlegen. Da Wissen aber nicht nur Produktionsfaktor, sondern letztlich auch das Ergebnis von Produktionsprozessen ist, steckt Wissen anteilig in allen Faktoren. Dienstleistungen und Produkte enthalten heutzutage ein erstaunliches Maß an Intelligenz. Als Beispiel sei das satellitengestützte Informationssystem der Supermarktkette WAL-MART angeführt, welches in der Lage ist, unter „real time-Bedingungen" aktuelle Markttrends ihrer Filialen zu identifizieren und in kürzester Zeit kundenorientiert umzusetzen.

Fokussiert man auf aktuelle Trends in der Betriebswirtschaftslehre, so gehört **Wissensmanagement** (knowledge management) zu den zentralen Themen des gerade begonnenen 21. Jahrhunderts (vgl. ausführlich: Thommen/Achleitner, 2009, S. 1103ff.). Dies gilt nicht nur in der Theorie, sondern auch ganz maßgeblich für die Unternehmenspraxis, wie zahlreiche Implementierungen von Wissensmanagement beweisen (vgl. etwa Henkel KGaA in: Vahs/Schäfer-Kunz, 2007, S. 349). Viele Führungskräfte haben schnell erkannt, dass die konsequente Nutzung internen und externen Wissens der nachhaltigen Steigerung des Unternehmenswertes dient. Nach Bea/Haas versteht man unter Wissensmanagement *„... die zielorientierte Gestaltung des Wissensprozesses in Unternehmen. Der Wissensprozess umfasst die Wissensgenerierung, den Wissenstransfer, die Wissensspeicherung und die Wissensnutzung" (Bea/Haas, 2009, S. 368)*. In Anlehnung an Bea/Haas werden diese Prozessschritte nachfolgend kurz skizziert (vgl. Bea/Haas, 2009, S. 372ff.).

Wissensgenerierung: Die betriebliche Fort- und Weiterbildung gehört zur traditionellen Wissensgenerierung, wird aber zunehmend durch neue Formen ergänzt (z.B. Corporate University von DaimlerChrysler). Auch die Realisierung verschiedener Organisationsmodelle (z.B. Teamorganisation, Selbstorganisation, Prozessorganisation) trägt dazu bei, eine sogenannte „Lernende Organisation" entstehen zu lassen. Zu denken ist auch an unternehmensübergreifende Kooperationsmodelle, die das Entstehen neuen Wissens fördern können.

Wissenstransfer: Die Übertragung des Wissens von Individuen und Gruppen in Unternehmen auf andere Einzelpersonen bzw. Gruppen muss sichergestellt werden. Man denke etwa an das Ausscheiden eines älteren Kollegen im Betrieb, dessen Wissen und Erfahrungen nicht verloren gehen sollten. Die Problematik wird noch viel deutlicher, wenn man sich Restrukturierungen in Unternehmen vergegenwärtigt, die zu Entlassungen einer Vielzahl von Mitarbeitern führen. Im Rahmen des Wissenstransfers spielen auch personalpolitische Maßnahmen eine Rolle, die darauf abzielen, Hemmungen und Egoismen bei Weitergabe von Wissen zu überwinden. Organisationsformen wie Joint Ventures und strategische Allianzen bieten sich an, wenn es um den Wissensaustausch bei Unternehmenspartnerschaften geht.

Wissensspeicherung: Die Bewahrung von Wissen betrifft eine technologische und eine verhaltensorientierte Dimension. Daten-, Methoden- und Modellbanken, aber auch spezielle Expertensysteme sind in besonderem Maße geeignet, Wissen in elektronischer Form systematisch zu speichern. Nicht zu unterschätzen ist allerdings der Mitarbeiter selbst als Speichermedium. Seine Speicherkapazität übertrifft die der künstlichen Systeme. Dabei geht es aber weniger um die Quantität, als um die Art der Wissensspeicherung.

Wissensnutzung: Die Wissensnutzung als letzter Prozessschritt im Wissensmanagement sollte nicht vernachlässigt werden, was eigentlich selbstverständlich erscheint. Glaubt man indes empirischen Befunden, so besteht in der zielgerichteten Verwendung vorhandenen Wissens in der Praxis nach wie vor ein großer Nachholbedarf.

1.8 Träger der Wirtschaft

Das Wirtschaftsgeschehen vollzieht sich in Wirtschaftseinheiten unterschiedlicher Größenordnungen, die unter dem Oberbegriff **Einzelwirtschaften** zusammengefasst werden. In diesen organisierten Wirtschaftseinheiten erfolgt *„... der Prozess der Erstellung von Gütern und die Bereitstellung von Dienstleistungen, der Absatz von Gütern und Leistungen sowie deren Verbrauch" (Jung, 2010, S. 6)*. Einzelwirtschaften untergliedern sich demgemäß in **Betriebe** (Produktionswirtschaften), die der Fremdbedarfsdeckung dienen und **Haushalte** (Konsumtionswirtschaften), die als Stätten des Konsums auf Eigenbedarfsdeckung ausgerichtet sind. Im Jahre 2003 betrug die Anzahl privater Haushalte beinahe 39 Millionen (davon ca. 37 % Einpersonenhaushalte), die Zahl der Betriebe (mit mehr als 17,5 Tsd. Euro Jahresumsatz) rund 2,9 Millionen (vgl. Vahs/Schäfer-Kunz, 2007, S. 5). Bevor eine Detaillierung der unterschiedlichen Einzelwirtschaften erfolgt, sei darauf hingewiesen, dass die Abgrenzung der Begriffe „Betrieb" und „Unternehmung" in der Literatur keineswegs einheitlich geregelt ist (vgl. zu Begriffspräzisierungen: Bea/Schweitzer, 2009, S. 27ff.). Dies gilt im Übrigen auch für die Praxis, wenn man beispielsweise an das deutsche Steuerrecht denkt (vgl. Schierenbeck/Wöhle, 2008, S. 32). Hier wird nicht nur von Gesetz zu Gesetz, sondern auch innerhalb eines einzelnen Gesetzes mit verschiedenen Begrifflichkeiten, den gleichen

Sachverhalt betreffend, operiert (z.B. Gewerbebetrieb, gewerblicher Betrieb, gewerbliches Unternehmen, wirtschaftlicher Geschäftsbetrieb). Darüber hinaus ist unklar, welcher der beiden Begriffe, Betrieb oder Unternehmung, denn nun der Oberbegriff ist (vgl. Abb.1.18). So schließen sich etwa Vahs/Schäfer-Kunz der Definition von Gutenberg an und bezeichnen Unternehmen als private Betriebe, womit Betriebe den Oberbegriff darstellen (vgl. Vahs/Schäfer-Kunz, 2007, S.6).

Autor	Betrieb	Unternehmung
Martin Lohmann	Untergeordnete Einheit im Sinne eines technisch-produktionswirtschaftlichen Arbeitsbereiches	Übergeordneter Begriff
Erich Kosiol (1899-1990)	Übergeordnete Einheit im Sinne eines Sozialgebildes mit einheitlicher Planung	Untergeordneter Begriff im Sinne eines Produktionsbetriebes
Erich Gutenberg (1897-1984) **Konrad Mellerowicz (1891-1984)**	Übergeordnete Einheit im Sinne einer planvoll organisatorischen Wirtschaftseinheit	Untergeordnete Einheit im Sinne eines Betriebes in der Marktwirtschaft
Helmut Lehmann	Gleichgeordnete Einheit im Sinne der produktionswirtschaftlichen Seite	Gleichgeordnete Einheit im Sinne der finanzwirtschaftlichen und juristischen Seite

Abb. 1.18 *Betrieb und Unternehmung: Abgrenzung und Zuordnung*

In der nachfolgenden Grafik (vgl. Abb. 1.19) wurde eine Untergliederung und Konkretisierung von Einzelwirtschaftsarten vorgenommen (vgl. auch: Kap. 2.2.3).

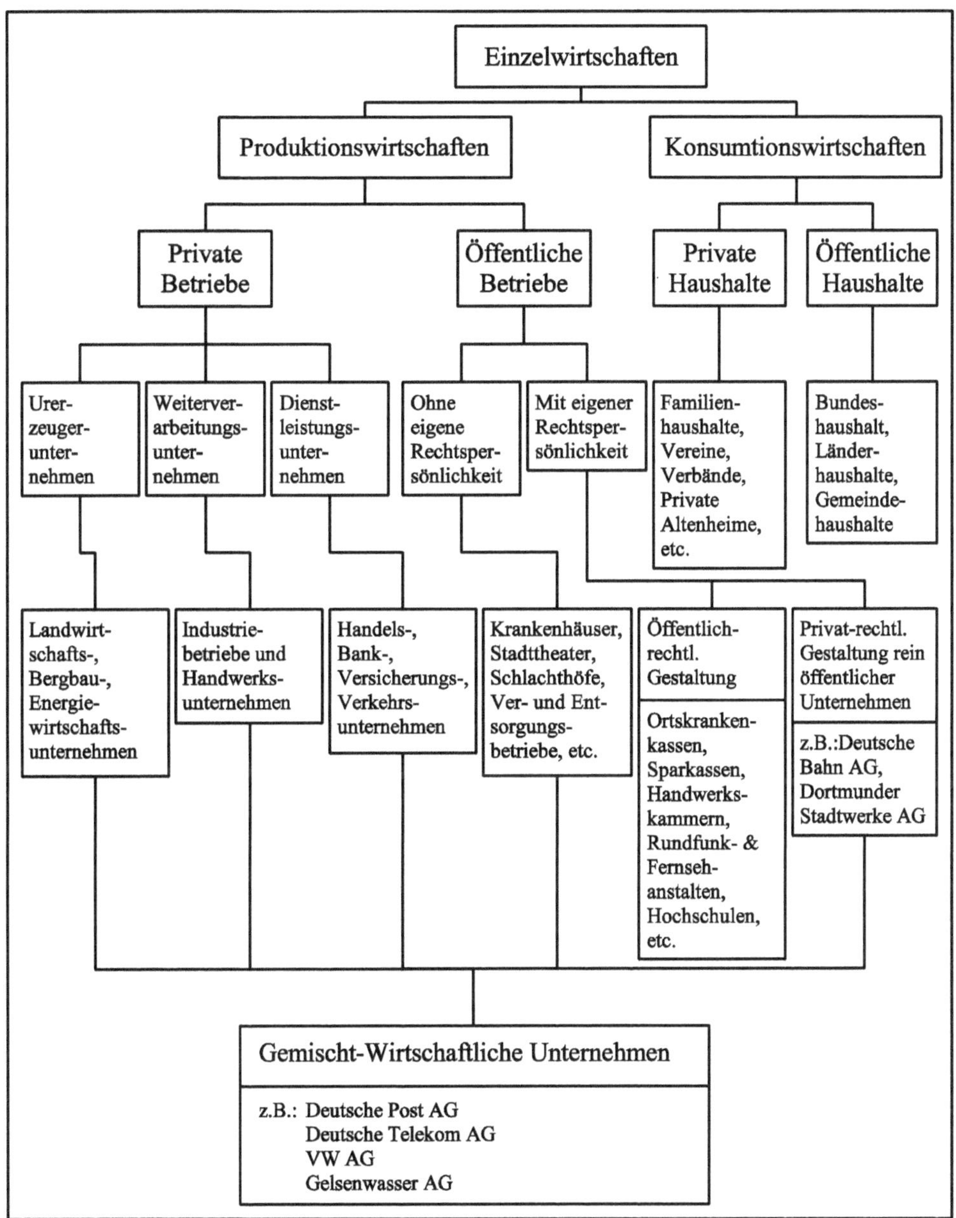

Abb. 1.19 *Einzelwirtschaften im Überblick (vgl. auch: Olfert/Rahn, 2008, S. 41, Jung, 2010, S. 7 und S. 121)*

2 Konstitutive Entscheidungen in Unternehmen

Im Rahmen der Unternehmensführung und -steuerung sind vielfältige Entscheidungen zu treffen. Hinsichtlich des Geltungszeitraumes und des Anwendungsbereiches können Entscheidungen in eine hierarchische Struktur eingeordnet werden, wie Abb. 2.1 zeigt (vgl. nachfolgend auch: Jung, 2006, S. 61, Kap. 3.1 und ausführlich Teil III, Kap. 4.3).

Entscheidungsart	Fristigkeit	Objektbezug	Beispiel
Strategische Entscheidung	langfristig	Gesamtsystem	Aufbau einer Fertigungsstätte in China
Taktische Entscheidung	mittelfristig	Teilsystem	Abstimmung Maschinentechnologie und Mitarbeitereinsatz
Operative Entscheidung	kurzfristig	Elemente	Änderung Maschinenlaufzeiten und Personalschichtpläne

Abb. 2.1 *Entscheidungssystematik (Fristigkeit und Objektbezug)*

Betrachtet man Entscheidungen, die Entwicklungen, Prozesse und Strukturen in Unternehmen langfristig und grundlegend beeinflussen, spricht man auch von **konstitutiven Entscheidungen** (vgl. genetische Gliederung der BWL, Kap. 1.2). Diese stellen einen allgemein gültigen Handlungsrahmen für Unternehmen dar und legen dementsprechend die Arbeitsweise nachhaltig fest. In den nächsten drei Gliederungspunkten (2.1-2.3) wird das rechtliche und räumliche Beziehungsgefüge zwischen Unternehmung und Umwelt aufgegriffen und anhand der strategischen Fragestellungen zur **Standortwahl**, **Rechtsformwahl** und zur Eingliederung in **Unternehmensverbindungen** verdeutlicht.

2.1 Betriebliche Standortwahl

Die Bedeutung von Standortentscheidungen hat in den letzten Jahren enorm zugenommen. Die Osterweiterung der Europäischen Union, boomende asiatische Märkte (China, Indien u.a.), neue Informationstechnologien (Internet), aber auch verschärfte globale Wettbewerbsbedingungen, die mit Outsourcing-Strategien einhergehen, haben dazu beigetragen. Unter dem **Standort** eines Unternehmens ist der geografische Ort zu verstehen, an welchem die betrieblichen Produktionsfaktoren eingesetzt werden, um Leistungen zu erstellen (vgl. Bea/Schweitzer, 2009, S. 366). Die folgenden drei Abschnitte widmen sich den Problemstellungen:

- Grad der geografischen Ausbreitung
- Wesentliche Standortfaktoren
- Instrumente der Standortwahl

(**vgl. ausführlich**: Vahs/Schäfer-Kunz, 2007, S. 95-128, Jung, 2010, S. 61-82, Luger, 2004, S. 103-126, Bea/Schweitzer, 2009, S. 365-376, Hentze/Heinecke/Kammel, 2001, S. 118-129, Wöhe, 2005, S. 305-311, S. 569-572, Wöhe, 2010, S. 268-275)

2.1.1 Grad der geografischen Ausbreitung

In Anhängigkeit von der geografischen Ausdehnung lassen sich die nachfolgend skizzierten Standortkategorien bilden. Dabei steht im Vordergrund, an welchem Ort (oder an welchen Orten) die Produktion und/oder der Absatz der erstellten Erzeugnisse stattfinden (vgl. Thommen/Achleitner, 2009, S. 106, Jung, 2010, S. 63).

- **Lokaler Standort:**
  Die betriebliche Tätigkeit konzentriert sich vornehmlich auf eine Gemeinde oder Stadt (z.B. örtliches Gewerbe).
- **Regionaler Standort:**
  Ein Unternehmen bietet seine Leistungen in einer bestimmten Region eines Landes an (z.B. kleinere Hoch- und Tiefbaubetriebe, Volks- und Raiffeisenbanken).
- **Nationaler Standort:**
  Produktions- und/oder Vertriebsstätten einer Unternehmung sind über ein bestimmtes Land verteilt (z.B. Deutsche Bahn AG).
- **Internationaler Standort:**
  Ein Unternehmen mit einem internationalen Standort fertigt nahezu ausschließlich im Inland, exportiert seine Güter aber auch in andere Länder (z.B. Automobilindustrie: Ferrari und Porsche, Heidelberger Druckmaschinen AG).
- **Multinationaler Standort:**
  Hinsichtlich Leistungserstellung und Leistungsverwertung kennt der multinationale Konzern keine Grenzen. Er ist dadurch gekennzeichnet, dass Standorte von Tochtergesellschaften weltweit existieren (z.B. ABB, Wal-Mart, McDonalds, Boston Consulting Group, Siemens AG).

Mit Blick auf die oben genannten Standortkategorien wird die grundsätzliche Frage aufgeworfen, wie intensiv sich ein Unternehmen international engagieren will und welche Internationalisierungsstrategie geeignet erscheint. Insofern auch Partnerschaften als relevante Alternativen angesehen werden, gilt es, denkbare und mögliche Unternehmensverbindungen auszuloten (vgl. Kap. 2.3). Definiert man Kapital- und Managementleistung als variable Größen, so lassen sich in Abhängigkeit davon verschiedene **Internationalisierungsstufen** unterscheiden (vgl. Abb. 2.2). Dieses Stufenkonzept charakterisiert die hypothetischen Entwicklungsmöglichkeiten eines auf dem Inlandmarkt tätigen Unternehmens zum internationalen Unternehmen (vgl. Schierenbeck/Wöhle, 2008, S. 54f., Camphausen, 2007, S. 214ff.).

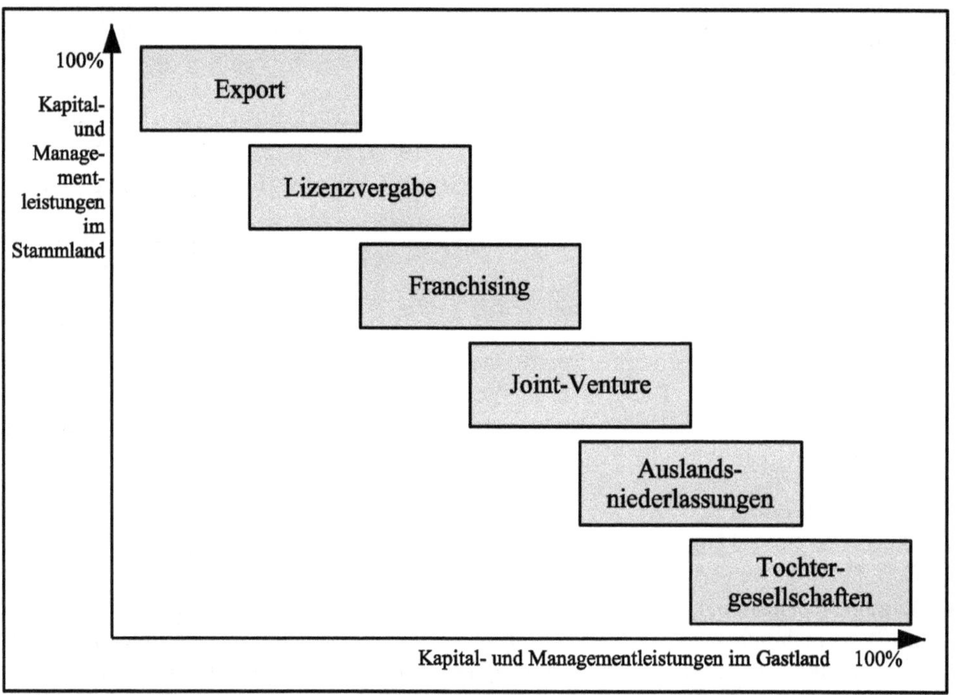

Abb. 2.2 Internationalisierungsstufen (Schierenbeck/Wöhle, 2008, S. 54)

Export: Damit wird der Absatz von im Inland hergestellten Erzeugnissen im ausländischen Wirtschaftsraum bezeichnet. Das kann **direkt** (ohne oder mit Mittler im Ausland, wie Handelsvertreter oder Generalimporteure), aber auch **indirekt**, d.h., über ein inländisches Exportunternehmen, erfolgen.

Lizenzvergabe: Immaterielle Vermögenswerte, z.B. Patente, Warenzeichen, Markenrechte oder technisches Know-how, werden durch das inländische Unternehmen (Lizenzgeber) dem ausländischen Vertragspartner (Lizenznehmer) gegen Entgelt zur Verfügung gestellt.

Franchising: Hierbei handelt es sich um eine Sonderform der Lizenzvergabe. Der Franchisegeber offeriert dem ausländischen Interessenten ein unternehmerisches Gesamtkonzept. Dieses „Business Package", ebenfalls gegen Entgelt überlassen, kann ein ganzes Bündel von Know-how enthalten. Franchising-Beispiele liefern Benetton (nur Vertrieb unter Nutzung der Markenrechte), Avis (Erbringen von Dienstleistungen) oder McDonalds (komplettes Geschäftssystem).

Joint Venture: Diese Internationalisierungsstufe wird, wie auch die beiden nachfolgenden, als Direktinvestition im Ausland bezeichnet. Internationale Joint Ventures betreffen Kooperationsformen, an denen zwei (oder mehrere) Unternehmungen beteiligt sind. Es entsteht ein neues, rechtlich selbständiges Unternehmen, wobei zwischen den Partnern eine Teilung von Geschäftsführung, Risiken und Chancen der Unternehmensaktivitäten erfolgt. Meistens ist einer der Kooperationspartner im betreffenden Auslandsmarkt ansässig. Interessant ist diese Markteintrittsform in Ländern, wo staatliche Reglementierungen eine 100%-ige Tochtergesellschaft verbieten. Dies ist beispielsweise in Asien, vornehmlich in China und Indien, (noch) der Fall.

Auslandsniederlassungen: Dieser Internationalisierungsschritt kennzeichnet ein rechtlich unselbstständiges Unternehmen mit Sitz im Ausland. Häufig handelt es sich um eine Verkaufsniederlassung der inländischen Unternehmung.

Tochtergesellschaften: Diese Form einer Markteintrittsstrategie ist als Auslandsengagement am stärksten vertreten und erfordert die weitaus umfangreichsten Kapital- und Managementleistungen im Gastland. Eine rechtlich selbständige Tochtergesellschaft, im Regelfall zu 100% im Besitz der inländischen Muttergesellschaft, kann die gesamte Wertschöpfungskette umspannen. Als Beispiel seien die US-amerikanischen Tochtergesellschaften vieler großer deutscher Konzerne genannt.

2.1.2 Wesentliche Standortfaktoren

Bereits in der Epoche der Frühindustrialisierung gegen Ende des 18. Jahrhunderts (vgl. Vahs/Schäfer-Kunz, 2007, S. 109) lassen sich Standortentscheidungen beeinflussende Faktoren finden (etwa: ausreichende und billige Haupt- und Nebenmaterialversorgung, angemessener Arbeitslohn, kostengünstige und gefahrenlose Transportwege, nach: Beckmann, J, Göttingen, 1796). Man erkennt die Relevanz auch für heutige Unternehmen. Spätere Klassifikationsvorschläge, Standortfaktorenkataloge betreffend, gehen beispielsweise auf Alfred Weber (1909) zurück, der die Standortproblematik eher auf hoch aggregierter, makroökonomischer Ebene ansiedelt und monetäre, rein kostenorientierte Aspekte in den Vordergrund stellt. Erwähnt werden muss auch Karl Christian Behrens (1971), der die Standorttheorie stärker betriebswirtschaftlich angeht und relevante Standortfaktoren aus einem mehrdimensionalen Zielsystem ableitet, welches auch nicht-quantifizierbare Variablen umfasst. Die von Behrens stammende Systematisierung von Standortfaktoren, ausgerichtet auf die Phasen der betrieblichen Leistungserstellung, hat in der Betriebswirtschaftslehre große Beachtung gefunden. Danach wird eine Einteilung in **einsatz-, produktions- und absatzbezogene Standortfaktoren** vorgenommen (vgl. Bea/Friedl/Schweitzer, 2004, S. 346ff., Vahs/Schäfer-Kunz, 2007, S. 110).

Aus heutiger Sichtweise kann der Begriff **Standortfaktoren** wie folgt definiert werden:

„Standortfaktoren sind entscheidungsrelevante Kriterien, anhand derer die Eignung eines bestimmten geographischen Ortes für die Errichtung einer Betriebsstätte überprüft werden kann" (Vahs/Schäfer-Kunz, 2007, S. 109).

Die aktuelle Literatur bietet in Abhängigkeit von den jeweils zugrunde liegenden Systematisierungsmerkmalen eine Vielzahl von Katalogen zu Standortfaktoren an (vgl. etwa: Luger, 2004, S. 108ff., Bea/Schweitzer, 2009, S. 371f., Schierenbeck/Wöhle, 2008, S. 56ff.). In Abb. 2.3 wurde eine Struktur gewählt, die der oben genannten von Behrens ähnelt.

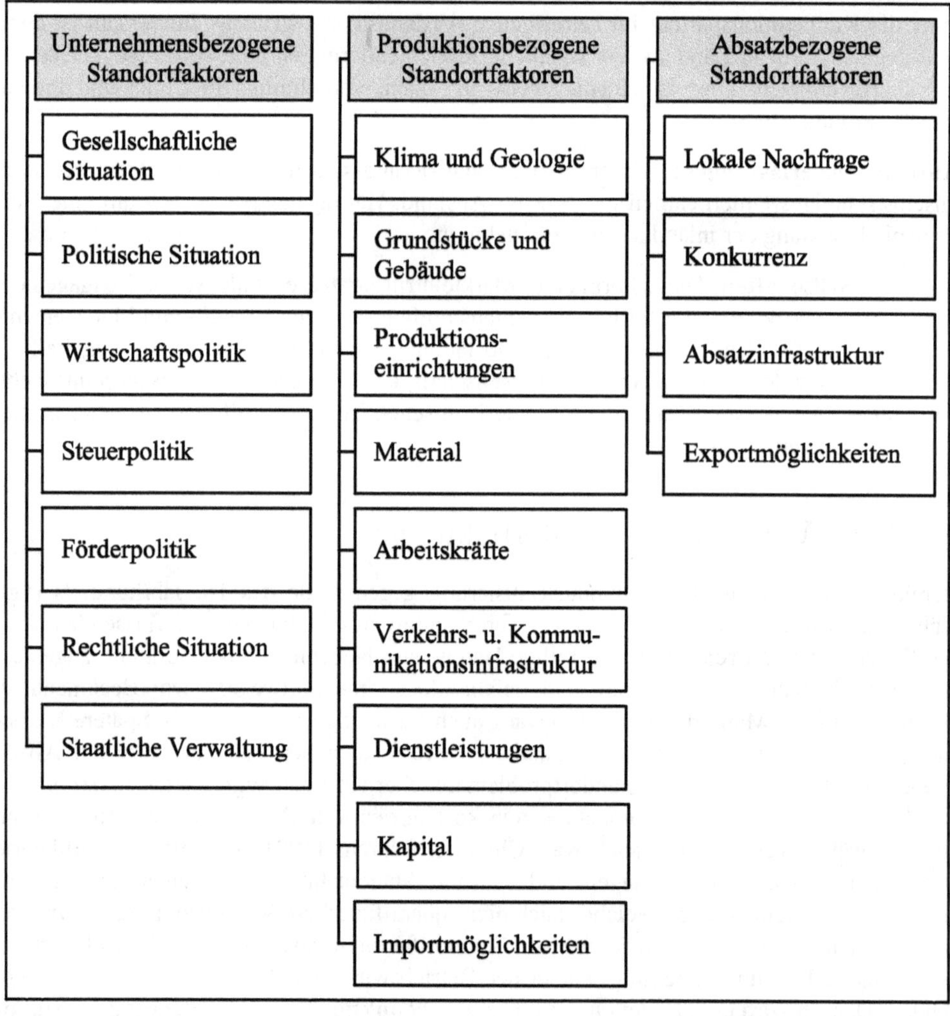

Abb. 2.3 *Strukturierung von Standortfaktoren (Vahs/Schäfer-Kunz, 2007, S. 110)*

Geht man der Fragestellung nach, wie nun konkret Unternehmen verschiedene Standortfaktoren einschätzen und welche für sie die bedeutungsvollsten sind, kann man auf zwei aktuelle Studien aus dem Jahre 2006 verweisen. Bei **Studie 1** handelt es sich um eine von mehreren Auslandshandelskammern und Delegiertenbüros durchgeführte Umfrage, das Investitionsverhalten mit Blick auf relevante Standorte in Mittel- und Südosteuropa betreffend. In Abb. 2.4 ist das Ranking der zehn wichtigsten Standortfaktoren aufgeführt (vgl. Vahs/Schäfer-Kunz, 2007, S. 111). In der von ERNST&YOUNG erstellten **Studie 2** „Kennzeichen D: Standortanalyse 2006" wurden 1.019 international agierende Unternehmen befragt. Dabei bestimmten sechs wesentliche Faktoren die Standortwahl, wie Abb. 2.4 zeigt. In Studie 2 überrascht darüber hinaus das gute Abschneiden des Standorts Deutschland. Bezüglich der Frage des „attraktivsten Investitionsstandortes" liegt Deutschland (18%) hinter den USA (41%) und China (41%) an dritter Stelle. Fokussiert man auf spezifische Einrichtungen von Verwaltungen, F&E-Abteilungen, Grafik-/ Designwerkstätten und Logistikzentren landet Deutschland sogar auf Platz 1 (vgl. Töpfer, 2007, S. 1284).

Ranking von Standortfaktoren	
Studie 1 (Mittel- und Südosteuropa)	**Studie 2 (weltweit)**
Leistungsbereitschaft der Arbeitnehmer Produktivität der Arbeitnehmer Zahlungsmoral Rechtssicherheit Qualifikation der Arbeitnehmer Steuerbelastung Steuersystem Arbeitskosten Verfügbarkeit von Fachkräften Politische Stabilität	Transport und Logistik Arbeitskosten Potenzielle Produktivzuwächse Infrastruktur der Telekommunikation Politische Stabilität und Rechtssicherheit Steuerlast
(vgl. Vahs/Schäfer-Kunz, 2007, S. 111)	(vgl. Töpfer, 2007, S. 1284)

Abb. 2.4 *Wichtige Standortfaktoren (Ergebnisse aus empirischen Untersuchungen 2006)*

2.1.3 Instrumente der Standortwahl

Auf der Basis der vorgenannten Standortfaktoren können im nächsten Schritt Zielsetzungen für eine Standortwahl abgeleitet werden. Danach ist zu prüfen, welche der zur Auswahl stehenden Standortalternativen die relevanten Zielkriterien am besten erfüllt. Die Betriebswirtschaftslehre bietet ein Spektrum von Bewertungsmethoden an, die aber im Einzelfall eine unterschiedliche Ausrichtung haben. In Abb. 2.5 sind mögliche Modelle in einer aufeinander aufbauenden Form systematisch erfasst.

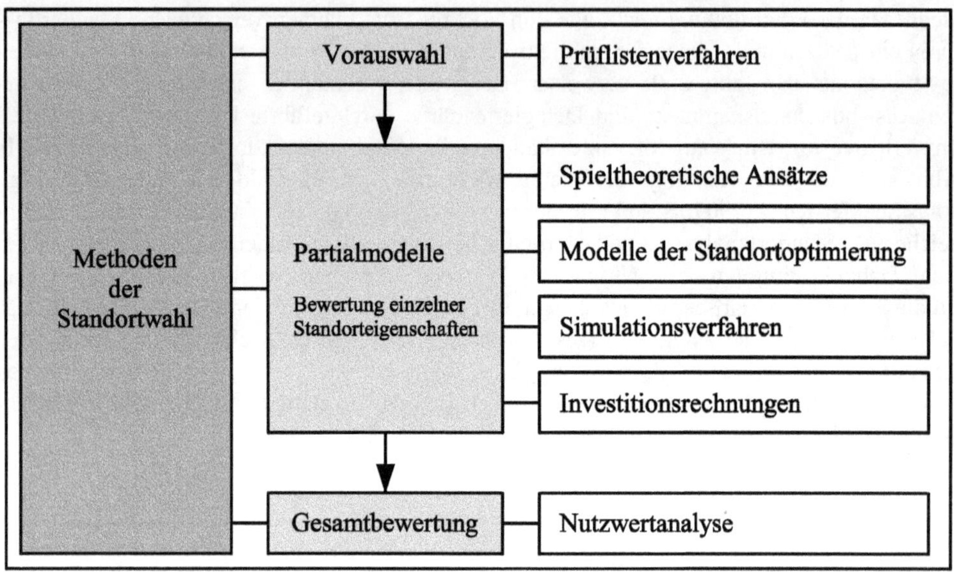

Abb. 2.5 *Methoden der Standortwahl (Vahs/Schäfer-Kunz, 2007, S. 120)*

Da eine Gesamtdarstellung zu umfangreich wäre (vgl. hierzu: Vahs/Schäfer-Kunz, 2007, S. 120ff.), seien lediglich einige Aspekte angedeutet, die Hinweise auf die generelle Vorgehensweise bei der Methodenanwendung geben. Die **Vorauswahl** konzentriert sich auf zwingend zu erfüllende, limitationale Standortfaktoren, um mittels Prüf- und Checklisten im Vorfeld diejenigen Standortalternativen zu eliminieren, die bestimmten Mindestanforderungen nicht genügen. Die verbleibenden Standortalternativen können im nächsten Schritt durch sogenannte **Partialmodelle** auf Einzeleigenschaften überprüft werden. Eine besondere Bedeutung im Rahmen nichtlinearer Optimierungsmodelle hat das in der Literatur vielfach behandelte „Steiner-Weber-Modell" erlangt, welches sich ausschließlich der Transportkostenminimierung unter Anwendung der Euklidischen Entfernungsmessung widmet (vgl. zur mathematischen Herleitung ausführlich: Domschke/Scholl, 2005, S. 38f und S. 174ff.). Erkennbar wird an dieser Stelle der Einfluss des entscheidungsorientierten Ansatzes der Betriebswirtschaftslehre (vgl. Kap. 1.4.2). Vornehmlich der Wissenschaftszweig „Operations Research" findet Anwendung, wenn es sich um Einzelprobleme der Standortwahl wie etwa Erweiterung oder Neustrukturierung von Logistiksystemen unter Beachtung von Transport- und Lagerstrukturen des Absatzbereiches handelt.

Auf Basis der Vorauswahl und ggf. des Einsatzes von Partialmodellen erfolgt eine abschließende **Gesamtbewertung**. Dabei spielt ein auch in der Praxis sehr beliebtes Instrument, die Nutzwertanalyse (auch als Scoring-Modell oder Scoring-Verfahren bezeichnet), eine wesentliche Rolle. Am Beispiel von drei Standortalternativen wird in Abb. 2.6 eine **Nutzwertanalyse** durchgeführt. Diese bietet den Vorteil, dass quantitative Ergebnisse, beispielsweise aus den Partialmodellen, ebenso anwendbar sind, wie qualitative Aspekte (z.B. Rechtssicherheit und politische Stabilität).

Im ersten Schritt der Nutzwertanalyse sind die zu berücksichtigen Zielkriterien (Standortfaktoren) zu formulieren. Danach erfolgt eine Gewichtung der Faktoren hinsichtlich ihrer Bedeutung für das Unternehmen, wobei im vorliegenden Beispiel die „Verteilungsmethode" (hier: 100 Punkte) gewählt wurde. Im dritten Schritt sind subjektive Nutzwerte festzulegen, d.h., jeder Standortfaktor ist pro Standort zu bewerten. Dabei wurde je nach Güte eine Punktzahl von 1 bis 10 vorgegeben. Durch Multiplikation der Bewertung mit der Gewichtung und Aufsummierung über alle Standortfaktoren, ergibt sich abschließend für jede Handlungsalternative der Gesamtnutzen. Standort 2 erzielt den höchsten Gesamtnutzenwert (692). Das muss aber nicht bedeuten, dass diese Alternative damit unmittelbar und in jedem Fall auszuwählen ist. Erst nach weiteren Schritten, in denen Investitionsrechnungen, Betriebskostenvergleiche etc. durchgeführt und eventuell noch externe Gutachten eingeholt werden, sind Endverhandlungen zu führen und kann anschließend eine Entscheidung getroffen werden.

		Standort 1		Standort 2		Standort 3	
Standortfaktoren	G	B	GxB	B	GxB	B	GxB
Grundstückspreise	8	2	16	6	48	4	32
Transport/Logistik	18	10	180	7	126	6	108
Arbeitskosten	25	6	150	8	200	9	225
Rohstoffpreise	12	5	60	6	72	8	96
Entsorgung	5	3	15	4	20	2	10
Absatzmärkte	10	8	80	5	50	4	40
Politische Stabilität	7	9	63	8	56	9	63
Steuerlast	15	6	90	8	120	4	60
Summe	100	-	654	-	692	-	634

G = Gewichtung B = Bewertung

Abb. 2.6 *Nutzwertanalyse als Instrument der Standortwahl*

Die Nutzwertanalyse ist in der Praxis (häufig auch bei Projekten) als universelles Instrument einsetzbar. Bei der Auswahl von Lieferanten, dem Einsatz einer neuen Software, der Beurteilung von Forschungs- und Entwicklungsvorhaben oder Produktideen kommt sie ebenso zum Einsatz wie bei der Standortwahl. Kritisch ist anzumerken, dass in sämtlichen Durchführungsschritten dieses Verfahrens subjektive Einschätzungen der Projektmitglieder, aber letztlich auch der Entscheidungsträger, den Bewertungsspielraum beeinflussen.

2.2 Wahl der Rechtsform

Widmet sich das Interesse des Lesers in den folgenden Abschnitten den Fragen der Rechtsformwahl, so sei darauf verwiesen, dass bereits aus der Epoche der Renaissance wesentliche Impulse für heute gängige Rechtsformen stammen. Die Einführung der doppelten Buchführung (Luca Pacioli, 1494) begründete die Spaltung des mittelalterlichen Zunftbetriebes in „Unternehmen" einerseits und „Haushalte" andererseits (vgl. Kap. 1.3). Mit Blick auf die Begrifflichkeit der Rechtsform wird die nachfolgende Definition den weiteren Betrachtungen zugrunde gelegt:

> *„Als **Rechtsform** wird die rechtliche Organisation, der rechtliche Rahmen oder das «Rechtskleid» eines Unternehmens bezeichnet. Durch die Rechtsform wird ein Teil der rechtlichen Beziehungen innerhalb des Unternehmens (z.B. zwischen den Gesellschaftern) und zwischen Unternehmen und Umwelt (z.B. Publizitätsvorschriften) geregelt" (Bea/Schweitzer, 2009, S. 376).*

Im Rahmen des Wirtschaftsprivatrechts sind die juristischen Grundlagen von Rechtsformen im sogenannten Gesellschaftsrecht verankert. Dieses ist weitgehend dispositiv gestaltet, um die Vielzahl wirtschaftlicher Gestaltungsmöglichkeiten berücksichtigen zu können. Von daher existiert als Gesellschaftsrecht nicht ein einheitliches Gesetzbuch, sondern die Regelungen bestehen aus zahlreichen Gesetzen und Gesetzesteilen. Steht nun eine konkrete Unternehmensgründung an, so finden sich maßgebliche Bestimmungen etwa in den relevanten Teilen des Bürgerlichen Gesetzbuches (**BGB**) und des Handelsgesetzbuches (**HGB**). Des Weiteren kann eine Reihe von Spezialgesetzen zur Anwendung kommen. Dazu zählen u.a. das Aktiengesetz (**AktG**), das GmbH-Gesetz (**GmbHG**), das Gesetz betreffend die Erwerbs- und Wirtschaftsgenossenschaften (**GenG**) oder das Partnerschaftsgesellschaftsgesetz (**PartGG**). Von grundlegender Bedeutung sind auch die Mitbestimmungsgesetze, das Publizitätsgesetz (**PublG**) und im Falle eines Rechtsformwechsels das Umwandlungsgesetz (**UmwG**).

In den nächsten drei Gliederungsteilen erfolgt schrittweise die Behandlung der Themenschwerpunkte:

- Kriterien der Rechtsformwahl
- Rechtsformen des privaten und öffentlichen Rechts
- Ökonomische Bewertung von Rechtsformen (Rechtsformentscheidung)

(Literatur: eine sehr intensive und umfangreiche Darstellung bietet: Töpfer, 2007, S. 225-423, **weitere, ausführliche Darstellungen finden sich bei:** Vahs/Schäfer-Kunz, 2007, S. 129-178, Luger, 2004, S. 126-179, Bea/Schweitzer, 2009, S. 376-417, Jung, 2010, S. 83-126, Wöhe, 2010, S. 217-250, Beschorner/Peemöller, 2006, S. 188-226, Schmalen/Pechtl, 2009, S. 35-61, Weber/Kabst, 2006, S. 44-64, Thommen/Achleitner, 2009, S. 78-92, König, 2006, S.17-30)

2.2.1 Kriterien der Rechtsformwahl

Jede Rechtsformalternative lässt sich durch eine Reihe wesentlicher Kriterien charakterisieren. Bei einer Unternehmensgründung, aber auch im Falle einer Umwandlung, muss der Entscheidungsträger hinsichtlich der Merkmalsausprägungen verschiedener Rechtsformen seine individuellen Zielsetzungen konkretisieren. Betrachtet man etwa das Zielkriterium „Leitungsbefugnis", so könnte seitens des Gründers beispielweise eine möglichst umfassende und alleinige Entscheidungskompetenz angestrebt werden. Folglich könnten als adäquate Rechtsformalternativen ein gewerbliches Einzelunternehmen oder eine freiberufliche Einzelpraxis in Betracht kommen. An dieser Stelle wird aber auch erkennbar, dass angesichts einer Vielzahl von Entscheidungsmerkmalen deren individuelle Gewichtung in Anlehnung an das Verfahren der Nutzwertanalyse (vgl. Kap. 2.1.3) eine große Rolle spielt.

Nachfolgend werden acht zentrale Entscheidungskriterien behandelt, die auch die Basis für die spätere ökonomische Bewertung bilden (vgl. Kap. 2.2.4).

- **Haftung**:
  Die Haftung als wesentliches Zielkriterium der Rechtsformwahl konzentriert sich auf die Fragestellung, mit welchen Vermögensteilen und in welcher Höhe der Anteilseigner für Verbindlichkeiten des Unternehmens aufkommen muss. Der Tatbestand der **unbeschränkten Haftung** betrifft vornehmlich Personenunternehmen (=Einzelunternehmen + Personengesellschaften). Gläubigerforderungen müssen hier auch mit dem Privatvermögen der Gesellschafter bedient werden. Von daher liegt die besondere Attraktivität von Körperschaften (Kapitalgesellschaften) in der **beschränkten Haftung** ihrer Inhaber bzw. Gesellschafter. Diese haften nur mit ihren Einlagen, zuzüglich ggf. vereinbarter Nachschüsse, während die Gesellschaft mit dem Geschäftsvermögen haftet. Angemerkt sei, dass sich Fremdkapitalgeber (z.B. Banken) in der Praxis allerdings häufig über persönliche Bürgschaften absichern. Diese ermöglichen dann einen Eingriff auch in das Privatvermögen der Gesellschafter beispielsweise einer GmbH.
- **Leitungsbefugnis**:
  Dieses Merkmal umspannt zwei Komponenten. Einerseits regelt es die Geschäftsführungsbefugnis (**Innenverhältnis**), andererseits die Geschäftsvertretung, d.h., das Recht der Vertretung der Gesellschaft gegenüber Dritten (**Außenverhältnis**). Im Falle von Personengesellschaften liegt die Leitung in den Händen der (unbeschränkt haftenden) Anteilseigner (Selbstorganschaft). Bei Kapitalgesellschaften hingegen sind mit der Leitung besondere Organe betraut (Drittorganschaft), während die Anteilseigner nur eingeschränkte Mitspracherechte besitzen. Die Leitung einer Aktiengesellschaft erfolgt durch den Vorstand, das kontrollierende Organ ist der Aufsichtsrat, das beschließende Organ

die Hauptversammlung. Bei einer GmbH liegt die Leitung bei der Geschäftsführung, die Kontroll- respektive Beschlussorgane sind der Aufsichtsrat (fakultativ oder zwingend bei >500 Arbeitnehmer) und die Gesellschafterversammlung.

- **Finanzierungsmöglichkeiten**:
  Dieses Kriterium fokussiert auf rechtsformspezifische Möglichkeiten der Eigen- und Fremdfinanzierung. Mit Blick auf die Eigenkapitalausstattung sei auf die jeweiligen Vorschriften, einzelne Rechtsformen betreffend, verwiesen. Gleiches gilt für die **Eigenkapitalbeschaffungsmöglichkeiten** (vgl. zur Einlagen- und Beteiligungsfinanzierung ausführlich: Teil IV, Kap. 3.2). Überlegungen zur Übertragbarkeit (Fungibilität) von Gesellschaftsanteilen und der freie Zugang zu Kapitalmärkten spielen in diesem Zusammenhang eine große Rolle. Emissionsfähige Kapitalgesellschaften, man denke z.B. an die Kapitalerhöhung einer AG durch Ausgabe von Aktien, genießen hier einen deutlichen Vorteil gegenüber Personenunternehmen und auch der GmbH. Die **Fremdkapitalbeschaffung** von Unternehmen wird generell beeinflusst von Haftungsmasse und -bedingungen, hängt aber auch von der gegenwärtigen und zukünftigen Ertragskraft ab.
- **Gewinn- und Verlustbeteiligung**:
  Die Verteilung von Gewinnen und Verlusten eines Unternehmens auf die Gesellschafter ist ebenfalls eine rechtsformspezifische Angelegenheit. Gleichwohl stehen dabei vornehmlich die Höhe der Haftungsverpflichtung und des Kapitalanteils je Anteilseigner im Vordergrund. Da es sich bei diesem Sachverhalt bei den meisten Gesellschaften um dispositives, d.h., abänderbares Recht handelt, findet es von folglich in den Gesellschaftsverträgen statt.
- **Rechnungslegung und Publizität**:
  Um einen guten Informationsstand für Gläubiger, Eigenkapitalgeber und die interessierte und betroffene Öffentlichkeit zu gewährleisten, werden strenge Anforderungen an Rechnungslegung, Prüfung und Publizität gestellt. Für den Geschäfts- und Rechtsverkehr bedeutsame handels- und gesellschaftsrechtliche Tatbestände müssen in das **Handelsregister** eingetragen werden. Dazu zählen etwa der Name und der Sitz der Firma, die Namen und Einlagenhöhe der Gesellschafter, Vertretungsbefugnisse usw. Generell sind die **Publizitätspflichten** bei **Kapitalgesellschaften**, in Abhängigkeit von bestimmten Größenklassen nach § 267 HGB, am stärksten ausgeprägt, wie Abb. 2.7 verdeutlicht. Mindestens zwei der drei aufgeführten Abgrenzungsmerkmale müssen zutreffen.

Unternehmens-größenklassen	Kleine Kapital-gesellschaft	Mittelgroße Kapital-gesellschaft	Große Kapital-gesellschaft
Abgrenzungs-kriterien			
• Bilanzsumme abzüglich Fehlbetrag Aktivseite (§ 268 Abs. 3 HGB)	≤ 4,840 Mio. €	> 4,840 Mio. € ≤ 19,25 Mio. €	> 19,25 Mio. €
• Umsatzerlöse (Summe der 12 Monate vor Abschlussstichtag)	≤ 9,680 Mio. €	> 9,680 Mio. € ≤ 38,50 Mio. €	> 38,50 Mio. €
• Arbeitnehmer (Jahresdurchschnitt)	≤ 50	> 50 ≤ 250	> 250

Abb. 2.7 *Kategorisierung von Kapitalgesellschaften nach Größenklassen (gemäß § 267 HGB)*

Aber auch eine nicht publizitätspflichtige Einzelfirma kann nach § 1, Abs. 1 Publizitätsgesetz (PublG) vom 15.08.1969 bei Überschreiten bestimmter Größenmerkmale (Bilanzsumme > 65 Mio. €, Umsatzerlöse > 130 Mio. €, Ø Arbeitnehmer > 5000) publizitätspflichtig werden. Dabei müssen ebenfalls mindestens zwei dieser drei Kriterien an drei aufeinander folgenden Bilanzstichtagen erfüllt sein. Als Beispiel sei die ehemals europaweit führende Drogeriemarkt-Kette SCHLECKER (Umsatz 2006 > 6,9 Mrd. €, Arbeitnehmer > 52.000) angeführt. Diese firmierte in der Rechtsform eines Einzelunternehmens. Erwähnt sei, dass in der großen Gruppe der in Abb. 2.9 gezählten Einzelunternehmen immerhin 34 Betriebe enthalten sind, die einen Umsatz von mehr als 100 Mio. EUR erwirtschaften (vgl. Töpfer, 2007, S. 257f.).

- **Steuerbelastung**:
  Betriebswirtschaftliche Bedeutung für die laufende Unternehmenstätigkeit haben insbesondere drei Arten von Ertragsteuern (Steuern vom Einkommen und Ertrag). Die **Einkommensteuer** betrifft Gewinne von Einzelunternehmern und Gesellschaftern, die natürliche Personen sind. Die **Körperschaftsteuer** wird auf Gewinne von Kapitalgesellschaften angewendet. Die **Gewerbesteuer** bezieht sich auf den aus dem Gewinn abgeleiteten Gewerbeertrag, betrifft also Personenunternehmen ebenso wie Kapitalgesellschaften. Generell ist zu konstatieren, dass, bedingt durch Reformen der Körperschaftsteuer, die Unterschiede in der steuerlichen Belastung der verschiedenen Rechtsformen gemildert wur-

den. Unter Berücksichtigung des seit 2005 gültigen Höchststeuersatzes (42%) in der Einkommensbesteuerung (die so genannte „Reichensteuer" ab dem 01.01.2007 - Spitzensteuersatz 45% ab 250/500 Tsd. EUR p.a., Ledige/Verheiratete - sei hier ausgeklammert) kommt Töpfer zu dem Ergebnis, dass die Steuerbelastung von Personengesellschaften (45,68 %), vor allem wegen der pauschalierten Gewerbesteueranrechnung, unter der von Kapitalgesellschaften (52,28%) liegt. Es handelt sich dabei, wohlgemerkt, jeweils um die gesamte Steuerlast von Unternehmen und Gesellschaftern. Im Falle der vollen Gewinneinbehaltung (Gewinnthesaurierung) errechnet sich bei Kapitalgesellschaften eine Steuerlast von 38.7 %. In diesem Zusammenhang vergleicht Töpfer auch die Ertragsbesteuerung eines Einzelunternehmers mit der einer Einpersonen-GmbH und verdeutlicht den Einfluss individueller Grenzsteuersätze in der Einkommensteuer (vgl. Töpfer, 2007, S. 241ff.).

- **Rechtsformabhängige Kosten**:
  Diese resultieren teilweise aus den vorgenannten Merkmalen verschiedener Rechtsformen und betreffen **einmalige** und **laufende** Kosten. Im Falle einer Unternehmensgründung, aber auch bei einer Umwandlung, entstehen einmalige Aufwendungen etwa durch Vertragsgestaltung, notarielle Beurkundung, Handelsregistereintragung und Veröffentlichung. Besonders kostenintensiv gestaltet sich beispielsweise die Gründung einer Aktiengesellschaft, wenn man darüber hinaus an die Gründungsprüfung, Erstellung von Börsenprospekten, Ausgabe von Aktien etc. denkt. Rechtsformspezifische laufende Aufwendungen betreffen die bereits genannten Rechnungslegungs-, Prüfungs- und Publizitätsvorschriften. Aber auch Organisationskosten wie die Durchführung von Haupt- und Gesellschafterversammlungen, Vergütungen für den Aufsichtsrat etc. sind zu berücksichtigen. Mit Blick auf einzelne Rechtformen ist die Bandbreite einmaliger und laufender Kosten erheblich, wenn man z.B. eine Personengesellschaft (OHG oder KG) mit einer AG vergleicht. Grundsätzlich liegt eine Minimierung dieser Aufwendungen im Interesse der Anteilseigner.
- **Unternehmenskontinuität**:
  Bezüglich dieses Kriteriums liegt die Problematik hauptsächlich bei Personenunternehmen. Infolge der engen Verflechtung von betrieblicher und privater Sphäre sind hier vielfach Familienunternehmen betroffen. Häufig hängt die Stabilität und Fortdauer des Betriebes von Alter, Qualifikation und Gesundheit einer einzelnen Person ab, sodass Fragen der Erbfolge oder des Gesellschafterwechsels eine immense Bedeutung erlangen. Beim Tod eines OHG-Gesellschafters etwa wird die Gesellschaft aufgelöst, wenn der Gesellschaftsvertrag keine andere Regelung (dispositives Recht) vorsieht. Kapitalgesellschaften hingegen basieren auf einer Trennung von Personen und Kapital und existieren unbefristet und unabhängig von der persönlichen Existenz einzelner Gesellschafter. Die Leitung der Gesellschaft kann durch Dritte, also durch angestellte Geschäftsführer/Vorstände erfolgen, die prinzipiell austauschbar sind.

2.2.2 Rechtsformen des privaten Rechts

Der Schwerpunkt dieses Gliederungspunktes liegt in einer Kurzdarstellung der wesentlichen Rechtsformen des privaten Rechts. Dies geschieht vor dem Hintergrund der zuvor skizzierten Entscheidungskriterien, wobei in Abhängigkeit von der jeweiligen Rechtsform nur einzelne

Merkmale aufgegriffen werden. Erst im Abschnitt zur ökonomischen Beurteilung von Rechtsformen (vgl. Kap. 2.2.4) wird am Beispiel von zwei ausgewählten Rechtsformen eine Gesamtbewertung vorgenommen. Die öffentlich-rechtlichen Betriebe werden in Kapitel 2.2.3 nur überblicksartig erörtert.

Um angesichts der Vielzahl von privaten Rechtsformen zunächst eine Systematisierung der wesentlichen Formen vorzunehmen, enthält Abb. 2.8 die für die Praxis bedeutenden **gegenstandsungebundenen Rechtsformen**. Diese stehen für Unternehmen in den verschiedensten Tätigkeitsbereichen zur Verfügung. Daneben findet man in der Praxis, allerdings von eher untergeordneter Bedeutung, auch **gegenstandsgebundene Rechtsformen**, die sich auf festgelegte Aktivitätsbereiche beziehen. Dazu zählen die Reederei (bzw. Partenreederei, § 489 HGB, Fünftes Buch: Seehandel), der Versicherungsverein auf Gegenseitigkeit, aber auch die auslaufenden Formen wie Bergrechtliche Gewerkschaft oder die Bohrgesellschaft (vgl. Vahs/Schäfer-Kunz, 2007, S. 130f.).

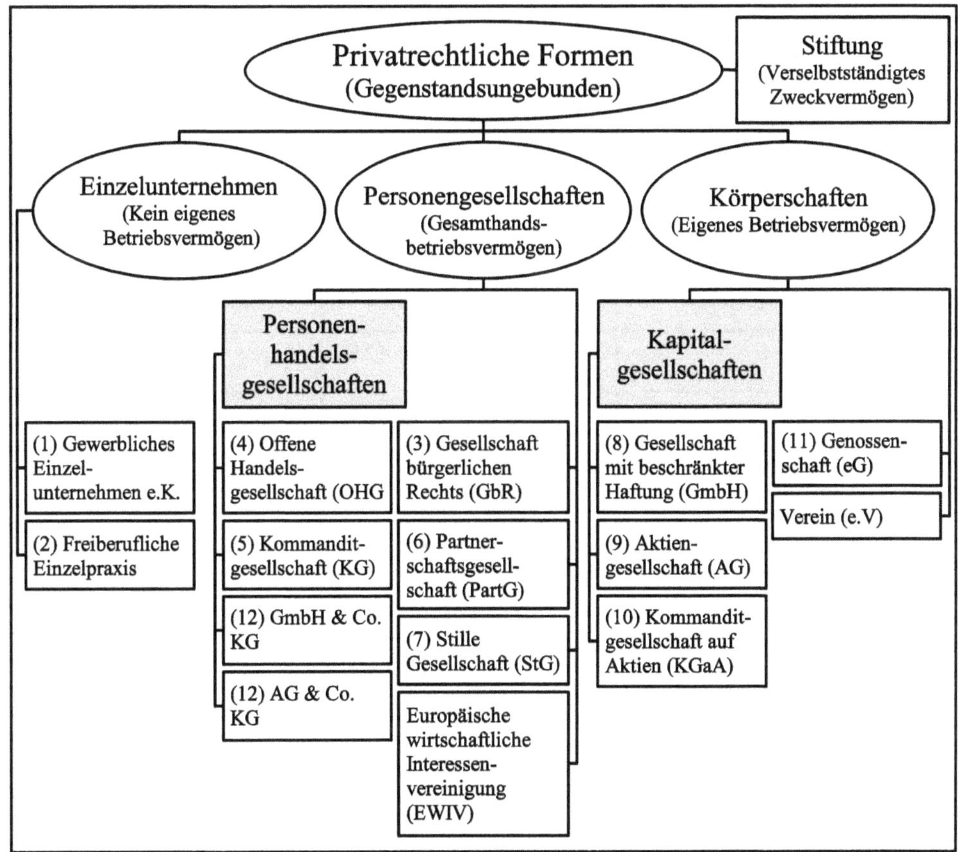

Abb. 2.8 *Wesentliche Rechtsformen des privaten Rechts (vgl. Vahs/Schäfer-Kunz, 2007, S. 134 und S. 131ff.)*

Ebenfalls von Interesse ist die Fragestellung, welche der vorgenannten Rechtsformen in der Unternehmenspraxis am häufigsten vorzufinden sind. Zudem wäre zu prüfen, ob zwischen ausgewählter Rechtform und Unternehmensgröße ein Zusammenhang besteht. Laut Umsatzsteuerstatistik 2004 (nur Umsätze > 17.500 EUR p.a. erfasst) zeigt Abb. 2.9 die Unternehmensverteilung nach Rechtsformen und Umsatz. Angemerkt sei, dass hier auch Betriebe gewerblicher Art im öffentlichen Sektor enthalten sind. Deutlich dominierend mit über 2 Mio. Einheiten und rund 70 % Gesamtanteil ist die Rechtsform der Einzelunternehmung. Bei nur 11 % Umsatzanteil ist erwartungsgemäß eine vornehmlich kleinbetrieblich strukturierte Situation vorherrschend. Die Personengesellschaften erreichen einen Anteil von annähernd 13 % aller umsatzsteuerlich erfassten Betriebe, ihr Umsatzanteil macht immerhin fast 29 % aus. Bei den Kapitalgesellschaften erkennt man die hohe Anzahl von 453 Tsd. GmbH`s (15,32 %), mit einem Umsatzanteil von 33,71 %. Beachtlich ist die relativ geringe Anzahl von Aktiengesellschaften (nur 0,24 %) bei einem Umsatzanteil von 19,62 %. In dieser Rechtsform firmieren folglich überwiegend sehr große Unternehmen.

Rechtsform	Anzahl	Anteil	Umsatz in Mio. EUR	Anteil
(1) Einzelunternehmen	2.064.135	69,80 %	479.164	11,02 %
(2) OHG einschl. BGB-Ges.	259.277	8,77 %	227.213	5,23 %
(3) KG einschl. GmbH & Co. KG	116.632	3,94 %	1.026.922	23,62 %
(4) AG einschl. KGaA	7.189	0,24 %	852.784	19,62 %
(5) GmbH	452.957	15,32 %	1.465.747	33,71 %
(6) Genossenschaften	5.469	0,19 %	51.341	1,18 %
(7) Betriebe gewerbl. Art im öfftl. Bereich	6.023	0,20 %	29.025	0,67 %
(8) Sonstige Rechtsformen	45.491	1,54 %	215.310	4,95 %
Summen	2.957.173	100 %	4.347.506	100 %

Abb. 2.9 *Unternehmensverteilung nach Rechtsform und Umsatz 2004 (Töpfer, 2007, S. 236)*

Richtet man den Blick noch einmal auf die Abb. 2.8, so kategorisiert diese Einzelunternehmen, Personengesellschaften und Körperschaften. Darüber hinaus sind als gegenstandsungebundene private Rechtsformen auch Stiftungen zu berücksichtigen. Zunächst sei kurz der Verselbstständigungsgrad des Betriebsvermögens beleuchtet, da dieser insbesondere hinsichtlich der Haftung erhebliche Konsequenzen besitzt (vgl. nachfolgend: Vahs/Schäfer-

Kunz, 2007, S. 132f.). Anschließend werden die in der vierten Ebene durchnummerierten einzelnen Rechtsformen ausführlicher skizziert.

Im Falle von **Einzelunternehmen** geht das **Betriebsvermögen** nicht auf die Einzelunternehmung über, sondern bleibt ein **Teil des Gesamtvermögens** des Unternehmers. Dieser haftet gegenüber Verbindlichkeiten der Gesellschaft mit seinem gesamten Vermögen. Lediglich aus steuerlichen Gründen muss eine rechnerische Aufteilung in ein Privat- und ein Betriebsvermögen erfolgen.

Bei **Personengesellschaften** hingegen entsteht durch sogenannte Außengesellschaften ein gesellschaftliches Betriebsvermögen. Dieses bezeichnet man als **Gesamthandsbetriebsvermögen**, da die Gesellschafter nicht individuell, sondern nur gemeinsam darüber verfügen können. Gleichwohl ist es nicht gänzlich von den Gesellschaftern getrennt und verbleibt damit Teil des Gesamtvermögens der jeweiligen Gesellschafter. Folglich bezieht sich die Haftung der Gesellschafter auf ihr gesamtes Vermögen.

Körperschaften besitzen eine eigene Rechtspersönlichkeit und werden von daher als juristische Personen bezeichnet. Aus diesem Grunde resultiert aus dem sogenannten Trennungsprinzip eine Verselbstständigung des Betriebsvermögens, d.h., Körperschaften sind **Eigentümer ihres Betriebsvermögens**. Damit haften sie auch alleine für Verbindlichkeiten der Gesellschaft.

Bei einer **Stiftung** überträgt der Stifter dauerhaft einen Teil seines Vermögens der Stiftung, womit sein Anspruch auf den übertragenen Vermögensanteil erlischt. Die Stiftung als juristische Person ist zweckorientiert (z.B. soziale Bestrebungen) und erwirbt das alleinige Recht an dem Vermögen. Von daher wird dieses Betriebsvermögen auch als **Zweckvermögen** bezeichnet. Die Stiftung haftet auch alleine für ihre Verbindlichkeiten. Als Beispiele für im weiteren Verlauf nicht mehr behandelte Stiftungen des privaten Rechts seien die **Friedrich-Krupp-Stiftung** (Holdingstiftung) als Gesellschafter einer Kapitalgesellschaft oder die **Carl-Zeiss-Stiftung** (Stiftungsunternehmen) in Jena als Alleininhaber eines Unternehmens genannt (vgl. Jung, 2010, S. 120).

(1) Gewerbliches Einzelunternehmen

(Rechtsgrundlagen §§ 1-104 HGB)
Das gewerbliche Einzelunternehmen, als einfache, kostengünstige und wenig reglementierte Rechtsform, kann von einer Einzelperson, einem Kaufmann, gegründet werden. Im Sinne der Kaufmannseigenschaft handelt es sich bei gewerblichen Einzelunternehmern einerseits um sogenannte **Ist-Kaufleute** (z.B. Handwerksmeister, Einzelhändler), die ein Handelsgewerbe betreiben (§ 1, Abs. 1 HGB) und damit „Kaufmann Kraft Betätigung" sind. Eine handelsregisterliche Eintragung ist somit erforderlich (§ 29 HGB). Zum anderen sind sogenannte **Kann-Kaufleute** betroffen (§ 2 HGB) deren Tätigkeiten (z.B. kleinere Gewerbebetreibende wie Kioskbesitzer, Blumenläden, kleinere Reparaturwerkstätten) keinen in kaufmännischer Weise eingerichteten Geschäftsbetrieb erfordern (vgl. § 1, Abs. 2 HGB), die sich jedoch freiwillig in das Handelsregister eintragen lassen können. Damit erlangen auch sie die Kaufmannseigenschaft („Kaufmann Kraft Eintragung"). Gleiches gilt im Übrigen im Sinne einer privilegierenden Sonderregelung für die Land- und Forstwirtschaft (§ 3 HGB). Der Vollstän-

digkeit halber sei an dieser Stelle noch der „**Form-Kaufmann**“ erwähnt. Diese Regelung erfasst Unternehmen, die in einer bestimmten Rechtsform (z.B. AG oder GmbH) geführt werden, und zwar unabhängig davon, ob sie nun ein Handelsgewerbe betreiben oder nicht (§ 6 HGB). Man spricht hier auch vom „Kaufmann Kraft Rechtsform“. Mit Blick auf das Merkmal **Firma** führt das gewerbliche Einzelunternehmen als Zusatz zum Namen des Unternehmensgründers die Rechtsformkennzeichnung „eingetragener Kaufmann“ / “eingetragene Kauffrau“ oder allgemein verständlich abgekürzt, insbesondere wie „e. K.“, „e. Kfm.“ oder „e. Kfr.“ (§ 19 Abs. 1, Ziffer 1 HGB). Eine Mindestkapitalausstattung bei Unternehmensgründung ist grundsätzlich nicht erforderlich.

Wie bereits erwähnt, **haftet** der Einzelunternehmer allein und **unbeschränkt** mit seinem Gesamtvermögen. Der gewerbliche Einzelunternehmer als natürliche Person **leitet** sein Handelsgewerbe **alleine** ohne einen weiteren Gesellschafter. Allerdings kann er sich durch von ihm bestellte Handlungsbevollmächtigte oder Prokuristen vertreten lassen (vgl. §§ 48ff. HGB). Sämtliche **Gewinne** stehen nur dem Inhaber zu, gleichzeitig treffen aber auch nur ihn alle **Verluste**. Die Finanzierungsmöglichkeiten des Einzelkaufmanns sind als begrenzt einzustufen. **Eigenfinanzierung** ist realisierbar durch die Nichtentnahme von Gewinnen (Gewinnthesaurierung) oder die Überführung von Geld- und Sachmitteln aus dem Privatvermögen in das Betriebsvermögen. Darüber hinaus besteht jedoch auch die Möglichkeit – ebenso wie bei anderen Rechtsformen – einen stillen Gesellschafter (§§ 230ff. HGB) aufzunehmen. Dieser kann sich finanziell am Unternehmen beteiligen, ohne dass dieser Vorgang nach außen in Erscheinung tritt. Die **Fremdfinanzierung** ist abhängig von der Kreditwürdigkeit des gewerblichen Einzelunternehmers, also von seinem Privatvermögen, aber auch von der Ertragskraft und Liquidität seines Betriebes. **Publizitäts- und Prüfungspflichten** existieren bei dieser Rechtform nicht (Ausnahme Großunternehmen, vgl. Kap. 2.2.1), die **Rechnungslegungsvorschriften** sind nicht besonders streng. Gleichwohl ist jeder Kaufmann nach §§ 238ff. HGB verpflichtet, Bücher zu führen, zu inventarisieren und einen Jahresabschluss aufzustellen. Die **Besteuerung** des gewerblichen Einzelunternehmers betrifft vornehmlich die Einkommen- und Gewerbesteuer. Als Bemessungsgrundlage dient der Steuerbilanzgewinn. Abschließend sei darauf verwiesen, dass das gewerbliche Einzelunternehmen nicht verwechselt werden sollte mit einer „Einmanngesellschaft“. Diese betrifft ausschließlich Kapitalgesellschaften, wobei dann sämtliche Anteile an dieser Gesellschaft von einem Anteilseigner übernommen werden (z.B. bei der Einmann-GmbH oder Einmann-AG).

(2) Freiberufliche Einzelpraxis

Diese Rechtsform gehört ebenfalls zu der Kategorie der Einzelunternehmen und umspannt Einzelpraxen von Ärzten, Heilpraktikern, Rechtsanwälten, Steuerberatern und sonstigen Freiberuflern. Die Merkmale dieser Praxen sind mit denen von gewerblichen Einzelunternehmen vergleichbar. Allerdings betreiben diese Freiberufler **kein Gewerbe**, haben **keine Kaufmannseigenschaft** und führen auch **keine Firma**. Damit ist weder eine handelsregisterliche Anmeldung erforderlich, noch unterliegen sie der Gewerbesteuer. Kontrollinstanzen dieser Berufsgruppen sind die verschiedenen Berufskammern, etwa die Rechtsanwaltskammer oder die Ärztekammer (vgl. Vahs/Schäfer-Kunz, 2007, S. 147).

(3) Gesellschaft bürgerlichen Rechts (GbR oder BGB-Gesellschaft)
(Rechtsgrundlagen §§ 705-740 BGB)
Die Gesellschaft bürgerlichen Rechts ist als **Grundform aller Personengesellschaften** im BGB fixiert und kann damit als **Prototyp** der nachfolgend zu behandelnden Gesellschaften OHG, KG, PartG und StG angesehen werden. Das Konstrukt dieser Rechtsform fördert einen vertraglich geregelten Zusammenschluss mehrerer Gesellschafter, die bestrebt sind, ein gemeinsames Ziel zu erreichen. Denkt man etwa an Grundstücks- und Bauherrengemeinschaften, Lotterie- oder Erbengemeinschaften im privaten Bereich, aber auch an projektorientierte Arbeitsgemeinschaften (ARGE) in der Bauindustrie, so erkennt man die Vielfalt der Anwendungsmöglichkeiten. Wie die Beispiele zeigen, handelt es sich häufig um Projekte auf Zeit, sodass man dann auch von „**Gelegenheitsgesellschaften**" spricht. Die **Gründung** einer BGB-Gesellschaft kann durch natürliche und juristische Personen erfolgen. Voraussetzung ist der Abschluss eines Gesellschaftsvertrages, der schriftlich, aber auch mündlich oder stillschweigend (konkludentes Verhalten) erfolgen kann. Die GbR wird nicht ins Handelsregister eingetragen, bei einer gewerblichen Tätigkeit sind allerdings behördliche Anmeldungen vonnöten. Die Gesellschafter **haften** grundsätzlich **unbeschränkt und solidarisch** mit dem betrieblichen und privaten Vermögen. Eine besondere Haftungskonstellation ergibt sich indes beim Zusammenschluss unterschiedlicher Gesellschafterkreise. Wird eine BGB-Gesellschaft z.B. von zwei GmbH`s gegründet, so ist die Haftung (neben dem Betriebsvermögen der GbR) auf das Geschäftsvermögen dieser beiden Kapitalgesellschaften beschränkt, zwei natürliche Personen hingegen würden in einem solchen Falle auch unbeschränkt mit dem privaten Vermögen haften. In Abhängigkeit von Gesellschaftern und Aktivitäten können hinsichtlich der **Besteuerung** die Einkommen-, Körperschafts- und Gewerbesteuer relevant werden.

(4) Offene Handelsgesellschaft (OHG)
(Rechtsgrundlagen §§ 105-160 HGB, §§ 705-740 BGB)
Die offene Handelsgesellschaft als **Personenhandelsgesellschaft** gilt als typische Rechtsform kleinerer und mittlerer Betriebe mit überschaubarem Risiko. Die **Gründung** (mindestens zwei Gesellschafter) erfolgt durch Abschluss eines formlosen Gesellschaftsvertrages, wobei sich die Schriftform empfiehlt. Analog zur GbR können die Gesellschafter einer OHG natürliche und juristische Personen sein. Eine handelsregisterliche Eintragung nach Maßgabe der §§ 106-108 HGB ist zwingend erforderlich, da es sich um ein **Handelsgewerbe** handelt. Zwecks Eintragung anzumelden sind die Namen und Vornamen aller Gesellschafter, Geburtsdaten und Wohnorte, die Firma der Gesellschaft und den Ort, wo sie ihren Sitz hat sowie die Vertretungsmacht der Gesellschafter. Wesentlich ist, dass **alle Gesellschafter Vollhafter** sind und somit nach § 128 HGB unbeschränkt und gesamtschuldnerisch haften. Dritten gegenüber ist eine entgegenstehende Vereinbarung unwirksam. Entsprechend § 130 HGB haften neue Gesellschafter auch für die Altschulden der Gesellschaft. Eine **Besonderheit** der OHG (auch der KG) stellt die **Gewinn- und Verlustverteilung** dar. Nach § 121 Abs. 1 HGB erhält jeder Gesellschafter im Rahmen der Gewinnverteilung zunächst eine Verzinsung in Höhe von 4 Prozent seines Kapitalanteils. Ein etwaiger Restgewinn wird anschließend nach Köpfen verteilt (§ 121 Abs. 3 HGB). Der Verlust eines Geschäftsjahres wird nur nach Köpfen verteilt (§ 121 Abs. 3 HGB). Angemerkt sei, dass der § 121 in vollem Umfang abdingbar

ist, sodass der schon weiter oben angesprochene Aspekt des dispositiven Rechts hier wirksam wird. In der Unternehmenspraxis wird davon häufig Gebrauch gemacht, indem entsprechende, abgewandelte Regelungen (z.B. feste Verzinsungen oder Vorweggewinne als Tätigkeitsvergütung oder Risikoausgleich) in den Gesellschaftsvertrag aufgenommen werden. Die **Geschäftsführung** obliegt grundsätzlich allen Gesellschaftern, es sei denn im Gesellschaftsvertrag wurde eine andere Vereinbarung getroffen (§ 114 HGB). Damit ist auch eine Einzelgeschäftsführungsbefugnis zulässig. Anders als bei der GbR existiert zum Umfang der Geschäftsführungsbefugnis als auch der Vertretungsmacht eine gesetzliche Grundlage (§ 116 und § 126 HGB). Abgesehen von der Gewerbesteuer ist die OHG nicht selbständig ertragsteuerpflichtig. Die **Besteuerung** der Gewinne einer OHG orientiert sich am Gesellschaftertypus (natürliche oder juristische Personen). Folglich kommen anteilig die Einkommen- oder die Körperschaftsteuer in Betracht.

(5) Kommanditgesellschaft (KG)
(Rechtsgrundlagen §§ 161-177a HGB, aufbauend auf §§ 105-160 HGB und §§ 705-740 BGB)
Die Kommanditgesellschaft als **Personenhandelsgesellschaft** verfolgt den gleichen Zweck wie die offene Handelsgesellschaft, nämlich den Betrieb eines Handelsgewerbes unter gemeinschaftlicher Firma. Von daher seien nur die wesentlichen Unterschiede erörtert. Das entscheidende Abgrenzungskriterium liegt im Rechtsformmerkmal der **Haftung**. Der Gesellschafterkreis einer KG setzt sich zusammen aus mindestens einem „Vollhafter" (**Komplementär**) und mindestens einem „Teilhafter" (**Kommanditist**), welcher nur mit seiner Einlage haftet. Beim **Gründungsvorgang**, der dem bei der OHG ansonsten gleicht, ist zu berücksichtigen, dass zusätzlich die Höhe der Einlagen und die Namen aller Kommanditisten einzutragen sind (§ 162 Abs. 1 HGB). Die gleiche Rechtsgrundlage regelt im Übrigen auch das Eintragungsprozedere für den Fall, dass eine Gesellschaft bürgerlichen Rechts den Kommanditistenstatus anstrebt. Demgemäß sind alle Gesellschafter der GbR zur Eintragung ins Handelsregister anzumelden. Das Merkmal der **Leitungsbefugnis** weist Rechte und Pflichten der Geschäftsführung prinzipiell bei den **Komplementären** aus. Der Gesellschaftsvertrag kann andere Regelungen vorsehen. Die Kontrollrechte der Kommanditisten bestimmt § 166 HGB. Im Rahmen der **Gewinn- und Verlustverteilung** sind der Restgewinn oder ein möglicher Verlust eines Geschäftsjahres nach einem den Umständen nach „angemessenen" Verhältnis zu verteilen (§ 168 Abs. 2 HGB). Bei der Frage der Angemessenheit ist also unübersehbar der Gesellschaftsvertrag gefordert. Die **Ertragsbesteuerung** der KG ist ebenfalls am Gesellschafterstatus geknüpft und betrifft grundsätzlich die Einkommensteuer der Komplementäre und Kommanditisten sowie die Gewerbesteuer der Gesellschaft.

(6) Partnerschaftsgesellschaft (PartG)
(Rechtsgrundlagen: PartGG, §§ 705-740 BGB, HGB-Vorschriften, insb. zum OHG-Recht)
Durch Inkrafttreten des Gesetzes über Partnerschaftsgesellschaften Angehöriger Freier Berufe am 01.07.1995 wurden die personengesellschaftlichen Rechtsformen um eine neue Variante bereichert. In Anlehnung an die OHG sollte ausschließlich eigenverantwortlich tätigen Freiberuflern ein geeigneter Unternehmensrahmen zur Verfügung gestellt werden (Schlagwort: **„OGH für Freiberufler"**). Die Partnerschaftsgesellschaft hat keine Kaufmannseigen-

schaft, übt also kein Handelsgewerbe aus, und angehören dürfen ihr nur natürliche Personen (§ 1 Abs. 1 PartGG). Die **Gründung** dieser Gesellschaft bedarf des Abschlusses eines schriftlichen Partnerschaftsvertrages (§ 3 Abs. 1 PartGG) und der Anmeldung beim zuständigen Amtsgericht, zwecks Eintragung in ein eigens für diese Rechtsform eingerichtetes **Partnerschaftsregister**(§ 4 PartGG). Da das Konstrukt der Partnerschaft für die im Rahmen der freiberuflichen Einzelpraxis (2) genannten Personengruppen (und eine Vielzahl weiterer freier Berufsgruppen, vgl. § 1 Abs. 2 PartGG) infrage kommt, die sich grundsätzlich aber auch in Form der BGB-Gesellschaft (3) zusammenschließen könnten, stellt sich die Frage nach der Besonderheit der Partnerschaftsgesellschaft. Diese findet sich im Rechtsformmerkmal der **Haftung**. In Analogie zur OHG (und folglich auch zur GbR) haften für Verbindlichkeiten einer Partnerschaft neben dem Partnerschaftsvermögen die Partner unbeschränkt und solidarisch als natürliche Personen (§ 8 Abs. 1 PartGG). Eine deutliche **Gesamtrisiko-Minderung** für die einzelnen Partner ergibt sich allerdings daraus, dass nach § 8 Abs. 2 PartGG eine spezifische Haftungskanalisierung eingeführt wurde. Demgemäß haftet bei der Bearbeitung eines Auftrages (neben der Partnerschaft) nur derjenige Partner persönlich, der eben diesen Auftrag fehlerhaft ausgeführt hat (man denke etwa an die Betreuung von Einzelmandaten durch Rechtsanwälte oder Steuerberater). Ausgenommen sind allerdings Bearbeitungsbeiträge von untergeordneter Bedeutung. Die Partnerschaftsgesellschaft stellt damit gerade für die freien Berufsgruppen einen Vorteil gegenüber einer Gesellschaft bürgerlichen Rechts dar.

(7) Stille Gesellschaft (StG)
(Rechtsgrundlagen: §§ 230-236 HGB, ergänzend §§ 705-740 BGB)
Die Stille Gesellschaft gehört zur Rechtsformkategorie der Personengesellschaften. Der **stille Gesellschafter**, der eine **natürliche** oder **juristische Person** sein kann, beteiligt sich mit einer Einlage an dem Handelsgewerbe eines anderen Unternehmens. Dies geschieht in der Weise, dass die Einlage in das Vermögen des Inhabers des Handelsgewerbes (Geschäftsherr) übergeht. Folglich besitzt die Stille Gesellschaft kein Gesamthandsvermögen. Die Stille Gesellschaft selbst begründet auch kein Handelsgewerbe, führt keine Firma, sondern existiert als reine Innengesellschaft, während nur der Unternehmensinhaber nach außen auftritt. Die **Gründung** der Gesellschaft, die immer eine Zwei-Personen-Gesellschaft darstellt, erfolgt durch formfreien Abschluss eines Gesellschaftsvertrags, eine Handelsregistereintragung findet nicht statt. Der stille Gesellschafter besitzt **keine Geschäftsführungsrechte**, gleichwohl verfügt er über gewisse Einsichts- und Kontrollrechte (§ 233 HGB). Die **Haftung** des stillen Gesellschafters ist auf seine Kapitaleinlage **beschränkt**. Hinsichtlich des Kriteriums der **Gewinn- und Verlustbeteiligung** ist eine Erfolgsbeteiligung des stillen Gesellschafters am Handelsgewerbe zwingend vorgeschrieben, eine anteilige Verlustübernahme kann per Gesellschaftsvertrag ausgeschlossen werden (§ 231 Abs. 2 HGB). Im Insolvenzfall entstünde dann sogar vom Grundsatz her ein Anspruch des stillen Gesellschafters auf die Rückgewährung seiner Einlage (§ 236 Abs. 1 HGB).

Stille Gesellschaften sind prinzipiell in zwei Ausprägungen denkbar. Die **typische Stille Gesellschaft** entspricht dem handelsrechtlichen Grundmodell wie oben erörtert, die in der Praxis aber stärker verbreitete **atypische stille Gesellschaft** nutzt den gesellschaftsrechtlichen Ausgestaltungsspielraum. Insbesondere die Partizipation des Stillen Gesellschafters an dem Zuwachs **„stiller Reserven“** seit Beginn seines Engagements, steht dabei im Fokus. Diese entstehen durch buchmäßige Unterbewertung von Vermögenswerten der Gesellschaft, aber auch durch überhöhte Ansätze von Verbindlichkeiten und Rückstellungen. Als Fazit kann festgehalten werden, dass die Stille Gesellschaft für viele Rechtsformen mit stark wachsendem Geschäft als interessante Variante der Kapitalbeschaffung gilt (vgl. Teil IV, Kap. 3.4.1).

(8) Gesellschaft mit beschränkter Haftung (GmbH)
(Rechtsgrundlagen: GmbHG vom 20.04.1892, nach § 13 Abs. 3 GmbHG generelle Anwendung auch des HGB, Korrespondenzvorschrift § 6 Abs. 1 HGB)
Die Gesellschaft mit beschränkter Haftung ist eine **Kapitalgesellschaft** (Körperschaft) mit eigener Rechtspersönlichkeit (**juristische Person**). Die GmbH entstand ohne geschichtliches Vorbild, sollte aber die Vorteile der OHG einerseits und die der AG andererseits in sich vereinen. Diese liegen vornehmlich in der Haftungsbeschränkung, der überschaubaren Anzahl von Gesellschaftern und der damit verbundenen Elastizität und hohen Flexibilität der Unternehmensführung (vgl. Jung, 2010, S.95f.).

Die GmbH kann gebildet werden von natürlichen Personen, Personengesellschaften und juristischen Personen. Die **Gründung** verlangt einen notariell beurkundeten, von allen Anteilseignern zu unterzeichnenden Gesellschaftsvertrag (§ 2 Abs. 1 GmbHG). Der Gesellschaftsvertrag hat Firma, Sitz und Gegenstand der Gesellschaft sowie die Höhe des Stammkapitals und der Stammeinlagen der einzelnen Gesellschafter zu enthalten (§ 3 Abs. 1 GmbHG). Das **Mindestkapital** (Stammkapital) der Gesellschaft beziffert sich auf **25.000 Euro**, der Mindestgeschäftsanteil (Stammeinlage) je Gesellschafter auf 100 Euro (§ 5 Abs. 1 GmbHG). Mindestens 25 % der jeweiligen Stammeinlage ist einzuzahlen, allerdings müssen sämtliche Bar- und Sacheinlagen gemeinsam 50 % des Stammkapitals erreichen (§ 7 Abs. 2 GmbHG). Die handelsregisterliche Eintragung erfolgt nach registergerichtlicher Prüfung. Zwischen notarieller Beurkundung und handelsregisterlicher Eintragung (**Vor-GmbH**) greift im Außenverhältnis die sogenannte **Handelndenhaftung** (§ 11 Abs. 2 GmbHG), sodass Geschäftsabschlüsse in dieser Zeit einer persönlichen und gesamtschuldnerischen Haftung seitens der handelnden Personen unterliegen. Mit Blick auf das Rechtsformmerkmal **Haftung** scheint die Bezeichnung „mit beschränkter Haftung“ irreführend. Die GmbH als juristische Person haftet für Verbindlichkeiten mit ihrem gesamten Gesellschaftsvermögen, nur die Gesellschafter haften lediglich mit ihrem Geschäftsanteil. Die Problematik möglicher gesellschaftsvertragskonformer beschränkter und unbeschränkter **Nachschusspflichten** wird hier nicht behandelt (vgl. dazu ausführlich: Töpfer, 2007, S. 367f.).

Das Kriterium der **Leitungsbefugnis** bezieht sich auf die Organe einer GmbH. Die **Geschäftsführung** obliegt angestellten Geschäftsführern oder geschäftsführenden Gesellschaftern (§ 35 GmbHG), bestellt und überwacht durch die **Gesellschafterversammlung** (Aufgabendefinition gemäß § 46 GmbHG) mit hoher Weisungskompetenz. Die Bildung eines **Aufsichtsrates** ist grundsätzlich fakultativ, ansonsten durch Mitbestimmungsgesetze (Montan-Mitbestimmungsgesetz von 1951, Mitbestimmungsgesetz von 1976, Drittelbeteiligungsgesetz von 2004, welches das Betriebsverfassungsgesetz von 1952 ersetzt) geregelt. Zwingend vorgeschrieben ist seine Bestellung nach dem neuen Drittelbeteiligungsgesetz (DrittelbG) vom 18.05.2004 in Analogie zum alten Betriebsverfassungsgesetz (BetrVG), wenn die Gesellschaft (in der Regel) mehr als 500 Arbeitnehmer hat (§ 1 Abs. 1 Ziffer 3 DrittelbG). Die **Gewinn- und Verlustverteilung** basiert auf dem entsprechenden Verhältnis der Geschäftsanteile der Gesellschafter, es sei denn, der Gesellschaftsvertrag (dispositives Recht) sieht eine andere Regelung vor (§ 29 Abs. 3 GmbHG). Die **Publizitätspflichten** der GmbH orientieren sich in Abhängigkeit von bestimmten Größenklassen an den Vorschriften von Kapitalgesellschaften (vgl. Kap. 2.2.1), womit es bei großen GmbHs zu einer Annäherung an Aktiengesellschaften kommt. Erleichterungen gibt es indes für kleine und mittlere Gesellschaften. Die **Finanzierungsmöglichkeiten** einer GmbH im Rahmen der **Eigenkapitalbeschaffung** betreffen die Gewinneinbehaltung (Thesaurierung), etwaige Nachschusszahlungen der Gesellschafter oder die Aufnahme neuer Gesellschafter, was aber durch Formvorschriften (notarielle Beurkundung, Registerpublizität etc.) erschwert ist. Eventuell bietet sich die Gelegenheit der Beteiligung durch einen stillen Gesellschafter. Da die Bonität der GmbH tendenziell als niedrig einzustufen ist, kann bei der **Fremdkapitalbeschaffung** eine Besicherung des Privatvermögens der Gesellschafter erforderlich werden. Die **Besteuerung** der GmbH als Kapitalgesellschaft bezieht sich auf die Körperschafts- und Gewerbesteuer.

(8a) Unternehmergesellschaft (haftungsbeschränkt) / UG (haftungsbeschränkt)
(Rechtsgrundlagen: Gesetz zur Modernisierung des GmbH-Rechts und zur Bekämpfung von Missbräuchen, MoMiG vom 23.10.2008 und GmbHG, insb. § 5a)

Als Zielsetzung der Reformbestrebungen des GmbH-Rechts kann die Erleichterung von Existenzgründungen, insbesondere für Kleinstunternehmen, vornehmlich im Dienstleistungssektor, angesehen werden (vgl. nachfolgend auch: Jung, 2010, S, 99, Wöhe, 2010, S. 236f.) Angestrebt wurde die Schaffung einer Einstiegsvariante mit geringer Kapitalausstattung, eine sogenannte Mini-GmbH, die gemäß § 13 Abs. 1 GmbHG als juristische Person fimiert. Das **Mindestkapital** (Stammkapital) der Gesellschaft beträgt (theoretisch) nur **einen Euro** (§ 5a GmbHG) womit die kapitalmäßige Markteintrittsbarriere der „normalen" GmbH (25.000 Euro) dramatisch gesenkt wurde. Auch das Gründungsprocedere ist im Vergleich zu „echten" GmbH vereinfacht und kostengünstiger gestaltet worden, etwa durch die Verwendung beurkundungspflichtiger **Musterprotokolle**. Damit sollte gleichzeitig ein Konkurrenz-Modell zur schon weit verbreiteten englischen Limited (vgl. Kap. 2.2.5) geschaffen werden. Nachteilhaft kann sich allerdings die beschränkte Finanzierungsmöglichkeit der Mini-GmbH auswirken, da bei einer derart geringen Eigenkapitalausstattung die Banken ein Kreditausfallrisiko tendenziell hoch einschätzen. Eine gewisse Kompensation ergibt sich durch die gesetzliche Regelung (§ 5a Abs. 3 GmbHG), die vorsieht, dass künftige jährliche Gewinne (ggf. gemindert um einen Verlustvortrag aus dem Vorjahr) in Höhe von **25%** einer bilanziellen **Rücklage** zuzuführen sind, bis das formelle Stammkapital (25.000 Euro) einer „normalen" GmbH erreicht ist. Ende 2008 ins Leben gerufen, ist die haftungsbeschränkte Unternehmergesellschaft (UG) schnell populär geworden, sodass zwischenzeitlich landesweit bereits mehr als 41.000 Gesellschaften ins Handelsregister eingetragen wurden. Die Größenordnung von 50.000 Unternehmen dürfte bald erreicht sein (vgl. Welt am Sonntag, Jan. 2011, S. 44).

(9) Aktiengesellschaft (AG)
(Rechtsgrundlagen: AktG, Verweise auf HGB und sonstige Spezialgesetze)
Um die Deckung des stark wachsenden Kapitalbedarfs der Großindustrie sicherzustellen, wurde im Laufe der Industrialisierung als neue Rechtsform die Aktiengesellschaft konzipiert. Als Vorbild dienten die alten überseeischen Handelskompanien. Diese vergaben bereits damals aktienähnliche Papiere, waren in ihrer Zielrichtung aber letztlich politisch orientiert (vgl. Jung, 2006, S. 99).

Die Aktiengesellschaft ist eine gegenstandsungebundene Kapitalgesellschaft (Körperschaft) mit eigener Rechtspersönlichkeit und damit eine **juristische Person** des Privatrechts (§ 1 Abs. 1 AktG). Im Gegensatz zur GmbH ist ihr **Grundkapital** (=gezeichnetes Kapital, mindestens **50.000 Euro**, § 7 AktG) in Aktien zerlegt. Ihre Gesellschafter (**Aktionäre**) sind mit ihren Einlagen daran beteiligt, ohne persönlich für die Verbindlichkeiten der Gesellschaft zu haften. Die AG selbst haftet nur mit ihrem Geschäftsvermögen (§ 1 Abs. 1 AktG). Die **Hauptverpflichtung** der Aktionäre gegenüber der Gesellschaft besteht gemäß § 54 AktG in der **Leistung ihrer Einlage** (Innenverhältnis).

Dem **Gründungsvorgang** wurde seitens des Gesetzgeber große Bedeutung beigemessen (§§ 23-53 AktG), und er gestaltet sich insbesondere bei großen börsennotierten Gesellschaften sehr aufwendig und kostenintensiv, wenn man z.B. das Prozedere eines Börsengangs („going public") bedenkt (vgl. Kap. 2.2.1). Vornehmlich mit Blick auf die Umwandlung mittelständischer Unternehmen in kleine Aktiengesellschaften gibt es seit 1995 Erleichterungen. So wurde die Gründerzahl auf eine oder mehrere Personen reduziert, welche die Aktien gegen Einlagen übernehmen können (§ 2 AktG). Die Handlungsfähigkeit einer AG wird durch drei Organe, die natürliche Personen sind, sichergestellt. Dem **Vorstand**, der für höchstens fünf Jahre vom Aufsichtsrat bestellt wird (§ 84 Abs. 1 AktG), obliegt die Geschäftsführung und die Gesellschaftsvertretung nach außen (§§ 76-78 AktG). Der im Gegensatz zur GmbH zwingend vorgeschriebene **Aufsichtsrat** überwacht die Geschäftsführung durch den Vorstand (§ 111 AktG) und ist auch für seine Bestellung und Abberufung zuständig (§ 84 AktG). Weitere Einzelaufgaben bestimmen gesonderte gesetzliche Regelungen. Die Größenordnung des Aufsichtsrates (Mindestanzahl 3, Höchstzahl 21 Mitglieder nach § 95 Abs. 1 AktG) und die Zusammensetzung (Anteilseignervertreter und Arbeitnehmervertreter) werden darüber hinaus durch die drei bereits genannten Mitbestimmungsgesetze geregelt. In der **Hauptversammlung**, als dem obersten Organ der Gesellschaft, treten die Aktionäre zusammen und üben die ihnen zustehenden Rechte aus (§ 118 Abs. 1 AktG). Beschlussfassungen nach § 119 AktG betreffen die Aufsichtsratsbestellung, die Bilanzgewinnverwendung, die Entlastung von Vorstands- und Aufsichtsratsmitgliedern, die Abschlussprüferbestellung, Satzungsänderungen, Maßnahmen der Kapitalbeschaffung und -herabsetzung, die Sonderprüferbestellung und die Gesellschaftsauflösung.

(10) Kommanditgesellschaft auf Aktien (KGaA)
(Rechtsgrundlagen: §§ 278-290 AktG, Verweise auf KG-Grundlagen §§ 161-177a HGB und §§ 1-277 AktG)
Die Kommanditgesellschaft auf Aktien, auch als Mischform bezeichnet, charakterisiert die Kombination einer Personengesellschaft mit einer Aktiengesellschaft. Bei eher geringer

wirtschaftlicher Bedeutung wurde dieses Konstrukt in der Vergangenheit häufig von Personengesellschaften genutzt, um sich den breiten Kapitalmarkt für Finanzierungsmöglichkeiten zu öffnen. Die KGaA als **Kapitalgesellschaft** hat eine eigene Rechtspersönlichkeit (**juristische Person**), und ihr Grundkapital ist in Aktien zerlegt. Während das Kommanditkapital in Aktien verbrieft ist (**Kommanditaktionäre**), haftet mindestens ein Gesellschafter (**Komplementär**) unbeschränkt persönlich für die Verbindlichkeiten der Gesellschaft. Konsequenterweise liegen Geschäftsführung und Vertretung damit in den Händen der Komplementäre. Der besondere Reiz dieser Mischform ist die Verbindung der Vorteile einer AG (vornehmlich Finanzierungsoptionen) mit der starken Stellung persönlich haftender Gesellschafter einer KG. Als prominente Beispiele seien die Henkel KGaA (vor einiger Zeit allerdings umgewandelt in eine AG & Co. KG aA) und die Steigenberger Hotel KGaA genannt.

(11) Eingetragene Genossenschaft (eG)
(Rechtsgrundlage: GenG)
Die Genossenschaft firmiert weder als Personengesellschaft noch als Kapitalgesellschaft. Eingetragene Genossenschaften zählen zu den **Körperschaften** des privaten Rechts und erlangen mit der Eintragung in das Genossenschaftsregister eine eigenständige Rechtsfähigkeit als **juristische Person** (§§ 10, 17 GenG). Nach rechtlicher Definition sind Genossenschaften *„Gesellschaften von nicht geschlossener Mitgliederzahl, deren Zweck darauf gerichtet ist, den Erwerb oder die Wirtschaft ihrer Mitglieder oder deren soziale oder kulturelle Belange durch gemeinschaftlichen Geschäftsbetrieb zu fördern ...“ (§ 1 Abs. 1 GenG).* Rechtssystematisch betrachtet, begründen Genossenschaften nach § 22 BGB eine **Spezialform des wirtschaftlichen Vereins** (vgl. Töpfer, 2007, S. 413). Vergleichbar mit einer Aktiengesellschaft sind die Organe der eingetragenen Genossenschaft der **Vorstand**, der **Aufsichtsrat** und die **Generalversammlung** aller Genossen (§§ 24, 36, 43, 43a GenG). Aus ökonomischer Sicht können die verschiedenen Genossenschaftsformen zweckorientiert gegliedert werden. Beispiele für Genossenschaften sind Förderungsgenossenschaften (Bezugs- und Absatzgenossenschaften), Produktivgenossenschaften, Kreditgenossenschaften, Verkehrsgenossenschaften oder Baugenossenschaften (vgl. Jung, 2010, S. 117f.).

(12) GmbH & Co. KG
(Rechtsgrundlagen: analog KG und GmbHG)
Die GmbH & Co. KG stellt eine in der Praxis weit verbreitete Mischform (**Grundtypenvermischung**) dar, mit der Zielsetzung, die Vorteile einer Personengesellschaft (KG) mit denen einer Kapitalgesellschaft (GmbH) in legaler Weise zu kombinieren. Entscheidend dabei ist, dass es sich bei diesem Rechtsmodell letztlich um eine Kommanditgesellschaft (Personenhandelsgesellschaft) handelt. Der Unterschied zur hier nicht näher skizzierten AG & Co. KG liegt lediglich im Austausch der Rechtsformvarianten GmbH und AG. Angemerkt sei an dieser Stelle, dass die Wirtschaftspraxis durchaus noch andere Mischform-Konstruktionen (GmbH & Co. OGH, AG & Co. OHG, GmbH & Co. KG aA, AG & Co. KG aA) kennt, die aber nicht Gegenstand der Betrachtungen sein sollen.

Die Besonderheit der GmbH & Co. KG liegt darin, dass eine Kapitalgesellschaft, nämlich die **GmbH** als juristische Person, natürliche Personen als **Vollhafter** ersetzt. Das bedeutet, dass die GmbH die Rolle des Komplementärs in der KG übernimmt, womit die Haftungsmasse des Vollhafters auf das Geschäftsvermögen der GmbH beschränkt wird. Folglich ist das finanzielle Risiko der GmbH-Gesellschafter auf ihre Einlagen begrenzt, und die KG-Kommanditisten haften ohnehin nur in Höhe ihrer Einlagen. Damit sind alle beteiligten natürlichen Personen von der Haftung mit ihrem Privatvermögen (gem. §§ 161 Abs. 1, 171 HGB) ausgeschlossen. Prinzipiell können die Gesellschafter der Komplementär-GmbH und die Kommanditisten die gleichen Personen sein.

Die **Geschäftsführung** der GmbH & Co. KG obliegt der Komplementär-GmbH. Es ist ein Geschäftsführer zu bestellen, womit sich ein weiterer Vorteil hinsichtlich des Rechtsformmerkmals **Unternehmenskoninuität** ergibt, da nunmehr auch die Nachfolgeproblematik einer Personengesellschaft besser lösbar ist. Vielfach werden als Hauptargument für das Konstrukt der GmbH & Co. KG steuerliche Gründe angeführt, was sich aber spätestens seit der Steuerreform 2000 (einheitliche Steuersätze für ausgeschüttete und einbehaltene Gewinne) etwas relativiert hat. Abschließend sei erwähnt, dass diese Rechtsform in einer speziellen praktischen Anwendung häufig von **Fondsgesellschaften** für die Finanzierung von Investitionsprojekten (Hotels, Schiffe, Windkraftanlagen etc.) als „Kapitalsammelstelle" für Kleinanleger genutzt wird. Diese erlangen dann durch ihre Beteiligung den Kommanditistenstatus und können insbesondere auch steuerliche Vorteile (zeitnahe Verlustzuweisungen) nutzen (vgl. Töpfer, 2007, S. 405f.).

Die in Abb. 2.8 aufgeführte **Europäische Wirtschaftliche Interessenvereinigung (EWIV)** wird im Rahmen der Rechtsformen des Europäischen Gesellschaftsrechts (vgl. Kap. 2.2.5) kurz angerissen. Auf die Rechtsform des **Vereins e.V.** wird hier nicht eingegangen, ebenso entfällt die Beschreibung der sogenannten **„Doppelgesellschaft"**. Diesbezüglich sei auf die einschlägige Literatur verwiesen (vgl. Kap. 2.2).

2.2.3 Rechtsformen des öffentlichen Rechts

Öffentliche Wirtschaftsbetriebe sind Unternehmen, die ganz oder teilweise im Eigentum einer Gebietskörperschaft (Bund, Länder, Gemeinden) stehen. Seitens der öffentlichen Hand

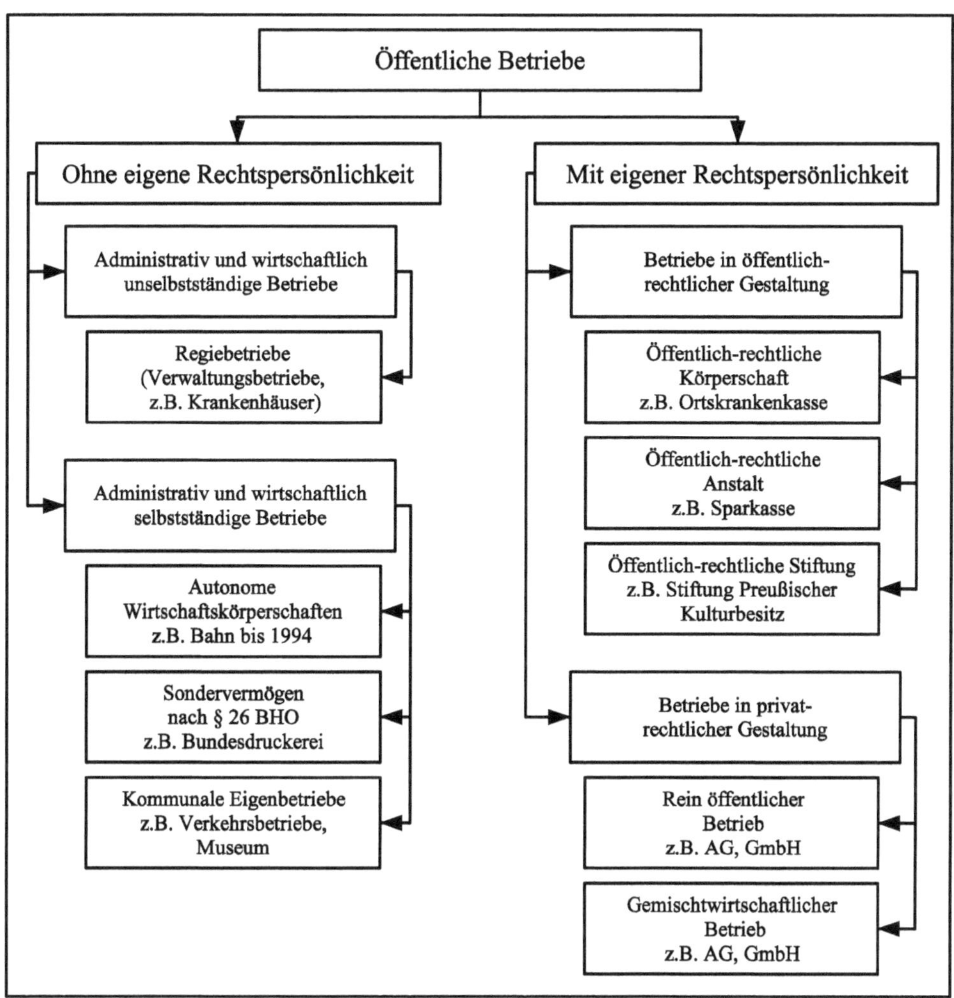

Abb. 2.10 *Rechtsformen des öffentlichen Rechts (Beschorner/Peemöller, 2006, S. 196)*

wird damit meistens eine gemeinwirtschaftliche Zielsetzung verfolgt. Die rechtliche Ausprägung dieser Unternehmen gliedert sich in Betriebe **ohne eigene Rechtspersönlichkeit** und Betriebe **mit eigener Rechtspersönlichkeit**. Die im Weiteren nicht näher behandelten Einzelformen (vgl. Jung, 2010, S. 120ff., Töpfer, 2007, S. 227ff., Bea/Schweitzer, 2009, S. 410ff.) sind überblickartig in Abb. 2.10 dargestellt (vgl. dazu auch: Kap. 1.8, Abb. 1.19).

2.2.4 Ökonomische Bewertung von Rechtsformen

Im Anschluss an die Darlegung der wesentlichen Kriterien der Rechtsformwahl und die Behandlung der zentralen Rechtsformen des privaten Rechts, erfolgt im nächsten Schritt eine ökonomische Beurteilung von Rechtsformalternativen. In der Unternehmenspraxis ist diese Vorgehensweise nicht nur bei der Entscheidungsfindung für eine zieladäquate Rechtsform, sondern auch bei Überlegungen zum Rechtsformwechsel von Bedeutung.

Die betriebswirtschaftliche Theorie bietet für die „Wahl der optimalen Rechtsform" zwei grundsätzliche Methoden an. Soll eine Auswahl ausschließlich unter monetären Gesichtspunkten erfolgen, dann wären hier nur die Zielkriterien „Steuerbelastung" und „Rechtsformabhängige Kosten" betroffen. Mit Blick auf (monetäre) steuerliche Aspekte existieren verschiedene Einzelansätze (**Partialmodelle**), wobei die Variante der hier nicht behandelten **Teilsteuerrechnung** große Beachtung gefunden hat (vgl. Bea/Friedl/Schweitzer, 2004, S. 393f.). Sollen hingegen alle Entscheidungsmerkmale miteinbezogen werden (**Totalmodelle**), so empfiehlt sich als Grundlage die bereits diskutierte **Nutzwertanalyse** (vgl. Kap. 2.1.3).

Nachfolgend wird der **Methodik von Töpfer** gefolgt, welcher, angelehnt an die Nutzwertanalyse, ein vereinfachtes, ordinales Bewertungsmodell entwickelt hat und dieses konsequent auf die wesentlichen privatrechtlichen Formen anwendet (vgl. Töpfer, 2007, S. 247ff.). Insgesamt werden neun Entscheidungskriterien genutzt, wobei das Merkmal der Finanzierungsmöglichkeiten heruntergebrochen wird in Eigenkapital-Beschaffung und Fremdkapital-Beschaffung. Die Rangfolge der Einzelkriterien entspricht ihrer allgemeinen Bedeutsamkeit, womit eine Art impliziter Merkmalsgewichtung sichergestellt ist. Als vorrangig werden Haftungsfragen, Geschäftsführungs- und Vertretungsbefugnisse sowie die Gewinn- und Verlustbeteiligung angesehen. Für jede Rechtsform ist ein Profil zu erstellen, welches im Rahmen einer **ordinalen** Bewertung (**-** | **-/0** | **±0** | **0/+** | +) der einzelnen Kriterien deren **Nähe** (+) bzw. **Entfernung** (-) **zur Idealausprägung** (vgl. Abb. 2.11) ausweist. Es sei angemerkt, dass dieses einfache Bewertungsmodell bei Bedarf in eine differenzierte Nutzwertanalyse (Scoring-Verfahren) überführt werden kann.

Als Anwendungsbeispiele werden die beiden in der Praxis am stärksten verbreiteten Typen (vgl. Abb. 2.9) gewählt, nämlich die Einzelunternehmung und die Gesellschaft mit beschränkter Haftung. Die Abbildungen 2.12 und 2.13 skizzieren einem einheitlichen Muster folgend die Rechtsformprofile dieser beiden Varianten.

Kriterien mit Erläuterungen:	Ideale Ausprägung:
(1) Haftung ↳ Risikoübernahme im Fall des Scheiterns der Unternehmenstätigkeit	Wenig / Geringe Haftung
(2) Leitungsbefugnisse ↳ nach innen = Geschäftsführungsbefugnis ↳ nach außen = Vertretungsbefugnis	Umfassende Leitungsbefugnisse
(3) Gewinn- und Verlustbeteiligung ↳ Beteiligung am Erfolg ↳ Übernahme von Verlusten	Anrecht auf Gewinn / Begrenzung bei Verlust
(4) Publizitätspflicht ↳ Rechnungslegungs- und Informationsvorschriften	Geringer Vorschriftenumfang
(5) Eigenkapital-Beschaffung ↳ Notwendige Höhe bei Gründung ↳ Zuführung von neuem Eigenkapital	Gute Basis für Eigenfinanzierung
(6) Fremdkapital-Beschaffung ↳ Kreditwürdikeit der Rechtsform	Gute Basis für Fremdfinanzierung
(7) Steuerliche Belastung ↳ Ertragsteuerliche Unterschiede	Minimierung der Steuerbelastung
(8) Fortbestand des Unternehmens ↳ Unternehmenskontinuität bei Gesellschafteraustritt / -wechsel	Gesicherter Fortbestand
(9) Kosten der Gründung ↳ Rechtsformabhängige Aufwendungen	Niedrige Kosten

Abb. 2.11 *Rechtsformmerkmale, Erläuterungen und Idealausprägungen (Töpfer, 2007, S. 250)*

Bekannterweise wird die Rechtsform Einzelunternehmen/Einzelfirma häufig bei einer Unternehmensneugründung präferiert. Gleichwohl ist die im Fazit angesprochene Ausgangslage eines geringen Risikos und ebenfalls geringen Kapitalbedarfs eher selten gegeben. Von daher kann sich bereits in diesem Stadium die Prüfung einer alternativen Unternehmensform empfehlen (vgl. Töpfer, 2007, S. 260).

Wie Abb. 2.13 beim Kriterium der Haftung erkennen läßt, ist auch die Gründung einer Einmann-GmbH (im Übrigen auch Einmann-AG) möglich. Gesetzlich legitimiert wurde diese Einpersonen-Gründung bei einer GmbH durch die GmbH-Novelle vom 04.07.1980.

Kurzkennzeichnung: Gewerbebetrieb (oder Kleingewerbebetrieb) als Handelsgewerbe eines alleinigen Inhabers
Gesetzliche Grundlagen: §§ 1-104 HGB

Kriterien und Ausprägungen:	Bewertung:*)
(1) Haftung • Unbeschränkte Haftung des Inhabers	-
(2) Leitungsbefugnisse • Leitungsbefugnisse nach innen und außen in einer Hand	+
(3) Gewinn- und Verlustbeteiligung • Inhaber ist alleiniger Träger aller Risiken; ihm stehen alle Gewinne zu, er trägt aber auch alle Verluste	+
(4) Publizitätspflicht • Niedrig - Handelsregistereintragung (evtl. freiwillig); nur bei großen Firmen Pflichtveröffentlichungen gemäß PublG	0/+
(5) Eigenkapital-Beschaffung • Höhe des betrieblichen Mindest-Eigenkapitals (MEK) wegen unbeschränkter Haftung nicht vorgeschrieben - Zuführung von Eigenkapital v.a. durch Einlagen oder über Umschichtung aus Privatvermögen (=Beschränkung)	-
(6) Fremdkapital-Beschaffung • Begrenzt durch Privatvermögen als „weitestem" Rahmen zur Besicherung von Krediten	±0
(7) Steuerliche Belastung • Ertragsbesteuerung (ESt, GewSt) allein beim Inhaber	-
(8) Fortbestand des Unternehmens • Nicht gesichert - Bei plötzlichem Ausscheiden des Inhabers (z.B. durch Tod) ist die Existenz des Unternehmens wegen der starken Inhaberführung gefährdet	-
(9) Kosten der Gründung • Gering - Gewerbeanmeldung / Handelsregistereintragung	0/+

*) Kriterienbezogene Nähe (- | -/0 | ±0 | 0/+ | +) zum Ideal

Fazit: Geeignet zur alleinverantwortlichen Führung kleinerer Unternehmen mit geringem Kapitalbedarf und geringem Risiko

Abb. 2.12 *Rechtsform-Profil: Einzelunternehmen/Einzelfirma (Töpfer, 2007, S. 253)*

Gemäß § 1 GmbHG ist die Errichtung einer GmbH durch eine oder mehrere Personen möglich. Vereint ein Gesellschafter sämtliche Geschäftsanteile in einer Hand, so kann er, vergleichbar mit einem Einzelunternehmer, alle wesentlichen Unternehmensentscheidungen eigenständig treffen. Letzlich stellt eine Einmann-GmbH aus ökonomischer Sicht ein Einzelunternehmen mit beschränkter Haftung dar. Die in der Einmann-GmbH begründeten Verbindlichkeiten sind Schulden der Gesellschaft und nicht die des einzigen Gesellschafters als Einzelunternehmer (vgl. Jung, 2010, S. 98).

Kurzkennzeichnung: Gesellschaft mit eigener Rechtspersönlichkeit, an der Gesellschafter mit Stammeinlagen beteiligt sind
Gesetzliche Grundlagen: GmbHG (mit Verweisen auf HGB)

Kriterien und Ausprägungen:	Bewertung:*)
(1) Haftung • GmbH haftet nur mit Gesellschaftsvermögen - Risiko der Gesellschafter beschränkt auf Einlage (Bar- oder Sacheinlage mit evtl. Nachschusspflicht); Einmann-GmbH möglich	0/+
(2) Leitungsbefugnisse • Nach innen und außen durch Geschäftsführer, bestellt und überwacht durch Gesellschafterversammlung mit hoher Weisungsabhängigkeit; Ausichtsrat abhängig von Größe / Branche oder freiwillig (auch Beirat)	+
(3) Gewinn- und Verlustbeteiligung • Gewinnverteilung (bei evtl. Einstellung in Gewinnrücklagen) an die Gesellschafter i.d.R. im Verhältnis der Geschäftsanteile (abweichende Regelung durch Gesellschaftsvertrag möglich)	+
(4) Publizitätspflicht • Annäherung an AG bei großen GmbHs; aber: Erleichterung für kleine und mittlere GmbHs	-/0
(5) Eigenkapital-Beschaffung • 25.000 Euro MEK - EK-Zuführung durch Thesaurierung, evtl. durch Nachschüsse; Aufnahme neuer Gesellschafter möglich, wegen Formbindung und Vermögensausgleich aber schwierig	±0
(6) Fremdkapital-Beschaffung • Bonität der GmbH eher niedrig - Für Kredite evtl. zusätzliche Besicherung aus Privatvermögen der Gesellschafter nötig	±0
(7) Steuerliche Belastung • Wie AG; GmbH: KSt / GewSt - Ges.schafter: ESt auf Ausschüttung	±0
(8) Fortbestand des Unternehmens • Gesichert, da juristische Person - Anteile nur notariell übertragbar	0/+
(9) Kosten der Gründung • Hoch - Gewerbeanmeldung / Handelsregistereintragung / notarieller Gesellschaftsvertrag	-/0

*) Kriterienbezogene Nähe (- \| -/0 \| ±0 \| 0/+ \| +) zum Ideal

Fazit: Geeignet als Kapitalgesellschaft für jede Unternehmensgröße / Branche

Abb. 2.13 *Rechtsform-Profil: Gesellschaft mit beschränkter Haftung (Töpfer, 2007, S. 359)*

2.2.5 Rechtsformen des Europäischen Gesellschaftsrechts

Erweitert man die Betrachtung von Rechtsformen auf grenzüberschreitende, europäische Rechtsformen, so existieren derzeitig drei supranationale Varianten, wobei die Britische Limited (Ltd.) hinsichtlich der Rechtsgrundlagen eine Sonderrolle einnimmt (vgl. Abb. 2.14).

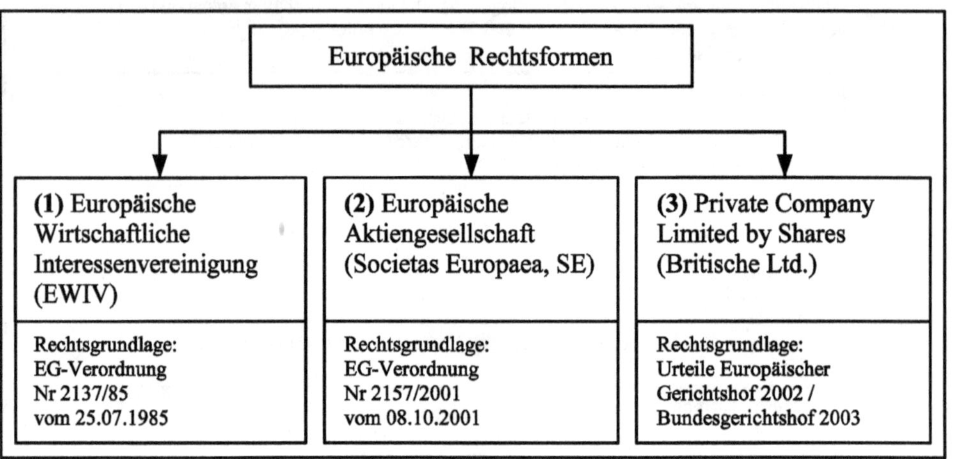

Abb. 2.14 *Rechtsformgestaltung nach europäischem Gesellschaftsrecht*

(1) Europäische Wirtschaftliche Interessenvereinigung (EWIV)
Als erste europäische Rechtsform bietet die EWIV seit 1989 die Möglichkeit für mittelständische Unternehmen und Angehörige freier Berufe grenzüberschreitend zusammenzuarbeiten. Zielsetzung der EWIV ist kein Erwerbszweck, sondern die Verbesserung der wirtschaftlichen Tätigkeit ihrer Mitglieder. Damit ähnelt dieses Konstrukt den im nächsten Abschnitt (vgl. Kap. 2.3) zu behandelnden Unternehmensverbindungen. Die **Gründung** erfolgt über einen Gesellschaftsvertrag zwischen mindestens zwei Unternehmen aus zwei verschiedenen EU-Ländern und Eintragung in das zuständige nationale Register am Sitz der Vereinigung. Gründungsmitglieder können natürliche Personen, Personengesellschaften und juristische Personen sein. Die Anzahl der Beschäftigten darf maximal 500 Mitarbeiter betragen. Die EWIV ist vergleichbar mit der OHG nach deutschem Recht, und ihre Mitglieder **haften** unbeschränkt und gesamtschuldnerisch für die Verbindlichkeiten der Gesellschaft. In der europäischen Wirtschaftspraxis nutzen diese Rechtsform beispielsweise größere Rechtsanwaltskanzleien oder vertriebsorientierte mittelständische Betriebe, die derartige Vereinigungen anstreben. Ein prominentes Beispiel für die Firmierung als EWIV ist der Deutsch-Französische Fernseh-Kulturkanal ARTE (vgl. Vahs/Schäfer-Kunz, 2007, S. 156f., Bea/Schweitzer, 2009, S. 413f., Domschke/Scholl, 2005, S. 16).

(2) Europäische Aktiengesellschaft (SE)

Alternativ zur Rechtsformwahl im Rahmen des nationalen Rechts haben europaweit agierende Konzerne seit Oktober 2004 gemäß Verordnung zum Statut der Europäischen Gesellschaft (SE-VO) die Möglichkeit, eine neue staatenübergreifende Gesellschaftsform zu nutzen. Die Europäische Aktiengesellschaft dient vornehmlich der Harmonisierung von Strukturen in europäischen Unternehmen und der Erleichterung von grenzüberschreitenden Fusionen. Erstmalig kann damit vermieden werden, ein kompliziertes Netz von Tochtergesellschaften zu unterhalten, die aus rechtlicher Sicht landesspezifisch völlig unterschiedlich zu organisieren sind. Als erster im DAX und Euro Stoxx 50 notierter europäischer Großkonzern wählte die **Allianz AG** im Spätherbst 2006 das neue Modell und gründete eine SE durch Verschmelzung mit der italienischen Versicherungstochter RAS. Ein weiteres Beispiel lieferte die Dr. Ing. h.c. F. Porsche AG, die auf der Außerordentlichen Hauptversammlung am 26. Juni 2007 in eine „Societas Europaea" (SE) umgewandelt wurde und nach Eintragung ins Handelsregister am 13.11. 2007 nunmehr als **„Porsche Automobil Holding SE"** mit Sitz in Stuttgart firmiert (vgl. Christophorus, 2008, S. 8f.).

Die Europa-AG ist eine supranationale Kapitalgesellschaft mit eigener Rechtspersönlichkeit (juristische Person) und trägt den Zusatz „SE" vor oder nach dem Firmennamen. Ihr **Grundkapital** ist in Aktien zerlegt und hat bei Gründung mindestens **120.000 Euro** zu betragen. Die Gesellschaft erlangt ihre Rechtsfähigkeit mit Eintragung in das Register für Kapitalgesellschaften im Land des Unternehmenssitzes. Es sind diverse Gründungsoptionen zulässig (vgl. Jung, 2010, S. 108), drei Varianten seien hier beispielhaft aufgeführt:

- Aktiengesellschaften aus mindestens zwei EU-Mitgliederstaaten gründen durch Verschmelzung (Fusion) eine SE
- Aktiengesellschaften und/oder GmbHs aus mindestens zwei EU-Mitgliederstaaten gründen eine Holding-SE
- Aktiengesellschaften und/oder GmbHs aus mindestens zwei EU-Mitgliederstaaten gründen eine Tochter-SE

Eine weitere Innovation stellt die Wahlmöglichkeit hinsichtlich der **Organverfassung** dar. Alternativ möglich, in der **Hauptversammlung** der Aktionäre zu entscheiden und in der Satzung der Gesellschaft zu fixieren sind das deutsche System einer **dualistischen Verfassung** (Vorstand und Aufsichtsorgan) oder das angelsächsische System als **monistisches Verwaltungssystem**. Dieses, auch als Board-Verfassung bezeichnete Führungsmodell, kennt keine Unterscheidung zwischen Leitungsorgan und Kontrollorgan einer Gesellschaft. In diesem Falle ist ein einheitliches Organ, nämlich der Verwaltungsrat, für die Leitung und die Kontrolle der SE zuständig. Dabei unterscheidet man zwischen geschäftsführenden und nichtgeschäftsführenden Mitgliedern des Verwaltungsrates (vgl. Beschorner/Peemöller, 2006, S. 213f., Schmalen/Pechtl, 2009, S. 48).

(3) Britische Limited (Ltd.)

Nach einer unveröffentlichten Studie (Prof. Dr. Heribert Hirte, Wirtschaftsrechtler Universität Hamburg) existierten Mitte 2006 ca. 30.000 derartiger Limiteds in Deutschland. Da zunächst pro Monat angeblich etwa 1.000 weitere Gründungen hinzukamen und dieser Wert zwischenzeitlich auf etwa 40.000 Gründungen pro Jahr anstieg (vgl. Jung, 2010, S. 99), entwickelte sich diese Rechtsform zum Exportschlager in Deutschland. Durch die Einführung der haftungsbeschränkten Unternehmergesellschaft (UG) Ende 2008 wurde dieser Trend allerdings gestoppt.

Im Jahre 2002 hat der Europäische Gerichtshof (EuGH) durch mehrere Grundsatzurteile eine Regelung erlassen, die es Unternehmen erlaubt, eine solche Firma nach britischem Recht in Deutschland zu betreiben. Gemäß Urteil des Bundesgerichtshofs (BGH) in 2003 erlangt eine in einem Mitgliedsland der Europäischen Union gegründete GmbH volle Geschäfts- und Rechtsfähigkeit in Deutschland.

Die **Gründung** dieser Rechtsform kann nur in Großbritannien erfolgen. Das Stammkapital beträgt lediglich 1 britisches Pfund, und auch die Gründungskosten sind gering. Die Gründungsdauer liegt zwischen 24 Stunden und maximal zwei Wochen, bei einer deutschen GmbH sind eher sechs bis acht Wochen zu veranschlagen. Da die **Haftungsbeschränkung** analog deutscher GmbH gilt, sind damit im Vergleich zur deutschen GmbH zunächst einmal deutliche Vorteile zu konstatieren. Betrachtet man die **Gesellschaftsorganisation**, so benötigt die Ltd. neben einem Geschäftsführer (Director) zwingend einen sogenannten Schriftführer (Secretary). Seine Aufgaben betreffen administrative Tätigkeiten gegenüber der zuständigen britischen Behörde (Companies House). Auch die termingerechte Einreichung von Jahresabschlüssen nach englischen Rechnungslegungsvorschriften und Steuererklärungen (**Publizitätspflichten**) fallen in seinen Kompetenzbereich. Unschwer ist erkennbar, dass manche kleine Unternehmen, vornehmlich im Handwerks- und Dienstleistungssektor, schnell überfordert sein können. Das Angebot professioneller Hilfe (meist über Internet) wiederum verursacht bei Inanspruchnahme erhebliche Kosten. Der Geschäftsbetrieb der Ltd. in Deutschland unterliegt prinzipiell deutschem Recht. Folglich ist zu berücksichtigen, dass nicht nur die englische, sondern auch die deutsche Rechtsordnung (insb. das Steuerrecht) relevant sind. Die gleichzeitige Präsenz in zwei nationalen Rechtssystemen bedingt entweder eine hohe fachliche Kompetenz des Betreibers einer Britischen Limited oder aber eine kostenträchtige externe Unterstützung (vgl. ausführlich: Töpfer, 2007, S. 397ff.).

2.3 Unternehmensverbindungen

Im dritten Abschnitt der konstitutiven Entscheidungen in Unternehmen stehen Unternehmensverbindungen im Mittelpunkt. Formuliert man die langfristige Ertrags- und Existenzsicherung von Betrieben als wesentliches Unternehmensziel, so scheint dieses nur über ein möglichst kontinuierliches Wachstum erreichbar. Dabei kann die Unternehmensstrategie auf **internes Wachstum** (Ausbau der eigenen Kapazitäten) ausgerichtet sein, beispielweise durch verstärkte Fokussierung auf Forschung und Entwicklung, Produktion und Logistik. Nachfolgend ist der Betrachtungsgegenstand jedoch das **externe Wachstum**, welches sich eher sprunghaft und diskontinuierlich vollzieht und auf Verbindungen mit anderen Unternehmen abzielt. Vornehmlich die Internationalisierung und Globalisierung der Wirtschaft hat in den letzten 15 Jahren dazu geführt, dass Unternehmenszusammenschlüsse (Mergers & Acquisitions), also Bindungen mit hoher Intensität, stark zugenommen haben. Müller-Stewens/Lechner verorten in diesem Zusammenhang in einer **Langzeitbetrachtung** (1895-

2001) im **US-amerikanischen Markt** insgesamt fünf M&A-Wellen, die spektakulärste im Zeitraum von 1993-2000. Den Höhepunkt erreichte diese 5. Fusionswelle im Jahre 2000 mit 10.952 Einzelfällen und einem M&A-Volumen von 1.284 Mrd. US $. Im Crash der Aktienmärkte in den Jahren 2000-2002 fand die fünfte Welle ihr Ende (vgl. Müller-Stewens/Lechner, 2005, S. 288f.). In den Folgejahren beruhigten sich die globalen Aktienmärkte und fanden zu alten Höchstständen zurück.

Auch die **M&A-Aktivitäten** erreichten in **2005** mit **weltweit** mehr als **24.800 Transaktionen (Wert > 2.000 Mrd. US $)** einen neuen Spitzenwert. Die aktivsten Sektoren waren die Telekommunikations-, Finanzdienstleitungs- und Immobilienbranche (vgl. Töpfer, 2007, S. 1296). Das globale Geschäft mit Fusionen und Übernahmen erzielte mit Blick auf die Anzahl von M&A-Aktivitäten im **Boomjahr 2006** mit **33.356 Transaktionen (Wert 3.918 Mrd. US $)** einen historischen Höchstwert. Spektakuläre Megadeals waren die Übernahmen von BELL SOUTH CORP. durch AT&T INC. (72,7 Mrd. US $), SUEZ durch GAZ DE FRANCE (43,1 Mrd. US $) und ARCELOR SA durch MITTAL STEEL CO. NV (39,5 Mrd. US $). In Deutschland ist die Übernahme von SCHERING durch BAYER (16,3 Mrd. US $) zu nennen. Im **Jahr 2007** wurde das **Transaktionsvolumen** des Vorjahres zwar nochmals um 15 % **(4.506 Mrd. US $)** übertroffen, die Anzahl der Einzelaktionen jedoch war um 0,5 % **(33.189 Transaktionen)** gegenüber 2006 leicht rückläufig. Die größten Übernahmen fanden im Bankensektor (ABN AMRO HOLDING NV durch BARCLAYS PLC, 90,8 Mrd. US $, BANK ONE CORP. durch JP MORGAN CHASE & CO., 58.8 Mrd. US $) statt. Auffällig war allerdings der nahezu dramatische Rückgang der Transaktionen im 2. Halbjahr 2007 um rund 34 Prozent (von 2.718 Mrd. US $ auf 1.788 Mrd. US $), vornehmlich ausgelöst durch die Subprime-Krise am US-Hypothekenmarkt, mit einer spürbaren Verknappung von Fremdkapital.

Durch die deutliche Belebung der Weltwirtschaft im Jahre 2010 und zu Beginn des Jahres 2011 haben sich auch die M&A-Aktivitäten wieder stabilisiert. Dabei sind vornehmlich die weltweiten **Expansionsbestrebungen** der **Volksrepublik China** mit Blick auf Rohstoffquellen, Maschinenbauer und Infrastruktur hervorzuheben. Entsprechend einer Statistik der **Heritage Foundation** hat China in den vergangen fünf Jahren mindestens 266 Milliarden US $ im Ausland investiert, mit weiterhin steigender Tendenz. Gemäß Aussage von Alexander Roos, Partner und Spezialist für Übernahmen bei der **Boston Consulting Group**, will die Volksrepublik den westlichen Technologievorsprung aufholen und plant in Zukunft den Aufstieg in der Wertschöpfungskette nicht nur durch Ausbildung, sondern auch durch gezielte Akquisitionen wertvoller Produkte und starker Marken. Entsprechende Expansionsanweisungen wurden seitens der **SASAC** (Behörde zur Verwaltung der Staatsbetriebe) bereits im Jahre 2009 an ihre Firmen erteilt. Übernahmen haben dabei höchste Priorität aus der Sicht Pekings (vgl. Welt am Sonntag, August 2010, S. 28f.).

Die nächsten drei Gliederungspunkte widmen sich schrittweise den Themen:

- Ziele zwischenbetrieblicher Zusammenarbeit
- Ebenen und Richtung der Zusammenarbeit
- Unterteilung nach Bindungsintensitäten

(**Literatur**: Vahs/Schäfer-Kunz, 2007, S. 179-219, Jung, 2010, S. 127-155, Töpfer, 2007, S. 1277-1301, Schmalen/Pechtl, 2009, S. 63-85, Bea/Schweitzer, 2009, S. 418-437, Wöhe, 2010, S. 250-268, Luger, 2004, S. 179-196, Beschorner/Peemöller, 2006, S. 227-242, Thommen/Achleitner, 2009, S. 92-104, Specht/Balderjahn, 2005, S. 151-157, König, 2006, S. 30-33)

2.3.1 Ziele zwischenbetrieblicher Zusammenarbeit

Die Literatur bietet eine Vielzahl von Zielkatalogen zwischenbetrieblicher Zusammenarbeit an, wobei der Schwerpunkt in der Systematik nach betrieblichen Funktionsbereichen liegt. Hier wird der Vorgehensweise von Vahs/Schäfer-Kunz, 2007, (vgl. S. 190f.), gefolgt, die eine andere Orientierung wählen und von einem „Zusammenarbeitszielpentagon" (Fünfeck) sprechen. Zuvor seien aber noch zwei Aspekte andiskutiert, die einer Vervollständigung der nachfolgenden Betrachtungen dienen. Im Sinne der Wachstumsförderung (s.o.) schaffen Unternehmensverbindungen auch die Voraussetzungen für die **Befriedigung persönlicher Interessen** von **Topmanagern** (Einkommen, Prestige, Macht, Selbstverwirklichung). Verwiesen sei auf den Fall DAIMLER-BENZ, in welchem der damalige Vorstandsvorsitzende Jürgen Schrempp seine Vision der „Welt-AG" zunächst durch die spektakuläre Akquisition von CHRYSLER (1998) und später von MITSUBISHI MOTORS CORPORATION (2000) im Rahmen einer 34 %-igen Beteiligung zu realisieren versuchte. Bekannterweise ist diese Vision gescheitert, und dem Nachfolger Dieter Zetsche gelang es, das Unternehmen CHRYSLER im Sommer 2007 an den amerikanischen Finanzinvestor CEBERUS zu veräußern. Der zweite Aspekt betrifft den sogenannten **Synergieeffekt** (2+2=5). Dieser besagt, dass die Zusammenfassung bislang getrennter Unternehmensbereiche den Wert der Summe der jeweiligen Einzelteile übersteigt. Derartige Verbundeffekte, die auch durch Vermeidung von Doppelaktivitäten entstehen, können in vielen betrieblichen Funktionsbereichen (z.B. Fixkostendegression in der Fertigung, Einkaufsbündelung in der Beschaffung) liegen. Angemerkt sei, dass die nachfolgenden fünf Ziele nicht notwendigerweise überschneidungsfrei sein müssen.

(1) Ressourcenziele

Die Zusammenarbeit zwischen Unternehmen zielt in vielen Fällen auf eine Vereinigung der Ressourcen ab. Die Kombination der Ressourcen Kapital und Know-how eines deutschen und eines französischen Automobilproduzenten zwecks Planung und Entwicklung eines Hybridmotors wäre ein Beispiel. Im Sinne der Institutionalisierung einer „Lernenden Organisation" (Prozess- und Teamorganisation) kommt es zudem zum Austausch von Wissen und Kompetenzen (vgl. auch: Wissensmanagement, Kap. 1.7.3).

(2) Zeitziele

Forschungs- und Entwicklungsvorhaben sind durch Direktakquisition und unmittelbare Nutzung von Partner-Know-how schneller umsetzbar. Eine Investition in bereits existierende ausländische Vertriebsstrukturen beflügelt das Wachstum von Auslandsmärkten.

(3) Kostenziele

Die Nutzung einer gemeinsamen zentralen Einkaufsorganisation vergrößert die Machtstellung gegenüber den Lieferanten und bewirkt Preissenkungen. Im oben zitierten Daimler-Chrysler-Merger betrug laut Geschäftsbericht 1998 das gemeinsame Beschaffungsvolumen mehr als 89 Mrd. Euro und war eine der zentralen Akquisitionsbegründungen. Hohe kumulative Produktionsmengen bewirken Stückkostensenkungen und verweisen auf das Erfahrungskurvenphänomen (vgl. Kap. 1.1.3).

(4) Marktstellungsziele

Unternehmensverbindungen tragen dazu bei, die Marktstellung zu verbessern. Der Marktzutritt ist oft erst durch Zusammenarbeit mit ortsansässigen Betrieben möglich. Kartellabsprachen zwischen den beteiligten Unternehmen und der Aufbau von Markteintrittsbarrieren stärken die Marktposition. Der Zusammenschluss von TIME WARNER und AOL (AMERICA ONLINE) zum weltweit führenden Medienkonzern im Jahre 2000 kann als ein klassisches Beispiel für marktstellungsorientierte Verbindungen aufgeführt werden. AOL greift für die Speisung seines Netzes auf die Inhalte (Nachrichten, Filme, Musik etc.) von TIME WARNER zurück, diese profitieren durch AOL mit 20 Mio. Nutzern vom Zugriff auf die Verwertungskanäle der Zukunft (vgl. Müller-Stewens/Lechner, 2005, S. 289f.).

(5) Risikoziele

Wechselseitige Beteiligungen oder Fusionen senken grundsätzlich das operative und strategische Risikopotential der Partner durch Risikoverteilung. Dies gilt für Forschungs- und Entwicklungsrisiken ebenso wie für Produktions- und Vermarktungsrisiken. Auch die Gefahr feindlicher Übernahmen (hostile-takeover) wird reduziert.

2.3.2 Ebenen und Richtung der Zusammenarbeit

Beim Versuch der Klassifikation des Zusammenwirkens von Unternehmen sind Produktions- und Absatzstufen sowie unterschiedliche Branchen zu berücksichtigen. Dementsprechend lassen sich nach Art der verbundenen Wirtschaftsstufen und Branchen drei Varianten unterscheiden.

(1) Horizontale Verbindungen

Bei einer horizontalen Zusammenarbeit handelt es sich um eine Integration von Unternehmen gleicher Branchen auf derselben Produktions- bzw. Handelsstufe (z.B. Zusammenschluss mehrerer Zementwerke, Brauereien oder Warenhäuser). Verbindungen auf horizontaler Ebene führen zu einer Erweiterung der Produktionsbreite.

(2) Vertikale Verbindungen

In diesem Fall erfolgt eine Vereinigung vor- und nachgelagerter Produktions- und Absatzstufen. Unternehmensverbindungen auf vertikaler Ebene dienen der Erweiterung der Wertschöpfungstiefe. Ein Textilunternehmen etwa, welches die Produktionsstufen Spinnerei, Texturierung und Wirkerei umspannt, entschließt sich, auch eine Färberei in den Produktionsprozess zu integrieren. Wird diese nachgelagerte Stufe, z.B. durch Erwerb eines geeigneten Betriebes, angegliedert, so spricht man auch von Vorwärtsintegration (**forward integration**). Hat dieses Unternehmen beispielsweise das texturierte Garn bislang von einem Lieferanten bezogen und beschließt nun, diesen Lieferanten zu übernehmen, handelt es sich um eine Rückwärtsintegration (**backward integration**).

(3) Diagonale Verbindungen

Die diagonale Zusammenarbeit wird auch als lateral, konglomerat, heterogen, gemischt, diversifiziert oder anorganisch bezeichnet. Diese Form kennzeichnet den Zusammenschluss branchenfremder Unternehmen. Die Zielrichtung dieser Variante kann eine optimale Risikoverteilung sein, aber auch finanzierungspolitische Gesichtpunkte könnten im Vordergrund stehen. Man denke z.B. an einen Automobilhersteller, der mit Leasinggesellschaften, Banken, Versicherungen, Autovermietern und Kreditkartenunternehmen zusammenarbeitet.

Die Ebenen und Richtungen unternehmerischer Verbindungen sind abschließend in Abb. 2.15 beispielhaft und zusammenfassend enthalten.

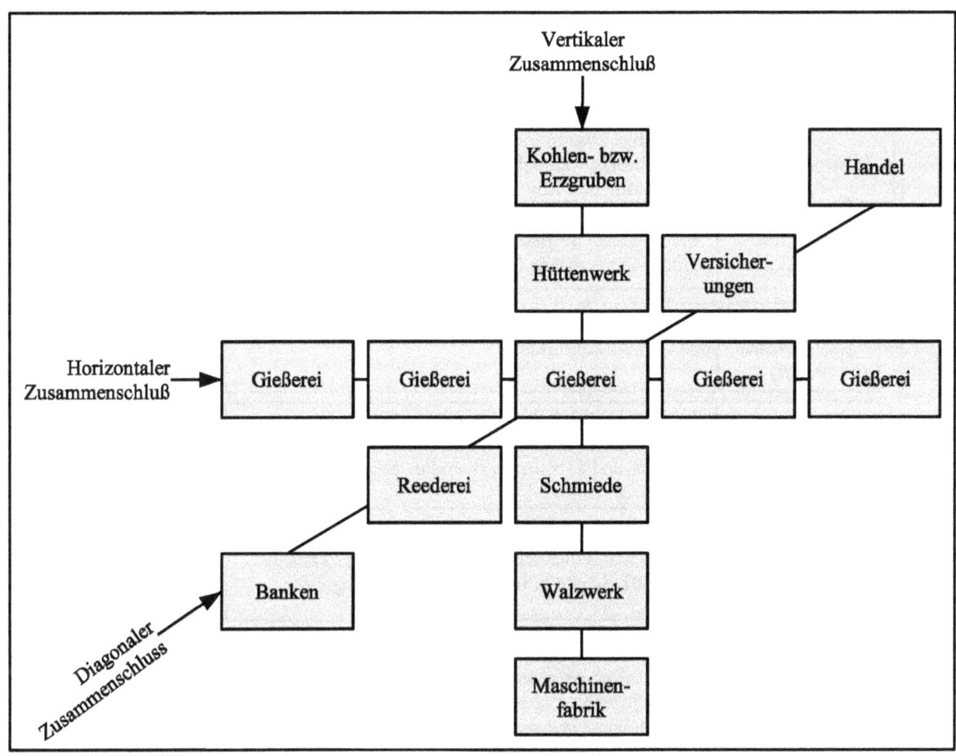

Abb. 2.15 *Ebenen und Richtungen von Unternehmensverbindungen (Korndörfer, 2003, S. 122)*

2.3.3 Unterteilung nach Bindungsintensitäten

Im Rahmen der bisherigen Analyse wurde vorwiegend von „zwischenbetrieblicher Zusammenarbeit" und „Unternehmensverbindungen" gesprochen. Damit ist noch keine Aussage über die Intensität einer Zusammenarbeit von Unternehmen getroffen. Die entscheidende Fragestellung konzentriert sich von daher auf den Grad der verbleibenden wirtschaftlichen und rechtlichen Selbständigkeit der zusammenarbeitenden Wirtschaftseinheiten. Hinsichtlich der **Bindungsintensität** lassen sich grundsätzlich Zusammenarbeitsformen der **Kooperation** und der **Konzentration** unterscheiden. In der Abb. 2.16 sind die

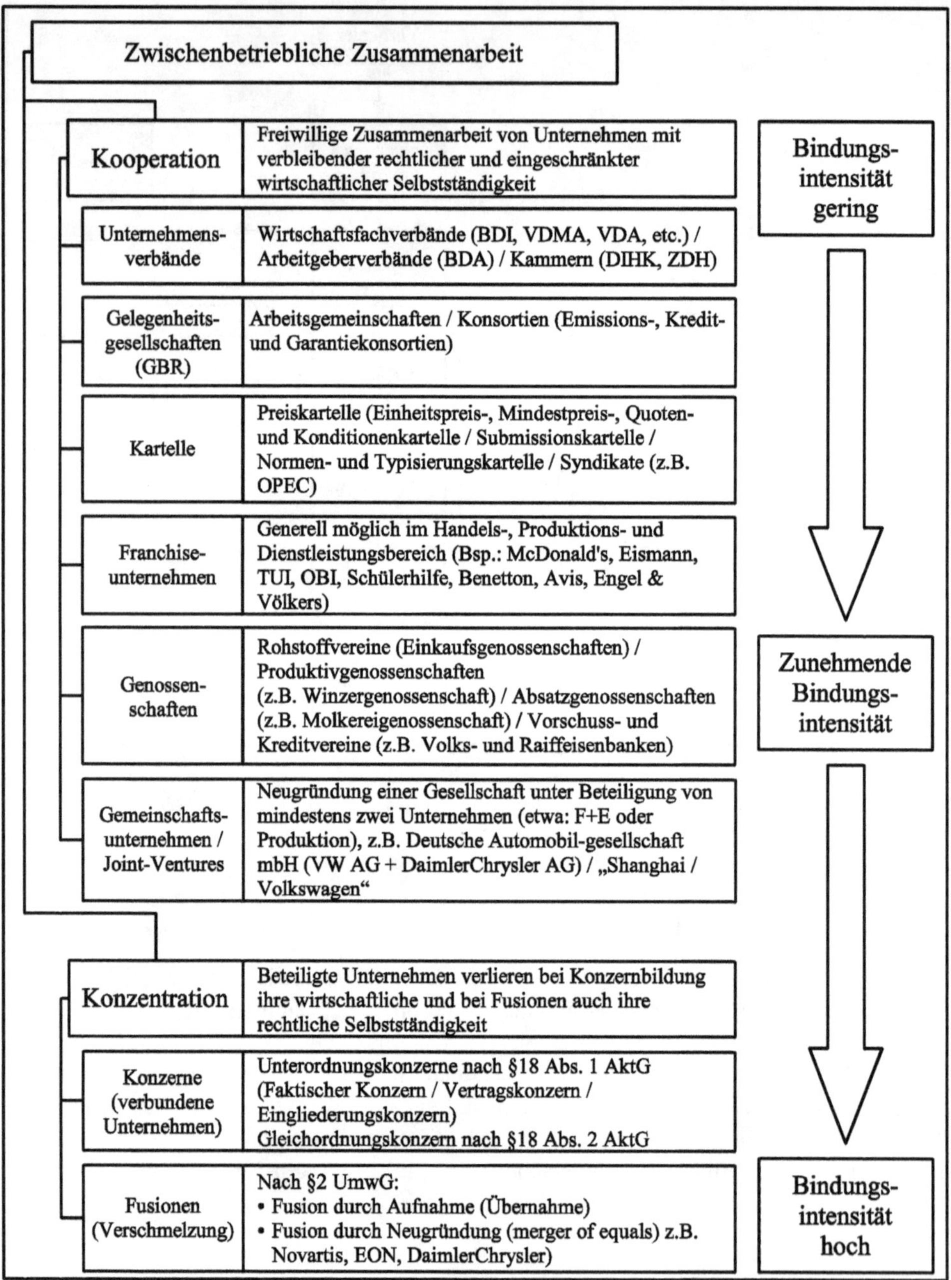

Zwischenbetriebliche Zusammenarbeit
Kooperation
Freiwillige Zusammenarbeit von Unternehmen mit verbleibender rechtlicher und eingeschränkter wirtschaftlicher Selbstständigkeit
Unternehmens-verbände
Wirtschaftsfachverbände (BDI, VDMA, VDA, etc.) / Arbeitgeberverbände (BDA) / Kammern (DIHK, ZDH)
Gelegenheits-gesellschaften (GBR)
Arbeitsgemeinschaften / Konsortien (Emissions-, Kredit- und Garantiekonsortien)
Kartelle
Preiskartelle (Einheitspreis-, Mindestpreis-, Quoten- und Konditionenkartelle / Submissionskartelle / Normen- und Typisierungskartelle / Syndikate (z.B. OPEC)
Franchise-unternehmen
Generell möglich im Handels-, Produktions- und Dienstleistungsbereich (Bsp.: McDonald's, Eismann, TUI, OBI, Schülerhilfe, Benetton, Avis, Engel & Völkers)
Genossen-schaften
Rohstoffvereine (Einkaufsgenossenschaften) / Produktivgenossenschaften (z.B. Winzergenossenschaft) / Absatzgenossenschaften (z.B. Molkereigenossenschaft) / Vorschuss- und Kreditvereine (z.B. Volks- und Raiffeisenbanken)
Gemeinschafts-unternehmen / Joint-Ventures
Neugründung einer Gesellschaft unter Beteiligung von mindestens zwei Unternehmen (etwa: F+E oder Produktion), z.B. Deutsche Automobil-gesellschaft mbH (VW AG + DaimlerChrysler AG) / „Shanghai / Volkswagen“
Konzentration
Beteiligte Unternehmen verlieren bei Konzernbildung ihre wirtschaftliche und bei Fusionen auch ihre rechtliche Selbstständigkeit
Konzerne (verbundene Unternehmen)
Unterordnungskonzerne nach §18 Abs. 1 AktG (Faktischer Konzern / Vertragskonzern / Eingliederungskonzern) Gleichordnungskonzern nach §18 Abs. 2 AktG
Fusionen (Verschmelzung)
Nach §2 UmwG:
• Fusion durch Aufnahme (Übernahme)
• Fusion durch Neugründung (merger of equals) z.B. Novartis, EON, DaimlerChrysler)
Bindungs-intensität gering
Zunehmende Bindungs-intensität
Bindungs-intensität hoch

Abb. 2.16 *Zusammenarbeitsformen nach Bindungsintensität (in Anlehnung an: Vahs/Schäfer-Kunz, 2007, S. 184f., S. 198ff., Wöhe, 2005, S. 285f., S. 292ff., Wöhe, 2010, S. 250ff., Bea/Schweitzer, 2009, S. 421ff., Jung, 2010, S. 127ff., Thommen/Achleitner, 2009, S. 96ff.)*

verschiedenen Formen mit zunehmender Bindungsintensität überblicksartig dargestellt (vgl. auch: Kap. 2.1.1).

Über die in Abb. 2.16 aufgeführten Varianten hinaus existieren in der Praxis vier weitere, besondere Ausprägungen, die auf noch mehr Effizienz und Flexibilität abzielen und allesamt den Kooperationsformen zuzurechnen sind (vgl. hierzu: Literatur Abb. 2.16, insb. Vahs/Schäfer-Kunz, 2007, S. 210ff.).

- **Strategische Allianzen** dienen der Verbesserung von Wettbewerbspositionen und basieren auf einer vertraglichen Vereinbarung von Unternehmen derselben Wertschöpfungsstufe. Ihre Ausrichtung ist langfristig und richtungsweisend mit internationaler, globaler Orientierung (Beispiele: „Star Alliance“ von Lufthansa/United Airlines, Entwicklung neuer Chipgenerationen Siemens+IBM).
- **Strategische Netzwerke** (vernetzte Organisationen) bezeichnen komplexe und mehrdimensionale Beziehungsgeflechte mit der primären Zielsetzung der Prozessoptimierung entlang von Wertschöpfungsketten (Beispiel: Wertschöpfungspartnerschaften in der Automobilindustrie durch Zulieferer-Hersteller-Netzwerke).
- **Virtuelle Unternehmen** bilden aufgabenspezifische und standortübergreifende Netzwerke. Dabei werden die jeweiligen komplementären Kernkompetenzen in gemeinsame, zeitlich begrenzte Projekte eingebracht. Der Einsatz modernster kommunikationstechnologischer Infrastrukturen fördert die Flexibilität und Reaktionsgeschwindigkeit der beteiligten Unternehmen. Da für jedes neue Projekt neue Organisationsstrukturen gebildet werden, unterscheiden sich virtuelle Unternehmen von strategischen Netzwerken, die auf stabileren Strukturen basieren (Beispiel: „MikroWebFab“ als virtuelle Einheit im Bereich der Mikrosystemtechnik durch Zusammenschluss fünf mittelständischer Unternehmen im Jahre 2001. Erste Referenzprodukte waren Bioanalysesysteme und magnetoresistive Systeme).
- **Keiretsus** als japanisches Modell beschreibt ein System rechtlich selbständiger, aber wirtschaftlich über gegenseitige Minderheitsbeteiligungen verflochtener Unternehmen verschiedenster Branchen. Die Beteiligungsquoten liegen üblicherweise zwischen nur 2 bis 5 Prozent. Wesentliche Entscheidungen innerhalb des Keiretsus werden im Konsens getroffen. Großes gegenseitiges Vertrauen, auch bedingt durch einen regelmäßigen Personalaustausch, fördert zudem die wechselseitige Weitergabe von Informationen und Kow-how. Gleichwohl bleibt der interne Wettbewerb zwischen den verbundenen Unternehmen bestehen. Mit Blick auf die Wettbewerbsfähigkeit orientieren sich die Verbundunternehmen darüber hinaus stets an den besten Unternehmen außerhalb des Verbundes (Beispiel für ein Keiretsus: „Mitsubishi“ als Japans größte Unternehmensgruppe, bestehend im Kern aus 30 Unternehmen - sogenanntes „Mitsubishi Kinyokai“ - der Sektoren Automobilbau, Handel, Luft- und Raumfahrtindustrie, Anlagenbau, Chemie, Elektronik, Banken, Versicherungen u.a.).

3 Betriebswirtschaftliche Zielkonzeptionen

In der Unternehmensführung bilden Zielsetzungen eine der Grundfunktionen des Managements und spielen folglich eine dominierende Rolle. Unternehmensziele als Absichtserklärungen der Unternehmensleitung dienen der Rechtfertigung und der Anleitung von Handlungen, haben eine Informations- und Motivationsfunktion und sind Maßstab für die Leistungsbeurteilung. Auch auf den verschiedenen Stufen des Managementprozesses und in den verschiedenen Managementebenen sind Zielüberlegungen zwingend erforderlich (vgl. Abb. 3.1). Aus genereller Sicht lassen sich **unternehmerische** Ziele als **erstrebenswerte** (erwünschte) **Zukunftszustände** klassifizieren, die im Ergebnis von Entscheidungen eintreffen sollen (vgl. Jung/Bruck/Quarg, 2008, S. 135).

Dogmengeschichtlich begegnet man der Zieldiskussion zunächst in der klassischen Mikroökonomie (vgl. nachfolgend: Müller-Stewens/Lechner, 2005, S. 243ff. sowie Kap.1.5). Das Menschenbild des „homo oeconomicus" in Verbindung mit der Zielsetzung der „Gewinnmaximierung" führt aus betriebswirtschaftlicher Sicht (vgl. Gutenberg, Erich) zur optimalen Kombination der Produktionsfaktoren. Je effektiver und effizienter dies vor dem Hintergrund rationaler Entscheidungskriterien erfolgt, umso stärker wächst der unternehmerische Gewinn. Dieses unterstellte Verhalten von Einzelwirtschaften aufaggregiert und in Verbindung gebracht mit dem Zusammenspiel zwischen volkswirtschaftlichem Angebot und Nachfrageseite führt zur optimalen Ressourcenallokation in der freien Marktwirtschaft. Bewirkt wird dieser Effekt durch den Preismechanismus **(„invisible hand")**. Diese Vorstellungen waren aber auf Dauer nicht haltbar und wurden vornehmlich durch die betriebswirtschaftliche Zielforschung in den 60-er und 70-er Jahren des vergangenen Jahrhunderts (mit zahlreichen empirischen Beiträgen) relativiert. Gewinnmaximierung gilt weder als das einzige Ziel von Unternehmen, noch hat es die ihr beigemessene dominante Stellung. Zudem haben die Entscheider keine vollständigen Informationen, kennen niemals sämtliche Alternativen und deren Auswirkungen und können nur schwerlich optimale Lösungen, sondern allenfalls zufrieden stellende Ergebnisse, erreichen. Das strenge Rationalitätsaxiom wird abgelöst durch den Begriff der „begrenzten Rationalität" **(„bounded rationality")**.

In der deutschsprachigen Betriebswirtschaftslehre (vgl. Kap. 1.4) wurde die wissenschaftliche Behandlung der Zielbildung in Unternehmen stark beeinflusst durch den entscheidungsorientierten Ansatz Anfang der 60-er Jahre des letzten Jahrhunderts. Das Basiskonzept der Systemtheorie erweiterte diese Überlegungen durch einen fundierten begrifflichen Rahmen, welcher auch betriebliche Umfeldeinflüsse psychologischer, soziologischer und technologischer Art explizit und interdisziplinär integrierte. Das verhaltenswissenschaftliche Programm schließlich lieferte die ergänzenden psychologischen und soziologischen Hintergrundfaktoren von Prozessen der Zielbildung und -verfolgung im Rahmen des tatsächlichen Entscheidungsverhaltens von Individuen und Gruppen (vgl. Töpfer, 2007, S. 426).

Die Behandlung der betriebswirtschaftlichen Zielkonzeptionen gliedert sich in die nachfolgenden Abschnitte:

- Zielfindungs- und ableitungsprozess
- Zielinhalte
- Zielbeziehungen

(**Literaturempfehlungen**: Töpfer, 2007, S. 425-454, S. 1107-1142, Schierenbeck, 2003, S. 57-93, S. 627-649, Schierenbeck/Wöhle, 2008, S. 71-110, S. 773-796, Vahs/Schäfer-Kunz, 2007, S. 49-94, S. 286-293, Wöhe, 2005, S. 88-106, S. 239-244, S. 1056-1068, Wöhe, 2010, S. 69-76, S. 204-213, S. 909-920, Schmalen/Pechtel, 2006, S. 83-105, S. 471-485, Schmalen/Pechtl, 2009, S. 87-106, S. 517-526, Thommen/Achleitner, 2006, S. 105-119, S. 499-517, Thommen/Achleitner, 2009, S. 113-126, S. 585-593, S. 723-728, Korndörfer, 2003, S. 34-48, S. 432-488, Bea/Friedl/Schweitzer, 2004, S. 310-337, Bea/Schweitzer, 2009, S. 53, S. 338-356, Jung, 2006, S. 29-39, S. 1076-1090, Jung, 2010, S. 29-39, S. 469-471, S. 1062-1077, S. 1140-1142, Weber/Kabst, 2006, S. 149-165)

3.1 Zielfindungs- und ableitungsprozess

Zwecks Strukturierung der Zielfindung und Zielableitung wird hier der Darstellungsform des **Trichtermodells von Töpfer** gefolgt (vgl. Töpfer, 2007, S. 426ff.). In Abb. 3.1 ist zunächst verdeutlicht, dass verschiedene Interessensgruppen auf die generelle Zielrichtung eines privatwirtschaftlichen Unternehmens Einfluss nehmen. Die Differenzierung von sogenannten (internen) **Kerngruppen** und (externen) **Satellitengruppen** verweist auf den bereits angesprochenen Stakeholder-Ansatz in der Betriebswirtschaftslehre (vgl. Kap. 1.4.5). Die Satellitengruppe Konkurrenten wird in der Ausprägung von Markt und Konkurrenz bewusst an zentraler Stelle eingeordnet. Damit soll die besondere Bedeutung der Positionierung des unternehmerischen Leistungsangebotes im heutigen globalisierten Wettbewerbsumfeld betont werden. Das Trichterprinzip lässt auch erkennen, dass die Kerngruppen den Prozess der betrieblichen Zielfindung in direkter Weise aktiv steuern, die Satellitengruppen hingegen überwiegend passiv betroffen sind und nur indirekt Einfluss ausüben. In Anlehnung an Weber/Kabst (2006) wird das Stakeholder-Modell mit Blick auf die Interessens- und Anspruchsgruppen, deren Ziele und Instrumente zur Zielerreichung in Abb. 3.2 noch einmal zusammenfassend aufgegriffen.

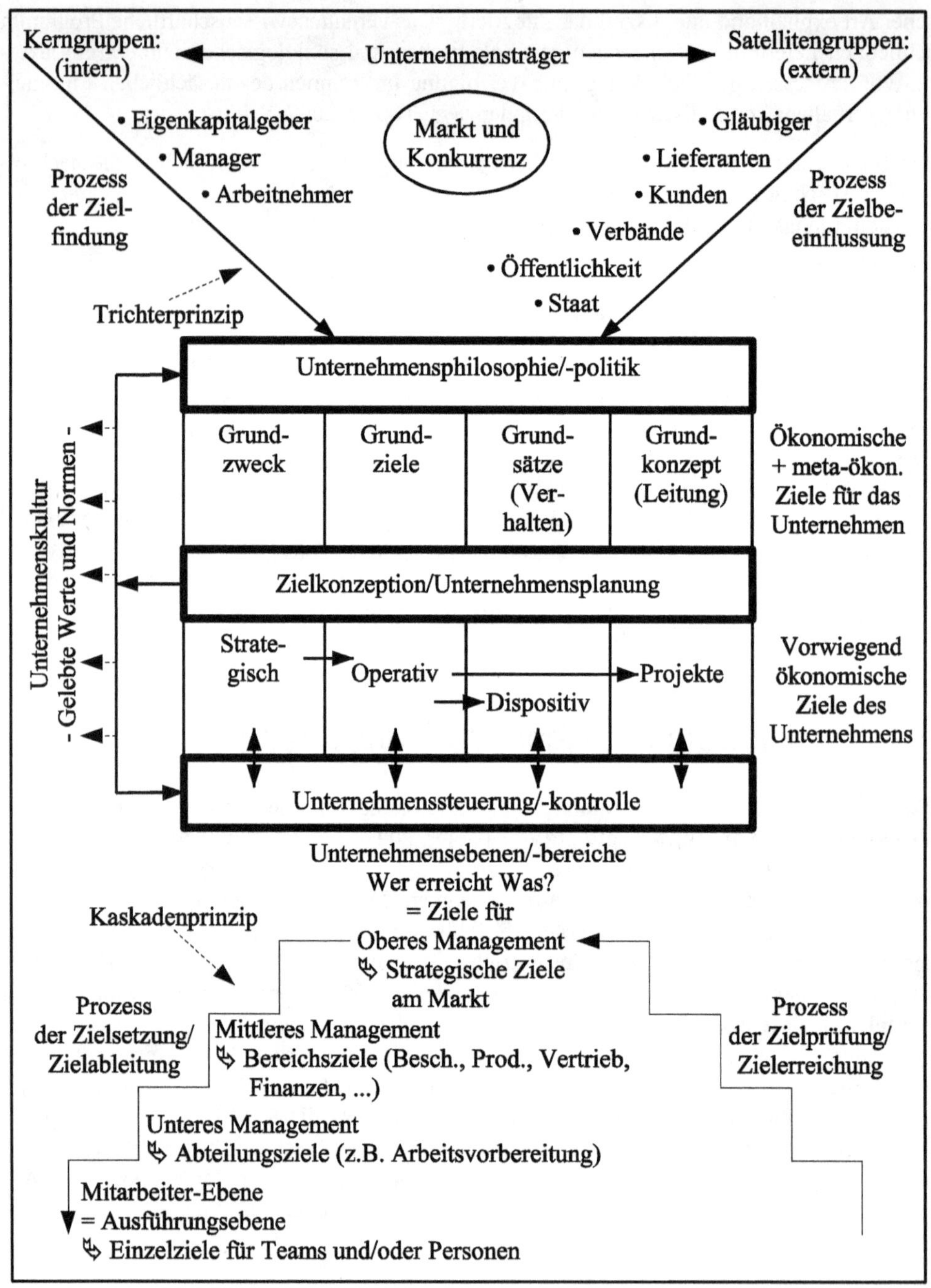
Kerngruppen:
(intern)
Unternehmensträger
Satellitengruppen:
(extern)
• Eigenkapitalgeber
• Manager
• Arbeitnehmer
Markt und Konkurrenz
• Gläubiger
• Lieferanten
• Kunden
• Verbände
• Öffentlichkeit
• Staat
Prozess der Zielfindung
Prozess der Zielbeeinflussung
Trichterprinzip
Unternehmensphilosophie/-politik
Grundzweck
Grundziele
Grundsätze (Verhalten)
Grundkonzept (Leitung)
Ökonomische + meta-ökon. Ziele für das Unternehmen
Unternehmenskultur
- Gelebte Werte und Normen -
Zielkonzeption/Unternehmensplanung
Strategisch
Operativ
Dispositiv
Projekte
Vorwiegend ökonomische Ziele des Unternehmens
Unternehmenssteuerung/-kontrolle
Unternehmensebenen/-bereiche
Wer erreicht Was?
= Ziele für
Kaskadenprinzip
Oberes Management
↳ Strategische Ziele am Markt
Prozess der Zielsetzung/ Zielableitung
Mittleres Management
↳ Bereichsziele (Besch., Prod., Vertrieb, Finanzen, ...)
Prozess der Zielprüfung/ Zielerreichung
Unteres Management
↳ Abteilungsziele (z.B. Arbeitsvorbereitung)
Mitarbeiter-Ebene
= Ausführungsebene
↳ Einzelziele für Teams und/oder Personen

Abb. 3.1 *Grobschema der Prozesse zur Zielfindung und Zielableitung (Töpfer, 2007, S. 427)*

Stakeholder	Ziele	Instrumente zur Zielerreichung
Eigenkapital-geber	Einkommen durch Ausschüttung, Vermögensmehrung, Macht, soziales Prestige	Rechtsformabhängig
Unternehmens-leitung	Einkommen, Sicherung des Arbeitsplatzes, Verantwortung, Prestige	Zielbildung und -durchsetzung
Arbeitnehmer	Einkommen, Sicherung des Arbeitsplatzes, humane Arbeitsbedingungen, Entfaltung der Persönlichkeit	Einflußnahme durch Betriebsrat, Wirtschaftsaus-schuss, Aufsichtsrat etc.
Gläubiger	Verzinsung und Tilgung, weitere Kreditgeschäfte	Vertragsgestaltung, evtl. Einflussnahme im Aufsichtsrat etc.
Abnehmer/ Kunden	Bedarfsgerechte Güterversorgung (bzgl. Qualität, Quantität, Preis, Zusatzleistungen, ...)	Abhängig von der Marktmacht
Lieferanten	Produktionsgerechter Absatz von Gütern	Abhängig von der Marktmacht
Fiskus	Sicherung der Abgaben (bspw. Steuern)	Gesetze und Erlasse, Betriebsprüfung, Steuer-stundung, Subventionen
Öffentlichkeit	Sicherung der Leistungsfähigkeit, Verminderung der Umweltbelastung, organische Einordnung in ein funktionsfähiges Wirtschafts- und Gesellschaftsgefüge	Gesetze, Verordnungen und Informationspolitik

Abb. 3.2 Instrumentalfunktion der Unternehmung: Stakeholder und ihre Ziele (Weber/Kabst, 2006, S. 152)

Wendet man sich der nächsten Schrittfolge in Abb. 3.1 zu, so stehen unternehmenskulturelle Aspekte in Form von (gelebten) Werten und Normen im Vordergrund. Die **Unternehmens-philosophie**, häufig auch als Unternehmensleitbild bezeichnet, soll in allgemeiner und grundsätzlicher Form das betriebliche Wertesystem vermitteln. Die **Unternehmenspolitik** betrifft die nachfolgenden handlungsanleitenden und -verpflichtenden Orientierungen der Unternehmensführung. Neben ökonomischen Zielvorstellungen spielen dabei auch meta-ökonomische Bestandteile, die sich in Form von Verhaltensprädispositionen äußern, eine bedeutende Rolle.

- Den **Grundzweck** des Unternehmens charakterisieren der generelle Tätigkeitsbereich mit Blick auf Güter und Dienstleistungen, der Aufbau von Kernkompetenzen durch besondere Leistungseigenschaften sowie die zu bearbeitenden Märkte und Marktsegmente.
- **Grundziele** bilden die Obersten Unternehmensziele (vgl. Kap. 3.2.2) und beziehen sich auf ökonomische Ziele in Form von Sach-, Erfolgs- und Finanzzielen. Betroffen sind aber ebenso soziale und ökologische Zielvorstellungen, das Unternehmensimage und sonstige gesellschaftsbezogene Leistungsbeiträge (z.B. Steuern und Abgaben).
- Die **Grundsätze des Verhaltens** zielen ab auf die diversen unternehmensinternen und -externen Anspruchsgruppen. Beispielhaft genannt seien etwa die Dividenden- und In-

formationspolitik gegenüber den Anteilseignern („Investor Relations"), Sozialleistungen gegenüber den Mitarbeitern, Qualitätsgrundsätze im Zusammenspiel mit den Marktpartnern (Abnehmer und Lieferanten) oder die Unternehmensdarstellung in der Öffentlichkeit („External Relations").

- Das **Grundkonzept** beschreibt das **Leitungs- und Managementkonzept** hinsichtlich Organisation, Führung (Führungsgrundsätze und -techniken), Controllingsystem und Management-Development-Ansatz.

Fokussiert man im Rahmen der Zielfindung und -ableitung auf die **Unternehmensplanung** und -kontrolle, erkennt man in Abb. 3.1 zunächst die strategische und operative Ebene. Während die strategische Planung auf längerfristige Weichenstellungen in potenzial-, markt- und konkurrenzorientierter Sicht ausgerichtet ist, unterteilt sich die operative Ebene in eine dispositive Planung (reines Tagesgeschäft) und in die Planung von Projekten (vgl. auch: Abb. 2.1, Kap. 2.). Die Projektplanung konzentriert sich auf eine sachgerechte Abwicklung zeitlich begrenzter Einzelvorhaben (z.B. Einführung eines neuen kommerziellen DV-Systems). Im Vergleich zu Routineaufgaben wird die Erfolgswahrscheinlichkeit komplexer und interdisziplinärer Projekte durch den Einsatz spezieller Organisationsstrukturen und Arbeitsmethoden erheblich gesteigert. Angesichts der ständig zunehmenden Bedeutung von **Projektmanagement** in Unternehmen sei dieser Begriff hier definiert als *„...die Gesamtheit von Führungsaufgaben, -organisation, -techniken und -mitteln für die Abwicklung eines Projekts" (Thommen/Achleitner, 2009, S. 1052).*

Die abschließende Betrachtung des unteren Drittels der Abb. 3.1 zeigt den Gesamtprozess der Zielvereinbarung hinsichtlich der ebenenspezifischen und personenbezogenen Ziele. Gemäß **Kaskadenprinzip** erfolgt zunächst im „top-down-Verfahren" der Teilprozess der Zielsetzung und -ableitung (retrograd) und anschließend in „bottom-up-Richtung" der Teilprozess der Zielprüfung und -erreichung (progressiv). Beim bottom-up-Prozessschritt erhält die jeweils nächsthöhere Ebene entweder eine Zielbestätigung oder es müssen im Falle von Umsetzungsengpässen Zielanpassungen vorgenommen werden. Entscheidender Vorteil dieser kombinierten Vorgehensweise nach dem **Gegenstromprinzip** ist die Einbeziehung und Verpflichtung aller beteiligten Führungskräfte und Mitarbeiter. Man bezeichnet diese kooperative Variante der Zielvereinbarung auch als **Management by Objectives** (vgl. Teil II, Kap. 3.2.4).

3.2 Zielinhalte

3.2.1 Zielanforderungen

Als Ergebnis der Zielbildung entlang des Gegenstromverfahrens wird ein möglichst widerspruchsfreies und umsetzungsfähiges Zielsystem erwartet. Bevor in der nachfolgenden Schrittfolge die eigentlichen Zielinhalte zu skizzieren sind, sollen zunächst die wichtigsten Attribute von Zielen und vornehmlich Zielkonzeptionen überblicksartig erörtert werden (vgl.

Abb. 3.3). Dabei sei angemerkt, dass die betrachteten Kriterien nicht komplett überschneidungsfrei sein können.

Anforderungen an Einzelziele und geordnete Gesamtheiten von Zielen (Zielsysteme)
• **Realistik:** Ziele, die den Planungszyklus durchlaufen haben, sollten grundsätzlich erreichbar sein („Abgesichertheit durch Planung“). • **Operationalität:** Präzisierung aller Zieldimensionen (Zielinhalt, Zielausmaß / Zeitlicher und räumlicher Bezug / Zielverantwortlichkeiten festlegen). • **Ordnung:** Klare Definition der Zielbeziehungen, Zielhierachien (Über-, Unter-, Gleichordnung) konzipieren, Festlegung von Prioritäten fordern. • **Konsistenz:** Widerspruchsfreie und aufeinander abgestimmte Zielsysteme entwerfen, Zielkonflikte untersuchen und ggf. bereinigen. • **Aktualität:** Zeitnahe Zielformulierungen anstreben, verworfene oder überholte Ziele eliminieren. • **Vollständigkeit:** Sämtliche Zielkategorien, -bereiche und -ebenen berücksichtigen, „Leerstellen“ vermeiden. • **Durchsetzbarkeit:** Ebenenspezifische Akzeptanz der Akteure bei Zielableitung und -umsetzung, insbesondere mit Blick auf erreichbare Zieldimensionen, sicherstellen (Motivationskraft von Zielen). • **Organisationskongruenz:** Ziele müssen in einem nachvollziehbaren, sinnvollen Zusammenhang zur Organisation (Aufgaben und Kompetenzen) stehen. • **Transparenz und Überprüfbarkeit:** Übersichtlichkeit, Verständlichkeit, eindeutige Gliederungslogik und Überprüfbarkeit des Zielsystems. Zielerreichungsgrad sollte zwecks Zielidentifikation messbar sein.

Abb. 3.3 *Notwendige Eigenschaften von Zielsystemen (vgl. Wild, 1982, S. 55ff.)*

Um die Motivations- und Identifikationswirkung von Zielen zu optimieren, empfiehlt sich in der Unternehmenspraxis dringend eine explizite und schriftliche Formulierung von Zielsystemen.

3.2.2 Zielebenen und -kategorien

Bei einer systematischen Betrachtung von Zielinhalten stößt man auf den Handlungsbezug von Zielen, und es ist demgemäß erforderlich, im ersten Schritt eine Aufteilung in **Sach- und Formalziele** durchzuführen. Mit Blick auf die hierarchische Struktur nehmen Formalziele

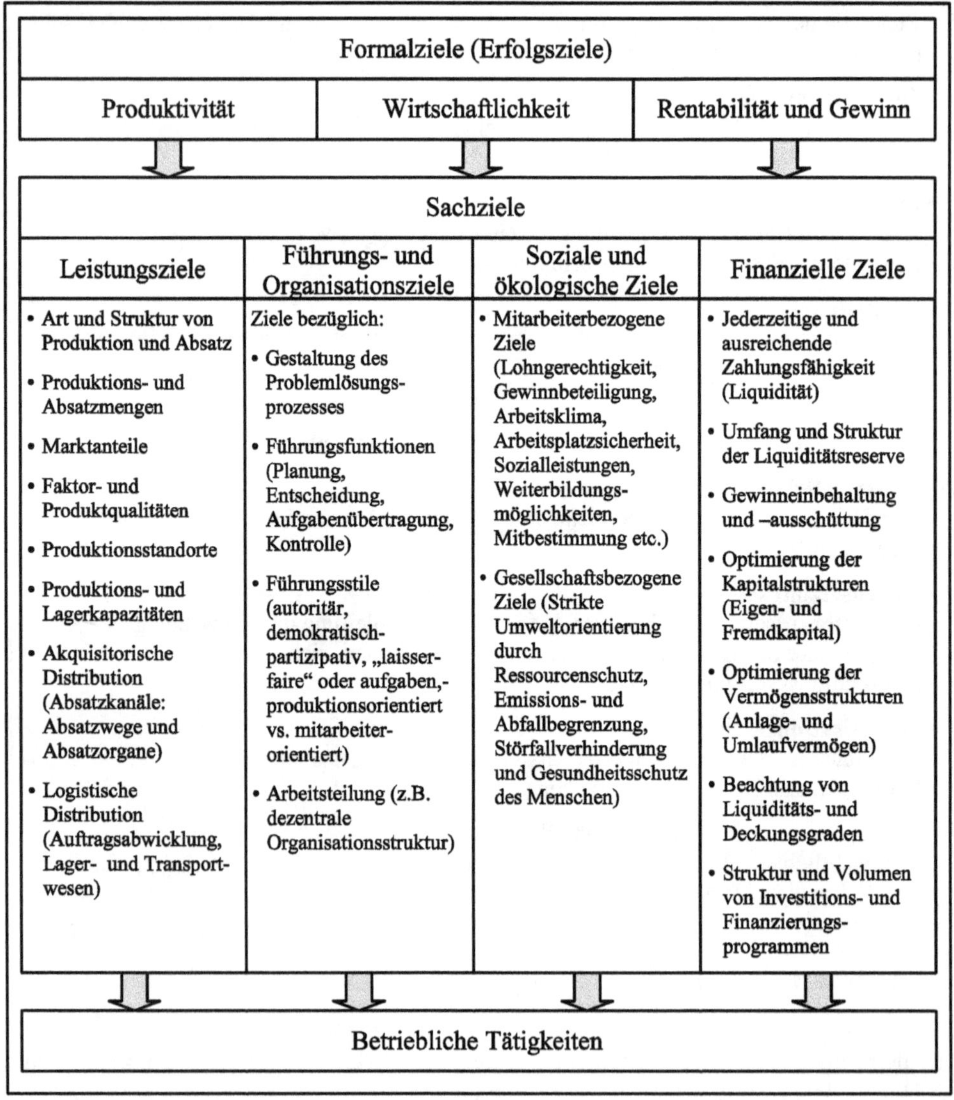

Formalziele (Erfolgsziele)
Produktivität
Wirtschaftlichkeit
Rentabilität und Gewinn
Sachziele
Leistungsziele
• Art und Struktur von Produktion und Absatz
• Produktions- und Absatzmengen
• Marktanteile
• Faktor- und Produktqualitäten
• Produktionsstandorte
• Produktions- und Lagerkapazitäten
• Akquisitorische Distribution (Absatzkanäle: Absatzwege und Absatzorgane)
• Logistische Distribution (Auftragsabwicklung, Lager- und Transportwesen)
Führungs- und Organisationsziele
Ziele bezüglich:
• Gestaltung des Problemlösungsprozesses
• Führungsfunktionen (Planung, Entscheidung, Aufgabenübertragung, Kontrolle)
• Führungsstile (autoritär, demokratisch-partizipativ, „laisser-faire“ oder aufgaben,-produktionsorientiert vs. mitarbeiter-orientiert)
• Arbeitsteilung (z.B. dezentrale Organisationsstruktur)
Soziale und ökologische Ziele
• Mitarbeiterbezogene Ziele (Lohngerechtigkeit, Gewinnbeteiligung, Arbeitsklima, Arbeitsplatzsicherheit, Sozialleistungen, Weiterbildungsmöglichkeiten, Mitbestimmung etc.)
• Gesellschaftsbezogene Ziele (Strikte Umweltorientierung durch Ressourcenschutz, Emissions- und Abfallbegrenzung, Störfallverhinderung und Gesundheitsschutz des Menschen)
Finanzielle Ziele
• Jederzeitige und ausreichende Zahlungsfähigkeit (Liquidität)
• Umfang und Struktur der Liquiditätsreserve
• Gewinneinbehaltung und –ausschüttung
• Optimierung der Kapitalstrukturen (Eigen- und Fremdkapital)
• Optimierung der Vermögensstrukturen (Anlage- und Umlaufvermögen)
• Beachtung von Liquiditäts- und Deckungsgraden
• Struktur und Volumen von Investitions- und Finanzierungsprogrammen
Betriebliche Tätigkeiten

Abb. 3.4 *Konkretisierung betriebswirtschaftlicher Zielkategorien (vgl. Thommen/Achleitner, 2009, S. 114ff. und S. 203ff., Schierenbeck/Wöhle, 2008, S. 78)*

eine übergeordnete Stellung zu den Sachzielen ein. Diesen Aspekt unterschiedlicher Zielebenen verdeutlicht Abb. 3.4.

Formalziele sind ausgerichtet auf den Erfolg unternehmerischen Handelns und werden auch als **Erfolgsziele** bezeichnet. Im Vordergrund steht der betriebswirtschaftliche Prozess der Kombination der Produktionsfaktoren. Formalziele dienen dazu, ergebnisorientierte Vorgaben oder Beschränkungen für diesen Kombinationsprozess zu definieren. Von daher ist diese Zielkategorie als eher abstrakt zu verstehen, und sie gibt letztlich den Rahmen für die sachliche Betriebstätigkeit vor. Die Begrifflichkeiten „Produktivität", „Wirtschaftlichkeit" sowie „Rentabilität und Gewinn" sind Betrachtungsgegenstand des nachfolgenden Kapitels, welches sich mit betriebswirtschaftlichen Basiskennzahlen beschäftigt. Über die Abb. 3.4 hinausgehend werden auch die Kennzahlen „Wertschöpfung" und „Cash-Flow" beleuchtet.

Sachziele beziehen sich auf die konkreten Aktivitäten bei der Ausübung diverser betrieblicher Funktionen und betreffen die Steuerung des gesamten finanz- und güterwirtschaftlichen Umsatzprozesses. Die inhaltlichen Ausprägungen der vier Sachzielgruppen „Leistungsziele", „Führungs- und Organisationsziele", „Soziale und ökologische Ziele" sowie „Finanzziele" stehen im Mittelpunkt der Abb. 3.4.

3.2.3 Ausgewählte Basiskennzahlen

(1) Produktivität

Der Terminologie von Erich Gutenberg folgend, bezeichnet die Produktivität das Verhältnis von Faktorertrag zu Faktoreinsatz. Damit wird die mengenmäßige Produktivleistung eines Betriebes dem Verbrauch von Produktionsfaktoren gegenübergestellt und die „Ergiebigkeit der betrieblichen Faktorkombination" ermittelt.

$$\text{Produktivität} = \frac{\text{Mengenergebnis der Faktorkombination}}{\text{Faktoreinsatzmengen}} = \frac{\text{Output}}{\text{Input}}$$

Für den Anwendungsfall der Produktivitätsmessung in der Unternehmenspraxis ist diese den kompletten Betrieb erfassende Kennzahl jedoch zu grob strukturiert. Es bietet sich von daher eher an, in Bezug auf einzelne Produktionsfaktoren sogenannte **Teilproduktivitäten** zu bestimmen. Die nachfolgenden, beispielhaften Teilproduktivitäten (vgl. Kap. 1.7.3) beziehen sich auf die Produktionsfaktoren Arbeit (Arbeitsstunden), Betriebsmittel (Grundstücke + Gebäude, Maschinen) und Werkstoffe (Material).

$$\text{Arbeitsproduktivität} = \frac{\text{Arbeitsergebnis (erzeugte Menge)}}{\text{Arbeitsstunden}}$$

$$\text{Flächenproduktivität} = \frac{\text{Absatzmenge}}{m^2}$$

$$\text{Maschinenproduktivität} = \frac{\text{Anzahl Stücke (erzeugte Menge)}}{\text{Maschinenstunden}}$$

$$\text{Materialproduktivität} = \frac{\text{Erzeugte Menge}}{\text{Materialeinsatz}}$$

Als ganz unproblematisch kann man die Bildung von Teilproduktivitäten jedoch auch nicht bezeichnen, da die Zurechnung des Ergebnisses auf die jeweilige Bezugsgröße nicht immer ganz eindeutig sein wird. So mag etwa die Arbeitsproduktivität trotz gleichbleibender Arbeitsleistung steigen, weil eine geänderte oder neue Fertigungstechnologie eingesetzt wurde. Folglich müssen die Bestimmungsgrößen der partiellen Produktivitäten im Zeitablauf einer regelmäßigen Überprüfung unterzogen werden.

(2) Wirtschaftlichkeit
(vgl. Ökonomisches Prinzip, Kap. 1.7.2)
Während man bei der Ermittlung der Produktivität als mengenmäßiges Verhältnis mit unterschiedlichen Dimensionen konfrontiert wird, ist der Begriff der Wirtschaftlichkeit, welcher eine wertmäßige Beziehung zum Ausdruck bringt, dimensionslos. Eine Wirtschaftlichkeit ist immer dann gegeben, wenn der Quotient aus Ertrags- und Aufwandsgröße ≥ 1 ist.

(3) Rentabilität und Gewinn
Definiert man im Rahmen einer Rentabilitätsbetrachtung zunächst das Gewinnziel, so stellt dieses, absolut gesehen, die Differenz zwischen wertmäßigem Ertrag und Aufwand dar. Im Falle einer positiven Differenz ist Gewinn vorhanden und - umgangssprachlich gesehen - kann vermutet werden, dass das Unternehmen rentabel gearbeitet hat. Die betriebswirtschaftliche Sicht indes setzt bei der Beurteilung der Ertragskraft und damit der Rentabilität eines Betriebes die Ergebnisgrößen (Gewinn, Erfolg, Jahresergebnis nach Ertragssteuern, Jahresüberschuss, ordentliches Betriebsergebnis etc.) ins Verhältnis zu Vermögens- oder Kapitalgrößen (Eigenkapital, Gesamtkapital etc.) oder auch zum Umsatz. Diese Vorgehensweise kann das gesamte Unternehmen betreffen, eignet sich aber auch für Betriebsteile (Sparten, Geschäftsbereiche usw.) oder einzelne Investitionsobjekte (z.B. Maschinen und Anlagen). Um die Aussagekraft einer solchen Analyse zu erhöhen, ist es prinzipiell empfehlenswert, die errechneten Werte einem **Branchen- und Unternehmensvergleich** zu unterziehen und zudem **Zeitreihenbetrachtungen** anzustellen. Auch der Vergleich mit der marktgängigen Verzinsung langfristiger Kapitalanlagen gemäß **Opportunitätskalkül** („verpasste Gelegenheiten") ist dringend geboten. Drei ausgewählte Basiskennzahlen sind im Folgenden skizziert:

$$\begin{array}{l}\text{Gesamtkapitalrendite}\\ \text{(Return on Investment, ROI)}\end{array} = \frac{\text{Gewinn + Fremdkapitalzinsen}}{\text{Eigenkapital + Fremdkapital}} \cdot 100$$

Aussage:

Ein abnehmender ROI verweist auf eine verschlechterte Verzinsung des eingesetzten Kapitals. Ursächlich können beispielsweise steigende Kostenbestandteile, sinkende Ertragsbestandteile oder wachsendes Vermögen bei konstantem Ergebnis sein.

Hinweis:

Fremdkapitalzinsen stellen für das Unternehmen einen Aufwand dar und haben bereits den Gewinn geschmälert. Gleichzeitig generieren sie den Ertrag des Fremdkapitalgebers und müssen folglich bei der Ermittlung der Gesamtkapitalrendite dem Gewinn wieder hinzugerechnet werden (vgl. Kap. 3.2.4).

$$\begin{array}{l}\text{Eigenkapitalrendite}\\ \text{(Return on Equity, ROE)}\end{array} = \frac{\text{Gewinn}}{\text{Eigenkapital}} \cdot 100$$

$$\begin{array}{l}\text{Umsatzrendite}\\ \text{(Return on Sales, ROS)}\end{array} = \frac{\text{Gewinn}}{\text{Umsatz}} \cdot 100$$

(4) Wertschöpfung

Die Wertschöpfungsdiskussion widmet sich der Fragestellung, welche Mittelströme ein Unternehmen durch den betrieblichen Transformationsprozess in einer Periode hervorbringt und an wen diese Mittel verteilt werden. Vereinfacht könnte man konstatieren, dass durch die optimale Kombination der Produktionsfaktoren aus Gütern niedrigen Wertes (Inputgüter) gleichsam Güter höheren Wertes (Outputgüter) entstehen. Durch diese einzelwirtschaftliche Wertgenerierung tragen die Unternehmen anteilig zum Bruttoinlandsprodukt bei. Wenngleich keine einheitliche Definition der betrieblichen Wertschöpfung existiert, lassen sich vom Grundsatz her zwei Seiten unterscheiden (vgl. Schierenbeck/Wöhle, 2008, S. 754ff.) Einerseits kann eine **Wertschöpfungsentstehung**, zum anderen eine **Wertschöpfungsverwendung** klassifiziert werden. Der Entstehungsvorgang wird durch die Gesamtleistung abzüglich aller Vorleistungen beschrieben, die Verwendungsseite charakterisiert im Kern den Verteilungsaspekt einer Wertschöpfungsrechnung (vgl. Abb. 3.5). In diesem Sinne kann man Wertschöpfungsbetrachtungen als Vorstufe zu einer **Sozialbilanz** des Unternehmens begreifen. Als Ergänzung zur Bilanz und Gewinn- und Verlustrechnung finden Wertschöpfungsrechnungen, auch vor dem Hintergrund des Stakeholder-Gedankens, in der Praxis zunehmend Anklang.

Es sei angemerkt, dass die Prozentangaben lediglich beispielhafte Größenordnungen im Entstehungs- und Verwendungsvorgang symbolisieren. Würde man insbesondere Bestandveränderungen vernachlässigen und die Gesamtleistung dem Umsatz gleichsetzen, so beträgt die weiter oben aufgeführte Kennzahl der Umsatzrendite bezogen auf die Abb. 3.5 (bei unterstellter Gleichverteilung von Gewinnausschüttung und -einbehaltung) insgesamt 6 %. Abschließend sei erwähnt, dass die Kennzahl der Arbeitsproduktivität als Teilproduktivität vielfach auch als **Wertschöpfung pro Mitarbeiter** (in konstanten Preisen) Verwendung findet. Gleichwohl dient sie nur als grober Produktivitätsindikator, angesichts vielfältiger höchst unterschiedlicher Arten von Arbeitsleistungen und Personalqualifikationen (vgl. Schierenbeck/Wöhle, 2008, S. 238).

Entstehungsvorgang			Verwendungsvorgang		
		%			%
	Gesamtleistung	100		Löhne und Gehälter	15
-	Materialeinsatz	30	+	Sozialabgaben und Altersversorgung	10
-	Fremde Dienstleistungen	5	+	Zinsen u. ä. Aufwendungen	4
-	Abschreibungen auf Anlagevermögen	15	+	Steuern vom Einkommen und Ertrag	5
-	Sonstige Aufwendungen	10	+	Dividenden	3
			+	Gewinnthesaurierung	3
=	Wertschöpfungsentstehung	40	=	Wertschöpfungsverwendung	40

Abb. 3.5 Wertschöpfungsrechnung (Entstehungs- und Verwendungsseite)

(5) Cash-Flow
(vgl. Teil IV, Kap. 2.)
Im Gegensatz zu den bislang behandelten ertragswirtschaftlichen Kennzahlen, leitet sich der Begriff „Cash-Flow“ aus den finanzwirtschaftlichen Denkkategorien ab. Im Rahmen sogenannter **Kapitalflussrechnungen** als Ergänzung zum Jahresabschluss großer Konzerne (§ 297 Abs. 1 HGB), charakterisieren den Cash-Flow zunächst, vereinfacht gesprochen, Ein- und Auszahlungen, resultierend aus Geldzu- und -abflüssen. Der Cash-Flow ist damit ein Indikator für das **Innenfinanzierungsvolumen** und verdeutlicht die **Selbstfinanzierungskraft** eines Betriebes. Die selbsterwirtschafteten Mittel stehen dem Unternehmen zur Finanzierung von Investitionen, Tilgung von Krediten oder Dividendenausschüttungen zur Verfügung. Der Cash-Flow hat eine lange betriebswirtschaftliche Tradition und seine Bedeutung für die finanzwirtschaftliche Beurteilung von Unternehmen und Unternehmensteilen (vgl. M&A-Aktivitäten, Kap. 2.3) nimmt seit Jahren ständig zu. Fokussiert man an dieser Stelle auf die externe Bilanzanalyse, so erkennt man den Zweckdualismus des Cash-Flow, da er in diesem Zusammenhang auch als Indikator für die **Ertragskraft** von Einzelwirtschaften gilt. Da zwischenzeitlich zahlreiche betriebswirtschaftliche Definitionen sowie Analyse- und Bewertungsverfahren (Discounted-Cash-Flow-Methode, Ertragswertverfahren, DVFA/SG-Methode, Vergleichsverfahren etc.) existieren, sei der Cash-Flow hier nach dem Arbeits-

schema der „Deutschen Vereinigung für Finanzanalyse und Anlageberatung“ der Schmalenbach-Gesellschaft (DVFA/SG) in verkürzter Form wiedergegeben:

Jahresüberschuss
+ Abschreibungen auf Anlagen
– Zuschreibungen zu Anlagen
± Veränderungen von Rückstellungen
= Cash-Flow

In dieser vereinfachten Formel sind zum einen die nicht zahlungswirksamen Einflüsse von Abschreibungen und Rückstellungen erkennbar. So können etwa als Aufwand gebildete Pensionsrückstellungen, die zwar juristisch gesehen Fremdkapitalbestandteile darstellen, langfristig und zinslos als Finanzierungsmittel genutzt werden und erhöhen folglich den betrieblichen Cash-Flow. Zum anderen ist dieser verkürzte Cash-Flow-Ansatz geeignet, der Fragestellung nachzugehen, inwieweit der Cash-Flow gegenüber dem reinen Jahresüberschuss ein verbesserter Erfolgsindikator sein könnte. Wenn man bedenkt, dass der Cash-Flow solche Positionen wie Abschreibungen und Rückstellungen enthält, die gerade in besonderem Maße geeignet sind, eine bilanzpolitisch orientierte Gewinnsteuerung zu betreiben, könnte eine höhere Aussagekraft der Kennzahl Cash-Flow im Vergleich zur Gewinngröße vermutet werden. Bei der Neutralisierung bilanzpolitischer Maßnahmen im Cash-Flow ist allerdings auch zu berücksichtigen, dass vornehmlich der externe Analyst kaum wissen kann, welche der verrechneten Aufwandsbestandteile nun „echter“ Aufwand sind, und welche Positionsanteile letztlich einen „unechten“ („manipulierten“) Aufwand darstellen. Erst durch diese Aufspaltung und einen ergänzenden Periodenvergleich, welcher relative Veränderungen aufzeigt, lässt sich die ertragswirtschaftliche Aussagekraft des Cash-Flow erhöhen (vgl. Abb. 3.6). Bei dieser Argumentation besteht allerdings die Gefahr, zwei zentrale Aspekte zu übersehen. Erstens könnten Einflüsse existieren, die zwar den Cash-Flow beeinträchtigen, nicht jedoch die Ertragskraft (z.B. erhöhtes Leasing von Gütern des Anlagevermögens). Folglich mussten derartige Einflüsse konstant gesetzt werden. Zweitens setzt ein Erfolgsvergleich unter Verwendung von Cash-Flow-Größen zwingend voraus, dass sämtliche verrechnungstechnischen Posten (mit Abgrenzungsspielraum) explizit im Cash-Flow enthalten sind. Eine klare Trennung finanzwirksamer und finanzunwirksamer Vorgänge bedingt, dass weitere Erfolgskomponenten in die Cash-Flow-Definition einfließen. Unschwer ist erkennbar, dass zumindest die externe Bilanzanalyse hier an ihre Grenzen stößt (vgl. Schierenbeck/Wöhle, 2008, S. 773f.). Abschließend sei festgehalten, dass die Bedeutung des Cash-Flow für die Selbstfinanzierungs- und Ertragskraft auch Ausstrahlungswirkung auf die **Kreditwürdigkeit** und **Expansionsfähigkeit** eines Unternehmens hat.

Exkurs:
(vgl. ausführlich: Camphausen, 2007, S. 163-197 sowie Kap. 3.2.5)
Da man den klassischen Basiskennzahlen und den im nächsten Abschnitt zu behandelnden traditionellen Kennzahlensystemen tendenziell eine vergangenheitsorientierte Ausrichtung vorwirft und zudem eine mangelnde Verknüpfung jahresabschlussorientierter Kennzahlen mit der Wertentwicklung am Kapitalmarkt beklagt, entwickelten sich im Laufe der Zeit in Theorie und Praxis zunehmend neue Performance-Maße im Rahmen des Wertsteigerungs-

managements. Diese **wertorientierte Unternehmensführung** auf Basis der Shareholder-Value-Ansätze generierte neue Konzepte wie den Return On Invested Capital (ROIC), den Economic Value Added (EVA) und den Market Value Added (MVA), den Cash-Flow Return On Investment (CFROI), den Cash Value Added (CVA) oder den Earnings less Riskfree Interest Charge (ERIC).

		Periode 1	Periode 2	Periode 3	Summe Periode 1 -3
	Erträge	1.000	1.020	1.080	3.100
–	Aufwendungen (ohne Abschreibungen + Rückstellungen)	600	670	780	2.050
=	Zwischensumme	400	350	300	1.050
–	Abschreibungen und Erhöhungen der Rückstellungen				
	a) „richtiger Betrag“	200	200	200	600
	b) „manipulierter Betrag“	300	200	100	600
=	Gewinn				
	a) „richtiger Gewinn“	200	150	100	450
	b) „manipulierter Gewinn“	100	150	200	450
	Cash-Flow	400	350	300	1.050

Abb. 3.6 *Der Cash-Flow als Erfolgsindikator (Schierenbeck, 2003, S. 634)*

3.2.4 Klassische Kennzahlensysteme

Die Aufgabe von Kennzahlensystemen besteht darin, aus Einzelkennzahlen, die beziehungslos nebeneinander stehen und deren Aussagekraft begrenzt ist, ein sinnvolles, miteinander in Verbindung stehendes und aufeinander aufbauendes Konglomerat zu formen. Im Regelfall wird entsprechend einer Zielhierarchie auf der obersten Ebene eine sogenannte **Spitzenkennzahl** konzipiert, welche die zentrale betriebswirtschaftliche Aussage des gesamten Kennzahlensystems enthält. Im Top-down-Verfahren wird aus dieser übergeordneten Zielsetzung, der Ursache-Wirkungs-Kette folgend, die (sachlogische) Kennzahlenpyramide deduktiv abgeleitet (vgl. Töpfer, 2007, S. 1130).

Eine Pionierstellung in der Entwicklung von Kennzahlensystemen nimmt der amerikanische Chemiekonzern E.I. DuPont de Nemours and Company ein. Bereits im Jahre 1919 entwickelte dieses Unternehmen ein Kennzahlen-Konzept, welches als der älteste und in der betriebswirtschaftlichen Literatur am stärksten verbreitete Ansatz gilt. Die Führungskennzahl dieses auch als **DuPont-Schema** bezeichneten Kennzahlensystems (vgl. Abb. 3.7) ist der Return on Investment (ROI).

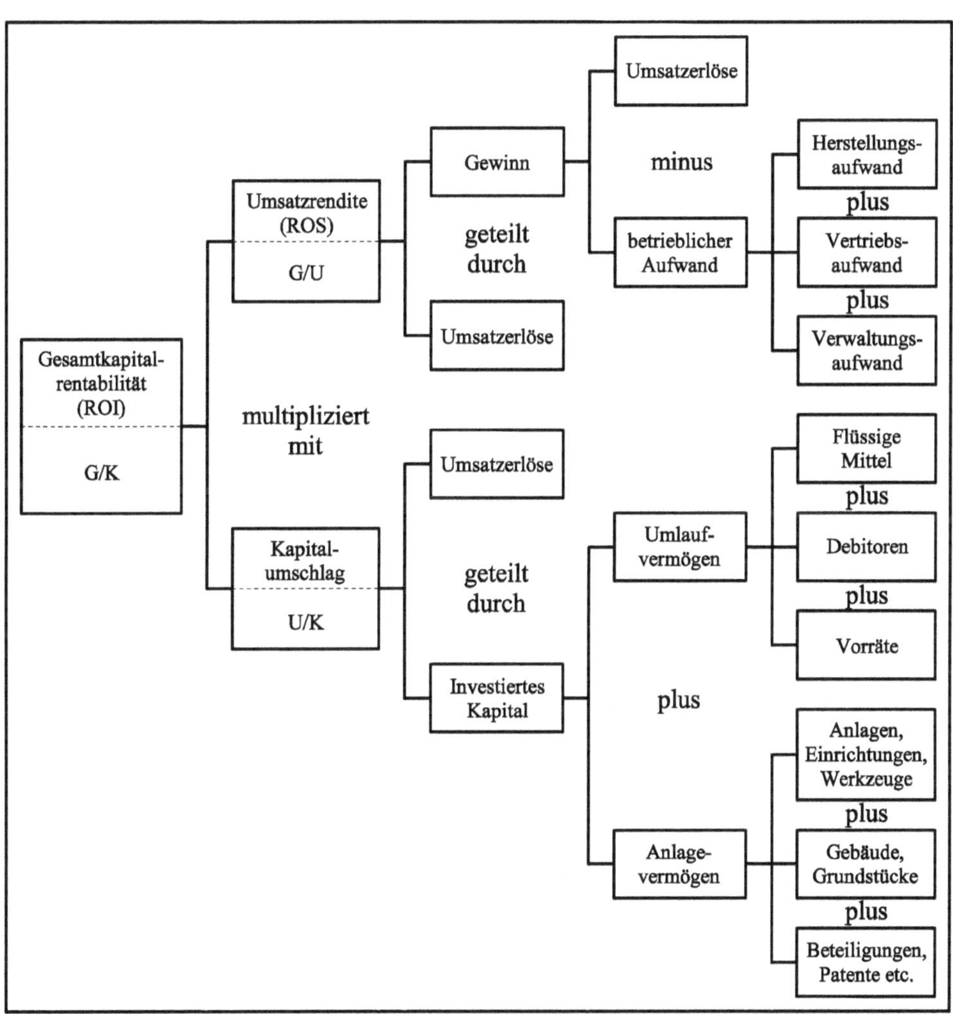

Abb. 3.7 *DuPont-Kennzahlensystem (vgl. Thommen/Achleitner, 2009, S. 589, Töpfer, 2007, S. 1132)*

Dieser entspricht der bereits weiter oben definierten Gesamtkapitalrendite und resultiert aus der Zerlegung in die Bestandteile Umsatzrendite und Kapitalumschlag, welche miteinander multipliziert werden. Erwähnt werden muss, dass bei der Ermittlung des Return on Investment im DuPont-System allerdings keine Fremdkapitalzinsen berücksichtigt wurden. Das liegt darin begründet, dass in den Geschäftsbereichen der Firma DuPont ursprünglich nicht mit verzinslichem Fremdkapital gearbeitet werden durfte. Auch noch heute finden sich in der Literatur häufig Ermittlungen der Gesamtkapitalrentabilität, die lediglich den Gewinn, nicht aber die Fremdkapitalzinsen beinhalten.

Das DuPont-Schema ermöglicht die Ursachenerforschung der Gesamtkapitalrentabilität und dient in der Unternehmenspraxis häufig als Grundlage für ein umfassendes Controlling-System. Betrachtet man die Auflösung der Umsatzrentabilität, so erkennt man bei der Gewinnanalyse den Einfluss verschiedener Kostenfaktoren in Anlehnung an die Aufwandskategorien des Umsatzkostenverfahrens. Diese **erfolgswirtschaftliche** Perspektive wird ergänzt durch eine **finanzwirtschaftliche** Sichtweise bei der Aufspaltung des Kapitalumschlags mit Blick auf das Anlage- und Umlaufvermögen. Die Vorzüge des Systems liegen in der strukturierten und übersichtlichen Aufbereitung wichtiger betriebswirtschaftlicher Steuerungsgrößen. Es hat eine grobe Signalfunktion und zeigt Entwicklungstendenzen auf, die allerdings durch Detailanalysen zu untermauern sind.

Ein weiterer in Theorie und Praxis bekannter Ordnungsrahmen wurde im Jahre 1976 an der Universität Dortmund von THOMAS REICHMANN und LAURENZ LACHNIT entwickelt (vgl. Töpfer, 2007, S. 1133). Dieses controllingorientierte Konzept firmiert als Rentabilitäts-Liquiditäts-Kennzahlensystem **(RL-Kennzahlensystem)** und besteht aus einem allgemeinen Teil und einem Sonderteil. Dem Namen des Systems entsprechend, fokussieren die Spitzenkennzahlen im allgemeinen, unternehmensübergreifenden Teil auf Rentabilitätsaspekte („Ordentliches Ergebnis", 2. Ebene u.a. Umsatz-, Finanz- und Investitionsanalyse) und Liquiditätsaspekte („Liquide Mittel", in der zweiten Ebene weiter untergliedert in eine Cash-Flow- und Working-Capital-Perspektive). Der Sonderteil widmet sich vertiefend unternehmensspezifischen Besonderheiten (z.B. Umsatzanteile von Produktsparten).

Als drittes klassisches Kennzahlensystem gilt das vom Zentralverband der Elektrotechnischen Industrie e.V. im Jahre 1989 konzipierte **ZVEI-Kennzahlensystem** (vgl. Vahs/Schäfer-Kunz, 2007, S. 289f., Töpfer, 2007, S. 1133). Die Analysebasis dieses mit 88 Haupt- und 122 Hilfskennzahlen branchenneutral anwendbaren Systems bilden (in Anlehnung an das RL-Kennzahlensystem) eine Wachstums- und eine Strukturanalyse. In der Wachstumsanalyse stehen Geschäftsvolumen, Personal und Erfolg, durch adäquate Kennzahlen erfasst, im Mittelpunkt. Die Strukturanalyse weist die Eigenkapitalrentabilität (ROE) als Spitzenkennzahl aus, definiert durch das Verhältnis von Return on Investment zur Eigenkapitalquote (vgl. Abb. 3.8). Durch diesen Ursache-Wirkungsmechanismus werden sowohl Rentabilitäts- als auch Liquiditätsaspekte miteinbezogen.

Da die erfolgsorientierten Kennzahlen bereits behandelt wurden, sei das Augenmerk nunmehr auf die in der dritten Ebene der Abb. 3.8 ausgewiesenen Risikokennzahlen gerichtet. Diese verkörpern die finanzwirtschaftliche Zielrichtung des Unternehmens. Unterschieden werden so genannte **Anlagedeckungs- und Liquiditätskennzahlen**, die in der einschlägigen Literatur ausführlich beschrieben sind (vgl. Jung, 2010, S. 1066ff., Korndörfer, 2003, S. 39f.).

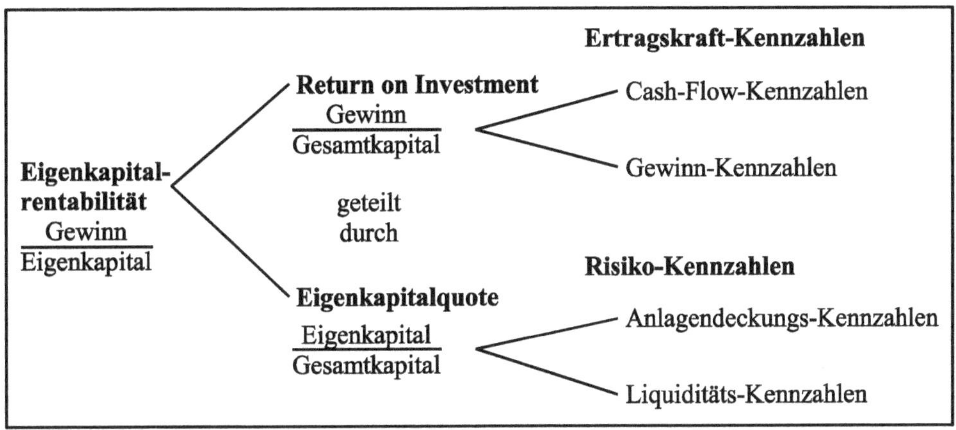

Abb. 3.8 *ZVEI-Kennzahlensystem (Strukturanalytische Ausprägung)*

Richtet man den Blick zunächst auf die Deckungs-Kennzahlen, so sind diese geeignet, Aussagen über die Finanzierung des Anlagevermögens, auch Deckung genannt, zu treffen. Man kann zwei Deckungsgrade unterscheiden, je nachdem, ob man nur das Eigenkapital oder zusätzlich auch das langfristige Fremdkapital in diese Betrachtung mit einbezieht. Ideal wäre die vollständige Finanzierung des Anlagevermögens mit Eigenkapital gemäß Deckungsgrad I, da diese Variante als sicherste Ausgangsbasis für jeden Betrieb anzusehen ist. In der Praxis kommt diese 100 % - Deckungsart aber wohl eher selten vor. Als **goldene Bilanzregel** (auch goldene Finanzierungsregel genannt) wird in diesem Zusammenhang formuliert, dass der Anteil an Eigenkapital, der zwecks vollständiger Deckung des Anlagevermögens fehlt, tunlichst nur mit langfristigem Fremdkapital auszugleichen ist. Daraus kann abgeleitet werden, dass die Summe aus Eigenkapital und langfristigem Fremdkapital das Anlagevermögen übersteigen sollte. Folglich muss der Deckungsgrad II $\geq$ 100 Prozent sein. Diese Forderung betrifft den Aspekt der **Fristenkongruenz** in dem Sinne, langfristig im Unternehmen gebundenes Vermögen (Grundstücke, Gebäude, Anlagen und Maschinen etc.) auch langfristig zu finanzieren. Die Übereinstimmung der Dauer der Kapitalbindung mit der Dauer der Kapitalüberlassung ist im Übrigen auch für das Umlaufvermögen anzustreben. Der die 100 %-ige Deckung des Anlagevermögens übersteigende Wertanteil bedeutet Sicherheit und finanzielle Stabilität für ein Unternehmen, und zudem könnte damit das Umlaufvermögen finanziert werden.

$$\text{Deckungsgrad I} = \frac{\text{Eigenkapital}}{\text{Anlagevermögen}} \cdot 100$$

$$\text{Deckungsgrad II} = \frac{\text{Langfristiges Kapital} = \text{EK} + \text{lgf. FK}}{\text{Anlagevermögen}} \cdot 100$$

Die Liquidität eines Unternehmens ist grundsätzlich davon abhängig, welcher Bestand an flüssigen Mitteln und kurzfristig einbringbaren Forderungen zur Verfügung steht, um kurzfristig fällige Verbindlichkeiten zu decken. Falls diese Finanzmittel (Kasse, Bank- und Postgiroguthaben, sofort veräußerbare Wertpapiere, Warenforderungen, etc.) nicht ausreichen, um diese Verbindlichkeiten auszugleichen, kann durchaus eine Insolvenzgefahr drohen. Die betriebswirtschaftliche Liquiditätsanalyse unterscheidet die drei nachfolgenden Liquiditätsstufen (vgl. Abb. 3.9).

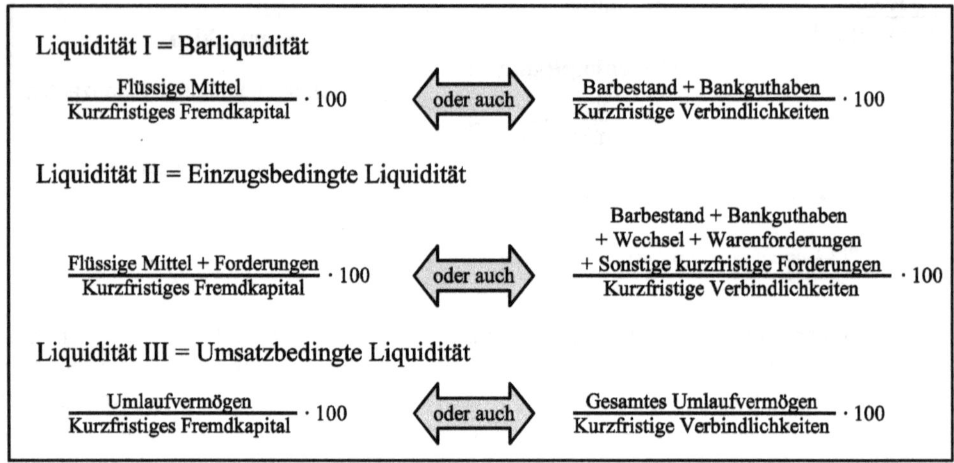

Liquidität I = Barliquidität
Flüssige Mittel / Kurzfristiges Fremdkapital · 100
oder auch
Barbestand + Bankguthaben / Kurzfristige Verbindlichkeiten · 100
Liquidität II = Einzugsbedingte Liquidität
Flüssige Mittel + Forderungen / Kurzfristiges Fremdkapital · 100
oder auch
Barbestand + Bankguthaben + Wechsel + Warenforderungen + Sonstige kurzfristige Forderungen / Kurzfristige Verbindlichkeiten · 100
Liquidität III = Umsatzbedingte Liquidität
Umlaufvermögen / Kurzfristiges Fremdkapital · 100
oder auch
Gesamtes Umlaufvermögen / Kurzfristige Verbindlichkeiten · 100

Abb. 3.9 Liquiditätsgrade

Eine aus dem angelsächsischen Wirtschaftraum stammende Faustformel fordert zwecks ungefährer Orientierung ein (normales) Verhältnis bei der Barliquidität von 1:5. Die einzugsbedingte Liquidität sollte im Normalfall einen mindestens 100 % -igen Deckungsgrad aufweisen, die Liquidität dritten Grades hingegen eine zweifache Deckung, also 200 Prozent. Diese groben Faustregeln sind selbstverständlich mit der gebotenen kritischen Distanz zu betrachten, da sie nicht losgelöst von der jeweiligen Branche und dem konkreten Einzelfall ohne weiteres verallgemeinert werden können.

Wendet man sich abschließend der Eigenkapitalquote in Abb. 3.8 zu, so wird gemäß der **vertikalen Kapitalstrukturregel** gefordert, dass Unternehmen mindestens genauso viel Eigen- wie Fremdkapital einsetzen sollten. Damit sinkt das Risiko der Gläubiger und für das Unternehmen bedeutet dies eine hohe finanzielle Sicherheit und Stabilität.

Die Unternehmenspraxis allerdings zeigt, dass die Betriebe deutlich mehr Fremd- als Eigenkapital einsetzen und damit nicht der vertikalen Kapitalstrukturregel folgen. Bei dieser Betrachtung stößt man auf den sogenannten **Leverage-Effekt** (leverage, englisch: Hebelkraft, -wirkung). Ausgedrückt wird damit die Hebelwirkung einer wachsenden Verschuldung auf die Rentabilität des eingesetzten Eingenkapitals. Dieser positive (Financial-)Leverage-Effekt tritt aber nur ein, wenn die erreichte Gesamtkapitalrentabilität über den Fremdkapitalkosten (Zinssatz, zu dem Fremdkapital aufgenommen werden kann) liegt (vgl. ausführlich: Vahs/Schäfer-Kunz, 2007, S. 753ff., Jung, 2010, S. 795, Thommen/Achleitner, 2009, S. 661ff.).

Exkurs: Break even-Analyse

Bislang richtete sich das Interesse auf Einzelkennzahlen und Kennzahlensysteme, die auf erfolgs- und finanzwirtschaftlichen Zielsetzungen basierten. Diese Vorgehensweise kann man auch als Vorstufe für eine kennzahlenorientierte Bilanzanalyse begreifen (vgl. Wöhe, 2005, S. 1056ff., Wöhe, 2010, S. 909ff.). Vor diesem Hintergrund soll, eingeordnet in den Rahmen ertragswirtschaftlicher Überlegungen, auch die Break even-Analyse kurz skizziert werden (vgl. ausführlich: Teil III, Kap. 3.4.3).

Aufgabe der Break even-Analyse ist es, diejenige kritische Ausbringungsmenge (Produktions- und Absatzmenge) zu ermitteln, bei der ein Unternehmen die Schwelle von der Verlustzone in die Gewinnzone überschreitet. Genau diesen Punkt, an dem das geschieht, nennt man den Kostendeckungspunkt oder Break even-Point (vgl. Abb. 3.10).

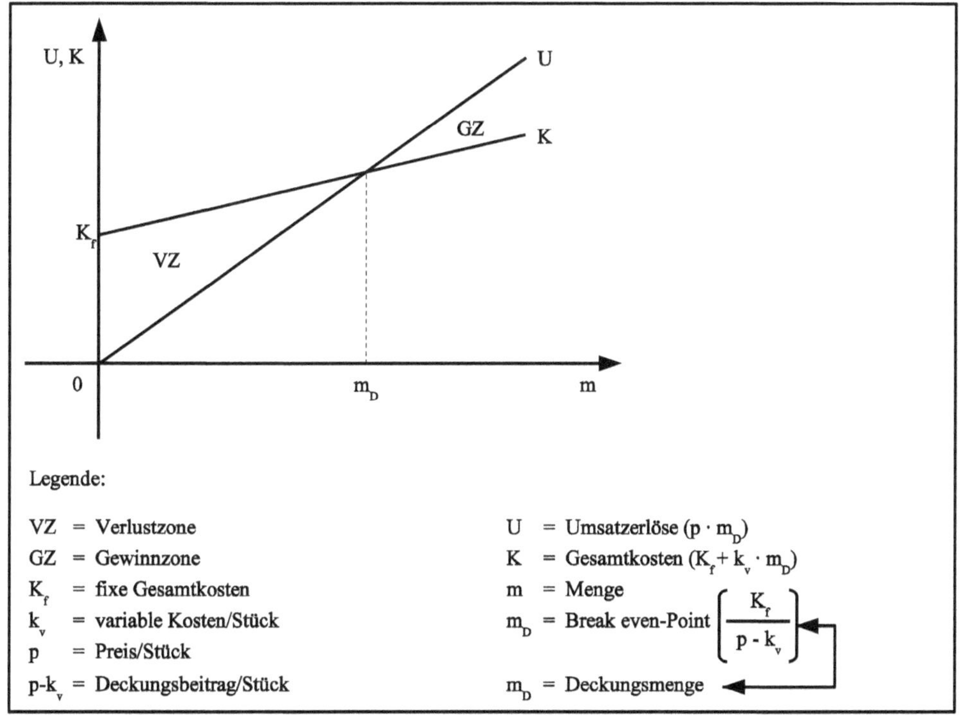

Abb. 3.10 Break even-Analyse (vgl. Wöhe, 2010, S. 918f., Jung, 2010, S. 1140ff.)

Unterzieht man die Break even-Analyse einer kritischen Betrachtung, so könnte man aus theoretischer Sicht diesen Ansatz als durchaus anwendbar bezeichnen, da er der betriebswirtschaftlichen Problemstrukturierung dient. In der Praxis der Bilanzanalyse bereitet die Umsetzung indes Schwierigkeiten (vgl. Abb. 3.11).

Vor- und Nachteile der Break even-Analyse	
Brauchbarer Ansatz als theoretisches Konzept:	Umsetzungsschwierigkeiten in der Praxis der Bilanzanalyse:
Transparenz von • Kosten- und Erlösstrukturen • Beschäftigungsabhängigen Verlustrisiken • Beschäftigungsabhängigen Gewinnchancen	• Unterstellung von proportionalen Gesamtkostenverläufen • Verkaufspreise und Absatzmengen sind externen Analysten nicht bekannt • Aufwendungen in der GuV nicht gleich Kosten • Spaltung der Gesamtkosten in fixe und variable Bestandteile nahezu unmöglich

Abb. 3.11 *Kritische Beurteilung der Break even-Analyse (in Anlehnung an Wöhe, 2010, S. 919)*

3.2.5 Neuere Ansätze der Performance-Messung

Wendet man sich abschließend in einem kurzen Überblick neueren Entwicklungen im Bereich von Kennzahlen und Kennzahlensystemen zu, so ist feststellbar, dass es in den letzten gut 10 Jahren, neben den bereits angedeuteten Konzepten der wertorientierten Unternehmensführung, einige „Ausbruchversuche" aus dem klassischen Controlling gab (vgl. nachfolgend: Müller-Stewens/Lechner, 2005, S. 706ff.).

Mit Blick auf **Einzelkennzahlen** sind Ansätze zu nennen, die auf eine Messung der Qualität von Gremien setzen. So wurde zwecks Effizienzmessung des Managements etwa ein **„Return on Management (ROM)"** (Simons/Davila 1998) vorgeschlagen.

$$\text{Return on Management (ROM)} = \frac{\text{Freigesetzte, produktive Energie}}{\text{Investierte Zeit und Aufmerksamkeit des Managements}}$$

Letztlich handelt es sich um einen Produktivitäts- oder auch Professionalitätsindikator, der den Output der Managementleistung ins Verhältnis zur knappen Ressource Zeit setzt. Bei einem anderen Vorschlag (Bain/Band 1996 + Conger/Finegold/Lawler 1998) sollte die „Boardroom performance" hinsichtlich der Erledigungsqualität von übertragenen Aufgaben (Chief Excecutive Officer -CEO- Evaluation, Vision und Mission, Zukunftsorientierung und Strategie, Schwachstellenanalyse und Risikomanagement etc.) überprüft werden. Am Beispiel von MOTOROLA etwa wird die Arbeitseffizienz des „Board of Directors" gemäß einer

5-Punkte-Skala („starke Zustimmung" bis „starke Verneinung") einer Beurteilung entlang der genannten Aufgabeninhalte unterzogen.

Die Messung der Managementqualität unter Berücksichtigung möglichst integrierter und verschiedene Perspektiven umspannender Kriterienraster obliegt den sogenannten **Scorecard-Ansätzen**. Deren populärste Variante stellt die zwischenzeitlich weltweit angewandte **Balanced Scorecard** (entwickelt von Kaplan/Norton 1992 sowie APPLE, KPMG PEAT MARWICK etc.) dar. Dieser „ausgewogene Berichtsbogen" geht weit über die klassischen Kennzahlensysteme hinaus und verknüpft finanz- und ertragsorientierte Zielrichtungen (Finanzielle Perspektive) mit entsprechenden Messgrößen, die auch Mitarbeiterfähigkeiten (Lern- und Entwicklungsperspektive), die Gestaltung der Abläufe (Interne Prozessperspektive) und die Bindung der Kunden (Kundenperspektive) erfassen (vgl. ausführlich: Teil III, Kap. 4.3). Als weitere, aus der angewandten betriebswirtschaftlichen Forschung und Unternehmenspraxis hervorgegangene Modelle seien aufgeführt:

- Die Scorecard von GENERAL ELECTRIC (GE), bezeichnet nach ihrem Erfinder als der **„Trotter" von GE**. Die Spitzenkennzahl ist ein Qualitätsmaß („Six Sigma"), womit ein konzernweites Wandelprogramm zur Qualitätsverbesserung angestrebt wird. Verknüpft werden dabei die Kennzahlen der Bereiche Führung, Prozessmanagement, Kunden, Mitarbeiter und Ergebnisse.
- Der **SKANDIA Navigator** (seit 1994) des gleichnamigen schwedischen Versicherungskonzerns, welcher als Ergänzung zum Geschäftsbericht erstellt wird. Fokussiert auf die „intangible assets", folgt man der Annahme, dass das intellektuelle Kapital (Humankapital und strukturelles Kapital) den wahren Wert des Unternehmens ausmacht. Die Messgrößen des Navigators sind bereichsspezifisch ausgelegt.
- Das **EFQM-Modell** (1997) des Malcolm Baldrige National Quality Award und des European Quality Award. Dieses Qualitätsmanagementkonzept konzentriert sich auf Benchmarking und konkrete Verbesserungsprozesse und integriert neun unterschiedlich gewichtete Gestaltungsbereiche (u.a. Kundenzufriedenheit, Geschäftsergebnisse, Prozesse, Führung, Mitarbeiterzufriedenheit, Ressourcen).
- Die **GMN-Scorecard** von Müller-Stewens/Lechner (2001) als einer von drei Bausteinen (GMN-Audit, GMN-Scorecard, Financial Controlling) im Rahmen der Performance-Messung des St. Galler General Management Navigator (GMN). Im Mittelpunkt steht die Bewertung der Implementierung (Umsetzungs-Scorecard), wobei (neben den beiden anderen Bausteinen) auch die Scorecard in sämtlichen vier plus eins Arbeitsfeldern (Initiierung, Positionierung, Wertschöpfung, Veränderung und Performance-Messung) zur Anwendung kommt.

Stellvertretend für diese Weiterentwicklungen moderner, komplexer Analyse- und Kennzahlensysteme zeigt Abb. 3.12 beispielhaft den „Trotter" von GE.

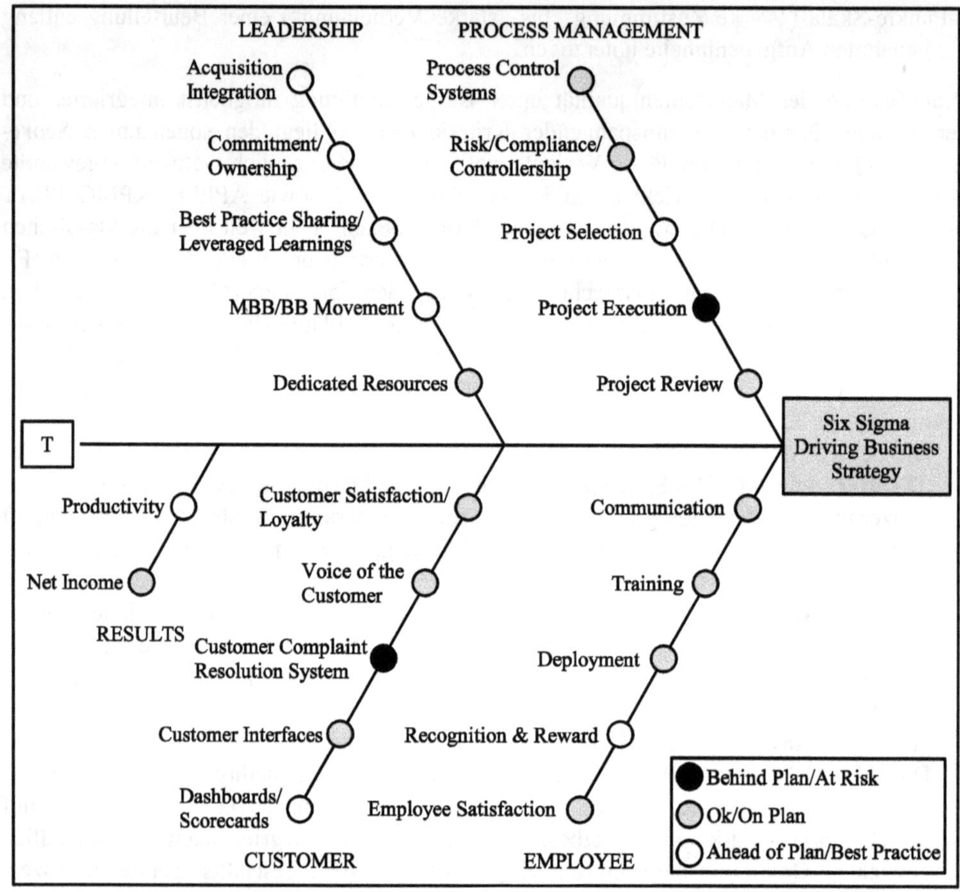

Abb. 3.12 Der „Trotter" von GENERAL ELECTRIC (Müller-Stewens/Lechner, 2005, S. 707)

3.3 Zielbeziehungen

Bei der Verfolgung unternehmerischer Ziele ist zu berücksichtigen, dass zwischen diesen Abhängigkeitsbeziehungen bestehen können, die auf die Zielwirksamkeit der jeweiligen Zielelemente Einfluss ausüben. Die Betriebswirtschaftslehre unterscheidet drei Arten von Abhängigkeitsbeziehungen, nämlich Interdependenz-, Instrumental- und Präferenzrelationen (vgl. Bea/Schweitzer, 2009, S. 339ff.).

3.3.1 Interdependenzrelationen

Diese Art von Zielbeziehungen ist relevant bei einer Mehrzielplanung, d.h., mindestens zwei Ziele müssen gleichzeitig verfolgt werden. Dabei sind drei grundsätzliche Zielbeziehungen möglich (vgl. Abb. 3.13).

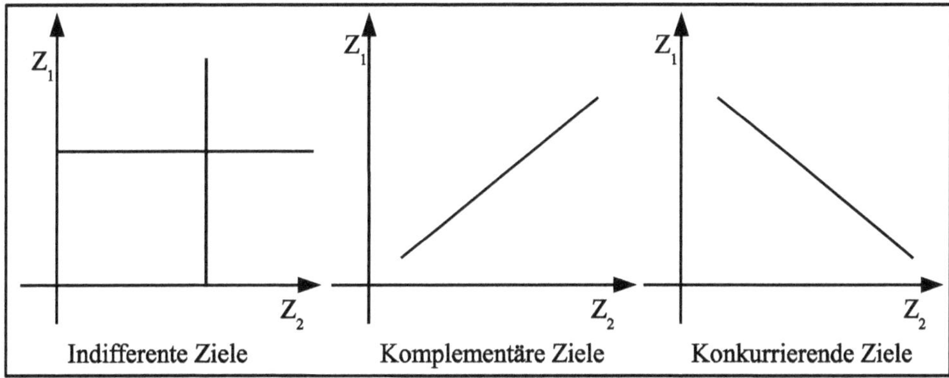

Abb. 3.13 Beziehungen zwischen Zielelementen

- **Zielindifferenz**: Diese liegt vor, wenn die Erfüllung des Zielelements 1 keinen Einfluss auf das Ausmaß der Zielerreichung von Z_2 hat. Die Ziele beeinflussen sich gegenseitig nicht, was man auch **Zielneutralität** nennt. So wirkt sich etwa ein verbesserter Service in der Betriebskantine nicht auf die betriebliche Altersversorgung aus.
- **Zielkomplementarität**: Man erkennt, dass sich die Ziele positiv beeinflussen, d.h., sich gegenseitig begünstigen. Unterstellt man abnehmende Stückkosten und konstante oder steigende Preise, so würde ein gleichbleibender oder steigender Absatz höhere Deckungsbeiträge und steigende Gewinne generieren.
- **Zielkonkurrenz**: In diesem Falle beeinflussen sich zwei Ziele negativ; man spricht dann auch von einem **Zielkonflikt**. So wirken sich erhöhte investive Maßnahmen negativ auf den betrieblichen Cash-Flow aus.

Darüber hinaus existiert als vierte, nicht in der Abb. 3.13 enthaltene Variante, eine so genannte **Zielantinomie**. Bei dieser Unvereinbarkeit von multivariablen Zielen, schließen sich deren Komponenten gegenseitig aus. Ein mit Brennstoffen betriebenes Aggregat im Produktionsbereich beispielweise, kann keine Leistungssteigerung durch eine längere Laufzeit erreichen, wenn gleichzeitig die Benzinzufuhr stark gedrosselt wird. Eine weitere in der Literatur genannte Wirkungsbeziehung wird als **Zielidentität** bezeichnet (vgl. Töpfer, 2007, S. 445f.). Hier vermag ein Ziel das andere zu ersetzen, folglich liegen nur definitorische Unterschiede vor. Eine erhöhte Produktivität etwa verbessert auch die - inhaltsgleiche - mengenmäßige Effizienz. Beleuchtet man zusammenfassend die Fälle Indifferenz, Neutralität, Komplementarität und Identität, so erfasst man diese auch mit dem Begriff der **Zielkompa-**

tibilität. Das bedeutet, dass diese Zielbeziehungen eine prinzipielle Vereinbarkeit bedingen. In der betrieblichen Praxis indes stellt die Zielkonkurrenz den Regelfall dar, was auch in der Disposition knapper Ressourcen als primärer Gegenstand des Wirtschaftens zum Ausdruck kommt. Dieser Aspekt wird im Rahmen der Präferenzrelationen noch einmal aufgegriffen.

3.3.2 Instrumentalrelationen

Durch Instrumentalrelationen wird ein Ziel-Mittel-Verhältnis zwischen Zielen begründet. Eine Zielhierarchie unterscheidet **Ober-, Zwischen- und Unterziele**. Ruft man sich das DuPont-Kennzahlensystem in Erinnerung, so stellen Umsatzerlöse, Gewinn und investiertes Kapital Unterziele von Umsatzrentabilität und Kapitalumschlag dar, letztere wiederum dienen als Zwischenziele zur Erreichung des Oberziels der Gesamtkapitalrentabilität (ROI). Zielstrukturen sind damit, wie bereits an anderer Stelle erörtert, als Steuerungsinstrumente zur Führung von Einzelunternehmen und Konzernen einsetzbar. Der Instrumentalcharakter von Zielbeziehungen wird also dadurch verdeutlicht, dass Oberziele erst durch das Herunterbrechen in Zwischen- und Unterziele operationalisierbar und damit anwendbar werden (vgl. Kap. 3.2.1). So kann etwa der Lagerverwalter eines Lebensmittelkonzerns mit der obersten Unternehmenszielsetzung der langfristigen Gewinnmaximierung als Richtschnur für Arbeitsanweisungen in seinem unmittelbaren Tätigkeitsbereich nur wenig anfangen. Erst die Einführung einer konsistenten und organisationskongruenten Rangordnung fördert die Durchsetzbarkeit von Zielen und stößt auf die Akzeptanz der Akteure (vgl. Abb. 3.14).

Rang	Zielvorschrift	Geltungsbereich
Oberziel	Langfristige Gewinnmaximierung	Gesamtunternehmen
Zwischenziel	Kostenminimierung bei gegebener Produktqualität und Absatzmenge	Produktionsleitung
Unterziel	Abfallminimierung durch Lagerzeitkontrolle	Lagerhaltung

Abb. 3.14 *Betriebliches Beispiel für eine Zielhierarchie: Rangordnung von Zielen (Wöhe, 2010, S. 74)*

3.3.3 Präferenzrelationen

Da in der Unternehmenspraxis häufig mit Zielkonflikten zu rechnen ist, gilt es zu prüfen, wie mit Zielen grundsätzlich gleicher Rangordnung umzugehen ist. Im Vordergrund steht damit die Fragestellung, ob und in welchem Umfang ein Ziel einem anderen vorgezogen oder nachgeordnet werden soll. Derartige Problemstellungen treten z.B. im Rahmen jährlicher Planungs- und Budgetierungsprozesse von Unternehmen immer wieder auf. Folglich muss eine Rangfolge der Wichtigkeit einzelner Zielvorstellungen festgelegt werden. In diese Gewichtung von Zielen fließen automatisch Wertvorstellungen und Ansprüche von Entscheidungsträgern ein, so dass man auch von **entscheidungsträgerbedingten Zielbeziehungen** spricht. So könnte als Genehmigungsinstanz der Vorsitzende einer Geschäftsbereichsleitung der Zielplanung seines Einkaufsleiters, die internationalen Beschaffungsaktivitäten personell zu verstärken, eine höhere Priorität beimessen, als der Forderung seines Vertriebsleiters, eine Auslandsrepräsentanz weiter auszubauen. Durch seine persönliche Präferenzordnung schafft der Entscheidungsträger damit **Hauptziele** als wichtige Ziele und **Nebenziele** als weniger gewichtige Ziele.

4 Literaturübersicht

Albach, H.: Allgemeine Betriebswirtschaftslehre, Einführung, 3. A., Wiesbaden 2001 (Gabler)

Allianz SE: Corporate Governance, Entprechenserklärung 2010, URL: https://www.allianz.com/static-resources/de/investor_relations/corporate_governance/entsprechenserklaerung/v_1292421501000/entsprechens2010_de.pdf
Stand: 25.01. 2011

Bea, F.X. / Friedl, B. / Schweitzer, M., (Hrsg.): Allgemeine Betriebswirtschaftslehre, Band 1: Grundfragen, 9. A., Stuttgart 2004 (Lucius & Lucius, UTB)

Bea, F.X. / Haas, J.: Strategisches Management, 5. A., Stuttgart 2009 (Lucius & Lucius, UTB)

Bea, F.X. / Schweitzer, M. (Hrsg.): Allgemeine Betriebswirtschaftslehre, Band 1: Grundfragen, 10. A., Stuttgart 2009 (Lucius & Lucius, UTB)

Becker, F.G.(Hrsg.): Einführung in die Betriebswirtschaftslehre, Berlin, Heidelberg, New York 2006 (Springer)

Beschorner, D. / Peemöller, V.: Allgemeine Betriebswirtschaftslehre, Grundlagen und Konzepte, 2. A., Herne, Berlin 2006 (Neue Wirtschafts-Briefe)

Brede, H.: Betriebswirtschaftslehre, Einführung, 8. A., München, Wien 2004 (Oldenbourg)

Camphausen, B.: Strategisches Management, 3.A., München, Wien 2013 (Oldenbourg)

Christophorus, Das Porsche Magazin (327+330), Aug./Sept. 2007, S. 8-12 und Febr./März 2008, S. 8-9

Deutsche Bank AG: Corporate Governance 2009, S. 17f., URL: http://www.db.com/ir/de/download/Geschaeftsbericht_2009_gesamt.pdf
Stand: 25.01. 2011

Domschke, W. / Scholl, A.: Grundlagen der Betriebswirtschaftslehre. Eine Einführung aus entscheidungsorientierter Sicht, 3. A., Berlin, Heidelberg, New York 2005 (Springer)

Domschke, W. / Scholl, A.: Grundlagen der Betriebswirtschaftslehre. Eine Einführung aus entscheidungsorientierter Sicht, 4. A., Berlin, Heidelberg, New York 2008 (Springer)

Hentze, J. / Heinecke, A. / Kammel, A.: Allgemeine Betriebswirtschaftslehre aus Sicht des Managements, Bern, Stuttgart, Wien 2001 (Paul Haupt, UTB)

Jung, H.: Allgemeine Betriebswirtschaftslehre, 10. A., München, Wien 2006 (Oldenbourg)

Jung, H.: Allgemeine Betriebswirtschaftslehre, 12. A., München, Wien 2010, (Oldenbourg)

Jung, R.H. / Bruck, J. / Quarg, S.: Allgemeine Managementlehre, Lehrbuch für die angewandte Unternehmens- und Personalführung, 3. A., Berlin 2008 (Erich Schmidt)

König, R.: Unternehmensformen, in: Becker, F.G. (Hrsg.): Einführung in die Betriebswirtschaftslehre, Berlin, Heidelberg, New York 2006 (Springer), S. 11-33

Korndörfer, W.: Allgemeine Betriebswirtschaftslehre, 13. A., Wiesbaden 2003 (Gabler)

Luger, A.E.: Allgemeine Betriebswirtschaftslehre, Band 1: Der Aufbau des Betriebes, 5. A., München, Wien 2004 (Carl Hanser)

Müller-Stewens, G. / Lechner, C.: Strategisches Management, 3. A., Stuttgart 2005 (Schäffer-Poeschel)

NWB Redaktion: Wichtige Gesetze des Wirtschaftsprivatrechts, 8. A., Herne 2007 (Neue Wirtschafts-Briefe)

NWB Redaktion: Wichtige Wirtschaftsgesetze, 20. A., Herne 2007 (Neue Wirtschafts-Briefe)

NWB Redaktion: Wichtige Wirtschaftsgesetze, 24. A., Herne 2011 (Neue Wirtschafts-Briefe)

Olfert, K. / Rahn, H.-J.: Einführung in die Betriebswirtschaftslehre, 8. A., Ludwigshafen (Rhein) 2005 (Friedrich Kiehl)

Olfert, K.. / Rahn, H.-J.: Einführung in die Betriebswirtschaftslehre, 9. A., Ludwigshafen (Rhein) 2008 (Friedrich Kiehl)

Peters, S. / Brühl, R. / Stelling, J.N.: Betriebswirtschaftslehre, Einführung, 12. A., München, Wien 2005 (Oldenbourg)

Schauenberg, B.: Gegenstand und Methoden der Betriebswirtschaftslehre, in: Vahlens Kompendium der Betriebswirtschaftslehre, Band 1, 5. A., München 2005, S. 1-56 (Vahlen)

Schierenbeck, H.: Grundzüge der Betriebswirtschaftslehre, 16. A., München, Wien 2003 (Oldenbourg)

Schierenbeck, H. / Wöhle, C.B.: Grundzüge der Betriebswirtschaftslehre, 17. A., München, Wien 2008 (Oldenbourg)

Schmalen, H. / Pechtl, H.: Grundlagen und Probleme der Betriebswirtschaft, 13. A., Stuttgart 2006 (Schäffer-Poeschel)

Schmalen, H. / Pechtl, H.: Grundlagen und Probleme der Betriebswirtschaft, 14. A., Stuttgart 2009 (Schäffer-Poeschel)

Schneider, D.: Betriebswirtschaftslehre, Band 4: Geschichte und Methoden der Wirtschaftswissenschaft, München, Wien 2001 (Oldenbourg)

Specht, G. / Balderjahn, I.: Einführung in die Betriebswirtschaftslehre, 4. A., Stuttgart 2005 (Schäffer-Poeschel)

Steinmann, H. / Schreyögg, G.: Management, Grundlagen der Unternehmensführung, 6. A., Wiesbaden 2005 (Gabler)

Thommen, J.-P. / Achleitner, A.-K.: Allgemeine Betriebswirtschaftslehre, Umfassende Einführung aus managementorientierter Sicht, 5. A., Wiesbaden 2006 (Gabler)

Thommen, J.-P. / Achleitner, A.-K.: Allgemeine Betriebswirtschaftslehre, Umfassende Einführung aus managementorientierter Sicht, 6. A., Wiesbaden 2009 (Gabler)

ThyssenKrupp AG: Corporate Governance 2009/10, Compliance, Commitment, Whistleblower Hotline, URL: http://www.thyssenkrupp-technologies.com/de/konzern/compliance.html
Stand: 25.01. 2011

Töpfer, A.: Betriebswirtschaftslehre. Anwendungs- und prozessorientierte Grundlagen, 2. A., Berlin, Heidelberg, New York 2007 (Springer)

Vahs, D. / Schäfer-Kunz, J.: Einführung in die Betriebswirtschaftslehre, 5. A., Stuttgart 2007 (Schäffer-Poeschel)

Weber, W. / Kabst, R.: Einführung in die Betriebswirtschaftslehre, 6. A., Wiesbaden 2006 (Gabler)

Welge, M.K. / Al-Laham, A.: Strategisches Management, 5.A., Wiesbaden 2008 (Gabler)

Welt am Sonntag, Nr. 35, 29. August 2010, Rubrik Wirtschaft, S. 28-29

Welt am Sonntag, Nr. 3, 16. Januar 2011, Rubrik Finanzen, S. 44

Wild, J.: Grundlagen der Unternehmungsplanung, 4.A., Opladen 1982 (Westdeutscher Verlag)

Wöhe, G. / Döring, U.: Einführung in die Allgemeine Betriebswirtschaftslehre, 22. A., München 2005 (Vahlen)

Wöhe, G. / Döring, U.: Einführung in die Allgemeine Betriebswirtschaftslehre, 24. A., München 2010 (Vahlen)

II Unternehmensführung

Bernd Camphausen

1 Einführung

1.1 Aktualität des Themas

Das grundlegende Ziel eines jeden Unternehmens ist seine nachhaltige Existenzsicherung. Daraus abgeleitet wird das Streben nach Gewinn (Renditemaximierung) durch Umsatzwachstum und effizienten Umgang mit den Ressourcen Kapital und Personal.

Nach dem 2. Weltkrieg setzte eine Phase stabilen Wachstums in fast allen Märkten ein. Bis zur Ölkrise 1973 befanden sich die Unternehmen und Märkte mehr oder minder in einem stabilen Umfeld.

- Intensität des Wettbewerbs
  z.B. durch technologischen Fortschritt und neue Wettbewerber aus aufsteigenden Regionen (China, Indien, Osteuropa) sowie verstärkt durch Merger & Acquisition
- Relevanz des Faktors Zeit
  z.B. durch 24h/365 Tage Erreichbarkeit und Verfügbarkeit durch Informations- und Kommunikationstechnologien
- Entstehung neuer Geschäfte
  z.B. durch staatliche Deregulierung von Märkten, Privatisierungen von Branchen, technologiegetriebene Marktplätze wie e-commerce
- Verstärkung der Globalisierung
  z.B. durch Bildung neuer Märkte, Kunden, Produkte und Dienstleistungen, und vor allem neuer Wettbewerber
- Intensität des technologischen Fortschritts
  z.B. auf den Gebieten der Medizin, Gen- und Biotechnologie, Raumfahrt, Informations- und Entertainmenttechnologie
- Verstärkung des Sicherheitsbedürfnisses
  z.B. durch die Terroranschläge des 11.09.2001, Verknappung endlicher Rohstoffe wie Öl oder Gas

Abb. 1.1 *"Strategietreiber": Herausforderungen für die Unternehmensführung*

Durch die Ölkrise kam es zu instabilen und mit höherer Unsicherheit und damit höherer Komplexität einhergehenden Entwicklungen. Verstärkt wurde diese Unsicherheit durch Wirtschaftskrisen auf der einen Seite und stärkeren technologischen Wandel auf der anderen Seite. Die Beendigung des Kalten Kriegs mit Osteuropa und die fast gleichzeitige Öffnung der neuen asiatischen Märkte in Indien und China erhöhte die Komplexität der Umwelt und somit die Unsicherheit unternehmerischer Entscheidungsprozesse. Die nächste große Veränderung der Umwelt trat ein durch die Ereignisse des 11. September 2001 und die daraus hervorgegangen Veränderungen im Sicherheitsdenken der Gesellschaft.

Dieser kurzer Abriss zeigt, dass die Führung eines Unternehmens heute komplexer ist und mit weitaus größeren Herausforderungen umzugehen hat, als dies in den letzten Jahrzehnten der Fall war.

1.2 Der Begriff Unternehmensführung

Im Zentrum des Begriffs Unternehmensführung steht die Steuerung des Unternehmens. Dabei werden die Begriffe Unternehmensführung und Management begrifflich häufig gleich verwendet. Man betrachtet im Allgemeinen den Begriff Unternehmensführung oder Management in den Dimensionen Management als Institution und Management als Funktion.

Unter Management als Institution versteht man die Entscheidungsträger des Unternehmens, die aufgrund ihrer Position im Unternehmen wesentlichen Einfluss auf das Unternehmen ausüben. Je nach hierarchischer Einordnung der jeweiligen Managementpositionen in der Organisation des Unternehmens, spricht man von Top-, Middle- und Lower-Management. Im Allgemeinen ist die Unternehmensleitung (Top-Management) für die Strategieentwicklung, den strukturellen Aufbau des Unternehmens sowie auf oberer Ebene für die Ressourcenbereitstellung und Ressourcenzuteilung verantwortlich. Das Middle-Management verantwortet - gemeinsam mit dem Top-Management - die Umsetzung der Strategie und somit das Erreichen der Unternehmens- oder Geschäftsbereichsziele. Das Lower-Management ist - gemeinsam mit dem Middle-Management - verantwortlich für den Erfolg im operativen (Tages-) Geschäft.

Die Managementfunktionen wie z.B. Strategieentwicklung, Ressourcenverteilung, Zielerreichung oder operative Tätigkeiten sind an die jeweilige Managementinstitution gebunden. Das kann im Top-Management Bereich der Vorstand einer Aktiengesellschaft, der Geschäftsführer einer GmbH oder auch die Leiter verschiedener Unternehmens- oder Geschäftsbereiche sein. Im Middle-Management verantwortet z.B. der Leiter des Rechnungswesens durch seine Position im Unternehmen die Ordnungsmäßigkeit der Buchhaltung oder z.B. der Leiter des Einkaufsbereichs aufgrund seiner Position die Verfügbarkeit der Roh-, Hilfs- und Betriebsstoffe.

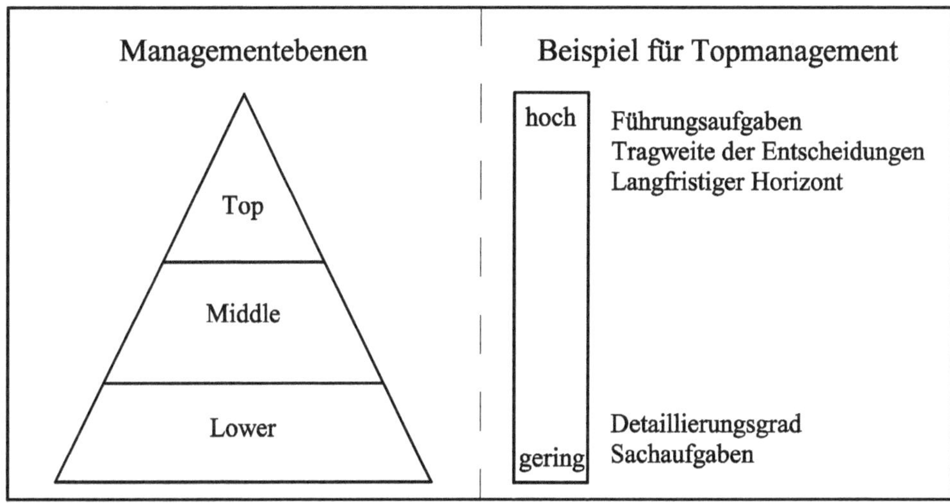

Abb. 1.2 *Institutionen im Unternehmen und deren Aufgabenbereiche*

Unter Management als Funktion geht es um die Aufgabe des Managements im Sinne eines - das gesamte Unternehmen - umfassendes System der Führung des Unternehmens. Es kann auch als Rahmenkonzept betrachtet werden, in dem alle Funktionen des Managements darauf ausgerichtet sind, die gesamtbetrieblichen Ziele zu erreichen.

Management-Funktionen	
allgemeine	Strategieentwicklung Ressourcen bereitstellen und zuordnen
spezielle	Organisation Personalführung Planung – Entscheidung – Durchführung - Controlling

Abb. 1.3 *Überblick über Managementfunktionen*

1.3 Managementaufgaben

Die Führungsfunktionen eines Unternehmens werden häufig auch als die Aufgaben des Managements bezeichnet und sind in Abb. 1.4 dargestellt worden.

Werden diese allgemeinen und speziellen Managementaufgaben nun umgesetzt in das Spannungsfeld des Managements, so kommt die Umwelt des Unternehmens als externer Faktor, sowie die Unternehmenskultur als interner Faktor hinzu.

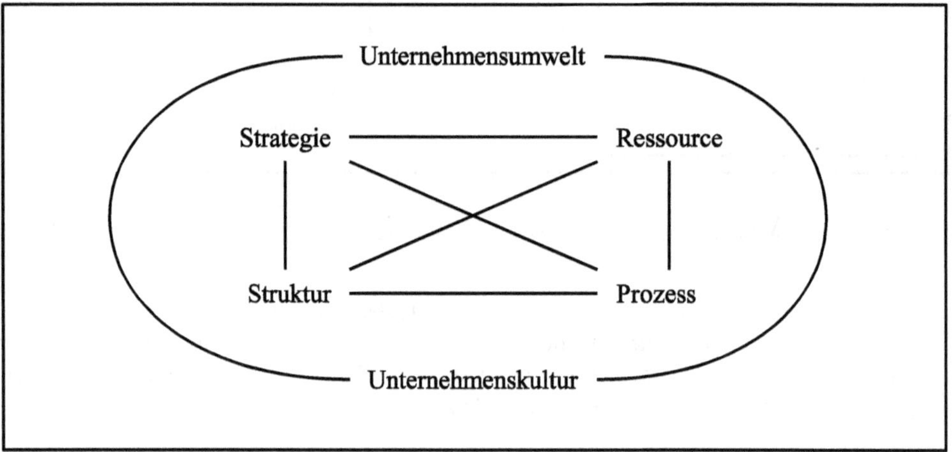

Abb. 1.4 *Spannungsfeld des Managements*

Der Begriff „Strategie“ steht für die Bildung und Entwicklung von langfristigen Unternehmenszielen, die zumeist in Konkurrenz zu anderen Unternehmen erreicht werden sollen. Neben der aktuellen und künftigen Wettbewerbssituation werden andere Faktoren wie politisch-rechtliche, makroökonomische, technologische, kulturelle oder soziodemografische Faktoren mit in die Strategieentwicklung eingebunden.

Unter dem Begriff „Ressource“ soll die Managementaufgabe verstanden werden, die adäquaten Mittel (i.d.R. Finanzkapital und Humankapital) bereitzustellen. Diese Ressourcen müssen auf Basis der Strategieentwicklung und -implementierung den jeweiligen Unternehmensfunktionen bzw. Unternehmensbereichen zugeordnet werden.

Unter „Prozess“ sollen die Aktivitäten im Unternehmen gefasst werden, die mit der Erbringung spezifischer Leistungen für externe - aber auch interne - Kunden beschäftigt sind. Die Aufgabenkette „Planung - Entscheidung - Durchführung - Controlling“ wird von einem Bündel von Unternehmenssystemen bewältigt, welche durch die Mitarbeiter gesteuert werden. Daher besitzt die Managementaufgabe „Personalführung“ besondere Bedeutung.

„Struktur“ steht für die Aufbau- und Ablauforganisation im Unternehmen. Die vielfältigen Aktivitäten im Unternehmen und die verschiedenen Unternehmenssysteme müssen durch definierte hierarchische Lenkungsstrukturen und prozessorientierte Organisationsformen gesteuert werden.

Die Unternehmenskultur beeinflusst die Aktivität des Managements. Sie kann definiert werden als Grundgesamtheit aller Werte- und Normvorstellungen sowie Denk- und Verhaltensmuster aller am Unternehmen Beteiligter.

In den folgenden Kapiteln sollen die Führungsfunktionen des Managements näher erläutert werden. Im Kapitel 2 wird der Strategische Management Prozess ausführlich dargestellt. Hierbei wird unterschieden auf welcher Basis bzw. aus welcher Richtung heraus die Strategieentwicklung stattfindet. Personalführung und Personalmanagement bilden die Schwerpunkte von Kapitel 3. Kapitel 4 beschäftigt sich mit der Organisation des Unternehmens unterteilt in Aufbauorganisation und Ablauforganisation. Die marktorientierte Unternehmensführung wird in Kapitel 5 dargelegt.

2 Strategischer Management Prozess

Der in Abb. 2.1 sehr allgemein dargestellte Strategische Management Prozess ist kein zeitpunktbezogener Prozess oder ein linear verlaufender Prozess. Vielmehr zeichnet er sich durch seinen iterativen Verlauf aus. Mit ständigen Vor- und Rückkopplungsschritten zwischen den einzelnen Modulen wird dieser Prozess ständig aktualisiert und überprüft. Das Denken in Zielen und Alternativen bei gleichzeitiger Kontinuität der Aktivitäten (Langzeitcharakter von Entscheidungen über Ressourcen) ist Hauptmerkmal dieser Top Management Aufgabe.

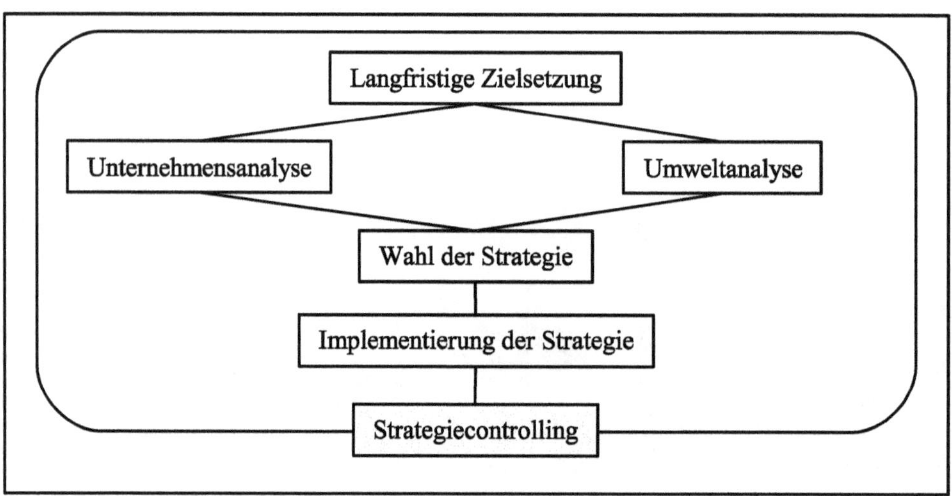

Abb. 2.1 *Der Strategische Management Prozess*

Merkmale von Unternehmensstrategien
Die wesentlichen Strategiemerkmale sind (vgl. Mintzberg, 1995, S. 29 ff):

- Top Management Aufgabe
  Aufgrund ihrer Bedeutung in Bezug auf die langfristige Ressourcenbindung wird die grundlegende Ausrichtung des Unternehmens der dominante Entscheidungspunkt zwischen dem Top Management und den Kapitalgebern.
- Strategieableitung aus Unternehmenszielen
  Visionen umschreiben in wenigen Worten den unternehmerischen Willen, eine Veränderung herbeizuführen. Auf Basis dieser Vision werden Unternehmensleitbilder und Unternehmensziele abgeleitet. Strategien sind die Instrumente zur Zielerreichung.
- Komplexität und Kontinuität
  Unternehmensstrategien setzen sich aus vielen Teilen zusammen, als Stichworte sind zu nennen: Geschäftsbereichsstrategien, Funktionsbereichsstrategien, Regionalstrategien. Diese Strategien stehen häufig in einem komplexen Spannungsfeld zueinander und konkurrieren um knappe Mittel. Die Unternehmensstrategie muss auf langfristige kontinuierliche Zielerreichung ausgelegt sein.

Typen von Unternehmensstrategien
Je nach Kriterium ist eine Vielzahl von Einteilungen möglich. Im Folgenden sollen die wesentlichen kurz aufgezählt werden:

- Organisatorischer Geltungsbereich
  - Geschäftsfeldstrategie
  - Funktionsbereichsstrategie
  - Regionalstrategie
- Entwicklungsrichtung
  - Wachstums- / Investitionsstrategie
  - Schrumpfungs- / Desinvestionsstrategie
  - Stabilisierungs- / Haltestrategie
- Marktverhalten
  - Beeinflussungs- oder Anpassungsstrategie
  - Angriffs- oder Verteidigungsstrategie

Phasen der Strategieentwicklung und -implementierung
Unabhängig von der im weiteren Verlauf des Kapitel 2 noch zu beschreibenden grundlegenden Ausrichtung der Strategieformulierung (marktorientiert, ressourcenorientiert, wertorientiert) lässt sich der generelle Verlauf von Strategieentwicklung und -implementierung in folgende Phasen einteilen:

- Planung
- Entscheidung
- Durchsetzung
- Controlling

2.1 Marktorientierte Strategieentwicklung

2.1.1 Umweltanalyse

Vor der Formulierung einer Unternehmensstrategie muss zu Beginn die detaillierte Analyse aller im Umfeld des Unternehmens existierender Daten und Informationen stehen. Diese globalen Umweltparameter sind von dem Unternehmen meist nur sehr gering beeinflussbar, haben jedoch starke Auswirkungen auf den Erfolg oder Misserfolg des Unternehmens.

Die globalen Umweltfaktoren werden unterteilt in:
- Gesamtwirtschaftliche Umweltfaktoren
- Technologische Umweltfaktoren
- Politisch-rechtliche Umweltfaktoren
- Soziodemografische und kulturelle Umweltfaktoren.

Durch die Umweltanalyse wird das Unternehmen bzw. dessen Entscheidungsträger für die Wirkung der Unternehmensumwelt sensibilisiert. Das Unternehmen identifiziert die für sie relevanten Faktoren und kann hieraus die künftigen Chancen und Risiken für das Unternehmen bewerten.

Dabei werden auch so genannte Schwache Signale (weak signals) erfasst. Diese Schwachen Signale sind meist qualitative Aussagen oder Trends über Bereiche, die mittelbar den Strategischen Pfad des Unternehmens kreuzen werden. Es kann sich hierbei um eine Veränderung im Konsumentenverhalten handeln, oder Verhaltensänderungen und -brüche ausgelöst durch politische oder kulturelle Verschiebungen. Die Bereitschaft des Unternehmens, auf Schwache Signale zu achten, gibt ihm mehr Zeit für die Anpassung oder Änderung seines Strategischen Pfades.

Im Anschluss an die Analyse der globalen Umweltfaktoren folgt die Analyse der spezifischen Unternehmensumwelt, der Wettbewerbsumwelt. Dabei werden die Bereiche, in denen das Unternehmen aktiv ist oder sein möchte, näher untersucht. Als Beispiel dazu soll die Branchenstrukturanalyse und das Produkt-Markt Portfolio dienen.

2.1.2 Branchenstrukturanalyse

Die auf der Basis des industrieökonomischen Ansatzes entwickelte Analyse von Branchen zeigt die Wettbewerbsintensität und dabei das Gewinnpotenzial der Branche auf. Nach Porter (vgl. Porter, 1999, S. 35) ist eine Branche eine Gruppe von Unternehmen, die Produkte erstellen, die sich gegenseitig entweder ganz oder teilweise ersetzen. Porter identifiziert fünf Faktoren, die für die Wettbewerbsintensität einer Branche wesentlich sind.

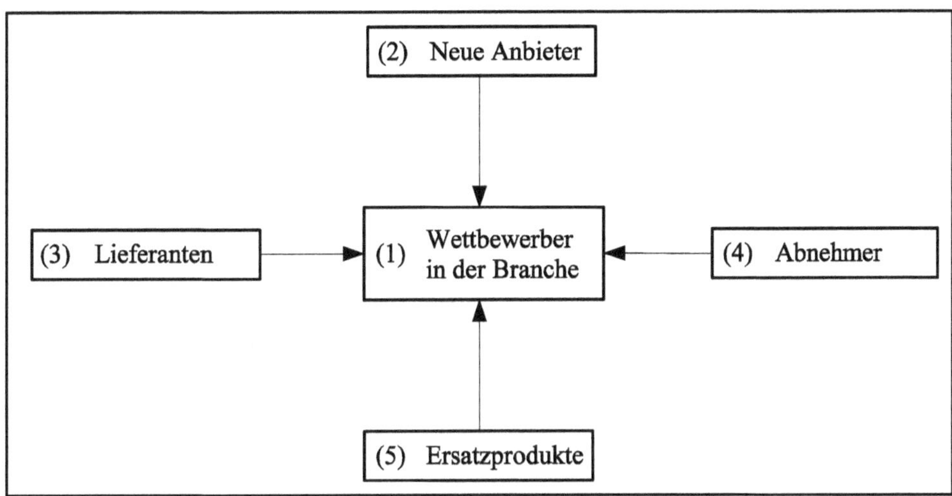

Abb. 2.2 Elemente der Branchenstruktur nach Porter

Zu (1): Der Wettbewerb unter den im Markt agierenden Unternehmen wird bestimmt durch z.B. das Wachstum der Branche, der Anzahl der Wettbewerber, der jeweiligen Produktdifferenzierung, den betreffenden Marktaustrittsbarrieren.

Zu (2): Die Gefahr durch den Eintritt neuer Anbieter in die Brache hängt ab von z.B. der Art und Höhe der Markteintrittsbarrieren (Investitionsvolumen, Technologie, Zugang zu Vertriebswegen), oder der zu erwartenden Reaktion der bestehenden Wettbewerber in der Branche (Verteidigungsstrategie).

Zu (3): Die Verhandlungsmacht der Lieferanten ist bestimmt durch z.B. den Konzentrationsgrad auf der Seite der Lieferanten, den Umstellungskosten bei Lieferantenwechsel, den Kosten der Eigenproduktion (Integration des Lieferanten).

Zu (4): Die Verhandlungsmacht der Abnehmer kann abhängig sein durch z.B. den Konzentrationsgrad der Kunden (Abnehmer), von der möglichen Austauschbarkeit des Angebots, der Produktbedeutung, der Markttransparenz.

Zu (5): Die Gefahr durch Ersatzprodukte ist bestimmt durch z.B. das jeweilige Preis- / Leistungsverhältnis, den Umstellungskosten, der Austauschbarkeit der Produkte.

Diese fünf Wettbewerbskräfte wirken direkt auf die Kosten- und Ertragssituation der Unternehmen einer Branche. Bei hohen Wettbewerbskräften werden niedrige Renditen erzielt und umgekehrt. Die Branchenstrukturanalyse liefert Aussagen über die bestehende Attraktivität der Branche. In stabilen, sich nur langsam ändernden Branchen sind die Ergebnisse der Branchenstrukturanalyse auch für künftige Entwicklungen der Branche gültig. Je instabiler und schnelllebiger die Branche ist, desto eingeschränkter ist die Aussagekraft des Porter Modells für die Zukunft.

2.1.3 Produkt-Markt Portfolio

Der aus der Finanzwirtschaft stammende Begriff des Portfolios beschrieb ursprünglich die optimale Zusammensetzung eines Wertpapier-Portefeuilles unter Berücksichtigung der Kriterien Kapitalrendite und Risiko. Der von der Boston Consulting Group entwickelte Portfolio Ansatz überträgt das grundlegende Ziel des Unternehmens einer ausgewogenen, optimalen Struktur der Produkte / SGE´s (Strategische Geschäftseinheiten) in eine Vier-Felder-Matrix. Dabei wird auf der Abzisse die unternehmensbezogene Dimension des relativen Marktanteils dargestellt. Der relative Marktanteil zeigt den Anteil eines Produkts / SGE im Verhältnis zum Marktanteil des stärksten Wettbewerbers in dem relevanten Marktsegment. Auf der Ordinate wird das durchschnittliche Marktwachstum ausgewiesen, definiert als die erwartete Entwicklung des Marktvolumens (Menge oder Wert) der für die Produkte / SGE´s relevanten Märkte. Es handelt sich hierbei also um die umweltbezogene Dimension. Die Trennlinien in Abb. 2.3 zur Bildung der Vier-Felder-Matrix werden horizontal bei einem relativen Marktanteil von 1 gesetzt, und vertikal bei dem durchschnittlichen Marktwachstum (vergangenheits- oder zukunftsbezogen).

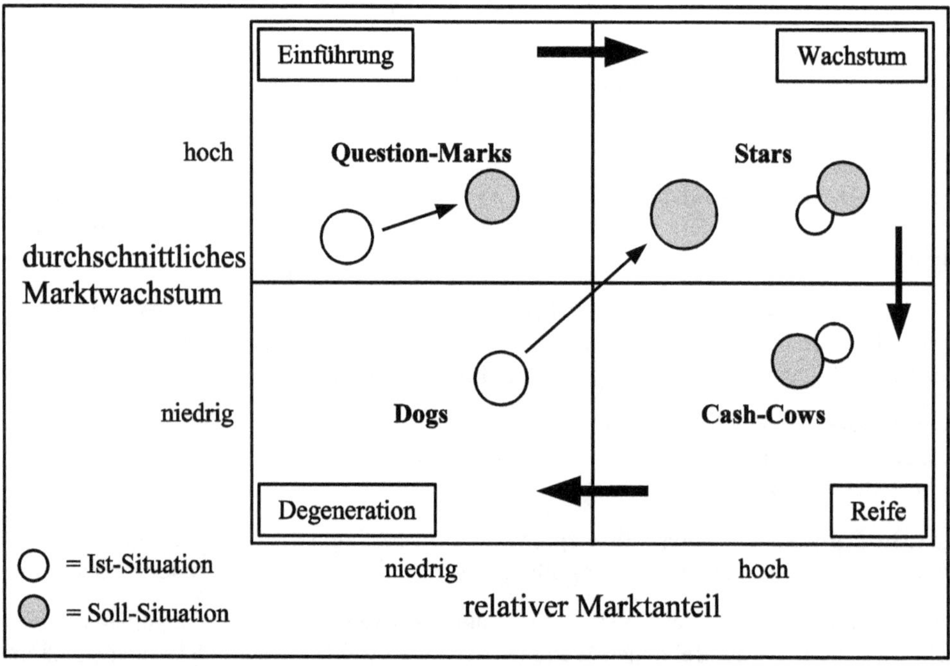

Abb. 2.3 Produkt-Markt Portfolio

Der jeweilige Kreisumfang gibt das bestehende oder zu erwartende Umsatz- oder Deckungsbeitragsvolumen des Produktes / SGE´s an. Neben der Ist-Situation wird häufig auch die Soll-Situation grafisch hinzugefügt.

Je nach ihrer Positionierung in der Matrix werden die Produkte / SGE´s eines Unternehmens 4 Kategorien zugeordnet:

- Questions Marks: Produkte in der Einführungsphase
  Normstratgie: Offensivstrategie
- Stars: Produkte mit hohen Marktanteilen und hohen Deckungsbeiträgen sowie hohem Investitionsbedarf in wachsenden Märkten
  Normstrategie: Investitionsstrategie
- Cash Cows: Produkte mit hohem Marktanteil und gutem Deckungsbeitrag in stagnierenden oder schrumpfenden Märkten ohne größeren Investitionsbedarf
  Normstrategie: Abschöpfungsstrategie
- Poor Dogs: Produkte mit geringem Marktanteil und kaum/keinem Deckungsbeitrag, die kurzfristig aus dem Produktprogramm des Unternehmens gestrichen werden
  Normstrategie: Desinvestition

Zur Erläuterung der theoretischen Basis des Produkt-Markt Portfolios werden im Folgenden kurz das Produktlebenszyklus-Modell und das Konzept der Erfahrungskurve dargestellt.

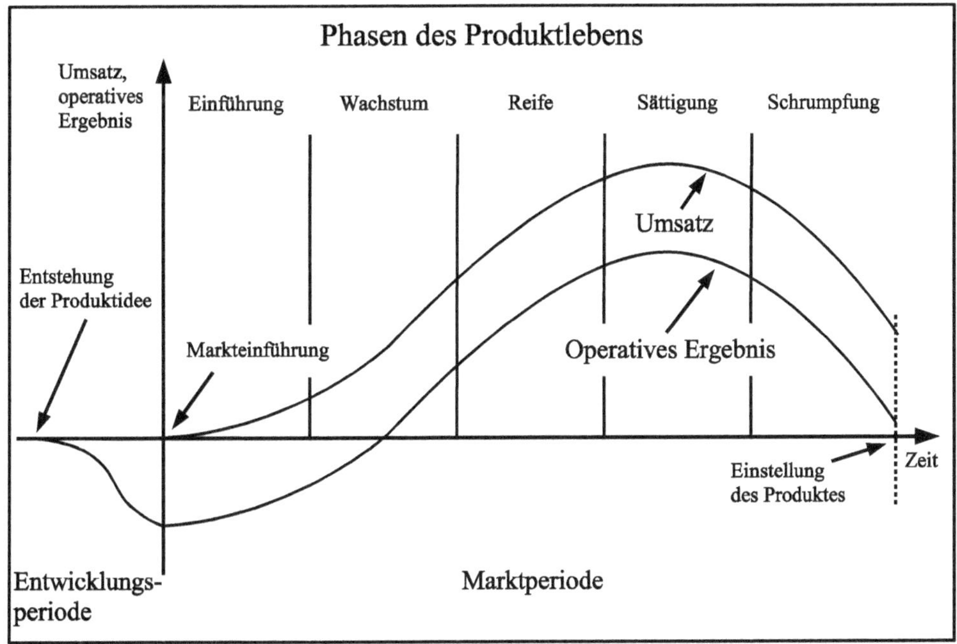

Abb. 2.4 Produktlebenszyklus

Produktlebenszykluskonzept

Dieses Konzept ist ein Basismodell für den Entwicklungsstand von Produkten. Im Allgemeinen unterscheidet man zwischen der Entwicklungsperiode und der Marktperiode. In der Entwicklungsperiode entstehen dem Unternehmen ausschließlich Kosten und keine Umsätze oder Deckungsbeiträge, da das Produkt noch nicht auf dem Markt ist. In der Marktperiode durchläuft das Produkt verschiedene Lebensphasen, die in Abb. 2.4 dargestellt sind. Die Einteilung der jeweiligen Phasen ist Produkt- / Marktspezifisch und wird vielfältig diskutiert (vgl. Meffert, 2001, S. 329 ff).

Erfahrungskurvenkonzept

Der Begriff der Erfahrungskurve wurde von der Boston Consulting Group im Jahr 1966 geprägt. Das Konzept sagt aus, dass die Stückkosten eines Produktes bei einer Verdopplung der kumulierten Produktionsmenge innerhalb eines Zeitraums um durchschnittlich 20% bis 30% sinken.

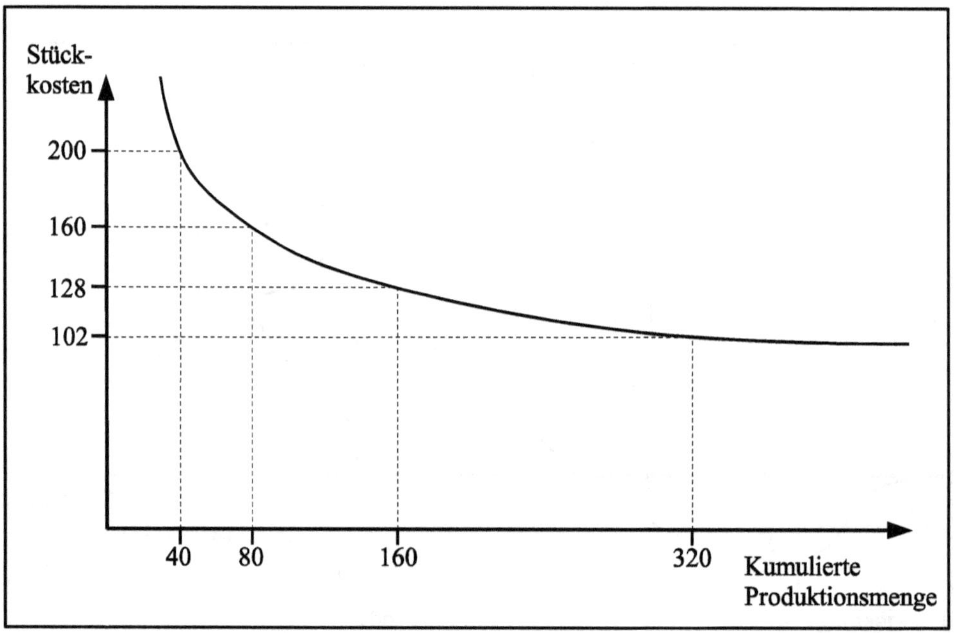

Abb. 2.5 Die Erfahrungskurve

Die Erfahrungskurve basiert auf folgenden Effekten:

- Dynamische Skaleneffekte, wie Lernkurveneffekte, dem technischen Fortschritt oder Rationalisierungseffekte.
- Statische Skaleneffekte, wie die Fixkostendegression oder Betriebsgrößeneffekte (z.B. Marktmacht beim Einkauf).

2.2 Ressourcenorientierte Strategieentwicklung

Unternehmen, die auf Märkten mit hohem technologischen Fortschritt, schnelllebigen Produktlebenszyklen oder weniger vorhersehbaren Entwicklungen aktiv sind, werden die Entwicklung ihrer Strategie im Wesentlichen an bestehenden oder notwendigen unternehmerischen Ressourcen orientieren. Die Analyse der Unternehmensressourcen in Hinblick auf die Kompatibilität mit der Unternehmensstrategie steht dabei im Fokus.

2.2.1 Unternehmensanalyse

Die interne Analyse soll die Stärken und Schwächen des Unternehmens darlegen. Dabei handelt es sich sowohl um die Aufnahme des Ist-Zustandes als auch um die Vorausschau, welche Stärken und Schwächen das Unternehmen auf Basis seiner möglichen künftigen Entwicklung haben wird. Diese Stärken und Schwächen können nicht absolut betrachtet werden, sondern müssen relativiert werden in Bezug auf bestimmte interne Benchmarks und/oder externe Benchmarks wie sie sich aus der Umweltanalyse (z.B. Branchen, Märkte, Wettbewerber, Technologien) ergeben.

Zur Objektivierung der Bestandsaufnahme, ob die Aktivität eines Unternehmens im Markt oder die Aktivität innerhalb eines Unternehmens eine Stärke oder eine Schwäche darstellen, muss nach dem Beitrag dieser Aktivität in Bezug zur langfristigen erfolgreichen Kundenbefriedigung gefragt werden (vgl. Bea/Haas, 2001, S. 109). Demnach werden die Aktivitäten und Aktiva/Passiva des Unternehmens daraufhin untersucht, ob sie zu einem strategischen Wettbewerbesvorteil beitragen. Damit diese Aktivitäten und die Aktiva/Passiva des Unternehmens die Basis eines strategischen Wettbewerbsvorteils bilden können, müssen sie vor allem eine bestimmte Einmaligkeit (relativer Vorteil) aufweisen können, sowie eine Nicht-Imitierbarkeit (geringe Wahrscheinlichkeit der Imitierbarkeit bzw. Substituierbarkeit) besitzen.

Mit der Potenzialanalyse soll ein Überblick über die unternehmenseigenen Stärken und Schwächen im Vergleich zu einem relevanten Wettbewerber gewonnen werden.

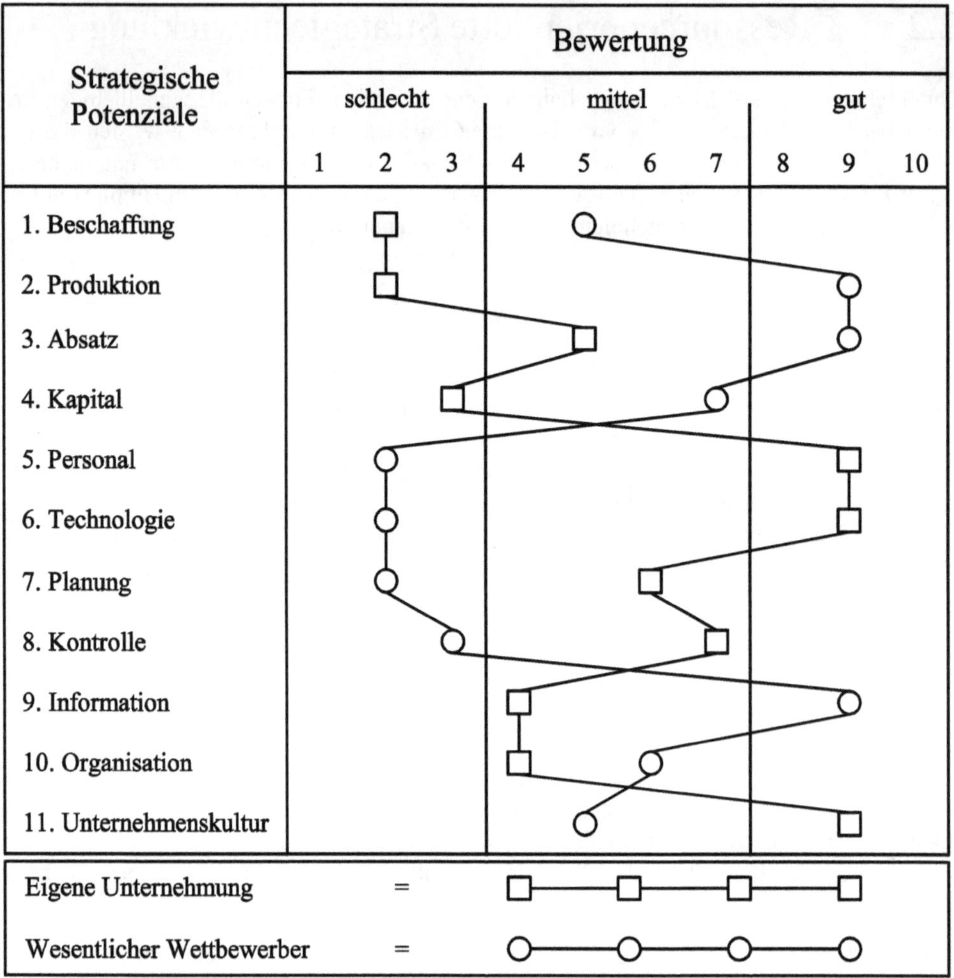

Abb. 2.6 *Stärken-Schwächen-Profil (vgl. Bea/Haas, 2001, S. 113)*

2.2.2 Ressourcenanalyse

Der Ressourcenorientierte Ansatz sieht das Vorhandensein bestimmter Ressourcen des Unternehmens und deren Qualität als Basis und Voraussetzung für den langfristigen unternehmerischen Erfolg. Kein Unternehmen besitzt exakt die gleichen Ressourcen. Daraus abgeleitet ist offensichtlich, dass die Chance der Unternehmen mit ihren Ressourcen dauerhafte Wettbewerbsvorteile zu erreichen, unterschiedlich sind. Eine weit verbreitete Klassifikation von Ressourcen ist die folgende:

- Materielle Ressourcen
  Dies stellen die Aktiva der Bilanz dar.
- Immaterielle Ressourcen
  Dies sind die nicht käuflich erworbenen Werte, die mit dem Unternehmen verbunden sind (z.B. Image, Marken, Kundenloyalität).
- Human Ressourcen
  Diese Ressource repräsentiert die Wertigkeit der Mitarbeiter des Unternehmens (z.B. Know-how, Motivation, Flexibilität, Erfahrung).

Unter Kernkompetenzen wird ein einzigartiges Bündel von Fertigkeiten und Technologien verstanden, die als Quelle der Wettbewerbsfähigkeit angesehen werden (vgl. Hamel/Prahalad, 1995, S. 309). Hierbei müssen sie folgende Voraussetzungen erfüllen:
- Leisten einen signifikanten Beitrag zum Kundennutzen.
- Müssen im Wettbewerb einzigartig sein.
- Müssen auf neuen Kundennutzen transferierbar sein.

Auf Basis der internen Perspektive müssen nun Handlungsempfehlungen formuliert werden, die eine optimale Positionierung der Kernkompetenzen zur Schaffung dauerhafter Wettbewerbsvorteile in den bestehenden und künftigen Märkten ermöglicht.

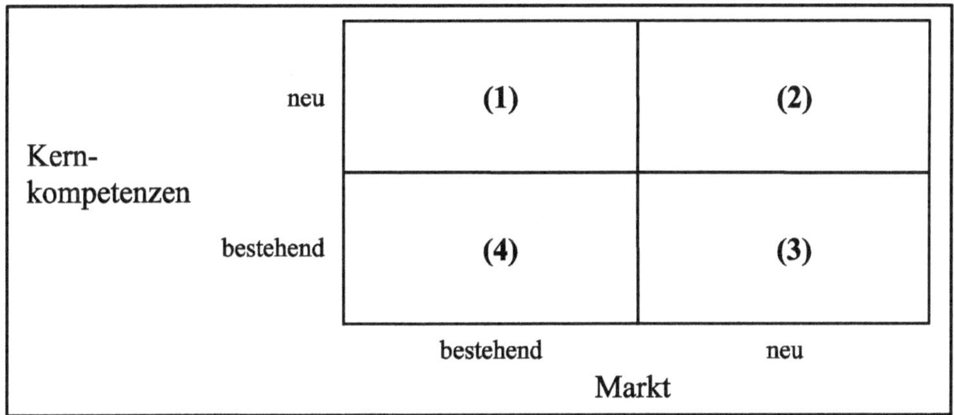

Abb. 2.7 Kompetenz-Produkt Matrix

Zu (1): Herausragende Position
  Aufbau neuer Kernkompetenzen, um bestehende herausragende Position abzusichern.
Zu (2): Mega-Chance
  Aufbau neuer Kernkompetenzen, um an neuen Märkten teilnehmen zu können.
Zu (3): Weiße Flecken
  Nutzung bestehender Kernkompetenzen durch neue Märkte.
Zu (4): Lücken füllen
  Nutzung bestehender Kernkompetenzen zum Ausbau der Marktposition.

2.2.3 Generische Strategien

Nach Porter gibt es für ein Unternehmen drei Möglichkeiten sich im Hinblick auf die Profilierung innerhalb von Märkten zu positionieren. Porter nennt dies generische Wettbewerbsstrategien (vgl. Porter, 1999, S. 75).

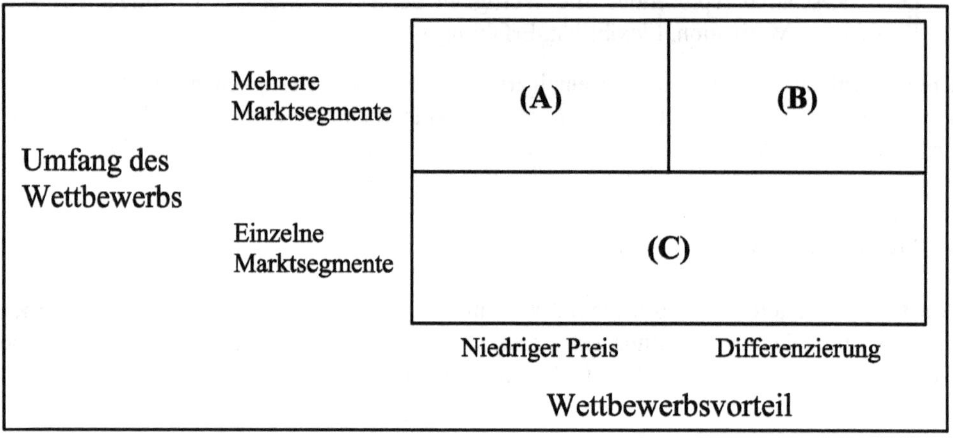

Abb. 2.8 *Generische Wettbewerbsstrategien*

Zu (A): Strategie der Kostenführerschaft
Ziel der Kostenführerschaft ist es, mit im Vergleich zu den Wettbewerbern niedrigsten Kosten auch niedrige Preise für vergleichbare Produkte und Leistungen anzubieten. Diese Kostenführerschaft kann nur dann zu höheren Gewinnen führen, wenn die Absatzmenge entsprechend steigt. Das Konzept der Erfahrungskurve ist dabei die methodische Basis der Strategie der Kostenführerschaft.

Zu (B): Strategie der Differenzierung
Bei dieser Strategie steht die Befriedigung mehr oder minder individueller Kundenwünsche im Mittelpunkt. Differenzierungsmöglichkeiten sind im Grundnutzen des Produktes oder auch im Zusatznutzen des Produktes möglich. Der Kunde muss bereit sein, diese Differenzierung über einen höheren Preis zu honorieren.

Zu (C): Strategie der Fokussierung
Anstatt in mehreren Marktsegmenten aktiv zu sein, fokussiert das Unternehmen auf ganz bestimmte Marktsegmente (Nischen). Innerhalb dieser Nische kann sich das Unternehmen wiederum als Kostenführer oder als Differenzierer positionieren. Der Vorteil einer Strategie der Fokussierung ist, dass das Unternehmen den gewählten Fokus in dem speziellen Segment häufig erfolgreicher vertreten kann, als der Universalität im Gesamtmarkt.

2.3 Wertorientierte Strategieentwicklung

Die Wertorientierte Strategieentwicklung wurde stark vom Shareholder Value Ansatz (vgl. Rappaport, 1986) beeinflusst. Kernpunkt dieses Ansatzes ist, die Strategieentwicklung im hohen Maße an der Steigerung des Unternehmenswerts auszurichten. Das Unternehmen muss in der Lage sein, über die Kapitalkosten hinaus Rendite zu erwirtschaften. Neben den Zinsen auf das Fremdkapital muss auch der Anteilseigner eine - gemessen am Risiko seines Engagements - angemessene Verzinsung erhalten. Im gleichen Maße wie die Unternehmen in Konkurrenz in Bezug auf Märkte, Kunden oder Technologien stehen, so stehen sie auch in Konkurrenz in Bezug auf Fremd- und Eigenkapitalgeber.

Auf Basis der Wertorientierten Strategie werden alle Strategischen Alternativen darauf geprüft, ob sie zur Wertsteigerung der Rendite des Unternehmens beitragen. Das bedeutet, dass der zukünftige Ertrag der Strategischen Option (=Investition) auf den quantifizierbaren Mehrwert für das Unternehmen berechnet wird. Strategien, die nicht zur Wertsteigerung beitragen, sind somit nicht weiter zu verfolgen und umgekehrt.

2.4 SWOT-Analyse

Die Strategieentwicklung auf Basis der Umweltanalyse und der Unternehmensanalyse werden in der SWOT-Analyse (Strengths, Weaknesses, Opportunities, Threats) gegenüber gestellt. Die zu wählende Strategie muss dabei dem Konzept der Steigerung des Unternehmenswertes genügen.

Umwelt / **Unternehmen**	**Chancen (O)**	**Risiken (T)**
Stärken (S)	**SO – Strategie** Idealfall	**ST-Strategie** Stärken einsetzen gegen Umweltrisiken
Schwächen (W)	**WO – Strategie** Abbau der Schwächen um Marktchancen zu nutzen	**WT-Strategie** Divestment prüfen

Abb. 2.9 *SWOT-Analyse*

2.5 Implementierung der Strategie

In der Phase der Strategieimplementierung müssen die strategischen Pläne im Unternehmen realisiert werden. Dabei werden die Aspekte der sachorientierten Aufgaben (Umsetzung) und der verhaltensorientierten Aufgaben (Durchsetzung) unterschieden (vgl. Kolks, 1990, S. 79).

2.5.1 Die sachorientierten Aufgaben (Umsetzung)

Bei der Umsetzung handelt es sich um die Konkretisierung der strategischen Pläne auf detaillierte Teilstrategien und weiter auf konkrete Maßnahmenprogramme. Durch die Umsetzung von Strategien in operative Maßnahmen wird der Schritt von der Strategischen Planung zur operativen Planung vollzogen. Dabei soll die Stimmigkeit (Fit) zwischen der Strategie und den relevanten Erfolgsfaktoren im Unternehmen hergestellt werden (vgl. Welge/Al-Laham, 2003, S. 534). Als relevante Erfolgsfaktoren gelten dabei die Organisationsstruktur, die Unternehmenssysteme (Informations- und Kommunikationssysteme), Unternehmenskultur sowie das Management. Als Instrument zur Umsetzung von Strategien kommen z.B. der Business Plan oder die Balanced Scorecard zum Einsatz. Der Business Plan zeigt für die betriebswirtschaftlichen Bereiche wie z.B. Absatz, Umsatz, Einkauf, Produktion, Marketing, Personal, Finanzen, die quantitative Umsetzung der Strategie in operativ nachvollziehbaren Teile bzw. Budgets. Die Balanced Scorecard (vgl. Kaplan/Norton, 1997, S. 36) bildet die Strategie des Unternehmens in qualitative und quantitative Kennzahlen ab und macht so für alle beteiligten Mitarbeiter klar, wie sie zur erfolgreichen Umsetzung der Strategie beitragen können.

2.5.2 Die verhaltensorientierten Aufgaben (Durchsetzung)

Die Akzeptanz und Förderung der gewählten Strategie muss bei den Mitarbeitern auf allen Unternehmensebenen durchgesetzt werden. Die Vermittlung der gewählten Strategie wird durch Information, Kommunikation, Konsensschaffung und durch Schulung betrieben. Es gilt, den Veränderungsprozess so zu gestalten, dass mögliche Widerstände gegen die Implementierung der Strategie überwunden werden, und institutionalisierte Verhaltensweisen und Machtstrukturen aufgelöst bzw. verändert werden. Implementierungsbarrieren können in Wissensbarrieren (unzureichendes Know-how und Erfahrung) und in Willensbarrieren unterschieden werden (keine Bereitschaft zur Veränderung). Implementierung bedeutet Veränderung. Diese Veränderung wird Konflikte auslösen, die man in Zielkonflikte, Verteilungskonflikte und Durchsetzungskonflikte unterscheiden kann.

Insgesamt kann festgehalten werden, dass die Phase der Strategieimplementierung große Bedeutung besitzt. Nur eine erfolgreiche Implementierung ermöglicht dem Unternehmen geschlossen, motiviert und zielorientiert die Strategien zu verfolgen und somit ihre langfristige Existenzsicherung im Markt zu erreichen.

3 Personal

Der Sammelbegriff für alle Mitarbeiter eines Unternehmens ist „Personal“. Das Personal wird als Produktionsfaktor auch als Humankapital bezeichnet und ist neben dem Finanzkapital die zweite Ressource des Unternehmens. Neben den traditionellen Begriffen wie Personalwesen oder Personalwirtschaft wird der betriebswirtschaftliche Umgang mit dem Einsatzfaktor Personal auch mit den Begriffen Personalmanagement oder Human Resource Management umschrieben. Im Gegensatz zu anderen Produktionsfaktoren wie z.B. einer Maschine oder das Vorratsvermögen ist die Leistung eines Mitarbeiters weder in ihrem Output exakt vorausberechenbar (Beispiel Maschine) noch ist die Leistung des Mitarbeiter lagerfähig und somit jederzeit abrufbar (Beispiel Vorratsvermögen).

Die Grundformel der Leistungserbringung lautet:

Leistung = Können x Wollen x Dürfen

Übersetzt auf den Arbeitsprozess bedeutet die folgende Definition (vgl. Hugentobler et al., 2005, S. 523):

Arbeitsleistung = Kompetenzen x Motivation x Organisation der Arbeit

Diese Formel zeigt die Komplexität des strategischen Erfolgsfaktors Personal.

Darüber hinaus stellen sich dem Faktor Personal eine Reihe weiterer Herausforderungen. Die Globalisierung ist nicht nur ein Wettbewerb um die besten Kunden, Produkte und Technologien, sondern insbesondere auch ein Wettbewerb um die besten Mitarbeiter im internationalen Geschäft. Die stärker werdende Kunden- und Serviceorientierung (Marktdynamik) stellt höhere Anforderungen an die Mitarbeiter in Bezug auf Kooperation und Flexibilität.

Die Technologiedynamik ausgedrückt in kürzeren Produktlebenszyklen, geringerer Halbwertzeit des Wissens, Entwicklung in der Technologie fordern von den Mitarbeitern stetige Veränderungsbereitschaft sowie ein Lebenslanges Lernen.

Unabhängig von der Markt- und Technologiedynamik ist die Wertedynamik immer stärker in den Vordergrund getreten. Der Grund für z.B. Leistungserbringung (Motivation) verändert sich und bestehende Werte einer Gesellschaft treffen auf andere Werte in anderen Regionen und Kulturen.

3.1 Grundlagen der Führung

Führung bedeutet zielbezogene Einflussnahme eines Führenden auf einen Geführten. Führung ist somit die Einflussnahme auf Geführte, um betriebliche Aufgaben oder unternehmerische Ziele zu erreichen. Wird das Ziel auf Basis der Kosten/Leistungsrelation erreicht, so wird die Führung als erfolgreich im betriebswirtschaftlichen Sinn bezeichnet. Gleichzeitig kann der Geführte auch Einfluss auf den Führenden ausüben. Diese Interaktion zwischen den Führenden und Geführten ist direkte personale Einflussnahme (Verhaltenssteuerung). Die indirekte Einflussnahme auf Mitarbeiter und Vorgesetzte geht von der Unternehmensführung und den angewanden Instrumenten und Systemen des Personalmanagements aus. Die Unternehmensführung führt indirekt über die Strategie, die Strukturen und Prozesse, die Unternehmenskultur sowie durch die Ressourcen. Hierdurch gibt sie auch den Rahmen und die Richtung für die Entwicklung und Anwendung der Instrumente und Systeme des Personalmanagements vor (Systemgestaltung). Das Personalmanagement entwickelt u.a. die Systeme und Prozesse mit denen die Personalführung arbeitet.

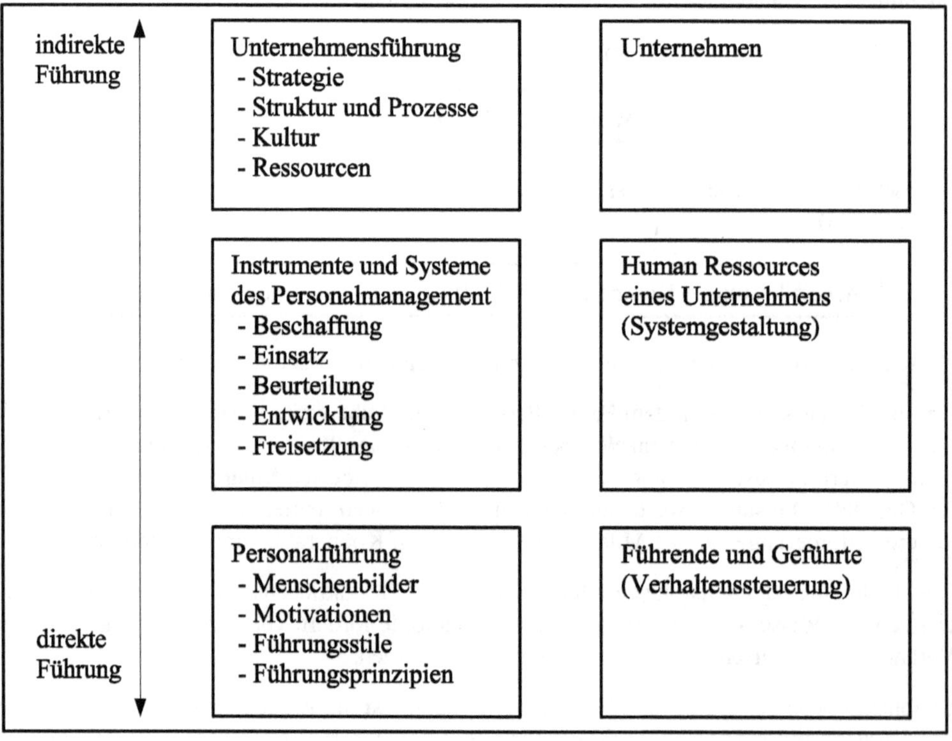

Abb. 3.1 *Direkte und indirekte Führung (in Anlehnung an Hugentobler et al., 2005, S. 820)*

3.2 Personalführung

Die Personalführung ist ein Teil der Unternehmensführung. Unter Personalführung versteht man die Einflussnahme der Vorgesetzten auf ihre Mitarbeiter mit dem Ziel der ergebnisorientierten Leistungserstellung. Zur Beantwortung der Frage, wie zu Führen ist, sollen in den folgenden Abschnitten einige grundlegende Begriffe erläutert werden.

3.2.1 Menschenbilder

Unter Menschenbilder versteht man vereinfachte, standardisierte Muster von menschlichen Verhaltensweisen. Es lassen sich vier Entwicklungsstufen der Menschenbilder unterscheiden (vgl. Staehle, 1999, S. 191 f):

- Der „economic man"
  Dieses Menschenbild wurde durch die Arbeiten von Taylor geprägt und beherrschte die Zeit von 1900 bis 1930 (vgl. Taylor, The Principles of Scientific Management, 1913). Taylors rational-ökonomischer Arbeiter war ausschließlich auf seine ökonomischen Interessen ausgerichtet. Seine Motivation und Leistungssteigerung basierte auf der Höhe der Bezahlung. Taylor betrachtete arbeitende Menschen wie Maschinen, deren Effizienz durch Arbeitsteilung (dispositiv und ausführend), Arbeitszerlegung (Fließbandarbeit) und Kontroll- und Anreizsysteme (Akkordlohn) gesteigert werden konnten.
- Der „social man"
  Die Human-Relation Bewegung ersetzt das Menschenbild Taylors durch den sozialen Menschen. Dieser ist durch soziale Faktoren und zwischenmenschliche Beziehungen am Arbeitsplatz stärker in seiner Leistung steuerbar als durch ökonomische Faktoren. Die Befriedigung der Mitarbeiterbedürfnisse sowie die Arbeitszufriedenheit der Mitarbeiter scheinen wichtiger zu sein und die Leistungsanreize durch Geld nebensächlich. Der Verdienst der Human-Relation Bewegung liegt in der klaren Analyse, dass die sozialen Bedingungen der Arbeit und die zwischenmenschlichen Faktoren wichtig - aber nicht ausschlaggebend - für die Arbeitsproduktivität sind. Dieses Menschenbild war Basis der Personalführungsmodelle in der Zeit von 1930 bis 1950.
- Der „self-actualising man"
  Hierunter versteht man den sich selbst entwickelnden und sich selbst verwirklichenden Menschen. Er strebt nach Autonomie und motiviert sich selbst. Daher wird dieser sich selbst verwirklichende Mitarbeiter vom Vorgesetzten nicht geführt, sondern unterstützt und gefördert. Auf Basis dieses Menschenbilds wurden Führungsmodelle entwickelt, wie die Partizipation, Delegation und Kooperation.
- Der „complex man"
  Wie der Name es schon ausdrückt, ist der komplexe Mensch sehr vielschichtig. Er reagiert nicht nur über die Entlohnung seiner Arbeit und die sozialen Rahmenbedingungen, sondern auch über die Befriedigung seiner persönlichen Bedürfnisse. Die Art der Bedürfnisse und deren Prioritäten unterliegen einem ständigen Wandel. In unterschiedlichen Systemen greifen unterschiedliche Motive. Ziel der Personalführung dabei ist es, die Individualziele der Mitarbeiter mit der Unternehmenszielsetzung in Einklang zu bringen.

3.2.2 Motivationstheorien

In diesem Abschnitt werden die Motivationstheorien beschrieben, die auf den Menschenbildern des „self-actualising man“ und des „complex man“ aufbauen.

Es können zwei unterschiedliche Formen der Motivation unterschieden werden:

- Eine extrinsische Motivation bedeutet, dass die Motivation durch die externen Faktoren der Arbeitsumstände ausgelöst wird. Diese außerhalb der Arbeitsinhalte liegenden Faktoren können materielle Belohnungen sein (Geld, Prämie, etc.) oder immaterielle Belohnungen sein (Lob, Anerkennung, etc.).
- Eine intrinsische Motivation wird durch die internen Faktoren der Arbeitsinhalte erzeugt. Merkmale wie Kompetenz, Verantwortung, Selbstständigkeit verbunden mit den Arbeitsinhalten führen zur Selbstmotivation.

Es besteht keine einheitliche Theorie der Motivation. Allerdings gibt es unterschiedliche Ansätze, die einander ergänzen. Sie erklären, wie das Verhalten der Mitarbeiter und damit auch deren betriebliche Leistung motiviert werden kann. Diese Erklärungsansätze lassen sich in Inhaltstheorien und Prozesstheorien unterteilen. Im Folgenden sollen nur einige ausgewählte Motivationstheorien dargestellt werden (detaillierte Literaturhinweise siehe Jung, 2005, S. 373 ff):

- Bedürfnishierarchie von Maslow
- Zwei-Faktorentheorie von Herzberg
- Erwartungs-Valenz-Modell von Porter/Lawler

Die beiden ersten Ansätze von Maslow und Herzberg werden zu den Inhaltstheorien gezählt, da dort nur Aussagen gemacht werden, was motiviert, aber nicht, wie ein Mensch motiviert wird. Das der Prozesstheorie zugeordnete Modell von Porter/Lawler erklärt den Zusammenhang zwischen Arbeitsteilung und Arbeitszufriedenheit.

Maslow geht davon aus, dass die nächst höhere Bedürfnisstufe dann angestrebt wird, wenn die Bedürfnisse der vorherigen Stufe subjektiv als ausreichend befriedigt empfunden werden. Die Defizitbedürfnisse verlieren nach Maslow mit zunehmender Befriedigung ihre Motivationskraft. Die Befriedigung des Bedürfnisses nach Selbstverwirklichung hingegen führt jedoch eher zu einer Erhöhung der Motivationsstärke. Diese Motivationshierarchie zeigt in verständlicher Weise Bedürfnisse auf, die gezielt als Motive angesprochen werden können. Kritik an diesem Modell kommt aus der nicht nachgewiesenen Verknüpfung zwischen der Bedürfnisbefriedigung und dem tatsächlichen Verhalten, welches auch aus anderen Faktoren getrieben werden kann (z.B. Unterschiede in Kulturen oder Schichten).

Die Bedürfnispyramide von Maslow wurde 1942 von ihm veröffentlicht und zeigt Bedürfnisse der Menschen und deren Rangordnung.

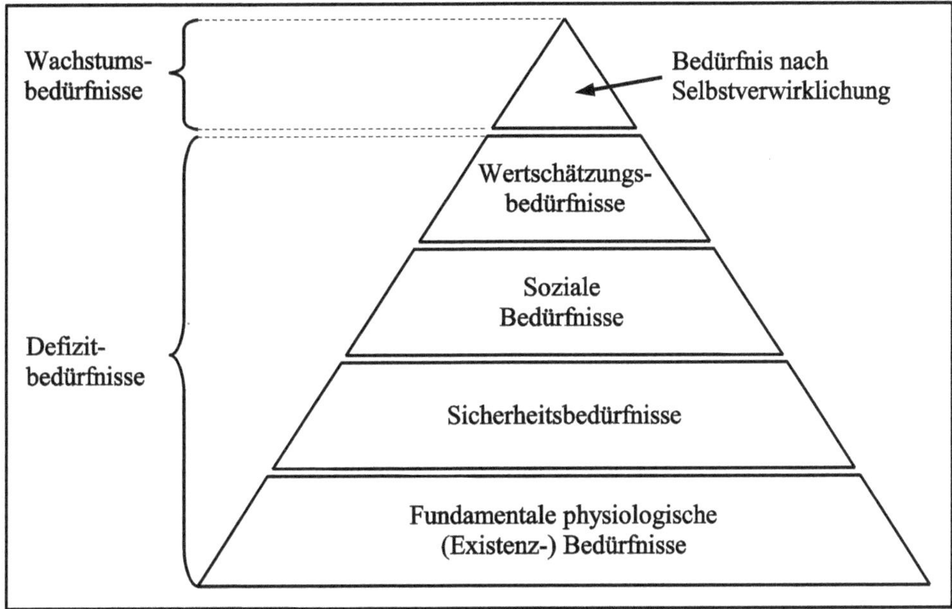

Abb. 3.2 *Hierarchie der Bedürfnisse nach Maslow*

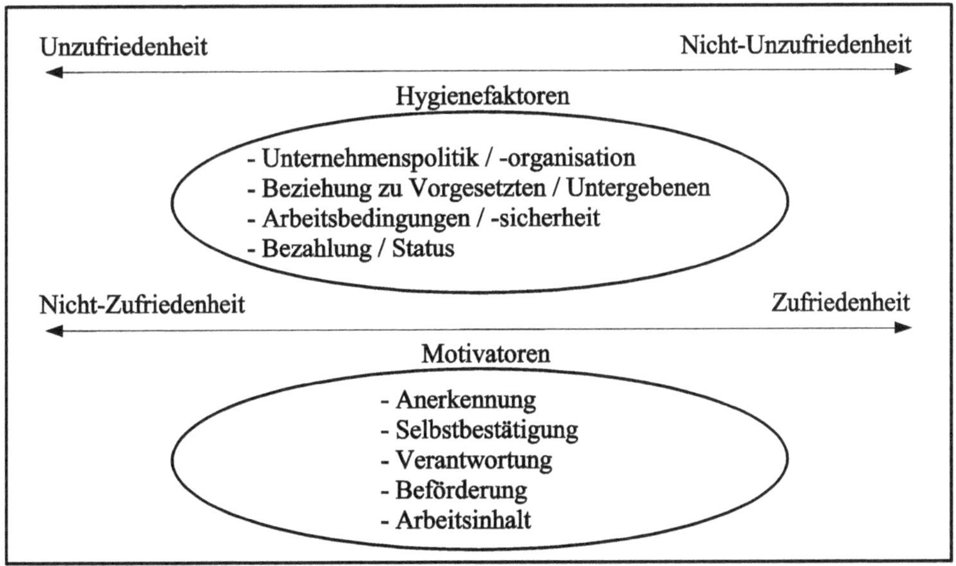

Abb. 3.3 *Einflussfaktoren auf die Arbeitseinstellung nach Herzberg*

Die Zwei-Faktoren Theorie von Herzberg (1959) zeigt, dass Arbeitszufriedenheit und Arbeitsunzufriedenheit nicht die beiden Pole eines Zufriedenheitsstrahls sind, sondern zwei voneinander unabhängige Dimensionen darstellen. Dementsprechend gibt es nach Herzberg zwei unterschiedliche Arten von Anreizen. Diese sind Motivatoren und Hygienefaktoren.

Hygienefaktoren (Frustatoren, extrinsische Faktoren) können die Arbeitsunzufriedenheit vermeiden, jedoch keine positive Wirkung auf die Motivation (Arbeitszufriedenheit) herbeiführen. Motivatoren (Satisfaktoren, intrinsische Faktoren) finden sich in Merkmalen der Arbeit selbst (Kontentfaktoren) im Gegensatz zu den Hygienefaktoren (Kontextfaktoren). Mit Motivatoren kann Motivation und Arbeitszufriedenheit herbeigeführt werden. Wie auch bei Maslow gibt es bei Herzberg kritische Anmerkungen, die sich vor allem auf die angewandte Methodik sowie auf das Ausgrenzen situativer Bedingungen bezieht.

Neben diesen beiden Inhaltstheorien soll im Folgenden auf das Erwartungs-Valenz Modell von Porter/Lawler (1968) eingegangen werden. Im Mittelpunkt dieser Prozesstheorie der Motivation stehen die vier Faktoren Anstrengung, Leistung, Belohnung und Zufriedenheit. Das Zusammenwirken dieser Faktoren wird durch weitere Einflüsse bestimmt.

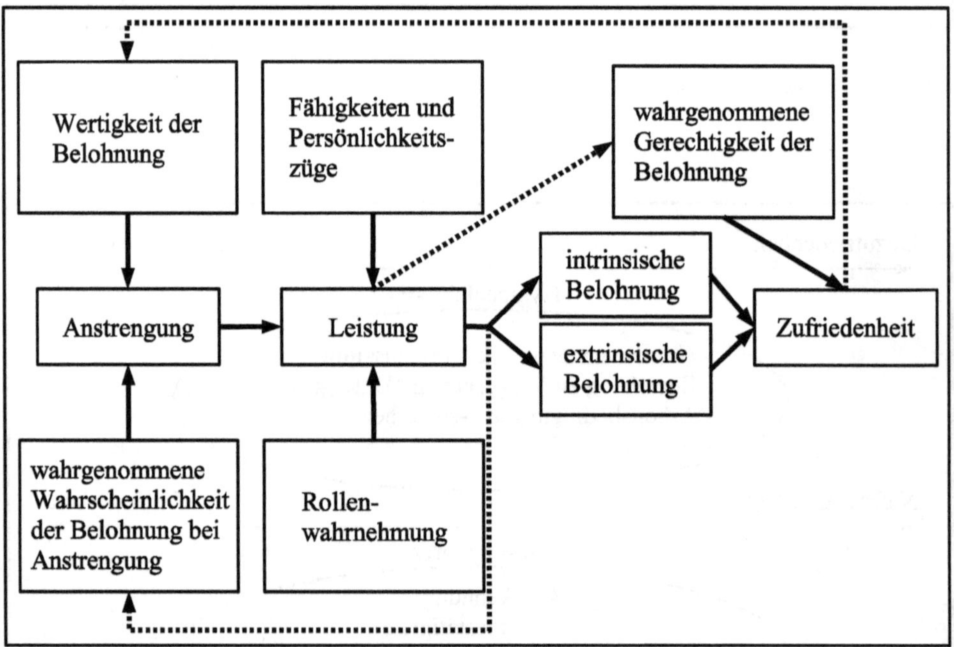

Abb. 3.4 Motivationsmodell von Porter/Lawler

Dieses Modell zeigt plausible Ansätze für die Personalführung auf, setzt allerdings dabei voraus, dass bei den Mitarbeitern ein entsprechendes Bewusstsein und die Fähigkeit zur Bewertung von Aufgaben und ihren Ergebnissen vorhanden ist.

3.2.3 Führungsstile

Unter Führungsstil wird die Art und Weise verstanden, in der Führungs- und Leitungsaufgaben von Führungskräften im Rahmen der Organisation ausgeübt werden. Der Führungsstil ist ein langfristiges, in Bandbreiten relativ stabiles Verhalten des Vorgesetzen gegenüber seinen Mitarbeiten. Der Führungsstil dient zur Aktivierung, Steuerung und Kontrolle des Leistungsverhaltens und der Arbeitsergebnisse der Mitarbeiter. Der Führungsstil bezieht sich auf die hierarchische Führung. Dabei kommt es auch zu wechselseitigen Verhalten zwischen Vorgesetzten und Mitarbeiter. Unterschiedliche Führungsstile führen zu unterschiedlichen Kooperationsverhalten zwischen Vorgesetzen und Mitarbeiter.

Man unterscheidet eindimensionale Führungsstile und zweidimensionale Führungsstile. Im eindimensionalen Führungskontinuum von Tannenbaum/Schmidt (1958) ist die zentrale Größe das Ausmaß an Entscheidungsraum, welches den Mitarbeitern bei Entscheidungen zugestanden wird. Es ergeben sich somit sieben Stiltypen, die von autoritär (1) bis kooperativ (7) gehen.

Autoritärer Führungsstil						Kooperativer Führungsstil
Entscheidungsspielraum der Vorgesetzten						Entscheidungsspielraum der Gruppe
(1) Vorgesetzter entscheidet und ordnet an	(2) Vorgesetzter „verkauft“ Entscheidungen	(3) Vorgesetzter schlägt Ideen vor und erwartet Fragen	(4) Vorgesetzter schlägt Versuchsentscheidung vor, die geändert werden kann	(5) Vorgesetzter zeigt das Problem, erhält Lösungsvorschlag und entscheidet	(6) Vorgesetzter gibt Grenzen an und fordert die Gruppe auf, zu entscheiden	(7) Vorgesetzter gestattet den Mitarbeitern in den systembedingten Grenzen frei zu handeln

Abb. 3.5 Der eindimensionale Führungsstil nach Tannenbaum/Schmidt

Zweidimensionale Führungsstile besitzen zwei voneinander unabhängige Dimensionen. Als Grundschema von zweidimensionalen Führungsstilen gilt die Vier-Felder-Matrix, in der zwei Grunddimensionen des Führungsverhaltens abgebildet werden. Dies ist die Mitarbeiterorientierung, in der die Betonung der zwischenmenschlichen Bedürfnisse steht. Die zweite Dimension ist die der Aufgabenorientierung, in der die Betonung des Erreichens der Sachziele (Produktivität) steht.

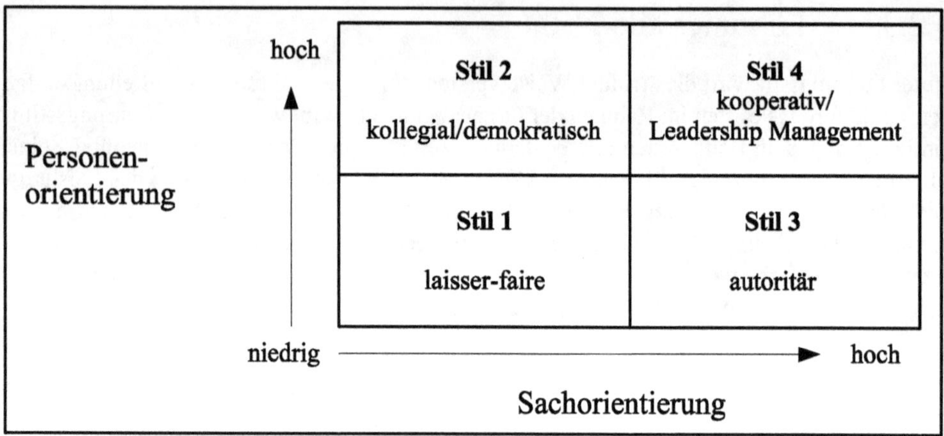

Abb. 3.6 *Vier-Felder-Matrix der Führungsstile*

Im Folgenden soll kurz auf das Anfang der 90er Jahre im betriebswirtschaftlichen Sprachgebrauch aufgetretene Thema Mobbing eingegangen werden (vgl. Jung, 2005, S. 401). Unter Mobbing versteht man negative kommunikative Handlungen, die über einen längeren Zeitraum gegen eine Person gerichtet ist.

Mobbing Handlungen können sein:

- Angriffe auf die Kommunikationsmöglichkeiten des Mitarbeiters,
- Angriffe auf die soziale Beziehungen des Mitarbeiters,
- Angriffe auf das soziale Ansehen des Mitarbeiters,
- Beschränkungen der Qualität der Berufs- und Lebenssituation des Mitarbeiters,
- Angriffe auf die Gesundheit des Mitarbeiters.

Mobbing verursacht Frustration bis zu gesundheitlichen Schäden bei den Mitarbeitern. Das Betriebsklima verschlechtert sich, die dem Mobbing ausgesetzten Mitarbeiter vollziehen die innere Kündigung. Die Leistung des Unternehmens wird negativ beeinflusst. Es ist daher Aufgabe der Personalführung, Gegenstrategien zum betrieblichen Mobbing zu entwickeln, und diese Interaktions- und Kommunikationsstörung zu beheben bzw. nicht aufkommen zu lassen.

3.2.4 Führungsprinzipien

Führungsprinzipien oder auch Managementkonzepte genannt, sind allgemein gehaltene Modelle, die auf eine einheitliche Personalführung ausgerichtet sind. Neben der Mitarbeiterführung wird dabei auch der Organisationsaufbau und -ablauf angesprochen. Im Folgenden sollen aus der Vielzahl der gebildeten „Management by…“ Konzepte die drei wichtigsten kurz vorgestellt werden.

Management by Delegation
Bei der „Führung durch Aufgabendelegation“ handelt es sich um ein partizipatives Führungskonzept. Die Aufgaben, Entscheidungen und Verantwortungen werden auf die unteren Hierarchieebenen übertragen. Das dabei verfolgte Ziel ist die Entlastung der Führungsebenen von Routinearbeiten, sowie die Stärkung der Eigenverantwortung der Mitarbeiter. Durch diese starke Trennung kommt es häufig zu einem nicht gewollten Defizit in der Kommunikation über Zielerreichung und Ressourceneffizienz.

Management by Exeption
Bei dieser „Führung nach dem Ausnahmeprinzip“ werden noch stärker als bei der o.g. Aufgabendelegation die Aufgaben und die Verantwortungen an die ausführenden Stellen abgegeben. Der jeweilige Vorgesetzte greift nur bei Überschneidung der zuvor definierten Toleranzwerte in die Tätigkeiten der Mitarbeiter ein. Dies setzt voraus, dass die Organisation der Arbeitsgebiete und Arbeitsabläufe sowie deren Verantwortungsfeld genau definiert wird. Im Gegensatz zum Management by Delegation wird keine ständige Erfolgskontrolle im Sinne des Plan/Ist Vergleichs vorgenommen. Es bedarf daher einer starker Vertrauensbasis und Kompetenz auf der Seite der Führenden und der Geführten. Bei den sich ständig ändernden Anforderungen im Unternehmen und im Umfeld des Unternehmens ist Management by Exeption wenig geeignet.

Management by Objectives
Bei der „Führung durch Zielvereinbarung“ werden zwischen den Vorgesetzten und den Mitarbeitern gemeinsam die zu erreichenden Ziele ausgearbeitet. Die Zielorientierung ist Kern dieses Führungsprinzips. Die Art und Weise der Zielerreichung (Aufgabenorientierung) steht dabei weniger im Vordergrund. Durch regelmäßigen Soll/Ist Vergleich werden mögliche Zielabweichungen reduziert bzw. unrealistische Zielvorgaben korrigiert. In diesem Führungsprinzip wird die Verantwortungsbereitschaft von Mitarbeitern gefordert sowie deren Motivation verbessert. Es kommt zu einem kooperativ-partizipativen Führungsstil. Bei der Zielfindung werden in der Regel messbare Größen zugrunde gelegt (Umsatz, Deckungsbeitrag, Input/Output-Relationen). Qualitative Aspekte kommen dabei häufig zu kurz bzw. werden aufgrund ihrer schwierigen Erfassbarkeit und Messbarkeit vernachlässigt. Insgesamt betrachtet ist die Führung durch Zielvereinbarungen das in der Praxis am häufigsten vertretene Führungsprinzip.

3.3 Personalmanagement

Es gibt eine Reihe von Begriffen, die das Thema „Personal“ umfassen, so z.B. Personalwesen, Personalwirtschaft, Personalmanagement oder Human-Resource-Management. Sie alle befassen sich mit der Bereitstellung und Sicherung der Ressource Arbeit. Während die Begriffe Personalwesen und Personalwirtschaft die Arbeitskraft eher als einen ökonomischen Inputfaktor betrachten, zielt der hier verwendetet Begriff des Personalmanagements über die Bereitstellung und Sicherung hinaus auf die optimale Versorgung und Betreuung des Faktors

„Humankapital". Die Bereitstellung von Personal in gewünschter Quantität und Qualität kann nicht per Knopfdruck erfolgen. Der Markt „Humankapital" unterliegt Angebots- und Nachfrageschwankungen wie andere Güter auch. Er entwickelt sich aufgrund der dauerhaft sich verschiebenden Wertschöpfung in Richtung menschlichen Know-how zu einem immer stärker werdenden strategischen Erfolgsfaktor. Unternehmen die Personal in erster Linie als Kostenfaktor betrachten, werden den sich ändernden Ansprüchen aus Technologie, Globalisierung und Service nicht erfolgreich begegnen können.

So wie die Unternehmen ihre zukünftigen Märkte, Kunden, Produkte oder zum Einsatz kommende Technologien abschätzen müssen, so müssen sie die künftigen Anforderungen, die an ihre Mitarbeiter gestellt werden, kennen. Neben der Menge sind Antworten auf Fragen der Qualität, Kompetenz (fachlich, sozial, kulturell) und ihres notwendigen Potenzials zu geben.

Gegenstand des Personalmanagements sind demnach alle Aufgaben, die dazu führen, dass dem Unternehmen die Mitarbeiter heute und künftig zielorientiert und effizient zur Verfügung stehen.

Zu den zentralen Aufgabenbereichen des Personalmanagement sind zu zählen:
- Personalbeschaffung
  (Bedarfsplanung, Suche und Auswahl)
- Personaleinsatz
  (Einarbeitung, Arbeitsbedingungen)
- Personalbeurteilung
  (Leistung, Kompetenz, Potenzial)
- Personalentwicklung
  (Fach-, Methoden-, Sozialkompetenz)
- Personalfreisetzung
  (intern, extern)

3.3.1 Personalbeschaffung

Unter Personalbeschaffung versteht man die quantitative und qualitative Personalplanung sowie die Personalbereitstellung mit der Personalsuche und -auswahl.

Die Personalplanung ist ein integraler Bestandteil der Unternehmensplanung. Verglichen mit der Absatzplanung, Beschaffungs- oder Finanzplanung besitzt sie kurzfristige wie langfristige Aspekte. Da der Faktor „Humankapital" kein Produktionsfaktor ist, der auf Vorrat eingekauft werden kann, oder dessen Bestand mathematisch exakt berechenbar ist, kann der Personalplanung eine besondere Bedeutung beigemessen werden.

Die quantitative Personalplanung für die nächsten Perioden basiert auf dem Plan-Personalbestand in der Periode t_1. Hiervon wird der Ist-Personalbestand in Periode t_0 abgezogen, sowie die Parameter des Zeitraums t_0 bis t_1 berücksichtigt, die vorhersehbar bzw. abschätzbar sind. Zu diesen Parametern gehören z.B. die eindeutigen Abgänge durch Pensionierung, Altersteilzeit, Mutterschaft, Teilzeit, Fortbildung, Arbeitszeitänderungen. Weitere nicht eindeutig vorhersehbare Daten wie Kündigungen, Krankheitsstand, Fehlzeiten werden ebenfalls berücksichtigt.

Soll-Personalbestand in t_1
- Ist-Personalbestand in t_0
- Eindeutige Abgänge t_0 bis t_1
- Unsichere Abgänge t_0 bis t_1
= Personalbedarf / -überhang (Aufgabenerfüllung bis t_1)

Bei der qualitativen Personalplanung geht es darum, dass das Qualifikationsprofil der Mitarbeiter mit dem Anforderungsprofil der heutigen und künftigen Stellenbeschreibung (Arbeitsplatzbeschreibung) in Einklang zu bringen ist. Das qualitative Anforderungsprofil kann sich z.B. auf das Ausbildungsniveau, die Fachkompetenz, die physische Belastbarkeit, die soziale Kompetenz, das Potenzial der Mitarbeiter beziehen. Um den qualitativen Personalbedarf ermitteln zu können, ist das gegenwärtige vorhandene Qualifikationsprofil, ergänzt um das durch Entwicklung, Fortbildung usw. noch zu erwartende Qualifikationsprofil zu vergleichen mit dem angestrebten Plan-Qualifikationsprofil. Daher ist auch die Frage zu beantworten, ob eine bestimmte / gewünschte Personalqualität längerfristig intern entwickelt werden soll, oder fallweise extern vom Markt akquiriert werden soll.

Nach der Personalbedarfsplanung folgt die Phase der Personalgewinnung. Diese Phase untergliedert sich in die Personalsuche und Personalauswahl. Bei der Personalsuche wird das Unternehmen zwischen dem externen und internen Arbeitsmarkt wählen. Bei der internen Personalrekrutierung wird durch Umbesetzung von Stellen die vakante Stelle besetzt. Bei der externen Personalbeschaffung wird durch den Einsatz geeigneter Medien (Print, Internet, Arbeitsagenturen, Fachmessen, etc.) sowie durch Personal- und Unternehmensmarketing die freie Position und deren Attraktivität beworben. Die eingehenden Bewerbungen werden vom Unternehmen einem Personalauswahlverfahren unterzogen. Nach einer ersten Negativauslese wird der verbliebene Bestand an Bewerbungen auf den Fit zwischen Anforderungsprofil der zu besetzenden Stelle und Qualifikationsprofil der Bewerber untersucht. Die Bewerber, bei denen der Profilabgleich einen hohen Deckungsgrad aufweisen, werden zu einem persönlichen Gespräch (z.B. Interview, Assessment-Center) eingeladen. Auf die weiteren Instrumente von Personalauswahlverfahren soll hier nicht weiter eingegangen werden.

3.3.2 Personaleinsatz

Nach Einstellung des Mitarbeiters muss durch die Phase der Einarbeitung sichergestellt werden, dass der neue Mitarbeiter einen positiven Bezug zu seinem Arbeitsumfeld und Arbeitgeber entwickelt. Hierzu tragen Einführungsseminare, Traineeprogramme oder Tutorenkonzepte maßgeblich bei. Die Arbeitsbedingungen müssen so gestaltbar sein, dass Parameter wie Arbeitszufriedenheit, Motivation, Fehlzeiten, Fluktuation oder ganz allgemein die Qualität der Arbeit als Preis / Leistungs-Gleichung positiv ist. Zu den Arbeitsbedingungen gehören u.a. die Arbeitsinhalte, der Arbeitsplatz, die Arbeitszeit und das Arbeitsumfeld.

Die Arbeitsinhalte bzw. die Gestaltung der Aufgaben unterliegen in der heutigen dynamischen und technologiegetriebenen Welt ständig kleinen und größeren Änderungen. Hieraus ergibt sich die Notwendigkeit einer höheren Flexibilität der Organisationsstruktur der Unternehmen. Bei den Mitarbeitern ist höhere Anpassungs- und Umstellungsfähigkeit gefragt, verbunden mit der Bereitschaft zu Lebenslangem Lernen. Die Aufgabengestaltung des Mitarbeiters kann durch folgende Ansätze in ihrem Handlungs- und Entscheidungsspielraum erweitert werden.

job rotation (Arbeitsplatzwechsel)
Der Einsatz des Mitarbeiters an unterschiedlichen Arbeitsplätzen im Unternehmen geht mit veränderten Inhalten, Kompetenzen und Verantwortungen einher. Hierdurch wird das Qualifikationsprofil des Mitarbeiters erweitert und die Flexibilität der teilnehmenden Mitarbeiter erhöht. Gleichzeitig wird die Organisationsstruktur des Unternehmens durch den neuen Stelleninhaber im positiven Sinne getestet und hinterfragt.

job enlargement (Aufgabenerweiterung)
Hierbei handelt es sich um eine Erweiterung des Aufgabenfeldes durch das Hinzufügen von gleichen oder inhaltlich ähnlichen Aktivitäten. Das Aufgabengebiet bleibt ähnlich, erweitert sich aber im Umfang. Dies trägt zur Entwicklung des Mitarbeiters bei und ist kosteneffektiv beim Unternehmen.

job enrichment (Aufgabenbereicherung)
Es erfolgt eine Erweiterung des Arbeitsinhalte, in dem qualitativ höherwertige Tätigkeiten dem Mitarbeiter übertragen werden, die seinen Verantwortungsbereich und Entscheidungsspielraum erweiteren. Dieser Ansatz führt zur Entwicklung von Nachwuchsführungskräften und besitzt somit eine hohe Motivation für die beteiligten Mitarbeiter. Für das Unternehmen bietet dieser Ansatz die Möglichkeit, eigenes Führungspersonal zu entwickeln und somit den teuren Weg über den externen Arbeitsmarkt zu vermeiden.

Der Arbeitsplatz trägt ebenfalls positiv zur Leistungsentwicklung bei. Hierzu sind als Stichworte zu nennen: Räumlichkeit, Arbeitsmittel, Umgebungseinflüsse (Licht, Klima, Lärm, Hygiene). Die Arbeitszeiten haben sich in den letzten Jahren dramatisch verändert. Die Anforderungen an Verfügbarkeit, an Servicequalität und Kundenorientierung sind gestiegen. Die Möglichkeit und Notwendigkeit 24 Stunden am Tag weltweit Informationen und Kontakte aufzunehmen, haben die in Grenzen starren Arbeitszeiten aufgeweicht. Im Rahmen der arbeitsrechtlichen Möglichkeiten werden Modelle für gleitende Arbeitszeit, Schichtarbeitszeit, Teilzeitarbeit, Jahresarbeitszeit und Lebensarbeitszeit angeboten.

Das Arbeitsumfeld fordert die Leistungsbereitschaft der Mitarbeiter oder schränkt sie ein. Umgangssprachlich als Betriebsklima bezeichnet, spiegelt das Arbeitsumfeld das gelebte Bild des Unternehmens in den Themen Soziales, Gesellschaft, Umfeld, Ethik, etc. wieder.

3.3.3 Personalbeurteilung

Die Personalbeurteilung hat als Ziel, die Mitarbeiter hinsichtlich ihrer Arbeitsleistung, ihres Führungs- und Sozialverhaltens und ihres Potenzials hin zu bewerten. Auf der Grundlage der Personalbeurteilung werden materielle und immaterielle Maßnahmen entschieden, z.B. Gehaltserhöhungen, Weiterbildungsmaßnahmen, Laufbahnplanung, Entlassung. Je nach der verfolgten Zielsetzung der Beurteilung unterscheidet man in Leistungsbeurteilung und Potenzialbeurteilung (vgl. Jung, 2005, S. 724). Bei der Leistungsbeurteilung betrachtet man die erbrachte Leistung in Relation zu den Zielvorgaben. Zum Einsatz kommen dabei formalisierte Instrumente der Mitarbeiterbeurteilung, Selbstbeurteilung oder Vorgesetztenbeurteilung. Neben diesen internen Evaluierungsmaßnahmen stehen auch externe Beurteilungen durch z.B. Kunden oder Lieferanten zur Verfügung.

Bei der Potenzialbeurteilung handelt es sich um die Beurteilung der Fähigkeit des Mitarbeiters, künftig Leitungsaufgaben im Unternehmen zu übernehmen. Dabei wird neben dem fachlichen Leistungspotenzial insbesondere auch Wert auf soziale Kompetenz und Führungspotenzial gelegt. Um das Potenzial von Mitarbeitern einschätzen zu können, werden je nach vorgesehener Leitungsebene folgende Verfahren angewendet: Einschätzung durch Vorgesetze; Assessments durch Führungskräfte und externe Experten, Management-Audits durch Mitglieder des Top-Management und externen Persönlichkeiten.

Auf Basis des Portofolio-Ansatzes ist das in Abb. 3.7 gezeigte Human Resources-Portfolio entwickelt worden.

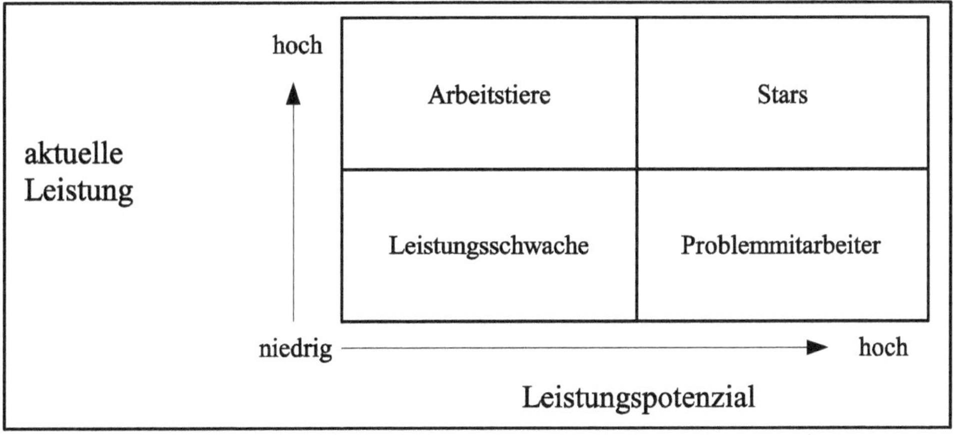

Abb. 3.7 *HR-Portfolio*

3.3.4 Personalentwicklung

Unter Personalentwicklung wird die Weiterentwicklung der Mitarbeiter in Bezug auf ihr Qualifikationsprofil verstanden. Sie beinhaltet die Vermittlung, Erweiterung und Vertiefung von Fachwissen, Fähigkeiten und Einstellungen sowie deren Umsetzung im Verhalten (vgl. Holtbrügge, 2005, S. 102 f). Personalentwicklungsmaßnahmen sind auf allen Hierarchieebenen anwendbar und nicht auf die Managementebene begrenzt. Ziel der Personalentwicklung ist es, bestehende oder zukünftige Unterschiede zwischen dem Qualifikationsprofil der Mitarbeiter und dem Anforderungsprofil des Unternehmens an die Mitarbeiter auszugleichen. Dies führt dazu, dass:

- die Wettbewerbsfähigkeit und Leistungsfähigkeit des Unternehmens gestärkt wird,
- künftige Unternehmensinterne und branchenspezifische Veränderungen antizipiert werden können,
- die Mitarbeiter motiviert, loyal und zufrieden bleiben.

Personalentwicklungsmaßnahmen lassen sich unterscheiden in der Vermittlung von:

- **Fachkompetenz**
  Unter der Vermittlung von Fachwissen versteht man das Wissen über unternehmensspezifische Themen. Die Fähigkeiten und Fertigkeiten eines bestimmten beruflichen Aufgabengebietes werden gestärkt. Weiterhin wird das Fachwissen über branchenspezifische Gegebenheiten weiter entwickelt.
- **Methodenkompetenz**
  Unter Methodenkompetenz wird die Vermittlung von Arbeits- und Managementmethoden verstanden. Diese Methoden sind nicht unternehmensspezifisches Know how, sondern sind allgemeingültig im Unternehmen einsetzbar. Sie dienen dazu, Mitarbeiter in die Lage zu versetzen, eigenständiger und verantwortungsbewusster zu arbeiten und ihre eigenen Ressourcen und die des Unternehmens besser zu nutzen.
- **Sozialkompetenz**
  Soziale Kompetenz zielt auf das personen- und gruppenbezogene Verhalten der Mitarbeiter und Vorgesetzten sowie des gesamten Managements eines Unternehmens. Fach- und Methodenkompetenz kann nur dann langfristig erfolgreich im Unternehmen umgesetzt werden, wenn alle Beteiligte entsprechend ihrer Aktivitäten im Unternehmen über die jeweilige Soziale Kompetenz verfügen. Soziale Kompetenz ist nur in Grenzen erlernbar und umfasst neben der Kommunikationsfähigkeit die Kooperationsfähigkeit und -bereitschaft.

  Neben den drei genannten Kompetenzen (Fach-, Methoden- und Sozialkompetenz) wird es aufgrund des technologischen Wandels, der gesellschaftlichen Veränderung und der fortschreitenden Globalisierung immer wichtiger, eine neue Einstellung zur Arbeitswelt zu entwickeln. Diese Arbeitswelt verlangt von den Beteiligten die Bereitschaft zum Lebenslangen Lernen, eine größere Toleranz gegenüber anderen Kulturen, Religionen und Lebensformen, höhere zeitliche und regionale Flexibilität und größere Risikobereitschaft im Berufsleben. Auch das Aufnehmen und Erlernen dieser neuen Einstellungen („attitudes“) kann Teil der Personalentwicklung darstellen.

3.3.5 Personalfreisetzung

Personalfreisetzung hat das Ziel, personelle Überkapazitäten des Unternehmens abzubauen bzw. durch frühzeitiges Eingreifen zu vermeiden. Personelle Überkapazitäten können in quantitativer und qualitativer Hinsicht bestehen, und von örtlicher als auch zeitlicher Dimension sein. Wird durch die Personalbedarfsplanung festgestellt, dass das Unternehmen auf eine personelle Überkapazität zusteuert, so müssen Personalfreisetzungen eingeplant werden. Je frühzeitiger diese Erkenntnis vorliegt, desto flexibler kann das Unternehmen darauf eingehen. Ursachen für die Personalfreisetzung können aus dem Unternehmensumfeld kommen. Bei diesen unternehmensexternen Ursachen kommt es durch z.B. den Wettbewerbsdruck, schlechte konjunkturelle Situation, technologische Entwicklung zur Personalfreisetzung. Zu den unternehmensinternen Gründen für die Notwendigkeit von Personalfreisetzungen zählen z.B. Rationalisierung, Konzentrationsprozesse in der Wertschöpfungskette, Outsourcing oder auch strategische Fehleinschätzungen des Managements. Über die unternehmensinternen Ursachen hinaus gibt es mitarbeiterbezogene Gründe, z.B. leistungsbedingt oder verhaltensbedingt. Im Folgenden wird in interne und externe Personalfreisetzung unterschieden.

Interne Personalfreisetzung
Es wird ein Abbau von Mitarbeitern vermieden, in dem die bestehenden Arbeitsverhältnisse kapazitiv an den geringeren Mitarbeiterbedarf angepasst werden. Anpassungen an die Soll-Kapazität können in Form von zeitlicher, örtlicher und qualitativer Anpassung durchgeführt werden. Die zeitliche Anpassung an einen geringeren Personalbedarf erfolgt durch Reduzierung des Arbeitsvolumens in der Zeit. Zu den Maßnahmen hierzu zählt u.a. der Abbau von Mehrarbeit, Kurzarbeit, allgemeine Arbeitszeitverkürzung, Flexibilisierung der Arbeitszeit. Bevor solche Arbeitszeitverkürzende Maßnahmen durchgeführt werden, können vorab schon andere vorbeugende Maßnahmen wie z.B. Einstellungsstopp, Nichtverlängerung von Zeitarbeitsverträgen, Abbau von Leiharbeit das notwendige Volumen der zuvor beschriebenen Arbeitszeitverkürzenden Maßnahmen reduzieren. Unter örtlicher Anpassung versteht man den Ausgleich personeller Kapazitäten durch die Umsetzung oder Versetzung von Mitarbeitern innerhalb des Unternehmens. Die Versetzung eines Mitarbeiters aus seiner alten Stelle auf eine neue Stelle führt dann zu dem gewünschten Stellenabbau, wenn die alte Stelle nicht wieder besetzt wird und der Mitarbeiter auf seiner neuen Stelle die dem Stellenprofil entsprechende Leistung erbringt. Zu den qualitativen Maßnahmen der internen Personalfreisetzung gehören die Maßnahmen der Personalentwicklung (Fort- und Weiterbildung). Sie soll die von Freistellung gefährdeten Mitarbeiter qualifizieren, so dass ihre Beschäftigungsflexibilität erhöht wird und sie in anderen Bereichen des Unternehmens einsetzbar sind.

Externe Personalfreisetzung
Ist der notwendige Personalabbau nicht durch interne Freisetzung erreichbar, muss das Unternehmen Maßnahmen der externen Personalfreisetzung einleiten. Diese führen dazu, dass Mitarbeiter das Unternehmen verlassen. Die Altersteilzeit bzw. der vorzeitige Ruhestand ist nur auf ältere Mitarbeiter anwendbar. Die Maßnahmen der Kündigung, des Aufhebungsvertrags oder des Outplacement sind je nach rechtlicher Grundlage auf eine größere Anzahl von Mitarbeitern anwendbar.

4 Organisation

Die Gesamtaufgabe eines Unternehmens wird durch das Zusammenwirken der Menschen und der Betriebsmittel erfüllt. Dieses Zusammenwirken muss zielorientiert auf Basis einer zu schaffenden Ordnung durchgeführt werden. Ohne Ordnung würde Chaos herrschen. Es bedarf daher einer entsprechenden Organisation, die als Querschnittfunktion des Unternehmens die Zielerreichung ermöglicht.

Erreicht die Organisation die richtigen Ziele, so ist sie effektiv („to do the right things"). Werden von einer Organisation die richtigen Mittel eingesetzt, so ist sie effizient („to do the things right").

4.1 Begriff der Organisation

Unternehmen sind geprägt von Arbeitsteilung. Je größer das Unternehmen ist, desto stärker muss es in verschiedene Teilbereiche gegliedert werden. Damit die Gesamtaufgabe jedoch zielorientiert ausgeführt werden kann, sind die Teilbereiche aufeinander abzustimmen und ihre Aktivitäten zu koordinieren. Der Erfolg des Unternehmens hängt also davon ab, in welchem Maße es der Organisation gelingt, die durch Differenzierung in einzelne Teilbereiche entstandene Segmentierung durch gleichzeitige Integration und Koordination derselben zielorientiert zu regeln.

Dieser Dualismus aus Arbeitsteilung auf der einen Seite und Koordination der arbeitsteiligen Tätigkeiten auf der anderen Seite stellt die grundlegende Aufgabe der organisatorischen Gestaltung dar. Organisation als Instrument der Unternehmensführung schafft demnach die Ordnung, Beziehung und Strukturen nach denen das Unternehmen gestaltet und geführt wird. Gleichzeitig legt es die Regeln fest, nach denen die Aufgaben, die Kompetenzen und die Koordination der Prozesse ablaufen sollen.

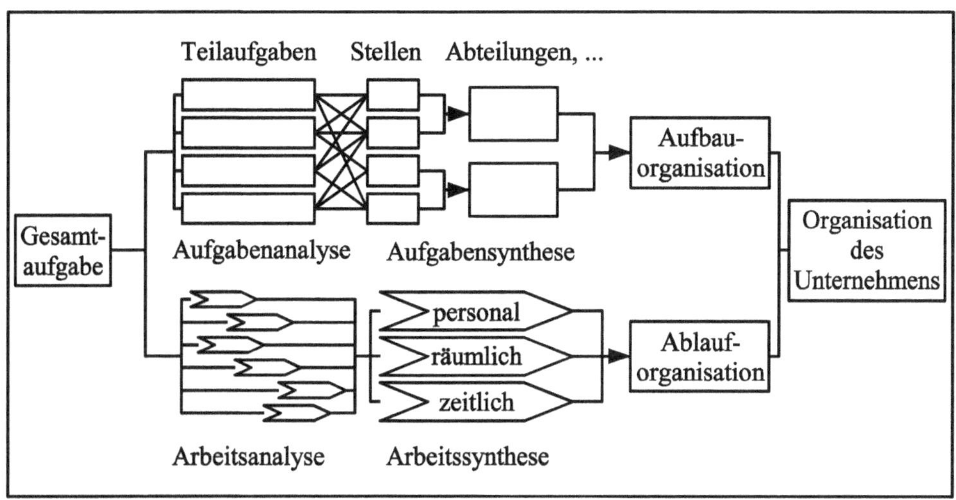

Abb. 4.1 *Aufbau- und Ablauforganisation (in Anlehnung an Bleicher, 1991, S. 49)*

Das Schaubild in Abb. 4.1 stellt dar, wie die Gesamtaufgabe des Unternehmens durch Organisation aufgelöst und zusammengeführt wird. Die durch Arbeitsteilung entstandenen Teilaufgaben (art- und mengenmäßige Zerlegung = Aufgabenanalyse) werden den Stellen als kleinste organisatorische Einheit zugeordnet (Zusammenführung der Teilaufgaben = Aufgabensynthese) und stellen die Aufbauorganisation dar. Die Arbeitsprozesse zu analysieren und zusammenführen ist Aufgabe der Ablauforganisation. Es wird klar, dass eine stärkere Differenzierung der Gesamtaufgabe des Unternehmens eine höhere Komplexität und damit einen erhöhten organisatorischen Aufwand bei der Integration aller Elemente des Unternehmens nach sich zieht. Diese Elemente sind die Aufgaben, die Personen und die Betriebsmittel.

Die Aufgaben leiten sich ab aus der am Markt zu erbringenden kundenspezifischen Leistung (Produkt, Dienstleistung, etc.). Dabei wird in Entscheidungsaufgaben und Ausführungsaufgaben unterschieden. Was wird womit wo und wann gemacht? Die Personen (Wer?) setzen die Aufgaben um. Die Sach- und Betriebsmittel dienen den Organisationsmitgliedern als Unterstützung (Werkzeuge i.w.S.) bei der Erfüllung ihrer Aufgaben.

Die Organisationsform spiegelt die Beziehung dieser drei Elemente (Aufgaben, Personen, Betriebsmittel) wieder. Neben diesen eindeutigen internen Größen gibt es auch weitere interne Größen, die bei der Organisationsform wichtig sind. Hierzu zählen die Unternehmensstruktur, Eigentumsstruktur, Alter der Organisation etc. Organisationsformen sind aber auch beeinflussbar durch externe Größen wie Wettbewerber, gesetzliche Regelungen und gesellschaftliche Normen. Auf diese soll hier nicht näher eingegangen werden.

Im Folgenden soll die Organisationsfunktion als ein Instrument der Unternehmensführung betrachtet werden, das Unternehmen hat eine Organisation. Im Rahmen der Organisationsfunktion sind die beiden in Abb. 4.1 dargestellten Aspekte zu unterscheiden: die Aufbauorganisation (Kap. 4.2) und die Ablauforganisation (Kap. 4.3).

Auf die organisationstheoretischen Ansätze soll hier nicht eingegangen werden, sondern vielmehr auf die ausführliche Literatur hierzu verwiesen werden (vgl. Vahs, 2005, S. 22 ff; Jung et al., 2007, S. 364).

4.2 Aufbauorganisation

Unter Aufbauorganisation wird die Festlegung der Struktur des Unternehmens und seine innerbetriebliche Zusammensetzung verstanden (Strukturorganisation). Dabei wird das Unternehmen in arbeitsteilige Einheiten zerlegt, die Leitungssysteme (Hierarchie) definiert und die Art und Weise der Zusammenarbeit festgelegt. Diese drei Schritte werden auch als Spezialisierung, Konfiguration und Koordination bezeichnet (vgl. Becker, 2006, S. 218).

4.2.1 Spezialisierung

Aufbauend auf das von Bleicher entwickelte Vorgehen zur Aufbauorganisation (vgl. Abb. 4.1) werden bei der Aufgabenanalyse die Aufgaben des Unternehmens in kleinere und kleinste Elementaraufgaben zerlegt. Diese Elementaraufgaben können einer Person zugeordnet werden. Es entsteht eine Vielzahl von Kleinstaufgaben. Im Rahmen der Aufgabensynthese werden diese wieder zu betriebswirtschaftlich sinnvollen Aufgabenkomplexen zusammengeführt. In einem weiteren Schritt werden die so entstandenen Aufgabenkomplexe mit Mitarbeitern oder Organisationseinheiten in Verbindung gebracht (Aufgabenverteilung).

Die kleinste Organisationseinheit bildet eine Stelle, die durch die Zuordnung von Aufgaben an einen (oder mehrere) Mitarbeitern entsteht. Während der Arbeitsplatz den realen Ort der Aufgabenerfüllung bezeichnet, ist die Stelle eine abstrakte Einheit. Die Stellenbeschreibung umfasst die Stellenbezeichnung, die Aufgaben und Verantwortlichkeiten, das Ziel der Stelle und die Qualifikation, die der Stelleninhaber besitzen soll. Weiterhin wird in der Stellenbeschreibung die hierarchische Position (Unter- und Überstellung) geregelt.

Bei den Stellenarten wird unterschieden in Ausführungsstellen, Instanzen und Stabs- und Dienstleistungsstellen.

Ausführungsstellen
Die Ausführungsstellen befinden sich an der untersten Hierarchieebene und beinhalten ausschließlich Ausführungskompetenz. Solche Positionen sagen aber nichts über die dafür notwendige Qualifikation des Stellenprofils/Stelleninhabers aus (z.B. Ausführungsstelle in der Fertigung oder in der Forschung und Entwicklung).

Instanzen
Instanzen oder auch Leitungsstellen besitzen Weisungs- und Entscheidungsbefugnisse. Ihnen zugeordnet sind in der Regel eine Anzahl von Ausführungsstellen. Damit einher geht die fachliche und disziplinarische Leitungskompetenz. Im Allgemeinen kann man die Instanzen

in die Gruppen des Top Management, Middle Management und Lower Management einteilen (vgl. Abb. 1.2). Die Instanzen und auch Ausführungsstellen sind Linienstellen. Dabei wird ausgedrückt, dass unmittelbare Verantwortung für das operative Geschäft besteht (Aufgabe in der „Linie").

Stabs- und Dienstleistungsstellen
Stabspositionen bzw. Stabsstellen besitzen keine Leitungsbefugnis, sondern dienen zur Entscheidungsvorbereitung und -unterstützung (z.B. Stabsstelle Recht, Unternehmensplanung, Assistenz der Geschäftsführung). Dienstleistungsstellen besitzen ebenfalls keine Leitungsbefugnis. Im Unterschied zu der Stabsstelle ist sie nicht einer Instanz zugeordnet, sondern erbringen ihre Leistung für verschiedene Instanzen (z.B. Öffentlichkeitsarbeit, IT-Dienstleistung).

4.2.2 Konfiguration

Mit der Konfiguration wird die Entwicklung eines Netzes von Leitungsbeziehungen zwischen den Stellen, Instanzen und Stäben bezeichnet (Zusammenfassung von Organisationseinheiten). Ziel dabei ist es, aufgabenorientierte Weisungsbeziehungen zu entwickeln und festzulegen. Neben der Darstellung der möglichen Systeme von Leitungsbeziehungen muss auch die Leitungsspanne und Leitungstiefe definiert werden.

Das System der Leitungsbeziehungen kann als Einlinien-, Stablinien-, Mehrlinien- oder Matrixsystem entwickelt werden (vgl. Vahs, 2005, S. 109 ff).

Einliniensystem

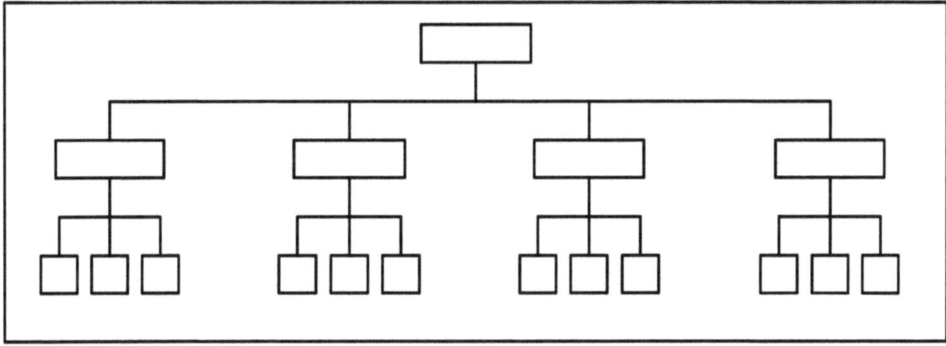

Abb. 4.2 *Das Einliniensystem*

Jeder Mitarbeiter hat nur einen Vorgesetzten (Fayol: „seul chef, seule direction"). Die Kommunikation läuft nur vertikal. Die Vorteile dieses Systems sind seine Eindeutigkeit und Einfachheit, als Nachteil muss die Langwierigkeit der Prozesse und die Überbetonung der Hierarchie genannt werden.

Stabliniensystem

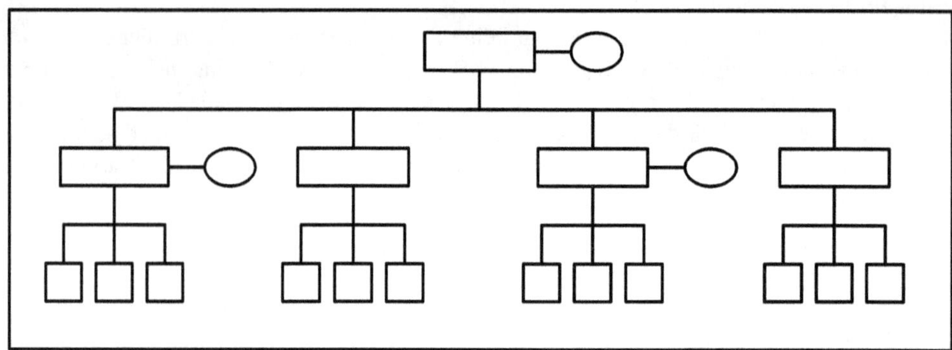

Abb. 4.3 Das Stabliniensystem

Das Stabliniensystem als Weiterentwicklung des Einliniensystems fügt Stabsstellen in die Organisationsstruktur ein. Diese entlasten die Instanzen und unterstützen sie in fachlicher Hinsicht. Diesem Vorteil des Stabliniensystems steht der Nachteil gegenüber, dass durch die Stabstätigkeit die Eindeutigkeit und Transparenz von Entscheidungsprozessen in der Relation Stab / Linie geringer wird.

Mehrliniensystem

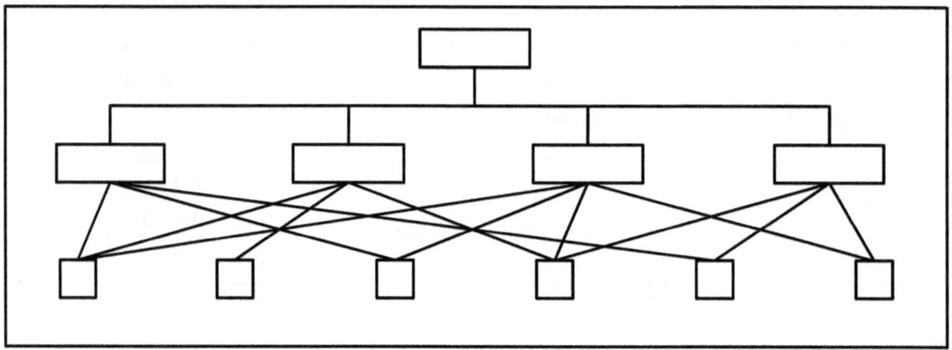

Abb. 4.4 Das Mehrliniensystem

Hierbei berichten die Mitarbeiter an mehr als einen Vorgesetzten, bzw. erhalten Weisungen von mehr als einem Vorgesetzten. Der Vorteil ist eine höhere Flexibilität der Kommunikation (kurze Wege). Der Nachteil liegt in der Komplexität der Struktur und den höheren Anforderungen an die Koordinationsbereitschaft und -fähigkeit der Organisationsstruktur und -mitglieder.

Matrixsystem

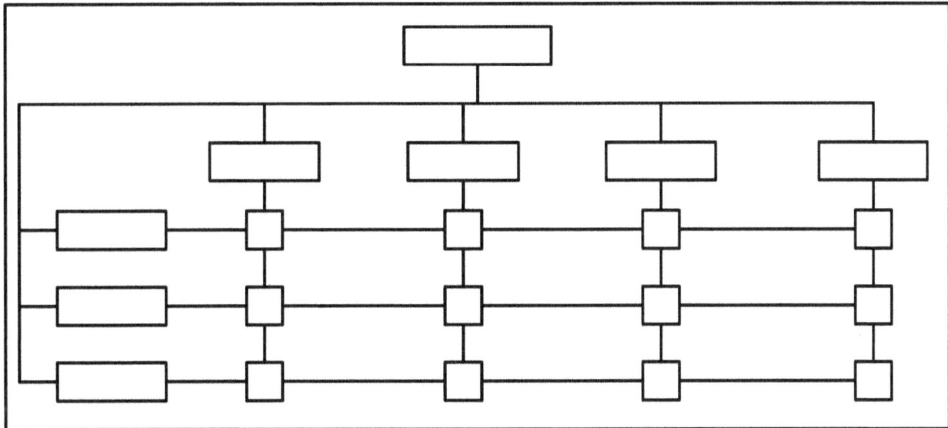

Abb. 4.5 Das Matrixsystem

Das Matrixsystem stellt eine mehrdimensionale Struktur dar. Organisiert wird das Unternehmen anhand verschiedener Kriterien (z.B. Produkt/Markt, Produkt/Region oder Technologie/Kunde). Die Nähe zum Markt bzw. zum Zielparameter ist der hervorragende Vorteil dieser Struktur. Es bedarf jedoch gleichzeitig einer adäquaten Führungsqualität, damit die notwendige Abstimmung der involvierten Teile der Organisation zeitgerecht und flexibel durchgeführt werden kann.

Die Leitungsspanne und die Leitungstiefe beschreiben die Komplexität der Hierarchie eines Unternehmens. Die Leitungsspanne („span of control") beschreibt die Anzahl der einer Instanz direkt unterstellten Mitarbeiter. Die Leitungstiefe gibt die Anzahl der Hierarchieebenen im Unternehmen an. So ist unter dem Begriff „Lean Management" (flache Hierarchie) eine größere Anzahl von Direktunterstellungen zu verstehen, sowie eine geringere Anzahl von Hierarchieebenen.

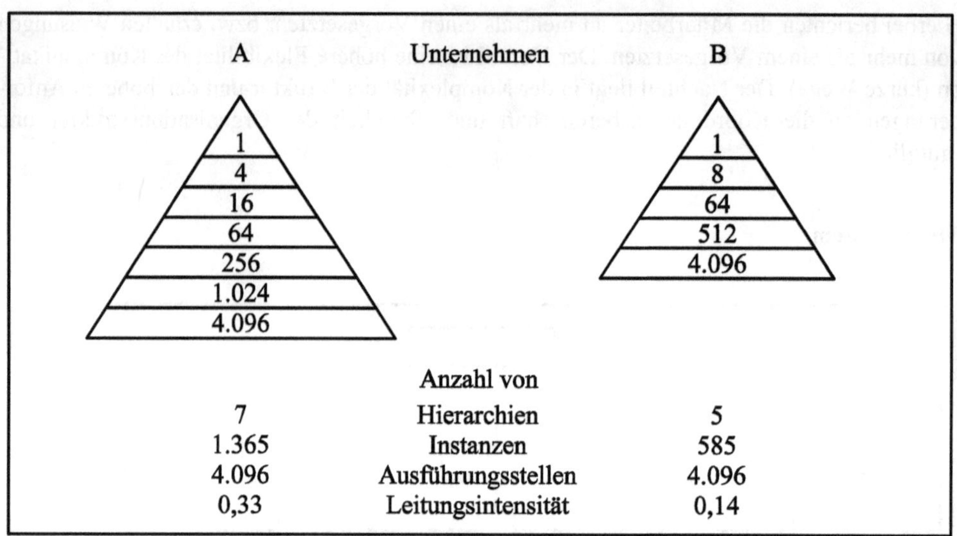

Abb. 4.6 *Zusammenhang zwischen Leitungsspanne und Leitungstiefe (in Anlehnung an Jung et al., 2007, S. 389)*

Die Kennziffer Leitungsintensität (Instanzen/Ausführungsstellen) dient als Vergleichsmaßstab. Je größer diese Kennziffer ausfällt, desto steiler ist die Managementpyramide.

4.2.3 Koordination

In der Spezialisierung ist durch die horizontale Aufgabenteilung ein System von Teilaufgaben entstanden. Mit der Konfiguration ist die vertikale Aufgabenteilung definiert worden. Nun muss mit der Koordination die Zusammenarbeit über die vertikale und horizontale Aufgabendifferenzierung geschaffen werden. Dabei ist es das Ziel der Koordination durch geeignete Instrumente die Interdependenzen und Schnittstellen aufgabenübergreifend effizient zusammenzuführen. Zu den wichtigsten unterstützenden Instrumenten der Koordination gehört der Einsatz der Informations- und Kommunikationstechnologien.

Mit diesem Instrument kann das Unternehmen in hohem Maße die Abstimmung und Delegation von Verantwortung, die Möglichkeit der Information und die Notwendigkeit von Kommunikation optimieren. Grundsätzlich kann man zwei formale Koordinationsinstrumente nennen:

- Fremdkoordination
  Es besteht ein vertikaler Kommunikationsfluss durch die Hierarchieebenen. Entscheidungen werden innerhalb der Hierarchie nach oben durchgereicht, bis es zu einer autorisierten Entscheidung kommt. Das Ergebnis dieser Entscheidung begleitet von Maßnahmen geht über die Hierarchie zurück an die Mitarbeiter (Über- und Unterordnungsbeziehungen). Des Weiteren kommen Standardisierungen zum Einsatz. Diese umschreiben die Art und Weise des Verhaltens der Mitarbeiter in Bezug zu Arbeitseinsätzen oder -prozessen.

- Selbstkoordination
  Man spricht von Selbstkoordination, wenn die Mitarbeiter selbst, ohne Eingriff / Autorisierung von übergeordneten Instanzen, die Abstimmung zwischen den Organisationsmitgliedern durchführen (horizontaler Kommunikationsfluss).
  Selbstkoordination erhöht die Motivation der Mitarbeiter, erhöht die Flexibilität im Unternehmen und kann zu einer höheren Ausnutzung der vorhandenen Mitarbeiterpotenziale führen. Gleichzeitig entlastet sie die übergeordneten Instanzen. Reine Selbstkoordination stößt aber an seine Grenzen, je größer das Unternehmen bzw. je komplexer sein Wertschöpfungsprozess ist.

Insgesamt ist jedoch die Entwicklung hin zu einer stärkeren Delegation von Verantwortung in den Organisationsstrukturen von Unternehmen festzustellen (Empowerment). Die Dynamik und Komplexität unternehmerischen Handelns sowie der Umwelt lässt keine ausschließlich auf Fremdkoordination fixierten Strukturen mehr zu. Die Entwicklung hin zu dezentralen Strukturen und somit hin zu mehr Selbstkoordination ist der aktuelle Trend in der Organisation größerer Unternehmen.

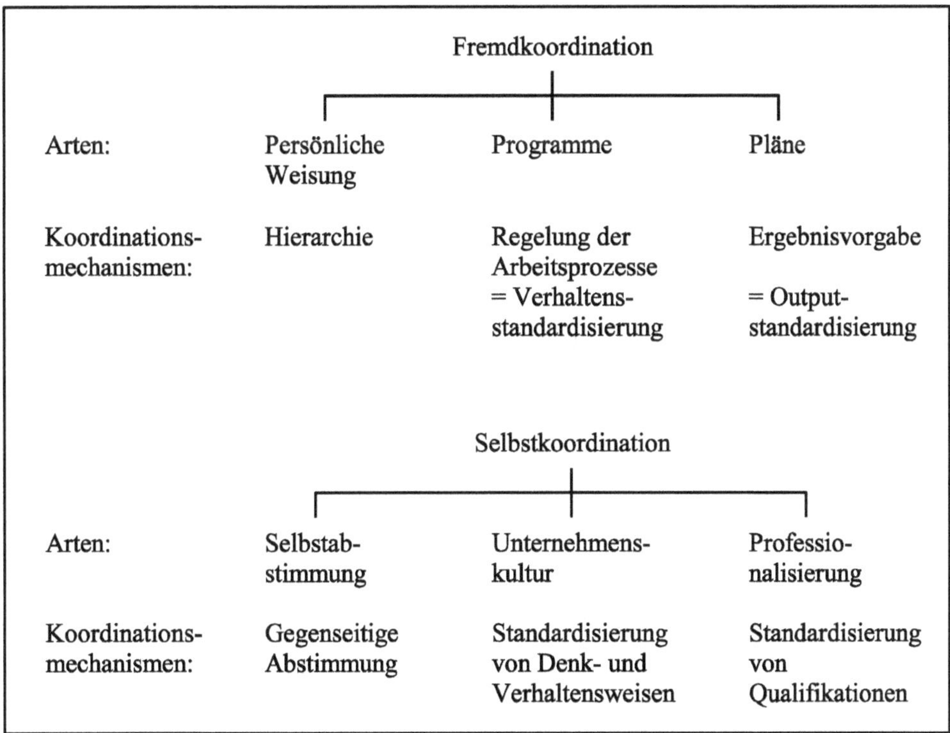

Abb. 4.7 Instrumente der Fremd- und Selbstkoordination

4.2.4 Grundmodelle der Aufbauorganisation

Im Folgenden sollen die Organisationskonzepte dargestellt werden, die als Grundtypen in größeren Unternehmen zu finden sind. Dabei ist festzuhalten, dass es immer zu unternehmensindividuellen Ausprägungen kommt, die auf die spezifischen Bedürfnisse und Notwendigkeiten des Unternehmens, der Kunden, Märkte oder Produkte eingehen.

Funktionale Organisation
Das dabei zugrunde liegende Gliederungskriterium ist die betriebswirtschaftliche Funktion.

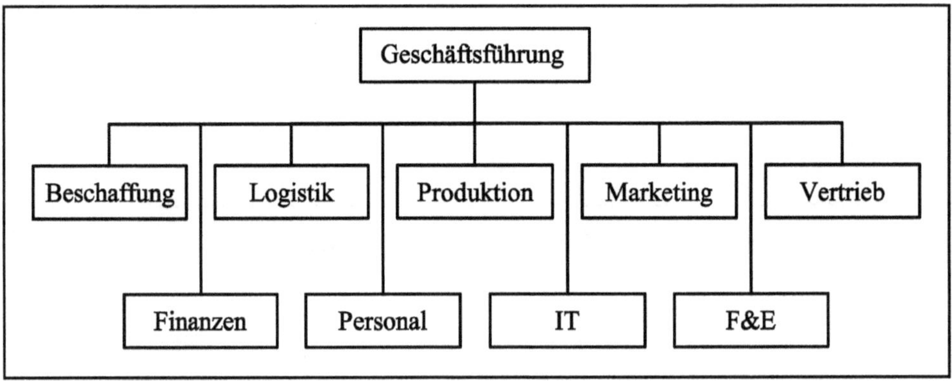

Abb. 4.8 *Funktionale Organisation*

Die Bündelung von gleichartigen Aufgaben führt zu einem Spezialisierungsvorteil. Die dadurch entstehenden Größenvorteile führen zu Synergieeffekten. Die Struktur erscheint einfach und sinnvoll gegliedert. Andererseits kommt es in der funktionalen Struktur zu einem hohen Koordinierungsaufwand und eher schwerfälligen Entscheidungsprozessen.

Divisionale Organisation
Die stärker werdende Dynamik der Märkte und die Diversifikation der Unternehmen erfordern eine stärkere Fokussierung auf die operativen Bereiche des Unternehmens. Die divisionale Organisation oder auch Spartenorganisation / Geschäftsbereichsorganisation genannt, zeichnet sich durch eine Dezentralisierung der operativen Entscheidungen aus.

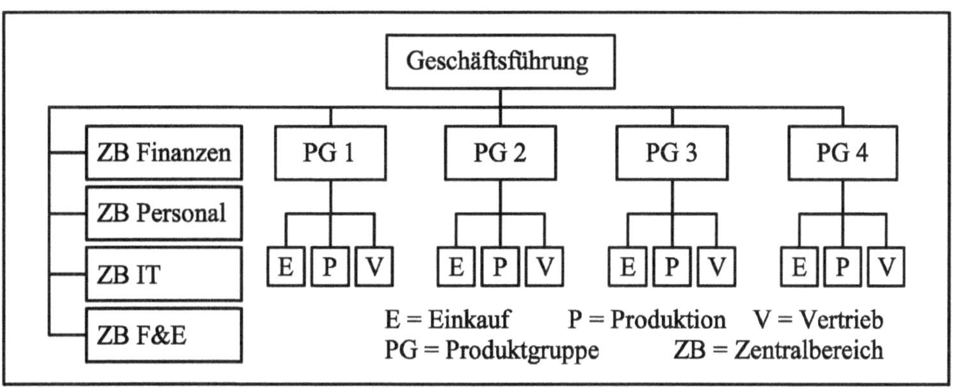

Abb. 4.9 *Divisionale Organisation*

Die Aufgabenbereiche, die nicht auf die Produktgruppen aufgeteilt werden sollen, werden in den Zentralbereichen unternehmensweit einheitlich organisiert und durchgeführt.

Matrixorganisation

Die Matrixorganisation stellt ein zweidimensionales Organisationskonzept dar. Das erste Kriterium ist z.B. das Produkt (Produktgruppe, Strategische Geschäftseinheit, etc.) und das zweite Kriterium stellt z.B. die Region (die betriebswirtschaftliche Funktion, die Technologie, den Vertriebskanal, etc.) dar. Jede Matrixzelle muss die jeweiligen Aufgaben der beiden Matrixdimensionen koordiniert zum Erfolg führen. In der Praxis zwingt dies alle Beteiligte zu starker Kommunikation und Abstimmung.

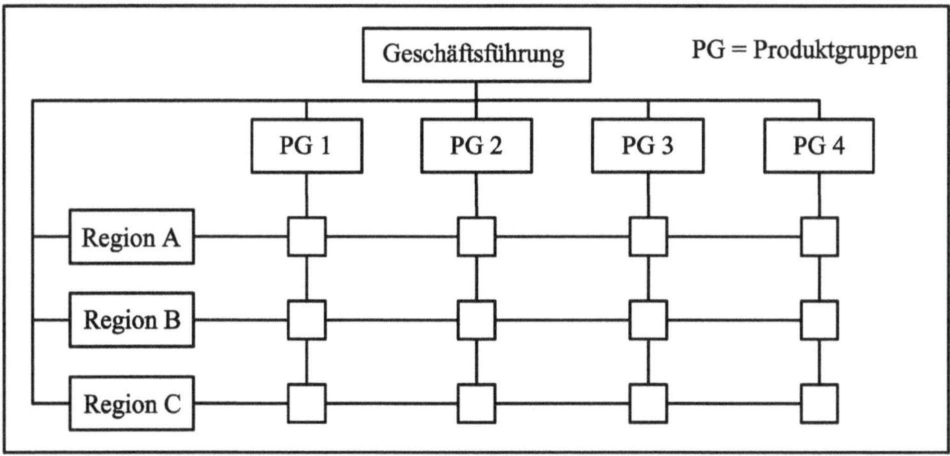

Abb. 4.10 *Matrixorganisation*

4.3 Ablauforganisation

Die Aufgabe der Ablauforganisation ist es, die Informationsprozesse und Arbeitsprozesse so zu strukturieren, dass die folgenden Ziele der Ablauforganisation optimal erreicht werden:

- Effizienz des Ressourceneinsatzes
- Hohe Flexibilität
- Hohe Motivation der Mitarbeiter

Dabei werden die zuvor beschriebenen Aufgaben der Organisationseinheiten umgesetzt in Arbeitsprozesse. Es muss konkret festgelegt werden, wie die einzelnen Arbeitsschritte in Bezug auf Inhalt, Zeit, Ort und Zuordnung ablaufen sollen.

Die Arbeitsinhalte sind die mit einer Aufgabe verbundenen Arbeitsschritte. Diese müssen in einer logischen Kette angeordnet werden, damit sie die o.g. Ziele erreichen. Die Arbeitszeit definiert den Zeitpunkt und den Zeitbedarf für die Durchführung eines Arbeitsprozesses. Der Arbeitsort legt die räumliche Zuordnung der Arbeitsprozesse fest und optimiert dabei u.a. die Produktionskosten und Infrastrukturkosten.

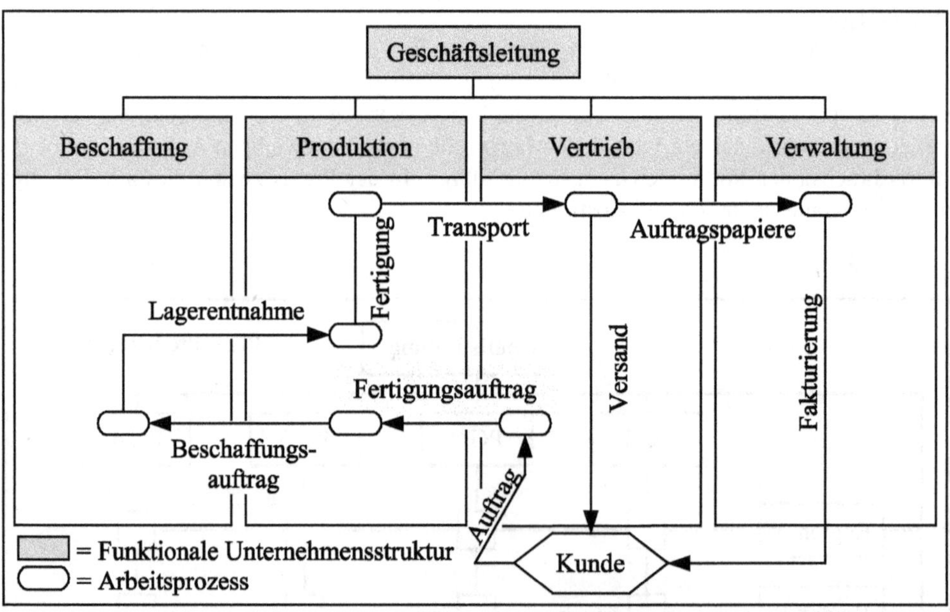

Abb. 4.11 Zusammenhang zwischen funktionaler Unternehmensstruktur und dem Arbeitsprozess der Auftragsabwicklung (vgl. Krüger, 2005, S. 179)

Die Arbeitszuordnung legt fest, welche Mitarbeiter welche Arbeitsschritte durchführen. Dabei wird ersichtlich, wie die Aufbauorganisation (Mitarbeiter/Stellen) mit der Ablauforganisation (Arbeitsinhalte, Arbeitszeit und -ort, sowie Arbeitszuordnung) zusammenhängen. Die Zusammengehörigkeit von Aufbau- und Ablauforganisation wird in Abb. 4.11 ersichtlich.

Aufgrund der Dynamik der Märkte gewinnt die Prozessoptimierung immer mehr an Bedeutung. Während früher zuerst die Aufbauorganisation definiert wurde und anschließend die Ablauforganisation implementiert wurde, wird heute der Ablauf von Arbeitsprozessen schon bei der Konfiguration der Aufbauorganisation berücksichtigt.

Der Arbeitsprozess wird von einem bestimmten Ereignis angestoßen (z.B. Auftragsannahme) und führt unter Verwendung definierter Inputs (Rohstoffe, Produktion, Vertrieb) zu dem gewünschten Output. Die Differenz zwischen der Gesamtleistung (Preis des Produkts) abzüglich der Vorleistung (Kosten der Produktherstellung) ist die Wertschöpfung. In dem Wertkettenmodell von Porter wird dieser Wertschöpfungsprozess unterteilt in primäre und sekundäre (oder auch unterstützende) Aktivitäten.

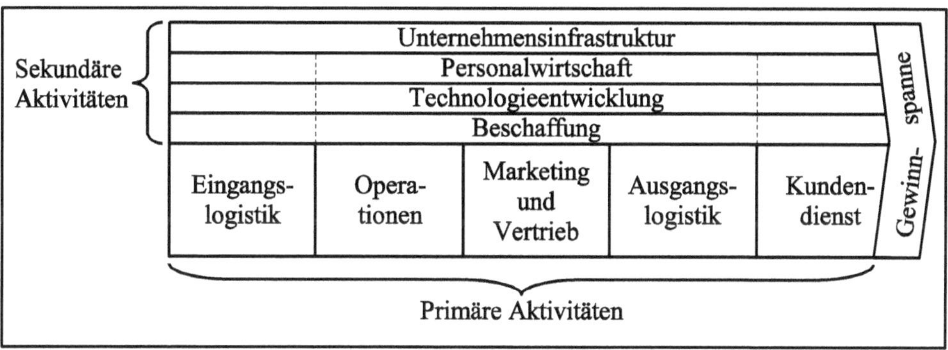

Abb. 4.12 Das Modell einer Wertkette (vgl. Porter, 2000, S. 66)

Die primären Aktivitäten sind unmittelbar mit der Herstellung und Vertrieb der Produktes verbunden, die sekundären Aktivitäten dienen zur Unterstützung der Primäraktivitäten. Soll ein Wettbewerbsvorteil erzielt werden, muss bei allen Aktivitäten (primäre und sekundäre Aktivitäten) untersucht werden, ob sie kosteneffizienter oder nutzbringender zu erbringen sind, als dies der Wettbewerber macht. Dies zeigt, dass die Ablauforganisation weit über dem traditionell auf die Produktion bezogenen Teil hinaus auf den gesamten Wertschöpfungsprozess angewendet wird und somit das Gesamtunternehmen betrifft.

5 Marktorientierte Unternehmensführung

5.1 Grundlagen

Der Begriff Marketing kommt aus dem englischen „to market" und bezeichnet die unternehmerischen Aktivitäten, die auf den Markt bzw. den Kunden ausgerichtet sind zur Erreichung der definierten Unternehmensziele. Während in den USA Marketing schon in den 20er Jahren des vorigen Jahrhunderts aktuell war, kam es in Deutschland erst in den 60er Jahren zur Überführung der Absatzwirtschaft zum Marketing. Grund hierfür war der bis ca. 1960 bestehende Verkäufermarkt in Deutschland. Als Verkäufermarkt bezeichnet man einen Markt, in dem die Nachfrage nach Gütern und Dienstleitungen größer ist, als das zur Verfügung stehende Angebot. Bis in die 60er Jahre war der Fokus deutscher Unternehmen mehr auf Beschaffung, Produktion und Finanzierung gerichtet, während der Absatz eher problemlos war. Mit dem Wandel vom Verkäufermarkt zum Käufermarkt (Angebot größer Nachfrage) waren die Unternehmen gezwungen, sich stärker an den Kundenwünschen und der Entwicklung der Märkte zu orientieren. Es fand eine Abkehr vom produktionsorientierten Denken statt, und eine Ausrichtung auf das marktorientierte Führen des Unternehmens. Heute werden alle Aktivitäten des Unternehmens auf die aktuellen und künftigen Markterfordernisse ausgerichtet mit dem Ziel der Befriedigung aktueller und potenzieller Kundenbedürfnisse.

Unter marktorientierter Unternehmensführung soll daher die konsequente Ausrichtung aller im Unternehmen bestehenden Aktivitäten auf die heutigen und künftigen Märkte und Wettbewerber verstanden werden. Meffert bezeichnet Marketing als duales Konzept der marktorientierten Unternehmensführung (vgl. Meffert, 2001, S. 6). Hier wird Marketing zum einen als gleichberechtigte Unternehmensfunktion und zum anderen als das Leitkonzept des Managements gesehen.

5.2 Strategisches Marketing

Strategisches Marketing ist die Festlegung der grundlegenden Zielrichtungen des Unternehmens im Hinblick auf Kunden, Märkte (z.B. Produkt, Dienstleistung, Technologie, Region) und Wettbewerber. Hierzu werden im Folgenden die Themen Kundennutzen und Wettbewerbsvorteil, Marktsegmentierung, Produkt-Markt Strategie sowie Marktforschung dargestellt.

5.2.1 Kundennutzen und Wettbewerbsvorteil

Der Käufer eines Produktes (Angebots) entscheidet auf der Basis, welches Angebot ihm den besten Gegenwert bzw. den höchsten Nutzen bietet. Der Käufer lässt sich als Nutzenmaximierer bezeichnen. Er besitzt im Rahmen seiner begrenzten Informationsmöglichkeiten und Informationskosten eine bestimmte Nutzenerwartung und handelt danach. Nach Kauf des Angebots wird er vergleichen, ob der erwartete Nutzen dem erhaltenen Nutzen entspricht und daraus seine Zufriedenheit über das Angebot ermitteln, welches sein Wiederkaufsverhalten beeinflussen wird. Der Nutzen einer Marktleistung liegt in ihrem Preis/Leistungs-Verhältnis.

Nutzen kann dabei inhaltlich differenziert werden in (vgl. Homburg/Krohner, 2006, S. 143):

- Funktionaler Nutzen
  (Basisfunktion des Produkts)
- Ökonomischer Nutzen
  (Effizienz durch Einsatz des Produktes)
- Prozessbezogener Nutzen
  (Effizienz in Beschaffung oder Handhabung des Produktes)
- Emotionaler Nutzen
  (Durch das Produkt ausgelöste Gefühle beim Käufer)
- Sozialer Nutzen
  (Durch das Produkt ausgelöste Gefühle im sozialen Umfeld)

Das Unternehmen muss eine Positionierung anstreben, das die vom Unternehmen angebotene Leistung in den Augen des potenziellen Kunden als einzigartig empfunden wird und er seinen Nutzen oder Nutzenbündel durch den Kauf der Leistung maximieren kann.

Gleichzeitig steht das Unternehmen in Konkurrenz mit anderen Unternehmen in dem Markt, die gleiche oder ähnliche Leistungen anbieten. Das bedeutet für das Unternehmen, dass es sich von den Wettbewerbern differenzieren muss. Diese Differenzierung gegenüber den Wettbewerbern geschieht über das Preis/Leistungs-Verhältnis des Produktes und die damit einhergehende Befriedigung möglicher vorhandener oder noch zu weckender Bedürfnisse.

Der in Abb. 5.1 dargestellte Wert in der Beziehung zwischen Kunden und Unternehmen bzw. Wettbewerber entspricht der Beurteilung des Preis/Leistungs-Verhältnisses der angebotenen Produkte.

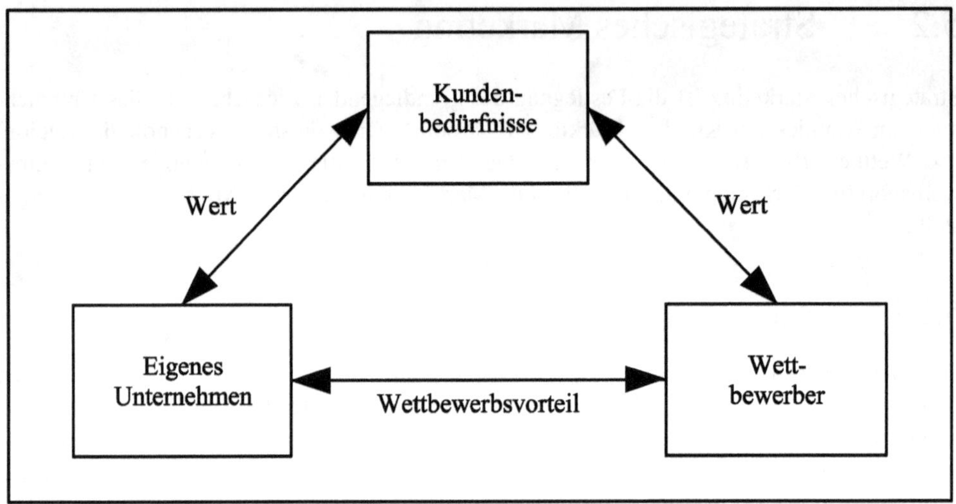

Abb. 5.1 Das Strategische Dreieck im Marketing

Ein strategischer Wettbewerbsvorteil muss folgende Kriterien erfüllen:

- Er muss vom Kunden wahrnehmbar sein.
- Er muss vom Kunden in Preis und/oder Leistung ausdrückbar sein, d.h. gleiche Leistung und günstigerer Preis bzw. gleicher Preis und mehr Leistung/Nutzen.
- Er muss dauerhaft einem Unternehmen zurechenbar sein, d.h. nicht sofort vom Wettbewerber kopiert werden können.
- Er muss sich auf einen Parameter beim Kunden beziehen, der kaufentscheidend ist, z.B. Preis, Service, Qualität.

5.2.2 Marktsegmentierung

Im Rahmen der Marktsegmentierung wird der heterogene Gesamtmarkt in homogene Teilmärkte (Segmente) aufgeteilt. Diese Aufteilung wird auf der Basis bestimmter Merkmale der tatsächlichen bzw. potenziellen Käufer durchgeführt. Die Merkmale bzw. Kriterien, die zur Segmentierung des Marktes herangezogen werden, lassen sich wie folgt unterteilen:

- soziodemografische Marktsegmentierung
  (z.B. Alter, Geschlecht, Einkommen, Ausbildung, Beruf, Familienstand)
- psychografische Marktsegmentierung
  (z.B. Lebensstil, Persönlichkeitsmerkmale, soziale Schicht, Wertvorstellungen, Religion)
- geografische Marktsegmentierung
  (z.B. Region, Stadt/Land, Inland/Ausland)
- verhaltensorientierte Marktsegmentierung
  (z.B. Preissensitivität, Markentreue, Verhaltensmuster, Nutzenerwartung)

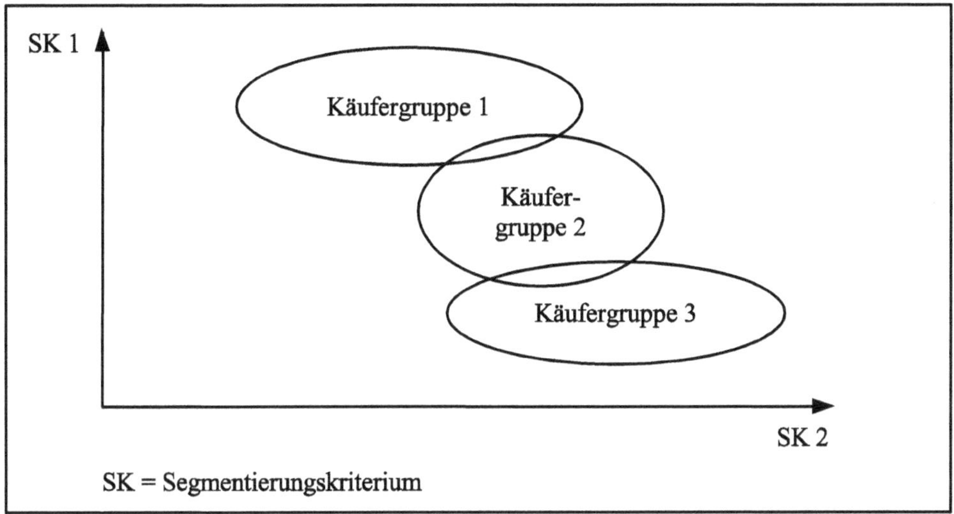

Abb. 5.2 Bildung von Marktsegmenten

Für die Marktsegmentierung werden aufgrund der Komplexität und Überschneidung der einzelnen Parameter nur wenige und nicht alle o.g. Kriterien genutzt.

Die Instrumente zur Durchführung einer Marktsegmentierung werden von der Marktforschung geliefert. Hierbei handelt es sich um mathematisch-statistische Verfahren (z.B. Faktorenanalyse, Conjoint-Analyse) auf die hier nicht näher eingegangen werden soll.

5.2.3 Produkt-Markt Strategien

Nach der Identifikation des Kundennutzens und des Wettbewerbsvorteils ist der Markt in möglichst homogene Teilmärkte segmentiert worden. Nun muss die Marketingstrategie festgelegt und entschieden werden, welche Produkte (Leistungen) in welchen Märkten angeboten werden sollen. Bei der Entwicklung dieser Marketingstrategie wird häufig die Produkt-Markt Matrix von Ansoff genutzt.

Produkt \ Markt	aktuell	neu
aktuell	Marktdurchdringung	Marktentwicklung
neu	Produktentwicklung	Diversifikation

Abb. 5.3 Mögliche Marktstrategien auf Basis der Produkt-Markt Matrix

Marktdurchdringung
Hierbei soll das bestehende Marktpotenzial der vorhandenen Produkte in den bestehenden Märkten besser ausgeschöpft werden. Dabei kann die Produktverwendung bei bestehenden Kunden intensiviert werden, oder neue Kunden (Nichtverwender) akquiriert werden bzw. Kunden der Konkurrenz für das eigene Unternehmen gewonnen werden.

Marktentwicklung
Mit dem bestehenden Produktprogramm sollen neue Märkte erschlossen werden. Dabei kann es sich sowohl um geographisch neue Märkte handeln, als auch um neue Marktsegmente / neue Zielgruppen.

Produktentwicklung
In dem vom Unternehmen schon bearbeiteten Markt soll durch die Einführung neuer Produkte oder durch die Erweiterung des bestehenden Produktsortiments die Marktdurchdringung erhöht werden. Dabei ist zu beachten, dass die neuen Produkte bzw. Produkterweiterung eine Positionierung einnehmen, die dem Kundennutzen entspricht bzw. sich von den Konkurrenzangeboten unterscheidet.

Diversifikation
Eine Diversifikationsstrategie liegt vor, wenn das Unternehmen mit neuen Produkten in neue Märkte eintritt. Dabei kann man unterscheiden, ob ein sachlicher Zusammenhang zu den bestehenden Geschäften existiert, oder ob mit völlig neuen Produkten bzw. in völlig neuen Märkten gearbeitet werden soll.

5.2.4 Marktforschung

Die Marktforschung beschäftigt sich mit der Beschaffung, Aufbereitung, Analyse und Interpretation von Marktinformationen. Zu diesen Marktinformationen zählen hier die Daten über Märkte, Marktteilnehmer und deren Verhaltensweisen. Hierzu zählen auch die Wettbewerber.

Der Bereich der Marktforschung lässt sich in quantitative und qualitative Marktforschung einteilen. Bei der quantitativen Marktforschung ist das Ziel, numerische Werte über den Markt zu erzielen. Das Ziel der qualitativen Marktforschung ist es, z.B. bestimmte Verhaltensweisen und deren Motive im Markt zu analysieren oder etwa Einstellungen und bestimmte Erwartungen zu ermitteln.

Da aus den Marktforschungsergebnissen weitreichende Entscheidungen für das Unternehmen getroffen werden, kommt der Güte der Daten große Bedeutung bei. Die Güte der Daten wird gemessen an ihrer Objektivität (Unabhängigkeit der Messergebnisse vom Durchführenden), Zuverlässigkeit (keine Zufallsfehler) und Gültigkeit (konzeptionelle Richtigkeit der Messung).

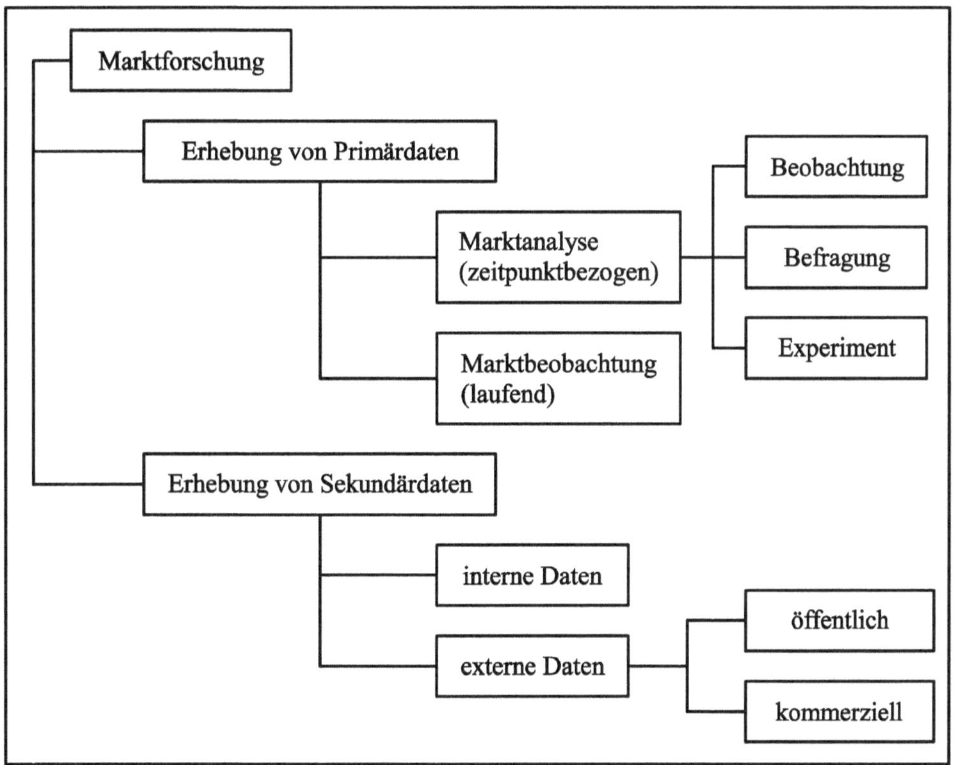

Abb. 5.4 Erhebungsmethoden in der Marktforschung

Die Inhalte der Marktforschung können wie folgt beschrieben werden (vgl. Homburg/Krohmer, 2006, S. 54):

- Allgemeine Marktcharakteristika und -entwicklung
  (z.B. Marktvolumen, -anteil, -potenzial, -wachstum)
- Kundensegmente
  (z.B. Identifikation von Kunden-, Branchensegmenten)
- Kundenbedürfnisse und -verhalten
  (z.B. Identifikation, Gewichtung und Veränderung der Kundenbedürfnisse und Kunden- bzw. Kaufverhalten)
- Kundenzufriedenheit und -loyalität
  (z.B. Zustand und Veränderung von Kundenzufriedenheit und Kundenloyalität)
- Wettbewerber
  (z.B. Identifikation, Marktposition, Ziele, Kompetenzen und Ressourcen der Wettbewerber)
- Marktposition
  (z.B. Marktstellung, Marktanteile, Bekanntheitsgrad, Image der eigenen Produkte)

5.3 Marketinginstrumente

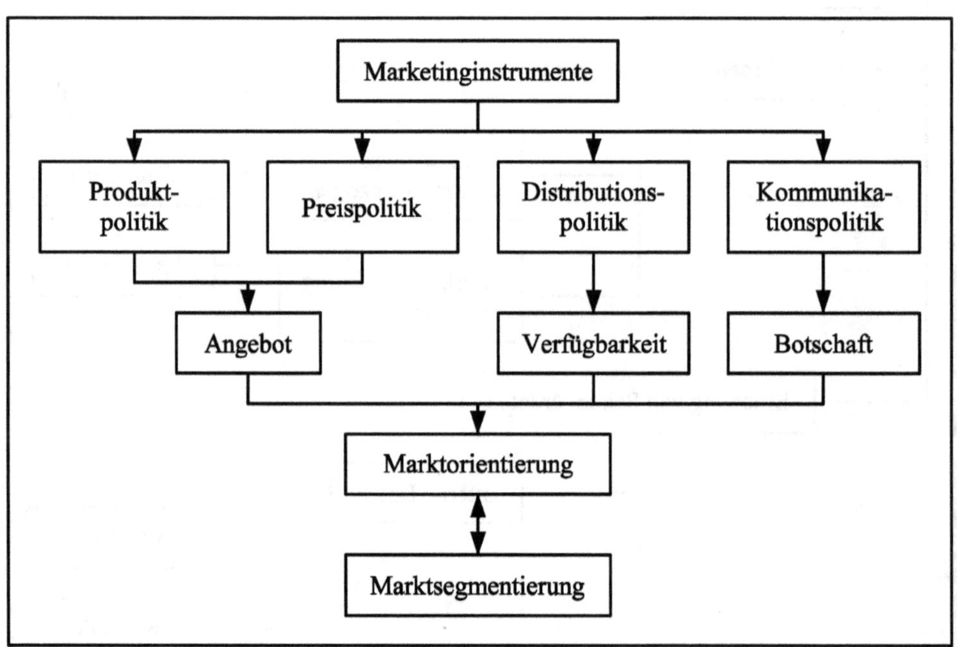

Abb. 5.5 *Marketinginstrumente - Marketingmix - Marktsegmentierung*

Als Marketinginstrumente werden diejenigen Instrumente bezeichnet, mit denen das Unternehmen aktiv Einfluss auf den Absatzmarkt nimmt. Die Gesamtheit/Kombination der Marketinginstrumente nennt man Marketing-Mix.

In Abb. 5.5 werden die 4 allgemeingültigen Marketinginstrumente (absatzpolitische Instrumente) dargestellt, die im amerikanischen Sprachgebrauch die 4 P´s genannt werden:

- product
- price
- place
- promotion

Jedes P setzt sich aus verschiedenen Kriterien zusammen, die miteinander kombiniert werden können. Daher spricht man auch vom Produkt-Mix, Preis-Mix, Distributions-Mix und Kommunikations-Mix.

5.3.1 Produktpolitik

Die Produktpolitik hat die Aufgabe festzulegen, mit welcher Leistung (Produkt oder Dienstleistung) das Unternehmen die Bedürfnisse der heutigen und künftigen Kunden optimal erfüllen kann. Dazu steht dem Unternehmen das Produkt-Mix zur Verfügung (z.B. Produktprogramm und -differenzierung, Qualität und Technologie, Garantie und Service, Design und Markenidentität). Die Produktpolitik legt auf Basis der ihr zur Verfügung stehenden Kriterien des Produkt-Mix ihre „Leistung" fest. Dabei wird unterschieden in Produktkern, Zusatzeigenschaften, Verpackung sowie Basisdienstleistungen (z.B. Garantie) und Zusatzdienstleistungen (z.B. Service).

Nach dem Verwendungszweck kann man in Konsum- und Investitionsgüter sowie Dienstleistungen unterscheiden. Je nach deren Verwendungsdauer lassen sich Konsum- und Investitionsgüter unterteilen in Gebrauchsgüter und Verbrauchsgüter. Dienstleistungen hingegen sind nicht lagerfähig sondern werden unmittelbar verbraucht. Werden diese Produkte in Massen produziert, spricht man von Massenprodukten bzw. bei Individualanfertigung von Individualprodukten. Weitere Unterscheidungsmerkmale liefert das Kriterium der Verständlichkeit in der Handhabung/Gebrauch. Man klassifiziert diese Produkte in erklärungsbedürftige und nicht erklärungsbedürftige Produkte.

Eine weitere Klassifizierung ist - insbesondere bei Konsumgütern - die Unterteilung in Markenprodukte und no name Produkte.

Grundsätzlich lassen sich folgende Möglichkeiten der Produktpolitik unterscheiden:

- Beibehaltung des Produktes
  Das Produkt ist erfolgreich, eine Änderung ist nicht notwendig, möglicherweise sogar schädlich.
- Veränderung der Produktes
  Es wird eine Verbesserung des Produktes angestrebt, um den sich ändernden Kundenbedürfnissen zu entsprechen.

- Einführung eines neuen Produktes
  Hierbei kann es sich um ein vollständig neues Produkt handeln, eine echte Produktinnovation. Möglich ist aber auch eine gravierende Änderung des bestehenden Produktes durch z.B. Einsatz neuer Technologien oder breiterer Anwendungsmöglichkeiten, die eine Neupositionierung des Produktes im Zielmarkt ermöglicht.
- Entfernung eines Produktes
  Der Deckungsbeitrag des Produktes ist für das Unternehmen unbefriedigend. Eine Verbesserung durch Veränderung des Produktes oder anderer Marketing-Mix Faktoren ist betriebswirtschaftlich nicht sinnvoll. Das Unternehmen entscheidet dann, das Produkt vom Markt zu nehmen.

Das Unternehmen verfügt in der Regel über mehrere Produkte. Diese bilden sein Produktprogramm. Die Produktpolitik entscheidet mit über die Breite des Produktprogramms, sowie über die Produkttiefe. Die Breite des Produktprogramms sagt etwas über die Anzahl von Produktgruppen und damit auch zu bearbeitenden Marktsegmenten aus. Die Produkttiefe zeigt auf, wie viele Varianten innerhalb einer Produktgruppe angeboten werden.

5.3.2 Preispolitik

Die Preispolitik wird bestimmt durch interne und externe Einflussgrößen.

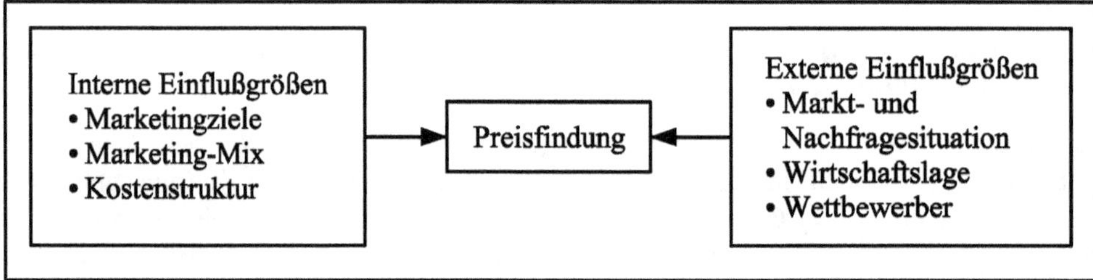

Abb. 5.6 *Einflussgrößen der Preisentscheidung*

Eine wichtige Größe bei der Preisentscheidung ist die Preiselastizität. Diese Größe drückt aus, wie stark die Nachfrage auf eine Preisänderung reagieren wird. Ändert sich die Nachfrage bei einer kleinen Preisänderung nur wenig, spricht man von einer unelastischen Nachfrage, bzw. ändert sie sich stark, spricht man von einer elastischen Nachfrage in Bezug auf Preisänderungen.

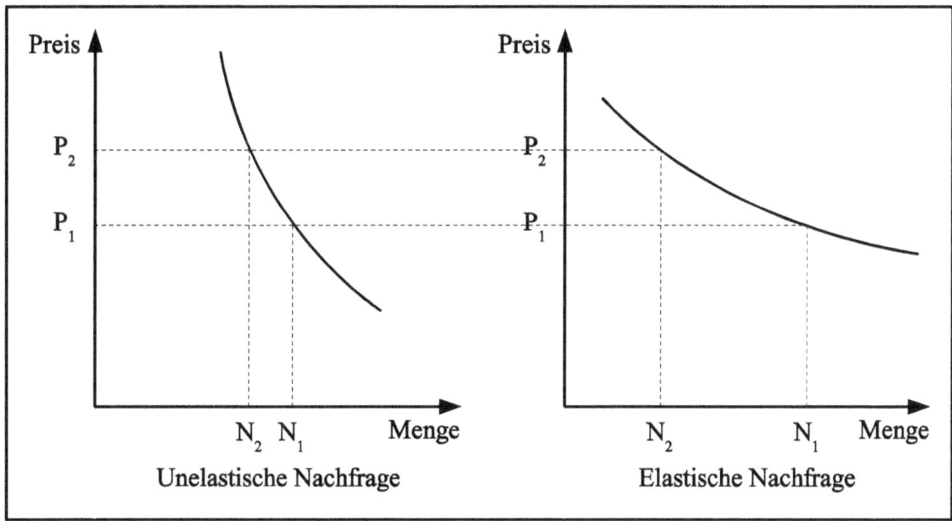

Abb. 5.7 *Preiselastizität der Nachfrage*

Bei gleich hoher Preiserhöhung von P_1 auf P_2 sinkt die Nachfrage von N_1 auf N_2. Bei der elastischen Nachfrage fällt der Nachfragerückgang erheblich größer aus als bei der unelastischen Nachfrage.

Zur Bestimmung von Preisen werden in der Praxis folgende Vorgehensweisen eingesetzt (vgl. Kotler, 2007, S. 786 f):

- Kostenorientierte Preisbestimmung
  Hierbei wird der Preis aus den Gesamtkosten und einem Gewinnzuschlag berechnet (Kostenzuschlagskalkulation). Diese Art der Preisbestimmung orientiert sich fast ausschließlich an unternehmensinternen Daten. Marktveränderungen, die einen höheren Preis zu lassen würden oder umgekehrt eine Preissenkung verlangen würden, fließen kaum in diese kostenorientierte Preisfindung ein.
- Wertorientierte Preisbestimmung
  Die Preisfindung orientiert sich an den Nachfrageverhältnissen im Markt. Die Wertwahrnehmung des Kunden bestimmt den Zielpreis. Dies ist der Preis, der dem von den Kunden wahrgenommenen Wert entspricht. Bei dieser Methode ist im besonderen Maße das Instrumentarium der Marktforschung gefragt.
- Wettbewerbsorientierte Preisbestimmung
  Das Unternehmen verzichtet auf eine eigene Preisfindung. Es orientiert sich an den vorherrschenden Marktpreisen. Dies ist der durchschnittliche Preis für vergleichbare Produkte (Branchenpreise), der Preis des Marktführers (Leitpreis) sowie die bestehende Preisspreizung (höchster und niedrigster Preis im Markt).

Im Rahmen verschiedener preispolitischer Strategien wird unter Beachtung des Produktlebenszyklus der Preis als Instrument zur Erzielung bestimmter Marktziele eingesetzt (vgl. Meffert, 2001, S. 564 f). Hierzu zählen:

- Prämienpreise
  Bei hoher Produktqualität und bei entsprechendem Einsatz anderer Marketing-Mix Faktoren (Kommunikation, Distribution) sowie eher unelastischer Nachfrage können relativ hohe Preise festgesetzt werden. Die Zielgruppe ist dabei eher klein und exklusiv.
- Tiefpreise
  Der Produktpreis ist dauerhaft niedrig. Der Markt honoriert den günstigen Preis (elastische Nachfrage) und das Unternehmen wird - der Strategie der Kostenführerschaft folgend - eine größtmögliche Menge absetzen.

Werden Produkte mit innovativem Kundennutzen erstmalig auf dem Markt positioniert, so lassen sich zwei Marktbearbeitungsstrategien unterscheiden:

- Marktdurchdringungsstrategie
  Bei Produkteinführung werden niedrige Preise verlangt, die auch unter den Gesamtkosten des Produktes liegen können. Nach dem schnellen Aufbau von Marktanteilen und der damit einhergehenden dominanten Stellung im Markt kann der Preis später angehoben werden oder aufgrund der dann abgesetzten Mengen sinken die Stückkosten des Produktes signifikant und das Unternehmen erzielt aufgrund der höheren Menge Gewinn.
- Marktabschöpfungsstrategie
  In der Einführungsphase des neuen Produktes wird ein hoher Preis festgesetzt. Mit wachsendem Druck der Wettbewerber und Verbreitung des Produktes (Senkung der Exklusivität und Neuheit) werden die Preise sukzessiv gesenkt.

Nachdem grundsätzlich über die Art der Preisfindung und die preispolitische Strategie entschieden worden ist, ist nun die Frage zu beantworten, ob der Produktpreis im Markt einheitlich zu setzen ist, oder eine Preisdifferenzierung in Betracht kommt. Preisdifferenzierung kann auf Basis folgender Kriterien durchgeführt werden (vgl. Homburg/Krohmer, 2006, S. 214):

- nach Kunde (z.B. Alter, Geschlecht)
- nach Region (z.B. Stadt/Land, In- und Ausland)
- nach der Zeit (z.B. Winter/Sommer, Tag/Nacht)
- nach der Menge (z.B. Groß-/Kleingebinde)
- nach der Verwendung (z.B. Endverbraucher/Profi)

Die Konditionenpolitik ist ein nicht zu unterschätzendes Instrument der Preispolitik. Die Konditionenpolitik umfasst Leistungen wie Rabatte, Zahlungs- und Lieferbedingungen und Kreditgewährung.

Rabatte sind Preisnachlässe, die das Unternehmen für bestimmte Leistungen des Käufers gewährt. Diese können sein Mengenrabatte (z.B. Umsatzrabatte), Treuerabatte (z.B. Rückvergütungen), Zeitrabatte (z.B. Saisonrabatte) oder Funktionsrabatte (z.B. Beratung, Lieferung, Montage durch den Groß- und Einzelhandel). Die Liefer- und Zahlungsbedingungen sind ein weiterer Bestandteil der Konditionenpolitik. Lieferbedingungen sind z.B. Fracht- und Verpackungskosten, Portofreiheit, 24-Stunden Service). Zu den Zahlungsbedingungen zählen Kriterien wie Zahlungsziele, Zahlungswege, Sicherheiten, Vorabkasse und Skontogewährung. Eine immer größer werdende Bedeutung kommt der Kreditgewährung gegenüber dem Kunden zu. Hier sind zu nennen Kundenkredite oder Leasinggeschäfte.

5.3.3 Distributionspolitik

Die Distributionspolitik umfasst alle Entscheidungen und Aktivitäten, die den Weg des Produktes vom Hersteller bis zum Endkunden bestimmen. Dazu werden die Distributionsziele definiert, von denen aus die Absatzkanäle (Vertriebswegepolitik) und die Vertriebslogistik (Transport und Lagerhaltung) abgeleitet werden.

In Abhängigkeit von der Art des Produktes und seiner Positionierung im Markt sind unterschiedliche Distributionsziele zu nennen. Distributionsziele können z.B. sein:

- Distributionsgrad (Verbreitung des Produktes)
- Zugriff und Kontrolle der Absatzwege durch das Unternehmen (abhängig u.a. von der Finanzkraft und Risikobereitschaft des Unternehmens)
- Flexibilität und Image der Absatzkanäle

Die Vertriebswegepolitik beschäftigt sich mit der Wahl der Vertriebsform. Grundsätzlich kann man zwischen dem direkten und indirekten Vertrieb unterscheiden.

- Direktvertrieb
  Der Absatz erfolgt hier über den eigenen Verkaufsbereich direkt an den Endkunden. Das Unternehmen beschäftigt dazu eigene Mitarbeiter (z.B. Reisende) oder unternehmenseigene Vertriebsstellen. Diese Vertriebsform verursacht höhere Kosten als der indirekte Vertrieb, erwirtschaftet aber auch höhere Handelsspannen. Der Direktvertrieb findet sich aber auch bei Unternehmen mit erklärungsbedürftigen Produkten und seltener im Mass Market Geschäft von Konsumgütern (Ausnahmen davon bilden erfolgreiche Unternehmen wie AVON oder Vorwerk).
- Indirekter Vertrieb
  Beim indirekten Vertrieb sind ein oder mehrere Handelsstufen (Absatzmittler) zwischen Unternehmen und Endkunden eingeschaltet. Beim einstufigen Vertrieb kauft der Einzelhändler bzw. Handelsunternehmen die Ware vom Unternehmen und verkauft diese an den Endkunden. Beim mehrstufigen Vertrieb gibt es zwischen dem Einzelhändler und dem Unternehmen noch weitere Stufen wie z.B. den Großhandel.

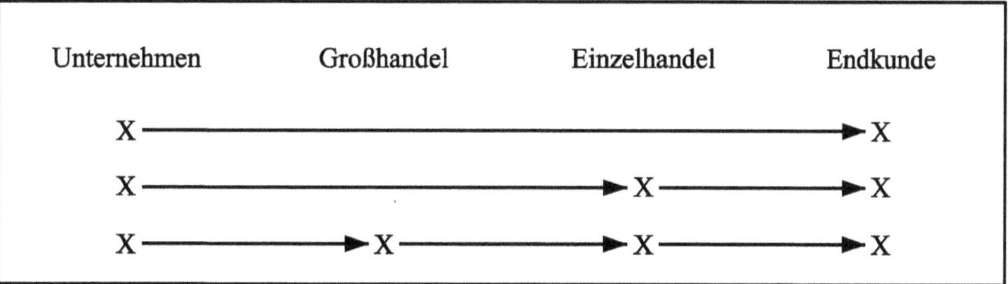

Abb. 5.8 Direkter und indirekter Vertrieb

Die Art des Vertriebs ist jedoch für die allermeisten Produkte vom Markt vorgegeben. Große Handelsketten dominieren die Vertriebswege und der Aufbau eigener Vertriebswege ist sehr kostenintensiv und risikoreich. Die Art der Absatzmittler (Groß- und Einzelhandel) hat sich jedoch aufgrund des Internets vom stationären Handel auf den e-commerce Handel gewandelt. Die Vertriebslogistik soll dafür sorgen, dass das richtige Produkt zur richtigen Zeit in der benötigten Menge und Qualität am richtigen Ort ist. Dies muss unter den adäquaten Kostenparametern durchgeführt werden. Das bedeutet das Abwägen von unterschiedlichen Zielen, wie z.B. Lieferfähigkeit und Lieferbereitschaft gegenüber der Kapitalbindung im Vertriebssystems und der Qualität/Aktualität der Produkte.

5.3.4 Kommunikationspolitik

Die Aufgabe der Kommunikationspolitik ist es, den aktuellen sowie potenziellen Kunden Informationen über das Produkt und über das eigene Unternehmen zu vermitteln. Diese Information (Kommunikation) soll die Meinung, Erwartungen und Verhaltensweisen des Kunden dahingehend beeinflussen, dass er das Produkt kennen lernt, das Produkt als - für die Befriedigung seiner Kundenbedürfnisse - optimal empfindet und sein Kaufverhalten auf dieses Produkt ausrichtet.

Aufgrund der unterschiedlichen Formen der Kommunikation muss sich das Unternehmen Klarheit über den Einsatz der möglichen Instrumente der Kommunikation verschaffen. Dabei müssen folgende Fragen bearbeitet werden (vgl. Meffert, 2001, S. 685):

- Wer (Unternehmen, Kommunikationstreibender)
- sagt was (Kommunikationsbotschaft)
- unter welchen Bedingungen (Umweltsituation)
- über welche Kanäle (Medien, Kommunikationsträger)
- unter Anwendung welcher Abstimmungsmechanismen (Integrationsinstrumente)
- mit welchen Wirkungen (Kommunikationserfolg)?

Kommunikation ist die langfristig angelegte Begleitung und Beeinflussung des Kaufverhaltens, die in allen Phasen des Kaufprozesses stattfindet (Kaufvorbereitung, Kauf, Nutzung des Produktes, Wiederkauf). Hierbei muss man sich mit dem Grundschema des Kommunikationsprozesses vertraut machen.

Eine Botschaft kann erfolgreich kommuniziert werden, wenn der Verschlüsselungsprozess des Senders übereinstimmt mit dem Entschlüsselungsprozess des Empfängers. Der Sender muss wissen, welche Empfänger er erreichen will und welche Reaktionen ausgelöst werden sollen. Die Botschaft muss über diejenigen Medien verbreitet werden, mit denen das Unternehmen seine Zielgruppen erreichen kann.

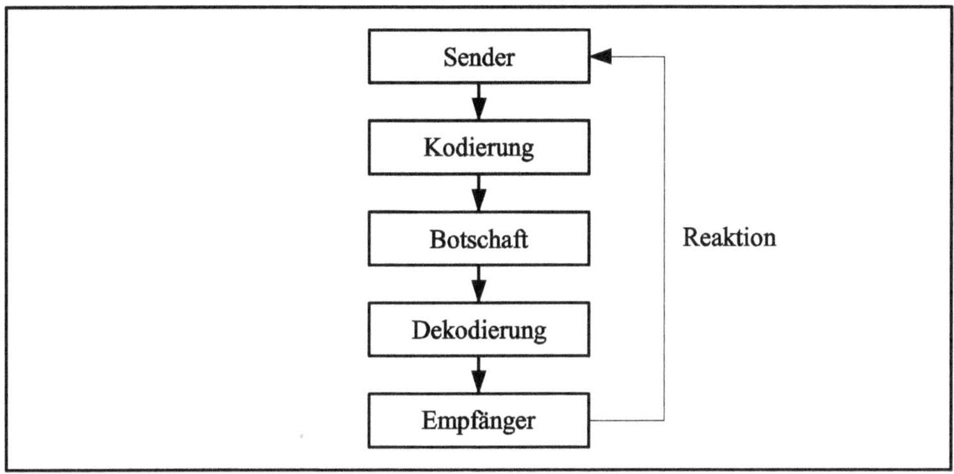

Abb. 5.9 Ablauf von Kommunikationsvorgängen

Die Hauptaufgabe der Kommunikation ist es, Bewusstsein und Kenntnis über das Produkt zu vermitteln, Sympathie und Präferenz zum angebotenen Produkt zu wecken und Überzeugung für den Kauf auszulösen. Sie ist dann erfolgreich, wenn sie die AIDA-Regel erfüllt:

A Attention
I Interest
D Desire
A Action

Hierzu stehen verschiedene Instrumente des Kommunikations-Mix zur Verfügung (vgl. Homburg/Krohner, 2006, S. 232 f):

- Werbung
  z.B. Funk, Fernsehen, Printmedien
- Verkaufsförderung (Sales Promotion)
  z.B. Point of Sale Aktivitäten für das kurzfristige Wecken von Kaufanreizen
- Öffentlichkeitsarbeit (Public Relation)
  z.B. Pressekontakt, Sponsoring, Non-Profit Aktivitäten

Daneben gibt es eine Vielzahl weiterer kommunikationspolitischer Instrumente. Zu den klassischen Instrumenten gehören z.B. Messen und Ausstellungen, Kundenclubs, Direktmarketing. Das Internet hat neuere Instrumente zur Verfügung gestellt wie Webauftritte, Internetaktionen, Bannerwerbung etc.

Der Kontrolle des Kommunikationserfolges kommt besondere Bedeutung zu. Dabei orientiert sich das Unternehmen an seinen Kommunikationszielen. Eine eindeutige Beziehung zwischen Kommunikation und z.B. Marktanteil des Produktes ist nur sehr schwer ermittelbar, da hierbei auch andere Größen (z.B. Wettbewerber) eine Rolle spielen können. Es stehen aber eine Vielzahl von Messverfahren zur Verfügung um die Wirkung der Botschaft auf die Kunden zu messen (vgl. Meffert, 2001, S. 830 f).

6 Risikomanagement

6.1 Grundlagen

Das Risikomanagement ist ein wichtiger Bestandteil der Unternehmensführung und der Unternehmenspolitik. Innerhalb des gesamten Managementprozesses ist der Risikomanagement-Prozess heute ein integraler Teil geworden. Dabei umfasst er alle Entscheidungen und Aktivitäten, die zum systematischen Umgang mit den Risiken erforderlich sind. Die Risiken sind dabei nicht isoliert zu betrachten, sondern auch in ihrem Zusammenhang zu analysieren. Das Zusammenwirken mehrerer Risiken (Verbundeffekte unterschiedlicher Risiken) wird andere Dimensionen erlangen als die isolierte Betrachtung einzelner Risiken. So wird unter Risikomanagement (Risk Management) die Messung und Steuerung aller betriebswirtschaftlichen Risiken eines Unternehmens verstanden.

Professionelles Risikomanagement beginnt mit der Formulierung der Ziele und Strategien des Unternehmens und der Geschäfts-/Funktionsbereiche sowie der klaren Festlegung der strategischen, operativen und finanziellen Risiken, die das Unternehmen einzugehen bereit ist. Dabei kommt es auch zu der Bildung von Relationen zwischen den einzugehenden Risiken und den zu erwartenden Erträgen, welche mit den Risikopositionen verbunden sind. Entsprechend lässt sich das Risikomanagement auch als Chancenmanagement nutzen.

Aus den Unternehmensstrategien hat das Topmanagement die Risikostrategien abzuleiten. Dies impliziert gleichzeitig die Festlegung von Sicherheitszielen, die eingehalten bzw. nicht verletzt werden dürfen.

Risikomanagement wird als ein dynamischer Vorgang verstanden, d.h. als Risikomanagement-Prozess. Dieser systematische Prozess, der alle Unternehmensaktivitäten umfasst, kann in vier Phasen gegliedert werden.

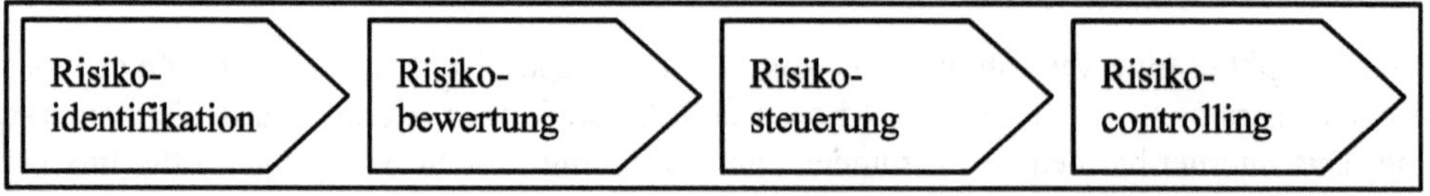

Abb. 6.1 *Prozess des Risikomanagements*

6.2 Risikoidentifikation

In dieser Phase müssen die Bereiche definiert werden, in denen Risiken auftreten können. Unabhängig von der jeweils zu betrachtenden Branche, lassen sich die in Abb. 6.2 dargestellten allgemeingültige Risikofelder nennen.

Risikobereich	**Beispiel**
• Strategische Risiken	- Art des Strategieprozesses - Wahrnehmung eigener Stärken/Schwächen - Interpretation der Wettbewerbssituation - Kommunikationsfähigkeit (top down/bottom up)
• Marktrisiken	- Einflussfaktoren auf den Absatzmärkten - Verlässlichkeit der Beschaffungsmärkte - Attraktivität in den Arbeitsmärkten - Zugang zu den Finanzmärkten
• Managementrisiken	- Zusammenarbeit der Führungsgremien - Kommunikation mit den Anteilseignern - Kommunikation im Unternehmen - Nachfolgeplanung für Führungspositionen
• Operative Risiken	- Beherrschung des „day to day business“ - Qualitätsmanagement - Prozesstechnologie - Kommunikationstechnologie
• Finanzielle Risiken	- Liquidität - Zinssätze/Währungskurse - gebundenes Kapital - Steuern
• Informations- und Kommunikationsrisiken	- IT-Struktur - IT-Sicherheit - IuK-Flexibilität - IT-Kosten

Abb. 6.2 *Risikofelder*

Darüber hinaus sind weitere Risiken zu nennen, die sich aus politischen und gesellschaftlichen Entwicklungen ergeben können. Dazu zählen Umweltrisiken (z. B. Naturkatastrophen, ökologische Standards, Ressourcenzugang) aber auch politische Risiken (z. B. Rechtssprechung, Devisentransfer, Gesellschaftsstruktur und -form, politische Willensbildung).

6.3 Risikobewertung

In der zweiten Phase werden die Risiken bewertet. Das individuelle Ausmaß eines Risikos bezeichnet man als „Risk Exposure". Die identifizierten Risiken werden in Bezug gesetzt zu:

- Zeitliche Dimension
- Schadenpotenzial
- Eintrittswahrscheinlichkeit

Anhand der beiden Dimensionen Schadenpotenzial und Eintrittswahrscheinlichkeit wird das Risikoportfolio gebildet.

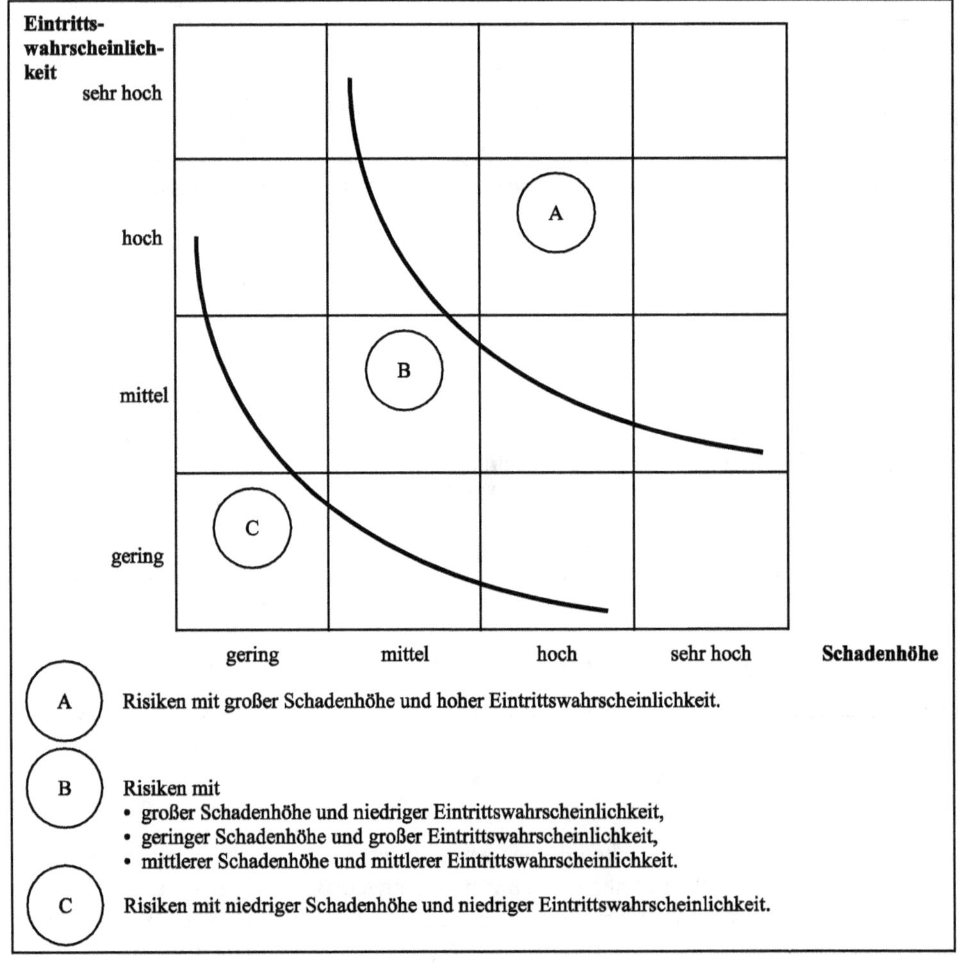

Abb. 6.3 Risikoportfolio

Die Risikobewertung ist Kernstück des Risikomanagements. Nur die Risiken können entsprechend des in Abb. 6.1 dargestellten Prozesses des Risikomanagements gesteuert werden, die zuvor erfasst und bewertet worden sind. Grundsätzlich unterscheidet man die in Abb. 6.4 dargestellten Bewertungsverfahren.

Risikobewertung		
Art der Messung	Konzept	Verfahren
Quantitativ	Einfache Verlustmaße	Maximalverlust Erwarteter Verlust
	Kennzahlen	Volatilität Sensitivitätsanalyse Simulationstechnik
	Value at Risk	Verlustorientiertes Risikomaß
Qualitativ	Scoring Modelle	Punkteskala

Abb. 6.4 *Verfahren der Risikobewertung*

Zur ausführlichen Darstellung der in Abb. 6.4 genannten Verfahren wird auf Ausführungen von T. Wolke (2008, S. 11-70) verwiesen.

6.4 Risikosteuerung

In der Phase der Risikosteuerung werden die Instrumente zum Einsatz kommen, die grundsätzlich jedem Unternehmen zur Verfügung stehen, um im Rahmen der zuvor festgelegten Risikostrategie mit den identifizierten und bewerteten Risiken umzugehen. Dabei muss sich die Unternehmensleitung zwischen folgenden Maßnahmen entscheiden:

- Akzeptanz des Risikos
  Das Management akzeptiert das dargelegte Risiko. Das Unternehmen ist finanziell in der Lage, den mit Eintritt des Risikos verbundenen Schaden zu tragen. Eine Möglichkeit ist es auch, dass das Unternehmen Risikovorsorge treibt durch die Verstärkung der finanziellen Basis des Unternehmens (z. B. Eigenkapitalstärkung). Voraussetzung der Risikoakzeptanz ist, dass eine dem Risiko entsprechende Chance für das Unternehmen besteht.
- Vermeidung des Risikos
  Zur Vermeidung des identifizierten und bewerteten Risikos entscheidet das Management, die entsprechende unternehmerische Aktivität nicht durchzuführen. Dies entspricht der vollständigen Vermeidung des Risikos. Die Risikovermeidung ist nur auf Einzelrisiken

anwendbar. Eine generelle Maßnahme kann die Risikovermeidung nicht sein, da unternehmerisches Handeln grundsätzlich mit dem Eingehen von Risiken verbunden ist.

- Verminderung des Risikos
  Risiko lässt sich vermeiden durch Verringerung der in Abb. 6.3 dargestellten Parametern Eintrittswahrscheinlichkeit und/oder Schadenhöhe. Durch intensive interne Planung, Steuerung und Kontrolle der einzelnen Prozessschritte einer mit entsprechendem Risiko behafteter unternehmerischer Aktivität kann Risikovermeidung erreicht werden. Zusätzlich zu den innerbetrieblichen risikovermindernden Maßnahmen kann auch entsprechende Unterstützung extern bei (Beratungs-) Unternehmen eingekauft werden.
- Überwälzung von Risiko
  Risikoüberwälzung bedeutet die vollständige oder teilweise Übertragung von Risiken auf Dritte (Risikotransfer). Der Abschluss von Versicherungen ist das wichtigste Instrument zur Risikoüberwälzung. Der Transfer des Risikos vom Unternehmen (Versicherungsnehmer) auf Dritte (Versicherer) löst Kosten (Versicherungsprämie) aus. Der Gewinn aus der mit dem Risiko verbundenen unternehmerischen Aktivität muss diese zusätzlichen Kosten tragen und dennoch eine entsprechende Rendite erwirtschaften können. Daneben gibt es eine Vielzahl finanzwirtschaftlicher Instrumente wie Leasing, Factoring, Swaps, Options etc., die zur Überwälzung finanzwirtschaftlicher Risiken eingesetzt werden.

Nach der Vermeidung, Verminderung und Überwälzung von Risiken bleibt ein Restrisiko im Unternehmen bestehen. Dieses Risiko muss in seiner jeweiligen Form (einzeln und/oder aggregiert) den strategischen Leitlinien zum Risiko des Unternehmens entsprechen. Dieser Risikokatalog, verbunden mit dem daraus resultierenden unternehmerischen Potenzial, muss vom Management und Aufsichtsorganen entschieden und befürwortet werden.

6.5 Risikocontrolling

Das Risikocontrolling beschäftigt sich im weitesten Sinne mit dem Zustandekommen der Risikostrategie und dem Aufbau und dem Betreiben eines Reporting des Risiko (Management Information System - Risk). Diese Aufgabenbeschreibung lehnt sich an den klassischen Controlling-Funktionen an, ist aber kein Bestandteil des strategischen oder operativen Controllings. Die heute bestehende hohe Dynamik in den Unternehmen und in allen Märkten, sowie die Komplexität der mit den Schlagwörtern Globalisierung und Finanz-/Währungsturbulenzen einhergehenden Herausforderungen haben zu einem eigenständigen Risikocontrolling geführt. Der Gesetzgeber hat durch das am 1.5.1998 in Kraft getretene KonTraG (Gesetz zur Kontrolle und Transparenz im Unternehmensbereich) den Stellenwert des Risikomanagements für börsennotierte Gesellschaften gesetzlich manifestiert. So fordert § 91 Abs. 2 AktG die Einrichtung eines entsprechenden Überwachungssystems.

Unabhängig von den gesetzlichen Vorschriften ist ein unabhängiges Risk-Monitoring & Reporting immer mehr ein integraler Bestandteil der Organisation von Unternehmen.

7 Literaturübersicht

Bea, F. X. / Haas, J.: Strategisches Management, 3. A., Stuttgart 2001 (Lucius & Lucius)

Bea, F. X. / Göbel, E.: Organisation, 3. A., Stuttgart 2006 (Lucius & Lucius)

Becker, F. G. (Hrsg.): Einführung in die Betriebswirtschaftslehre, Berlin, Heidelberg, New York 2006 (Springer)

Bleicher, K.: Organisation, 2. A. Wiesbaden 1991 (Gabler)

Camphausen, B.: Strategisches Management, 3. A., München, Wien 2013 (Oldenbourg)

Ehrmann, H.: Kompakt-Training, Risikomanagement, Ludwigshafen, 2005 (Kiehl)

Hamel, G. / Prahalad, C. K.: Wettlauf um die Zukunft, Wien 1995 (Ueberreuter)

Homburg, C. / Krohmer, H.: Grundlagen des Marketingmanagements, Wiesbaden 2006 (Gabler)

Hugentobler, W. / Schaufenbühl, K. / Blattner, M.: Integrale Betriebswirtschaftslehre, Zürich 2005 (Orell Füssli)

Holtbrügge, D.: Personalmanagement, 2. A., Berlin, Heidelberg, New York 2005 (Springer)

Jung, H.: Personalwirtschaft, 6. A., München, Wien 2005 (Oldenbourg)

Jung, R. H. / Bruck, J. / Quarg, S.: Allgemeine Managementlehre, 2. A., Berlin 2007 (Erich Schmidt)

Kaplan, R. S. / Norton, D. P.: Balanced Scorecard. Strategien erfolgreich umsetzen, Stuttgart 1997 (Schäffer-Poeschel)

Kolks, U.: Strategieimplementierung. Ein anwendungsorientiertes Konzept, Wiesbaden 1990 (Deutscher Universitäts-Verlag)

Krüger, W.: Organisation, in: Bea, F. X. / Friedl, B. / Schweitzer, M. (Hrsg.): Allgemeine Betriebswirtschaftslehre, Bd. 2: Führung, 9. A., Stuttgart 2005, S.140-234 (Lucius & Lucius)

Meffert, H.: Marketing, Grundlagen marktorientierter Unternehmensführung, 10. A., Wiesbaden 2001 (Gabler)

Mintzberg, H.: Die strategische Planung: Aufstieg, Niedergang und Neubestimmung, Leipzig 1995 (Hanser Fachbuch)

Porter, M. E.: Wettbewerbsstrategien, 10. A., Frankfurt, New York 1999 (Campus)

Porter, M. E.: Wettbewerbsvorteile, 6. A., Frankfurt, New York 2000 (Campus)

Rappaport, A.: Creating Shareholder Value: the new standard of business performance, New York 1986 (Free Press)

Staehle, W.: Management: Eine verhaltenswissenschaftliche Perspektive, 8. A., München 1999 (Vahlen)

Vahs, D.: Organisation, 5. A., Stuttgart 2005 (Schäffer-Poeschel)

Welge, M. K. / Al-Laham, A.: Strategisches Management, 3. A., Wiesbaden 2003 (Gabler)

Wolke, T.: Risikomanagement, 2. A., München, Wien 2008 (Oldenbourg)

III Rechnungswesen

Jürgen Jandt

1 Abbildung des Unternehmens über das Rechnungswesen

1.1 Das Unternehmensmodell als Ausgangsüberlegung

Das Rechnungswesen übernimmt die Darstellung der Mengen- und vor allem der Wertgrößen, die aus den vielfältigen Innen- und Außenbeziehungen des Unternehmens resultieren. Die Abbildung 1.1 zeigt das Spektrum der Unternehmensbeziehungen auf.

Das Unternehmen ist extern mit dem Beschaffungsmarkt für Einsatzgüter, mit dem Absatzmarkt für die Verwertung der Produkte, mit dem Geld- und Kapitalmarkt für die Aufnahme und Anlage von finanziellen Mitteln sowie mit dem Staat und der Gesellschaft im Allgemeinen über öffentliche Güter, Transfer- und Steuerleistungen verbunden. Überdies verfügt das Unternehmen intern infolge der arbeitsteilig sich vollziehenden Aktivitäten über die klassischen Funktionen Beschaffung, Produktion und Absatz, welche durch die Funktionen Finanzierung, Logistik, Qualitätssicherung sowie Forschung und Entwicklung begleitet und überdies durch die Funktionen Verwaltung und Unternehmensführung überlagert werden (vgl. zur Unternehmensführung insgesamt Teil II).

Dieses mengenmäßige und vor allem geldmäßige Beziehungsgefüge wird über das Rechnungswesen in seinen Ausgestaltungsformen abgebildet, die im Zusammenhang mit der Geschäftstätigkeit des Unternehmens auftreten.

Damit dient das Rechnungswesen der Erfassung, Dokumentation, Planung, Information, Disposition, Steuerung und Kontrolle unternehmensbezogener Zustände und Vorgänge. Das Rechnungswesen bildet daher das zentrale System, um die Folgen aus Unternehmenshandlungen wiederzugeben und zu beeinflussen.

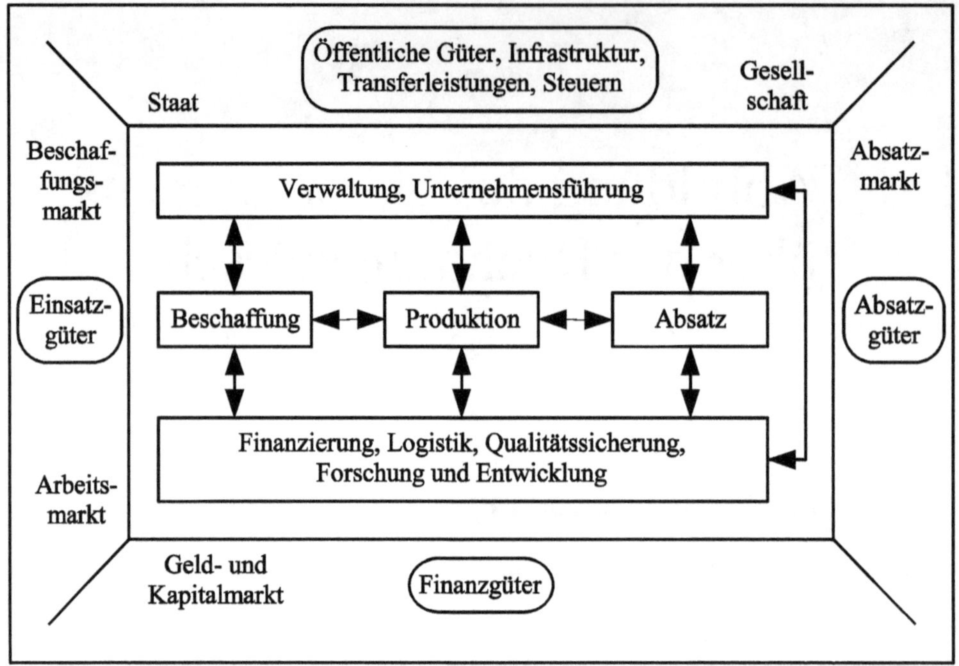

Abb. 1.1 Innen- und Außenbeziehungen eines Unternehmens

Beispielhaft behandelt das Rechnungswesen die folgenden Aspekte:

- Erfassung der Anlieferung von Rohstoffen in das Eingangslager;
- Ermittlung der Selbstkosten für das angebotene Produkt „Kreiseltauchpumpe";
- Bewertung der eingesetzten Zuschnittanlage „KARL" zum Abschlussstichtag des Geschäftsjahres für die Handelsbilanz;
- Feststellung von kostendeckenden Absatzmengen einer Produktart;
- Höhe der Umsatzrentabilität einer Produktgruppe;
- Eigen- und Gesamtkapitalrentabilität des Unternehmens;
- Vergleich von Kennzahlen verschiedener Unternehmensbereiche oder des gesamten Unternehmens (sog. Betriebsvergleich);
- Bestimmung der Bestandsveränderungen an unfertigen Erzeugnissen;
- Erfassung der Verkäufe von Erzeugnissen des Unternehmens;
- Planmäßige (bilanzielle) und kalkulatorische (kostenrechnerische) Abschreibungen einer Fertigungsanlage;
- Begleichung von Lieferantenrechnungen unter Skontoabzug durch Banküberweisung;
- Verrechnung von internen Leistungen aus Stromlieferungen des Hilfsbetriebes Energieerzeugung an die Endmontage;
- Bildung von Kalkulationssätzen für den Verwaltungsbereich;
- Planung der Vertriebsgemeinkosten;
- Kostenkontrolle über einen Soll-Ist-Vergleich für die Stanzerei;

- Bereitstellung von situationsbezogenen Informationen für Führungsaufgaben;
- Stand und Fälligkeit von Verbindlichkeiten gegenüber Kreditinstituten;
- Zusammensetzung des Eigenkapitals des Unternehmens;
- Ermittlung von Periodenergebnissen, Betriebsergebnissen sowie einzelnen Produktergebnissen;
- Differenzierte Erfassung von Personalkosten;
- Wirtschaftlichkeitsanalysen von Fertigungsverfahren;
- Erfolgsorientierte Vergütungsregelungen auf Datenbasis des Rechnungswesens;
- Ermittlung von Besteuerungsgrundlagen;
- Bestimmung und Analyse von Deckungsbeiträgen der Produkte;
- Kostenvorgaben für die Herstellkosten eines bestimmten Produktes.

1.2 Merkmale, Aufgaben und Gliederung des Rechnungswesens

Über die Informationen des Rechnungswesens wird das Bild über die wirtschaftlichen Aktivitäten des Unternehmens geformt. Das Rechnungswesen kann inhaltlich durch die folgenden Merkmale charakterisiert werden:
- Abbilden und Klassifizieren;
- Unternehmensbezug;
- Ökonomische Vorgänge;
- Quantitative Fassbarkeit;
- Güter und Geld;
- Mengenmäßig und geldbewertet;
- Bewegungen und Bestände.

Daraus lässt sich eine geschlossene Definition für Rechnungswesen bilden:

> Das Rechnungswesen richtet sich auf die Abbildung und Klassifikation unternehmensbezogener ökonomischer Vorgänge, die (vornehmlich) quantitativ fassbar sind und sich auf Güter- und Geldbewegungen sowie deren Bestände in jeweils mengenmäßiger und geldbewerteter Hinsicht erstrecken.

Das Rechnungswesen besitzt die in Abbildung 1.2 angeführten übergeordneten Aufgaben.

(1) Dokumentations- und Kontrollaufgabe,
z. B. Kostennachweis, Wirtschaftlichkeitsbeurteilung.
(2) Rechenschaftslegungs- und Informationsaufgabe,
z. B. Gesellschaftsergebnis, Umsatzwerte.
(3) Planungs- und Dispositionsaufgabe,
z. B. Jahresbudgetplanung, Investitionsauswahlentscheidung, Produktmengenentscheidung.
(4) Zahlungsbemessungs- und Ergebnisaufteilungsaufgabe,
z. B. Jahresergebnisfeststellung, Ausschüttungsvolumen.
(5) Verhaltens- und Anreizsteuerungsaufgabe,
z. B. Erreichung von Kostenvorgaben, Motivation zur Ergebniserzielung, erfolgsorientierte Vergütungsbestandteile.
(6) Transparenz- und Analyseaufgabe,
z. B. Offenlegung von Kostenstrukturen, Analyse der Zusammensetzung der Produktkosten, Analyse der Kostenentwicklung.

Abb. 1.2 *Allgemeine Aufgaben des Rechnungswesens*

Um die umfangreichen Abbildungsaufgaben des Rechnungswesens erfüllen zu können, bedarf es einer verzweigten Differenzierung des Rechnungswesensystems. Über dieses Rechnungswesensystem muss es ermöglicht werden, den Datenstoff des Rechnungswesens effizient zu erfassen und zieladäquat zu verarbeiten. Die Literatur hat dazu sehr unterschiedliche Hauptuntergliederungen des Rechnungswesens geliefert. Die klassische und in ähnlicher Form häufig wieder aufgegriffene Gliederung der Rechnungswesengebiete (erstmals schlüssig formuliert 1937) besteht aus den Zweigen der Finanzbuchhaltung und Jahresabschlussrechnung, der Kosten- und Leistungsrechnung, der betrieblichen Statistik und Vergleichsrechnung sowie der Planungsrechnung. Erläuternd wird herausgestellt, dass die Gebiete zwar ihre besonderen Verfahren und jeweils ein eigenes Anwendungsgebiet besitzen, sich aber in enger Zusammenarbeit ergänzen und folglich ein geschlossenes organisatorisches Ganzes für das gesamte Unternehmensgeschehen darstellen. Die Teile des Rechnungswesens nach dem Rechnungsbereich, den sie umfassen, zu ordnen und gegenseitig abzugrenzen, hat schon früh kritische Stimmen hervorgerufen mit der Begründung, dass die Rechnungsformen nicht isoliert angewendet werden, sondern sich gegenseitig durchdringen (vgl. dazu historisch Seischab, 1944, S. 1, mit weiteren Nachweisen). Dennoch vermag eine Gliederung des Rechnungswesens dazu verhelfen, den Gegenstandsbereich des Rechnungswesen klarer sehen und besser einschätzen zu können.

Akzeptiert man die umfassende Sicht des Rechnungswesens, so lässt sich unter begründungsanleitenden und praxisbezogenen Überlegungen das Rechnungssystem nach Abbildung 1.3 auflösen.

Rechnungswesensystem				
Teilsystem	**Bilanzrechnungswesen**	**Kostenrechnungswesen**	**Finanzrechnungswesen**	**Unterstützendes Nebenrechnungswesen**
Inhalt	• Finanzbuchhaltung • Bilanz, Gewinn- und Verlustrechnung • Anhang, Lagebericht, Geschäftsbericht • Jahresabschlussanalyse, Jahresabschlusspolitik	• Betriebsbuchhaltung • Kostenarten-/Erlösartenrechnung, Kostenstellenrechnung • Kostenträgerrechnung • Kosten- und Erfolgsmanagement	• Finanzplanung, Liquiditätsrechnung • Investitionsrechnung • Finanzierungsrechnung, Finanzanalyse • Cash-Management	• Materialrechnung • Lohn- und Gehaltsrechnung • Anlagenrechnung • Bestell- und Auftragsabwicklung • Fakturierung, Mahnwesen
Abwicklung (buchhalterische Sicht)	Doppik	Meist Doppik	Teils Doppik	Erzeugung einer Doppik-Schnittstelle

Abb. 1.3 Systematik des Rechnungswesens

Das Rechnungswesen im engeren - und damit zentralen - Sinne bilden das Bilanz- und das Kostenrechnungswesen. Beide werden inhaltlich typischerweise verkürzt benannt. Zum Einen wird das Bilanzrechnungswesen auf Jahresabschluss (Bilanzierung) reduziert und, um die Finanzbuchhaltung einzubinden, auch mit dem Ausdruck Externes Rechnungswesen belegt sowie zum Anderen auf Kostenrechnung und in Erweiterung hierzu zusätzlich auf alle kostenrechnungsähnlichen Rechnungen mit der Bezeichnung Internes Rechnungswesen versehen. Das externe und das interne Rechnungswesen werden verschiedentlich auch unter betriebliches Rechnungswesen zusammengeführt.

Das betriebliche Rechnungswesen lässt sich als das führungsorientierte Rechnungswesensystem deuten, da es die relevanten Zustände und Abläufe des Unternehmens mengen- wie wertmäßig aufzeichnet. Das Finanzrechnungswesen erfährt seit geraumer Zeit eine Verklammerung und Integration in die umfassender gehaltene Finanzwirtschaft bzw. in das Finanzmanagement, in der die Kapitalmarktprägung eine besondere Betonung erfährt (vgl. hierzu Teil IV). Das unterstützende Nebenrechnungswesen hat eine Datenlieferungsfunktion an das engere Rechnungswesen, in dem Erfassungen bereits so weit vorbereitet werden, dass diese die relevanten Datenstrukturen auch für das Rechnungswesen enthalten. Eine Datenerfassung soll grundsätzlich nur einmal erfolgen und dies im jeweiligen Ursprungssystem.

1.3 Inhaltskategorien des betrieblichen Rechnungswesens

Aus den unterschiedlichen Informationserfordernissen heraus und den daraus zu erfüllenden Aufgaben ist die Zweiteilung des betrieblichen Rechnungswesens in externes und internes Rechnungswesen entstanden. Ihre Entwicklung ist getrennt voneinander erfolgt, jedoch sind sie inhaltlich miteinander verbunden und gründen auf einer teilweise gleichen Datenbasis, die insbesondere über die Finanzbuchhaltung herbeigeführt wird. Das interne Rechnungswesen übernimmt das kommensurable Datenmaterial der Finanzbuchhaltung oder wird teils in die Finanzbuchhaltung integriert (z. B. spezifisch in die Anlagenbuchhaltung) und gibt andererseits über ihre Rechnungen Werte an die Finanzbuchhaltung ab (z. B. innerjährliche Verrechnungen oder Bestandsbewertungsgrundlagen).

Eine grundsätzliche Differenzierung des Gegenstandsbereichs von externem und internem Rechnungswesen liefert die Abbildung 1.4.

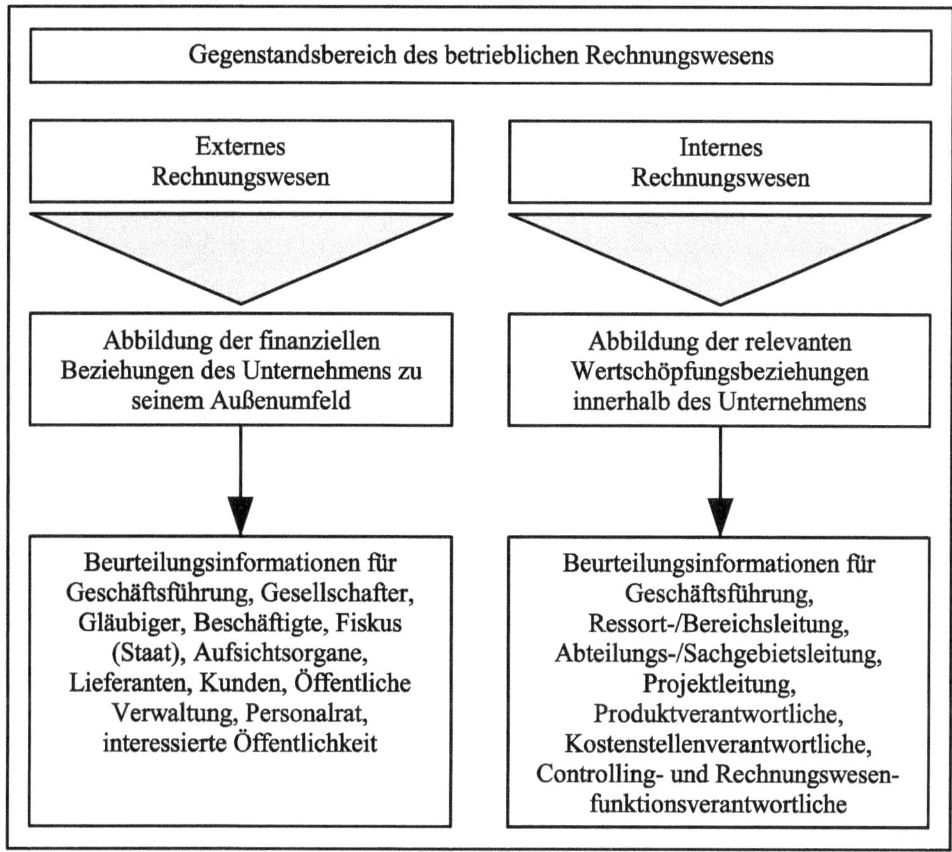

Abb. 1.4 *Gegenstandsbereich des betrieblichen Rechnungswesens*

Die bedeutsamen Merkmale mit ihren Unterscheidungen liefert zur näheren Charakterisierung von externem und internem Rechnungswesen die Abbildung 1.5.

Merkmalisierung von externem und internem Rechnungswesen		
Unterscheidungsmerkmal	Externes Rechnungswesen	Internes Rechnungswesen
Rechnungstyp	Pagatorische (zahlungsbezogene) Rechnung	Kalkulatorische (nutzenbezogene) Rechnung
Bewertungsansatz	Rechtsvorschriften (z.B. Handelsgesetzbuch) und Grundsätze ordnungsmäßiger Buchführung, d.h. unternehmensunabhängige Ausgestaltung	Rechnungzielabhängig und dispositionsausgerichtet, d.h. unternehmensindividuelle Ausgestaltung
Erfolgsgrößen	• Erträge und Aufwendungen • Unternehmensergebnis	• Erlöse und Kosten • Betriebsergebnis
Adressat	Vorwiegend unternehmensexterne Adressaten	Fast ausschließlich unternehmensinterne Adressaten
Vorherrschende Rechnungszwecke	Rechenschaftslegung, Information, Beweissicherung	Information, Planung, Steuerung, Abrechnung, Kontrolle
Verpflichtungscharakter	Gesetzlich geforderte Rechnung	Freiwillig erstellte Rechnung
Rechnungszeitraum	Geschäftsjahresrechnung im Vordergrund	Monatsabschnittsrechnung im Vordergrund
Rechnungstiefe	Gesamtes Unternehmen als bilanzierende Einheit	Unternehmensteilrechnungen als Bezugsobjekte
Bezugseinheit	Periodenrechnung	Periodenrechnung, Stückrechnung
Übliche Kapitalerhaltungskonzeption	• Nominale (d.h. geldmäßige) Kapitalerhaltung • Anschaffungswertprinzip	• Reale (d.h. güterwirtschaftliche) Kapitalerhaltung • Tageswertprinzip

Abb. 1.5 Merkmalsabgrenzung von externem und internem Rechnungswesen

1.4 Messung über Rechnungsgrößen im Rechnungswesen

Im Mittelpunkt des Rechnungswesens stehen zur Messung geldbewertete Größen. Diese werden als Rechnungsgrößen bezeichnet. Da es vier Gruppen von Rechnungsgrößen gibt, spricht man von der sog. Viererteilung. Abbildung 1.6 zeigt die Gruppierung mit ihren Zusammenhängen auf.

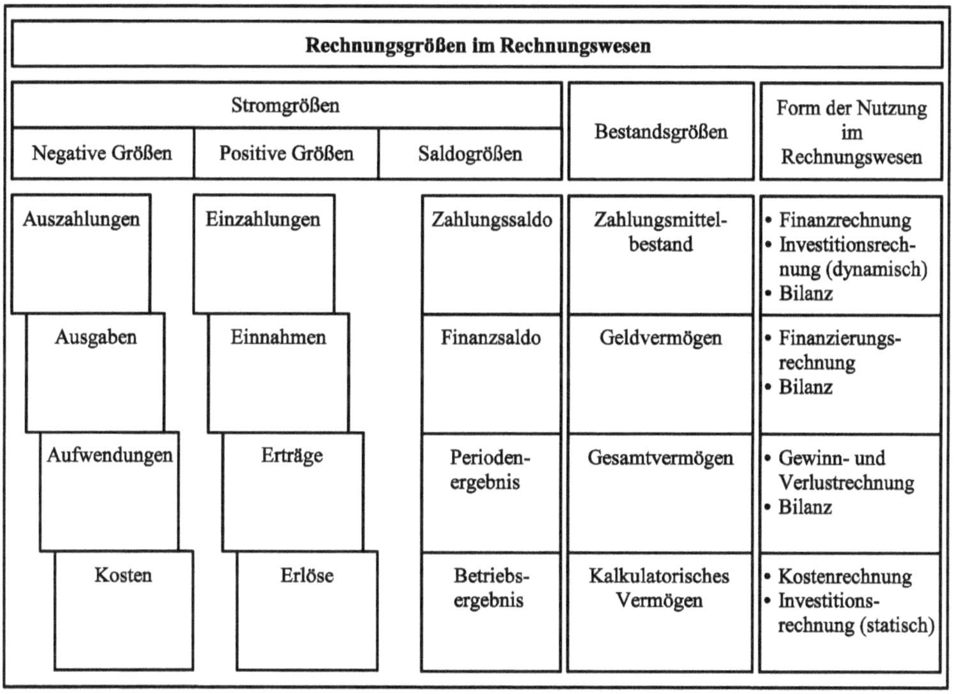

Rechnungsgrößen im Rechnungswesen				
Stromgrößen			Bestandsgrößen	Form der Nutzung im Rechnungswesen
Negative Größen	Positive Größen	Saldogrößen		
Auszahlungen	Einzahlungen	Zahlungssaldo	Zahlungsmittelbestand	• Finanzrechnung • Investitionsrechnung (dynamisch) • Bilanz
Ausgaben	Einnahmen	Finanzsaldo	Geldvermögen	• Finanzierungsrechnung • Bilanz
Aufwendungen	Erträge	Periodenergebnis	Gesamtvermögen	• Gewinn- und Verlustrechnung • Bilanz
Kosten	Erlöse	Betriebsergebnis	Kalkulatorisches Vermögen	• Kostenrechnung • Investitionsrechnung (statisch)

Abb. 1.6 *Rechnungsgrößen des Rechnungswesens*

Die Rechnungsgrößen repräsentieren unterschiedliche Werteebenen des Rechnungswesens. Während Zahlungsmittelbestand, Geldvermögen und Gesamtvermögen auf der Gesamtunternehmensebene angelegt sind, ist das kalkulatorische Vermögen der Betriebs(zweck)ebene zugewiesen. Des Weiteren bewegen sich Zahlungsmittelbestand und Geldvermögen auf der erfolgsirrelevanten Ebene (Finanzebene), wohingegen Gesamtvermögen und Kalkulatorisches Vermögen der erfolgsbezogenen Ebene angehören. Die aufgeführten Beziehungen finden sich in Abbildung 1.7 schematisiert wieder.

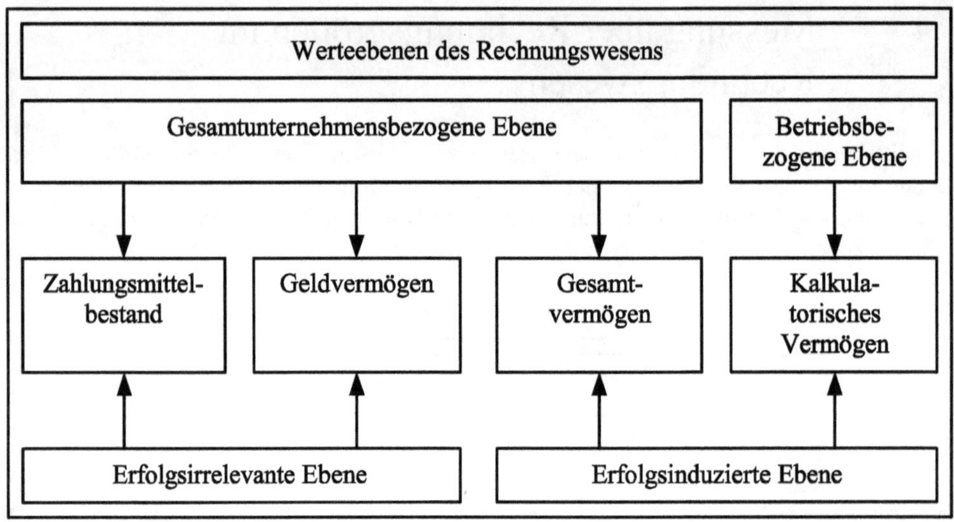

Abb. 1.7 *Werteebenen des Rechnungswesens*

Die Stromgrößen der Viererteilung im Rechnungswesen verändern stets ihre zugehörige Bestandsgröße. Folglich soll die Erklärung der einzelnen Rechnungsgröße jeweils ihren Ausgangspunkt an der entsprechenden Bestandsgröße nehmen.

1. Zahlungsmittelbestand
   Eine Zunahme des Zahlungsmittelbestandes wird durch eine Einzahlung bewirkt, einer Abnahme des Zahlungsmittelbestandes liegt eine Auszahlung zugrunde. Der Zahlungsmittelbestand setzt sich aus dem Kassenbestand, dem Bankguthaben (sog. Sichtguthaben) und dem Scheckguthaben zusammen. Folglich stellen erhaltene Barmittel, eine erhaltene Banküberweisung oder ein erhaltener Scheck eine Einzahlung dar, umgekehrt folgt eine Auszahlung.
2. Geldvermögen
   Eine positive Veränderung des Geldvermögens bedeutet eine Einnahme, eine negative eine Ausgabe. Das Geldvermögen umfasst alle Ansprüche und Verpflichtungen, die unmittelbar in Geld bestehen. Zum Geldvermögen rechnen infolgedessen der Zahlungsmittelbestand und die Kreditbestände in Form von Forderungen und in Form von Schulden. Somit bedeutet ein Zufluss im Zahlungsmittelbestand, eine Forderungszunahme und eine Schuldenabnahme eine Einnahme, dagegen ein Abfluss an Zahlungsmitteln, eine Schuldenzunahme und eine Forderungsabnahme eine Ausgabe. Kompensationen zwischen den Größen innerhalb eines betrachteten Vorgangs sind möglich und werden dann nur netto - also nach Kompensation - betrachtet.
3. Reinvermögen (Gesamtvermögen)
   Erträge und Aufwendungen stellen erfolgswirksame Veränderungen des Reinvermögens, d. h. des (bilanziellen) Eigenkapitals dar. Eine Erfolgswirksamkeit entsteht aus Wertänderungen, die aus dem Wirtschaften des Unternehmens resultieren. Nimmt das Reinver-

mögen in diesem Sinne zu, liegt ein Ertragsvorgang vor, fällt das Reinvermögen in diesem Sinne dagegen, so liegt ein Vorgang mit Aufwendungen zugrunde. Erträge und Aufwendungen bilden in der Saldierung für die betrachtete Periode das Gesamtergebnis des Unternehmens. Das Reinvermögen besteht aus dem Geldvermögen und dem Sachvermögen (= Nichtgeldvermögen).
Die Erfolgswirkungen von Aufwendungen und Erträgen sind in ihrer Bewertung stets pagatorisch, d. h. zahlungsorientiert, ausgelegt. Ferner fügen sich diese Erfolgswirkungen in ihrer Begrifflichkeit den handelsrechtlichen Vorschriften. Erträge sind Wertzuwächse mit sachlich gekoppelter Einzahlungsverbundenheit; Aufwendungen stellen in Analogie dazu Wertverbräuche mit sachlich gekoppelter Auszahlungsverbundenheit dar. Es kommt nicht darauf an, dass die Zahlungswirkungen gleichzeitig zum Erfolgsvorgang auftreten, sie können auch zeitlich dem Erfolgsvorgang vorausgehen oder nachfolgen. Also können Erträge und Aufwendungen einer Periode mit einer Änderung des Geldvermögens dieser Periode einhergehen, sie müssen es aber nicht. Fehlt es bei einem Vorgang von vornherein an einer Zahlungsverbundenheit, kann sich weder Ertrag noch Aufwand ergeben.

4. Kalkulatorisches Vermögen
   Erlöse und Kosten bewirken eine Veränderung des kalkulatorischen Vermögens. Dieses kalkulatorische Vermögen ist abstrakter Natur, da im Rahmen der Kostenrechnung keine Vermögensdarstellung im Sinne einer Bilanz erfolgt. Erlöse gehen auf einen Wertzuwachs aus der Betriebstätigkeit zurück, Kosten sind ein Wertverzehr, der aus der Betriebstätigkeit entsteht. Auf die Existenz eines Zahlungsvorganges kommt es generell nicht an. Erlöse und Kosten verlangen nur einen erfolgswirksamen Wertefluss, der sich in der betriebszweckgerichteten Unternehmenstätigkeit ereignet.

Zur Förderung des Verständnisses der Rechnungsgrößen soll ein Fallbeispiel dienen.

Bei der Mebaboss GmbH, die Bohrgeräte und Bohranlagen fertigt und vertreibt, sind im Monat September unter anderem die folgenden Vorgänge aufgetreten:

(01) Verkauf von Fertigerzeugnissen des Bohrgerätetyps „Wudu" gegen Rechnung.
(02) Anlieferung von einzulagernden Bauteilen für die Bohranlagenfertigung gegen Rechnung.
(03) Bankkredit wird durch die Bank Fielgeld auf dem Bankkonto der Mebaboss GmbH zur Verfügung gestellt.
(04) Stromrechnung des Monats September wird direkt durch Banküberweisung beglichen.
(05) Banklastschrift der Monatszinsen für den aufgenommenen Bankkredit.
(06) Bareinkauf von Schmierstoffen zur unmittelbaren Verwendung in der Fertigung.
(07) Begleichung der Ausgangsrechnung durch den Kunden Drubbel GmbH durch Banküberweisung.
(08) Überweisung der Überstundenvergütungen des Montagebereichs aus dem Vormonat August per Bank.
(09) Zuführung zu einer zu bildenden Rückstellung für Garantieverpflichtungen.
(10) Leistung der Leasingrate des Monats September für den Gabelstapler „EMU" durch Hingabe eines Schecks.
(11) Teilrückzahlung eines im Vorjahr aufgenommenen Kredites durch Banküberweisung.
(12) Entnahme von Materialien aus dem Lager für den Einsatz in der Fertigung.

(13) Begleichung einer Verbindlichkeit gegenüber dem Lieferanten Netnarefeil GmbH unter Abzug von Skonto durch Banküberweisung.
(14) Bestandserhöhung an unfertigen Erzeugnissen.
(15) Veräußerung von Wertpapieren mit Kursgewinnen bei sofortiger Bankgutschrift.

Für die einzelnen Vorgänge sollen die entsprechenden Rechnungsgrößen festgestellt werden. Die Festlegung der zutreffenden Rechnungsgrößen bezieht stets nur den isolierten Vorgang ein, der zur Beurteilung ansteht.

Nummer Vorgang	Einzahlung/ Auszahlung	Einnahme/ Ausgabe	Ertrag/ Aufwand	Erlös/ Kosten
(01)		Einnahme	Ertrag	Erlös
(02)		Ausgabe		
(03)	Einzahlung			
(04)	Auszahlung	Ausgabe	Aufwand	Kosten
(05)	Auszahlung	Ausgabe	Aufwand	(Kosten)
(06)	Auszahlung	Ausgabe	Aufwand	Kosten
(07)	Einzahlung			
(08)	Auszahlung			
(09)		Ausgabe	Aufwand	Kosten
(10)	Auszahlung	Ausgabe	Aufwand	Kosten
(11)	Auszahlung			
(12)			Aufwand	Kosten
(13)	Auszahlung	Einnahme	Ertrag	
(14)			Ertrag	Erlös
(15)	Einzahlung	Einnahme	Ertrag	

Abb. 1.8 *Ergebnisse zum Fallbeispiel Metaboss GmbH*

Zu ausgewählten Vorgängen soll beispielgebend eine Erklärung gegeben werden.

Aus dem Verkauf von eigenen Erzeugnissen gegen Rechnung (Vorgang Nr. 01) entsteht eine Forderung, die das Geldvermögen erhöht, so dass eine Einnahme vorliegt. Ferner führt der Verkauf durch die resultierenden Umsatzerlöse zu einem Ertrag und infolge der Betriebszweckbezogenheit gleichzeitig zu einem Erlös.

Bei der Bereitstellung des Bankkredites (Vorgang Nr. 03) handelt es sich um eine Einzahlung, da das Bankguthaben um den Bereitstellungsbetrag zunimmt. Eine Geldvermögensänderung ist mit diesem Vorgang nicht verbunden, da die Erhöhung des Zahlungsmittelbestandes durch eine Zunahme der Schulden in gleicher Höhe kompensiert wird.

Mit der Überweisung der Überstundenvergütung (Vorgang Nr. 08) kommt es durch die Minderung des Zahlungsmittelbestandes zu einer Auszahlung. Ausgabe, Aufwand und Kosten sind mit dem Vorgang im September nicht verbunden, da die Erfassung der erbrachten Überstunden im August hat erfolgen müssen.

Die Entnahme von gelagerten Materialien (Vorgang Nr. 12) stellt einen Wertverzehr dar, der zum Einen mit einem Auszahlungserfordernis verbunden ist (daher Aufwand) und der zum Anderen zur Erfüllung des Betriebszwecks dient (daher Kosten).

Die Begleichung der Verbindlichkeit gegenüber einem Lieferanten mit Skontoabzug (Vorgang Nr. 13) führt in Höhe des Überweisungsbetrages zu einer Auszahlung. Da die Schuld bei berechtigter Skontoziehung vollständig erlischt, entsteht in Höhe des Skontobetrages eine Einnahme als Geldvermögenserhöhung und zudem ein Ertrag. Die Skontoziehung bewirkt allerdings keinen Erlös, da der Betriebszweck auf die Fertigung von Bohrausstattungen bezogen ist und nicht auf Finanzierungsgeschäfte.

Die Bestandserhöhung an unfertigen Erzeugnissen (Vorgang Nr. 14) ist ein im Monat September erreichter Wertzuwachs, der infolge einer später zu erwartenden Einzahlung aus dem Verkauf zu einem Ertrag und infolge der Betriebszweckgerichtetheit der Wertentstehung zu einem Erlös führt.

2 Geschäftsvorgänge in der Finanzbuchhaltung und Bilanz

2.1 Blickpunkt der Finanzbuchhaltung

Die Finanzbuchhaltung ist das zentrale Erfassungssystem für das Rechnungswesen insgesamt. Bei ihr laufen alle Geschäftsvorgänge zusammen, die Buchungen auslösen können. Dies gilt gänzlich unabhängig davon, ob die Finanzbuchhaltung dezentral oder zentral im Unternehmen organisiert ist und ob andere Funktionsbereiche im Unternehmen (z. B. Personalabteilung, Eingangslagerbereich) unterstützende Arbeiten zum Daten- und Buchungsstoff des Rechnungswesens leisten.

Ein Geschäftvorgang ist immer dann buchungsrelevant, wenn er die Höhe eines Bilanzausweispostens des Unternehmens verändert. Da unterhalb einer Bilanzausweisposition Einzelkonten bestehen (z. B. ein einzelner Kreditor oder eine einzelne Maschine), wird ein Geschäftsvorgang im Unternehmen eine Buchung zur Folge haben, wenn ein Einzelkonto in der Höhe berührt wird, so dass auch die Veränderung der Zusammensetzung einer Bilanzausweisposition eine Buchungsrelevanz bewirkt. Der Zeitpunkt für die Erfassung eines buchungsrelevanten Geschäftsvorganges bestimmt sich nach dem Zeitpunkt der wirtschaftlichen Zugehörigkeit des Geschäftsvorganges zum Unternehmen.

Die Finanzbuchhaltung - manchmal kurz Buchführung genannt - ist eine gesetzlich vorgeschriebene Rechnung. Buchführungs- und Aufzeichnungspflichten ergeben sich für den Kaufmann aus dem Handelrecht (nach § 238 Abs. 1 Handelsgesetzbuch - HGB -), wonach jeder Kaufmann grundsätzlich zur Führung von Büchern verpflichtet ist. Darin hat der Kaufmann seine Handelsgeschäfte und die Lage seines Vermögens ersichtlich zu machen. Die Kaufmannseigenschaft erwächst aus dem Betreiben eines Handelsgewerbes (sog. Gewerbetreibende), welches einen in kaufmännischer Weise eingerichteten Geschäftsbetrieb verlangt oder ansonsten als Firma in das Handelsregister eingetragen ist oder unabhängig davon stattdessen eine Handelsgesellschaft gegeben ist (siehe hierzu §§ 1, 2 und 6 HGB). Auch das Steuerrecht sieht für die Ermittlung von Besteuerungsgrundlagen eine Buchführungs- und Aufzeichnungsverpflichtung vor. Wer nach anderen als steuerlichen Gesetzen zur Führung von Büchern und Aufzeichnungen verpflichtet ist (im Wesentlichen also nach dem Handelsrecht) hat diese Verpflichtung ferner für das Steuerrecht zu erfüllen (sog. derivative Buchführungspflicht, folgend aus § 140 Abgabenordnung - AO -). Darüber hinaus besteht für bestimmte Nichtkaufleute eine Buchführungsverpflichtung aus § 141 AO, die auf Gewerbetreibende sowie Land- und Forstwirte anzuwenden ist. Wenn diese bestimmte Größenmerkmale überschreiten, dann haben sie analog den Kaufleuten Bücher zu führen (sog. originäre Buchführungspflicht).

Aus der Buchführungspflicht erwachsen formale und materielle Anforderungen. Wesentliche allgemeine und spezielle Anforderungen an die Buchführung sind:

- Die Buchführung muss klar und übersichtlich sein.
- Die Buchführung hat eine lebende Sprache zu verwenden.
- Die Geschäftsvorfälle der Buchführung müssen sich in ihrer Entstehung und Abwicklung verfolgen lassen.
- Die Eintragungen in Büchern und die sonstigen Aufzeichnungen müssen vollständig, richtig, zeitgerecht und geordnet sein.
- Jede Buchung hat auf einem Beleg zu beruhen (Belegprinzip: Keine Buchung ohne Beleg).
- Die Buchführungsunterlagen sind geordnet und für bestimmte Fristen aufzubewahren.
- Die Buchführung muss so beschaffen sein, dass ein sachverständiger Dritter sich in angemessener Zeit in den Büchern zurechtfinden kann.

Aus dem Belegprinzip der Finanzbuchhaltung folgt die Begründung sämtlicher Aufzeichnungen. Einerseits gehört zu jeder Buchung ein Beleg, andererseits muss zu jedem Beleg (Buchungsrelevanz vorausgesetzt) eine Buchung erfolgen. Der Beleg bildet das Bindeglied zwischen Geschäftsvorfall und Buchung. Belege können Fremd- oder Eigenbelege sein. Fremdbelege sind entstehende Belege auf Grund von Vorgängen außerhalb des buchführenden Unternehmens (z.B. Ausgangsrechnungen, Eingangsrechnungen, Frachtbriefe). Eigenbelege gehen auf unternehmensinterne Vorgänge innerhalb des buchführenden Unternehmens zurück (z.B. Buchung der Abschreibungen). Sofern ausnahmsweise ein Fremdbeleg bei externen Vorgängen (noch) nicht vorliegt, kann ein Eigenbeleg erzeugt werden (Notbeleg). Daneben unterscheidet man natürliche Belege, die mit einem Geschäftsvorfall zwangsweise anfallen (z. B. Kreditorenrechnung, Gehaltsliste), und künstliche Belege, die erst für bestimmte Buchungen geschaffen werden (z. B. Stornobuchung, Kontenabschlussbuchung).

Die Buchführung hat einen langen zeitlichen Vorlauf. Kaufleute und Händler haben von sich aus in der Regel Aufzeichnungen über ihre Geschäfte vorgenommen. Einige Hinweise zur Historie der Buchführung gibt die Abbildung 2.1.

- **Erste systematisch angelegte Aufzeichnungen werden den Sumerern vor etwa 5 000 Jahren zugesprochen, die auf Tontafeln in Keilschrift Angaben über verschiedenartige Handelsgeschäfte verzeichnet haben.**
- **Die älteste systematische Darstellung eines kaufmännischen doppelten Buchführungssystems geht auf den aus Venedig stammenden Franziskanermönch Luca Pacioli zurück, der in einem 1494 erschienenen Buch die doppelte Buchführung als geschlossenes System abhandelt.**
- **Ein weiterer Schritt in der Fortentwicklung der Buchführungsmethodik wird durch die Verankerung der Buchführung in den gesetzlichen Regelungen des ersten französischen Handelsgesetzbuches, der Ordonnance de Commerce von 1673, unter dem französischen Finanzminister Colbert erreicht. Wichtige Vorschriften daraus haben auch das deutsche Handelsrecht bleibend geprägt.**
- **Auch die Dichtkunst hat die Buchführung für sich entdeckt. So heißt es bei Johann Wolfgang Goethe in Wilhelm Meisters Lehrjahren: „Welchen Überblick verschafft uns nicht die Ordnung, in der wir unsere Geschäfte führen! Sie lässt uns jederzeit das Ganze überschauen, ohne dass wir nötig hätten, uns durch das Einzelne verwirren zu lassen. Welche Vorteile gewährt die doppelte Buchhaltung dem Kaufmanne! Es ist eine der schönsten Erfindungen des menschlichen Geistes, und ein jeder guter Haushalter sollte sie in seiner Wirtschaft einführen."**

Abb. 2.1 *Historische Bezüge der Buchführung*

2.2 Konten, Kontensystem und Buchungskreislauf

2.2.1 Konten und Kontenarten

Die buchungsrelevanten Geschäftsvorfälle eines Unternehmens werden auf Einzelkonten erfasst, deren jeweilige Salden nach einem Buchungsabschluss in ein Sammelkonto eingehen, das als Abschlusskonto zusammengeführte Positionen aufweist.

Konten werden idealisiert in T-Form dargestellt, wodurch sich eine linke Seite und eine rechte Seite dieses Kontos ergibt. Die linke Seite des Kontos heißt stets Soll-Seite, die rechte Seite immer Haben-Seite. Veränderungen auf einem Konto erfolgen als Buchungen, die auf der Soll- bzw. Habenseite die Zu- oder Abnahme des Kontobetrages zeigen; dies gilt auch für Anfangs- und Schlusswerte (vgl. Abbildung 2.2). Ein Konto wird zur Buchung angesprochen (auch als sog. Kontenruf bekannt). Die Sollbuchung bedeutet eine Belastung (Lastschrift), die Habenbuchung eine Entlastung (Gutschrift).

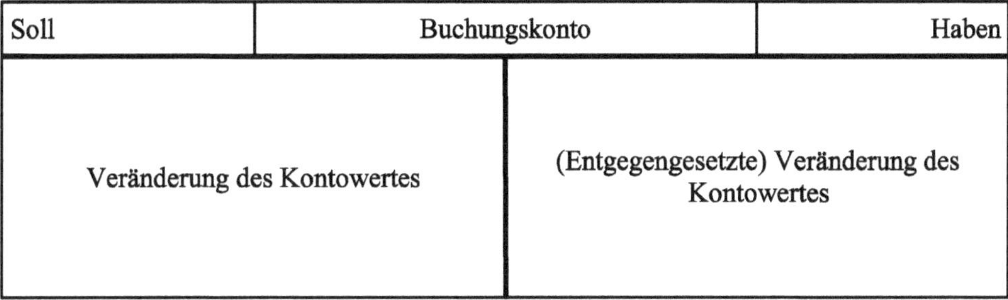

Soll
Buchungskonto
Haben
Veränderung des Kontowertes
(Entgegengesetzte) Veränderung des Kontowertes

Abb. 2.2 Aufbau eines Buchungskontos

Die Konten in der Finanzbuchhaltung bilden nach ihrer Art ein Kontenystem (vgl. dazu Abbildung 2.3).

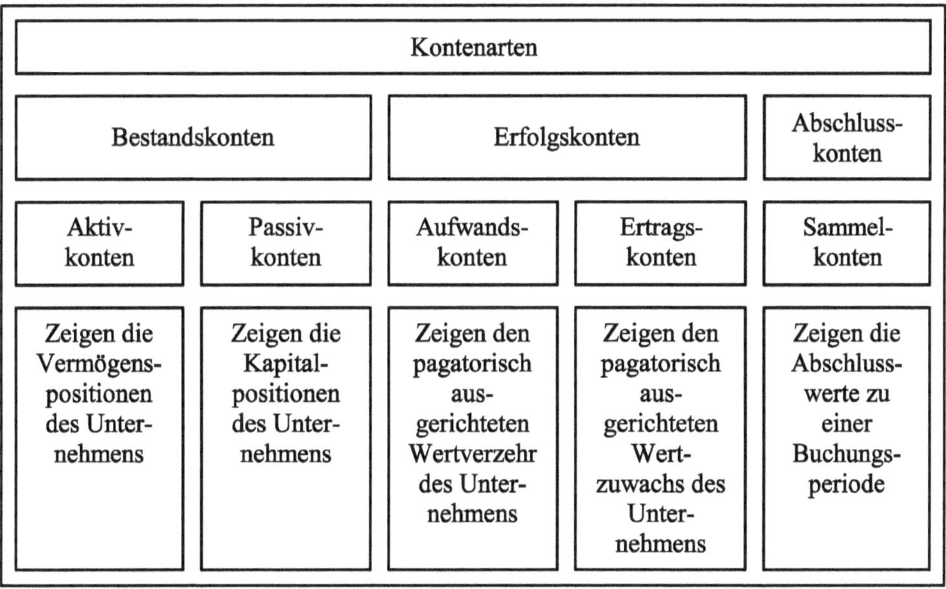

Kontenarten
Bestandskonten
Erfolgskonten
Abschlusskonten
Aktivkonten
Passivkonten
Aufwandskonten
Ertragskonten
Sammelkonten
Zeigen die Vermögenspositionen des Unternehmens
Zeigen die Kapitalpositionen des Unternehmens
Zeigen den pagatorisch ausgerichteten Wertverzehr des Unternehmens
Zeigen den pagatorisch ausgerichteten Wertzuwachs des Unternehmens
Zeigen die Abschlusswerte zu einer Buchungsperiode

Abb. 2.3 Kontenarten der Finanzbuchhaltung

2.2.2 Konten- und Buchungszusammenhang

Die Konten und Buchungen innerhalb einer Buchungsperiode haben ein bestimmtes Gepräge und stehen in einem folgebezogenen Zusammenhang. Die Abbildung 2.4 zeigt diesen Konten- und Buchungszusammenhang auf.

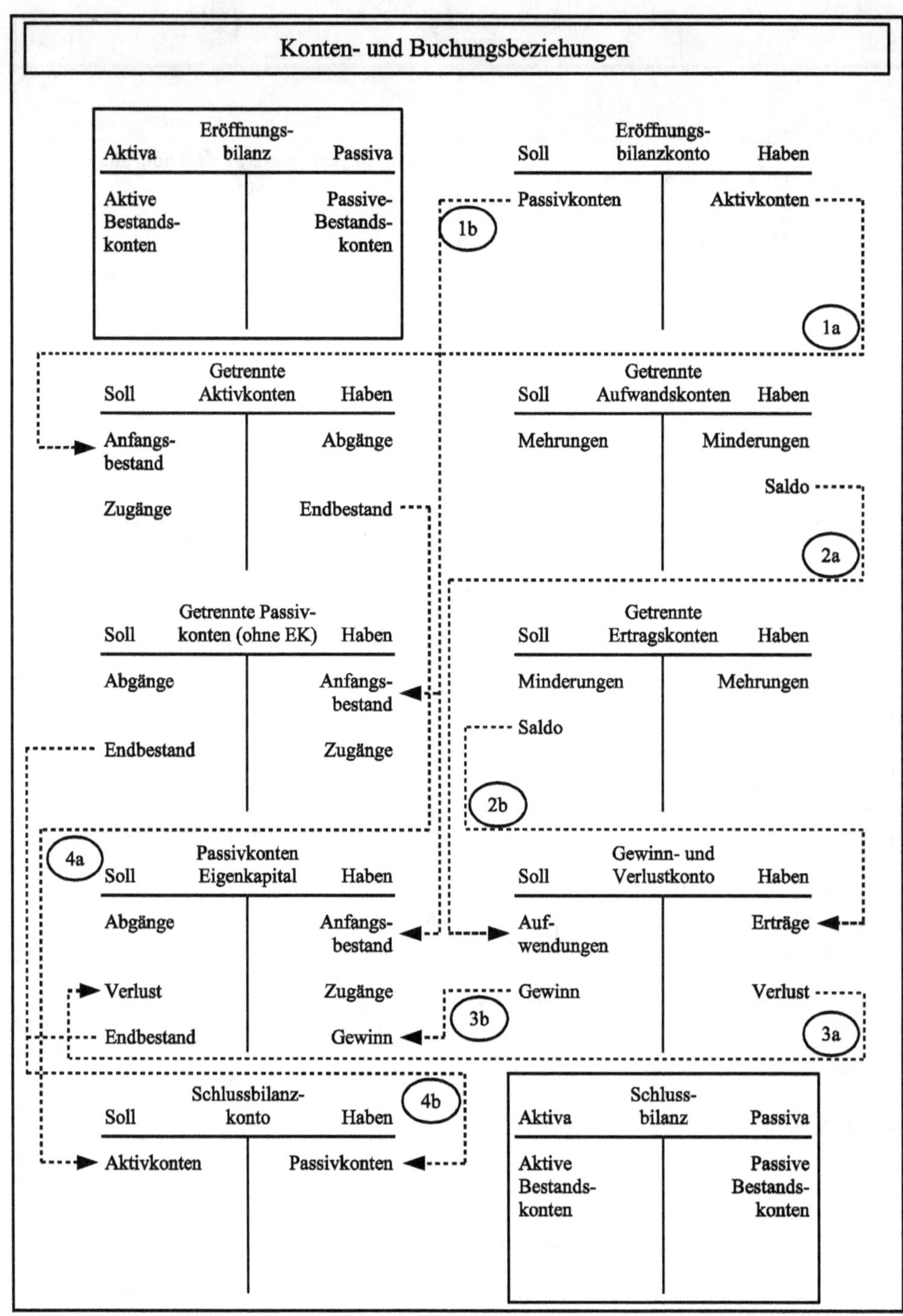

Abb. 2.4 Konten- und Buchungszusammenhang für eine Buchungsperiode

Jeder buchführungspflichtige Kaufmann hat zu Beginn eines jeden Geschäftsjahres eine Eröffnungsbilanz aufzustellen. Im Falle einer aufzustellenden Schlussbilanz zum Ende des vorherigen Geschäftsjahres entspricht die Eröffnungsbilanz des neuen Geschäftsjahres identisch der Schlussbilanz des vorangehenden Geschäftsjahres (sog. Bilanzidentität). Buchungspflichtige Geschäftsvorgänge könnten als eine Fortschreibung der Eröffnungsbilanz aufgefasst und direkt über Bilanzpositionen gebucht werden, so dass nach jeweils jeder Buchung innerhalb des Geschäftsjahres eine dann zutreffende Bilanz erzeugt werden kann. Aufgrund der Geltung des Grundsatzes der Übersichtlichkeit der und Einblickfähigkeit in die Aufzeichnungen ist dies kein praktisch gangbarer Weg. Daher werden die Bilanzkonten der Eröffnungsbilanz für das Geschäftsjahr in Einzelkonten aufgelöst, so dass Einzelkonten für getrennte Aktivkonten und für getrennte Passivkonten (einschließlich des Eigenkapitals) entstehen. Aktivkonten führen den Anfangsbestand auf der Sollseite, Passivkonten auf der Habenseite. Die Gegenkontierung zu einem Aktivkonto im Soll ist das Eröffnungsbilanzkonto im Haben, entsprechend für ein Passivkonto im Haben das Eröffnungsbilanzkonto im Soll (siehe 1a und 1b der Abbildung 2.4). Durch die buchungstechnische Auflösung in einzelne Bestandskonten ergibt sich ein Eröffnungsbilanzkonto, das sich spiegelbildlich zur Eröffnungsbilanz verhält. Damit stehen die Einzelkonten, die Bestandswerte in der Eröffnungsbilanz aufweisen, für eine Buchung während der Geschäftsperiode zur Verfügung. Auf der Kontoseite, auf der der Anfangsbestand geführt wird, müssen auch die Mehrungen als Zugänge erfasst werden. Dagegen schlagen sich die Minderungen als Abgänge jeweils auf der entgegen gesetzten Kontoseite nieder. Sollte bisher ein einzelnes Aktiv- oder Passivkonto nicht existieren, weil es in der Eröffnungsbilanz keinen Bestandswert besaß, ist das Bestandskonto bei Bedarf während des Geschäftsjahres neu einzurichten und mit einer Mehrung zu belegen.

Die Geschäftsvorfälle innerhalb eines Geschäftsjahres können erfolgsneutral oder erfolgswirksam sein. Erfolgsneutrale Geschäftsvorgänge bewirken Veränderungen zwischen Bestandskonten, ohne dass es aus einer unternehmensinternen Handlung zu einer Veränderung des Eigenkapitals kommt. Es findet also lediglich ein direkter Werteaustausch zwischen Bestandskonten statt. Erfolgswirksame Geschäftsvorgänge wirken sich immer auf die Höhe des Eigenkapitals aus und verändern stets die Bilanzsumme. Für die Erfassung von Erfolgsvorgängen werden jeweils getrennte Aufwandskonten und Ertragskonten eingerichtet, die sich im sachlogischen Sinne als erfolgsbezogene Unterkonten des Eigenkapitals auffassen lassen. Erfolgskonten tragen als zeitraumbezogene Konten keinen Anfangsbestand. Mehrungen stehen bei einem Aufwandskonto im Soll, so wie sie sachlogisch als Abgang des Eigenkapitals dort im Soll auftreten. Die Mehrungen auf dem Ertragskonto finden im Haben statt, auch hier so wie sich die Zugänge beim Eigenkapital im Haben zeigen würden. Treten beim Aufwand Minderungen auf, so wird die Habenseite angesprochen, bei Minderungen im Ertrag entsprechend die Sollseite des Ertragskontos. Also werden während einer Buchungsperiode die buchungspflichtigen Geschäftsvorfälle auf den entsprechenden Aktiv-, Passiv-, Aufwands- und Ertragskonten verbucht.

Zum Ende der Buchungsperiode ist ein Kontenabschluss durchzuführen, um den Unternehmenserfolg sowie die Vermögensposten und die Kapitalposten ersichtlich zu machen. Ein Kontenabschluss versteht sich je Konto als die Ermittlung des Betragssaldos zwischen der

Kontosumme auf der Soll- und der Habenseite. Der Betragssaldo steht auf der Seite des Kontos mit der ein Ausgleich der Kontensummen der beiden Kontenseiten erreicht wird.

In einem ersten Schritt sind zunächst die einzelnen Aufwands- und Ertragskonten abzuschließen und die jeweiligen Salden auf das Gewinn- und Verlustkonto (GuV-Konto) zu nehmen. Da die ausgleichenden Saldobeträge bei den Aufwandskonten im Haben stehen, gelangen sie auf dem GuV-Konto auf die Sollseite, während die im Soll auftretenden Saldobeträge der Ertragskonten dem GuV-Konto im Haben zugeführt werden (siehe 2a und 2b der Abbildung 2.4). Das GuV-Konto nimmt also alle Saldobeträge der einzelnen Erfolgskonten im Sinne eines Erfolgssammelkontos auf. Der auf dem GuV-Konto sich ergebende Saldo ergibt den Unternehmenserfolg. Liegen die Erträge über den Aufwendungen, steht auf der linken Seite des GuV-Kontos der Gewinn, im umgekehrten Fall auf der rechten Seite der Verlust. Der Gewinn oder Verlust auf dem GuV-Konto bewirkt in der Gegenkontierung einen Zugang auf dem Eigenkapitalkonto im Haben bei einem Gewinn und einen Abgang auf dem Eigenkapitalkonto im Soll bei einem Verlust (siehe 3a und 3b der Abbildung 2.4).

Als letztes sind die einzelnen Aktiv- und Passivkonten abzuschließen. Der Endbestand eines Aktivkontos steht im Haben, so dass in der Gegenbuchung auf dem Schlussbilanzkonto dieser im Soll stehen muss. Entsprechend findet sich der Endbestand eines Passivkontos im Soll und mithin auf dem Schlussbilanzkonto im Haben (siehe 4a und 4b der Abbildung 2.4).

Bei doppisch fehlerfreier Abwicklung aller Buchungen in der betreffenden Buchungsperiode muss die Bilanzsumme auf der Sollseite des Schlussbilanzkontos (Bilanzvermögen) gleich sein der Bilanzsumme auf der Habenseite (Bilanzkapital) des Schlussbilanzkontos. Aus dem Schlussbilanzkonto lässt sich nunmehr formal die zugehörige Schlussbilanz entwickeln.

2.3 Buchungen, Bilanz und Bilanzauswirkungen

2.3.1 Buchungssätze und Buchungsablauf

Das Festhalten von Geschäftsvorfällen in der Finanzbuchhaltung erfolgt über Buchungen. Der Inhalt einer Buchung wird im Rahmen des Rechnungswesensystems über einen Buchungssatz angegeben. Der Buchungssatz benennt die Konten mit den jeweiligen Beträgen, die den Geschäftsvorfall dokumentieren sollen. Dabei werden entsprechend der üblichen buchhalterischen Geflogenheit zunächst die Konten, die im Soll angesprochen werden, genannt (Sollbuchungsteil), dann diejenigen, die im Haben berührt sind (Habenbuchungsteil). Der Buchungssatz ist also die essenzielle Kommunikationsregel der Finanzbuchhaltung. Den formalen Aufbau eines Buchungssatzes zeigt die Abbildung 2.5 auf.

Buchungssatz			
Sollbuchungsteil		Habenbuchungsteil	
Bezeichnung bzw. Nr. des Kontos	Betrag im Soll	Bezeichnung bzw. Nr. des Kontos	Betrag im Haben
⋮	⋮	⋮	⋮

Abb. 2.5 Formaler Aufbau eines Buchungssatzes

Ein Buchungssatz weist die folgenden Eigenschaften auf:

- Ein Buchungssatz spricht mindestens ein Konto im Soll und mindestens ein Konto im Haben an (sog. Doppelbuchung).
- Für jeden Buchungssatz ist die Summe der Betragswerte im Soll gleich der Summe der Betragswerte im Haben (sog. Buchungsausgeglichenheit).

Ein Buchungssatz, der jeweils genau ein Konto im Soll und im Haben benennt, heißt einfacher Buchungssatz, andernfalls zusammengesetzter Buchungssatz. Jeder zusammengesetzte Buchungssatz lässt sich auf mehrere einfache Buchungssätze zurückführen.

Grundlage zur Buchung sind Belege. Diese Belege erhalten eine Vorkontierung, die angibt, wie der zu dokumentierende Sachverhalt verbucht werden soll. Die eigentliche Buchung wird in Handelsbüchern vorgenommen. Die Buchung erfolgt gleichzeitig in einem Journal (Grundbuch oder Prima Nota) und einem Hauptbuch (Sachbuch). Das Journal dokumentiert den Geschäftsvorfall in einer chronologischen Ordnung nach dem Buchungsdatum, das Hauptbuch in einer sachlichen Ordnung nach den verwendeten Konten (vgl. Abbildung 2.6).

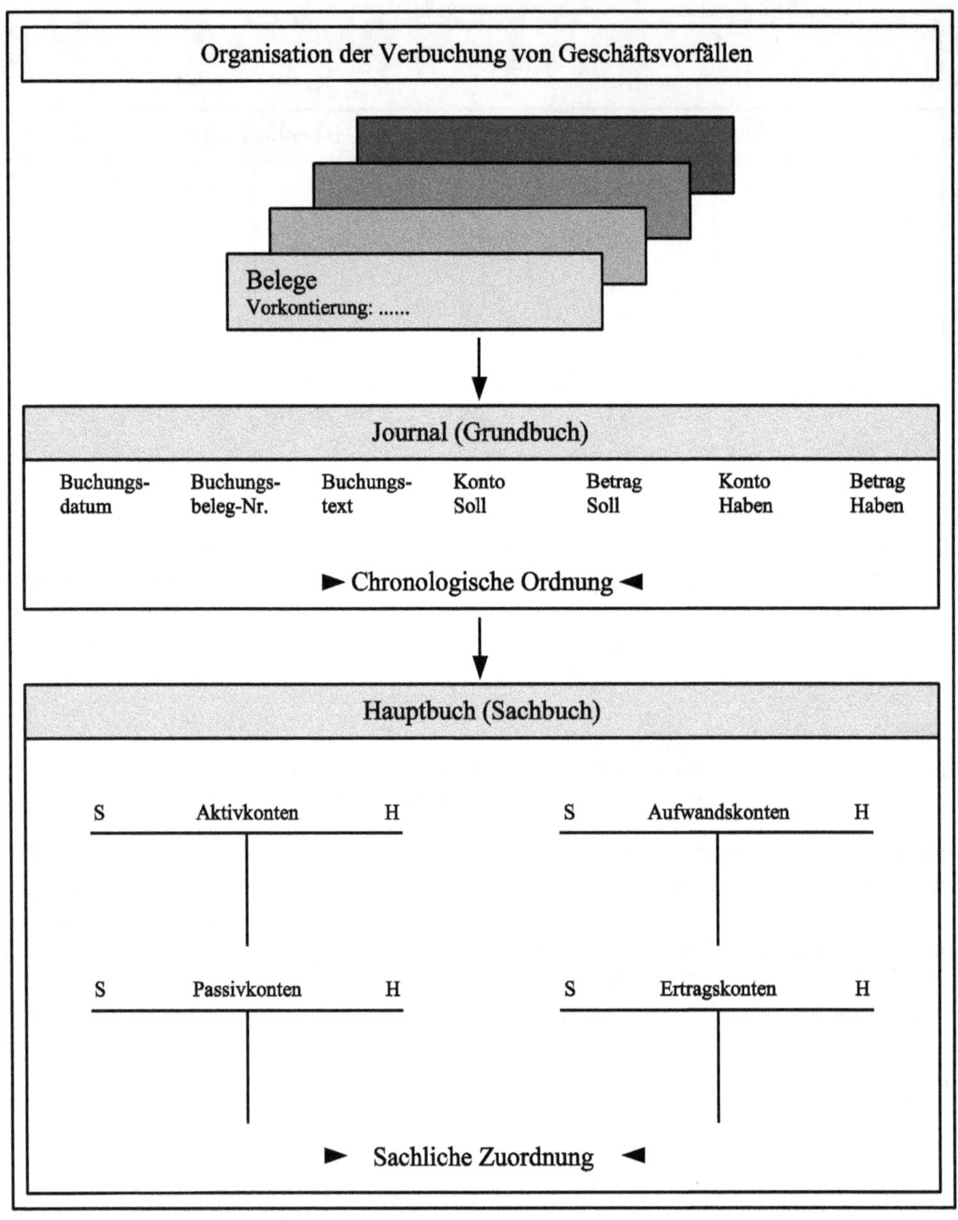

Abb. 2.6 Organisation der Verbuchung von Geschäftsvorfällen

Zur Wahrung der einheitlichen Kontierung für gleich- bzw. ähnlich gelagerte Geschäftsvorfälle bestehen im Unternehmen Kontierungsrichtlinien, die die einzelnen Konteninhalte beschreiben, Inhaltsabgrenzungen zwischen Konten vornehmen und je Konto Positivbeispiele als auch Negativbeispiele anführen.

Der Kaufmann hat seine Aufzeichnungen in Handelsbüchern zu führen. Die Aufzeichnungen in Handelsbüchern können konventionell in gebundenen Büchern (Übertragungsbuchführung), in einer Lose-Blatt-Buchführung (Durchschreibebuchführung) oder in einer Offenen-Posten-Buchführung vorgenommen oder auch als IT-gestützte Buchführung realisiert werden.

Unabhängig von der Buchführungsform bedingt die Ordnungsmäßigkeit der Buchführung die Führung verschiedener Handelsbücher nach Maßgabe der Unterschiedlichkeit der Geschäftsvorfälle. Die Handelsbücher umfassen einerseits die Systembücher und andererseits die Nebenbücher. Zu den Systembüchern gehören das Inventar- und Bilanzbuch, das Grundbuch und das Hauptbuch. Die Nebenbücher (auch Hilfsbücher genannt) enthalten die Nebenbuchhaltungen, die das Kontensystem der Hauptbuchhaltung entlasten sollen. Die Verbindung zwischen den Konten des Hauptbuchs und den differenzierten Konten der Nebenbücher wird über sog. Abstimmkonten hergestellt. In der Praxis anzutreffende Nebenbücher sind vor allem das Kontokorrentbuch (sog. Geschäftsfreundebuch), Anlagenbuch, Lagerbuch, Kassenbuch, Wechselbuch, Wertpapierbuch, Lohn- und Gehaltsbuch.

2.3.2 Struktur und Inhalt einer Bilanz

Jeder (buchführungspflichtige) Kaufmann hat zum Schluss eines Geschäftsjahres, d. h. zum Abschlussstichtag, eine Bilanz aufzustellen (siehe § 242 Abs. 1 HGB). Diese Bilanz soll die Lage des Vermögens und der Schulden des Kaufmanns zum Abschlussstichtag ersichtlich machen. Die Bilanz zeigt auf der Aktiva das sog. Bilanzvermögen und auf der Passiva das sog. Bilanzkapital.

In der Bilanz hat der Kaufmann gemäß § 247 Abs. 1 HGB das Anlage- und das Umlaufvermögen, das Eigenkapital, die Schulden sowie die Rechnungsabgrenzungsposten gesondert auszuweisen und hinreichend aufzugliedern. Den Grundaufbau einer handelsrechtlichen Bilanz vermittelt die Abbildung 2.7.

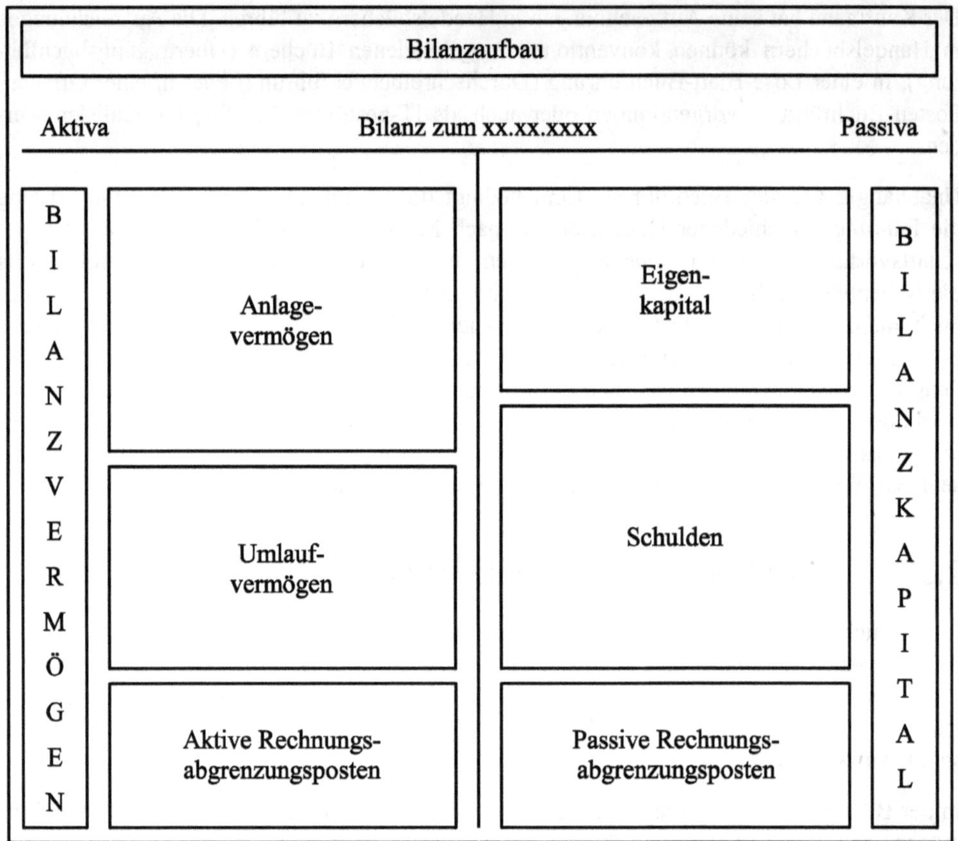

Abb. 2.7 *Grundaufbau einer Bilanz*

Eine Bilanz erlaubt die folgenden Charakterisierungen:

- Zu jedem Zeitpunkt gilt die sog. Bilanzgleichung, d. h. das Bilanzvermögen entspricht stets dem Bilanzkapital.
- Die Bilanzwirkungen aus Geschäftsvorfällen gehen immer auf eine vorgenommene Buchung zurück.
- Die Aktivseite der Bilanz bringt die Mittelverwendung, die Passivseite die Mittelherkunft zum Ausdruck.
- Die Vermögenspositionen (auf der Aktivseite) sind grundsätzlich nach dem zunehmenden Grad der Liquidierbarkeit, die Kapitalpositionen (auf der Passivseite) grundsätzlich nach dem abnehmenden Grad der Fristigkeit angeordnet.
- Das Anlage- und das Umlaufvermögen enthält alle Vermögensgegenstände des Kaufmanns, an denen dieser zum Abschlussstichtag das wirtschaftliche Eigentum innehat. Ein Vermögensgegenstand rechnet zum Anlagevermögen, wenn er dem Geschäftsbetrieb des Kaufmanns dauernd zu dienen bestimmt ist. Es kommt dabei auf die betriebliche Zweckbestimmung (Destination) und nicht auf die Zeitdauer des Verweilens im Unternehmen

an. Ansonsten gehört der Vermögensgegenstand zum Umlaufvermögen. Ein Vermögensgegenstand des Umlaufvermögens ist folglich dazu vorgesehen, nach einer gewissen Verweildauer veräußert oder anderweitig verwertet zu werden, ohne dass ein betrieblicher Einsatz mit diesem Vermögensgegenstand verbunden ist. Vermögensgegenstände des Umlaufvermögens sind mithin unmittelbar oder mittelbar in den Umsatzprozess eingegliedert.

- Kapitalpositionen sind entweder unter dem Eigenkapital oder den Schulden auszuweisen. Kapital ist als Eigenkapital zu qualifizieren, wenn es zugleich eine Haftungs- und Verlustausgleichsfunktion übernimmt, im Insolvenzfall nachrangig zu bedienen ist und nachhaltig überlassen wird. Das Eigenkapital stellt das Haftungskapital der Gesellschaft dar. Schulden liegen vor, wenn für den Kaufmann ein Verpflichtungssachverhalt mit wirtschaftlicher Belastung besteht, welcher hinreichend konkretisierbar ist. Schulden treten in Form von Verbindlichkeiten oder in Form von Rückstellungen auf. Für Rückstellungen gilt entgegengesetzt zu Verbindlichkeiten, dass sie in der Höhe, im Fälligkeitszeitpunkt oder im Entstehungsgrund nicht gewiss sind.
- Die Rechnungsabgrenzungsposten dienen der (transistorischen) Abgrenzung des Erfolges zwischen dem abzuschließenden Geschäftsjahr und den nachfolgenden Geschäftsjahren. Mit ihnen soll erreicht werden, dass Aufwendungen und Erträge, die im abzuschließenden Geschäftsjahr zu Zahlungen geführt haben, jedoch wirtschaftlich zukünftigen Geschäftsjahren zugehörig sind, über die Aufnahme in einen aktiven oder passiven Rechnungsabgrenzungsposten in der Bilanz ergebnisneutral für das alte Geschäftsjahr in das neue Geschäftsjahr übergeleitet werden können. Die Zahlungswirksamkeit betrifft also das abzuschließende Geschäftsjahr, die Erfolgswirksamkeit jedoch ein späteres Geschäftsjahr. Durch die Aktivierung eines Rechnungsabgrenzungspostens werden Aufwendungen und durch die Passivierung eines Rechnungsabgrenzungspostens Erträge in künftige Geschäftsjahre verlagert, denen sie wirtschaftlich oder rechtlich zugehörig sind.

Die Normalgliederung einer handelsrechtlichen Bilanz - generell für Kapitalgesellschaften - mit deren wesentlichen Bilanzpositionen verdeutlicht die Abbildung 2.8.

Handelbilanz (in Anlehnung an § 266 Abs. 2 und 3 HGB)	
Aktivseite	**Passivseite**
A. Anlagevermögen I. Immaterielle Vermögensgegenstände (z.B. Konzessionen, Lizenzen, gewerbliche Schutzrechte) II. Sachanlagen (z. B. Grundstücke, Bauten, Technische Anlagen und Maschinen, Betriebs- und Geschäftsausstattung) III. Finanzanlagen (z.B. Beteiligungen, Sonstige Ausleihungen) B. Umlaufvermögen I. Vorräte (z.B. Roh-, Hilfs- und Betriebsstoffe, Unfertige und fertige Erzeugnisse) II. Forderungen und Sonstige Vermögensgegenstände (z.B. Forderungen aus Lieferungen und Leistungen, Sonstige Vermögensgegenstände) III. Wertpapiere IV. Kassenbestand, Bundesbankguthaben, Guthaben bei Kreditinstituten und Schecks C. Rechnungsabgrenzungsposten D. Aktive latente Steuern	A. Eigenkapital I. Gezeichnetes Kapital II. Kapitalrücklage III. Gewinnrücklagen IV. Gewinnvortrag/Verlustvortrag V. Jahresüberschuss/Jahresfehlbetrag B. Rückstellungen (z.B. Rückstellungen für Pensionen und ähnliche Verpflichtungen, Sonstige Rückstellungen) C. Verbindlickeiten (z.B. Anleihen, Verbindlichkeiten gegenüber Kreditinstituten, Erhaltene Anzahlungen auf Bestellungen, Verbindlichkeiten aus Lieferungen und Leistungen, Sonstige Verbindlichkeiten) D. Rechnungsabgrenzungsposten E. Passive latente Steuern

Abb. 2.8 Inhalt einer handelsrechtlichen Bilanz

2.3.3 Bilanzauswirkungen durch Buchungen

Jeder buchungsrelevante Geschäftsvorgang löst eine Wertveränderung von Bilanzposten der Bilanz aus. Dabei lässt sich jede Buchung auf genau eine von vier Grundtypen der Bilanzauswirkungen zurückführen.

Aufgrund der Gültigkeit der Bilanzgleichung muss jede Buchung die Bilanzgleichung für sich erfüllen. Daher kann es durch jeweils einen buchungsrelevanten Geschäftsvorgang zu einer Veränderung der Bilanzsumme oder zu einer Beibehaltung der Bilanzsumme kommen. Eine Veränderung der Bilanzsumme kann nur auftreten, wenn gleichzeitig sowohl eine Vermögensposition als auch eine Kapitalposition in gleicher Höhe zu- oder stattdessen abnehmen (Fall der Bilanzverlängerung bzw. Bilanzverkürzung). Eine unveränderte Bilanzsumme kann ausschließlich dadurch eintreten, falls es entweder zu einem Wertaustausch von Vermögenspositionen oder alternativ von Kapitalpositionen in jeweils gleicher Höhe kommt

(Fall des Aktivtausches bzw. Passivtausches). Die Abbildung 2.9 strukturiert die Erscheinungsformen der Bilanzauswirkung durch eine einzelne Buchung der Finanzbuchhaltung.

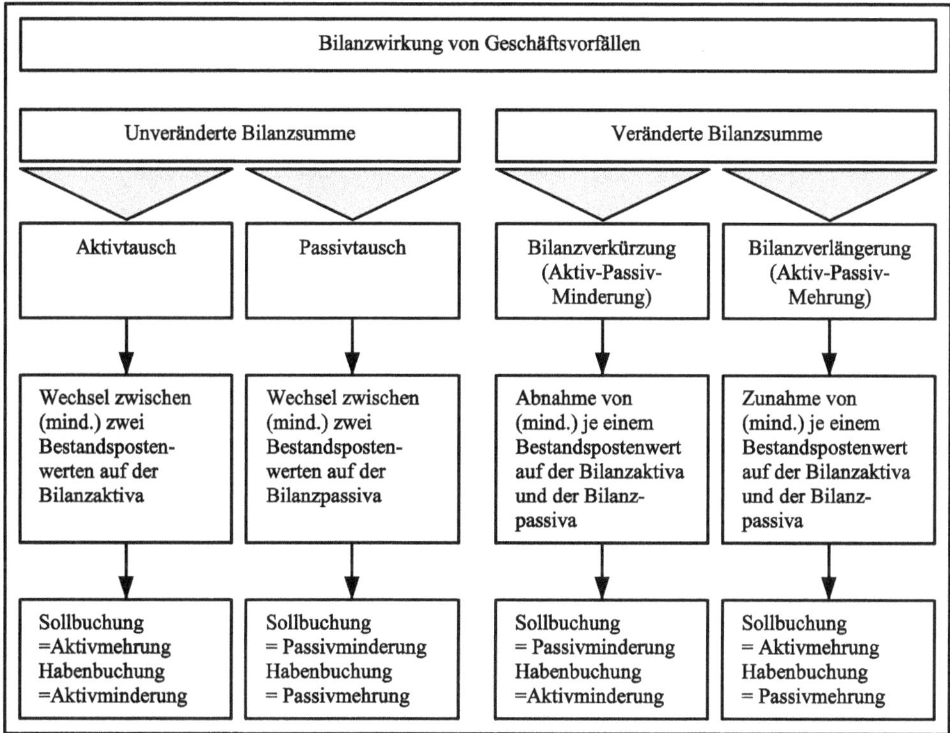

Abb. 2.9 *Grundtypen von Bilanzauswirkungen*

Ein Fallbeispiel soll zum Verständnis beitragen.

Die Kuraboss GmbH fertigt und vertreibt elektronische Antriebskomponenten und -systeme. Für den Buchungsmonat Februar liegen die nachstehenden angeführten Geschäftsvorfälle vor:

(01) Einzahlung eines Geldbetrages aus dem Kassenbestand auf das Bankkonto.
(02) Begleichung einer Lieferantenrechnung durch Banküberweisung.
(03) Erhaltene Anzahlung des Kunden „Schwerist GmbH“ als Bankgutschrift.
(04) Anlieferung von Bauelementen durch den Lieferanten „Baumatt GmbH“ gegen Rechnung in das Materiallager.
(05) Bareinkauf von Schmierstoffen zur unmittelbaren Verwendung in der Fertigung.
(06) Überweisung der monatsgerechten Gehälter per Bank.
(07) Banklastschrift der Monatszinsen für den aufgenommenen Bankkredit.

(08) Zuführung zu einer zu bildenden Rückstellung für die sich abzeichnende Schadensersatzleistung aus einer Produkthaftung.
(09) Ausgangsrechnung aus dem Verkauf eines Antriebssystems vom Typ „Igel".
(10) Tilgung eines aufgenommenen Kredites durch Banküberweisung.
(11) Planmäßige Monatsabschreibung des CNC-Fräsautomaten für den Fertigungsbereich.
(12) Bankgutschrift aus einer erhaltenen Mietzahlung des Monats für die Vermietung einer Lagerhalle.
(13) Umwandlung einer Lieferantenverbindlichkeit in eine Wechselverbindlichkeit.
(14) Bankgutschrift aus der Rechnungsbegleichung des Kunden „Antonisono GmbH".
(15) Entnahme von gelagerten Materialen für die Fertigung der Antriebsanlage „Drehvollnider".

Für die einzelnen Geschäftsvorfälle ist festzustellen, inwieweit ein Aktivtausch (AT), ein Passivtausch (PT), eine Bilanzverlängerung (BL) oder eine Bilanzverkürzung (BK) gegeben ist. Dabei sollen auch die betroffenen Bilanzpositionen mit ihrer Veränderungsart benannt werden. Von Umsatzsteuerwirkungen wird abgesehen, d. h. die Vorgänge sind unter Außerachtlassung einer gegebenenfalls auftretenden Umsatzsteuer zu analysieren.

Nr. Vorgang	Vorgang	Bilanzauswirkung	Betroffene Bilanzkonten
(01)	Einzahlung eines Geldbetrages aus dem Kassenbestand auf das Bankkonto	AT	Abnahme Kassenbestand (Aktiva); Zunahme Bankguthaben (Aktiva)
(02)	Begleichung einer Lieferantenrechnung durch Banküberweisung	BK	Abnahme Lieferantenverbindlichkeiten (Passiva); Abnahme Bankguthaben (Aktiva)
(03)	Erhaltene Anzahlung des Kunden „Schwerist GmbH" als Bankgutschrift	BV	Zunahme Bankguthaben (Aktiva); Zunahme Verbindlichkeiten aus erhaltenen Anzahlungen (Passiva)
(04)	Anlieferung von Bauelementen durch den Lieferanten „Baumatt GmbH" gegen Rechnung in das Materiallager	BV	Zunahme Rohstoffe (Aktiva); Zunahme Lieferantenverbindlichkeiten (Passiva)
(05)	Bareinkauf von Schmierstoffen zur unmittelbaren Verwendung in der Fertigung	BK	Abnahme Eigenkapital durch Materialaufwand (Passiva); Abnahme Kassenbestand (Aktiva)
(06)	Überweisung der monatsgerechten Gehälter per Bank	BK	Abnahme Eigenkapital durch Personalaufwand (Passiva); Abnahme Bankguthaben (Aktiva)
(07)	Banklastschrift der Monatszinsen für den aufgenommenen Bankkredit	BK	Abnahme Eigenkapital durch Zinsaufwand (Passiva); Abnahme Bankguthaben (Aktiva)
(08)	Zuführung zu einer zu bildenden Rückstellung für die sich abzeichnende Schadensersatzleistung aus einer Produkthaftung	PT	Abnahme Eigenkapital durch Aufwand aus Rückstellungszuführung (Passiva); Zunahme Rückstellungen (Passiva)
(09)	Ausgangsrechnung aus dem Verkauf eines Antriebssystems vom Typ „Igel"	BV	Zunahme Forderungen aus Lieferungen und Leistungen (Aktiva); Zunahme Eigenkapital durch Umsatzerlöse (Passiva)
(10)	Tilgung eines aufgenommenen Kredites durch Banküberweisung	BK	Abnahme Kreditverbindlichkeiten (Passiva); Abnahme Bankguthaben (Aktiva)
(11)	Planmäßige Monatsabschreibung des CNC-Fräsautomaten für den Fertigungsbereich	BK	Abnahme Eigenkapital durch Abschreibungsaufwand (Passiva); Abnahme Maschinen (Aktiva)
(12)	Bankgutschrift aus einer erhaltenen Mietzahlung des Monats für die Vermietung einer Lagerhalle	BV	Zunahme Bankguthaben (Aktiva); Zunahme Eigenkapital durch Mieterträge (Passiva)
(13)	Umwandlung einer Lieferantenverbindlichkeit in eine Wechselverbindlichkeit	PT	Zunahme Wechselverbindlichkeiten (Passiva); Abnahme Lieferantenverbindlichkeiten (Passiva)
(14)	Bankgutschrift aus der Rechnungsbegleichung des Kunden „Antonisono GmbH"	AT	Zunahme Bankguthaben (Aktiva); Abnahme Forderungen aus Lieferungen und Leistungen (Aktiva)
(15)	Entnahme von gelagerten Materialien für die Fertigung der Antriebsanlage „Drehvollnider"	BK	Abnahme Eigenkapital durch Materialaufwand (Passiva); Abnahme Rohstoffe (Aktiva)

Abb. 2.10 *Ergebnisse zum Fallbeispiel Kuraboss GmbH*

2.4 Buchungsarten und einzelne Verkehrsbuchungen

Nach dem erläuterten Buchungskreislauf beginnt eine Buchungsperiode mit der Eröffnungsbilanz zum Beginnzeitpunkt des Geschäftsjahres und endet mit der Schlussbilanz zum Abschlusszeitpunkt des Geschäftsjahres. Veränderungen zwischen der Eröffnungsbilanz und der Schlussbilanz eines Geschäftsjahres werden über Buchungen dargestellt. Damit lassen sich verschiedene Buchungsarten qualifizieren. Zu Beginn aller Buchungen des Geschäftsjahres stehen die Eröffnungsbuchungen an, während des Geschäftsjahres sind die laufenden Buchungen - auch Verkehrsbuchungen genannt - vorzunehmen, zum Ende des Geschäftsjahres treten die Abschlussbuchungen auf. Diese Abschlussbuchungen sind zum einen materieller Art, mit denen Bewertungen und andere Änderungen der Bilanzpositionen erfasst werden, und zum anderen formeller Art, wodurch die jeweiligen Kontenabschlüsse in den Neben- und Systembüchern erreicht werden (siehe zur weiteren Differenzierung die Abbildung 2.11).

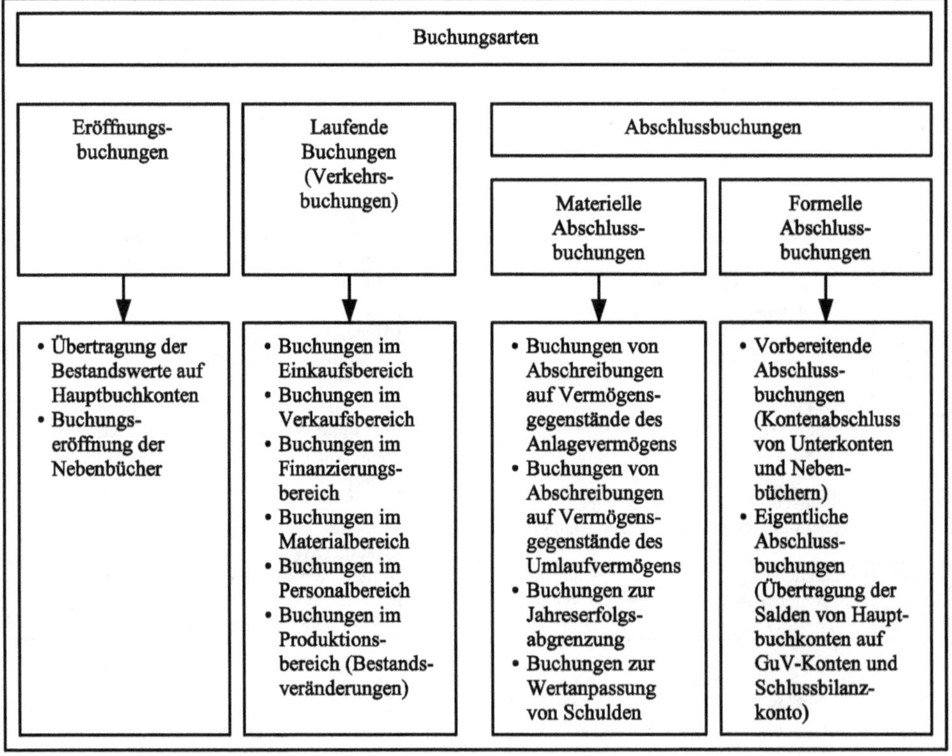

Abb. 2.11 Buchungsarten der Finanzbuchhaltung

Die Masse der Buchungen sind die Verkehrsbuchungen in einem Unternehmen, mit denen die laufenden Geschäftsvorfälle des Unternehmens während der Buchungsperiode dokumentiert werden. Daher sollen derartige Buchungssätze für einige wichtige Geschäftsvorfälle in Form eines Fallbeispiels dargeboten werden.

Die Siraboss GmbH fertigt und vertreibt Baumaschinen und Baugeräte. Für den Buchungsmonat Mai sind die folgenden buchungsrelevanten Geschäftsvorfälle angefallen:

(01) Auslieferung der Baumaschine „RUDI" an den Kunden Halloich GmbH gegen Rechnung in Höhe von 50 000 Euro zuzüglich 19 % Umsatzsteuer.

(02) Eingangsrechnung für Strom des Energieversorgungsunternehmens Romsk AG in Höhe von 4 760 Euro einschließlich 19 % Umsatzsteuer.

(03) Aufnahme eines Bankkredites von 300 000 Euro bei der Bank Ausleihgern mit Gutschrift auf dem Bankkonto.

(04) Entnahme von Rohstoffen aus dem Materiallager zum Buchwert von 6 000 Euro.

(05) Begleichung der ausstehenden Rechnung durch den Kunden Binich für das Baugerät „RALF" per Banküberweisung nach zutreffendem Skontoabzug von 3 % mit Bankgutschrift von 23 086 Euro.

(06) Bankgutschrift aus erhaltener Monatsmiete für die an die Lagerfreund GmbH vermietete Lagerhalle von umsatzsteuerfrei 5 000 Euro.

(07) Banklastschrift für die Monatszinsen aus dem Bankkredit des Kreditinstitutes Möchtegeld in Höhe von (umsatzsteuerfrei) 2 500 Euro.

(08) Bestandswerterhöhung an fertigen Baumaschinen im Buchungsmonat von 157 000 Euro.

(09) Barzahlung einer in der Baumaschinenfertigung von dem Unternehmen Sichersein GmbH durchgeführten Wartung an der Schweißanlage in Höhe von 1 428 Euro einschließlich 19 % Umsatzsteuer.

(10) Begleichung der ausstehenden Rechnung des Lieferanten Rohhibe GmbH durch Banküberweisung mit 13 090 Euro einschließlich 19 % Umsatzsteuer.

Für den Buchungsmonat Mai sollen die Buchungssätze formuliert werden. Da im Rahmen des Buchteils Rechnungswesen kein Kontenplan definiert werden soll, sind für die Buchungsvorgänge sachadäquate Kontenbezeichnungen zu wählen. Zusätzlich soll hinter dem jeweiligen Konto die zugehörige Kontoart (Aktivkonto, Passivkonto, Ertragskonto, Aufwandskonto) ergänzend angegeben werden.

Die Siraboss GmbH ist unbeschränkt umsatzsteuerpflichtig und in vollem Umfang zum Vorsteuerabzug berechtigt. Damit lösen die Einkaufsvorgänge Vorsteuer und die Verkaufsvorgänge Umsatzsteuer jeweils in Höhe von 19 % aus.

Nr. Vorgang	Buchungssatz			
	Sollbuchungsteil		Habenbuchungsteil	
	Kontobezeichnung und Kontoart	Betrag Soll	Kontobezeichnung und Kontoart	Betrag Haben
(01)	Forderungen aus Lieferungen und Leistungen (Aktivkonto)	59 500	Umsatzerlöse (Ertragskonto) Umsatzsteuer (Passivkonto)	50 000 9 500
(02)	Energieaufwand (Aufwandskonto) Vorsteuer (Aktivkonto)	4 000 760	Verbindlichkeiten aus Lieferungen und Leistungen (Passivkonto)	4 760
(03)	Bankguthaben (Aktivkonto)	300 000	Verbindlichkeiten gegenüber Kreditinstituten (Passivkonto)	300 000
(04)	Materialaufwand (Aufwandskonto)	6 000	Rohstoffe (Aktivkonto)	6 000
(05)	Bankguthaben (Aktivkonto) Erlösminderungen aus Umsatzerlöse (Ertragskonto) Umsatzsteuer (Passivkonto)	23 086 600 114	Forderungen aus Lieferungen und Leistungen (Aktivkonto)	23 800
(06)	Bankguthaben (Aktivkonto)	5 000	Mieterträge (Ertragskonto)	5 000
(07)	Zinsaufwand (Aufwandskonto)	2 500	Bankguthaben (Aktivkonto)	2 500
(08)	Fertige Erzeugnisse (Aktivkonto)	157 000	Bestandserhöhungen an fertigen Erzeugnissen (Ertragskonto)	157 000
(09)	Instandhaltungsaufwand (Aufwandskonto) Vorsteuer (Aktivkonto)	1 200 228	Kassenbestand (Aktivkonto)	1 428
(10)	Verbindlichkeiten aus Lieferungen und Leistungen (Passivkonto)	13 090	Bankguthaben (Aktivkonto)	13 090

Abb. 2.12 *Ergebnisse zum Fallbeispiel Siraboss GmbH*

2.5 Unternehmensdarstellung über den externen Jahresabschluss

2.5.1 Grundfragen des externen Jahresabschlusses

Aus den Buchungen der Finanzbuchhaltung hat der Kaufmann den Jahresabschluss aufzustellen. Der Jahresabschluss besteht für alle zur handelsrechtlichen Buchführung verpflichteten Kaufleute aus der Bilanz und der Gewinn- und Verlustrechnung (vgl. § 242 Abs. 3 HGB). Für Kapitalgesellschaften besteht der Jahresabschluss aus der Bilanz, der Gewinn- und Verlustrechnung und dem Anhang. Darüber hinaus haben sie einen Lagebericht aufzustellen, der zwar nicht Bestandteil des Jahresabschlusses aber Bestandteil der Rechnungslegung der Kapitalgesellschaften ist (vgl. § 264 Abs. 1 Satz 1 HGB). Daneben bestehen auch für andere Gesellschaftsformen gesetzliche Regelungen zu den Pflichtbestandteilen eines Jahresabschlusses (vgl. zur Rechtsform eines Unternehmens allgemein Teil I, Kap. 2.2.2).

Einzelkaufleuten werden erfolgsgrößenabhängig Erleichterungen eingeräumt mit der Folge, dass auf eine Buchführungspflicht dieser Kaufleute und damit ferner auf die Aufstellung eines handelsrechtlichen Jahresabschlusses verzichtet wird. Der Umfang der Verpflichtung zum Jahresabschluss für kapitalmarktorientierte Kapitalgesellschaften geht dagegen weiter, da diese den Jahresabschluss um eine Kapitalflussrechnung und einen Eigenkapitalspiegel zu erweitern haben, die mit der Bilanz, der Gewinn- und Verlustrechnung und dem Anhang gleichberechtigte Bestandteile des Jahresabschlusses sind. Die Bestandteile des Jahresabschlusses für einen Kaufmann nach dem HGB in Abhängigkeit von der Rechtsform und deren Ausgestaltung fasst die Abbildung 2.13 zusammen.

(1) Einzelkaufleute.

(11) Vorgegebene Schwellenwerte für Umsatzerlöse und Jahresüberschuss werden nicht überschritten.
Folge: Vollständige Befreiung von der handelsrechtlichen Buchführungs- und Rechnungslegungspflicht.

(12) Vorgegebene Schwellenwerte für Umsatzerlöse oder Jahresüberschuss werden überschritten.
Folge: Handelsrechtliche Buchführungs- und Rechnungslegungspflicht. Der Jahresabschluss besteht aus den Bestandteilen Bilanz sowie Gewinn- und Verlustrechnung.

(2) Personenhandelsgesellschaften mit wenigstens einem (unmittelbar oder mittelbar) persönlich haftenden Gesellschafter.
Folge: Handelsrechtliche Buchführungs- und Rechnungslegungspflicht. Der Jahresabschluss besteht aus den Bestandteilen Bilanz sowie Gewinn- und Verlustrechnung.

(3) Kapitalgesellschaften, die nicht kapitalmarktorientiert sind oder bei bestehender Kapitalmarktorientierung konzernrechnungslegungspflichtig sind.
Folge: Handelsrechtliche Buchführungs- und Rechnungslegungspflicht. Der Jahresabschluss besteht aus den Bestandteilen Bilanz, Gewinn- und Verlustrechnung sowie Anhang. Darüber hinaus ist ein Lagebericht aufzustellen.

(4) Personenhandelsgesellschaften ohne einen persönlich haftenden Gesellschafter.
Folge: Handelsrechtliche Buchführungs- und Rechnungslegungspflicht. Der Jahresabschluss besteht aus den Bestandteilen Bilanz, Gewinn- und Verlustrechnung sowie Anhang. Darüber hinaus ist ein Lagebericht aufzustellen.

(5) Kapitalgesellschaften, die kapitalmarktorientiert und nicht zur Aufstellung eines Konzernabschlusses verpflichtet sind.
Folge: Handelsrechtliche Buchführungs- und Rechnungslegungspflicht. Der Jahresabschluss besteht aus den Bestandteilen Bilanz, Gewinn- und Verlustrechnung, Anhang, Kapitalflussrechnung sowie Eigenkapitalspiegel. Darüber hinaus ist ein Lagebericht aufzustellen. Der Jahresabschluss kann um eine Segmentberichterstattung erweitert werden.

Abb. 2.13 *Bestandteile des handelsrechtlichen Jahresabschlusses in Abhängigkeit von der Rechtsform und deren Ausgestaltung*

Eine Kurzcharakterisierung zu den Inhaltselementen der Bestandteile einer Rechnungslegung für die Kapitalgesellschaften im Allgemeinen (im Sinne des § 264 Abs. 1 Satz 1 HGB) liefert die Abbildung 2.14.

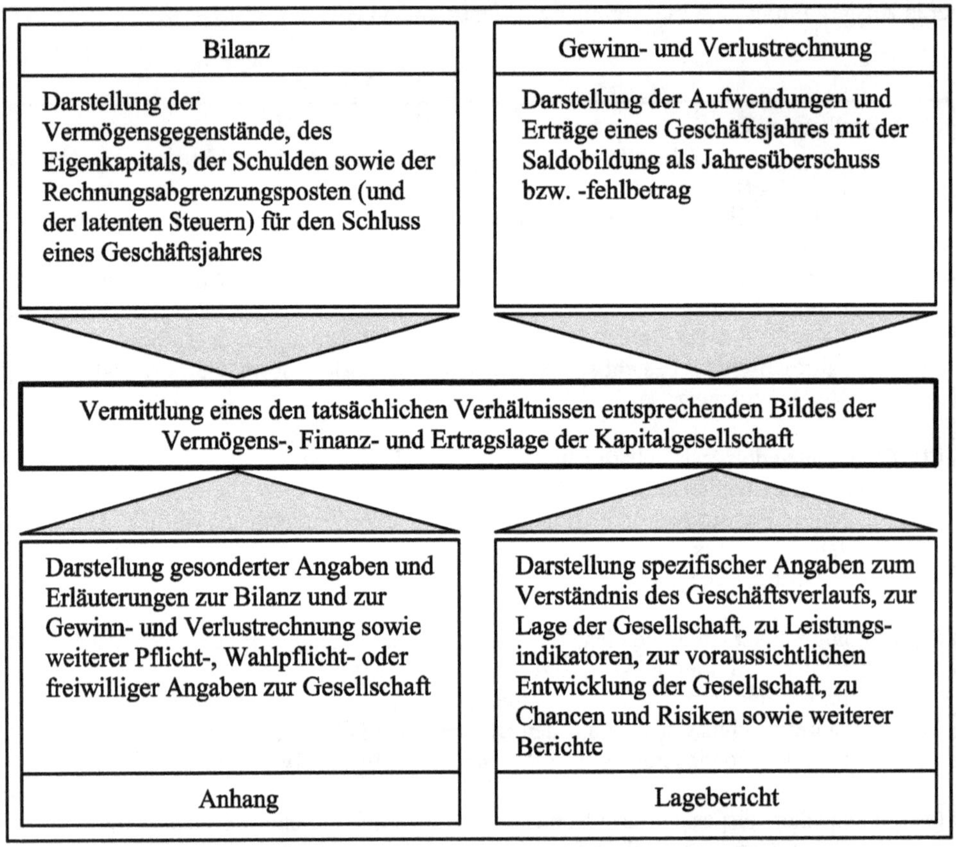

Bilanz
Darstellung der Vermögensgegenstände, des Eigenkapitals, der Schulden sowie der Rechnungsabgrenzungsposten (und der latenten Steuern) für den Schluss eines Geschäftsjahres
Gewinn- und Verlustrechnung
Darstellung der Aufwendungen und Erträge eines Geschäftsjahres mit der Saldobildung als Jahresüberschuss bzw. -fehlbetrag
Vermittlung eines den tatsächlichen Verhältnissen entsprechenden Bildes der Vermögens-, Finanz- und Ertragslage der Kapitalgesellschaft
Darstellung gesonderter Angaben und Erläuterungen zur Bilanz und zur Gewinn- und Verlustrechnung sowie weiterer Pflicht-, Wahlpflicht- oder freiwilliger Angaben zur Gesellschaft
Anhang
Darstellung spezifischer Angaben zum Verständnis des Geschäftsverlaufs, zur Lage der Gesellschaft, zu Leistungsindikatoren, zur voraussichtlichen Entwicklung der Gesellschaft, zu Chancen und Risiken sowie weiterer Berichte
Lagebericht

Abb. 2.14 *Strukturinhalte einer Rechnungslegung von Kapitalgesellschaften*

Für die Bilanzierung am Abschlussstichtag zeigen sich grundsätzlich drei anzugehende Komplexe, die die Bilanzaufstellung determinieren:

1. Bilanzierung dem Grunde nach (Ansatz)
   Es handelt sich um die Prüfung, ob ein einzelner Sachverhalt in der Bilanz angesetzt wird. Die Komponenten für die Ansatzprüfung sind: Ansatzfähigkeit, Ansatzverbot, Ansatzwahlrecht und Ansatzgebot.
2. Bilanzierung der Höhe nach (Bewertung)
   Es handelt sich um die Prüfung, mit welchem Betrag ein zu bilanzierender Sachverhalt in der Bilanz angesetzt wird. Die Komponenten für die Bewertungsprüfung sind: Bewertungsmethodenwahlrecht, Bewertungshöhenwahlrecht, Bewertungsbestimmtheit.

3. Bilanzierung der Stelle nach (Ausweis)
   Es handelt sich um die Prüfung, wie und wo ein bestimmter Sachverhalt in der Bilanz bzw. allgemein im Jahresabschluss angesetzt wird. Die Komponenten für die Ausweisprüfung sind: Formwahlrecht (Bezeichnung, Reihenfolge, Ort, Erläuterung), Formgebot.

2.5.2 Handelsbilanzielle Bewertungsprinzipien

Für die Aufstellung einer handelsrechtlichen Bilanz - vielfach kurz Handelsbilanz genannt - sind die geltenden Vorschriften des Handelsrechts heranziehen. Also ist eine Handelbilanz eine Bilanz, die auf handelsrechtlichen Vorschriften beruht. Die wichtigste gesetzliche Grundlage ist das Handelsgesetzbuch; daneben treten spezielle Vorschriften wie das Aktiengesetz (AktG) für Aktiengesellschaften, das GmbHG für Gesellschaften mit beschränkter Haftung, das GenG für Genossenschaften und weitere andere hinzu. Diese speziellen Vorschriften enthalten allerdings nur insgesamt geringe ergänzende Modifikationen; zentrale Bilanzierungsvorschriften des HGB beeinflussen sie nicht.

Das Handelsgesetzbuch erlaubt dem Bilanzierenden neben strikten Regelungen mit Pflichtcharakter zu Ansatz, Bewertung und Ausweis in Form von Geboten und Verboten auch die Ausübung einzelner Wahlrechte im Rahmen der Bilanzerstellung. Insgesamt sind die handelsrechtlichen Vorschriften für die Bilanzierung der Bilanzposten auf allgemeine Bewertungsprinzipien hin orientiert, die für die einzelnen Postengruppen der Bilanz formuliert werden können.

Unter Heranziehung der Bilanzierungsregelungen des Handelsgesetzbuches (HGB) mit Einbeziehung des Bilanzrechtsmodernisierungsgesetzes (BilMoG) lässt sich das in Abbildung 2.15 dargestellte System der Bewertungsprinzipien für die Handelsbilanz entwickeln.

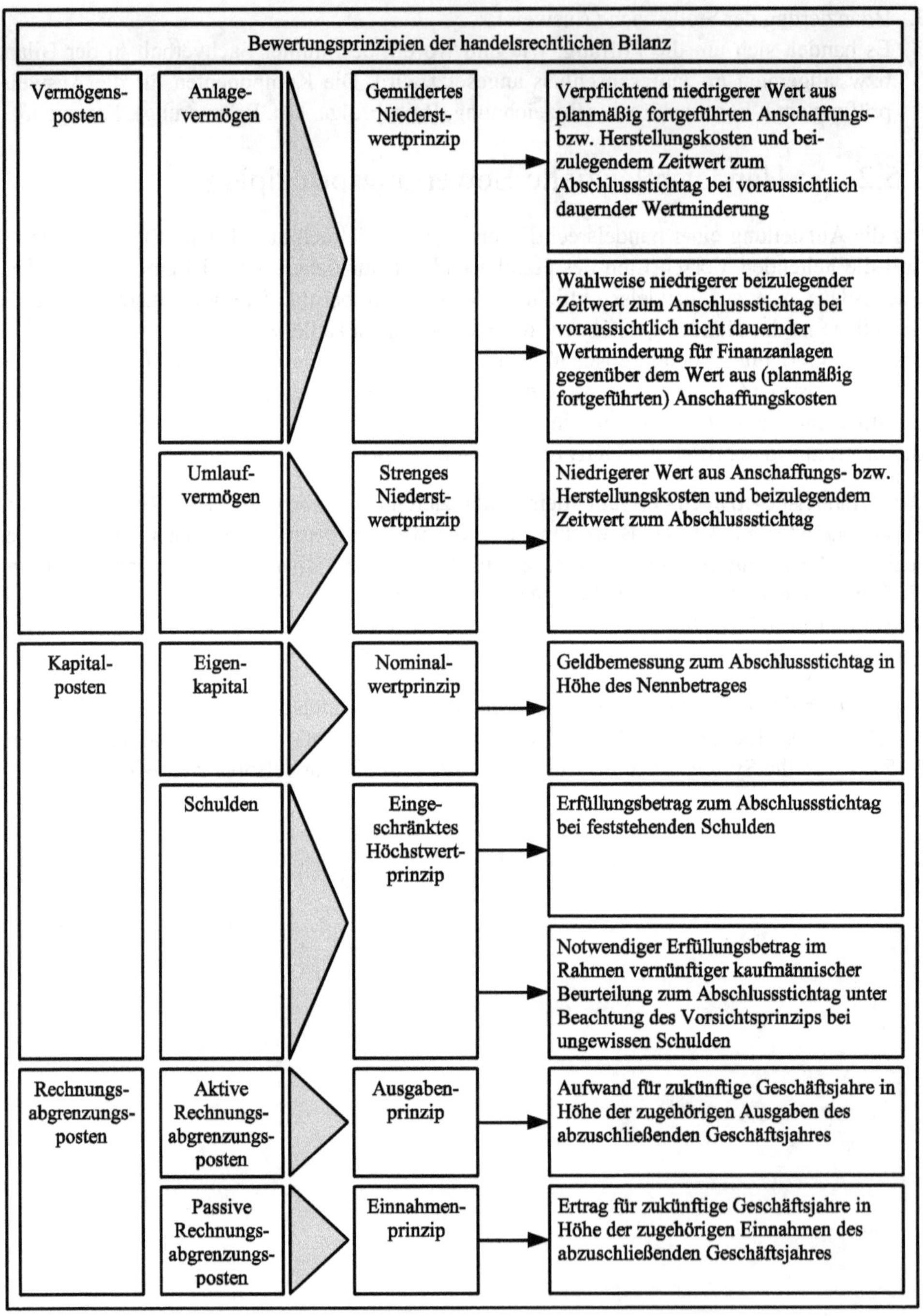

Bewertungsprinzipien der handelsrechtlichen Bilanz
Vermögens-posten
Anlage-vermögen
Gemildertes Niederst-wertprinzip
Verpflichtend niedrigerer Wert aus planmäßig fortgeführten Anschaffungs- bzw. Herstellungskosten und beizulegendem Zeitwert zum Abschlussstichtag bei voraussichtlich dauernder Wertminderung
Wahlweise niedrigerer beizulegender Zeitwert zum Anschlussstichtag bei voraussichtlich nicht dauernder Wertminderung für Finanzanlagen gegenüber dem Wert aus (planmäßig fortgeführten) Anschaffungskosten
Umlauf-vermögen
Strenges Niederst-wertprinzip
Niedrigerer Wert aus Anschaffungs- bzw. Herstellungskosten und beizulegendem Zeitwert zum Abschlussstichtag
Kapital-posten
Eigen-kapital
Nominal-wertprinzip
Geldbemessung zum Abschlussstichtag in Höhe des Nennbetrages
Schulden
Einge-schränktes Höchstwert-prinzip
Erfüllungsbetrag zum Abschlussstichtag bei feststehenden Schulden
Notwendiger Erfüllungsbetrag im Rahmen vernünftiger kaufmännischer Beurteilung zum Abschlussstichtag unter Beachtung des Vorsichtsprinzips bei ungewissen Schulden
Rechnungs-abgrenzungs-posten
Aktive Rechnungs-abgrenzungs-posten
Ausgaben-prinzip
Aufwand für zukünftige Geschäftsjahre in Höhe der zugehörigen Ausgaben des abzuschließenden Geschäftsjahres
Passive Rechnungs-abgrenzungs-posten
Einnahmen-prinzip
Ertrag für zukünftige Geschäftsjahre in Höhe der zugehörigen Einnahmen des abzuschließenden Geschäftsjahres

Abb. 2.15 *System handelsbilanzieller Bewertungsprinzipien*

Für die externe Unternehmensdarstellung ist die handelsrechtliche Bilanz die tragende Säule. Aus diesem Grunde ranken sich um die Bilanz auch anekdotische Bemerkungen. In Adaption von Pougin sei zum Kapitelende eine andere Einbindung der Bilanz gegeben (entnommen aus Pougin, 1990, S. 248).

Nach den neuesten Forschungen besteht das deutsche Volk aus drei Stämmen:
den Pleitionen,
den Schnorrmanen und
den Prolongobarden.
Sie gehören sämtlich zur Konfession der Wechsel-Protestanten. Kürzlich haben sie ihr Heiligtum in der Berliner Börse eingeweiht.
Über einer Verkehrstreppe erhebt sich in der Mitte das Grabmal des unbekannten Solventen. Es ist rechts flankiert durch die Statue der heiligen Konkursela, links von einem Standbild des heiligen Insolvenzel. Am Sockel des Grabmals befinden sich zwei allegorische Figuren: Die verschleierte Bilanz und die nackte Pleite, die ihre Blöße mit der Treuhand bedeckt.
Zur Einweihung wurde das Moratorium von Händel und zum Schluss das Niederländische Bankgebet gespielt.

Abb. 2.16 *Anekdotische Anmerkungen zur Bilanz*

3 Werteflüsse in der Kostenrechnung

3.1 Blickpunkt der Kostenrechnung

Die Kostenrechnung nimmt den inneren Blick auf das Unternehmen ein und bildet im Rahmen des Betriebszwecks die wertändernden Prozesse auf gebildete Strukturen und Objekte ab, die gewählter Gegenstand der kostenrechnerischen Betrachtung im Unternehmen sein sollen. Die von außerhalb des Unternehmens erwachsenden Bezüge werden in der Kostenrechnung immer dann relevant, wenn diese Wertänderungen im Unternehmen bewirken.

Die Finanzbuchhaltung als das Basis-Rechnungswesensystem für die Erfassung und Dokumentation von buchungsrelevanten Geschäftsvorfällen und der auf diesem Buchungsstoff aufbauende externe Jahresabschluss können von ihrer Konzeption her die Differenziertheit im Unternehmen nicht abbilden. Der Finanzbuchhaltung liegt als kleinste Organisationseinheit für die Erfassung des Datenstoffes die bilanzierende Einheit zugrunde. Für diese bilanzierende Einheit wird die Finanzbuchhaltung durchgeführt und ein Jahresabschluss aufgestellt. Darunter gibt es in der Finanzbuchhaltung keine organisatorische Buchungsebene. Die bilanzierende Einheit ist im typischen mit einem Unternehmen identisch, das rechtlich selbstständig ist, da für dieses als Kaufmann eine gesetzliche Buchführungs- und Rechenschaftslegungspflicht besteht. Denkbar wäre es, auch bilanzierende Einheiten für wirtschaftlich selbstständige Unternehmenseinheiten zu schaffen, für die dann separierbare Finanzbuchhaltungen existieren und überdies daraus getrennte interne Jahresabschlüsse generiert werden können. In diesem Falle würden die wirtschaftlich selbstständigen Unternehmenseinheiten als Bilanzstellen fungieren, die hierarchische Untereinheiten der rechtlich selbstständigen Gesellschaft wären. Allerdings würde mit diesem Vorgehen nur ein zusätzliches Objekt der Kontierung geschaffen sein, was zu einer umfassenden Wertschöpfungssicht des Unternehmens nur rudimentär zusätzlich etwas beitragen könnte.

Ferner ist die Finanzbuchhaltung vollständig pagatorisch angelegt, so dass Opportunitäten und andere Bewertungskonzepte nicht einfließen können. Insofern zeigt sich, dass über eine Kostenrechnung erreicht werden könnte, dass die Objekte, auf die Mengen und Werte abgebildet werden, vielfältig ausgestaltet werden können sowie das Wertkonzept, über das geldmäßig Bewegungs- und Bestandgrößen ausgedrückt werden, offener gehalten werden kann.

Insgesamt ist daher festzustellen, dass eine Kostenrechnung sich gegenüber einer Finanzbuchhaltung durch ein offenes Wertkonzept und durch differenziert schaffbare Objekte für die Darstellung wertbeeinflussender Geschäftstätigkeiten des Unternehmens auszeichnet.

Um die besonderen Fragestellungen deutlich zu machen, die mit einer Kostenrechnung anzugehen und zu lösen sind, und welche mit einer ausschließlichen Finanzbuchhaltung nicht aufgegriffen werden können, sollen die Zwecke, die mit einer Kostenrechnung verfolgt werden, systematisch aufgelistet werden (vgl. Abbildung 3.1).

(1) Hauptzwecke der Kostenrechnung

- Wirtschaftliche Steuerung der betrieblichen Vorgänge auf Arbeitsergebnisse (Planung, Durchführungsverfolgung, Kontrolle)
  → Steuerungsfunktion
- Gewinnung einer Basis zur Preisorientierung und Preisbeurteilung hinsichtlich
  - Verkaufspreise für Absatzgüter
  - Beschaffungspreise für Einkaufsgüter
  - Interne Verrechnungspreise für Austauschgüter zwischen Unternehmensbereichen

  → Preisfindungsfunktion
- Ermittlung des Produkterfolges sowie des Betriebserfolges in der Periode
  → Erfolgsermittlungsfunktion
- Lenkungs-, Planungs- und Entscheidungsunterstützung
  → Dispositionsfunktion
- Schaffung von Kosten-, Erlös- und Ergebnistransparenz in den Unternehmens- und Produktbereichen
  → Transparenzfunktion
- Entfaltung von Anreizverträglichkeits- und Motivationswirkungen zur Verhaltenseinwirkung
  → Verhaltensanreizfunktion
- Herstellung einer Kommunikationsfähigkeit und Sprachregelung über erfolgsbezogene Konsequenzen von Handlungen und deren Messung
  → Kommunikationsfunktion

(2) Nebenzwecke der Kostenrechnung

- Bestandsbewertung fertiger und unfertiger Erzeugnisse sowie eigenaktivierter Anlagen
- Bemessung von Schadensersatzforderungen
- Selbstkostenpreiskalkulation bei öffentlichen oder quasi-öffentlichen Aufträgen (wie Selbstkostenfestpreise, Selbstkostenrichtpreise, Selbstkostenerstattungspreise)
- Nachweis über die Verwendung erlangter öffentlicher Zuwendungen (z.B. Zuschüsse zur Technologieneuentwicklung)
- Kalkulation von Entgelten in definierten öffentlich regulierten Bereichen (z. B. Nutzungsentgelt für Stromnetze, Gasnetze oder Telekommunikationsnetze)
- Gewinnung und Bereitstellung von Daten für externe Statistiken

Abb. 3.1 *Eigenständige Zwecke der Kostenrechnung im Rahmen des Rechnungswesens*

Um den Kostenrechnungszwecken nachkommen zu können, lassen sich zwei Erscheinungsformen einer Kostenrechnungsabwicklung unterscheiden: die Abrechnungsorientierung der Kostenrechnung und die Dispositionsorientierung der Kostenrechnung. Bei der abrechnungsorientierten Kostenrechnung geht es vornehmlich um eine differenzierte Kostendarstellung, um unterschiedliche Kostenfeststellungen und Kostenaussagen zu ermöglichen. Die dispositionsorientierte Kostenrechnung stellt Kostendarstellungen für Kostenbeeinflussungen durch Entscheidungen im Unternehmen und deren Wirkungen in den Vordergrund. Beide Kostenrechnungsdarstellungen bedingen einander und dienen der Transparenz und Analyse im Unternehmen. Behandelt werden sie getrennt in nachfolgenden Unterkapiteln (siehe Kapitel 3.3 und 3.4).

3.2 Bezugsrahmen der Kostenrechnung

3.2.1 Wertkonzept der Kostenrechnung

Das offene Wertkonzept bedeutet, dass unterschiedliche nach der Zweckadäquanz zu beurteilende Wertbildungen möglich sind. Grundsätzlich wird auch in der Kostenrechnung von einer pagatorischen Wertbasierung ausgegangen, indem der Zahlungsbetrag eines Wertverbrauchs oder einer Wertentstehung von Gütern der direkte Wertansatz der Geldbemessung darstellt. Allerdings beruht diese zahlungsorientierte Wertbemessung ausschließlich auf der Beschaffungs- bzw. teils Absatzseite. Dagegen steht der nutzenorientierte Wertfindungsansatz, bei dem davon ausgegangen wird, welche alternative Verwendung durch eine konkret gewählte Alternative entgeht. Die gerade nicht mehr gewählte Verwendungsrichtung ist in seiner entgehenden geldbewerteten Höhe der Wertansatz für die Geldbemessung der festgelegten Verwendung. Der nutzenbezogene Geldwert ist also jener aus der nächstbesten entgangenen Gelegenheit. Dieses nutzenbezogene Wertkonzept hat den begründeten Vorteil der individuellen problemangepassten Wertfindung für sich, allerdings den schwerwiegenden Nachteil der Kenntnis isolierbarer in Betracht zu ziehender anderweitiger Verwendungen der Güter.

Daraus entsteht für die Kostenrechnung das grundsätzliche Dilemma des Wertkonzeptes. Es müssen für alle einzelnen Güterverwendungen die vollständigen Güterverwendungen zum ersten ermittelt werden können bzw. bekannt sein und dann zum zweiten je Güterverwendung isoliert von anderen Güterverwendungen geldmäßig bewertet werden können, also nicht interdependent sein. Da sich ein Unternehmen mit seinem Gebaren aber gerade durch arbeitsteilige, mehrzielbetonte, komplexe und vernetzte Aktivitäten auszeichnet, kann das nutzentheoretische Wertkonzept nicht allgemeingültig, stringent und widerspruchsfrei zur Anwendung kommen.

Für Standardsituationen in der Kostenrechnung kann das nutzenorientierte Wertkonzept auf das pagatorische Wertkonzept reduziert werden. Der nutzenorientierte Wert enthält Opportunitäten des geldmäßig angesetzten Nutzenentgangs. Der nutzenorientierte Wert entspricht dann dem zahlungsorientierten Wert, wenn der verwendete Preis zeitaktuell zum Bewertungszeitpunkt ist und die betrachtete Gütermenge in Bezug auf ihre Verwendung hinreichend zeitnah wiederbeschafft oder wiederhergestellt werden kann. Diese Standardsituation wird in der Kostenrechnung des häufigen auftreten oder angenommen, so dass eine unmittelbare pagatorische Wertübernahme in die Kostenrechnung erfolgen kann.

Bedingt durch ein zu konstituierendes Wertkonzept der Kostenrechnung können die aus der Finanzbuchhaltung bekannten Erfolgsgrößen Ertrag und Aufwand nicht übertragen werden, sondern werden in der Kostenrechnung durch die Erfolgsgrößen Erlöse und Kosten ersetzt. Die Abgrenzung und Bildung von Kosten erfolgt zum einen unter Rückgriff auf den Buchungsstoff der Finanzbuchhaltung und Überleitung in die Kostenrechnung. Ferner muss zum anderen eine Kostenbildung eigens für bestimmte Wertsachverhalte in der Kostenrechnung selbst erfolgen. Die Abbildung 3.2 zeigt Einzelheiten.

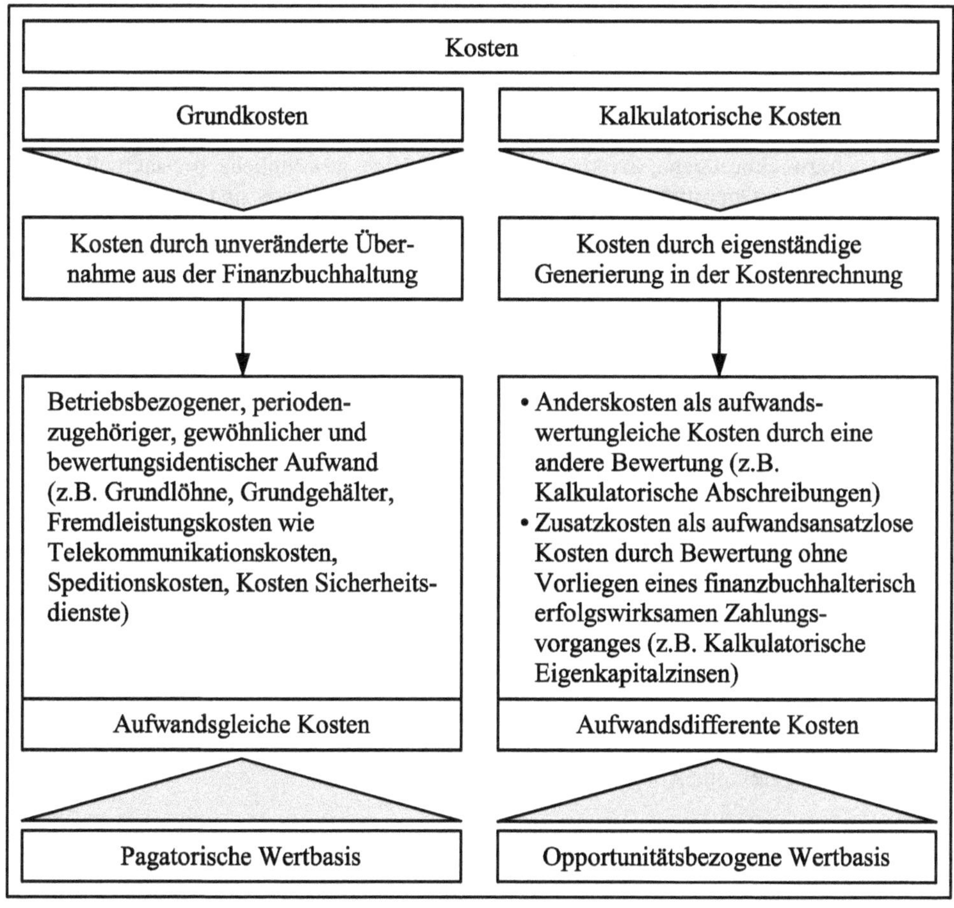

__Abb. 3.2__ Kostenherleitung innerhalb des Rechnungswesens

Die Kostenrechnung benutzt die eigenständigen Erfolgsgrößen Kosten, Erlöse und (Betriebs-)Ergebnisse als Wertveränderungsgrößen. Ihre Charakterisierung - im Sinne der Auffassung des Autors dieses Beitrages - liefert die Abbildung 3.3.

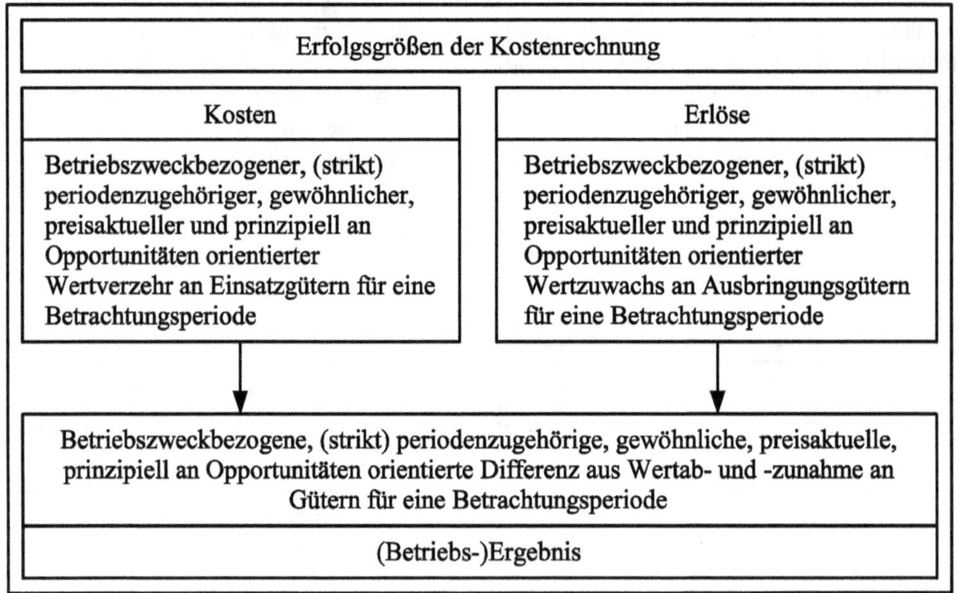

Abb. 3.3 *Kosten, Erlöse und Betriebsergebnis als Erfolgsgrößen der Kostenrechnung*

3.2.2 Objektklassen der Kostenrechnung

Generell bildet die Kostenrechnung Kosten, Erlöse und Ergebnisse auf eingerichtete Objekte ab. Diese Abbildung auf Objekte der Kostenrechnung geschieht durch Zurechnung oder Verrechnung. Dabei kann die Verrechnung direkt auf ein einzelnes Objekt, direkt auf eine Objektzusammenfassung oder indirekt über eine vorherige Aufteilung per Verteilungsschlüsselgröße auf einzelne Objekte oder Objektzusammenfassungen vorgenommen werden. Die Objekte der Kostenrechnung werden auch vielfach als Bezugsobjekte oder Bezugsgrößen in der Kostenrechnung bezeichnet. Die verschiedenen Objekte einer Kosten-, Erlös- und Ergebniszuweisung stellt die Abbildung 3.4 dar.

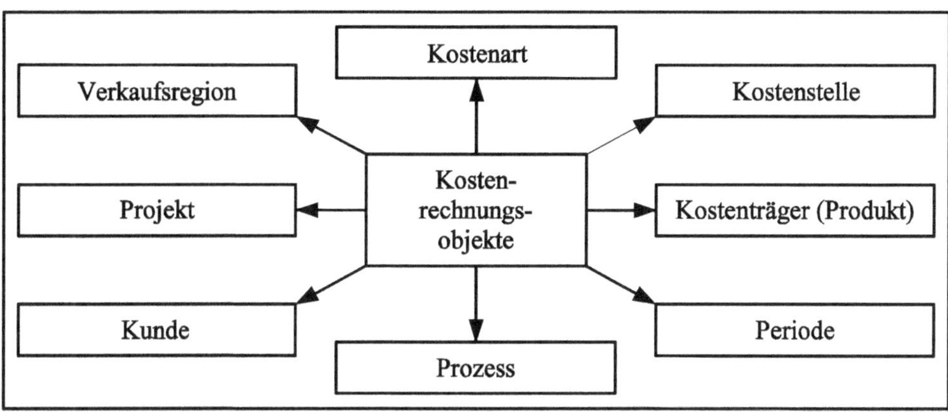

Abb. 3.4 Objekte in einer Kostenrechnung

Die klassischen und zentralen Objekte einer jeden Kostenrechnung sind Kostenarten, Kostenstellen und Kostenträger. In einer traditionellen ausgebauten Kostenrechnung werden also Kosten, Erlöse und Ergebnisse den Objekten Kostenarten, Kostenstellen und Kostenträgern zugewiesen. Abbildung 3.5 bringt die Objektrechnungen mit ihren Fragestellungen zum Ausdruck.

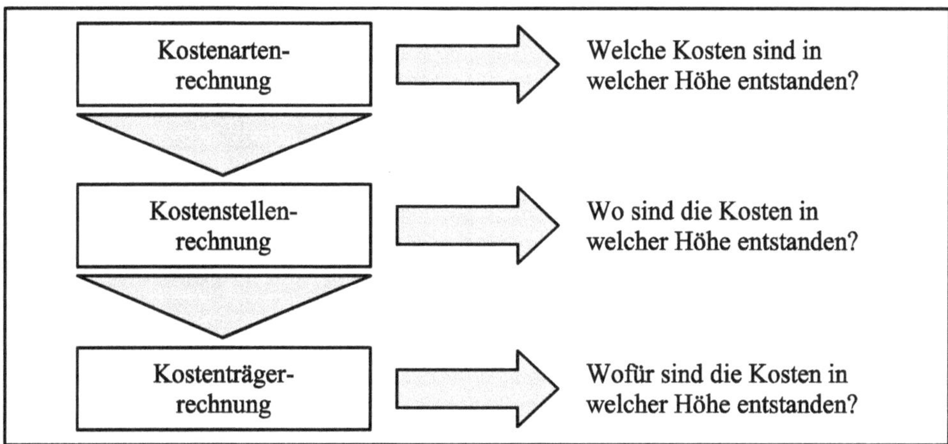

Abb. 3.5 Klassische Objektrechnungen der Kostenrechnung

3.3 Abrechnungsorientierung der Kostenrechnung

3.3.1 Einzelkosten und Gemeinkosten

Die mit Abstand wichtigste Differenzierung der Kosten für die abrechnungsorientierte Kostenrechnung ist diejenige in Einzelkosten und Gemeinkosten. Die Klassenbildung in Einzel- und Gemeinkosten beruht auf dem Kriterium der Zurechenbarkeit der betrachteten Kosten auf ein bestimmtes Bezugsobjekt. Da dem Kostenträger eine besondere Bedeutung zukommt, soll die Erläuterung auf dieses Bezugsobjekt ausgerichtet werden.

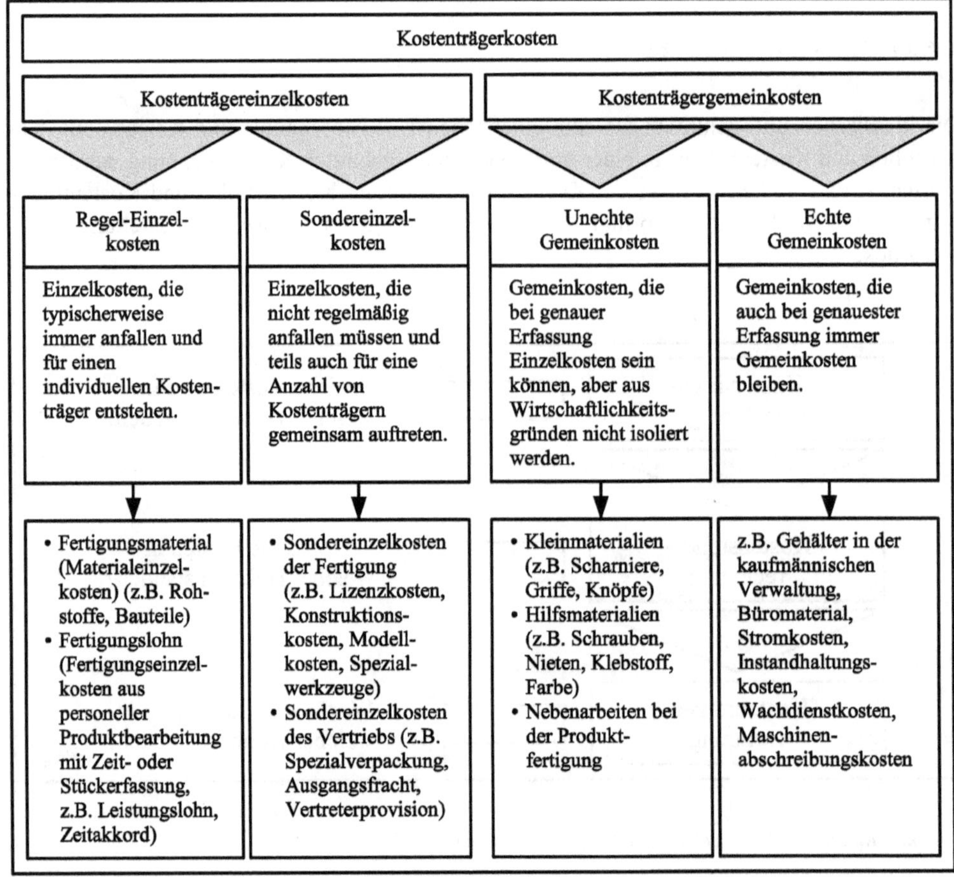

Kostenträgerkosten
Kostenträgereinzelkosten
Kostenträgergemeinkosten
Regel-Einzelkosten
Einzelkosten, die typischerweise immer anfallen und für einen individuellen Kostenträger entstehen.
Sondereinzelkosten
Einzelkosten, die nicht regelmäßig anfallen müssen und teils auch für eine Anzahl von Kostenträgern gemeinsam auftreten.
Unechte Gemeinkosten
Gemeinkosten, die bei genauer Erfassung Einzelkosten sein können, aber aus Wirtschaftlichkeitsgründen nicht isoliert werden.
Echte Gemeinkosten
Gemeinkosten, die auch bei genauester Erfassung immer Gemeinkosten bleiben.
• Fertigungsmaterial (Materialeinzelkosten) (z.B. Rohstoffe, Bauteile)
• Fertigungslohn (Fertigungseinzelkosten aus personeller Produktbearbeitung mit Zeit- oder Stückerfassung, z.B. Leistungslohn, Zeitakkord)
• Sondereinzelkosten der Fertigung (z.B. Lizenzkosten, Konstruktionskosten, Modellkosten, Spezialwerkzeuge)
• Sondereinzelkosten des Vertriebs (z.B. Spezialverpackung, Ausgangsfracht, Vertreterprovision)
• Kleinmaterialien (z.B. Scharniere, Griffe, Knöpfe)
• Hilfsmaterialien (z.B. Schrauben, Nieten, Klebstoff, Farbe)
• Nebenarbeiten bei der Produktfertigung
z.B. Gehälter in der kaufmännischen Verwaltung, Büromaterial, Stromkosten, Instandhaltungskosten, Wachdienstkosten, Maschinenabschreibungskosten

Abb. 3.6 Abrechnungsorientierte Unterteilung der Kostenträgerkosten

Einzelkosten in Bezug auf den Kostenträger liegen vor, wenn die betrachteten Kosten dem einzelnen Kostenträger direkt zugeordnet werden können. Entsprechend sind Gemeinkosten in Bezug auf den Kostenträger dadurch gekennzeichnet, dass die jeweiligen Kosten nicht unmittelbar einem einzelnen Kostenträger zugerechnet werden können. Sollen Gemeinkosten einem einzelnen Kostenträger belastet werden, so muss für die notwendige Kostenschlüsselung zum Zwecke der Kostenanteilermittelung ein Verteilungsschlüssel herangezogen werden. Gemeinkosten sind also im Hinblick auf die einzelne Kostenträgerbelastung immer geschlüsselte Kosten dieses Kostenträgers.

Für ein industrielles Unternehmen sollen, um aus der formalen Unterscheidung auch eine inhaltliche Unterscheidung zu erreichen, die Kostenträgereinzelkosten und -gemeinkosten kostenrechnerisch systematisch unterschieden und mit einzelnen Beispielen versehen werden (vgl. dazu die Abbildung 3.6).

3.3.2 Denkansatz der abrechnungsorientierten Kostenrechnung

Die abrechnungsorientierte Kostenrechnung will über Kostenzuweisungen auf die Objekte der Kostenrechnung aufzeigen, welche Kosten, Erlöse und Ergebnisse für diese Objekte herbeigeführt worden sind. Neben Einzelkosten werden den Objekten in der Regel auch Gemeinkosten über vorab festgelegte Verteilungsschlüssel zugewiesen. Über die vollständige Zuweisung soll erkennbar sein, welcher geldbewertete Güterverzehr und welche geldbewertete Güterentstehung mit dem betreffenden Objekt, z. B. Kostenstelle, einhergehen.

Die Abrechnungsorientierung der Kostenrechnung lässt sich über die Abrechnungsflüsse im Denkansatz begründet darlegen (vgl. Abbildung 3.7).

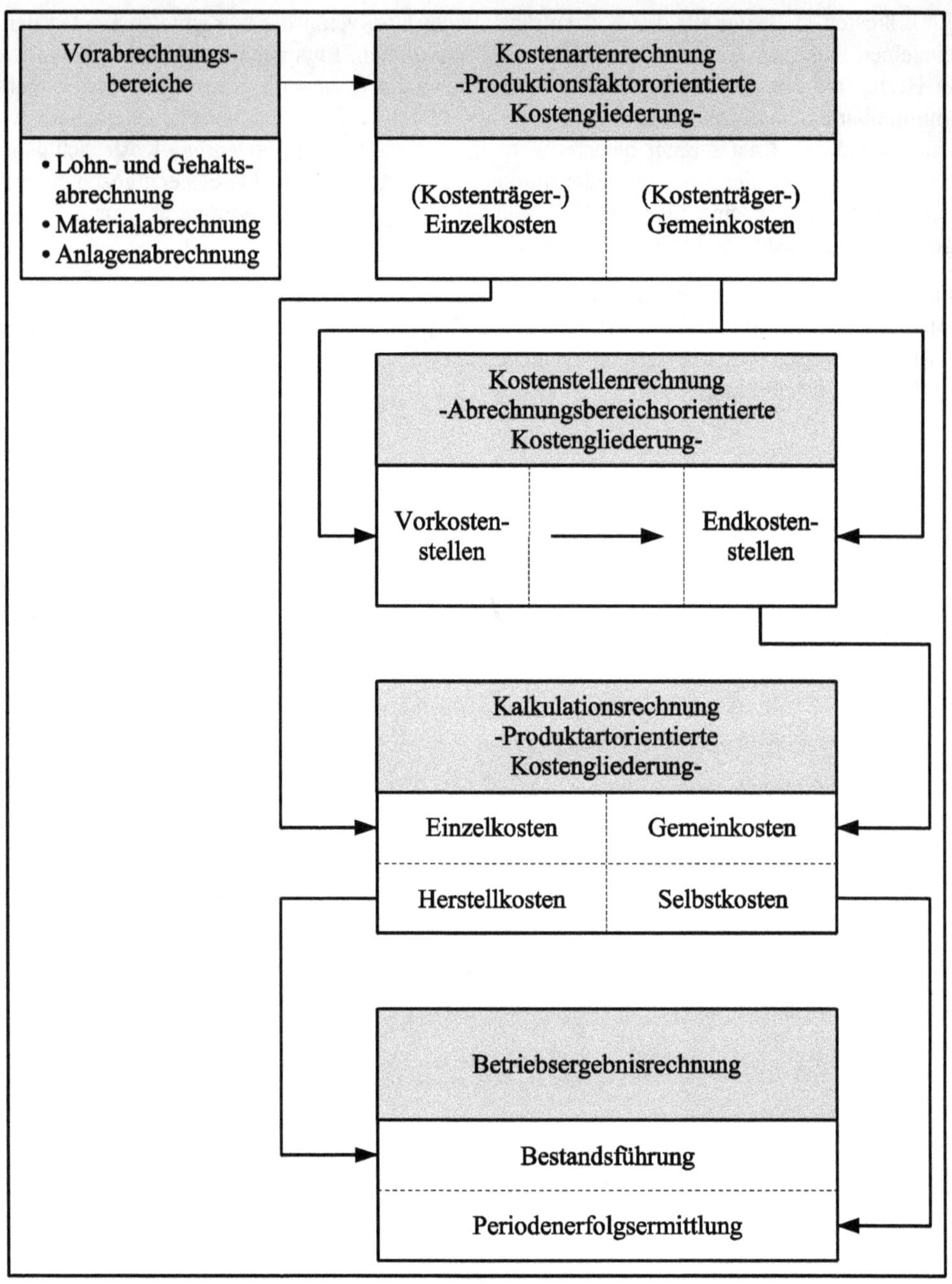

Abb. 3.7 Denkmodell der abrechnungsorientierten Kostenrechnung

In der Kostenartenrechnung wird eine Gliederung der Kosten nach den Einsatzfaktoren vorgenommen und die Kostenhöhe erfasst. Eine für die Verrechnung der Kosten auf weitere Objekte wesentliche Unterscheidung für die Kostenart ist ihre Einstufung als Einzel- und Gemeinkosten in Bezug auf den Kostenträger. Die Einzelkosten gehen direkt in die Produktkalkulation zur Belastung auf den Kostenträger ein, da ihre Entstehung auf den einzelnen Kostenträger zurückgeführt werden kann. Die Kostenarten, die Kostenträgergemeinkosten darstellen, werden im Rahmen der Kostenstellenrechnung den einzelnen Kostenstellen gewiesen, in deren Arbeitsbereich sie anfallen. Die Zuweisung der Kostenträgergemeinkosten auf Kostenstellen liefert eine abrechnungsbereichsorientierte Kostengliederung. Aus abrechnungsbezogener Sicht kann es sich bei den Kostenstellen um Vorkostenstellen oder Endkostenstellen handeln. Vorkostenstellen besitzen in der Kostenstellenrechnung nur vorläufig Kosten, während Endkostenstellen auch nach Abschluss der Kostenstellenrechnung Kosten aufweisen. Die Vorkostenstellen geben ihre Kosten im Zuge der innerbetrieblichen Leistungsverrechnung an andere Kostenstellen in der Weise ab, dass sie nach Beendigung der internen Leistungsverrechnung keine Kosten mehr aufweisen. Die Begründung finden Vorkostenstellen in der Tatsache, dass diese interne Leistungen erzeugen, also Leistungen für den Wiedereinsatz in anderen Kostenstellen. Die Endkostenstellen erbringen dagegen Produktleistungen, d. h. Arbeiten an den Produkten, die in den Außenabsatz gehen. Folglich nehmen die Endkostenstellen schließlich alle Kosten der Kostenstellenrechnung auf. Die Endkostenstellen verrechnen ihre Kosten in die Kalkulationsrechnung der Produkte. Die Kalkulationsrechnung liefert daher eine produktartorientierte Kostengliederung. Die Weitergabe der Kosten von Endkostenstellen in die Kalkulationsrechnung als Kostenträgerrechnung vollzieht sich über gebildete Kalkulationssätze. Diese ermöglichen es, über schlüsselbezogene Verrechnungen eine Belastung auf die einzelnen Produkte als einzelnem Kostenträger zu erreichen, um zusammen mit den aus der Kostenartenrechnung kommenden Einzelkosten des Kostenträgers die Kosten für eine Leistungsmengeneinheit des Produktes festzustellen. Wesentliche Produktkostenpositionen sind die Herstellkosten und die Selbstkosten. Während die Herstellkosten die mit der Fertigstellung des einzelnen Produktes verbundenen Kosten darstellen, enthalten die Selbstkosten alle im Rahmen des Produktgeschehens auftretenden Kosten, also auch diejenigen, die aus der Begleitung der Herstellung (Verwaltung) oder nachgelagert aus dem Vertrieb erwachsen. Die in der Kalkulationsrechnung ermittelten Kosten finden ihre Weitergabe in die Betriebsergebnisrechnung, um Kosten und Erfolg einer Periode zu bestimmen. Die abgesetzten Produkte werden zu Selbstkosten angesetzt, die Produkte, die den Lagerbestand erhöhen oder vermindern, zu den entsprechenden Herstellkosten. Unter Einbeziehung der Erlöse aus den Produkten lässt sich das Betriebsergebnis der Abrechnungsperiode für das Unternehmen insgesamt und auch für die einzelnen Produktarten festlegen.

Damit nicht alle Erfassungen in der Kostenrechnung erneut vorgenommen werden müssen, liefern Vorabrechnungsbereiche, die Kosten oder Erlöse beinhalten, diese im Rahmen ihrer Ermittlung auch an die Kostenrechnung weiter. Es handelt sich hier beispielsweise um die Lohn- und Gehaltsabrechnung, die Materialabrechnung und die Anlagenabrechnung. Es sind also vor allem die Nebenbuchhaltungen, die kostenrechnerisch relevanten Buchungsstoff verarbeiten. Die Verbindung dieser Vorabrechnungsbereiche wird über Datenfelder im Stammdatensatz des Vorabrechnungsbereichs (z. B. Kostenstellenangabe, Kostenträgerangabe) erreicht. Damit wird gewährleistet, dass ein Vorgang auch nur einmal buchungsrelevant bearbeitet werden muss, und zwar jeweils nur in der Ursprungserfassung.

3.3.3 Kostenartenrechnung

Über Kostenarten werden verbrauchte Einsatzgüter operationalisiert (vgl. zu den betriebswirtschaftlichen Produktionsfaktoren Teil V, Kap. 1.1). Das Objekt Kostenart dient dazu, gleiche und weitgehend ähnliche Verzehrsvorgänge betrieblichen Vermögens nach dem Entstehungsgrund unter einer gemeinsamen Kostenart zu subsumieren. Der Kostenartenrechnung kommt die Aufgabe zu, die Kosten einer Abrechnungsperiode nach Kostenarten zu erfassen, die Kostenhöhe festzustellen und die Kostenarten in einem systematischen Verzeichnis der Kostenarten - dem Kostenartenplan - auszuweisen. Dazu greift die Kostenartenrechnung zunächst auf die Datenbestände der Finanzbuchhaltung und ihrer Nebenbuchhaltungen zurück.

Die Bildung der Kostenarten beruht auf dem Kriterium der Art der verbrauchten originären Einsatzfaktoren (sog. natürliche Kostenarten). Dies führt zu den Kostenhauptgruppen Personalkosten, Materialkosten, Kapitalkosten, Drittleistungskosten sowie Öffentliche und gleichgestellte Abgaben. Die Abbildung 3.8 liefert eine Kurzcharakteristik verbunden mit einzelnen Beispielen.

Exemplarisch wird die Kostenartendarstellung für die Abschreibungskosten einer Abrechnungsperiode erörtert.

Abschreibungskosten gehören zu den Anderskosten und damit zu den kalkulatorischen Kosten. Sie werden für die Kostenrechnung separat ermittelt und unterscheiden sich von den bilanziellen (d. h. finanzbuchhalterischen) Abschreibungen im Allgemeinen in mehrfacher Hinsicht.

Abschreibungskosten erstrecken sich auf Wertminderungen, die typischerweise mit der Nutzung und der Verfügbarhaltung eines Anlagegutes einhergehen (z. B. Gebrauchsverschleiß und Zeitverschleiß). Außergewöhnliche Wertminderungen, die auf das Anlagegut einwirken (z. B. Katastrophenverschleiß oder Bedarfsänderungen), werden dagegen über sog. Anlagenwagnisse innerhalb der Wagniskosten als kalkulatorische Kosten vergleichmäßigend über die Jahre kostenbelastend berücksichtigt.

(1) Personalkosten
Inhalt: Kosten aus der Inanspruchnahme menschlicher Arbeitsleistungen des unternehmenseigenen Personals.
Beispiele: Grundlohn, Grundgehalt, Zulagen, Zuschläge, Sozialversicherungsbeiträge des Arbeitgebers, Weihnachtsgeld, Fahrtkostenerstattung, Berufsgenossenschaftsbeiträge, Lohnfortzahlung im Krankheitsfall durch den Arbeitgeber.

(2) Materialkosten
Inhalt: Kosten für materielle Verbrauchsgüter (sog. Repetierfaktoren).
Beispiele: Einsatzstoffe wie Roh-, Hilfs- und Betriebsstoffe, Bauteile und Einzelteile, Kleinwerkzeuge, Büromaterial, Energie.

(3) Kapitalkosten
Inhalt: Kosten aus der Kapitalnutzung und -bindung.
Beispiele:
- Abschreibungskosten (Kalkulatorische Abschreibungen)
  Kosten aus der Wertminderung an Gebrauchsgütern (sog. nichtmenschliche Potentialfaktoren) durch deren (vorgesehenen) Nutzungseinsatz.
- Zinskosten (Kalkulatorische Zinsen)
  Kosten aus der Kapitalüberlassung für Betriebseinsatzbindung (sog. zeitlicher Vorrätigkeitsverbrauch).
- Wagniskosten (Kalkulatorische Wagnisse)
  Kosten aus Verlustgefahren durch Betriebstätigkeit mit einzelnen Vermögensteilen (z. B. Forderungswagnis, Vorratsbeständewagnis, Sachanlagenwagnis).

(4) Drittleistungskosten
Inhalt: Kosten für extern bezogene Dienstleistungen.
Beispiele: Transportkosten, Frachtkosten, Instandhaltungskosten, Telekommunikationskosten, Fremdarbeitskosten, Kosten für Beratungsleistungen und Gutachten, Kosten für Brief- und Paketsendungen, Rechtsberatungskosten, Versicherungsprämien.

(5) Öffentliche und gleichgestellte Abgaben
Inhalt: Kosten im Rahmen der Rechts- und Wirtschaftsordnung der Volkswirtschaft.
Beispiele: Kostensteuern wie Grundsteuer, Kfz-Steuer, Hundesteuer, Gewerbeertragsteuer; daneben IHK-Beiträge, Handwerkskammerbeiträge, Beiträge zu Unternehmensverbänden, Schwerbehindertenausgleichsabgabe.

Abb. 3.8 *Charakterisierung natürlicher Kostenarten*

Für die Höhe der Abschreibungskosten eines Abrechnungsjahres sind bestimmend:

1. Abschreibungsausgangsbetrag
   Nach dem Wertkonzept der Kostenrechnung wird eine tagespreisaktuelle Bewertung angestrebt. Daher sind nicht die Anschaffungs- bzw. Herstellungskosten zugrunde zu legen, sondern der Tageswert einer neuen Anlage gleichen Typs. Dies kennzeichnet den sog. Tagesneuwert als den Zeitwert einer Anlage zum Ende des jeweiligen Abschreibungsjahres. Das gilt auch im Sinne der Opportunität, denn auf die Anschaffung einer neuen Anlage kann verzichtet werden. Weiterhin gereicht dieser Bewertung zum Vorteil, dass Anlagen gleicher Funktion, die zu unterschiedlichen Zeitpunkten erstangeschafft wurden,

preislich gleich bewertet werden. Die Ermittlung des Tagesneuwertes wird über eine Preisindexrechnung vorgenommen. Die Jahresabschreibung bezeichnet man mit Tagesneuwertabschreibung oder als Zeitwertabschreibung (ohne Nachholwirkung).
Der Tagesneuwert des jeweiligen Abschreibungsjahres wird bestimmt über den Ausdruck

$$\textbf{Anschaffungskosten} \cdot \frac{\textbf{Preisindexwert am Ende des Abschreibungsjahres t}}{\textbf{Preisindexwert zum Ende des Anschaffungszeitpunktes}}$$

2. Nutzungsdauer
   Die in der Kostenrechnung anzusetzende Nutzungsdauer ist die planmäßig erwartete Nutzungsdauer der Anlage. Bilanzielle Nutzungsdauern sind prinzipiell unbedeutsam (z. B. die Nutzungsdauern nach den sog. AfA-Tabellen).
3. Abschreibungsverfahren
   In der Kostenrechnung werden gleichmäßige Kostenbelastungen aus Abschreibungen im Sinne auch einer Kostenkontinuität bevorzugt, es sei denn, aus der konkreten Nutzung folgen preisunabhängig unterschiedlich hohe Wertminderungen in den Jahren. Die industrielle Praxis setzt nahezu ausschließlich das lineare Abschreibungsverfahren ein, wodurch der jeweilige Abschreibungsausgangsbetrag auf die Jahre der Nutzungsdauer bezogen wird. Gelegentlich kommt auch das leistungsmäßige Abschreibungsverfahren in Betracht, wenn das Leistungsvermögen der Anlage messbar ist und die Leistungsinanspruchnahme in den Nutzungsdauerjahren erkennbar verschieden ausfällt.

Zur Ermittlung der Abschreibungskosten wird ein Fallbeispiel gegeben.

Die Varaboss GmbH besitzt eine Trocknungsanlage vom Typ „Heissab", die unmittelbar zu Beginn des Jahres 2009 mit Anschaffungskosten von 250 000 Euro erworben wurde. Die geplante Nutzungsdauer liegt bei vier Jahren.

Die Preisentwicklung für Fertigungsanlagen kann durch die folgende Indexreihe adäquat beschrieben werden:

Ende Jahr	2007	2008	2009	2010	2011	2012
Indexwert	120	125	128	134	136	137

Abb. 3.9 *Preisindexentwicklung für Fertigungsanlagen*

Ermittelt werden sollen die jährlichen Abschreibungskosten der Trocknungsanlage Heissab für die Jahre 2009 und 2010, wenn die Abschreibungsberechnung auf Tagesneuwertbasis mit linearer Zeitabschreibung (ohne Nachholwirkung) erfolgt. Anzugeben ist auch der Tagesrestwert zum Ende des jeweiligen Abschreibungsjahres.

Ende Jahr	Tagesneuwert [EUR]	Abschreibungskosten [EUR/Jahr]	Tagesrestwert [EUR]
2009	250 000 · 128/125 = 256 000	256 000 : 4 = 64 000	256 000 - 64 000 = 192 000
2010	250 000 · 134/125 = 268 000	268 000 : 4 = 67 000	268 000 - 131 000 = 137 000

Abb. 3.10 *Ergebnisse zum Fallbeispiel Varaboss GmbH*

3.3.4 Kostenstellenrechnung

In der Kostenstellenrechnung werden den gebildeten Kostenstellen die ihnen zukommenden Kosten zugerechnet. Eine Kostenstelle bildet einen organisatorisch abgegrenzten Unternehmensteil, für den kostenrechnerisch selbstständig eine Abrechnung mit Kosten und Erlösen erfolgt. Die Kostenstelle ist Ort der Kostenentstehung aus Tätigkeiten, die der Kostenstelle obliegen, und folglich Ort der Kosten- und Leistungszurechnung. Über die Kostenstellenrechnung werden nebeneinander vornehmlich die zwei folgenden Zwecke verfolgt:
- Sicherung der Wirtschaftlichkeit der Tätigkeiten in den Kostenstellen;
- Gewinnung von Kalkulationssätzen für die Kostenträgerleistungen der Kostenstellen.

Kostenstellen werden in erster Linie nach den betrieblichen Funktionen gebildet, wobei zu bedenken ist, dass die einzelne Kostenstelle auch einen eigenständigen Verantwortungsbereich besitzt. Folgenden Grundsätzen für die Kostenstellenbildung sollte Rechnung getragen werden:
1. Homogenes Tätigkeitsfeld in der Kostenstelle;
2. Klarer und selbstständiger personaler Verantwortungsbereich;
3. Eindeutige und abgrenzbare Zuordnungsfähigkeit von Kosten und Erlöse;
4. Ermöglichung belegweiser Kontierungen;
5. Einfache Messbarkeit der Kostenstellenleistung über eine Bezugsgröße;
6. Wirtschaftlichkeit der Kostenstellentiefe (Keine Atomisierung des Unternehmens durch Auflösung in Kostenstellen).

Im Rahmen einer differenzierten Kostenbetrachtung trägt die Kostenstellenrechnung dazu bei, dass die Kostenarten auf den Kostenstellen erfasst, ausgewiesen, geplant, verfolgt und kontrolliert werden können. Insoweit ist die Kostenstellenrechnung auch die wesentliche Säule der Jahres- bzw. Budgetplanung des Unternehmens. Über die jeweilige Kostenstelle wird ein Berichtsbogen erzeugt, der Planzahlen und Istzahlen über Kostenarten und Erlösarten sowie Leistungskennzahlen dieser Kostenstelle enthält (sog. Kostenstellenbogen). Die Darstellung vertikal aneinander gereihter Kostenstellen wird in Lehre wie Praxis als Betriebsabrechnungsbogen bezeichnet. Ein solchen Betriebsabrechnungsbogen, gefüllt mit Istwerten für das Unternehmen Doraboss GmbH, zeigt die Abbildung 3.11.

Betriebsabrechnungsbogen des Monats Mai der „Doraboss GmbH“										
Zeilen-Nr.	Zeilenposition	Betrag	Kostenstellen							
			Gebäude	Instandhaltung	Material	Grundfertigung	Endfertigung	Verwaltung	Vertrieb
01	Kostenstellenmaterial	85 000	4 000	2 000	5 000	35 000	25 000	8 000	6 000
02	Hilfslöhne	188 000	2 000	10 000	7 000	93 000	68 000	3 000	5 000
03	Gehälter	124 000	0	0	4 000	14 000	8 000	67 000	31 000
04	Personalnebenkosten	200 000	1 600	8 000	7 200	80 000	57 600	29 200	16 400
05	Energiekosten	55 000	9 000	1 000	2 000	20 000	15 000	5 000	3 000
06	Instandhaltungskosten	42 000	5 000	0	3 000	18 000	10 000	4 000	2 000
07	Kalkulatorische Abschreibungen	118 000	20 000	1 500	2 500	44 500	31 400	10 100	8 000
08	Kalkulatorische Zinsen	68 000	24 000	500	1 500	13 000	21 000	6 000	2 000
09	Sonstige Kosten	70 000	4 400	2 000	7 800	12 500	14 000	17 700	11 600
10	Primäre Gemeinkosten	950 000	70 000	25 000	40 000	330 000	250 000	150 000	85 000
11	Verrechnung Gebäude		-70 000	2 000	6 000	30 000	18 000	10 000	4 000
12	Verrechnung Instandhaltung			-27 000	2 000	6 000	13 000	5 000	1 000
13	Primäre und sekundäre Gemeinkosten	950 000	0	0	48 000	366 000	281 000	165 000	90 000
14	Zuschlagsbasis				480 000	244 000	140 500	1 559 500	1 559 500
15	Zuschlagssatz				10%	150%	200%	10,58%	5,77%

Abb. 3.11 *Betriebsabrechnungsbogen der Doraboss GmbH*

Der Betriebsabrechnungsbogen (BAB) steht für die Abwicklung der Kostenstellenrechnung. Für den Betriebsabrechnungsbogen ist kennzeichnend, dass er in den Spalten die Kostenstellen aufweist und in den Zeilen Kostenausweispositionen enthält. Anhand des Betriebsabrechnungsbogens lassen sich die drei Verfahrensschritte der Kostenstellenrechnung anschaulich nahe bringen.

Die Abrechnungsschritte innerhalb der Kostenstellenrechnung sind zentral für die gesamte Kostenrechnung, da die Kostenstellenrechnung ein unverzichtbarer Teil einer jeden Kostenrechnung eines Unternehmens ist. Zudem stellt die Kostenstellenrechnung das Bindeglied zwischen Kostenarten- und Kostenträgerrechnung dar.

Die Abrechnungsschritte der Kostenstellenrechnung lassen sich wie folgt benennen, beschreiben und begründen.

1. Zuweisung der Kostenarten, die in der Regel Kostenträgergemeinkosten darstellen, auf die entsprechenden Kostenstellen (sog. Verrechnung primärer Gemeinkosten).
   Mit der Erfassung einer speziellen Kostenart als Objekt wird diese zugleich einer Kostenstelle als Objekt oder einem Kostenträger als Objekt zuerkannt. Dabei werden immer Kostenträgergemeinkosten belastend in die Kostenstellenrechnung übernommen, Kostenträgereinzelkosten ausnahmsweise dann, wenn sie nicht als Einzelkosten des Kostenträgers verrechnet werden sollen, sondern über die Kostenstellenrechnung zusammen mit den Kostenträgergemeinkosten auf den Kostenträger gelangen sollen. Kosten, die direkt einer einzelnen Kostenstelle zukommen, heißen Kostenstelleneinzelkosten, diejenigen, die zuvor über einen Verteilungsschlüssel aufgeteilt werden müssen, um eine Zuweisung auf eine bestimmte Kostenstelle zu erreichen, Kostenstellengemeinkosten. Der Kostenverteilungsschlüssel kann auf Mengen (Mengenschlüssel, z.B. Anzahl der Beschäftigten, Arbeitsstunden) oder auf Werten (Wertschlüssel, z.B. Gehaltskosten, Anlagenrestwerte) beruhen. Zur Erhöhung der sachlichen Genauigkeit und der Akzeptanz der Kostenstellenrechnung sollten die Kostenstelleneinzelkosten dominieren. Für die Buchung in der Finanzbuchhaltung (primäre Vorgänge) und in der Betriebsbuchhaltung (sekundäre Vorgänge) ist die Kostenstelle Kontierungsobjekt.
   Der Betriebsabrechnungsbogen der Doraboss GmbH macht die primäre Gemeinkostenverrechnung in den BAB-Zeilen Nr. 01 bis 10 ersichtlich.
2. Verrechnung von Kostenstellenkosten nach Maßgabe des internen Leistungsaustausches zwischen Kostenstellen (sog. Verrechnung sekundärer Gemeinkosten oder auch sog. Innerbetriebliche Leistungsverrechnung)
   Kostenstellen, die interne Leistungen erbracht haben, verrechnen die Kosten aus der Leistungserbringung an die Kostenstellen, die die Leistungen bezogen haben. Dazu erhält die Leistung empfangende Kostenstelle eine Kostenbelastung als sekundäre Kosten auf der Grundlage der Höhe ihres Leistungsmengenbezuges. Im Gegenzug erhält die Leistung abgebende Kostenstelle eine Kostengutschrift als sekundäre Erlöse in betragsgleicher Höhe der Kostenweitergabe. Dies entspricht im übrigen einem formalen Buchungssatz über den einzelnen Leistungsaustausch, der organisatorisch in der Betriebsbuchhaltung gebucht wird. Im Rahmen einer Istabrechnung entlasten sich alle Vorkostenstellen verfahrensmäßig dergestalt, dass nach Abschluss der gesamten Leistungsverrechnung nur noch die Endkostenstellen Kosten besitzen.

Für die Durchführung der Leistungsverrechnung stehen verschiedene Verfahren zur Verfügung, auf die hier nicht eingegangen werden soll (vgl. zur Darstellung und Beurteilung der Verfahren der internen Leistungsverrechnung z. B. Jandt, 2004, S. 759 - 766).
Im Betriebsabrechnungsbogen der Doraboss GmbH ist die innerbetriebliche Leistungsverrechnung und deren Abschluss in den BAB-Zeilen Nr. 11 bis 13 zu erkennen.

3. Ermittlung von Kalkulationssätzen für die nach der internen Leistungsverrechnung Kosten tragenden Kostenstellen
Nach dem Vollzug der Leistungsverrechnung weisen die Kostenstellen, die einen Produktbezug besitzen, d. h. die Endkostenstellen, insgesamt alle Kosten in dem Gesamtbetrag auf, die in den BAB als primäre Kosten Eingang gefunden haben. Diese Endkostenstellen geben ihre Kosten in die Produktkalkulation der Kostenträgerrechnung ab. Dazu sind Kalkulationssätze zu bestimmen, die es gestatten, die Kostenstellenkosten der Endkostenstellen auf die einzelnen Produkte weiterzuverrechnen. Da es sich um Kostenträgergemeinkosten handelt, gibt es keine direkte Zuweisung zum Kostenträger. Daher bedarf es einer Bezugsgröße - speziell Zuschlagsbasis genannt - auf dessen Grundlage eine Kostenabgabe in die Kalkulation der Produkte ermöglicht wird. Für die Bezugsgröße wird eine Proportionalität der Entwicklung der festgelegten Bezugsgröße der jeweiligen Kostenstelle zu deren Kostenstellenkosten unterstellt. Über die Bezugsgröße wird eine Beziehung zum einzelnen Kostenträger hergestellt. Diese Bezugsgröße ist sachlich begründet festzustellen. Als Beispiel wird die Materialkostenstelle gewählt. In der Materialkostenstelle fallen Aktivitäten wie Einkaufsvorgänge (z.B. Einkaufsvorbereitung, Lieferantenauswahl, Bestellabwicklung), Eingangslagervorgänge (z.B. Materialannahme, Materialeinlagerung, Materialbestandsführung, Materialauslagerung) und Qualitätssicherungsvorgänge (z.B. Materialprüfung) an. Damit lässt sich für ein industrielles Unternehmen folgern, dass dem Umgang mit Fertigungsmaterial mengen- und wertmäßig die größte Bedeutung zukommt. Da das Fertigungsmaterial zu den Kostenträgereinzelkosten zählt und dem einzelnen Kostenträger direkt zugeordnet werden kann, lässt es dieses als geeignete Zuschlagsbasis für die Kostenstellenkosten des Materialbereichs (= Materialgemeinkosten) erscheinen. Mit dieser Überlegung wird verbunden, dass eine Änderung der Höhe des Fertigungsmaterials auch eine proportionale Änderung der Höhe der Materialgemeinkosten erwarten lässt. Zur Berechnung des Materialgemeinkostenzuschlagssatzes als Kalkulationssatz werden die Materialgemeinkosten als Kostenstellenkosten des Materialbereichs auf das Fertigungsmaterial bezogen und, um eine Prozentzahl zu erhalten, mit 100 Prozent multipliziert. Eine entsprechende Vorgehensweise gilt auch für die anderen Endkostenstellen. Für die Fertigungskostenstelle wird als klassische Zuschlagsbasis der jeweilige Fertigungslohn der Fertigungsstelle herangezogen, während für die Verwaltungs- wie auch Vertriebskostenstelle für die Gewinnung einer Zuschlagsbasis auf die synthetisch zu ermittelnden Herstellkosten abgestellt wird. Die Herstellkosten stellen die Summe aus Fertigungsmaterial, Materialgemeinkosten, Fertigungslöhne, Fertigungsgemeinkosten und Sondereinzelkosten der Fertigung dar.
Der Betriebsabrechnungsbogen der Doraboss GmbH weist die Kalkulationssatzermittlung in den BAB-Zeilen Nr. 13 bis 15 aus.

3.3.5 Kostenträgerkalkulationsrechnung

Das Objekt Kostenträger nimmt die Kosten für seine Entstehung, Fertigstellung und Weitergabe an den Abnehmer auf. Im Rahmen der Kostenträgerkalkulationsrechnung werden die Kosten für eine Leistungsmengeneinheit der betreffenden Produktart als dem Kostenträger ermittelt. Wichtige Kalkulationspositionen sind dabei die Herstellkosten und die Selbstkosten eines Kostenträgers. Der Kostenträger ist in der abrechnungsorientierten klassischen Kostenrechnung das endgültige Zurechnungsobjekt der Kosten.

Die Produktmengeneinheit der Leistung kann in einem Stück, einem Längenmaß (z. B. Meter), einem Flächenmaß (z. B. qm), einem Volumenmaß (z. B. Liter), einem Gewichtsmaß (z. B. kg) ausgedrückt sein oder aus einem Auftrag, einem Los, einer Charge, einer Partie oder einem Gebinde bestehen.

Generell handelt es sich bei einem Kostenträger um Leistungsbündel des Unternehmens, dessen Erstellung Kosten hervorruft und welches eigenständig als Produkt kalkuliert werden soll. Daher stellen Kostenträger Arbeitsergebnisse des Unternehmens dar, die mit ihrer definierten Nutzenstiftung einen aktuellen oder potentiellen Abnehmer finden sollen. Der Kostenträger kann im üblichen Sinne eine Marktleistung sein, wobei ein Außenabsatz des Kostenträgers beabsichtigt ist, oder eine Innenleistung, bei der es um einen Einsatz des Kostenträgers innerhalb des Kosten abrechnenden Unternehmens geht.

Zur Erfassung und Darstellung der Kosten auf einen vorbestimmten Kostenträger existiert eine Vielzahl von Kalkulationsverfahren. Die Kalkulationsverfahren legen die verlangte Vorstrukturierung der kostenrechnerischen Daten, die Komplexität des Berechnungsschemas und die Anwendungsvorausetzungen fest. Die Verfahrensanwendung eines Kalkulationsverfahren hängt vor allem von der Übereinstimmung der Produkte untereinander, dem Arbeitsablauf der Produktentstehung und seiner Vernetzung, der Organisationsform der Fertigung, den technologischen Bedingungen und dem Kosteninformationsverhalten im Unternehmen ab.

Die größte praktische Bedeutung in der Industriefertigung kommt der differenzierenden (Lohn-)Zuschlagskalkulation zu. Es ist das grundlegende Kalkulationsverfahren für heterogene Produkte bei Serien- und Einzelfertigung.

Die differenzierende Zuschlagskalkulation weist folgende Merkmale auf:

- Trennung der Kosten in Einzel- und Gemeinkosten in Bezug auf den Kostenträger.
- Zuweisung der Einzelkosten aus der Kostenartenrechnung direkt auf den einzelnen Kostenträger.
- Verrechnung der Gemeinkosten aus der Kostenstellenrechnung über die separat gebildeten Gemeinkostenzuschlagssätze der Endkostenstellen proportional zu den jeweils zugrunde gelegten Zuschlagsbasen auf den einzelnen Kostenträger.

Die Abbildung 3.12 gibt das Kalkulationsschema der differenzierenden Lohnzuschlagskalkulation mit den Zuordnungs- und Rechenoperationen an.

<table>
<tr><td>Fertigungsmaterial</td><td rowspan="2">Materialkosten</td><td rowspan="5">Herstellkosten</td><td rowspan="8">Selbstkosten</td></tr>
<tr><td>Materialgemeinkosten
(als Zuschlag auf das
Fertigungsmaterial)</td></tr>
<tr><td>Fertigungslohn
je Fertigungshauptstelle</td><td rowspan="3">Fertigungs-
kosten</td></tr>
<tr><td>Fertigungsgemeinkosten
(als jeweils getrennter Zuschlag
auf den Fertigungslohn je
Fertigungshauptkostenstelle)</td></tr>
<tr><td>Sondereinzelkosten der
Fertigung</td></tr>
<tr><td colspan="2">Verwaltungsgemeinkosten
(als Zuschlag auf die Herstellkosten)</td><td rowspan="3">Verwaltungs-
und
Vertriebskosten</td></tr>
<tr><td colspan="2">Vertriebsgemeinkosten
(als Zuschlag auf die Herstellkosten)</td></tr>
<tr><td colspan="2">Sondereinzelkosten des Vertriebs</td></tr>
</table>

Abb. 3.12 *Aufbau der differenzierenden Lohnzuschlagskalkulation*

Um das Kalkulationsverfahren der differenzierenden Lohnzuschlagskalkulation angewandt zu zeigen, wird ein Fallbeispiel gebildet.

Die Peraboss GmbH fertigt und vertreibt im Rahmen ihres Produktprogramms der Gartenwerkzeuge und Gartenpflegemaschinen unter anderem den Aufsitzrasenmäher „Waldemar".

Die Kalkulationsdaten je Mengeneinheit Waldemar stehen wie folgt zur Verfügung:

Kostenposition	Kalkulationssatz
Rohmaterialien	480,00 [EUR/ME]
Bau- und Einzelteile	1 170,00 [EUR/ME]
Fertigungslohn Grundfertigung	220,00 [EUR/ME]
Fertigungslohn Endfertigung	152,00 [EUR/ME]
Sondereinzelkosten der Fertigung	155,35 [EUR/ME]
Sondereinzelkosten des Vertriebs	80,00 [EUR/ME]
Materialgemeinkostenzuschlagssatz	8,5 [%]
Fertigungsgemeinkostenzuschlagssatz Grundfertigung	210 [%]
Fertigungsgemeinkostenzuschlagssatz Endfertigung	145 [%]
Verwaltungsgemeinkostenzuschlagssatz	15 [%]
Vertriebsgemeinkostenzuschlagssatz	9 [%]

Abb. 3.13 *Kalkulationsdaten je Mengeneinheit Waldemar*

Es soll kostenrechnerisch inhaltlich strukturiert eine Produktkalkulation mit der Ermittlung der Selbstkosten für den Aufsitzmäher Waldemar aufgestellt werden.

Kostenposition	Berechnungsverfahren	Kalkulationskosten [EUR/ME]	
Rohmaterialien		480,00	
Bau- und Einzelteile		1 170,00	
Fertigungsmaterial	480,00 + 1 170,00	1 650,00	
Materialgemeinkosten	1 650,00 · 0,085	140,25	
Materialkosten	1 650,00 + 140,25		1 790,25
Fertigungslohn Grundfertigung		220,00	
Fertigungsgemeinkosten Grundfertigung	220,00 · 2,10	462,00	
Fertigungslohn Endfertigung		152,00	
Fertigungsgemeinkosten Endfertigung	152,00 · 1,45	220,40	
Sondereinzelkosten der Fertigung		155,35	
Fertigungskosten	220,00 + 462,00 + 152,00 + 220,40 + 155,35		1 209,75
Herstellkosten	1 790,25 + 1 209,75		3 000,00
Verwaltungsgemeinkosten	3 000,00 · 0,15	450,00	
Vertriebsgemeinkosten	3 000,00 · 0,09	270,00	
Sondereinzelkosten des Vertriebs		80,00	
Verwaltungs- und Vertriebskosten	450,00 + 270,00 + 80,00		800,00
Selbstkosten	3 000,00 + 800,00		3 800,00

Abb. 3.14 *Ergebnisse zum Fallbeispiel Peraboss GmbH*

Der Aufsitzrasenmäher Waldemar der Peraboss GmbH weist Selbstkosten in Höhe von 3 800,00 Euro auf. Es ist dies die Ressourcenbeanspruchung in Form von Kosteneinsatzgütern, die dem Kostenträger Waldemar zum einen Teil direkt als Einzelkosten und zum anderen Teil über eine Schlüsselung als Gemeinkosten zukommt.

Die Komplexität der Kostenverrechnung auf Produkte zur Ermittlung der Produktkosten im Rahmen der Kalkulation lässt sich reduzieren, wenn die Situation homogener Mehrprodukte vorliegt. Als Kalkulationsverfahren kommt dann die Äquivalenzziffernkalkulation in Betracht. Eine Vereinfachung der Kalkulation ergibt sich insbesondere aus der Verwendung direkt produktmengenbezogener Zuschlagsbasen für die Zurechnung von Kostenstellenkosten auf die zu kalkulierenden Produkte im Vergleich zur Situation heterogener Produkte. Homogene Produkte sind in ihrer Art ähnliche Produkte. Ihre Ähnlichkeit entsteht durch die Verwendung gleicher Grundstoffe, durch die Nutzung derselben Fertigungsanlagen oder durch weitgehend gleiche Abläufe im Fertigungsprozess. In der Regel treten alle Ähnlichkeitsmerkmale gemeinsam auf.

Die Äquivalenzziffernkalkulation ist typisch für die Sortenfertigung. Bei der Sortenfertigung werden fertigungsverwandte Produktarten (sog. Sorten) jeweils nacheinander in einer größeren Menge als ein geschlossener Posten (sog. Los) hergestellt, wobei ein Sortenwechsel im Allgemeinen fertigungstechnische Umstellungen (sog. Umrüstungen) erforderlich macht. Anwendungsfälle für die Äquivalenzziffernkalkulation sind z. B. Walzwerke, Drahtziehereien, Webereien/Spinnereien, Müllereien sowie Unternehmen der Steinzeug-, Süßwaren-, Papier- und Zellstoffindustrie.

Die traditionelle Äquivalenzziffernkalkulation besitzt folgende Kennzeichen:

- Betrachtung der gesamten Kosten bzw. der gebildeten Kostenstellenkosten als Einheit, wodurch eine getrennte Erfassung von Kostenträgereinzelkosten und -gemeinkosten entbehrlich ist.
- Formulierung einer Äquivalenzziffer für jede Sorte als Umrechnungsrelation, die das Kostenverhältnis einer jeden Sorte je Produktmengeneinheit zwischen den zu kalkulierenden Sorten wiedergibt.
- Kostenzurechnung auf die Sorten nach Maßgabe von über die Äquivalenzziffern gleichnamig gemachten Einheitsproduktverhältnisse.

Die Abbildung 3.15 zeigt das Kalkulationsschema der Äquivalenzziffernkalkulation, in dem auch die Rechenoperationen zur Findung der Sortenkosten ihren Niederschlag finden.

Sorte (1)	Produkt- menge (2)	Äquiva- lenzziffer (3)	Einheits- menge (4) = (2) · (3)	Kosten je ME (5) = (*) · (3)	Kosten je Sorte (6) = (5) · (2)
Insgesamt					

Dabei gilt die Beziehung:

$$\textbf{Kosten je ME der Einheitsmenge (*)} := \frac{\textbf{Kosten [EUR / Periode]}}{\textbf{Einheitsmenge gesamt [ME / Periode]}}$$

Abb. 3.15 *Aufbau der Äquivalenzziffernkalkulation*

Die Höhe der zu ermittelnden Produktkosten wird entscheidend durch die vor der Kalkulationsrechnung festgelegten Äquivalenzziffern geprägt. Sie legen die Kostenrelation je Produktmengeneinheit der in die Kalkulation einbezogenen Sorten von vornherein fest. Damit wird eine Kostenproportionalität zwischen den Sorten je Stück postuliert, die folgerichtig auch für jede Kostenart gilt. In der Praxis werden die Äquivalenzziffern als Gewichtungsfaktoren regelmäßig aus Erfahrungswerten der Vergangenheit auf der Grundlage unternehmenstechnischer Gegebenheiten kombiniert mit Plausibilitätsüberlegungen hergeleitet.

Die Äquivalenzziffernkalkulation verlangt in ihrer einfachsten Form, dass nur eine einzige Produktmenge je Sorte auftritt (sog. einfache Äquivalenzziffernkalkulation). Dies bedeutet die Übereinstimmung von Produktions- und Absatzmengen sowie die Unveränderlichkeit der Mengen von Zwischenerzeugnissen bei mehrstufiger Fertigung. Gilt diese Bedingung nicht, dann muss für die jeweils unterschiedlich auftretenden Mengenkategorien (z. B. beim Auseinanderfallen von produzierter und abgesetzter Menge) die Äquivalenzziffernkalkulation mehrfach parallel mit der jeweils gleichen oder verschiedenen Äquivalenzziffernfolge durchgeführt werden (sog. mehrfache Äquivalenzziffernkalkulation). Die errechneten Stückkosten einer Sorte je Mengenkategorie lassen sich additiv für jede Sorte zusammenführen, um die Selbstkosten je Stück einer Sorte zu erhalten.

Ein Fallbeispiel soll das Berechnungsvorgehen der (einfachen) Äquivalenzziffernkalkulation verdeutlichen.

Das Unternehmen „Roraboss GmbH“ produziert und vertreibt die drei Sorten Steinzeugrohre Gata, Goto und Gutu mit einheitlicher Länge von 150 cm. Die Sorten unterscheiden sich nur durch den Durchmesser der Rohre, die Materialzusammensetzung ist deckungsgleich.

Im betrachteten Abrechnungsquartal wurden von der Sorte Gata mit einem Innendurchmesser von 150 mm 4 000 Stück, von der Sorte Goto mit einem Innendurchmesser von 200 mm 6 500 Stück und von der Sorte Gutu mit einem Innendurchmesser von 300 mm 7 000 Stück hergestellt und abgesetzt. Die Sorte Goto bildet die Standardsorte der Roraboss GmbH. Man geht davon aus, dass die Kostenrelation eines Rohres zwischen den Sorten durch die Durchmesserwerte wiedergegeben werden kann.

Die Selbstkosten des Abrechnungsquartals betragen 480 000 Euro.

Berechnet werden sollen die Selbstkosten je Stück Steinzeugrohrsorte und je Sorte insgesamt.

Die Sorte Goto erhält als Standardsorte die Äquivalenzziffer 1,0 zugewiesen. Bei den beiden anderen Sorten Gata und Gutu gewinnt man deren Äquivalenzziffer nach Maßgabe ihres Innendurchmessers im Verhältnis zum Innendurchmesser von Goto.

Sorte	Produktmenge [Stück/Quartal]	Äquivalenzziffer	Einheitsmenge [Stück/Quartal]	Selbstosten je Stück [EUR/Stück]	Selbstkosten je Sorte [EUR/Quartal]
Gata	4 000	0,75	3 000	18,00	72 000
Goto	6 500	1,0	6 500	24,00	156 000
Gutu	7 000	1,5	10 500	36,00	252 000
Insgesamt	17 500		20 000		480 000

Dabei errechnet sich für die Einheitssorte:

$$\text{Kosten je ME der Einheitsmenge} = \frac{480\,000\ [\text{EUR / Quartal}]}{20\,000\ [\text{Stück / Quartal}]} = 24{,}00\ [\text{EUR / Stück}]$$

Abb. 3.16 Ergebnisse zum Fallbeispiel Roraboss GmbH

Die Produktkalkulation hat die Selbstkosten je Stück Steinzeugrohr wie folgt erbracht:

Gata 18,00 Euro, Goto 24,00 Euro und Gutu 36,00 Euro.

3.4 Dispositionsorientierung der Kostenrechnung

3.4.1 Variable und fixe Kosten

Die dispositionsorientierte Kostenrechnung stellt auf die Entscheidungsrelevanz der Kosten ab und nimmt dazu eine Differenzierung der Kosten nach Maßgabe der Kosteneinflussgrößen vor. Kosteneinflussgrößen sind die Bestimmungsfaktoren für die Höhe der Kostenentstehung. Mit der gezielten Einwirkung auf die Kosteneinflussgrößen sowie über deren Ge staltung durch das Ergreifen von Dispositionen kann daher auf die Art und die Höhe der jeweiligen Kosten eine beabsichtigte Veränderung erreicht werden. Entscheidungsrelevante Kosten sind allgemein geldwerter Ausdruck dessen, was durch die Entscheidung zusätzlich als vermeidbare Kosten bzw. zusätzlich als entgehende Erlöse ausgelöst wird.

Die Differenzierung der Kosten nach dem Kriterium der Veränderlichkeit in Bezug auf eine betrachtete Kosteneinflussgröße führt zur Unterscheidung zwischen variable und fixe Kosten. Kosten, die sich in der Höhe bei einer Variation der betrachteten Kosteneinflussgröße verändern, heißen variable Kosten. Kosten dagegen, deren Höhe bei der Variation der betrachteten Kosteneinflussgröße unverändert bleibt, bilden fixe Kosten. Die Eigenschaft von Kosten variabel oder fix zu sein, gilt immer nur in Bezug auf die betreffende Kosteneinflussgröße. Die Kosteneinflussgrößen sind in einem Unternehmen vielfältig ausgeprägt. Zu nennen wären z. B. Beschäftigung, Einsatzzeit, Kalenderzeit, Intensität, Produktprogramm, Betriebsgröße, Kapazität, Betriebsbereitschaftsgrad, Faktorpreise, Prozess-/Arbeitsabläufe, Unternehmensaufbauorganisation.

Die für kurzfristige Entscheidungen gemeinhin wichtigste Kosteneinflussgröße wird in der Beschäftigung gesehen. Unter der Beschäftigung versteht man die in einem Unternehmen oder Unternehmensteil oder in einer Kostenstelle oder auf einem Arbeitsplatz im Rahmen einer vorgegebenen Kapazität als Potentialausstattung der Organisationseinheit erbrachte Leistungs- oder Arbeitsmenge einer Periode. Diese Leistungsmenge kann in Mengeneinheiten des Arbeitsergebnisses (Stückzahl der Leistungsmenge) oder mittelbar auch in Zeiteinheiten der Leistungserbringung (Stundenzahl der Leistungsabgabe) gemessen werden. Die Messung über Zeiterbringung ist allgemeingültiger, da verschiedene Leistungsmengen bei einer Zeitmessung kommensurabel werden.

Die Kosteneinflussgröße Beschäftigung lässt entsprechend beschäftigungsvariable und beschäftigungsfixe Kosten bei der Analyse für Dispositionen entstehen. Die Abbildung 3.15 bringt zur Beschäftigungsdeterminante der Kosten weitere Informationen.

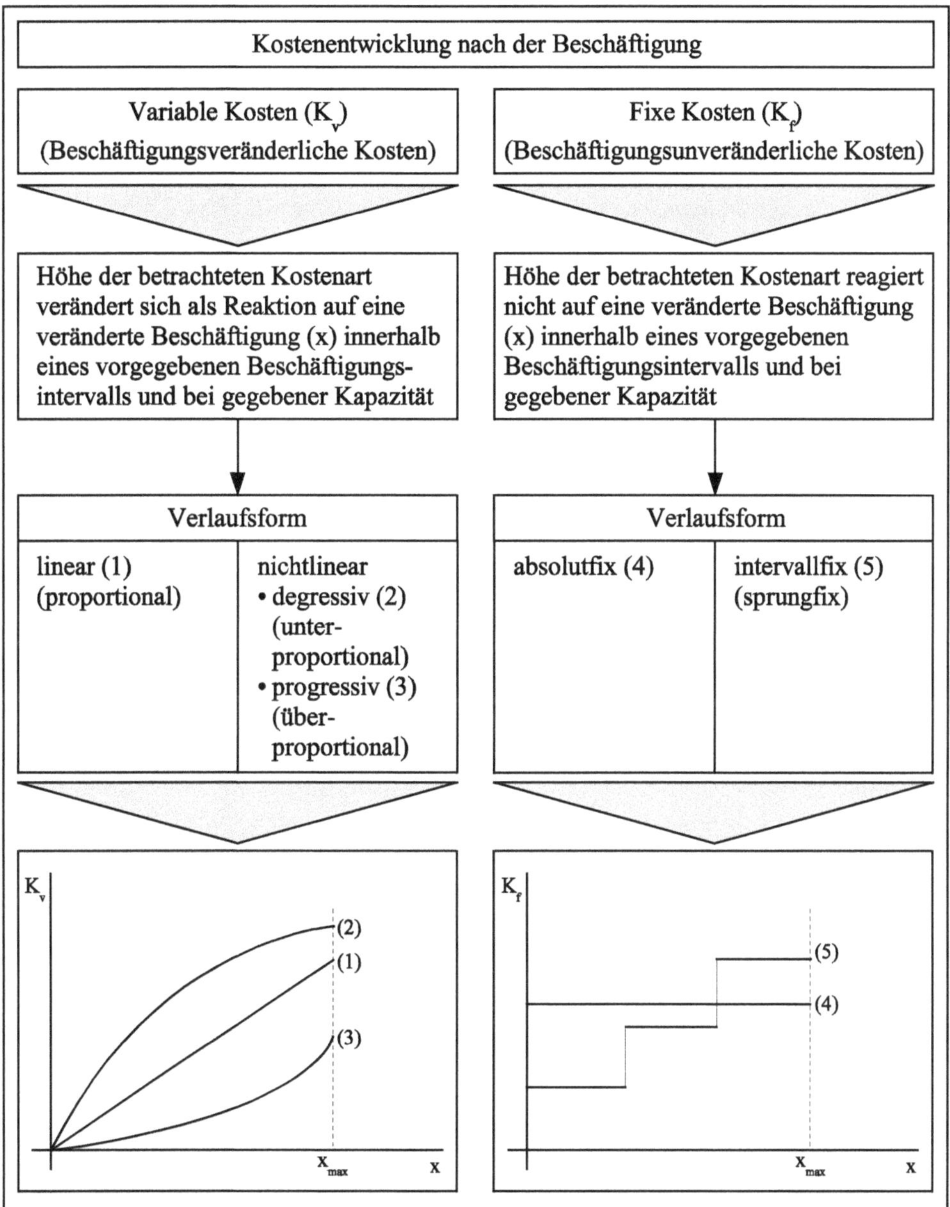

Kostenentwicklung nach der Beschäftigung
Variable Kosten (K_v)
(Beschäftigungsveränderliche Kosten)
Fixe Kosten (K_f)
(Beschäftigungsunveränderliche Kosten)
Höhe der betrachteten Kostenart verändert sich als Reaktion auf eine veränderte Beschäftigung (x) innerhalb eines vorgegebenen Beschäftigungsintervalls und bei gegebener Kapazität
Höhe der betrachteten Kostenart reagiert nicht auf eine veränderte Beschäftigung (x) innerhalb eines vorgegebenen Beschäftigungsintervalls und bei gegebener Kapazität
Verlaufsform
linear (1) (proportional)
nichtlinear
• degressiv (2) (unter-proportional)
• progressiv (3) (über-proportional)
Verlaufsform
absolutfix (4)
intervallfix (5) (sprungfix)
K_v
(2)
(1)
(3)
x_{max}
x
K_f
(5)
(4)
x_{max}
x

Abb. 3.17 Dispositionsorientierte Unterteilung der Kosten nach der Beschäftigung

3.4.2 Denkansatz der dispositionsorientierten Kostenrechnung

Die Dispositionsorientierung der Kostenrechnung verbindet die Entscheidungswirkungen mit Kostenwirkungen. Im Rahmen der kurzfristigen Betrachtung wird von einer gegebenen Kapazität ausgegangen, so dass Ausstattungsentscheidungen (Aufbau und Abbau) außer Acht bleiben. In der Kurzfristigkeit der Dispositionen wird die Beschäftigungsvariation, mit der Leistungsmengenveränderungen aus den Unternehmenstätigkeiten erfasst werden, in den Vordergrund gerückt.

Den Denkansatz der auf die Beschäftigung abstellenden Dispositionskostenrechnung visualisiert in Form eines Brunnenmodells die Abbildung 3.16.

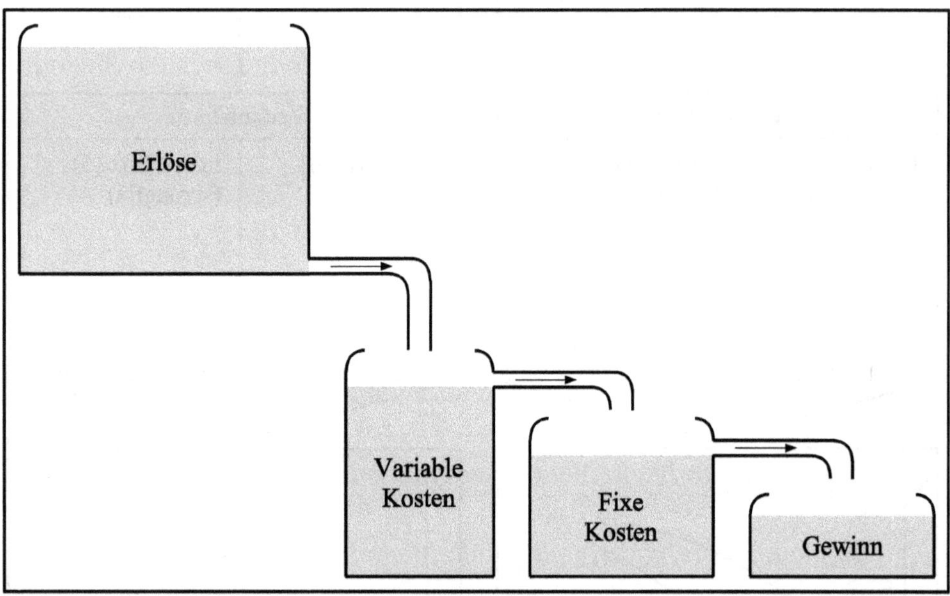

Abb. 3.18 *Denkmodell der dispositionsorientierten Kostenrechnung*

Betriebsergebnisse (positive) setzen Erlöse aus der Veräußerung von Produkten voraus. Diese Erlöse entstehen beschäftigungsabhängig, da sie aus der Produktmenge erwachsen. Die Veräußerung der Produkte bedingt die Fertigung der Produkte. Mit der zu schaffenden Produktmenge variieren die variablen Kosten. Also stehen (variable) Erlöse und variable Kosten in einem stringenten Entscheidungszusammenhang. Die Erzielung von Erlösen als positivem kalkulatorischen Erfolg bedarf der Inkaufnahme von variablen Kosten als negativem kalkulatorischen Erfolg. Also setzt der Absatz einer betrachteten Produktmengeneinheit zur Absatzpreiserzielung die Erzeugung (bzw. Bereitstellung) dieser einen Produktmengeneinheit zu variablen Kosten voraus. Der Verzicht auf diese Produktmengeneinheit wiederum lässt die variablen Kosten vermeiden, aber dann muss auch auf den Verkaufspreis, der erzielbar erscheint, verzichtet werden. Damit sind Erlöse und variable Kosten im Hinblick auf die Beschäftigungsabhängigkeit in einem entscheidungsbezogenen Verbund zu analysieren. Für die Erwirtschaftung eines (positiven) Betriebsergebnisses ist daher denklogisch zu fordern, dass die Erlöse die variablen Kosten zu decken haben. Die Differenz aus Erlöse und variable Kosten wird als Deckungsbeitrag bezeichnet. Sind die variablen Kosten über die Erlöse gedeckt, so sind im Sinne der Kurzfristbetrachtung die Dispositionen zielgerecht für die Betriebsergebniserwirtschaftung getroffen. Der Deckungsbeitrag hat gedanklich nunmehr die fixen Kosten zu decken, die definitionsgemäß losgelöst von der konkreten Beschäftigung anfallen. Fixe Kosten sind nur außerhalb der Beschäftigung einer Disposition zugänglich. Ist der Deckungsbeitrag der Periode in der Lage, die fixen Kosten derselben Periode zu decken, entsteht in der übersteigenden Höhe ein positives Betriebsergebnis.

Das Denkmodell der dispositionsorientierten Kostenrechnung ist also zweistufig angelegt: Zunächst muss das Becken der Erlöse das Becken der variablen Kosten füllen (Beschäftigungsabhängigkeit), wobei nach dieser Füllung der übersteigende Erlös (= Deckungsbeitrag) das Becken der fixen Kosten zu füllen hat (Beschäftigungsunabhängigkeit), um schließlich nach dessen Füllung mit dem dann verbleibenden Erlösüberhang in das Gewinnbecken einlaufen zu können. Daher bringt ein positiver Deckungsbeitrag im Rahmen gegebener fixer Kosten stets ein höheres Betriebsergebnis. Daraus folgt: Die Kurzfristentscheidungen sind auf Beschäftigungsabhängigkeit zu analysieren, sie liefern eine statische Kostenrechnung. Langfristentscheidungen haben die Beschäftigungsunabhängigkeit durch Ausstattungsveränderungen zeitablaufbezogen zu integrieren und führen erweiternd zu einer dynamischen Kostenrechnung.

3.4.3 Break even-Analyse

Die Break even-Analyse betrachtet Erlöse und Kosten für eine gegebene Periode unter Beachtung der Entwicklung der Beschäftigung. Die Beschäftigung wird über die Absatzmenge gemessen. In der klassischen Break even-Analyse geht es um die Produktmenge für eine vorbestimmte Periode, bei der die Erlöse erstmalig die Kosten decken.

Allgemein ist die Break even-Analyse ein Konzept der Bestimmung von Deckungspunkten. Erlöse aus dem Produktabsatz dienen zur Deckung dessen, was als Deckung vorgegeben wird. Die dazu erforderliche Produktmenge gilt es zu bestimmen. Dahinter steht das in der Betriebswirtschaftslehre bekannte Vorgehen des Auffindens kritischer Werte. Die klassische Break even-Analyse hat als Deckungspunktanalyse eine weit zurückreichende Tradition. In einem der ersten hochschulbezogenen Lehrwerke wurde sie von Johann Friedrich Schär 1911 als Tote-Punkt-Rechnung dargestellt und bereits 1822 durch Karl von Oeynhausen (Obergamt Dortmund) für eine zu fördernde Steinkohlenmenge herangezogen.

Die Erlöse müssen nicht auf die Deckung der Kosten in Abhängigkeit von der Beschäftigung einer Periode beschränkt werden. Auch weitere Deckungsparameter zur Deckung über Erlöse, wie Gewinnvorgabe, Umsatzrentabilität, lassen sich in Deckungsrechnungen der Break even-Analyse sinnvoll einfügen (sog. modifizierte Break even-Analyse).

Die Break even-Analyse bestimmt als Deckungspunkt den Break even-Punkt. Dieser Punkt besteht aus zwei Koordinaten (geordnetes Paar). Die erforderliche Produktmenge, die die Deckungsgleichung erfüllt, heißt Break even-Menge (BEM), die zugehörigen Erlöse ergeben den Break even-Umsatz (BEU). Beide zusammen machen den Break even-Punkt (BEP) aus, also BEP = (BEM;BEU).

Der klassische Break even-Punkt soll nun rechnerisch gewonnen werden. Es seien p der mengenunabhängige Absatzpreis (netto) und damit konstant, K_f die fixen Kosten der Periode, k_v die variablen Stückkosten, ebenfalls mengenunabhängig, und x bezeichne die Produktmenge (=Absatzmenge) der Betrachtungsperiode. Ferner ist d der Stückdeckungsbeitrag, der aus $p - k_v$ entsteht.

Damit lässt sich die Deckungsgleichung:

Erlöse (E) = Kosten (K)

konkretisieren durch

$$p \cdot x = K_f + k_v \cdot x$$

Die Auflösung nach der Produktmenge x liefert

$$\begin{aligned} x &= K_f : (p - k_v) \\ &= K_f : d \end{aligned}$$

Damit ergibt sich der klassische Break even-Punkt zu

$$BEM = K_f : d \qquad \text{und} \qquad BEU = p \cdot BEM$$

Die aufgefundene Break even-Menge besitzt eine Begründung, die auf die Dispositionsorientierung der Kostenrechnung zurückgreift. Die Break even-Menge ist die notwendige Produktmenge, die gebraucht wird, damit der Stückdeckungsbeitrag über diese Produktmenge die fixen Kosten der Periode zu decken imstande ist. Die Deckung der variablen Kosten über die Erlöse ist also beschäftigungsabhängig erreicht über den Deckungsbeitrag; nun muss der beschäftigungsabhängige Deckungsbeitrag der Periode die beschäftigungsunabhängigen (fixen) Kosten der Periode decken, so dass daraufhin sämtliche Kosten ihre Deckung über Erlöse erfahren haben.

Wird die Break even-Menge durch die abgesetzte Menge überschritten, entsteht ein Gewinn (positives Betriebsergebnis); ein Unterschreiten der Break even-Menge durch die Absatzmenge führt zu einem Verlust (negatives Betriebsergebnis).

Die klassische Break even-Analyse beruht gemäß den obigen Setzungen auf linearen Erlös- und Kostenstrukturen. Für den klassischen Break even-Ansatz lassen sich Funktionsverläufe und Deckungspunkte in einem Break even-Chart gemäß Abbildung 3.17 wiedergeben.

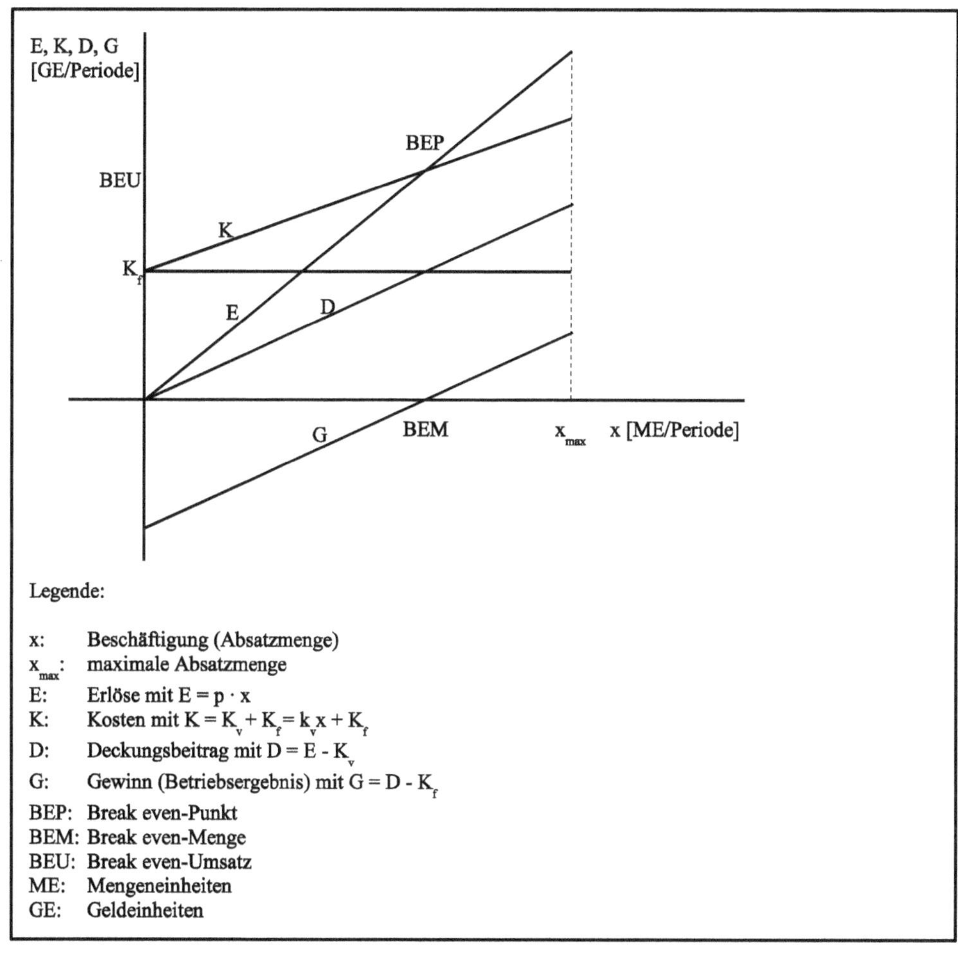

Abb. 3.19 *Break even-Chart für den klassischen Break even-Ansatz*

Aus den Rechenoperationen der klassischen Break even-Analyse sowie aus dem Break even-Chart lassen sich die folgenden äquivalenten Aussagen für die Break even-Menge ableiten:

1. Die Erlöse decken die Kosten.
2. Der Deckungsbeitrag erreicht die Fixkosten.
3. Der Gewinn beträgt Null.
4. Der Absatzpreis (netto) entspricht den Stückkosten.

Ein Fallbeispiel soll die Anwendung der Break even-Analyse verdeutlichen.

Die Zuraboss GmbH fertigt und vertreibt Dämmstoffe. Im Werk Uhu der Zuraboss GmbH wird der Dämmvlies „Hatuwa“ hergestellt. Die Kapazität des Werkes Uhu ist auf 90 000 laufende Meter Dämmvlies je Monat ausgelegt.

Die variablen Kosten je Meter Dämmvlies Hatuwa belaufen sich auf 9,20 Euro, die fixen Werkskosten des Werkes Uhu liegen bei 387 000 Euro im Monat. Der Absatzpreis (netto) je Meter Dämmvlies Hatuwa beträgt durchschnittlich 17,80 Euro.

Im Rahmen der Ergebnisanalyse sollen mit Hilfe der Break even-Analyse die folgenden Fragestellungen angegangen werden.

1. Wie hoch fallen Deckungsbeitrag und Werksergebnis eines Monats aus, wenn in einem Monat
   a) 41 000
   bzw.
   b) 64 000
   Meter des Dämmvlieses Hatuwa abgesetzt werden?
2. Wo liegt der Break even-Punkt eines Monats für das Werk Uhu?
3. Die zentralen Unternehmensfunktionen sind bei der Zuraboss GmbH zusammengefasst, die auch für das Werk Uhu erbracht werden. Die fixen Unternehmenskosten eines Monats weisen eine Höhe von 645 000 Euro auf. Davon soll das Werk Uhu als Deckungsvorgabe 20 % mittragen. Welcher Break even-Punkt eines Monats ergibt sich unter Beachtung der zusätzlichen Deckungsvorgabe der Zentrale für das Werk Uhu?
4. Das Werk Uhu soll neben der Deckungsvorgabe aus den Unternehmensfixkosten ferner eine Gewinnvorgabe von 107 500 Euro im Monat erbringen. Wie lautet der modifizierte Break even-Punkt eines Monats für das Werk Uhu?

1. Deckungsbeitrag und Werksergebnis [EUR/Monat]

Erfolgsgröße	Beschäftigung	
	x = 41 000	x = 64 000
Deckungsbeitrag D = d · x	8,60 · 41 000 = 352 600	8,60 · 64 000 = 550 400
Werksergebnis $WE = D - K_f^{WE}$	352 600 – 387 000 = -34 400	550 400 – 387 000 = 163 400

2. Break even-Punkt mit Deckungsvorgabe Werksfixkosten

Deckungsgleichung: $p \cdot x = k_v \cdot x + K_f^{WE}$, d.h.
17,80x = 9,20x + 387 000
x = 45 000
Es ist: BEM = 45 000 [m/Monat]
und BEU = 17,80 · 45 000 = 801 000 [EUR/Monat]

3. Break even-Punkt mit zusätzlicher Deckungsvorgabe Unternehmensfixkosten

Deckungsgleichung: $p \cdot x = k_v \cdot x + K_f^{WE} + K_f^{UN}$, d.h.
17,80x = 9,20x + 387 000 + 0,2 · 645 000
x = 60 000
Es ist: BEM = 60 000 [m/Monat]
und BEU = 17,80 · 60 000 = 1 068 000 [EUR/Monat]

4. Break even-Punkt mit zusätzlich angesetzter Gewinnvorgabe

Deckungsgleichung: $p \cdot x = k_v \cdot x + K_f^{WE} + K_f^{UN} + G_{Vorg}$, d.h.
17,80x = 9,20x + 387 000 + 0,2 · 645 000 + 107 500
x = 72 500
Es ist: BEM = 72 500 [m/Monat]
und BEU = 17,80 · 72 500 = 1 290 500 [EUR/Monat]

Abb. 3.20 *Ergebnisse zum Fallbeispiel Zuraboss GmbH*

3.5 Kostenmanagement

Kostenrechnungen, in welcher Spezifikation sie auch angelegt sind, sollen über die Daten, Objekte und Abhängigkeitsbezüge, die sie abbilden, Ansatzpunkte zur Analyse, Gestaltung und Beeinflussung der Kosten-, Erlös- und Ergebnissituation des Unternehmens liefern. Für das Kostenmanagement rückt die Entwicklung der Kosten und ihr Verhalten zur Gestaltung expressis verbis in den Vordergrund.

Mit Hilfe eines Kostenmanagements wird im Unternehmen die Verbesserung der Relation wertschöpfungsbezogener Aktivitäten zum Kosten bewirkenden Ressourcenverbrauch angestrebt. Drei Fälle sind zu unterscheiden (vgl. dazu Michel, Torspecken, Jandt, 2004, S. 250 - 251):

1. Ressourceneinsatz ohne eine damit einhergehende Wertschöpfungserhöhung
   Hier findet eine Verschwendung statt. Es kann sich dabei um eine versteckte oder eine offensichtliche (echte) Verschwendung handeln. Eine versteckte Verschwendung beruht auf Tätigkeiten im Unternehmen, die ausgeführt werden müssen, ohne dass sie einen Wertzuwachs aus Kundensicht bedeuten und daher der Kunde sie als Teilleistung nicht zu vergüten bereit ist. Dazu gehören etwa innerbetriebliche Transportvorgänge, Rüstzeiten, buchhalterische Auftragsabwicklungen. Durch ein einsetzendes Kostenmanagement sollte die versteckte Verschwendung auf Effizienz und notwendiges Ausmaß hinterfragt werden. Offensichtliche Verschwendungen betreffen Tätigkeiten, auf die, ohne dass die Wertschöpfung darunter leidet, verzichtet werden kann. Zu nennen sind z. B. doppelt ausgeführte Arbeiten, überdimensioniertes Berichtswesen, übermäßiger Einsatz von Produktionsfaktormengen, mangelnde Leistungsqualitäten, Übermaß an Kontrollen, ausgedehnte Liege- und Wartezeiten. Das Kostenmanagement richtet sich hierbei auf Reduktion und Vermeidung der Verschwendung.
2. Ressourceneinsatz mit unzureichender Wertschöpfungserhöhung
   In einem solchen Fall liegen Leistungsreserven oder Leistungslücken vor. Bei der Ausführung von Tätigkeiten im Unternehmen werden erwartete Leistungen nicht erbracht. Es handelt sich um sog. Slacks, die in Kauf genommen werden. Es geht z. B. um mangelnde Leistungsbereitschaft, unklare Aufgabenzuweisung, unzureichende Arbeitsplatzausstattung, demotivierende Betriebsfaktoren, intransparente Arbeitsabläufe, verschwommene Zielformulierungen, fehlende Führungs- und Vorgesetztenfähigkeiten. Das Kostenmanagement zielt auf das Erkennen und die Mobilisierung der Leistungsreserven mit der Transformation in wertschöpfende Tätigkeiten.
3. Ressourceneinsatzreduktion bei Aufrechterhaltung der Wertschöpfungserhöhung
   Die Ressourcen verbrauchenden Tätigkeiten sind im Hinblick auf eine gegebene Wertschöpfungserreichung sachbezogen, zeitbezogen oder informationstechnikbezogen nicht hinreichend aufeinander abgestimmt. Hierzu gehören z. B. lange Liegezeiten von Erzeugnissen zur Weiterbearbeitung, Einzeleinkaufsverträge statt Rahmenverträge, Einzelweisungen statt generelle Regelungen, nicht harmonisierte Teilkapazitäten zwischen Unternehmensbereichen, unklare Aufgabenverteilung zwischen Personen oder Medienbrüche. Das Kostenmanagement hat hier für eine Auffindung und Behebung der Abstimmungslücken Rechnung zu tragen.

Das Kostenmanagement kann durch folgende Merkmale gekennzeichnet werden:

- Proaktive Gestaltung der Kosten;
- Art, Höhe, Struktur und Zeit der Kostenentstehung;
- Frühzeitige, systematische und kontinuierliche Kostenbeeinflussung;
- Ausschöpfen von Kostensenkungs- und Leistungssteigerungspotentialen;
- Nachhaltige Verbesserung der Kosten-Leistungs-Beziehungen.

Daraus lässt sich eine geschlossene Definition für Kostenmanagement wie folgt finden:

> Das Kostenmanagement richtet sich auf die proaktive Gestaltung der Kosten nach Art, Höhe, Struktur und Zeit, um frühzeitig und systematisch sowie kontinuierlich Kostensenkungspotentiale und Leistungssteigerungspotentiale in Hinblick auf eine nachhaltige Verbesserung der Kosten-Leistungs-Situation aufzutun und umzusetzen.

Um das Kostenmanagement inhaltlich auszurichten, wird von einer Kunden-Lieferanten-Beziehung ausgegangen und die gesamte Wertschöpfungskette durchdrungen. Der Gedanke liegt darin, dass eine Leistung einen Erzeuger (Lieferant) und einen Abnehmer (Kunde) haben muss. Dabei sind sowohl unterschiedliche Mitarbeiterebenen als auch unterschiedliche Funktionsbereiche einzubeziehen.

Das Gestaltungsfeld des Kostenmanagements, innerhalb dessen Rahmen unterschiedliche Ansatzpunkte für konkrete Maßnahmen bestehen, soll die Abbildung 3.19 (adaptiert von Mussnig/Bleyer/Giermaier, 2006, S. 554) zum Ausdruck bringen.

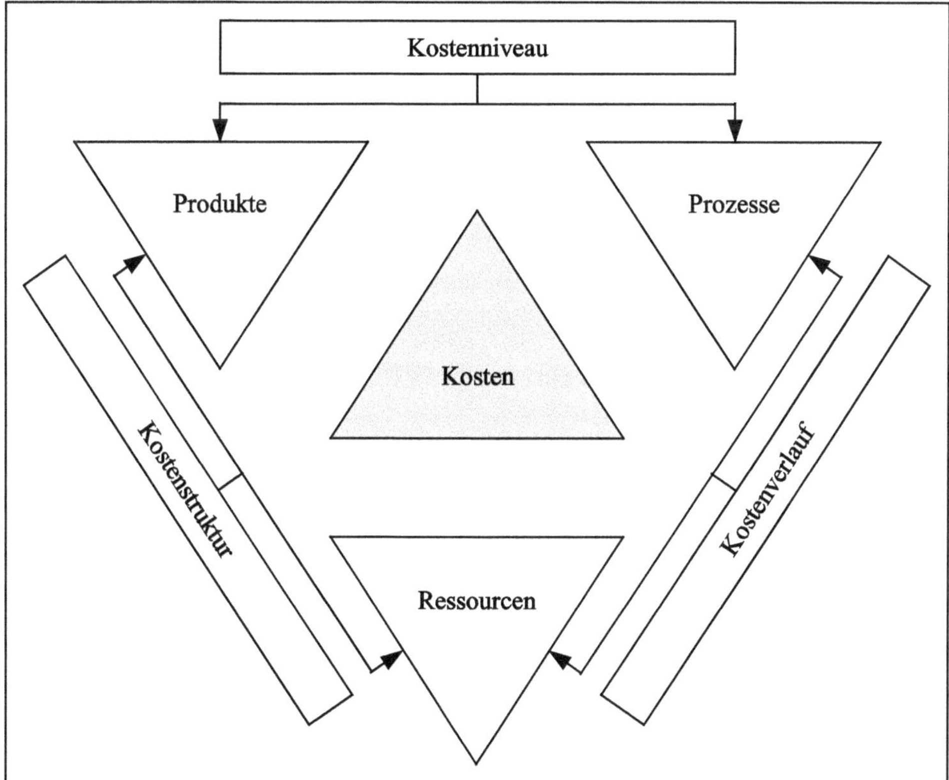

Abb. 3.21 *Gestaltungsrahmen des Kostenmanagements*

Das Kostenniveaumanagement betrifft die Reduktion der Kostenhöhe bei gegebener Beschäftigung. Die Einflussnahme liegt im Mengen- wie im Wertgerüst der Kosten. Die Betrachtung kann auf die Ressourceninanspruchnahme, auf Leistungsqualitäten, auf die Zeitbedarfe für Leistungshervorbringungen, auf Kapazitätsabstimmungen und auf Einkaufspreise sowie Vergütungsregularien und -tarife gerichtet werden. Besonders hervorzuheben sind Komplexität und Schnittstellen im Unternehmen, die wegen ihrer kostentreibenden Wirkung kritisch zu hinterfragen sind. Die Problemsicht des Kostenniveaumanagements bezieht sich auf im Vergleich zu Wettbewerbern hohe Kosten und sonstige Kostennachteile. Die Aktion gründet auf Kostenreduzierung durch Analysieren und Vergleichen im Hinblick auf die Objekte Produkte und Prozesse des Unternehmens.

Beim Kostenverlaufsmanagement geht es um die Abmilderung der Entwicklung der Kosten bei variierender Beschäftigung und gegebenenfalls weiterer Kosteneinflussgrößen, nach denen sich die Kostenhöhe bestimmt. Im Schwerpunkt steht die Stärke der degressiven, linearen und progressiven Kostenentwicklung. Prinzipiell wird man degressive Kostenverläufe zu fördern, progressive Kostenverläufe zu vermeiden trachten. Im Rahmen der Kostenanpassungen ist bei den Kostenfunktionsverläufen auf Remanenzerscheinungen (Hinterherhinken des Kostenabbaus bei rückläufiger Beschäftigung) und Präkurrenzerscheinungen (Vorauseilen des Kostenaufbaus bei zunehmender Beschäftigung) ein besonderes Augenmerk zu richten. Der Problemaspekt des Kostenverlaufsmanagements besteht in unflexiblen und überflexiblen Kostenentwicklungen. Die Aktion liegt in der Kostenabmilderung durch Flexibilisieren und Dämpfen mit der Objektbetrachtung von Ressourcen und Prozessen.

Das Kostenstrukturmanagement erstreckt sich auf die relative Zusammensetzung der Kosten nach verschiedenen Kostenkategorien, vor allem variable und fixe Kosten, Einzelkosten und Gemeinkosten, Vorlaufkosten, begleitende Kosten und Nachlaufkosten, operative und strategische Kosten, abbaubare und nicht abbaubare Kosten. Das geeignete Verhältnis innerhalb der Kategorien ist für das Unternehmen individuell auszuloten und von situativen wie strukturellen Unternehmensgegebenheiten geprägt. Der Problemaspekt beruht auf Verschwendung und Fehlverwendung, die auf ungeeignete Kostenstrukturen zurückzuführen sind. Die Aktion zeigt sich in der Kostenumgestaltung durch Redimensionieren und Restrukturieren bei den Objekten Produkte und Ressourcen.

Mit einem Kostenstrukturhexaeder (vgl. Abbildung 3.20) kann die mehrdimensionale Abhängigkeit der Kostenentstehung und -beeinflussung offenbar gemacht werden. Die Achse mit der Senkrechtrichtung zeigt, wie Kosten einem Objekt zugerechnet werden können, und zwar direkt oder über eine Schlüsselung. Die Kostenerfassung sollte auf der hierarchisch niedrigsten Stufe erfolgen. Darüber lässt sich eine Kostenverantwortung legen. Die Achse mit der Waagerechtrichtung liefert über die Veränderlichkeit der Kosten über Einflussfaktoren variable und fixe Kosten. Fixe Kosten entstehen aus vorgehaltenen Kapazitäten und Organisationsstrukturen über Ausstattungsentscheidungen. Variable Kosten erwachsen aus einzelnen Handlungen, die Ressourcenverbräuche isoliert für das Entstehungsobjekt auslösen. Demzufolge lassen sich managementbezogen variable Kosten als Schlüpfkosten und fixe Kosten als Bemühungskosten begreifen. Die Achse mit der Tiefenrichtung gibt an, mit welcher Zeitdauer ein Unternehmen an eine bestimmte Ressourcenverwendung gebunden ist. Die Ressourcenaufgabe kann kurzfristig oder mittel- bzw. langfristig angelegt sein und bestimmt damit die zeitliche Länge des Kostenaufkommens. Über die Bindungsdauern werden die Abbaufähigkeit der Kosten und ihre jeweiligen Abbaufristen vorbestimmt.

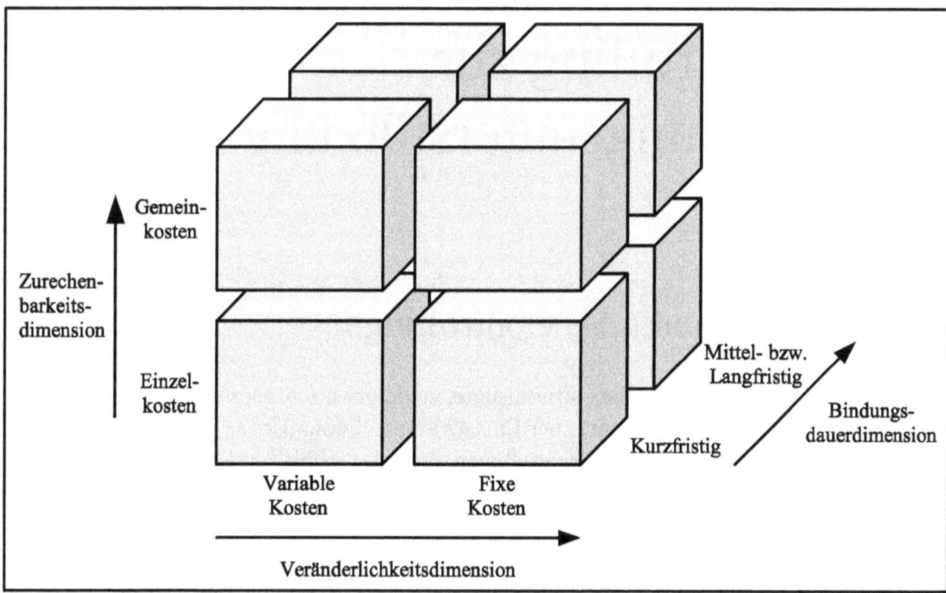

Abb. 3.22 Kostenstrukturhexaeder

Eine Idee in Denkrichtung Kostenmanagement soll zum Abschluss des Kapitels Kostenrechnung in etwas anderer Hinsicht die Geschichte vom Holzhacker wecken (adaptiert von Seidenschwarz, 1997, S. 121).

Ein Mann geht durch einen Wald und sieht jemanden beim Holzhacken. Er schaut ihm kurz zu und bemerkt, dass sich der Holzhacker unheimlich anstrengt. Der Schweiß läuft ihm herunter und er plagt sich sehr. Da schaut der Mann etwas näher hin und merkt, dass die Axt des Holzhackers stumpf ist. Er tippt ihm deshalb auf die Schulter und möchte ihm einen Tipp geben: „Deine Axt ist stumpf. Schärfe sie doch und du wirst dich leichter tun." Da schaut der Holzhacker nur kurz auf und sagt, bevor er sich schnell wieder an die Arbeit macht: „Tut mir leid, hab' keine Zeit, muss Holzhacken."

Abb. 3.23 Allegorischer Gedanke zum Kostenmanagement

4 Controlling zur Führungsunterstützung

4.1 Blickpunkt des Controllings

Unternehmen sind offene, komplex strukturierte, soziotechnisch geprägte Gebilde, in denen arbeitsteilig personale Arbeitsträger unter Einsatz von technologischen und technischen Ausstattungseinrichtungen Aktivitäten wahrnehmen und in vielfältiger Kommunikation miteinander verbunden sind. Aus der Zerschneidung von Sach- und Verhaltensinterdependenzen, der Vielfalt bestehender Datengrundlagen für Informationen, dem Ressourcenverbund, den heterogenen Zielvorstellungen auf unterschiedlichen Unternehmensebenen, der Diversifität der Aufgabenerfüllung, der unterschiedlichen Risikoaffinität und den verschiedenartigen Erfolgsmessungen im Unternehmen entwickelte sich die Überlegung, eine ganzheitliche vernetzte Sicht im Unternehmen zu schaffen. Mit ihr sollten die arbeitsteiligen Strukturen und Vorgänge integrativ geordnet, abgestimmt und aufeinander ausgerichtet werden, um damit die Zielvorstellungen in Form von Erfolgsgrößen im Unternehmen erreichen zu lassen. Dies führte zur Etablierung des Controllings, das sich mit der folgenden Festlegung charakterisieren lässt:

> Controlling ist eine führungsunterstützende Funktion, die eine Integration der Unternehmensteilsysteme mit einer Fokussierung auf die Ergebnisorientierung im Unternehmen leisten soll.

Im Sinne der integrativen Controllingdenkweise verkörpert Controlling dreierlei. Controlling ist

- Teil der Unternehmensführung, in dem es für eine Durchgängigkeit des Führungsprozesses mit allen Phasen sorgt;
- eine organisationale Grundhaltung, in dem es die arbeitsteiligen Fachaufgaben der organisatorischen Aktionseinheiten des Unternehmens zusammenführt, koordiniert und ganzheitlich ausrichtet;
- Führungsverhalten, in dem es Verantwortlichkeiten den jeweiligen Aktionsträgern zuweist und über die monetäre Zielsetzung und Leistungssteuerung die Effizienz des Systems Unternehmen explizit fördert.

Eine Verantwortungszuweisung für Funktionen und Divisionen (Sparten) des Unternehmens hat eine lange traditionelle Übung. Die Abstimmung innerhalb von Funktionen und von Divisionen in sich und auch zwischen ihnen war innerorganisatorisch im Unternehmen nicht eigens formal organisiert. Als übergeordnete Aufgabe kam sie eher der Geschäftsführung oder dem Vorstand zu. Da man die Erreichung einer ganzheitlichen Betrachtung allerdings als ständige Aufgabe auf unterschiedlichen Ebenen verstehen muss, war sie unzutreffend positioniert. Also war die Folgerung, diese essentiellen Aufgaben im Unternehmen einer neuen übergreifenden Funktion, dem Controlling, zuzuweisen. Damit entstand auch die Frage der organisatorischen Verankerung. Controlling muss zur Institutionalisierung in den Führungsprinzipien des Unternehmens eingefügt sein. Die Zuordnung von Controllingaufgaben in eine Controllerorganisation kann dabei mit Linieninstanzfunktion oder Stabstellenfunktion ausgestattet sein.

Insgesamt soll das Controlling entscheidend zur langfristigen Existenzsicherung des Unternehmens beitragen. Dies geschieht durch eine ergebnisorientierte Führungsunterstützung über Zielsetzungsbildung, Verantwortungsdelegation, Informationsversorgung, Abstimmungsmechanismen, Steuerungs- und Kontrollmaßnahmen sowie Berichterstattungskonzepte.

Für die Wahrnahme des Controllings wird auf Daten und Informationen zurückgegriffen, die vor allem aus dem Rechnungswesen, welches in einem Unternehmen das Basisdatensystem darstellt, stammen. Da das Controlling eine unternehmensinterne Wirkungsstätte ist, kommt dem differenzierten und intern zweckangepassten Datenmaterial der Kostenrechnung eine fundamentale Bedeutung zu. Controlling ist zwar nicht Rechnungswesen, aber es ist immer auch Rechnungswesen, und zwar durch dessen Datenerfassung, Datenstrukturierung, Datennutzung und Datenaufbereitung. Damit muss das Rechnungswesen für die Erreichung von Controllingrelevanz führungsgerecht ausgestaltet sein.

Controlling ist aus einer Problemsituation der Praxis entstanden und hat dann Platz in der Wissenschaft genommen. Trotz der Verbreitung und der Bewährung des Controllings in der Praxis hat sich kein einheitliches Controllingverständnis herausgebildet, obgleich über die Aufgaben des Controllings Konsens auszumachen ist. Die Controllingortung gipfelt kritisch in der aufgeworfenen Frage „Alter Wein in neuen Schläuchen?“. Eine allerdings erkennbare Einigkeit besteht darin, dass für Controlling das Postulat Sicherstellung der Rationalität und der Koordination für das Objekt Unternehmen gelten muss.

Für das Controlling ist die Orientierung zum einen auf die Sicherung der Phasen des rationalen Handelns im Unternehmen zu legen, indem die einzelnen Stufen der Rationalität inhaltsgerecht durchlaufen werden (Regelkreisfunktion), und zum anderen auf die Gewährleistung der Koordination für die Schnittstellen im Unternehmen zu richten, indem in den einzelnen Bereichen Abstimmungen vollzogen werden (Koordinationsfunktion). Abbildung 4.1 bringt die zentralen Vernetzungen des Controllings zum Ausdruck.

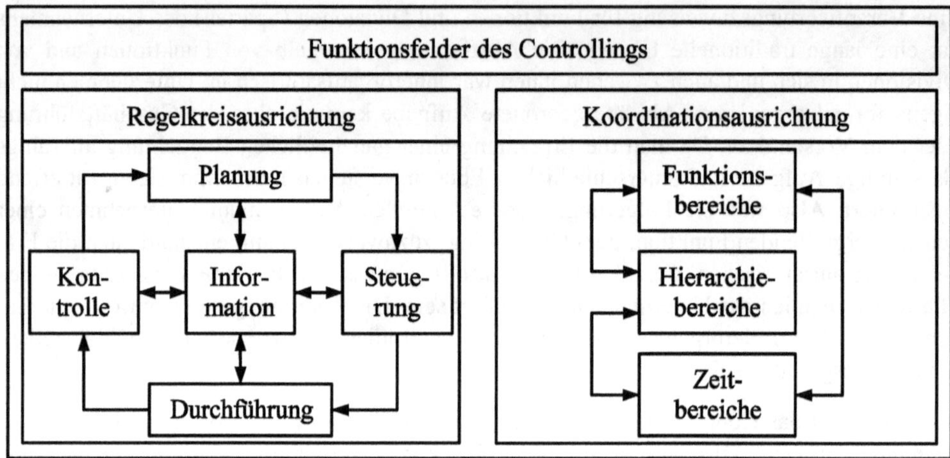

Abb. 4.1 *Ausrichtung des Controllings*

Für die Systematisierung des Wirkungsfeldes Controlling bietet sich eine Unterscheidung nach dem Zeithorizont in operatives und strategisches Controlling und nach dem Funktionsumfang in Bereichscontrolling und Unternehmenscontrolling an; daraus entstehen vier weitere Kombinationsfelder (vgl. Abbildung 4.2).

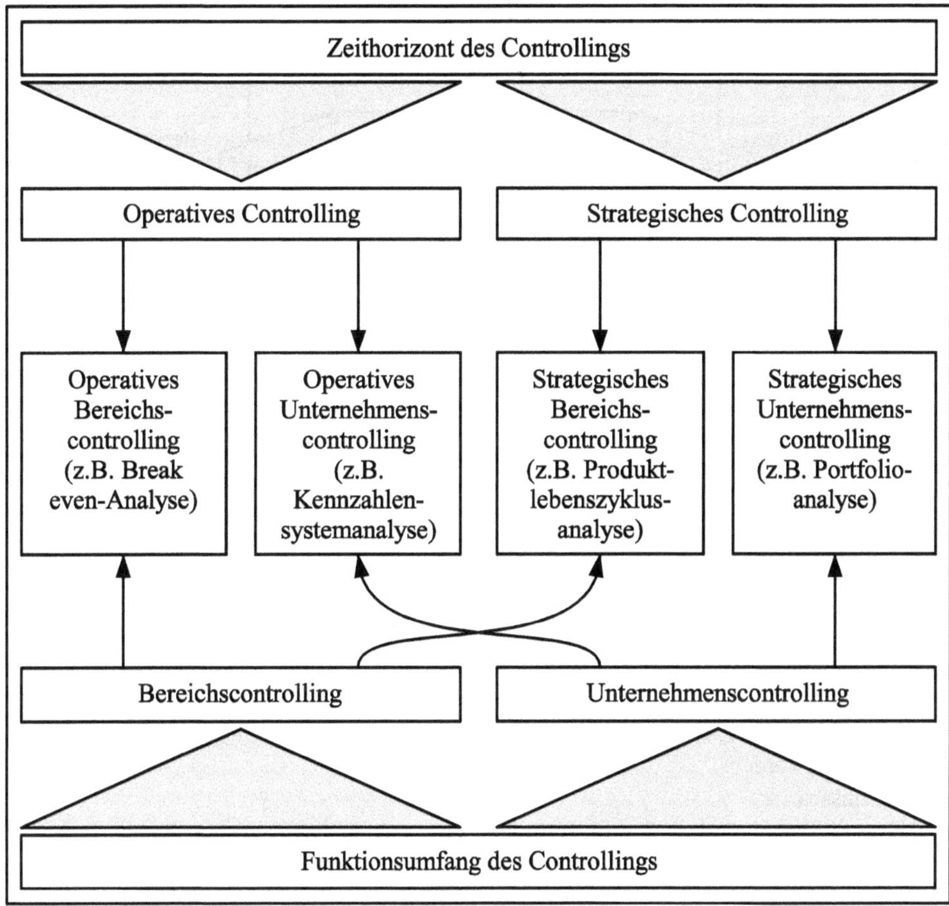

Abb. 4.2 *Wirkungsfeld des Controllings*

4.2 Strukturen der Ergebnisverantwortung

Die Förderung der Ergebnisverantwortung im Unternehmen stellt eine wichtige Säule für das Controllingbewusstsein im Unternehmen dar.

Führung im Unternehmen wird über Ziele vollzogen, mit denen das betriebswirtschaftliche Ergebnis einer Organisationseinheit mit einer verankerten personalen Verantwortung festgestellt wird. Damit muss die Organisationseinheit abgegrenzt, die zu erreichende Zielgröße fixiert und operationalisiert sowie ein personaler Verantwortungsträger benannt sein (vgl. Abbildung 4.3).

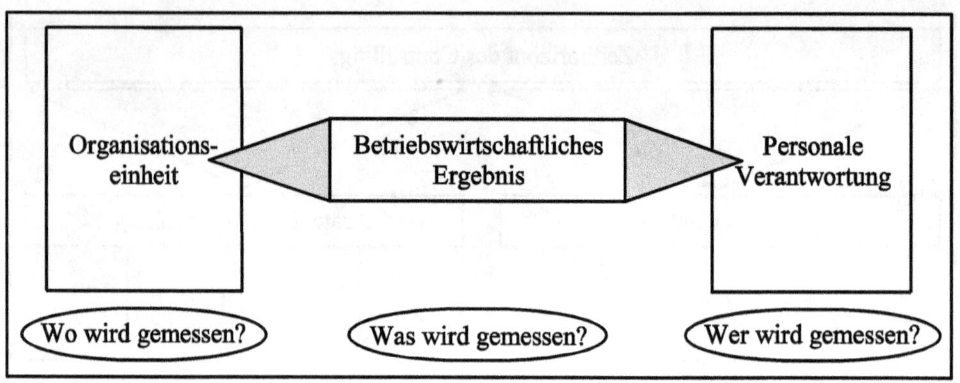

Abb. 4.3 Dimensionen der Ergebnissteuerung

Die personale Zuweisung eines betriebswirtschaftlichen Ergebnisses für eine Beurteilung sollte im Rahmen des Controllings einige fundamentale Voraussetzungen erfüllen. In Frageform gebracht lauten die Anforderungen: Ist das Ergebnisziel

- messbar,
  d.h. sind quantitative Werte angebbar oder besteht ansonsten eine Beurteilbarkeit aufgrund gemeinsamer Zielvorstellungen?
- plausibel,
  d.h. erscheint das Ziel transparent und kann es von den Beteiligten nachvollziehbar aufgenommen werden?
- beeinflussbar,
  d.h. kann das Verhalten des Betreffenden über dessen individuellen Handlungsbereich erkennbare Auswirkungen auf das Ergebnisziel haben?
- anspruchsvoll,
  d.h. wird eine positive Leistungsanspannung einschließlich einer Risikoübernahmebereitschaft verlangt?
- strategieförderlich,
  d.h. lässt sich ein direkter oder indirekter Zusammenhang zur strategischen bzw. operativen Unternehmenszielsetzung herstellen?
- willkürfrei,
  d.h. besteht eine weitgehende Resistenz der Berechnungsbasis gegenüber Manipulationen zur Ermittlung der Zielwerterfüllung?

Aus der Stärkung der Ergebnisverantwortung im Unternehmen mit der Zurechnung auf Bereiche und Personen resultiert ein beabsichtigtes Spannungsverhältnis im Unternehmen. Bei der Schaffung von Verantwortlichkeiten geht es um das Ergebnis von Unternehmensteileinheiten, die in einem kurzfristigen Maßstabszeitraum erreicht werden. Für das Unternehmen insgesamt steht die Verantwortung für das Unternehmensergebnis langfristiger Natur als Ausdruck der Unternehmenswertschaffung im Vordergrund. Zwischen diesen beiden bestehen naturgemäß Dissonanzen. Das Controlling hat das Unternehmensziel bzw. -zielbündel mit Langfristcharakter so auf Teilziele für Bereiche und Kurzfristzeiträume herunter zu brechen, dass eine weitreichende Kompatibilität entsteht. Eine vollständige Kompatibilität wäre erreicht, wenn eine Zielerfüllung eines Unternehmensbereichs kurzfristiger Art auch gleichzeitig eine Verbesserung im langfristigen Zielerreichungsgrad des Gesamtunternehmens bewirken würde. In praktischer Hinsicht wird es eher darum gehen, starke Inkompatibilitäten zu vermeiden. Die Polarität der Ergebnisverantwortung zeigt Abbildung 4.4.

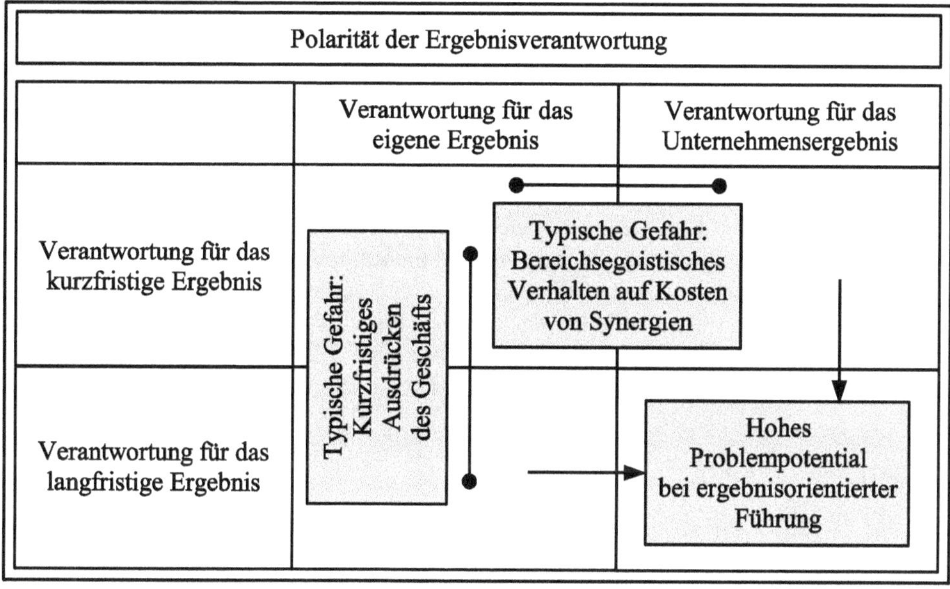

Abb. 4.4 Spannungsfeld der Ergebnisverantwortung

Über gemessene Ergebnisse werden personale Verantwortungsträger beurteilt. An diese Ergebnisse können Partizipationen geknüpft werden. Die Anreize zur Ergebniserzielung können auf einer intrinsischen oder einer extrinsischen Motivation beruhen. Intrinsisch motiviertes Verhalten liegt vor, wenn Handlungen und Handlungsergebnisse um ihrer selbst willen angestrebt werden (z. B. Leistungsmotiv, Machtmotiv, Motiv nach Selbstverwirklichung oder Sinngebung), während ein extrinsisches Verhalten ein Leistungsverhalten beinhaltet, welches auf das Anstreben äußerer Belohnungen zurückzuführen ist. Die Ergebnispartizipation auf der Grundlage extrinsischer Motivation kann in immateriellen Anreizen (z. B. Arbeitsplatzsicherheit, Arbeitszeitgestaltung, Aufstiegschancen, Prestige, Beteiligung am Entscheidungsprozess) oder in materiellen Anreizen bestehen, die sich z. B. nichtfinanziell in Bürogröße, Parkplatz, Clubmitgliedschaften, Versicherungen oder finanziell in Dienstwagen, zusätzliche Altersversorgung, Sonderprämien, Gewinnbeteiligungen oder Tantiemen zeigen können.

4.3 Planungs- und Managementsystem

Um über das Controlling erfolgsbezogene Führung zu institutionalisieren, ist eine flächendeckende Unternehmensplanung erforderlich. Durch die Planung werden gedanklich und systematisch die gewollten Handlungen des Unternehmens, die den Unternehmenserfolg bestimmen und die Zukunft (Planungszeitraum) betreffen, antizipiert. Planen ist Denkhandeln für zeitspäteres Tathandeln. Die Unternehmenspraxis kommentiert: Die Planung ist ein Dschungel.

Über die Planung im Unternehmen sollen Visionen formuliert und hinterlegt (Missionsplanung), Strategien gebildet und prädeterminiert (Strategieplanung), Kapazitäten bestimmt (Projektplanung) sowie Maßnahmen, Mittel und Ressourceneinsatz festgelegt (Budgetplanung) werden.

Ein Führungssystem im Unternehmen braucht eine Unternehmensplanung, die die Entscheidungs- und Ausführungshandlungen der Unternehmensmitglieder im Hinblick auf die verfolgten Unternehmensziele reguliert. Zielverantwortung verlangt kompetentes planorientiertes Handeln. Das Controlling will über das Planungssystem das normative Selbstverständnis („100 Jahre“), die Effektivität („Die richtigen Dinge tun“) und die Effizienz („Die Dinge richtig tun“) des Unternehmens nachdrücklich fördern und zu verwirklichen helfen.

Das Planungssystem in Form einer hierarchisch aufgebauten Unternehmensplanung zeigt detailliert Abbildung 4.5.

Über das Planungssystem des Unternehmens lässt sich besonders gut die Koordinationsausrichtung des Controllings zum Ausdruck bringen. Die Koordination der Zeitbereiche besteht in der Abstimmung der verschiedenen Planungsebenen. Die Missionsplanung ist über die Grundausrichtung des Unternehmens Basis für die strategische Planung, deren Vorgaben bestimmen wiederum als Rahmenprämissen (Entwicklungsrichtungen) die taktische Planung, diese restringiert über Kapazitäten schließlich die operative Planung als konkrete Maßnahmenplanung. Die Koordination der Funktionsbereiche liegt in der Abstimmung der Pläne zwischen den Bereichen Absatz, Produktion, Beschaffung, Personal, Finanzen, Forschung und Entwicklung sowie weiteren Bereichen aufeinander, während sich die Koordination der Hierarchiebereiche in der Abstimmung der Pläne zwischen organisatorisch über- und untergeordneten Stellen des Unternehmens äußert.

Das Planungssystem legt die Unternehmensaktivitäten vorausschauend fest. Für die Artikulation der Planung bedarf es eines Managementsystems. Das Managementsystem dient dazu, die Aktions- und Entscheidungsträger dazu zu veranlassen, die Planung in ihrem Handlungsrahmen umzusetzen und mit Leben zu erfüllen. Dabei spielt die Leistungsmessung - das Performance Management - eine besondere Rolle, um im Führungssystem die Zielerreichung zu überprüfen und zu analysieren sowie eine Steuerung des Führungsprozesses zu bewerkstelligen.

Planungssystem

Planungsebene	Grundsatzplanung	Strategische Planung	Taktische Planung	Operative Planung
Planungsgegenstand	Festlegung von Grundausrichtungen des Unternehmens in der Gesellschaft (Missionsplanung)	Schaffung, Weiterentwicklung und Aufrechterhaltung von Ergebnispotentialen (Geschäftsfeldplanung)	Aufbau, Fortentwicklung und Abbau von betrieblichen Kapazitäten (Projektplanung)	Einsatz und Steuerung von betrieblichen Ressourcen (Maßnahmenplanung)
Planungszeitraum	über 10 Jahre bis unbefristet (Unbegrenztplanung)	über 5 Jahre bis 15 Jahre (Langfristplanung)	über 1 Jahr bis 5 Jahre (Mittelfristplanung)	bis 1 Jahr (Budgetplanung, Jahresplanung)
Planungsziel	Unternehmensbestand	Langfristige Erfolgssicherung	Mittelfristige Erfolgsorientierung (Rentabilität)	Kurzfristige Erfolgserwirtschaftung (Wirtschaftlichkeit)
Planungsmaßgrößen	Leitideen	Strategische Erfolgsfaktoren, Chancen/Risiken	Einzahlungen und Auszahlungen	Kosten und Erlöse
Planungsinstrumente	• Unternehmenseinbindung/ Rechtsformen • Führungsphilosophie/ Führungsgrundsätze • Produktrichtungen/ Wachstumsrichtungen • Unternehmensethik/ Managementkonzeptionen	• GAP-Analyse • Konkurrenzanalyse • Stärken-Schwächen-Analyse • Portfolioanalyse • Produktlebenszykluskonzept • Erfahrungskurvenkonzept	• Projektplanungsmethoden • Investitionsrechnungen • Finanzierungs- und Kapitalbedarfsrechnungen • Ideenfindungsmethoden/ Kreativitätstechniken • Kosten-Nutzen-Analysen (Scoringmodelle) • Kennzahlensysteme	• Plankosten- und Deckungsbeitragsrechnungen • Break-even-Analysen • Verfahrensvergleiche, Wirtschaftlichkeitsrechnungen, Soll-Ist-Vergleiche • Finanzrechnungen • Arbeitsablaufpläne • Kennzahlen

Managementsystem

Abb. 4.5 *Hierarchisches Planungssystem*

Generell subsumiert man unter Management die Gesamtheit von Institutionen, Regeln, Prozessen und Instrumenten, die führend in die Gestaltung des Unternehmens eingreift. Über das Managementsystem sollen sich Führungskräfte und sonstige personale Kräfte bewusst auf die Planungsvorstellungen und Planungsvorgaben einlassen, sich diesen stellen, sie unternehmensintern kommunizieren sowie zweckgerecht und kompetent bewältigen.

Ein umfassendes Konzept für ein Managementsystem in einem solchen Sinne stellt die von Kaplan und Norton aus Studien zu Beginn der neunziger Jahre entwickelte Balanced Scorecard dar. Abbildung 4.6 zeigt die Balanced Scorecard in einer auf Kaplan und Norton zurückgehenden Darstellung (adaptiert von Kaplan/Norton, 1997, S. 9).

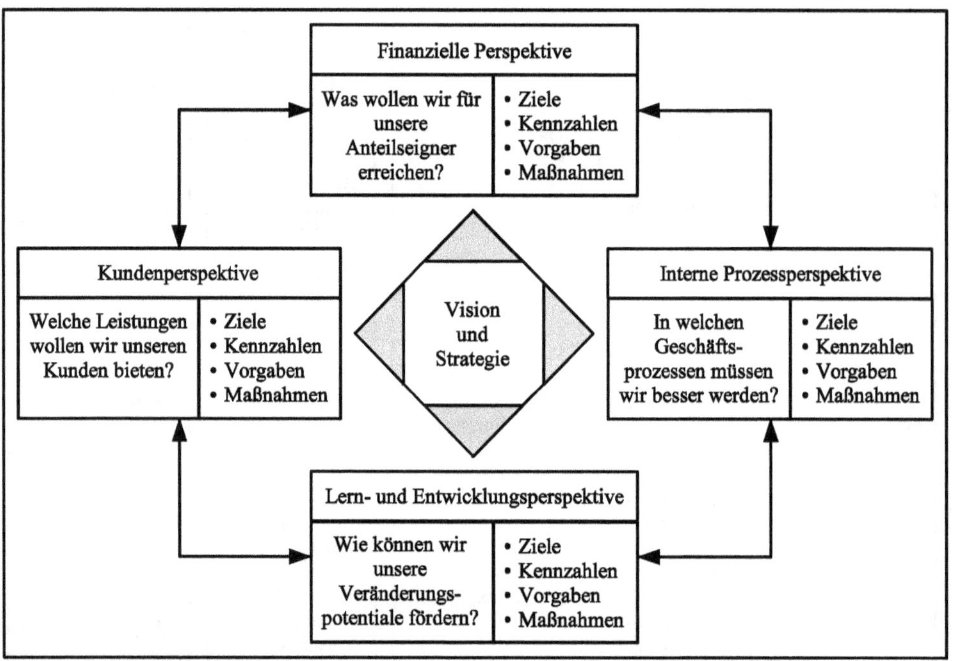

Abb. 4.6 Managementsystem Balanced Scorecard

Die Balanced Scorecard baut auf den Erkenntnissen und Ergebnissen des Planungssystems auf und transformiert deren Erfordernisse in Führungsgrößen. Über die Schaffung von sog. Perspektiven, die die werttreibenden Aktionsrichtungen fokussieren, wird die Eindimensionalität der Planung zugunsten einer Mehrdimensionalität der Aktionsfelder für die Führung des Unternehmens aufgehoben. Die von Kaplan und Norton vorgeschlagenen Standardperspektiven betreffen die vier Sichten: Finanzen, Kunden, Mitarbeiter (Innovation/Lernen/Entwicklung) und (interne) Prozesse, die über Ursache-Wirkungsketten miteinander verknüpft werden müssen. Die Perspektiven und ihre Konkretisierung wie Operationalisierung über Ziele, Kennzahlen, Vorgaben und Maßnahmen werden aus der Klärung und dem Herunterbrechen von Vision und Strategie generiert.

Der Managementbezug der Balanced Scorecard (BSC) kommt in den folgenden Aspekten zum Ausdruck:

- Die BSC ist ein Leistungsinitiierungs- und Leistungsmessungssystem.
- Die BSC integriert finanzielle (z. B. Kapitalrentabilität wie Return on Capital Employed) und nichtfinanzielle (z. B. Kundenzufriedenheit) Leistungsindikatoren, monetäre Erfolgswerte (z. B. Umsatzerlöse) und nichtmonetäre Leistungstreiber (z. B. Neukundenanteil, Innovationsneigung) sowie Spätindikatoren (z. B. Kundentreue, Krankenstand) und Frühindikatoren (z. B. Lieferbereitschaft, Anzahl Verbesserungsvorschläge).
- Die BSC dient der Artikulation, der Konsensfindung und der Kommunizierung zwischen den unterschiedlichen Organisationsmitgliedern im Unternehmen und strebt ein breites Commitment an.
- Die BSC lässt sich kaskadenartig auf untere Unternehmensbereiche herunterbrechen, so dass durch ein roll out ein einheitlich aufgebautes Führungskonzept entsteht.
- Die BSC impliziert die Strategiedurchsetzung und nicht die Strategiefindung.
- Die BSC verbindet Leistungskennzahlen mit Anreizen zur Zielerfüllung.
- Die BSC fordert zu Rückkopplungsschleifen und aktiver Lernkultur auf (sog. double loop-Lernen).

Durch ein Managementsystem soll einer Versandung und einer Erstarrung des Planungssystems im Unternehmen entgegengewirkt werden. Ein umfassend angelegtes Managementsystem, wie die Balanced Scorecard eines darstellt, führt in der Pragmatik der Anwendung auch Barrieren zutage. Hemmnisse können sich in überdehnten Abstimmungsprozessen, in der Akzeptanzschaffung bei den Beteiligten, in der sachinhaltlichen Verbindung der unterschiedlichen Perspektiven und in der Dominanz der Steuerung durch Kennzahlen zeigen.

Konzeptionelle Schwierigkeiten bereitet die Harmonisierung komplexer Planungssysteme mit komplexen Managementsystemen, da Überlagerungen und Dysfunktionalitäten in einem solchem Situationsfeld nicht ausbleiben. Indes bietet die Implementierung einer Balanced Scorecard die Chance, Planungs- und Führungsaufgaben adäquat zu vernetzen und interaktiv zusammenzuführen.

Das Kapitel zum Controlling mag mit einer kleinen karikaturhaften Bemerkung beendet werden.

Ein Optimist, ein Pessimist und ein Controller sitzen in einer Gaststätte vor einem Glas.

„Halb voll“, sagt der Optimist, „halb leer“, meint der Pessimist. „Das Glas ist für seinen Zweck um 100 % Prozent zu groß“, erklärt der Controller.

Abb. 4.7 *Nicht ganz ernst gemeinter Controllinggedanke*

5 Literaturübersicht

Bähr, G. / Fischer-Winkelmann, W. F. / List, S.: Buchführung und Jahresabschluss, 9. Auflage, Wiesbaden 2006 (Gabler)

Breidenbach, K: Jahresabschluss. kompakt, 2. Auflage, München, Wien 2009 (Oldenbourg)

Brühl, R: Controlling. Grundlagen des Erfolgscontrollings, 2. Auflage, München, Wien 2009 (Oldenbourg)

Buchholz, R.: Grundzüge des Jahresabschlusses nach HGB und IFRS, 6. Auflage, München 2010 (Vahlen)

Coenenberg, A. G. / Haller, A. / Mattner, G. / Schultze, W.: Einführung in das Rechnungswesen. Grundzüge der Buchführung und Bilanzierung, 3. Auflage, Stuttgart 2009 (Schäffer-Poeschel)

Coenenberg, A. G. / Fischer, T. M. / Günther, T.: Kostenrechnung und Kostenanalyse, 7. Auflage, Stuttgart 2009 (Schäffer-Poeschel)

Franz, K.-P. / Kajüter, P. (Hrsg.): Kostenmanagement. Wertsteigerung durch systematische Kostensteuerung, 2. Auflage, Stuttgart 2002 (Schäffer-Poeschel)

Friedl, B.: Kostenrechnung. Grundlagen, Teilrechnungen und Systeme der Kostenrechnung, 2. Auflage, München, Wien 2010 (Oldenbourg)

Friedl, G.; Hofmann, C.; Pedell, B.: Kostenrechnung. Eine entscheidungsorientierte Einführung, München 2010 (Vahlen)

Jandt, J.: Trainingsfälle Kostenrechnung, 2. Auflage, Herne/Berlin 2006 (NWB)

Jandt, J.: Verrechnung interner Leistungen zwischen Kostenstellen, in: BBK Betrieb und Rechnungswesen, Heft 16, Herne/Berlin 2004, S. 759 - 766

Kaplan, R. S. / Norton, D. P.: Balanced Scorecard. Strategien erfolgreich umsetzen, Stuttgart 1997 (Schäffer-Poeschel)

Küpper, H.-U. / Wagenhofer, A.: Handwörterbuch Unternehmensrechnung und Controlling, 4. Auflage, Stuttgart 2002 (Schäffer-Poeschel)

Michel, R. / Torspecken, H.-D. / Großmann, U.: Grundlagen der Kostenrechnung. Kostenrechnung 1, 4. Auflage, München, Wien 1992 (Hanser)

Michel, R. / Torspecken, H.-D. / Jandt, J.: Neuere Formen der Kostenrechnung mit Prozesskostenrechnung. Kostenrechnung 2, 5. Auflage, München, Wien 2004 (Hanser)

Mussnig, W. / Bleyer, M. / Giermaier, G.: Controlling für Führungskräfte. Analysieren - Bewerten - Entscheiden, Wien 2006 (Linde)

Pougin, E.: Die Bilanz – ein unerfülltes Versprechen?, in: Finanz- und Rechnungswesen als Führungsinstrument, hrsg. von D. Ahlert, K.-P. Franz und H. Göppl, Festschrift für H. Vormbaum zum 65. Geburtstag, Wiesbaden 1990, S. 237 - 249 (Gabler)

Quick, R. / Wurl, H.-J.: Doppelte Buchführung. Grundlagen – Übungsaufgaben – Lösungen, 2. Auflage, Wiesbaden 2010 (Gabler)

Rieder, L. / Siegwart, H.: Neues Brevier des Rechnungswesens, 5. Auflage, Bern, Stuttgart, Wien 2005 (Haupt)

Schnettler, A.: Das Rechnungswesen industrieller Betriebe, 2. Auflage, Berlin 1938 (Junker und Dünnhaupt)

Seidenschwarz, W.: Nie wieder zu teuer! 10 Schritte zum Marktorientierten Kostenmanagement, Stuttgart 1997 (Schäffer-Poeschel)

Seischab, H.: Kalkulation und Preispolitik, Leipzig 1944 (Felix Meiner)

Weber, J. / Schäffer, U.: Einführung in das Controlling, 12. Auflage, Stuttgart 2008 (Schäffer-Poeschel)

Wöhe, G. / Kussmaul, H.: Grundzüge der Buchführung und Bilanztechnik, 7. Auflage, München 2010 (Vahlen)

IV Investition und Finanzierung

Frank Levin

1 Grundlagen der betrieblichen Finanzwirtschaft

Die Finanzwirtschaft befasst sich mit den **Zahlungsströmen** („Cashflows") zwischen einer Unternehmung und dessen ökonomischer Umwelt. Zahlungsströme sind definiert als Vorgänge, die zu einer Veränderung des **Zahlungsmittelbestandes** (Kasse und Bankguthaben) in einer Unternehmung führen (vgl. Teil III, Kap. 1.4). Die betrieblichen Zahlungsströme sind einerseits Spiegelbild entsprechender Güter- und Dienstleistungsströme. So führen der Bezug von Waren (Güterstrom in das Unternehmen) in der Folgezeit zu einer Unternehmensauszahlung (Abfluss von Zahlungsmitteln) und der Verkauf der erstellten Leistungen (Güterstrom aus dem Unternehmen) zu einer Unternehmenseinzahlung (Zufluss von Zahlungsmitteln). Andererseits treten Zahlungsströme auf, die nicht auf güterwirtschaftliche Vorgänge beruhen. Von besonderer Bedeutung sind in diesem Zusammenhang die Zahlungsströme zwischen dem Unternehmen und seinen Kapitalgebern an den Finanzmärkten (Geld- und Kapitalmärkte).

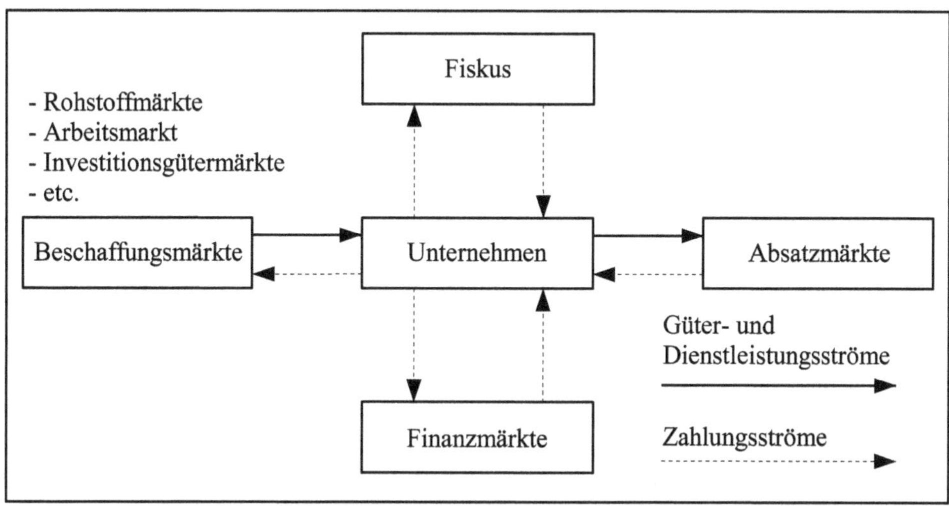

Abb. 1.1 *Betriebliche Güter- und Zahlungsströme*

Definiert man das Kapital einer Unternehmung durch die Summe der im Unternehmen verfügbaren Zahlungsmittel, dann können die den Zahlungsmittelbestand verändernden Zahlungsströme (Unternehmenseinzahlungen und -auszahlungen) wie folgt systematisiert werden:

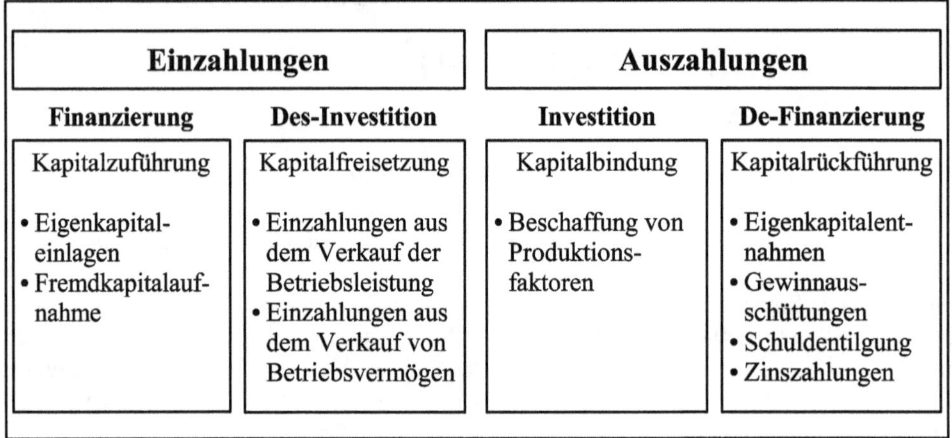

Einzahlungen
Auszahlungen
Finanzierung
Des-Investition
Investition
De-Finanzierung
Kapitalzuführung
• Eigenkapitaleinlagen
• Fremdkapitalaufnahme
Kapitalfreisetzung
• Einzahlungen aus dem Verkauf der Betriebsleistung
• Einzahlungen aus dem Verkauf von Betriebsvermögen
Kapitalbindung
• Beschaffung von Produktionsfaktoren
Kapitalrückführung
• Eigenkapitalentnahmen
• Gewinnausschüttungen
• Schuldentilgung
• Zinszahlungen

Abb. 1.2 Systematisierung der Unternehmenseinzahlungen und -auszahlungen (in Anlehnung an Schäfer, 2002, S. 14)

In der Sprache der Finanzwirtschaft bedeuten:

- **Finanzierung**: Bereitstellung bzw. Zuführung finanzieller Mittel.
- **De-Finanzierung**: Rückzahlung der Finanzmittel an die Kapitalgeber.
- **Investition**: Bindung finanzieller Mittel in Vermögensgegenstände.
- **Des-Investition**: Freisetzung der in Vermögensgegenständen gebundenen Zahlungsmittel.

In einer idealtypischen Betrachtung beginnt der betriebliche Zahlungsmittelkreislauf mit der **Kapitalzuführung** durch die Finanzmärkte, indem die Unternehmenseigner und die Kreditgeber dem Unternehmen Zahlungsmittel zuführen. Hieran schließt sich die **Kapitalbindung** an, d.h., die Zahlungsmittel werden zur Beschaffung von Produktionsgütern und -faktoren (Anlagevermögen, Umlaufvermögen und Arbeitskräfte) genutzt. Durch den Verkauf der erstellten Güter und Dienstleistungen fließen Zahlungsmittel in das Unternehmen, durch betriebliche Des-Investitionen erfolgt eine **Kapitalfreisetzung**. Der Zahlungsmittelkreislauf endet mit der **Kapitalrückführung** an die Kapitalgeber. Wenn die Kapitalgeber Zahlungsmittel im Unternehmen belassen, indem sie auf eine Kapitalrückführung ganz oder teilweise verzichten, beginnt der Kreislauf von Neuem.

Im Zusammenhang mit den betrieblichen Zahlungsströmen lassen sich für das Finanzmanagement einer Unternehmung drei zentrale Aufgabenbereiche identifizieren:

- Das Finanzmanagement hat darzulegen, wie das Unternehmen zu finanzieren ist. Hierzu sind die Finanzierungsmöglichkeiten aufzuzeigen und Empfehlungen hinsichtlich der besten Finanzierungsform zu geben.
- Das Finanzmanagement hat Entscheidungshilfen anzubieten, wenn es um die Frage geht, in welche Vermögensgegenstände ein Unternehmen investieren soll.
- Das Finanzmanagement hat den reibungslosen Zahlungsverkehr zwischen dem Unternehmen und seiner Umwelt in dem Sinne sicherzustellen, dass der Zahlungsmittelbestand stets ausreicht, um alle Zahlungsverpflichtungen zeit- und betragsgenau erfüllen zu können (Liquiditätsmanagent bzw. Net Working Capital Management).

1.1 Investition und Finanzierung

Investition und Finanzierung stehen in mehrfacher Hinsicht in einem sachlogischen Zusammenhang. Investitionsmöglichkeiten können nur genutzt werden, wenn Finanzierungsmöglichkeiten bestehen. Wer Kapital nachfragt (Finanzierung) sucht Investoren. Investition und Finanzierung sind somit zwei Seiten einer Medaille. Darüber hinaus gilt natürlich, dass die Investitionsprojekte die Zahlungsmittel erwirtschaften müssen, die den Kapitalgebern für ihre Kapitalüberlassung versprochen wurden.

Der enge Zusammenhang zwischen Investition und Finanzierung zeigt sich auch in der Bilanz einer Unternehmung. Die Bilanz stellt eine Momentaufnahme der Vermögenswerte (Assets) und des Kapitals einer Unternehmung dar.

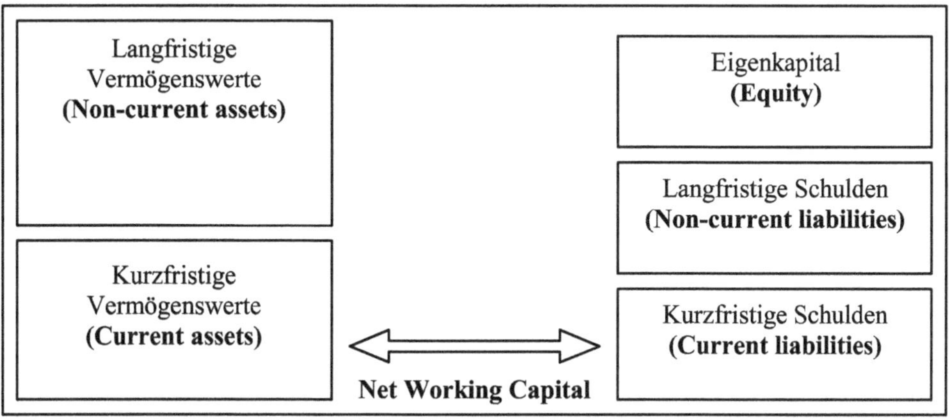

Abb. 1.3 Investition und Finanzierung aus bilanzieller Sicht

Auf der Aktivseite der Bilanz werden die Assets (Vermögenswerte) einer Unternehmung aufgelistet. Hier wird erkennbar, in welche Vermögenswerte das Unternehmen investiert hat. Zu den langfristigen Vermögenswerten zählen solche Assets, die vom Unternehmen über einen langen Zeitraum genutzt werden können (z.B. Grundstücke, Gebäude und Maschinen), oder mit anderen Worten, in denen das Kapital der Unternehmung längerfristig gebunden ist. Die kurzfristigen Vermögenswerte umfassen die Zahlungsmittel und solche Assets, die gewöhnlich innerhalb eines Jahres in Zahlungsmittel transferiert werden (z.B. Vorräte, Forderungen aus Lieferungen und Leistungen).

Die Finanzierung der Unternehmens-Assets ist auf der Passivseite der Bilanz erkennbar. Auf der Passivseite der Bilanz sind die Kapitalgeber der Unternehmung aufgeführt. Die Unternehmensfinanzierung erfolgt einmal durch die Eigentümer durch Bereitstellung von Eigenkapital und durch Kreditgeber in Form von lang- und kurzfristigen Krediten. Langfristige Kredite sind solche Schulden, die nicht innerhalb eines Jahres zurückbezahlt werden müssen (z.B. Bankkredit, Anleihe), während kurzfristige Kredite für das Unternehmen eine Zahlungsverpflichtung innerhalb des nächsten Jahres begründen (z.B. Bankkredit, Verbindlichkeiten aus Lieferungen und Leisten).

Das bilanzielle Eigenkapital einer Unternehmung ergibt sich rechnerisch aus der Differenz zwischen dem Buchwert der Unternehmens-Assets und dem Buchwert der Unternehmensschulden. Das so ermittelte Eigenkapital stellt den Buchwert des Eigenkapitals dar. Idealerweise sollte das Eigenkapital darüber informieren, welchen Wert das Unternehmen für die Eigentümer besitzt. Das bilanzielle Eigenkapital erfüllt diese Anforderung gewöhnlich nicht.

Aus der bilanziellen Betrachtung lässt sich abschließend folgender grundlegender Zusammenhang ableiten:

Assets (Summe der Unternehmensinvestitionen) = **Eigenkapital** + **Schulden** (Summe der Finanzierungsmaßnahmen)

1.1.1 Investitions- und Finanzierungsbegriff

Die zahlungsstromorientierte Definition charakterisiert eine **Investition** als einen Zahlungsstrom, der mit einer Auszahlung beginnt und in späteren Zeitpunkten Einzahlungen bzw. Einzahlungen und Auszahlungen aufweist. Hierbei sind die einem Investitionsprojekt zurechenbaren Ein- und Auszahlungen die Zahlungen, die ohne das Projekt nicht anfallen würden. Alle Zahlungen werden dem Periodenende zugerechnet.

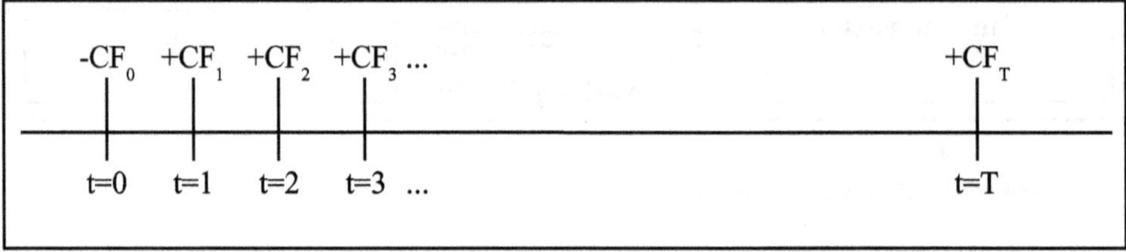

Abb. 1.4 *Zahlungsstromorientierter Investitionsbegriff (Normalinvestition)*

mit: CF_t = Einzahlungsüberschuss (Cashflow) der Periode t, wobei der Cashflow aus dem Saldo der dem Investitionsprojekt zurechenbaren Einzahlungen (E_t) und Auszahlungen (A_t) der Periode t gebildet wird.

Eine sog. **Normalinvestition** ist durch einen Zahlungsstrom mit nur einem Vorzeichenwechsel gekennzeichnet, d.h., der Zahlungsstrom beginnt mit einer Auszahlung und in den späteren Perioden treten ausschließlich positive Einzahlungsüberschüsse auf.

Eine **Finanzierung** stellt einen Zahlungsstrom dar, der mit einer Einzahlung beginnt und in späteren Perioden Auszahlungen bzw. Einzahlungen und Auszahlungen aufweist. Diese Definition ist unproblematisch, wenn ausschließlich Maßnahmen betrachtet werden, die dem Unternehmen **zusätzliche** Finanzmittel zuführt. Sie bereitet dagegen Schwierigkeiten, wenn die Zunahme der Finanzmittel auf Vermögensumschichtungen beruht. Tauscht ein Unternehmen illiquide Assets in Zahlungsmittel (z.B. Verkauf einer Maschine zum Buchwert), so kommt es zwar zu einer Einzahlung, jedoch begründet diese Einzahlung keine **neue Zahlungsverpflichtung** für das Unternehmen. Eine umfassendere Definition beschreibt Finanzierung als die Gesamtheit aller Maßnahmen, die zu einer Erhöhung des (frei verfügbaren) Zahlungsmittelbestandes führen.

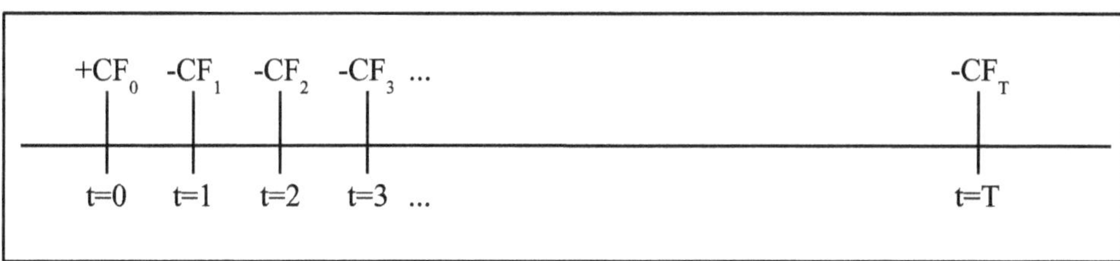

Abb. 1.5 *Zahlungsstromorientierter Finanzierungsbegriff (Normalfinanzierung)*

Unter einer **Normalfinanzierung** wird entsprechend ein Zahlungsstrom verstanden, der mit einer Einzahlung beginnt und in späteren Perioden ausschließlich negative Einzahlungsüberschüsse (Auszahlungen) aufweist.

Der zahlungsstromorientierte Investitions- und Finanzierungsbegriff stellt auf die **monetären Handlungskonsequenzen** ab, indem herausgestellt wird, wie sich die betrieblichen Zahlungsströme ändern, wenn bestimmte Investitions- bzw. Finanzierungsprojekte realisiert werden. Technische, rechtliche oder andere nicht-monetäre Eigenschaften der Investitions- und Finanzierungsprojekte bleiben unberücksichtigt.

1.1.2 Investitionsarten

Obwohl sich die Finanzwirtschaft im Grunde nicht für die technischen Eigenschaften oder leistungswirtschaftlichen Aspekte der Investitionsprojekte interessiert, finden sich in der Literatur verschiedene objektorientierte Systematisierungen von Investitionen. Gebräuchlich sind Unterscheidungen der Investitionsobjekte nach der Art des **Vermögensgegenstandes** und hinsichtlich ihrer Wirkung auf die **Produktionskapazität**.

Finanzvermögen	Beteiligungen Wertpapiere Darlehen Bankguthaben Forderungen
Sachvermögen	Grundstücke Produktionsanlagen Vorräte (RHB, Waren)
Immaterielles Vermögen	Forschung und Entwicklung Patente und Lizenzen Werbung Ausbildung

Abb. 1.6 *Einteilung der Investitionen nach der Art des Vermögensgegenstandes (in Anlehnung an Kruschwitz, 2005, S. 16)*

Investitionen in das Finanzvermögen („Finanzinvestitionen") berühren den leistungswirtschaftlichen Bereich einer Unternehmung im Allgemeinen nur sehr gering. Beispiele für **Finanzinvestitionen** sind der Erwerb einer Unternehmensbeteiligung, die Gewährung eines Darlehens, das Halten von Kasse oder der Erwerb von Kundenforderungen. Investitionen in das Sachvermögen einer Unternehmung („Sachinvestitionen") wirken unmittelbar auf den leistungswirtschaftlichen Bereich ein. Zu den **Sachinvestitionen** gehört beispielsweise der Erwerb von Grundstücken, der Kauf von Maschinen und anderen Produktionsanlagen aber auch der Kauf von Warenvorräten. **Investitionen in immaterielle Vermögensgegenstände** werden meist ebenfalls den Sachinvestitionen zugerechnet. Hierzu zählen u.a. Auszahlungen für Forschung und Entwicklung, der Kauf von Patenten sowie Investitionen in das Humankapital.

Steht die Frage im Vordergrund, welche Auswirkung eine Investition auf die Produktionskapazität hat, so ist es zweckmäßig, zunächst zwischen Brutto- und Nettoinvestitionen zu unterscheiden. Unter **Nettoinvestitionen** versteht man die Investitionen, die die Abschreibungen (buchhalterische Wertminderungen der Vermögensgegenstände) der Periode übersteigen. Nettoinvestitionen erhöhen die Produktionskapazität einer Unternehmung. Die **Bruttoinvestitionen** stellen die in einer Rechnungsperiode insgesamt durchgeführten Investitionen dar und ergeben sich aus der Summe der Nettoinvestitionen und den Abschreibungen.

Investitionsart	Kapazitätswirkung
Erstinvestition	Aufbau von Kapazitäten
Erweiterungsinvestition	Kapazitätserweiterung
Rationalisierungsinvestition	mit und ohne Kapazitätswirkung
Ersatzinvestition	ohne Kapazitätswirkung

Abb. 1.7 *Einteilung der Investitionen hinsichtlich ihrer Wirkung auf die Produktionskapazität*

Zu den Nettoinvestitionen zählen die **Erst-** und die **Erweiterungsinvestitionen** und mit Einschränkungen auch die **Rationalisierungsinvestitionen. Ersatzinvestitionen** beeinflussen die Produktionskapazität dagegen nicht, sie dienen dem Erhalt der vorhandenen Produktionskapazität, indem sie alte Anlagen durch neue, baugleiche Anlagen ersetzen.

1.1.3 Finanzierungsformen

Finanzierung bedeutet die Zuführung finanzieller Mittel. Die Mittelzuführung kann durch die Kapitalgeber oder durch die Umsatztätigkeit erfolgen. Es ist zweckmäßig, die einer Unternehmung grundsätzlich offenstehenden Finanzierungsformen anhand von Kriterien zu systematisieren. Gebräuchliche Ordnungskriterien sind u.a. (vgl. Perridon/Steiner 2004, S. 359ff):

- Die Rechtsstellung der Kapitalgeber (Eigen- bzw. Fremdkapital).
- Die Herkunft der Zahlungsmittel (Innen- bzw. Außenfinanzierung).

Nach dem Kriterium **Rechtsstellung der Kapitalgeber** erfolgt die Systematisierung der Finanzierungsformen anhand der den Kapitalgebern eingeräumten Vermögens- und Verwaltungsrechte und hinsichtlich der Haftung der Kapitalgeber. Dieses Kriterium ermöglicht eine Einteilung der Finanzierungsformen in Eigenfinanzierung, Fremdfinanzierung und Mezzanine-Finanzierung.

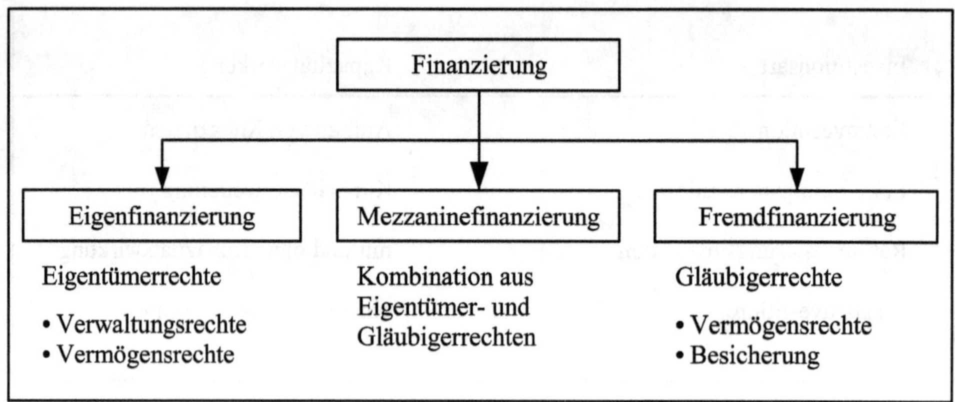

Abb. 1.8 *Gliederung der Finanzierung nach dem Kriterium Rechtsstellung der Kapitalgeber*

Merkmal	Eigenkapital	Fremdkapital
Verwaltungsrechte, z.B. Geschäftsführungsbefugnis bzw. Mitwirkungsrecht bei der Bestimmung der Unternehmensleitung	ja	nein
Vermögensrechte • Rückzahlungsanspruch • Verzinsung des Kapitals • Teilnahme am Liquidationserlös	 ausgeschlossen erfolgsabhängig ja	 gegeben i.d.R. erfolgsunabhängig nein
Verlustteilnahme	Haftung in Höhe der Kapitaleinlage oder mit dem Privatvermögen	nein
Besicherung	ausgeschlossen	Normalfall

Abb. 1.9 *Merkmale von Eigen- und Fremdkapital (in Anlehnung an Bieg/Kußmaul, 2000, S. 195)*

Eigenfinanzierung liegt dann vor, wenn die Eigentümer ihrer Unternehmung weitere Zahlungsmittel zuführen oder wenn diese auf eine Gewinnausschüttung verzichten. Die Eigenfinanzierung erhöht das Eigenkapital der Unternehmung. Besondere Merkmale der Eigenfinanzierung sind die Haftung der Eigenkapitalgeber (Haftungsumfang ist abhängig von der Unternehmensrechtsform), die hiermit korrespondierenden Verwaltungsrechte der Eigenkapitalgeber sowie die erfolgsabhängige Kapitalverzinsung. Eigenkapital ist die Basis der Unternehmensfinanzierung. Das Eigenkapital trägt das Unternehmensrisiko, Unternehmensverluste gehen zulasten des Eigenkapitals. Das Eigenkapital schützt die Fremdkapitalgeber vor Verlusten (Protektionsfunktion des Eigenkapitals).

Die **Fremdfinanzierung** umfasst alle Formen der Kapitalzuführung, bei denen die Kapitalgeber eine Gläubigerposition innehaben. Rückzahlungsanspruch, gegenüber den Eigentümern vorrangige Zahlungsansprüche und Kreditsicherheiten sind wesentliche Merkmale der Fremdfinanzierung.

Neben dem Eigen- und Fremdkapital hat sich in den letzten Jahren das sog. **Mezzaninekapital** als eine weitere Kapitalkategorie etabliert. Das Mezzaninekapital nimmt eine Stellung zwischen dem Eigenkapital und dem Fremdkapital ein. Der Begriff Mezzaninekapital bezeichnet Finanzierungsinstrumente, die sowohl Merkmale von Eigenkapital als auch Fremdkapital aufweisen. Dominieren die Eigentümerrechte, spricht man von „Equity-Mezzanine", im anderen Fall von „Debt-Mezzanine". Solche Instrumente spielen bei der Unternehmensfinanzierung eine immer größere Rolle. Dies gilt insbesondere für solche Unternehmen, die bei der Beschaffung von Eigenkapital vor erheblichen Problemen stehen.

Nach dem Kriterium **Herkunft der Zahlungsmittel** lassen sich die Finanzierungsformen in Innenfinanzierung einerseits und Außenfinanzierung andererseits einteilen. Die Begriffe „innen" und „außen" sind nicht räumlich, sondern im Zusammenhang mit der Umsatztätigkeit zu interpretieren.

Die **Innenfinanzierung** beruht im Kern auf Einzahlungen von den Absatzmärkten der Unternehmung. Die zugeflossenen Zahlungsmittel lassen sich gedanklich dem thesaurierten Gewinn (Selbstfinanzierung), den Abschreibungen, den gebildeten Rückstellungen und dem verkauften Betriebsvermögen zuordnen.

Bei der **Außenfinanzierung** liegen dem Mittelzufluss Finanzierungsvereinbarungen zugrunde, die die Unternehmung mit Kapitalgebern an den Finanzierungsmärkten (Finanzmärkte, Beschaffungs- und Absatzmarkt) geschlossen hat. Das Unternehmen verkauft Finanztitel. In Abhängigkeit der vertraglichen Vereinbarungen fließt dem Unternehmen Eigenkapital (Beteiligungstitel) oder Fremdkapital (Forderungstitel) zu. Die Zuführung von Eigenkapital wird bei Personenunternehmungen als Einlagenfinanzierung, bei Kapitalgesellschaften als Beteiligungsfinanzierung bezeichnet. Wird Fremdkapital zugeführt, so stellt dies eine Beleihungs- bzw. eine Kreditfinanzierung dar.

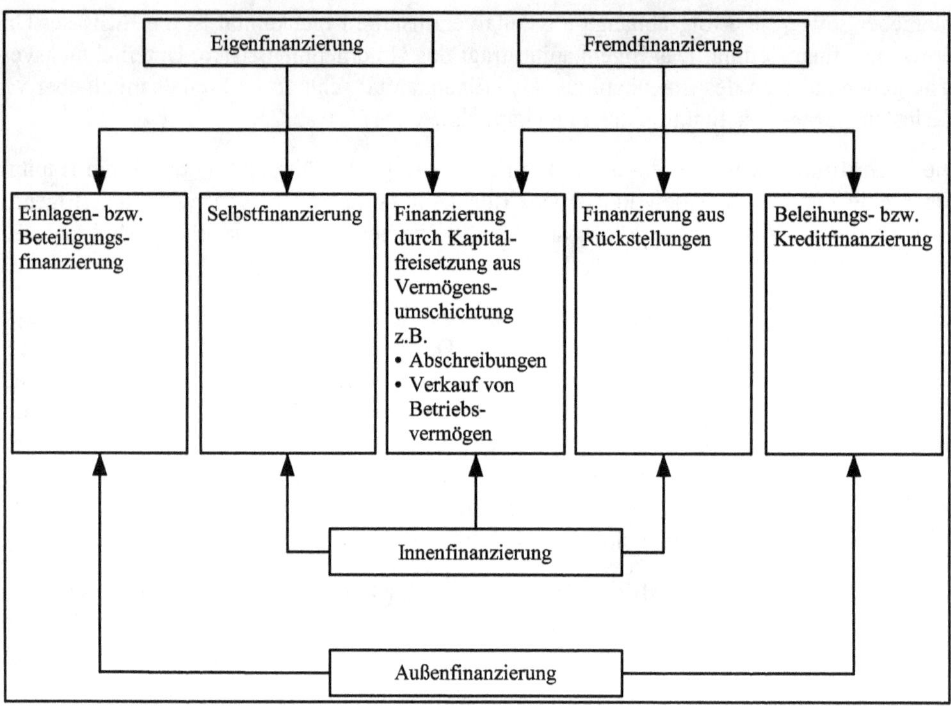

Abb. 1.10 *Systematisierung der Finanzierungsformen (Bieg/Kußmaul 2000, S. 38)*

1.2 Finanzwirtschaftliche Ziele

Wie eingangs dargestellt, hat die betriebliche Finanzwirtschaft die Frage zu beantworten, welche Investitions- und Finanzierungsprojekte ein Unternehmen realisieren sollte. Mit anderen Worten, sie hat Handlungsempfehlungen hinsichtlich der **optimalen Mittelverwendung und Mittelbeschaffung** zu geben. Was aber ist mit optimal genau gemeint? Ist beispielsweise ein Investitionsprojekt dann optimal, wenn durch seine Realisierung weniger Schadstoffe in die Umwelt gelangen, oder ist ein Investitionsprojekt gemeint, das eine hohe Zahl von Arbeitsplätzen schafft? Erst durch die Vorgabe von Zielen können optimale Handlungsweisen identifiziert werden. Eine **optimale** Handlungsweise ist definiert als diejenige Handlungsweise, die zur **höchsten Zielerreichung** führt. Die Vorgabe von Zielen für die Finanzwirtschaft hat sich an den formulierten Unternehmenszielen zu orientieren (vgl. Teil I, Kap. 3).

In der Betriebswirtschaftlehre dominierte lange Zeit eine güterwirtschaftliche Sichtweise. In der Leistungserstellung wurde das oberste Unternehmensziel gesehen. Alle anderen betriebswirtschaftlichen Aktivitäten hatten sich diesem Ziel unterzuordnen. Für die Finanzwirtschaft bedeutete dies, dass ihre Aufgabe primär darin gesehen wurde, den durch Produktionserfordernisse vorgegebenen Kapitalbedarf zu decken und die Zahlungsfähigkeit der Unternehmung sicherzustellen. Die Finanzwirtschaft war nicht entscheidungsorientiert ausgerichtet, sie hatte innerhalb der Unternehmensorganisation eine Stellung inne, die mit der eines Kassenwartes verglichen werden konnte.

Die **moderne Betriebswirtschaftlehre** sieht in einem Unternehmen primär eine **Einkommensquelle** für diejenigen, die für dieses Unternehmen in irgendeiner Form tätig sind (Stakeholder). Prominente Vertreter dieser Denkrichtung sind der Stakeholder- und der Shareholder-Ansatz. Die **moderne Finanzwirtschaft** ist kapitalorientiert, indem sie die berechtigten Interessen der Eigenkapitalgeber (Shareholder) beachtet und sie ist entscheidungsorientiert, indem sie die Steuerung der betrieblichen Zahlungsströme an eben diesen Interessen ausrichtet.

In einer vom Eigentümer geführten kleinen Personengesellschaft sind die Ziele des Eigentümers mit dem Unternehmensziel identisch. In großen, managementgeführten Kapitalgesellschaften mit einer Vielzahl von Eigentümern mit möglicherweise unterschiedlichen Interessen und Zielen, ist zunächst unklar, welches Unternehmensziel verfolgt werden soll. Die Eigentümer müssen sich auf Unternehmensziele einigen. Die Zielsetzung sollte unmissverständlich und eindeutig formuliert werden, da nur dann aus Zielen klare Handlungsrichtlinien für das Management werden können.

Mögliche Unternehmensziele sind:
- Sicherung des Fortbestandes des Unternehmens
- Vermeidung von Unternehmenskrisen
- Umsatzwachstum
- Erhöhung des Marktanteils
- Kostenminimierung
- Gewinnmaximierung

Vermutlich werden sich die meisten Eigentümer mit diesen Zielen identifizieren können. Gleichwohl können aus diesen Zielen Probleme erwachsen. Zunächst ist es grundsätzlich problematisch, wenn dem Management mehrere Ziele vorgegeben werden. In diesen Fällen kann das Management versuchen, Misserfolge bei einer Reihe von (wichtigen) Zielen zu kaschieren, in dem auf das Erreichen anderer Zielsetzungen verweisen wird. Aber auch inhaltlich sind die obigen Ziele problematisch, da aus ihnen keine klaren Handlungsempfehlungen abgeleitet werden können. Zum Beispiel kann ein Unternehmen das Insolvenzrisiko minimieren, wenn es keine Kredite aufnimmt und nur risikolose Investitionen tätigt. Eine Umsatzsteigerung ist leicht möglich, wenn die Absatzpreise gesenkt werden und die Kosten sinken, wenn beispielsweise auf Forschung und Marketing verzichtet wird. Es ist kaum vorstellbar, dass solche Handlungsweisen dem Interesse der Eigentümer dienen. Auch das Gewinnziel ist vage formuliert. Welcher Gewinn ist gemeint? Etwa der handelsrechtliche Gewinn oder der ökonomische Gewinn? Ist der Gewinn des nächsten Jahres oder vielmehr der durchschnittliche Gewinn der nächsten Jahre gemeint?

Die oben aufgeführten Ziele sind im weitesten Sinne entweder Renditeziele (im Sinne einer Steigerung der Eigenkapitalverzinsung) oder Sicherheitsziele (im Sinne einer Reduzierung des Risikos der Eigentümer). Eine Renditesteigerung ist gewöhnlich nur zu erzielen, wenn ein höheres Risiko eingegangen wird. Wir können nicht gleichzeitig die Rendite maximieren und das Risiko minimieren. Das Unternehmensziel sollte beiden Aspekten gleichsam Rechnung tragen.

Unter der Voraussetzung, dass die Eigentümer einer Unternehmung ein rein finanzielles Interesse verfolgen, besteht die dem Rendite- und Risikoaspekt gleichsam genügende Zielsetzung in der Maximierung des Vermögens der Eigentümer (Shareholder Value).

1.2.1 Shareholder Value

Das Vermögen eines Eigentümers entspricht dem €-Betrag, den der Eigentümer bei einem Verkauf seines Unternehmensanteils - seines Beteiligungstitels - aktuell erzielen könnte. Der Wert sämtlicher Beteiligungstitel einer Unternehmung wird als Shareholder Value oder auch als **Marktwert des Eigenkapitals** bezeichnet. Theoretisch sollte der Marktwert des Eigenkapitals einer Unternehmung dem Gegenwartswert der zukünftigen Unternehmenszahlungen an die Eigentümer entsprechen. Der Shareholder Value hängt somit von der Höhe, von der zeitlichen Verteilung und von dem Risiko der Unternehmenszahlungen an das Eigenkapital ab.

Der Shareholder Value ergibt sich aus der Differenz zwischen dem **Marktwert** sämtlicher Unternehmens-Assets (Value Assets) und dem **Marktwert** sämtlicher Unternehmens-Schulden (Debt Value):

Shareholder Value = Value Assets - Debt Value

Present Value Unternehmens-Assets (Barwert der Investitionsrückflüsse)	**Shareholder Value** • Marktwert aller Beteiligungstitel (Barwert der Zahlungsansprüche der Eigentümer) **Debt Value** • Marktwert aller Forderungstitel (Barwert der Zahlungsansprüche der Kreditgeber)
Value Assets	**Firm Value**

Abb. 1.11 Marktwert-Bilanz einer Unternehmung

Die Marktwert-Bilanz einer Unternehmung entspricht in ihrer Struktur der handelsrechtlich normierten Bilanz. Gleichwohl existieren deutliche Unterschiede zwischen diesen beiden Rechenwerken:

- In der Marktwert-Bilanz steht die Frage im Vordergrund, welchen Wert eine Unternehmung durch Nutzung sämtlicher Unternehmensressourcen für die Kapitalgeber generieren kann. In der Marktwert-Bilanz werden daher sämtliche Assets der Unternehmung aufgelistet, auch solche, die in der handelsrechtlichen Bilanz nicht aktiviert werden dürfen (z.B. immaterielle Vermögenswerte wie Humankapital der Mitarbeiter und Kundenstamm).
- In der Marktwert-Bilanz werden die Assets einer Unternehmung mit ihren aktuellen Marktpreisen (bzw. ihren Present Values) ausgewiesen, während in der handelsrechtlichen Bilanz überwiegend auf Anschaffungskosten abgestellt wird.

Im Falle einer börsennotierten Aktiengesellschaft lässt sich der Shareholder Value leicht durch Multiplikation der Anzahl sämtlicher Aktien der Gesellschaft mit dem aktuellen Aktienkurs ermitteln (sog. Marktkapitalisierung). Bei einer nicht-börsennotierten Gesellschaft ist die Ermittlung des Shareholder Values deutlich aufwendiger, da in diesem Fall für die Beteiligungstitel der Gesellschaft keine Marktpreise existieren. Diese müssen erst im Rahmen einer Unternehmensbewertung ermittelt werden.

Bilanz der Wega AG (Buchwerte)			
Langfristige Vermögenswerte	12,5 Mio. €	Eigenkapital	5 Mio. €
Net Working Capital	1,5 Mio. €	Langfristige Schulden	9 Mio. €
	14 Mio. €		14 Mio. €

Bilanz der Wega AG (Marktwerte)			
Present Value Assets	16,5 Mio. €	Shareholder Value	9 Mio. €
Net Working Capital	1,5 Mio. €	Debt Value	9 Mio. €
Value Assets	18 Mio. €	Firm Value	18 Mio. €

Abb. 1.12 *Buch- und Marktwerte Wega AG*

Das **Shareholder Value Konzept** (Rappaport 1986) steht für eine Unternehmenssteuerung, die sich primär an den Einkommenspräferenzen der Shareholder orientiert (vgl. Teil II, Kap. 2.3). Im Mittelpunkt betriebswirtschaftlicher Entscheidungen steht das Vermögen der Eigentümer der Unternehmung. Ein Leitbild, das bereits bei der akademischen Etablierung der heutigen Betriebswirtschaftslehre durch die damalige Bezeichnung „Privatwirtschaftslehre" von Rieger (1928) zum Ausdruck gebracht wurde. Wenngleich der Shareholder Value Ansatz als generelles Unternehmensleitbild in der betriebswirtschaftlichen Literatur nicht unumstritten ist, hat sich der Shareholder Value als Maßstab zur Beurteilung der Vorteilhaftigkeit von Investitions- und Finanzierungsentscheidungen durchgesetzt.

Die oben gestellte Frage nach der optimalen Mittelbeschaffung und Mittelverwendung kann damit wie folgt beantwortet werden. Investitions- und Finanzierungsprojekte sind dann optimal, wenn sie den Shareholder Value und damit den Gegenwartswert der zukünftigen Einkommensströme der Shareholder maximieren.

Vereinzelt wird dem Shareholder Value Ansatz in der öffentlichen Meinung vorgehalten, dass hierbei die Interessen der übrigen Stakeholder - insbesondere die Arbeitnehmerinteressen - nicht bzw. nur unzureichend berücksichtigt werden. Diese Argumentation übersieht zunächst, dass die Eigentümer einer Unternehmung, im Unterschied zu den übrigen Stakeholdern, keine vertraglich fixierten Zahlungsansprüche besitzen. Die Eigentümer besitzen einen gegenüber den übrigen Stakeholdern nachrangigen Zahlungsanspruch, d.h., sie erhalten erst dann Zahlungen, wenn zuvor die Zahlungsansprüche der übrigen Stakeholder voll umfänglich erfüllt wurden. Die Forderung an das Management, bei unternehmerischen Entscheidungen die hieraus resultierenden Auswirkungen auf den Zahlungsanspruch der Shareholder zu beachten, ist nachvollziehbar.

Umsatzeinzahlungen der Periode t
- vertraglich zugesicherte Auszahlungen der Periode t an die Stakeholder (außer Shareholder)

= Residualzahlungsanspruch der Shareholder in der Periode t

Abb. 1.13 *Residualzahlungsansprüche der Shareholder*

Im Übrigen werden die Stakeholder in marktwirtschaftlichen Systemen zu Marktpreisen entlohnt, d.h., zu Preisen, die durch Angebot und Nachfrage und nicht durch die Eigentümer determiniert sind.

Schließlich sei der Hinweis gestattet, dass es nicht wirklich Sinn macht, die Interessenvertretung der Arbeitnehmer in die Hände der Eigentümer einer Unternehmung zu legen. Die Wahrnehmung der Arbeitnehmerinteressen obliegt den Gewerkschaften und dem Gesetzgeber.

1.2.2 Liquidität

Der Begriff Liquidität wird hier in dem Sinne verstanden, dass zu allen Zeitpunkten die im Unternehmen verfügbaren Zahlungsmittel ausreichen, um fällige Zahlungsverpflichtungen betragsgenau erfüllen zu können.

Die Vermeidung der Zahlungsunfähigkeit setzt einen ausreichenden Zahlungsmittelbestand dann voraus, wenn Auszahlungen anstehen. Dies sicherzustellen ist Aufgabe der **Finanzpla-**

nung. Unter einer Finanzplanung versteht man die periodengenaue tabellarische Darstellung der **geplanten Unternehmenseinzahlungen und -auszahlungen**. Die Planungsperioden können sich auf Tage, Wochen, Monate und Jahre beziehen. Der Finanzplan ermittelt für jede Planungsperiode den **Saldo** aus den geplanten Perioden-Einzahlungen und den geplanten Perioden-Auszahlungen und ermittelt unter Berücksichtigung des Zahlungsmittelanfangsbestands den Zahlungsmittelendbestand der Periode. Ein negativer Zahlungsmittelendbestand zeigt für die Planungsperiode ein Zahlungsmitteldefizit, d.h., in dieser Planungsperiode reichen die Zahlungsmittel nicht aus, um alle Zahlungsverpflichtungen erfüllen zu können. Solche Mitteldefizite sind durch das rechtzeitige Einleiten geeigneter Maßnahmen (Zuführung weiterer Zahlungsmittel und/oder Verringerung der Zahlungsmittelabflüsse) zu beseitigen. Ergeben sich in den Planungsperioden dagegen Zahlungsmittelüberschüsse, so ist zu prüfen, ob diese als Liquiditätsreserve gehalten werden müssen oder einer anderen Mittelverwendung zugeführt werden können.

Eine aussagekräftige Finanzplanung setzt voraus, dass diese in Plan-Bilanzen und Plan-Gewinn- und Verlustrechnungen eingebettet ist.

2 Innenfinanzierung

Bei der Innenfinanzierung erfolgt die Mittelzuführung durch den **Umsatzprozess** und durch **Einzahlungen aus dem Verkauf von Betriebsvermögen**. Durch solche betrieblichen Desinvestitionen wird einerseits vormals beschafftes und investiertes Kapital zurück gewonnen (Abschreibungen und Verkauf von Betriebsvermögen) und andererseits erfolgt eine Kapitalneubildung (Gewinnthesaurierung und Rückstellungsbildung).

Basis der Innenfinanzierung sind die **Umsatzeinzahlungen** einer Rechnungsperiode. Diese Einzahlungen erhöhen den Zahlungsmittelbestand der Unternehmung. Allerdings stehen nicht die gesamten Umsatzeinzahlungen als Finanzierungsmittel zur Verfügung, da durch die Produktionstätigkeit laufend Auszahlungen (Lohnzahlungen an die Beschäftigten, Bezahlung der Lieferanten, etc.) zu leisten sind und daher Zahlungsmittel kontinuierlich wieder abfließen. Nur der durch die Produktions- und Absatztätigkeit erzielte **Einzahlungsüberschuss** (Umsatzeinzahlungen abzüglich der laufenden Auszahlungen im Rahmen der gewöhnlichen Betriebstätigkeit) einer Rechnungsperiode zeigt den **Innenfinanzierungsspielraum**.

Der den Innenfinanzierungsspielraum umreißende Einzahlungsüberschuss aus laufender Geschäftstätigkeit wird auch als **operativer Cashflow** bezeichnet und kann unter Inkaufnahme größerer Ungenauigkeiten mittels folgender Daumenregel approximiert werden:

Jahresüberschuss / -fehlbetrag
+ Abschreibungen (-Zuschreibungen)
+ Erhöhung (- Minderung) langfristiger Rückstellungen
≈ operativer Cashflow
- Ausschüttungen an die Eigentümer
≈ Innenfinanzierungsbeitrag

Abb. 2.1 *Operativer Cashflow und Innenfinanzierungsbeitrag*

In dieser Darstellung treten die **Hauptquellen der Innenfinanzierung** deutlich hervor. Diese sind der (thesaurierte) **Unternehmensgewinn**, die **Abschreibungen** und die **Rückstellungen**. Allerdings ist darauf hinzuweisen, dass der Ausweis von Gewinnen, vorgenommene Abschreibungen oder gebildete Rückstellungen nicht zwangsläufig Innenfinanzierungsspielraum schaffen. Eine **Innenfinanzierung** ist nur möglich, wenn der Unternehmung **alle Aufwendungen** zuzüglich eines **Gewinnaufschlages** vergütet werden und die **Umsätze in barer Form** erzielt werden.

Außerhalb der gewöhnlichen Umsatztätigkeit kann eine Mittelbereitstellung durch den Verkauf von Betriebsvermögen oder durch Rationalisierungsmaßnahmen erfolgen.

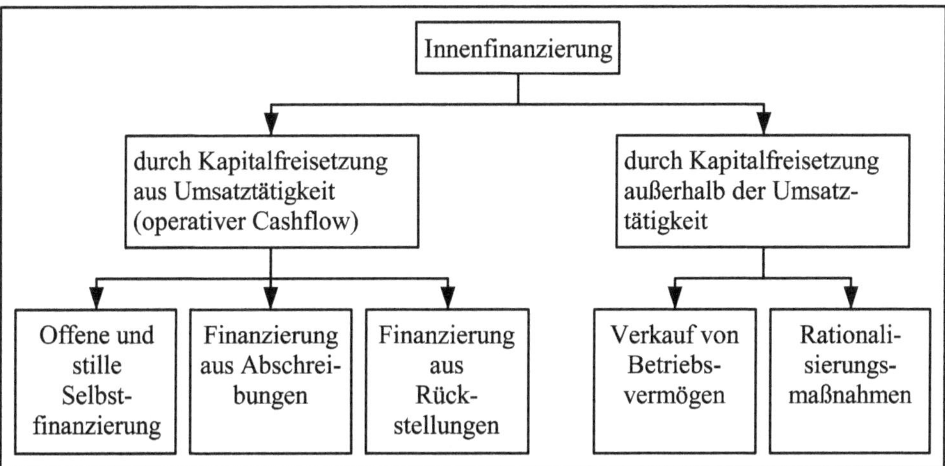

Abb. 2.2 *Komponenten der Innenfinanzierung*

2.1 Selbstfinanzierung

Durch die Selbstfinanzierung wird einer Unternehmung weiteres Eigenkapital zugeführt. Die Selbstfinanzierung erfolgt aus solchen finanziellen Mitteln, die der Unternehmung im Laufe des Geschäftsjahres durch die im Absatzpreis einkalkulierten Gewinnaufschläge zugeflossen und nicht gleichzeitig in Form von Ausschüttungen an die Shareholder (Residualzahlungen) wieder abgeflossen sind. Nach der Art des Gewinnausweises in der Bilanz unterscheidet man die offene Selbstfinanzierung und die stille Selbstfinanzierung.

Die **offene Selbstfinanzierung** beruht auf einem Ausschüttungsverzicht der Eigentümer, indem diese einer vollständigen oder teilweisen Einbehaltung des im Jahresabschluss festgestellten Gewinns nach Steuern zustimmen (Gewinnthesaurierung). Die offene Selbstfinanzierung ist in der Bilanz erkennbar, sie erhöht das bilanzielle Eigenkapital der Unternehmung. Hinsichtlich des Bilanzausweises existieren rechtsformabhängige Unterschiede. Personenunternehmungen (Einzelunternehmungen und Personengesellschaften) müssen das Eigenkapital nicht weiter gliedern. Der thesaurierte Gewinn wird den Eigenkapitalkonten der Gesellschafter anteilig gutgeschrieben. Da bei Kapitalgesellschaften (GmbH, AG) die Haftung der Eigentümer beschränkt ist, verlangt der Gesetzgeber bei diesen Gesellschaften zum Schutz der Gläubiger einen detaillierten Ausweis des bilanziellen Eigenkapitals. Bei Kapitalgesellschaften sind folgende Eigenkapitalpositionen auszuweisen:

Eigenkapital
- Gezeichnetes Kapital (GmbH: Stamm-; AG: Grundkapital)
- Kapitalrücklage
- Gewinnrücklagen
- Bilanzgewinn/Bilanzverlust

Abb. 2.3 Gliederung des bilanziellen Eigenkapitals von Kapitalgesellschaften nach Gewinnverwendung

Bei der **stillen Selbstfinanzierung** wird der im Jahresabschluss auszuweisende Gewinn durch geeignete bilanzpolitische Maßnahmen künstlich verringert. Die im Jahresabschluss nicht erkennbaren „versteckten" Gewinnanteile unterliegen nicht der Besteuerung und sind dem Zugriff der Eigentümer entzogen. Die Finanzierungswirkungen der stillen Selbstfinanzierung ergeben sich zum einen aus der zwangsweisen Einbehaltung erwirtschafteter, jedoch nicht gezeigter Gewinne (Ausschüttungsverhinderung) und zum anderen durch eine temporäre Steuerersparnis.

Die **Selbstfinanzierung** erhöht das Eigenkapital der Unternehmung und verbessert damit die Kreditfinanzierungsmöglichkeiten der Unternehmung. Weitere **Vorteile** der Selbstfinanzierung sind:
- Die Selbstfinanzierung stellt für Unternehmen ohne Zugang zum hochgradig organisierten Eigenkapitalmarkt (vgl. Außenfinanzierung) häufig die einzige Form der Eigenkapitalzuführung dar.
- Durch die Selbstfinanzierung werden die Herrschaftsverhältnisse in der Unternehmung nicht verändert, da keine neuen Gesellschafter hinzukommen.
- Die Selbstfinanzierung entlastet die Liquidität der Unternehmung, da kein Kapitalrückzahlungsanspruch besteht. Ferner kann in konjunkturellen Krisenzeiten auf eine Verzinsung des Eigenkapitals verzichtet werden.

Die Selbstfinanzierung kann auch mit folgenden **Nachteilen** verbunden sein:
- Da die im Wege der Selbstfinanzierung zugeführten finanziellen Mitteln keinem Rückzahlungs- und Verzinsungszwang unterworfen sind, besteht die Gefahr von unwirtschaftlichen Investitionen (Überinvestitionstheorie).
- Erfolgt die stille Selbstfinanzierung ohne Kenntnis der Eigentümer, werden diese in ihren Entscheidungskompetenzen durch das Management beschnitten.

2.2 Finanzierung durch die Verrechnung nicht zahlungswirksamer Aufwendungen

Neben dem Gewinn stellen die Abschreibungen und die (gebildeten) Rückstellungen die beiden anderen Komponenten des operativen Cashflows dar. Abschreibungen und Rückstellungen stellen **unbare Aufwendungen**, d.h., in der Periode ihrer Verrechnung nicht auszahlungswirksame Aufwendungen dar. Fließen der Unternehmung die Aufwandsgegenwerte via

Umsatzeinzahlungen in liquider Form zu, so kann die Geschäftsleitung über diese Mittel bis zu ihrer planmäßigen Verwendung frei disponieren. Die **Finanzierungswirkung** nicht zahlungswirksamer Aufwendungen basiert auf dem **zeitlichen Auseinanderfallen** zwischen **Aufwandsverrechnung** (und dem damit verbundenen Mittelzufluss) und der erst später folgenden **Auszahlung** (vgl. Teil III, Kap. 1.4).

2.2.1 Finanzierung aus Abschreibungen

Die Finanzierung aus Abschreibungen stellt die bedeutsamste Finanzierungsform für die meisten Unternehmen dar. Durch diese Finanzierungsform wird einer Unternehmung kein neues Kapital zugeführt. Abschreibungen bewirken eine Freisetzung des vormals beschafften und investierten Kapitals. Diese Finanzierungsform lässt sich daher weder der Eigen- noch der Fremdfinanzierung eindeutig zuordnen.

Abschreibungen dienen der **Kapitalerhaltung**: Sie sollen sicherstellen, dass Vermögensgegenstände am Ende ihrer Nutzbarkeit durch die vereinnahmten Abschreibungsbeträge neu beschafft werden können. Durch **Abschreibungen** wird das in langfristige Vermögensgegenstände **gebundene Kapital** allmählich wieder **freigesetzt** (**Kapitalfreisetzungseffekt** von Abschreibungen) und die freigesetzten Mittel können bis zur notwendigen Ersatzbeschaffung für weitere Sachinvestitionen zum Ausbau der Produktionskapazitäten (**Kapazitätserweiterungseffekt** von Abschreibungen) verwendet werden.

Die **Finanzierungswirkung von Abschreibungen** ist an folgende Voraussetzungen gebunden:

- Die im Absatzpreis einkalkulierten Abschreibungsgegenwerte fließen über Umsatz**einzahlungen** in das Unternehmen.
- Die zugeflossenen Abschreibungsgegenwerte werden nicht unmittelbar zur Ersatzbeschaffung benötigt.
- Die zugeflossenen Abschreibungsgegenwerte fließen nicht an die Shareholder ab.

Der **Kapitalfreisetzungseffekt** von Abschreibungen ist in der Abb. 2.4 dargestellt. Wie dieser Abbildung zu entnehmen ist, bewirken Abschreibungen eine **Vermögensumschichtung** (Aktivtausch), indem sie gebundenes Kapital („Maschine“) in Zahlungsmittel („Kasse“) transformieren. Durch die Abschreibungen wird das ursprünglich gebundene Kapital (t=0; 4.000 EUR) allmählich wieder freigesetzt. Bis zum Wiederbeschaffungszeitpunkt kann die Unternehmensleitung über diese Mittel frei disponieren.

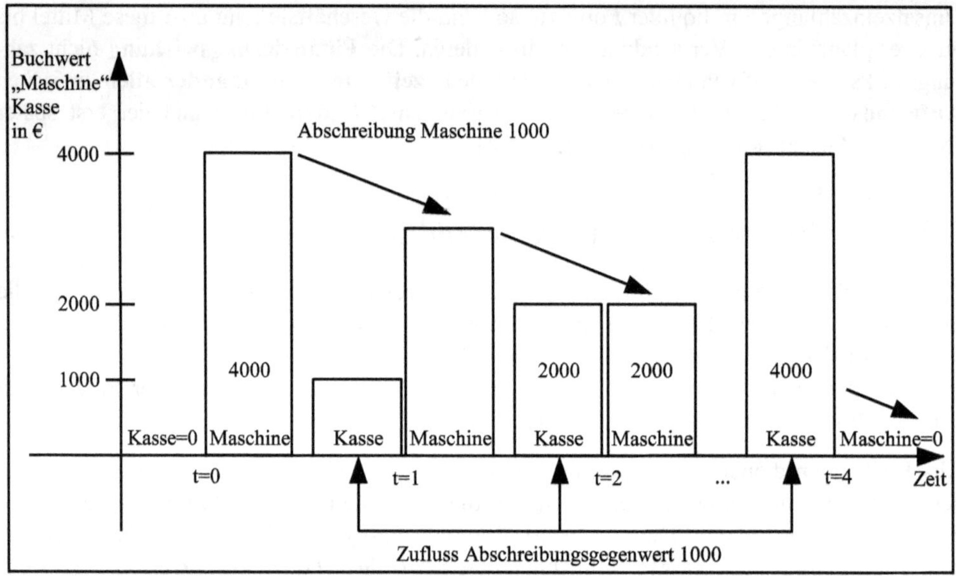

Abb. 2.4 *Kapitalfreisetzungseffekt von Abschreibungen*

Die im Beispiel unterstellte Investition der zugeflossenen Abschreibungsgegenwerte in Kasse ist wenig plausibel. Unternehmen werden vielmehr bestrebt sein, diese Mittel zur Schuldentilgung oder zur Finanzierung neuer Sachinvestitionen zu verwenden. Sofern die freigesetzten Mittel sofort und vor dem Ersatzzeitpunkt der abgeschriebenen Vermögensgegenstände in neue Sachanlagen investiert werden, erhöht sich die Periodenkapazität der Unternehmung **ohne** - und dies ist die Besonderheit - dass hierzu **weiteres Kapital** zugeführt werden muss. Der sich durch die sofortige Re-Investition der zufließenden Abschreibungsgegenwerte in neue Produktionskapazitäten ergebende **Kapazitätserweiterungseffekt** wird auch als Lohmann-Ruchti-Effekt bezeichnet.

Eine abschließende Würdigung der Finanzierung aus Abschreibungen hat insbesondere folgende Aspekte zu beachten:

- Die Finanzierung aus Abschreibungen verändert nicht das Gesamtkapital einer Unternehmung, da kein weiteres Kapital zugeführt wird.
- Die Finanzierung aus Abschreibung nutzt das vormals beschaffte und wieder freigesetzte Kapital für weitere Investitionen.
- Durch diese Finanzierungsform treten keine zusätzlichen Finanzierungskosten auf.
- Durch die sofortige Reinvestition zufließender Abschreibungsgegenwerte kann die Produktionskapazität erhöht werden.

2.2.2 Finanzierung aus Rückstellungen

Rückstellungen sind ungewisse, zukünftige Zahlungsverpflichtungen einer Unternehmung gegenüber Dritten oder gegenüber dem Unternehmen selbst (Innenverpflichtung bei sog.

Aufwandsrückstellungen). Im Rahmen der gesetzlichen Regelungen sind solche ungewissen Zahlungsverpflichtungen in ihrer Entstehungsperiode als Aufwand der Periode erfolgswirksam zu erfassen und in der Bilanz auf der Passivseite zwischen dem Eigenkapital und den Verbindlichkeiten auszuweisen. Sofern Rückstellungen infolge von ungewissen Zahlungsverpflichtungen gegenüber Dritten zu bilden sind, zählen sie zu dem Fremdkapital der Unternehmung. Durch solche Rückstellungen wird dem Unternehmen neues Fremdkapital zugeführt, diese Finanzierungsform zählt damit zu der **internen Fremdfinanzierung**.

Rückstellungen sind Aufwendungen aber keine Auszahlungen der Periode. Sofern der im Absatzpreis einkalkulierte Rückstellungsaufwand bei der Unternehmung zu einem Mittelzufluss führt, stehen diese finanziellen Mittel der Unternehmung bis zur Inanspruchnahme bzw. Auflösung der Rückstellung für Finanzierungszwecke zur Verfügung. Die Finanzierungswirkung einer Rückstellung ist umso bedeutsamer, je länger die Mittel im Unternehmen verbleiben, d.h., je länger der Zeitraum zwischen der Rückstellungsbildung und dem Zeitpunkt ihrer Inanspruchnahme bzw. Auflösung ist.

Die überwiegende Anzahl der Rückstellungen führt eher zu einer kurzfristigen Mittelbereitstellung, da die Rückstellung zumeist in der Folgeperiode in Anspruch genommen wird. Unter Finanzierungsaspekten besonders interessant sind Pensionsrückstellungen, da hierdurch dem Unternehmen kontinuierlich und regelmäßig langfristig verfügbare finanzielle Mittel zugeführt werden.

2.3 Finanzierung durch eine Kapitalfreisetzung außerhalb der Umsatztätigkeit

Außerhalb der betrieblichen Leistungserstellung und -verwertung kann eine Kapitalfreisetzung durch den **Verkauf von Betriebsvermögen** und durch **Rationalisierungsmaßnahmen** erfolgen. Durch solche Vermögensumschichtungen wird der Unternehmung kein neues Kapital zugeführt. Finanzierungswirkungen erwachsen im ersten Fall durch die Rückgewinnung des vormals investierten Kapitals und im zweiten Fall durch einen dauerhaft geringeren Finanzmittelbedarf.

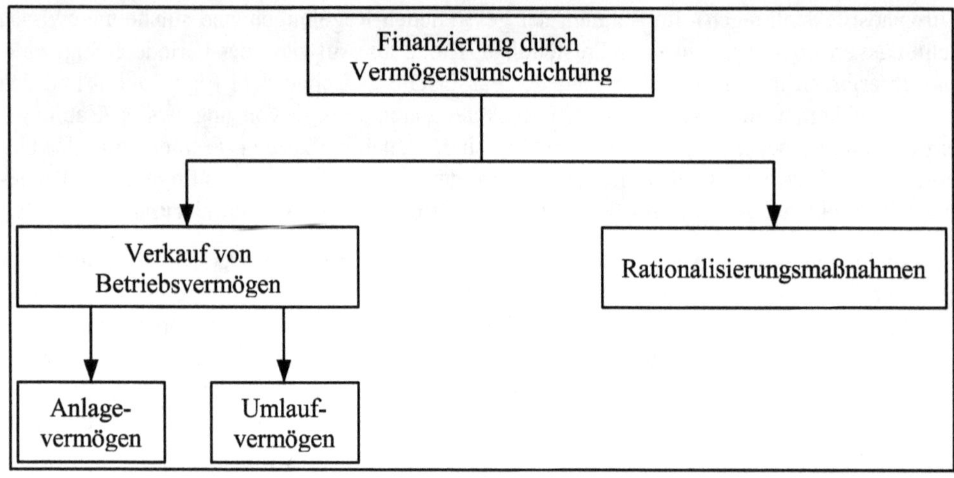

Abb. 2.5 *Finanzierung durch Vermögensumschichtung*

Kapitalfreisetzungen im **Anlagevermögen** lassen sich insbesondere durch den Verkauf nicht betriebsnotwendiger Vermögensgegenstände (z.B. nicht betrieblich genutzte Grundstücke, Wertpapiere) erreichen. Der Verkauf betrieblich genutzter Vermögensgegenstände (z.B. Produktionsanlagen, Lkw-Fuhrpark einer Spedition) gefährdet gewöhnlich die Betriebsbereitschaft der Unternehmung und kann daher nicht ohne Weiteres vollzogen werden. Hier bietet sich das sog. „Sale-and-lease-back-Verfahren" an, bei dem das Betriebsvermögen an eine Leasinggesellschaft verkauft und gleichzeitig von dieser angemietet wird. Im **Umlaufvermögen** lassen sich Kapitalfreisetzungen beispielsweise realisieren durch eine geringere Lagerhaltung und durch den Verkauf von Kundenforderungen („Factoring").

Zur Finanzierung durch Vermögensumschichtung gehören schließlich **Rationalisierungsmaßnahmen**, die zu einer Verkürzung der Kapitalbindungsdauer beitragen. Eine kürzere Kapitalbindungsdauer kann einmal durch produktivere Anlagen erzielt werden, wenn diese das gleiche Leistungsniveau und Umsatzvolumen mit einem reduzierten Finanzmittelbedarf erzielen oder durch Maßnahmen, die insgesamt die Prozesszeiten (Beschaffung-Produktion-Absatz) verkürzen und so zu einer schnelleren Rückgewinnung der investierten Finanzmittel beitragen.

3 Außenfinanzierung

Bei der Außenfinanzierung erfolgt die Mittelzuführung außerhalb des betrieblichen Umsatzprozesses. Die Außenfinanzierung beruht auf **Finanzierungsvereinbarungen**, die das Unternehmen mit Kapitalgebern trifft. Im Rahmen solcher Finanzierungsvereinbarungen wird der Unternehmung weiteres Kapital zugeführt und die Kapitalgeber erwerben als Gegenleistung für ihre Kapitalüberlassung gegenüber der Unternehmung Rechte und manchmal auch Verpflichtungen. Die Gesamtheit der vom Kapitalgeber erworbenen Rechte und Pflichten wird als **Finanztitel** bezeichnet. Die wichtigste Eigenschaft eines Finanztitels dürfte darin bestehen, dass er dem Kapitalgeber **sichere oder unsichere** Zahlungsansprüche (Einkommenszahlungen) gegenüber der Unternehmung einräumt. Die vom Kapitalgeber geleistete Kapitaleinzahlung ist der Preis für diese Zahlungsansprüche.

Außenfinanzierung erfolgt generell durch den Verkauf („Emission") von Finanztiteln. Nach der Art der gewährten Rechte und Pflichten lassen sich zwei Grundtypen von Finanztiteln unterscheiden: Beteiligungstitel und Forderungstitel (Franke/Hax, 1999, S. 30ff).

Beteiligungstitel gewähren **Eigentümerrechte** (Vermögens- und Verwaltungsrechte) und begründen **Haftungsverpflichtungen**. Die in einem Beteiligungstitel verkörperten Rechte und Pflichten werden im Wesentlichen durch die **Unternehmensrechtsform** bestimmt. Insbesondere sind die Rechte der Gesellschafter hinsichtlich der Geschäftsführung, der Erfolgsbeteiligung, der Unternehmenskontrolle und der Kündigungsmöglichkeiten bzw. Anteilsübertragung rechtsformabhängig gesetzlich geregelt. Gleiches gilt bei der Haftung der Gesellschafter für die Verbindlichkeiten des Unternehmens. Auch hier bestehen weitreichende rechtsformabhängige gesetzliche Regelungen. Sofern solche Titel von Personenunternehmungen emittiert werden, erwirbt der Gesellschafter Eigentum bzw. Miteigentum am Unternehmensvermögen und er haftet für die Verbindlichkeiten der Gesellschaft mit seinem Privatvermögen (Ausnahme Kommanditist). Bei Kapitalgesellschaften erwirbt der Gesellschafter Mitgliedschaftsrechte an der Unternehmung (Gesellschaftsbeteiligung) und er haftet in Höhe seiner Kapitaleinlage. Das von den Gesellschaftern eingezahlte Kapital ist Eigenkapital; die den Gesellschaftern zufließenden Zahlungen werden bei Personenunternehmungen als Entnahmen und bei Kapitalgesellschaften als Gewinnausschüttungen (und Kapitalrückzahlungen) bezeichnet.

Forderungstitel gewähren Gläubigerrechte (Vermögensrechte). Die einen solchen Titel emittierende Gesellschaft ist der Schuldner, der Käufer eines solchen Titels ist der Gläubiger. Der Schuldner schuldet dem Gläubiger die im Finanzierungsvertrag vereinbarten Zins- und Tilgungsleistungen. Bei einer gesicherten Forderung erhält der Gläubiger zusätzlich Rechte an dem Vermögen des Schuldners oder eines Dritten. Erfüllt der Schuldner seine vertraglichen Zahlungsverpflichtungen nicht, so kann sich der Gläubiger durch die Verwertung der ihm gewährten Sicherheiten befriedigen. Das von den Gläubigern bereitgestellte Kapital ist Fremdkapital.

Beteiligungs- und Forderungstitel können als Grundformen weiterer Finanztitel aufgefasst werden. Weitere Finanztitel entstehen durch eine Kombination der Eigentümer- und Gläubigerrechte. Das im Wege solcher Finanzierungsvereinbarungen bereitgestellte Kapital lässt sich häufig weder dem Eigen- noch dem Fremdkapital eindeutig zu ordnen. Solche Finanzierungsvereinbarungen werden als **Mezzanine-Finanzierungen** bzw. das hierbei bereitgestellte Kapital wird als Mezzanine-Kapital bezeichnet.

3.1 Finanzierungsmärkte und Finanzierungsinstrumente

Finanztitel werden den Kapitalgebern an den **Finanzierungsmärkten** einer Unternehmung zum Kauf angeboten. Die wichtigsten Finanzierungsmärkte einer Unternehmung sind die **Finanzmärkte**, auch als Kapitalmärkte (im weiteren Sinne) bezeichnet. Daneben schließen Unternehmen aber auch mit ihren Handelspartnern am **Beschaffungsmarkt** (Lieferantenkredit, Hersteller-Leasing) und **Absatzmarkt** (Kundenanzahlung) Finanzierungsverträge ab, so dass auch diese Märkte im weiteren Sinne zu den Finanzierungsmärkten der Unternehmung zu zählen sind.

Gegenstand von Finanzierungsvereinbarungen sind überwiegend Zahlungsmittel. Finanzierungsvereinbarungen können sich aber auch auf Sachleistungen beziehen. So kann der Eigentümer seiner Unternehmung durch eine Sacheinlage neues Eigenkapital zuführen, ein Unternehmen kann durch sog. Realkredite Fremdkapital aufnehmen.

Die Außenfinanzierung vollzieht sich überwiegend durch die Nutzung der **Finanzmärkte**. Unter einem Finanzmarkt soll hier ein lokaler Ort verstanden werden, an dem im Rahmen von Finanzierungsvereinbarungen Zahlungsmittel angeboten und nachgefragt werden. Nach ihrem Organisationsgrad können die Finanzmärkte eingeteilt werden in die hochgradig organisierten Wertpapierbörsen (Kapitalmarkt im engeren Sinne) einerseits und in die niedrig organisierten Finanzintermediäre andererseits.

Wertpapierbörsen sind öffentlich-rechtliche Institutionen, die jedoch auch von privaten Trägern betrieben werden können. So betreibt beispielsweise die „Deutsche Börse AG", die größte deutsche Wertpapierbörse, die Frankfurter Wertpapierbörse. Wertpapiere sind **verbriefte Finanztitel**, wobei aufgrund gesetzlicher Vorgaben nur bestimmte Wertpapiere börsenfähig sind. Zu den an den Wertpapierbörsen zugelassenen verbrieften Finanztiteln gehören u.a. die **Aktie** (verbriefter Beteiligungstitel) und die **Schuldverschreibung** (verbriefter Forderungstitel). Börsenfähige Wertpapiere werden auch als **Effekten** bezeichnet. Die Wertpapierbörsen (Aktien- und Anleihemarkt) gliedern sich in einen Primär- und in einen Sekundärmarkt. Auf dem **Primärmarkt** werden Wertpapiere (Aktien bzw. Schuldverschreibungen) neu eingeführt, hier verkauft das Unternehmen (der „Emittent") seine Finanztitel an

Investoren. Der **Sekundärmarkt** dient dem Handel bereits eingeführter Finanztitel. Auf dem Sekundärmarkt können Investoren ihre Finanztitel zu dem an der Börse ermittelten Börsenkurs an andere Investoren verkaufen. Der Sekundärmarkt stellt den Handel der eingeführten Wertpapiere sicher, er gibt den börsennotierten Wertpapieren ihre hohe Fungibilität.

Finanzintermediäre sind Institutionen, die Kapital entgegennehmen und dieses dann im Wege entsprechender Finanzierungsvereinbarungen den Unternehmen in Form von Eigen- oder Fremdkapital zuführen. Finanzintermediäre sind somit Vermittler zwischen Kapitalgebern und solchen kapitalsuchenden Unternehmen, die entweder keinen direkten Zugang zu den Wertpapierbörsen haben oder die Wertpapierbörsen nicht nutzen wollen. Zu den Finanzintermediären zählen u.a. die **Kreditinstitute**, **Versicherungen**, **Kapitalanlagegesellschaften** (Fondsgesellschaften) und **Private Equity Gesellschaften**. Die Bezeichnung „Private Equity" (privates Beteiligungskapital) hat sich für alle Formen der außerbörslichen Bereitstellung von Eigenkapital im Wege eines sog. Private Placements etabliert.

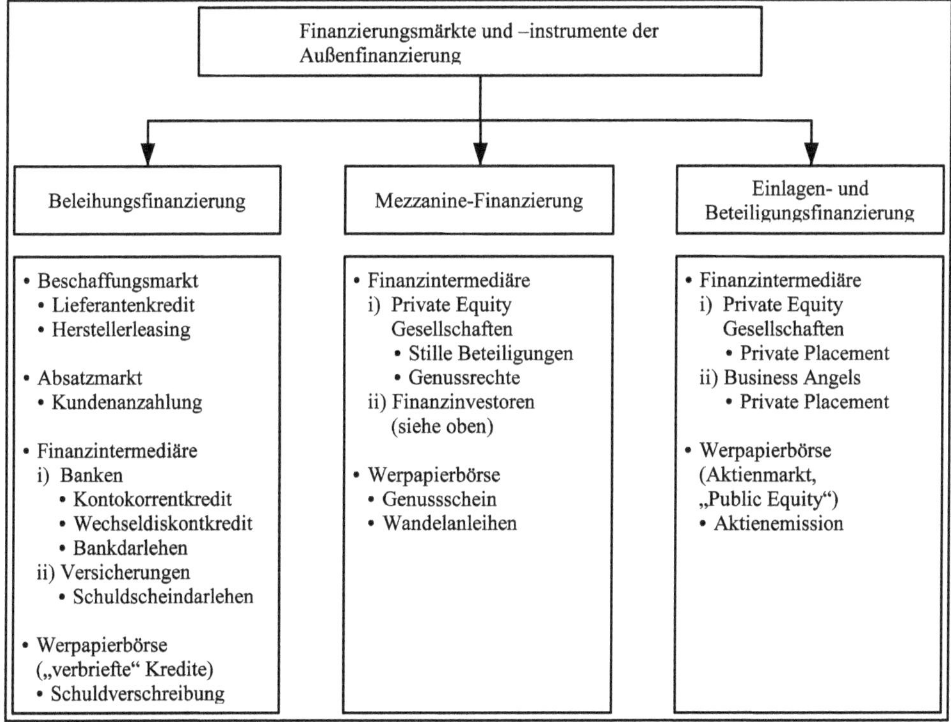

Abb. 3.1 *Finanzierungsmärkte und -instrumente der Außenfinanzierung*

3.2 Einlagen- und Beteiligungsfinanzierung

Die Einlagen- und Beteiligungsfinanzierung umfasst alle Formen der Eigenkapitalzuführung durch die **bisherigen** Gesellschafter oder durch **neue** Gesellschafter (Erweiterung des Gesellschafterkreises). Die Möglichkeit einer Unternehmung im Wege der Außenfinanzierung neues Eigenkapital zu erhalten, ist wesentlich durch die **Unternehmensrechtsform** bestimmt, da diese die Zugangsmöglichkeit zum hochgradig organisierten Aktienmarkt bestimmt. Während sich börsenfähige Unternehmen verhältnismäßig leicht durch die Beanspruchung des Aktienmarktes Eigenkapital beschaffen können, scheitern die mehrheitlich nicht börsenfähigen Unternehmen häufig bei dem Versuch, Eigenkapitalgeber zu finden.

Einlagen- und Beteiligungsfinanzierung
Börsenfähige Unternehmen
Nicht börsenfähige Unternehmen
• Aktiengesellschaft (AG)
• Kommanditgesellschaft auf Aktien (KGaA)
• Einzelkaufmann (e.K.)
• Offene Handelsgesellschaft (oHG)
• Kommanditgesellschaft (KG)
• Gesellschaft mit beschränkter Haftung (GmbH)

Abb. 3.2 *Börsenfähige und nicht börsenfähige Unternehmen*

3.2.1 Nicht börsenfähige Unternehmen

Den nicht börsenfähigen Unternehmen (e.K., oHG, KG, GmbH) steht kein funktionsfähiger, effizient organisierter Markt für Eigenkapital zur Verfügung. Das Fehlen eines solchen Marktes erschwert die Aufnahme von Eigenkapital erheblich, da insbesondere:

- Potenzielle Eigenkapitalgeber unter Aufwendung hoher Suchkosten gefunden werden müssen.
- Die Beteiligungstitel nicht bzw. nur sehr eingeschränkt veräußerbar („fungibel") sind.
- Die Preisfindung für den Beteiligungstitel ohne Unterstützung des Kapitalmarktes problematisch ist.

Neben dem Fehlen eines effizienten Eigenkapitalmarktes als generelles Problem für die nicht börsenfähigen Unternehmen treten insbesondere bei den Personenunternehmungen (e.K., oHG, KG) **rechtsformimmanente Hemmnisse** hinzu, wodurch die Eigenkapitalaufnahme zusätzlich erschwert bzw. verhindert wird.

Personenunternehmungen sind natürliche Personen, d.h., sie besitzen keine eigene Rechtspersönlichkeit. Im Vordergrund von Personenunternehmungen stehen die Gesellschafter (natürliche Personen). Ihnen gehört das Unternehmensvermögen und sie haften für die Unternehmensschulden. Ein weiteres Merkmal von Personenunternehmungen ist, dass keine Trennung zwischen Eigentum und Verfügungsmacht besteht. Der mit seinem Privatvermögen haftende Eigenkapitalgeber führt die Geschäfte der Gesellschaft, er ist Unternehmer, er bezieht Einkünfte aus Gewerbebetrieb.

Die Einlagenfinanzierung bei der **Einzelunternehmung** bereitet unter allen Rechtsformen die größten Schwierigkeiten. Zur Erhöhung des Eigenkapitals steht primär nur das Privatvermögen des Kaufmanns zur Verfügung. Mit Ausnahme eines nur im Innenverhältnis wirkenden sog. „Stillen Gesellschafters“ kann der Gesellschafterkreis nicht erweitert werden. Reichen die Eigenmittel nicht aus, bleibt als Ausweg nur der Rechtsformwechsel.

Bei einer **offenen Handelsgesellschaft (oHG)** betreiben mehrere Gesellschafter gemeinschaftlich eine Gesellschaft. Sie haften für die Verbindlichkeiten der Gesellschaft gesamtschuldnerisch mit ihrem Privatvermögen. Die Eigenkapitalzuführung kann zum einen durch die bisherigen Gesellschafter erfolgen, indem diese Teile ihres Privatvermögens in die Gesellschaft einbringen. Eine Verbesserung der Kreditwürdigkeit wird dadurch allerdings nicht erreicht, da sich das Haftungskapital (Eigenkapitalbasis) nicht erhöht. Zum anderen kann die Eigenkapitalbasis durch die Aufnahme weiterer Gesellschafter verbreitert werden. Da allerdings die Erweiterung des Gesellschafterkreises mit erheblichen Problemen verbunden ist, wird hiervon nur sehr selten Gebrauch gemacht. Bei der Aufnahme eines Gesellschafters treten insbesondere folgende Probleme auf:

- Die Gesellschafter müssen die Geschäftsverteilung neu ordnen, da jeder Gesellschafter zur Führung der Geschäfte berechtigt ist (**Machtverlust** für die Alt-Gesellschafter).
- Die Festlegung der zu leistenden Kapitaleinlage des neu eintretenden Gesellschafters. Der Gesellschafter wird prozentual an den zukünftigen Gewinnen und an dem Gesellschaftsvermögen (einschl. möglicher stiller Reserven) beteiligt. Zwischen den Vertragsparteien ist zu klären, welchen **Preis** (Kapitaleinlage) der neue Gesellschafter für diese Vermögensansprüche zu entrichten hat.

Dass von der Möglichkeit der Erweiterung des Gesellschafterkreises eher selten Gebrauch gemacht wird, ist nicht zuletzt auch darauf zurückzuführen, dass die Rechtsform der oHG für potenzielle Eigenkapitalgeber aufgrund des Haftungsumfangs und der fehlenden Fungibilität des Beteiligungstitels nicht sehr attraktiv ist. Der Beteiligungstitel einer oHG ist nicht verkehrsfähig („fungibel“), er kann nicht an Dritte verkauft werden. Das Beteiligungsverhältnis an einer oHG kann nur durch Kündigung gelöst werden. Der ausscheidende Gesellschafter hat dann gegenüber den übrigen Gesellschaftern einen gesetzlichen Abfindungsanspruch in Höhe des sog. Auseinandersetzungsguthabens.

Die **Kommanditgesellschaft (KG)** kennt zwei Gesellschafterarten: die mit ihrem Privatvermögen haftenden **Komplementäre** (Vollhafter) und die in Höhe ihrer festen Kapitaleinlage haftenden, von der Geschäftsführung ausgeschlossenen **Kommanditisten** (Teilhafter). Durch diese Konstruktion kann die KG auch Eigenkapitalgeber mit einem reinen Kapitalanlagemotiv als Kommanditisten aufnehmen. Kommanditgesellschaften können grundsätzlich eine relativ große Anzahl von Kommanditisten aufweisen (sog. „Publikums-KG"). Unter den Personenunternehmungen besitzt die KG die besten Möglichkeiten der Eigenkapitalbeschaffung. Aus der Sicht potenzieller Eigenkapitalgeber ist allerdings die Kommanditbeteiligung als Kapitalanlageform nicht sehr attraktiv. Für Kommanditanteile existiert kein organisierter Markt, so dass derartige Beteiligungstitel häufig nur sehr schwer, möglicherweise nur unter Inkaufnahme deutlicher Preisabschläge verkauft werden können. Hierdurch sind auch der Kommanditgesellschaft bei der Beteiligungsfinanzierung faktisch enge Grenzen gesetzt.

Die **Gesellschaft mit beschränkter Haftung (GmbH)** gehört neben der Aktiengesellschaft (AG) zu den Kapitalgesellschaften. Anders als Personenunternehmungen sind Kapitalgesellschaften **juristische Personen** mit **eigener Rechtspersönlichkeit**. Eine Kapitalgesellschaft ist Träger des Unternehmensvermögens und die Gesellschaft haftet mit ihrem Gesellschaftsvermögen für die Verbindlichkeiten der Gesellschaft. Eine Kapitalgesellschaft ist eine Gesellschaft, bei der nicht die Gesellschafter, sondern die Gesellschaft selbst im Vordergrund steht. Die Rolle der Gesellschafter beschränkt sich auf die Kapitalausstattung der Gesellschaft. Da die Haftung der Gesellschafter einer Kapitalgesellschaft auf ihre Kapitaleinlage beschränkt ist, bestehen gesetzliche Regelungen hinsichtlich der Eigenkapitalausstattung (fixiertes Nominalkapital). Die Gesellschafter erwerben durch ihre Kapitalbereitstellung Mitgliedschaftsrechte an der Gesellschaft (Verwaltungs- und Vermögensrechte). Da juristische Personen nicht selbst tätig werden können, wird die Kapitalgesellschaft durch **Organe** vertreten.

Bei der GmbH beträgt das im Handelsregister einzutragende Mindeststammkapital 25.000 €. Das Stammkapital (fixiertes Nominalkapital) entspricht der Summe der Nennbeträge aller ausgegebenen GmbH-Geschäftsanteilen, wobei der Nennwert eines Geschäftsanteils auf volle € lauten muss. Die Geschäftsanteile einer GmbH sind keine Wertpapiere; ihre Veräußerung ist im Wege einer Abtretung in Form eines notariell geschlossenen Vertrages möglich.

Die **Beteiligungsfinanzierung** der GmbH erfolgt im Rahmen der **gesetzlichen Formvorschriften** durch eine **Erhöhung des Stammkapitals**. Dies kann durch zusätzliche Einlagen der bisherigen Gesellschafter (Erhöhung des Nennbetrages der Geschäftsanteile) oder durch Aufnahme weiterer Gesellschafter (Ausgabe neuer Geschäftsanteile) erfolgen. Da die Geschäftsanteile einer GmbH nicht an organisierten Märkten gehandelt werden und somit nur schwer veräußerbar sind, sind neue Gesellschafter nicht leicht zu finden. Die fehlende Fungibilität der Geschäftsanteile setzt der GmbH - wie auch der KG - enge Grenzen bei der Eigenkapitalbeschaffung.

	Einzelkaufmann	oHG	KG	GmbH
Eigentümer	Kaufmann	Gesellschafter	i) Komplementär ii) Kommanditist	Gesellschafter
Eigenkapital	Einlagenkapital	Kapitaleinlage	Kapitaleinlage der Komplementäre Kommanditeinlage der Kommanditisten	• Stammkapital • Kapitalrücklage • Gewinnrücklagen • Gewinn-/Verlust-vortrag • Jahresüberschuss/ Jahresfehlbetrag
festes Mindestkapital	nein	nein	Komplementär wie oHG Kommanditist feste Einlage in beliebiger Höhe	Stammkapital min. 25.000 €
Haftung der Eigentümer	unbeschränkte, persönliche Haftung	gesamtschuld-nerische Haftung für die Schulden der Gesellschaft	i) wie oHG ii) in Höhe der Einlage	in Höhe der Einlage
Organe der Gesellschaft	Kaufmann	Gesellschafter	Komplementäre	• Geschäftsführer • Gesellschafter-versammlung • evtl. Aufsichtsrat
Erfolgs-beteiligung	Kaufmann	4% auf Einlage, Rest nach Köpfen, Anteilen oder Gesellschaftsvertrag	4% auf Einlage, Rest angemessen	nach Höhe der Geschäftsanteile
Beendigung der Unternehmens-beteiligung		Kündigung des Gesellschafts-vertrages	i) Kündigung des Gesellschafts-vertrages ii) Kündigung bzw. Veräußerung des Kommandit-anteils	Veräußerung (Abtretung) des Geschäftsanteils
und Kapitalrück-zahlung		Auseinander-setzungsguthaben	Auseinander-setzungsguthaben/ Verkaufserlös	Verkaufserlös
Eigenkapital-beschaffungs-möglichkeiten	sehr gering • Privatvermögen des Kaufmanns (Aufnahme eines stillen Gesellschafter)	gering • Privatvermögen der Gesellschafter • Aufnahme weiterer Gesellschafter	gut • Privatvermögen der Komplementäre und Kommanditisten • Aufnahme weiterer Gesellschafter (insbesondere Kommanditisten)	gut • Privatvermögen der Gesellschafter • Aufnahme weiterer Gesellschafter

Abb. 3.3 *Rechtsformimmanente Merkmale der Einlagen- und Beteiligungsfinanzierung nicht börsenfähiger Unternehmen (in Anlehnung an Busse 2003, S. 72-73)*

3.2.2 Anbieter von privatem Beteiligungskapital

Anbieter von privatem Beteiligungskapital (Private Equity) sind überwiegend **Private-Equity-Gesellschaften** und **Business Angels**. Gemeinsam ist diesen Kapitalgebern die mit der Kapitalüberlassung verbundene Absicht der Gewinnerzielung.

Der Begriff „Private Equity Gesellschaft" steht für eine Vielzahl unterschiedlicher Kapitalbeteiligungsgesellschaften. Dies können beispielsweise Tochtergesellschaften von Banken und Versicherungen sein, eigenständige Unternehmen (Unternehmensbeteiligungsgesellschaft) oder auch Fondsgesellschaften, die sich durch den Verkauf von Fondsanteilen refinanzieren. Business Angels sind Privatpersonen, die zumeist in früheren Zeiten selbst Unternehmer waren und nun anderen Unternehmen sowohl ihr Kapital als auch ihr unternehmerisches Know How verfügbar machen.

Die Bereitstellung von Beteiligungskapital durch eine Private-Equity-Gesellschaft oder durch einen Business Angels ist regelmäßig nur dann möglich, wenn:

- Die Haftung auf die Kapitaleinlage beschränkt ist. Damit sind direkte Unternehmensbeteiligungen nur bei der Kommanditgesellschaft (Übernahme eines Kommanditanteils), bei der GmbH (Übernahme eines Geschäftsanteils) und der Aktiengesellschaft möglich. Bei anderen Unternehmensrechtsformen können indirekte Beteiligungsformen durch die Bereitstellung von eigenkapitalähnlichem Mezzanine-Kapital gewählt werden (z.B. stille Beteiligung oder Genussrechtskapital).
- Zwischen dem kapitalsuchenden Unternehmen und dem Private-Equity-Investor eine Vereinbarung über die Beendigung des Beteiligungsverhältnisses („Exit") zustande kommt.

Insbesondere Private-Equity-Gesellschaften sind regelmäßig nur an einer **zeitlich befristeten** Beteiligung interessiert. Diese machen ihr Beteiligungsengagement daher von der Frage abhängig, wie eine **Beendigung** des Beteiligungsverhältnisses erfolgen kann. Grundsätzlich existieren folgende **Exitmöglichkeiten** (vgl. Bieg/Kußmaul 2000, S. 85):

- Buy Back: Rückkauf der Anteile durch die übrigen Gesellschafter.
- Secondary Purchase: Weiterverkauf der Anteile an einen anderen Finanzinvestor (Private-Equity-Gesellschaft).
- Trade Sale: Weiterverkauf der Anteile an einen industriellen, strategischen Investor.
- Going Public: Gegebenenfalls Rechtsformwechsel in eine Aktiengesellschaft und Verkauf der Anteile im Rahmen eines Börsengangs.

3.2.3 Börsenfähige Unternehmen

Den börsenfähigen Unternehmen steht der Aktienmarkt zur Beschaffung von Eigenkapital zur Verfügung. Durch die Emission von Aktien können sich diese Unternehmen relativ leicht Eigenkapital beschaffen. Zu den börsenfähigen Unternehmen gehört neben der **Aktiengesellschaft (AG)** die **Kommanditgesellschaft auf Aktien (KGaA)**. Allerdings ist nur eine Minderheit der Aktiengesellschaften an der Börse gelistet. Die überwiegende Mehrheit dieser Unternehmen hat bislang den Gang an die Börse noch nicht gewagt. Dies hat sicherlich einmal mit den relativ hohen einmaligen Kosten der Börseneinführung und mit den laufenden

Kosten der Börsennotierung zu tun, zum Anderen erfüllen viele Aktiengesellschaften nicht die Voraussetzungen zur Zulassung ihrer Aktien zum Börsenhandel.

	AG	KGaA
Eigentümer	Aktionäre	i) Komplementäre ii) Kommanditaktionäre
Eigenkapital	• Grundkapital • Kapitalrücklage • Gewinnrücklagen • Gewinn-/Verlust-vortrag • Jahresüberschuss/ Jahresfehlbetrag	Kapitaleinlage der Komplementäre • Grundkapital • Kapitalrücklage • Gewinnrücklagen • Gewinn-/Verlustvortrag • Jahresüberschuss/ Jahresfehlbetrag
festes Mindestkapital	ja, Grundkapital mindestens 50.000€	ja, Grundkapital mindestens 50.000€
Haftung der Eigentümer	Kapitaleinlage	i) Privatvermögen ii) Kapitaleinlagen
Organe der Gesellschaft	• Vorstand • Hauptversammlung • Aufsichtsrat	• Komplementäre (Geschäftsführung) • Aufsichtsrat • Hauptversammlung
Erfolgsbeteiligung	nach dem Anteil am Grundkapital	4% auf die Kapitaleinlage, Rest angemessen, nach dem Anteil am Grundkapital
Beendigung der Unternehmensbeteiligung und Kapitalrückzahlung	Verkauf der Aktien Verkaufserlös	i) Komplementäre wie KG ii) Kommanditaktionäre wie AG i) Auseinandersetzungsguthaben ii) Verkaufserlös
Eigenkapital-beschaffungs-möglichkeiten	bei börsennotierten Gesellschaften sehr gut	bei börsennotierten Gesellschaften sehr gut

Abb. 3.4 *Rechtsformimmanente Merkmale der Beteiligungsfinanzierung börsenfähiger Unternehmen (in Anlehnung an Busse 2003, S. 72-75)*

Der Zugang zum Aktienmarkt ist neben der Rechtsform an spezielle **Zulassungsvoraussetzungen** geknüpft. Im Einzelnen regeln das **Börsengesetz** und die **Börsenordnung** der jeweiligen Börse die von den Unternehmen zu erfüllenden Bedingungen. Die Börsenzulassung ist u.a. an erweiterte Publizitätspflichten (Quartalsberichte, ad-hoc Publizitätspflicht, Analystenkonferenzen, etc.) sowie an ein Mindestemissionsvolumen gebunden, wobei innerhalb der bestehenden Marktsegmente (**amtlicher Markt**, **geregelter Markt** und **Freiverkehr**) zum Teil deutliche Unterschiede bei den Zulassungsstandards bestehen.

Die **Aktiengesellschaft** gehört zu den Kapitalgesellschaften und weist unter allen Unternehmensrechtsformen die **besten** Eigenkapitalbeschaffungsmöglichkeiten auf. Die Aktiengesellschaft ist eine sog. **Publikumsgesellschaft**, an der sich eine **hohe Zahl** von Gesellschaftern („Aktionäre") mit **relativ geringen Kapitalbeträgen** beteiligen können. Das im Handelsregister einzutragende fixierte Nominalkapital (Grundkapital) muss mindestens 50.000 € betragen und ist in Aktien zerlegt. Eine Aktie repräsentiert einen bestimmten Anteil am Grundkapital der Gesellschaft und gewährt dem Aktionär Mitgliedschaftsrechte (Verwaltungs- und Vermögensrechte). Aktien sind **fungible Wertpapiere**, die leicht übertragbar sind und, sofern an einer Wertpapierbörse notiert, jederzeit problemlos verkauft werden können. Damit kann die (börsennotierte) Aktiengesellschaft auch Eigenkapitalgeber mit einem reinen Kapitalanlageinteresse gewinnen; sie verfügt über sehr gute Eigenkapitalbeschaffungsmöglichkeiten.

Die **Kommanditgesellschaft auf Aktien** ist eine **Mischform** aus **Kommandit-** und **Aktiengesellschaft**. Im Unterschied zu der Aktiengesellschaft verfügt die KGaA nicht über Vorstände, sondern über persönlich haftende Komplementäre. Die Geschäftsführung liegt bei den Komplementären der KGaA. Das Gesamtkapital der KGaA besteht aus den Kapitaleinlagen der Komplementäre und dem Grundkapital der Kommanditaktionäre. Bei der KGaA sind die Kommanditanteile in Aktien verbrieft und damit börsenfähig. Die Kommanditaktionäre haften mit ihrer Kapitaleinlage, sie besitzen jedoch gegenüber den Aktionären einer Aktiengesellschaft weniger Einfluss auf die Gesellschaft. Bei der Erhöhung des Grundkapitals gelten für die KGaA im Wesentlichen die im Aktiengesetz verankerten Vorschriften.

Aktienarten

Aktien sind Wertpapiere, die Mitgliedschaftsrechte an einer Aktiengesellschaft verbriefen. Die in einer Aktie verbrieften Rechte können je nach Aktienart unterschiedlich ausgestaltet sein. Zu unterscheiden sind folgende Aktienarten:

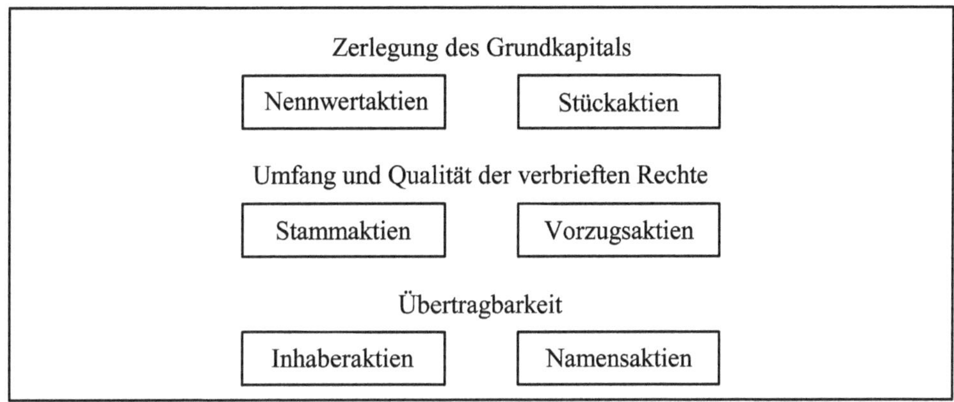

Abb. 3.5 Systematisierung der in Deutschland zugelassenen Aktienarten

- **Nennwertaktien** lauten auf einen festen Geldbetrag („Nennwert").
- **Stückaktien** sind nennwertlose Aktien, d.h., hier fehlt die Angabe eines Nennwertes auf der Aktie. Der sog. fiktive Nennwert (Grundkapital / Anzahl der Stückaktien) muss mindestens 1€ betragen.
- **Stammaktien** gewähren die im Aktiengesetz für den Normalfall vorgesehenen Verwaltungs- und Vermögensrechte.
- **Vorzugsaktien** gewähren dem Vorzugsaktionär gegenüber dem Stammaktionär Vorrechte bei der Gewinnverteilung und/oder bei der Verteilung des Liquidationserlöses (absolute Vorzugsaktien). Zumeist sind diese Vorrechte mit Einschränkungen beim Stimmrecht verbunden (relative Vorzugsaktien).
- **Inhaberaktien** gewähren dem Inhaber der Aktie die vorgesehenen Rechte. Die Übertragung der verbrieften Rechte erfolgt formlos durch Einigung und Übergabe der Aktie.
- **Namensaktien** lauten auf den Namen des Inhabers und die Namensaktionäre werden im sog. Aktienregister der Gesellschaft namentlich geführt. Übertragung wie Inhaberaktien, zusätzlich Abtretungserklärung auf der Aktie und Eintragung des neuen Aktionärs im Aktienregister.
  - Bei **vinkulierten** (gebundenen) **Namensaktien** ist die Übertragung an die Zustimmung der Gesellschaft gebunden.

Formen der aktienrechtlichen Grundkapitalerhöhungen

Das Aktiengesetz regelt verbindlich die **Form der Beteiligungsfinanzierung** von Aktiengesellschaften im Wege der Aktienemission. Generell bedarf die Grundkapitalerhöhung einer Satzungsänderung, die mit einer Dreiviertel-Mehrheit des auf der Hauptversammlung vertretenen Grundkapitals zu beschließen ist.

Das Aktiengesetz unterscheidet folgende Formen der Grundkapitalerhöhung:

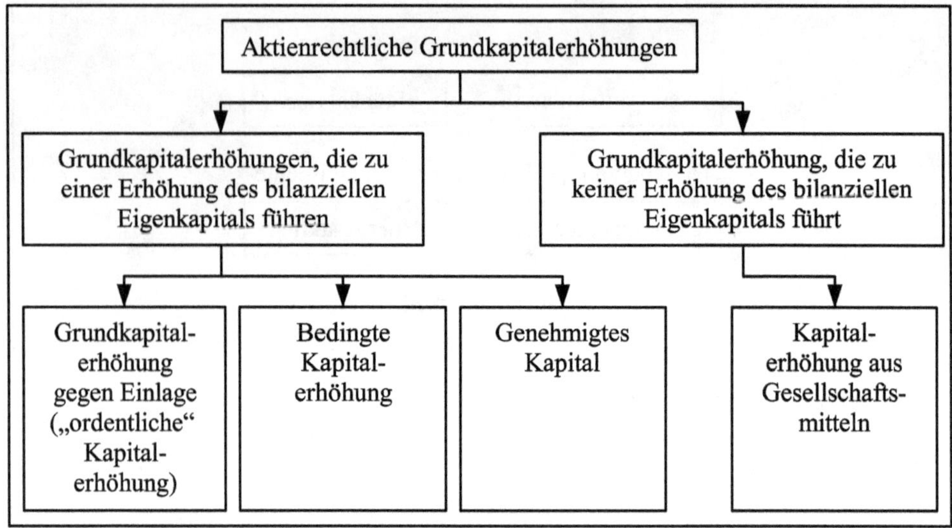

Abb. 3.6 Aktienrechtliche Formen der Grundkapitalerhöhungen

Die **ordentliche Grundkapitalerhöhung** gegen Bareinlage ist der Normalfall. Merkmal dieser Form der Grundkapitalerhöhung ist, dass der Erwerb der neuen („jungen“) Aktien an **Bezugsrechte** gebunden ist. Bezugsrechte erhalten die Alt-Aktionäre:

- Durch das Bezugsrecht kann jeder Alt-Aktionär seine Beteiligungsquote konstant halten und damit seinen Stimmrechtsanteil wahren (**Verwässerungsschutz**).
- Das Bezugsrecht schützt den Alt-Aktionär vor **Vermögensverlusten**.

Sofern Alt-Aktionäre an der Grundkapitalerhöhung nicht teilnehmen wollen, können sie ihre Bezugsrechte an der Wertpapierbörse verkaufen.

Durch den Verkauf der neuen Aktien auf dem Primärmarkt fließt der Unternehmung neues Eigenkapital zu. Die Höhe des Mittelzuflusses bestimmt sich durch die Anzahl der jungen Aktien und dem Ausgabepreis. Das durch die Aktienemission vereinnahmte Aufgeld (Differenz aus dem Ausgabepreis und dem Nennwert der Aktie bzw. fiktiven Nennwert) wird als Agio bezeichnet und ist in die Kapitalrücklage einzustellen.

Bei der **bedingten Grundkapitalerhöhung** ist die Durchführung der Grundkapitalerhöhung, d.h. die Ausgabe junger Aktien, an das Eintreten bestimmter - gesetzlich geregelter - Bedingungen geknüpft.

Das sog. **genehmigte Kapital** stellt einen Beschluss der Hauptversammlung zur Erhöhung des Grundkapitals dar, wobei die Durchführung der Kapitalerhöhung in das Ermessen des Vorstandes gelegt wird. Durch die Schaffung eines genehmigten Kapitals wird der Vorstand ermächtigt, innerhalb der nächsten fünf Jahre bei Bedarf das Grundkapital bis zur Höhe des genehmigten Kapitals zu erhöhen.

Die **Grundkapitalerhöhung aus Gesellschaftsmitteln** führt nicht zu einer Verbreiterung der Eigenkapitalbasis, da hierbei lediglich Teile der **Rücklagen** (Kapital- und Gewinnrücklagen) in Grundkapital umgewandelt werden. Finanzierungswirkungen treten nicht auf, es handelt sich um einen reinen Passivtausch. Hat die Gesellschaft Nennwertaktien emittiert, erhalten die bisherigen Aktionäre sog. Zusatz- oder Berichtigungsaktien (umgangssprachlich „Gratisaktien").

3.3 Beleihungsfinanzierung

Die Beleihungsfinanzierung bzw. Kreditfinanzierung umfasst alle Formen der **Fremdkapitalzuführung** durch die Gläubiger der Unternehmung. Gläubiger ist, wer Zahlungsansprüche geltend machen kann. Die Fremdfinanzierung erfolgt durch den **Verkauf** von Forderungstiteln am **Beschaffungs-** und **Absatzmarkt** der Unternehmung (Handelskredite), am **niedrig organisierten Kapitalmarkt** (Bankkredite und Kredite von Versicherungsunternehmen) und, sofern es sich um börsenfähige Unternehmen handelt, an der **Wertpapierbörse** (Schuldverschreibung). Für die überwiegende Zahl der deutschen Unternehmen ist der Bankkredit die wichtigste Form der Beleihungsfinanzierung, wohingegen die Anleiheemission nur von sehr großen Industrieunternehmen genutzt wird.

Aus ihrer Kapitalbereitstellung erwerben die Gläubiger gegenüber der Unternehmung Vermögensrechte in Form eines schuldrechtlichen Anspruchs auf Rückzahlung und Verzinsung des überlassenen Kapitals. Die Zahlungsansprüche der Fremdkapitalgeber gehen denen der Eigentümer vor. Fremdkapitalgeber fordern von ihren Kreditnehmern im Regelfall **Kreditsicherheiten**, darüber hinaus ist die Kreditvergabe von Banken aufgrund bankaufsichtsrechtlicher Vorschriften an ein sog. **Rating** gebunden.

Bei den **Kreditformen** kann zunächst zwischen der Geldleihe und der Kreditleihe unterschieden werden. Bei der **Geldleihe** stellt der Kreditgeber dem Kreditnehmer im Rahmen der Kreditvereinbarung Zahlungsmittel zur Verfügung. Bei der **Kreditleihe** leiht sich der Kreditnehmer keine Zahlungsmittel, sondern die Kreditwürdigkeit des Kreditgebers.

Üblicherweise werden die Kredite nach der Art ihrer Verwendung eingeteilt in Betriebsmittelkredite und Investitionskredite. **Betriebsmittelkredite** dienen der Finanzierung der laufenden Geschäftstätigkeit; sie dienen überwiegend der Finanzierung des Umlaufvermögens. Zu ihnen zählen die Handelskredite und die kurzfristigen Bankkredite. **Investitionskredite** sind regelmäßig langfristige Kredite zur Finanzierung des Anlagevermögens. Zu den langfristigen Krediten gehören das Bankdarlehen, das Schuldscheindarlehen und die Schuldverschreibung.

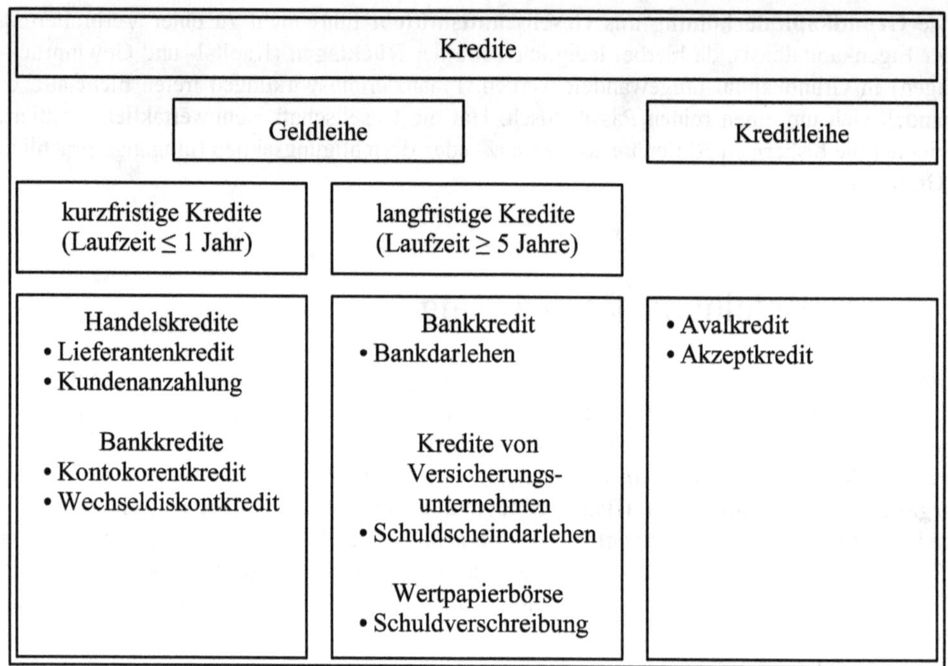

Abb. 3.7 Systematisierung der Kreditformen

3.3.1 Kreditsicherheiten

Die **Bedienung** der Zahlungsansprüche der Fremdkapitalgeber erfolgt grundsätzlich aus den vom Unternehmen generierten **Umsatzeinzahlungen**. Aus diesen Einzahlungen ist der Kapitaldienst (Zins- und Tilgungsleistungen) zu leisten. Da die Zukunft unsicher ist und Kreditvereinbarungen unter Umständen lange Laufzeiten haben, kann der Kreditgeber nicht sicher sein, dass seine Zahlungsansprüche den vertraglichen Vereinbarungen entsprechend immer erfüllt werden. Für die Fremdkapitalgeber besteht das Risiko, dass eine ungünstige Unternehmensentwicklung Verluste hervorbringen kann, die durch das Eigenkapital nicht mehr abgedeckt werden können oder in deren Folge die Unternehmenseinzahlungen nicht mehr ausreichen, um die Zahlungsansprüche der Gläubiger zu befriedigen. Durch **Kreditsicherheiten** erwirbt der Kreditgeber neben den Zahlungsansprüchen aus dem Finanzierungsvertrag zusätzliche **Rechte an Vermögensgegenständen** oder **Zahlungsansprüche gegenüber Dritten**. Im Grundsatz gilt, ohne Sicherheiten kein Kredit.

Der Kreditgeber hat dabei sorgsam den **Wert** der Kreditsicherheit (**Beleihungswert**) und insbesondere ihre Wertbeständigkeit im Zeitverlauf zu prüfen. Aus diesen Ergebnissen bestimmt sich die **Beleihungsgrenze**, d.h., die Höhe, in der die Kreditsicherheit maximal beliehen werden kann.

Bei den Kreditsicherheiten unterscheidet man zwischen:
- Personalsicherheiten (Kreditgeber erhält schuldrechtliche Ansprüche).
- Realsicherheiten (Kreditgeber erhält sachenrechtliche Ansprüche).

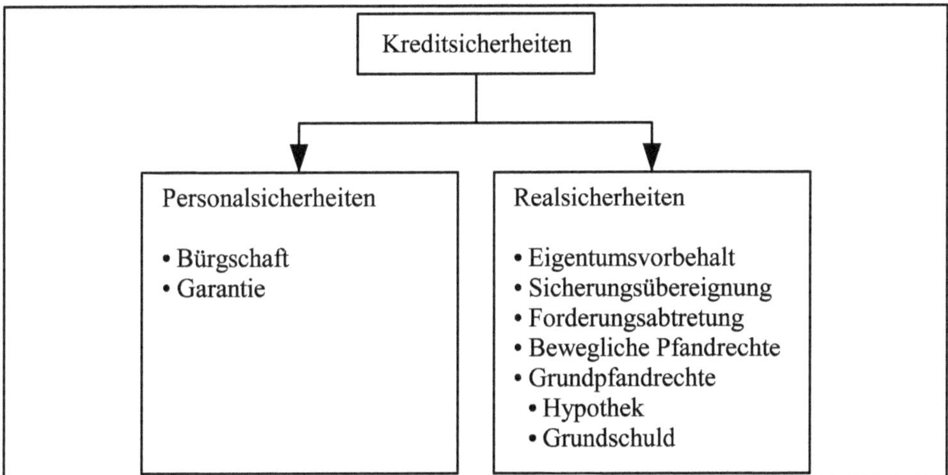

Abb. 3.8 Systematisierung der Kreditsicherheiten

Bei den **Personalsicherheiten** haftet dem Kreditgeber neben dem Kreditnehmer eine weitere **Person** für die Erfüllung seiner Zahlungsansprüche.
- Bei der **Bürgschaft** verpflichtet sich der Bürge dem Kreditgeber gegenüber, für die Verbindlichkeiten eines Dritten (Kreditnehmer) einzustehen.
- Bei der **Garantie** verpflichtet sich der Garantiegeber gegenüber dem Garantienehmer (z.B. Kreditgeber), für einen bestimmten zukünftigen Erfolg einzustehen oder einen bestimmten zukünftigen Schaden zu tragen.

Realsicherheiten gewähren dem Kreditgeber Rechte an **Vermögensgegenständen** (bewegliche Güter, Grundstücke, Forderungen und andere Rechte). Der Kreditgeber erhält das Recht, bei Nicht-Leistung des Kreditnehmers die ihm gewährten Sicherheiten zu verwerten, um seine Zahlungsansprüche durchzusetzen. Die gewährten Sicherheiten sind dem Zugriff anderer Gläubiger entzogen.
- Die Kreditabsicherung durch einen **Eigentumsvorbehalt** findet hauptsächlich beim Lieferantenkredit Anwendung. Dabei vereinbaren Käufer und Verkäufer, dass das Eigentum an den vom Verkäufer gelieferten Waren erst bei vollständiger Bezahlung des Kaufpreises auf den Käufer übergeht.
- Bei der **Sicherungsübereignung** verschafft der Kreditnehmer dem Kreditgeber das Eigentum an beweglichen Vermögensgegenständen (z.B. Maschinen, Kraftfahrzeuge).

- Bei der **Forderungsabtretung** („Zession") verpflichtet sich der Kreditnehmer vertraglich, Forderungen, die dieser gegenüber Dritten hat oder zukünftig erlangen wird, an den Kreditgeber abzutreten.
- Ein **Pfandrecht** an beweglichen Sachen stellt ein Verwertungsrecht dar. Ein Pfandrecht zeichnet sich dadurch aus, dass der Kreditnehmer Besitzer eines Vermögensgegenstandes wird („Faustpfand"), während das Eigentum beim Pfandgeber verbleibt.
- **Grundpfandrechte** sind Verwertungsrechte (Pfandrechte) an unbeweglichen Sachen (Grundstücken). Der Grundpfandrechtsinhaber kann die Erfüllung seiner Forderung aus dem Grundstück im Wege einer Zwangsvollstreckung verlangen. Die Verpfändung unbeweglicher Sachen kann als **Hypothek** oder als **Grundschuld** erfolgen.

3.3.2 Rating

Bei ihrer Kreditvergabe haben Banken einerseits betriebswirtschaftliche Aspekte und andererseits **bankaufsichtsrechtliche Vorschriften** zu beachten. Oberste Aufsichtsbehörde für das deutsche Kreditgewerbe ist die Bundesanstalt für Finanzdienstleistungsaufsicht (BaFin).

Banken vergeben Kredite aus Mitteln, die von den Eigentümern, den Kunden und anderen Kreditgebern bereitgestellt werden. Das betriebswirtschaftliche Kalkül verlangt, dass die Bank mit der Kreditvergabe ihre eigenen Finanzierungskosten deckt. Da Eigenkapital die höchsten Finanzierungskosten verursacht, sind Banken bestrebt, bei der Kreditvergabe möglichst wenig Eigenkapital einzusetzen. Dieser Tendenz wirkt das Kreditwesengesetz mit der **Eigenkapitalunterlegungspflicht** entgegen. Diese Vorschrift verpflichtet Banken, Kredite grundsätzlich mit Eigenkapital zu unterlegen. In welcher Höhe Banken ihre Kredite mit Eigenkapital unterlegen müssen, hängt von der **Bonität** des Schuldners ab. Je höher (schlechter) die Bonität, desto weniger (mehr) Eigenkapital muss die Bank einsetzen. Hieraus folgt, dass Schuldnern mit schlechter Bonität höhere Kreditzinsen auferlegt werden als Schuldnern mit guter Bonität. Bei der Beurteilung der Bonität eines Schuldners nimmt das Rating eine Schlüsselposition ein.

Ein **Rating** ist ein **Verfahren** zur Beurteilung von **Risikopositionen**. Im Zusammenhang mit einer Kreditvergabe soll durch das Rating die Bonität des Schuldners ermittelt und in einer Bewertungskennziffer bzw. in einem Bewertungssymbol zum Ausdruck gebracht werden. Im Rahmen eines solchen **Beurteilungsprozesses** werden zahlreiche **unternehmensbezogene Kriterien** analysiert und bewertet. Zu den sog. **hard-facts** zählen beispielsweise die Eigenkapitalquote, die Verschuldungssituation und die Ertragskraft, zu den **soft-facts** z.B. die Managementqualität, die Branche und die Wettbewerbssituation. Am Ende eines solchen Bewertungsprozesses steht dann eine Ratingnote, aus der sich wiederum unmittelbar oder mittelbar die Eigenkapitalanforderung für diesen Kreditnehmer ergibt.

Solche Ratings werden einmal von speziellen **Ratingagenturen** (z.B. Standard & Poors) durchgeführt (externes Rating), wobei das Ergebnis veröffentlicht wird. Allerdings lassen sich nur relativ wenige Unternehmen durch solche Agenturen raten, da dies zum Teil mit erheblichen Kosten verbunden ist. Neben den externen Ratingagenturen führen die Kreditinstitute selbst ein sog. **bankinternes Rating** durch. Das Ergebnis wird nicht veröffentlicht, es dient dem Kreditinstitut zur Ermittlung der bei diesem Kreditnehmer notwendigen Eigenkapitalunterlegung.

3.3.3 Handelskredite

Die Handelskredite gehören zu den **kurzfristigen Krediten**. Sie dienen überwiegend der Finanzierung des Umlaufvermögens, weshalb sie auch als Betriebsmittelkredite bezeichnet werden. Handelskredite werden einer Unternehmung im Rahmen der üblichen Geschäftstätigkeit von ihren Handelspartnern am Beschaffungs- und am Absatzmarkt zur Verfügung gestellt. Für die Kreditgeber sind die Handelskredite in erster Linie **Instrumente** zur Anbahnung eines Handelsgeschäfts.

Lieferantenkredit
Ein Lieferantenkredit liegt dann vor, wenn der Verkäufer (Lieferant) einer Ware dem Käufer dieser Ware zur Begleichung des Kaufpreises ein **Zahlungsziel** (Stundung des Kaufpreises) einräumt. Ein Lieferantenkredit kann als Buchkredit (Forderungen aus Lieferungen und Leistungen) oder als Wechselkredit gewährt werden. Im Idealfall muss der Käufer die Rechnung erst dann begleichen, wenn er die kreditierten Waren seinerseits weiterverkauft hat und über entsprechende Zahlungseingänge verfügt. Ein Lieferantenkredit dient der Finanzierung der Leistungserstellung, er überbrückt den Zeitraum bis zum Absatz der Produktionsleistung.

Da die Lieferanten an einem frühzeitigen Zahlungseingang interessiert sind, versuchen sie, ihre Kunden zu einer möglichst frühzeitigen Begleichung der Rechnung zu bewegen. Sie tun dies, indem sie ihren Kunden das Recht einräumen, den **Rechnungsbetrag** um einen bestimmten Prozentsatz (**Skontosatz**) zu **kürzen**, wenn die Rechnung innerhalb einer kurzen Frist (**Skontofrist**) beglichen wird. Nach Ablauf der Skontofrist ist dann ein Abzug nicht mehr möglich.

Ein Lieferantenkredit wird formlos angeboten, indem auf der Rechnung vermerkt ist: „Zahlbar innerhalb von 5 Tagen mit 2% Skonto oder ohne Skonto innerhalb von 30 Tagen“. Als Kreditsicherheit dient dem Lieferanten der Eigentumsvorbehalt.

Der **Lieferantenkredit** ist sehr **teuer**, da bei Ausnutzung des Zahlungsziels **Opportunitätskosten** in Höhe des dann nicht mehr möglichen Skontoabzugs entstehen. Mit Hilfe einer einfachen Umrechnung können die Finanzierungskosten des Lieferantenkredits in einer Jahresrate (in % p.A.) ausgedrückt werden:

$$i = \frac{\text{Skontosatz (\%)}}{\text{Zahlungsziel (Tage)-Skontofrist (Tage)}} \cdot 360$$

Im Beispiel ergeben sich Finanzierungskosten von:

$$i = \frac{2\%}{30\text{-}5} \cdot 360 = 28{,}8\%$$

Obwohl der Lieferantenkredit sehr hohe Kosten verursacht, wird er dennoch häufig in Anspruch genommen. Gründe dafür sind:

- Schnelle und formlose Kreditgewährung.
- Im Regelfall keine systematische Kreditwürdigkeitsprüfung durch den Lieferanten.
- Kreditnehmer muss keine eigenen Kreditsicherheiten stellen; die gelieferten Waren dienen dem Lieferanten als Sicherheiten.
- Unabhängigkeit von Kreditinstituten bzw. können die dort bestehenden Finanzierungsmöglichkeiten für andere Zwecke genutzt werden.

Kundenanzahlung
Bei der **Kundenanzahlung** leistet der Käufer einer Ware oder einer Dienstleistung eine Anzahlung. Solche Kundenkredite sind üblich bei Großaufträgen im Schiffsbau, im Bausektor oder auch im Anlagenbau. Durch die **Anzahlungen** wird dem Auftragnehmer einerseits **Liquidität** zugeführt und andererseits verringert sich für den Auftragnehmer das **Risiko** der Nichtabnahme durch den Besteller der Leistung. Der Kundenkredit verursacht dann Finanzierungskosten, wenn der Kunde infolge seiner Anzahlung Preiszugeständnisse oder eine Verzinsung seiner Anzahlung einfordert.

3.3.4 Bankkredite

Wie bereits erwähnt, haben Banken bei ihrer Kreditgewährung eine Reihe von aufsichtsrechtlichen Vorschriften zu beachten. Neben der risikoadäquaten Eigenkapitalunterlegung ausgereichter Kredite verlangt das Kreditwesengesetz, dass sich das Kreditinstitut im Vorfeld einer Kreditvergabe von der **Kreditwürdigkeit** des Kreditnehmers überzeugt. Bei der Beurteilung der Kreditwürdigkeit sind folgende Aspekte zu betrachten:

- Die **Kreditfähigkeit** des Kreditnehmers (rechtliche Fähigkeit zum Abschluss eines Kreditvertrages).
- Die **persönliche** Kreditwürdigkeit (Bereitschaft des Kreditnehmers, die vertraglichen Pflichten zu erfüllen).
- Die **wirtschaftliche** Kreditwürdigkeit (wirtschaftliche Fähigkeit des Kreditnehmers, die vertraglichen Pflichten zu erfüllen).

Die Prüfung der **wirtschaftlichen Kreditwürdigkeit** erfolgt regelmäßig anhand der Jahresabschlüsse vergangener Geschäftsjahre, aktueller Zahlen der Umsatzentwicklung und des Auftragsbestandes und auf Basis einer Finanzplanung.

Kontokorrentkredit
Der Kontokorrentkredit („Kredit in laufender Rechnung“) gehört zu den kurzfristigen Bankkrediten. Bei einem Kontokorrentkredit gewährt die Bank dem Kreditnehmer das Recht, das Geschäftskonto (Kontokorrentkonto bzw. Girokonto) bis zu einem vereinbarten Limit zu überziehen. Die eingeräumte **Kreditlinie** stellt den Höchstbetrag dar, bis zu dem das Geschäftskonto **debitorisch** geführt werden darf. Der Kreditnehmer kann über das eingeräumte Kreditlimit beliebig verfügen. Die Kreditrückzahlung (Ausgleich des Kontensaldos) erfolgt nicht planmäßig im Sinne vereinbarter Tilgungsleistungen, sondern durch **laufende Zahlungseingänge** auf dem Geschäftskonto. Die vertragliche Laufzeit beträgt meistens bis zu 6 Monaten, jedoch i.d.R. Prolongationsmöglichkeiten, so dass der Kontokorrentkredit häufig als **längerfristiger** Kredit besteht. Als Kreditsicherheit kann die Abtretung, die Bürgschaft oder auch die Grundschuld verwendet werden.

Kontokorrentkredite sind besonders **flexible Kreditvereinbarungen**, da eine jederzeitige Tilgung des Kredits möglich ist. **Kreditkosten** entstehen nur für den jeweils **beanspruchten** Kreditbetrag und sie werden tagesgenau ermittelt. Der Kontokorrentkredit eignet sich speziell als Betriebsmittelkredit zur Finanzierung der Warenbeschaffung, da die hierbei entstehenden Kreditkosten deutlich unter den Kosten des Lieferantenkredits liegen.

Allerdings ist der Kontokorrentkredit gegenüber den anderen kurzfristigen Bankkrediten **relativ teuer**. Neben dem vereinbarten (zeitlich variablen) Kreditzinssatz treten häufig eine Reihe von **Kreditnebenkosten** auf (Kreditprovision, Bereitstellungsprovision), wodurch die Kreditkosten deutlich steigen können. Werden **Nettozinssätze** (Zinssatz einschließlich sämtlicher Kreditnebenkosten) vereinbart, dann sind diese vergleichsweise hoch. Der Kontokorrentkredit sollte daher nur zur Abdeckung von **Kreditspitzen** verwendet werden, in anderen Fällen empfiehlt sich ein (kurzfristiges) Bankdarlehen.

Wechseldiskontkredit
Der Wechsel stellt ein **abstraktes Zahlungsversprechen** des **Wechselbezogenen** („Wechselschuldner“) dar. Es können zwei Grundformen eines Wechsels unterschieden werden:

- **Tratte** oder **gezogener Wechsel** (Wechselaussteller weist den Bezogenen an, eine bestimmte Geldsumme an ihn oder an einen Dritten zu zahlen).
- **Solawechsel** oder auch „eigener Wechsel“ (Wechselaussteller und Wechselbezogener sind identisch).

Wechsel werden häufig beim Lieferantenkredit eingesetzt. Der Lieferant stellt dabei einen Wechsel aus, den der Käufer der Waren als Bezogener akzeptiert. Der Lieferant kann diesen Wechsel bis zum Einlösungstermin aufheben, um ihn dann dem Bezogenen zu präsentieren, oder er kann den Wechsel an Dritte gegen Zahlung einer bestimmten Geldsumme übertragen (**Finanzierungsfunktion des Wechsels**).

Bei einem **Wechseldiskontkredit** wird der Wechsel vor Fälligkeit an ein **Kreditinstitut** verkauft (zur Diskontierung eingereicht). Die Bank kauft den Wechsel unter Abzug von Zinsen an. Der Verkäufer des Wechsels erhält die Wechselsumme abzüglich Zinsen und der Wechselbezogene muss bei Fälligkeit die Wechselsumme an die Bank leisten.

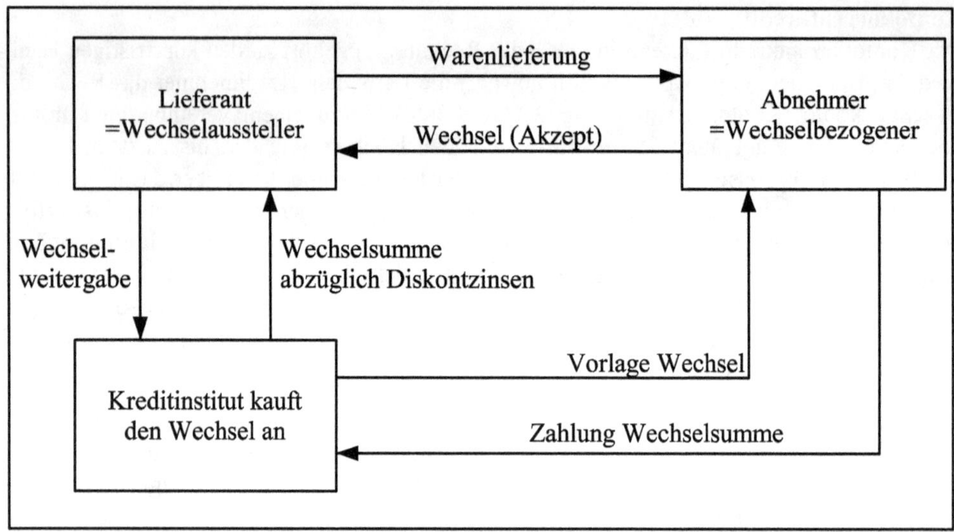

Abb. 3.9 Wechseldiskontkredit in Verbindung mit einem Lieferantenkredit

Bankdarlehen

Für die meisten Unternehmen ist das **Bankdarlehen** die wichtigste Form der Kreditfinanzierung. Obwohl Banken auch kurz- und mittelfristige Darlehen gewähren, stellt das Bankdarlehen die klassische Form der **langfristigen Investitionsfinanzierung** dar. Das Darlehen ist gesetzlich geregelt, danach ist der Kreditnehmer verpflichtet, dem Kreditgeber den Kreditbetrag nebst Zinsen zurück zu zahlen.

Ein Bankdarlehen stellt eine **individuelle**, meist **zweckgebundene** Kreditvereinbarung zwischen der kreditgewährenden Bank und dem kreditsuchenden Unternehmen dar. Individuell meint, dass die Darlehenssumme, die Darlehenslaufzeit, die Modalitäten der Verzinsung und der Tilgung zwischen den Parteien frei verhandelt werden können.

Bestandteile einer Darlehensvereinbarung:

- **Darlehensnennbetrag** (Darlehensschuld, Basis der **Nominalverzinsung**).
- **Auszahlungsbetrag** (Darlehensnennbetrag abzüglich Disagio. Der Auszahlungsbetrag wird zumeist als Prozentsatz vom Darlehensnennbetrag angegeben).
- **Disagio** (Kreditnebenkosten, Prozentsatz vom Darlehensnennbetrag).
- **Darlehenslaufzeit.**
- **Nominalzinssatz** (Zinssatz, mit dem die Darlehensschuld zu verzinsen ist. Die Darlehensschuld ergibt sich aus dem **Darlehensnennbetrag** abzüglich geleisteter Tilgungen).
- **Zinstermine.**
- **Tilgungstermine** und **Tilgungsbeträge.**
- **Kreditsicherheiten.**

Bezüglich der Verzinsung können sog. Festzinsdarlehen und Darlehen mit variabler Verzinsung unterschieden werden. Bei einem **Festzinsdarlehen** vereinbaren die Vertragsparteien, dass der zu entrichtende **Nominalzinssatz** während der gesamten Kreditlaufzeit **unveränderbar** ist. Wird ein Darlehen mit **variabler Verzinsung** vereinbart, dann wird der **Nominalzinssatz** während der Kreditlaufzeit in definierten Zeitabständen **angepasst**. Dabei können die Nominalzinssätze bereits bei Vertragsabschluss festgelegt werden oder es wird vereinbart, dass der Nominalzinssatz an die **Entwicklung** eines **Referenzzinssatzes** (Benchmarkzinssatz) gekoppelt wird. Im letzteren Fall sind dem Kreditnehmer die zukünftigen Finanzierungskosten bei Vertragsabschluss nicht bekannt.

Wird das Darlehen mit einem **Abschlag** (Disagio) **ausgezahlt**, dann bezeichnet der **Nominalzinssatz** nicht die tatsächlichen (**effektiven**) Kreditkosten. Die effektiven Finanzierungskosten (**Effektivverzinsung**) bei einem Darlehen ergeben sich unter Berücksichtigung sämtlicher Zahlungen, die der Darlehensnehmer erhält (Auszahlungsbetrag) und die er leisten muss (Zinszahlungen, Rückzahlungen). Die **Effektivverzinsung** wird finanzmathematisch durch den „**internen**" Zinssatz der Darlehenszahlungsreihe bestimmt (vgl. hierzu Kap. 5.4).

Hinsichtlich der Kapitalrückzahlung können unterschiedliche **Tilgungsmodalitäten** vereinbart werden. Bei einem sog. **Tilgungsaussetzungsdarlehen** (Fest- oder Blockdarlehen) finden während der Kreditlaufzeit keine Tilgungsleistungen statt. Das Darlehen wird am Ende der vereinbarten Kreditlaufzeit durch eine Zahlung getilgt. Ist der Kreditnehmer dagegen zu regelmäßigen Tilgungsleistungen während der Kreditlaufzeit verpflichtet, dann liegt ein **Abzahlungsdarlehen** vor. Hierbei können Darlehen mit zeitlich **konstanten** Tilgungsleistungen (Ratendarlehen) oder mit zeitlich **ansteigenden** Tilgungsleistungen (Annuitätendarlehen) unterschieden werden.

Die **Finanzierungskosten** (Nominalzinssatz) bei einem Darlehen werden wesentlich durch die Darlehenslaufzeit und durch die Bonität des Darlehensnehmers („Rating") bestimmt. Bei ihrer Konditionsgestaltung orientieren sich Banken an einem laufzeit- und bonitätsgleichen Anleihezinssatz am Kapitalmarkt (Anleihemarkt) und erhöhen diesen um einen **Gewinnaufschlag** (Benchmarkfunktion des Kapitalmarktes).

Ein Beispiel soll die unterschiedlichen Tilgungsformen bei einem Darlehen illustrieren. Die Konditionen eines Festzinsdarlehens (alle Zahlungen jeweils am Jahresende) seien wie folgt:

- Darlehensnennbetrag (S): 200.000 €
- Nominalzinssatz i (p.A.): 5% (nachschüssige Zinszahlung)
- Disagio: 2,5%
- Laufzeit (n): 5 Jahre

Wird ein **Tilgungsaussetzungsdarlehen** gewählt, dann finden während der Darlehenslaufzeit keine Tilgungsleistungen statt. Der Darlehensnehmer leistet in diesem Fall in jeder Periode konstante Zinszahlungen in Höhe von 10.000 € und am Ende der Darlehenslaufzeit zusätzlich eine Tilgungsleistung in Höhe von 200.000 €. Für dieses Darlehen ergeben sich die im Zins- und Tilgungsplan dargestellten Ein- und Auszahlungen für den Darlehensnehmer:

Periode	Einzahlung	Zinsen	Tilgung	Auszahlung	Restschuld (Jahresende)
0	195.000 €				200.000 €
1		10.000 €	0 €	10.000 €	200.000 €
2		10.000 €	0 €	10.000 €	200.000 €
3		10.000 €	0 €	10.000 €	200.000 €
4		10.000 €	0 €	10.000 €	200.000 €
5		10.000 €	200.000 €	210.000 €	0 €
Summe		50.000 €	200.000 €	250.000 €	

Abb. 3.10 *Zins- und Tilgungsplan bei einem Tilgungsaussetzungsdarlehen*

Vereinbaren die Darlehensparteien statt dessen ein **Abzahlungsdarlehen** in Form eines **Ratendarlehens**, dann ist der Darlehensnehmer zu periodischen Tilgungsleistungen in konstanter Höhe verpflichtet. Sofern das Darlehen am Ende der Laufzeit durch die vereinbarten Tilgungen vollständig getilgt sein soll, bestimmt sich die periodische Tilgungsleistung T wie folgt:

$$T = \frac{\text{Darlehensnennbetrag}}{\text{Darlehenslaufzeit}} = \frac{S}{n}$$

Da sich die **Restschuld** durch die **Tilgungsleistungen** kontinuierlich ermäßigt, nehmen die Zinszahlungen entsprechend ab. Die vom Darlehensnehmer periodisch zu leistende Gesamtzahlung setzt sich aus einem Tilgungs- und einem Zinsanteil zusammen und wird als Rate bezeichnet. Charakteristisch für ein Ratendarlehen ist, dass die vom Darlehensnehmer zu leistende Rate während der Kreditlaufzeit sinkt.

Als weitere Grundform eines **Abzahlungsdarlehens** kann ein **Annuitätendarlehen** vereinbart werden. Bei dieser Darlehensvariante leistet der Schuldner in jeder Periode eine konstante Zahlung, mit der das Darlehen getilgt und verzinst wird. Die konstante Periodenzahlung wird als Annuität bezeichnet.

Periode	Einzahlung	Zinsen	Tilgung	Rate	Restschuld (Jahresende)
0	195.000 €				200.000 €
1		10.000 €	40.000 €	50.000 €	160.000 €
2		8.000 €	40.000 €	48.000 €	120.000 €
3		6.000 €	40.000 €	46.000 €	80.000 €
4		4.000 €	40.000 €	44.000 €	40.000 €
5		2.000 €	40.000 €	42.000 €	0 €
Summe		30.000 €	200.000 €	230.000 €	

Abb. 3.11 *Zins- und Tilgungsplan bei einem Ratendarlehen*

Periode	Einzahlung	Annuität	Tilgung	Zinsen	Restschuld (Jahresende)
0	195.000,00 €				200.000,00 €
1		46.194,96 €	36.194,96 €	10.000,00 €	163.805,04 €
2		46.194,96 €	38.004,25 €	8.190,25 €	125.800,33 €
3		46.194,96 €	39.904,94 €	6.290,02 €	85.895,39 €
4		46.194,96 €	41.900,19 €	4.294,77 €	43.995,20 €
5		46.194,96 €	43.995,20 €	2.199,76 €	0,00 €
Summe		230.974,80 €	200.000,00 €	30.974,80 €	

Abb. 3.12 *Zins- und Tilgungsplan bei einem Annuitätendarlehen*

Die Annuität (AT) setzt sich aus einem Tilgungs- und einem Zinsanteil zusammen und bestimmt sich finanzmathematisch wie folgt:

$$AT = S \frac{i(1+i)^n}{(1+i)^n - 1}$$

Merkmal eines Annuitätendarlehens ist, dass die Tilgungsleistung (T) während der Darlehenslaufzeit um den Betrag steigt, um den die Zinszahlung aufgrund einer sich ermäßigenden Restschuld sinkt. Aus diesem Grund bleibt die periodische Gesamtzahlung im Zeitverlauf konstant.

Neben diesen Standardtilgungsformen können individuelle Tilgungsvarianten, z.B. in den ersten Jahren keine Tilgungsleistungen, vereinbart werden. Generell sollte die Tilgung des Darlehens an den Einzahlungsüberschüssen des finanzierten Investitionsprojektes angepasst werden. Auf diese Weise lassen sich teuere Zwischenfinanzierungen vermeiden.

Kreditleihe
Bei der Kreditleihe werden dem Kreditnehmer keine Zahlungsmittel zur Verfügung gestellt, vielmehr **leiht** sich der **Kreditnehmer** vom Kreditgeber dessen **Kreditwürdigkeit**. Die Übertragung der Kreditwürdigkeit vollzieht sich, indem der Kreditgeber gegenüber Dritten ein Zahlungsversprechen für den Fall abgibt, dass der Kreditnehmer seiner Zahlungsverpflichtung gegenüber diesem Dritten nicht nachkommt. Gebräuchliche Formen der Kreditleihe sind der Avalkredit und der Akzeptkredit.

Bei einem **Avalkredit** gibt die Bank einem Dritten eine Bürgschaft oder Garantie dafür, dass der Kreditnehmer seiner Zahlungsverpflichtung dem Dritten gegenüber nachkommt. Bei einem **Akzeptkredit** akzeptiert ein Kreditinstitut als Bezogener einen Wechsel des Kreditnehmers.

3.3.5 Schuldscheindarlehen

Bei einem Schuldscheindarlehen wird neben einer Darlehensvereinbarung ein **Schuldschein** ausgestellt. Durch den Schuldschein bestätigt der Darlehensnehmer nochmals selbstständig seine Zahlungsverpflichtung. Der Schuldschein dient dem Darlehensgeber zur **Beweissicherung**; ein Schuldscheindarlehen ist kein Wertpapier und damit nicht börsenfähig.

Ein Schuldscheindarlehen ist zumeist ein langfristiger **Großkredit**, der überwiegend von **Versicherungsunternehmen** oder **Pensionskassen** an ausgesuchte Unternehmen mit höchster Bonität vergeben wird. Die Kreditkonditionen bei einem Schuldscheindarlehen sind gegenüber einem vergleichbaren Bankdarlehen regelmäßig günstiger. Nur die Schuldverschreibung bietet noch günstigere Kreditkonditionen.

3.3.6 Schuldverschreibung

Eine Schuldverschreibung („Anleihe") ist ein Darlehen in **verbriefter Form**, das an der Wertpapierbörse („Anleihemarkt") aufgenommen wird. Der Käufer einer Schuldverschreibung hat die Stellung eines **Gläubigers** inne; er hat gegenüber dem Aussteller der Schuldverschreibung (Emittent) Ansprüche auf Zinszahlungen und auf Rückzahlung des Nennbetrages der Schuldverschreibung. Durch eine Schuldverschreibung werden regelmäßig sehr **hohe Kreditbeträge** aufgenommen, wobei der Gesamtbetrag in viele kleine **Teilbeträge** (Teilschuldverschreibungen zumeist mit einem Nennwert von 100 EUR) zerlegt wird. Durch die **Stückelung** der Schuldverschreibung in viele kleine Teilschuldverschreibungen können hohe Kreditbeträge leicht beschafft werden. Schuldverschreibungen werden überwiegend als Inhaberpapiere emittiert; ihre Übertragung ist durch Einigung und Übergabe leicht möglich. Sie besitzen eine hohe Fungibilität.

Schuldverschreibungen werden überwiegend von der „öffentlichen Hand" (Staatsanleihe) und von Banken (Bankanleihe) aber auch von großen Industrieunternehmen (Unternehmensanleihe) als Finanzierungsinstrument genutzt.

Der **Zugang** zum hochgradig organisierten Anleihemarkt steht grundsätzlich allen Unternehmensrechtsformen offen. Das **Börsengesetz** und die **Börsenordnung** der jeweiligen Börse regeln im Einzelnen, welche Kriterien ein Emittent zu erfüllen hat. Aufgrund hoher Mindestbeträge und hoher Bonitätsanforderungen werden Unternehmensanleihen regelmäßig nur von wenigen großen Industrieunternehmen in der Rechtsform einer GmbH oder Aktiengesellschaft emittiert.

Wichtige Merkmale einer Schuldverschreibung sind:

- **Nennwert** (der Nennwert ist der auf der Anleihe vermerkte Geldbetrag. Er gibt die Höhe der Geldforderung an und bildet die Basis der Verzinsung).
- **Ausgabekurs** (Anleihen können zum Nennwert (zu pari), unter Nennwert (unter pari) oder über Nennwert (über pari) emittiert werden).
- **Verzinsung** (Zinsen werden jährlich, halbjährlich, vierteljährlich oder monatlich gezahlt. In Deutschland sind jährliche Zinszahlungen üblich).
- **Laufzeit** (im Gegensatz zu Aktien haben Anleihen eine feste Laufzeit, nach deren Ende sie zum Nennwert zurückgenommen werden. Vor diesem Zeitpunkt können Anleihen an der Börse zum aktuellen Börsenkurs verkauft werden).
- **Tilgung** (üblicherweise werden Anleihen am Ende der Laufzeit getilgt. Es gibt aber auch Anleihen mit Raten- oder Annuitätentilgungen. Die jeweils zu tilgenden Teilschuldverschreibungen („Serien") werden durch das Los bestimmt).
- **Kündigungsmöglichkeiten** des Emittenten.
- **Besicherung.**

Die direkte Kreditaufnahme am Kapitalmarkt ist die **kostengünstigste** Form der Beleihungsfinanzierung, da hierbei Finanzintermediäre (z.B. Banken) umgangen werden. Ferner sind Kreditgeber an fungiblen Titeln interessiert, sodass verbriefte Kredite zu günstigeren Konditionen angeboten werden als Buchkredite.

3.4 Sonderformen der Außenfinanzierung

3.4.1 Mezzanine-Finanzierungen

Eigenkapitalähnliches Mezzanine-Kapital (Equity-Mezzanine-Kapital) ist insbesondere für die **nicht börsenfähigen** Unternehmen von Bedeutung, da diese durch solche Finanzierungsinstrumente ihre **Eigenkapitalbasis** verbreitern können. Zu den eigenkapitalähnlichen Mezzanine-Instrumenten gehören u.a. die Stille Gesellschaft und das Genussrechtskapital.

Eine **Stille Gesellschaft** entsteht durch **Gesellschaftsvertrag**. Die Aufnahme eines stillen Gesellschafters ist jeder Unternehmensrechtsform möglich. Ein stiller Gesellschafter kann sowohl eine natürliche als auch juristische Person sein. Stiller Gesellschafter ist derjenige, der sich an einem Handelsgewerbe eines Anderen mit einer **Kapitaleinlage** in der Form beteiligt, dass die geleistete Kapitaleinlage in das **Vermögen des Inhabers des Handelsgeschäftes übergeht**. Bei der stillen Gesellschaft handelt es sich um eine nach außen nicht in Erscheinung tretende Form der Unternehmensbeteiligung. Der stille Gesellschafter hat keine gesetzlichen **Mitwirkungsrechte** bei der Geschäftsführung, ihm stehen allerdings Informations- und Kontrollrechte zu. Der stille Gesellschafter hat einen Anspruch auf eine angemessene Beteiligung am Unternehmensgewinn. Sofern im Gesellschaftsvertrag keine anderen Regelungen getroffen sind, ist der stille Gesellschafter auch am Verlust der Gesellschaft bis zur Höhe seiner Kapitaleinlage beteiligt.

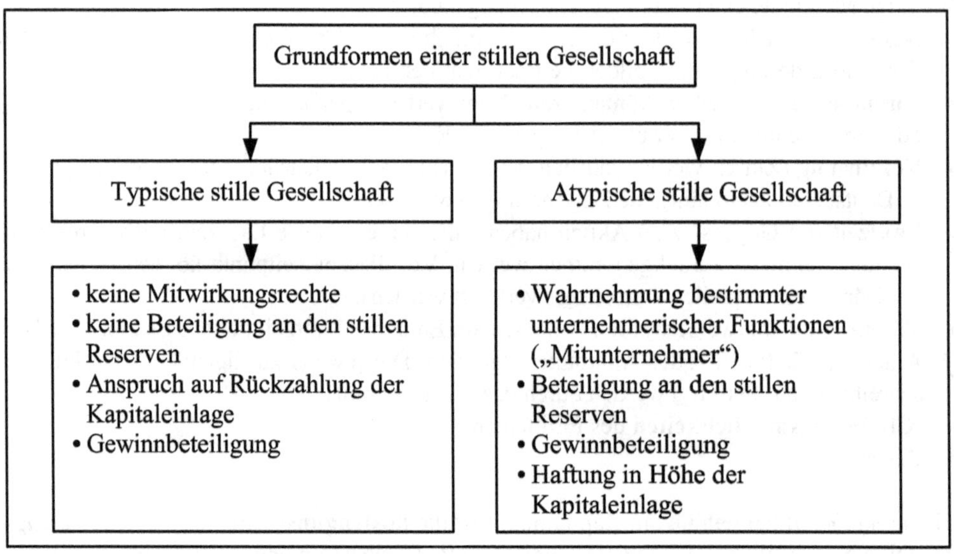

Abb. 3.13 *Grundformen einer stillen Gesellschaft*

Die Bereitstellung von **Genussrechtskapital** vollzieht sich im Wege eines **schuldrechtlichen** Finanzierungsvertrages, wobei dem Kapitalgeber bestimmte **Vermögensrechte** aber keine Verwaltungsrechte eingeräumt werden.

Ausstattungsmerkmale von eigenkapitalähnlichem Genussrechtskapital:
- Gewinnabhängige Vergütung.
- Teilnahme am Liquidationserlös.
- Verlustbeteiligung (Haftung auf Nennbetrag begrenzt).
- Rückzahlung des Genussrechtskapitals zumeist zum Buchwert.

3.4.2 Leasing

Beim Leasing handelt es sich wie bei dem Lieferantenkredit um einen **Realkredit**. Finanzwirtschaftlich betrachtet ist Leasing ein Finanzmittelersatz (Finanzierungssubstitut). Ein zur Durchführung einer Investition bestehender **Kapitalbedarf** wird durch eine **Sachmittelbeschaffung** (Investitionsobjekt) gedeckt.

Leasing ist die entgeltliche (Leasingrate) miet- oder pachtweise Überlassung von Wirtschaftsgütern durch den Produzenten dieser Güter (**direktes Leasing** oder **Hersteller-Leasing**) oder durch besondere Leasing-Gesellschaften (**indirektes Leasing**).

- **Direktes Leasing.**
  Beim direkten Leasing wird der Leasingvertrag zwischen dem Hersteller des Leasinggegenstandes (Leasinggeber) und dem Leasingnehmer geschlossen.
  - Absatzpolitisches Instrument für den Hersteller.
- **Indirektes Leasing (Regelfall).**
  Beim indirekten Leasing wird zwischen dem Hersteller und dem Leasingnehmer eine Leasinggesellschaft eingeschaltet. Die Leasinggesellschaft erwirbt den Leasinggegenstand vom Hersteller und schließt mit dem Leasingnehmer einen Leasingvertrag.

Dem Leasing werden häufig folgende **Vorteile** zugeschrieben:
- Erhaltung bzw. Erweiterung des Kreditspielraums.
- Verbesserung der Eigenkapitalquote (aber: Leasingverpflichtungen sind im Anhang darzustellen und werden bei der Bonitätsbeurteilung (Rating) berücksichtigt).

Dem ist entgegenzuhalten, dass Leasing gegenüber einem kreditfinanzierten Kauf regelmäßig **höhere Gesamtkosten** verursacht.

4 Grundlagen finanzwirtschaftlicher Entscheidungsrechnungen

Finanzwirtschaftliche Entscheidungen betreffen die Beschaffung und die Verwendung finanzieller Mittel. Es geht um die Frage, welche Investitions- und Finanzierungsprojekte ein Unternehmen realisieren sollte. Investitions- und Finanzierungsentscheidungen beeinflussen im hohen Maße die wirtschaftliche Entwicklung von Unternehmen. Investitionen können sowohl Quelle des wirtschaftlichen Erfolges von Unternehmen als auch Ausgangspunkt von Unternehmenskrisen sein. Die besondere Bedeutung von Investitionen resultiert aus der regelmäßig hohen und langfristigen Kapitalbindung. Erwirtschaften die Investitionen nicht die erwarteten Einzahlungen, dann kann dies dramatische Auswirkungen auf die Zahlungsfähigkeit einer Unternehmung haben.

Aus diesem Grunde gilt es, Investitions- und Finanzierungsentscheidungen gut vorzubereiten. Dies beginnt bei einer sorgfältigen Analyse der Ausgangssituation, setzt sich in der Erarbeitung von Handlungsmöglichkeiten fort und endet schließlich in der Auswahl der Investitions- und Finanzierungsalternativen. Letzteres soll mit Hilfe der **Investitionsrechnung** gelöst werden. Die Investitionsrechnung dient der Identifizierung einer **optimalen** Handlungsweise, indem sie die mit der Durchführung bestimmter Investitions- und Finanzierungsprojekte verbundenen Zielbeiträge berechnet. Dabei kann die Rechnung nur **quantitative Ziele** berücksichtigen, qualitative Ziele müssen außen vorbleiben. Das Ergebnis der Investitionsrechnung kann daher nur **entscheidungsunterstützend**, nicht jedoch entscheidungsdeterminierend sein. Die Finanzwirtschaft überlässt es der Unternehmensleitung, unter Einbeziehung sämtlicher Ziele zu einer Entscheidung zu gelangen.

4.1 Einkommens- versus Vermögensendwertmaximierung

Im Kapitel 1.2 wurde dargelegt, dass sich Investitions- und Finanzierungsentscheidungen an den Konsumeinkommenspräferenzen der Shareholder zu orientieren haben. Im einfachsten Fall hat ein Unternehmen nur einen Eigentümer. In diesem Fall determinieren die Konsumeinkommenswünsche des Unternehmerhaushalts die Investitions- und Finanzierungsentscheidungen. Das Entscheidungsproblem besteht dann darin, die Investitions- und Finanzierungsprojekte so auszuwählen, dass die resultierenden Residualzahlungen sowohl in ihrer **zeitlichen Verteilung** als auch in ihrer **Höhe** von dem Unternehmerhaushalt als optimal erachtet werden. Unter Setzung vereinfachender Annahmen (vgl. hierzu Kruschwitz 2005, S. 12-13) erfährt dieses Ziel eine Konkretisierung in den Varianten Einkommensmaximierung oder Vermögensendwertmaximierung.

Im Falle des **Einkommensstrebens** realisiert der Unternehmerhaushalt die Handlungsweise, die ihm in jeder Periode seines Planungszeitraums das **höchste Periodeneinkommen** ermöglicht und mit der gleichzeitig das gewünschte Vermögen am Ende seines Planungszeitraums erreicht wird. Bei der Zielsetzung **Vermögensendwertmaximierung** wird die Handlungsweise realisiert, die auf das **größte Endvermögen** führt und gleichzeitig die gewünschten Periodeneinkommen ermöglicht.

Es sei an dieser Stelle erwähnt, dass die Ziele Einkommensmaximierung und Vermögensendwertmaximierung **konkurrierende** oder **komplementäre** Ziele darstellen können. Mit anderen Worten, möglicherweise treffen Investoren mit der Zielsetzung Einkommensmaximierung andere Entscheidungen als Investoren mit der Zielsetzung Vermögensendwertmaximierung. In großen Publikumsgesellschaften mit einer Vielzahl von Eigentümern wird das Management nicht die individuellen Einkommenspräferenzen der Eigentümer berücksichtigen können. In diesem Fall ist eine am Shareholder Value ausgerichtete Unternehmenssteuerung zu wählen, auch wenn diese Politik für einzelne Shareholder suboptimale Ergebnisse hervorbringen kann.

4.2 Einzel- und Programmentscheidungen

Investitions- und Finanzierungsentscheidungen sind immer Wahlentscheidungen. Es geht um die Frage, welche Handlungsweise aus einer Menge möglicher Handlungsweisen auszuwählen ist. Es können nicht zwei oder drei Handlungsweisen ausgesucht werden. Ist eine Handlungsweise bestimmt, dann sind die anderen Möglichkeiten ausgeschlossen.

Solche Wahlentscheidungen können sich auf einzelne Investitionsprojekte bzw. Finanzierungsprojekte beziehen. Es geht dann um die Frage, **entweder** das Projekt 1 **oder** das Projekt 2 **oder** ... **oder** das Projekt m zu realisieren, wobei ein Projekt die Unterlassungsalternative darstellt. Sobald die Wahl getroffen ist, sind die übrigen Projekte völlig nutzlos und sie werden nicht weiter verfolgt. Eine solche Entscheidungssituation wird als **Einzelentscheidung** bezeichnet, ihr liegen sich gegenseitig vollständig ausschließende Einzelprojekte zugrunde.

Bei **Programmentscheidungen** (Investitions- bzw. Finanzierungsprogramm) geht es dagegen um die Frage, welche Einzelprojekte **gleichzeitig** durchgeführt werden sollen. Die in einem Programm enthaltenen Projekte schließen sich nicht gegenseitig aus, sie können oder müssen (bei gegenseitig abhängigen Einzelprojekten) gleichzeitig durchgeführt werden. Durch Kombination der verfügbaren Einzelprojekte lassen sich unterschiedliche Investitions- und Finanzierungsprogramme aufstellen und es ist zu entscheiden, welches Programm aus der Menge der möglichen Programme zu realisieren ist: Realisiere **entweder** das Programm 1 **oder** das Programm 2 **oder** ... **oder** das Programm p, wobei auch hier eine Handlungsalternative die Unterlassungsalternative darstellt. Programmentscheidungen beziehen sich damit auf sich gegenseitig vollständig ausschließende Programmalternativen.

Kombiniert man ein **Investitionsprogramm** (Investitionsprojekt) mit einem **Finanzierungsprogramm** (Finanzierungsprojekt), so entsteht ein **Kapitalbudget**. Aus der Menge aller möglichen Kapitalbudgets ist das Kapitalbudget zu bestimmen, welches die Ziele des Investors am besten erfüllt.

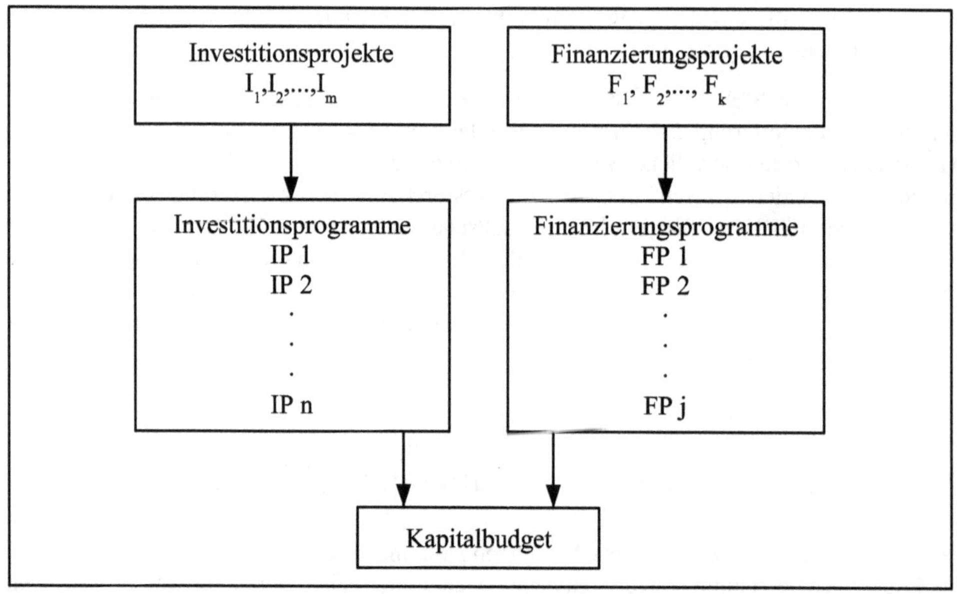

Abb. 4.1 *Kapitalbudget (in Anlehnung an Franke/Hax 1999, S. 143)*

Programmentscheidungen sind deutlich **komplexer** als Einzelentscheidungen. Programmentscheidungen besitzen dann eine besonders hohe Komplexität, wenn **Abhängigkeiten** zwischen den Projekten bestehen und/oder wenn die Finanzierungsprojekte **unterschiedliche Finanzierungskostensätze** aufweisen. Bei variablen Finanzierungskosten sind die vom Investitionsprogramm zu tragenden Finanzierungskosten im Vorfeld nicht bekannt, da diese vom Umfang des Investitionsprogramms abhängen. Andererseits wird das Investitionsprogramm natürlich von den Finanzierungsmöglichkeiten determiniert. Die bestehende Interdependenz zwischen den Programmen macht eine **simultane** Investitions- und Finanzierungsplanung erforderlich. Methoden zur Lösung von Programmentscheidungen werden im Folgenden nicht behandelt.

Bei einer Einzelentscheidung ist die Sachlage gewöhnlich anders. Hier steht das Finanzierungsvolumen im Vorfeld fest und die Finanzierungskosten können ermittelt werden. In solchen Fällen können die Handlungsalternativen anhand des **bekannten Finanzierungskostensatzes** relativ leicht bewertet werden.

4.3 Vollkommener und unvollkommener Kapitalmarkt

Im Rahmen finanzwirtschaftlicher Modellrechnungen spielt der Kapitalmarkt eine entscheidende Rolle. Am Kapitalmarkt (gemeint ist hier der Kapitalmarkt im weiteren Sinne) können sich Unternehmen zum Ausgleich von Mitteldefiziten Kapital beschaffen und überschüssige Mittel können dort angelegt werden. Die Bedingungen, zu denen am Kapitalmarkt Mittel aufgenommen und investiert werden können, beeinflussen maßgeblich die Investitionsentscheidungen von Unternehmen.

Bei der Einbeziehung des Kapitalmarktes in die Modellrechnung werden gewöhnlich hinsichtlich der Beschaffenheit dieses Marktes vereinfachende Annahmen verwendet. Ein **vollkommener Kapitalmarkt** kennt beim Vorliegen einer **flachen Zinsstrukturkurve** und bei **Sicherheit** nur einen Zinssatz i. Dieser Zinssatz wird als **Kalkulationszinssatz** bezeichnet. Zu diesem Kalkulationszinssatz kann Kapital angelegt und beschafft werden. Im Falle eines **unvollkommenen Kapitalmarkts** existiert kein einheitlicher Zinssatz. Eine Kapitalanlage ist zum Haben-Zinssatz (i_H) und eine Kapitalaufnahme zum Soll-Zinssatz (i_S) möglich, wobei gilt: $i_S > i_H$.

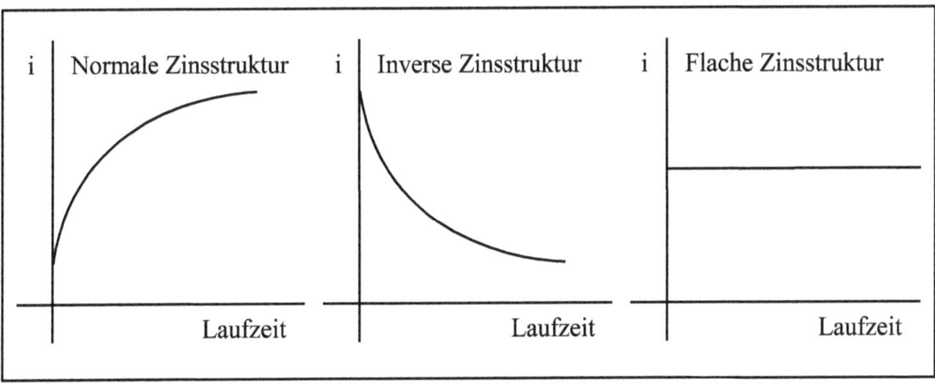

Abb. 4.2 *Zinsstrukturkurven auf einem vollkommenen Kapitalmarkt bei Sicherheit*

Eine **Zinsstrukturkurve** stellt den Zusammenhang zwischen der Kreditlaufzeit (Anlagezeitraum) und dem entsprechenden Kreditzinssatz (Anlagezinssatz) grafisch dar. Gewöhnlich steigen die Zinssätze mit zunehmender Laufzeit an, ein solcher Verlauf der Zinssätze wird als „normale“ Zinsstrukturkurve bezeichnet. Die Zinsstruktur kann aber auch einen „inversen“ oder „flachen“ Verlauf aufweisen. Bei nicht-flacher Zinsstruktur sind die Zinssätze laufzeitabhängig.

Sofern die Finanzierungsmöglichkeiten auf dem Kapitalmarkt beschränkt sind (Finanzierungslimit), besteht ein **beschränkter** Kapitalmarkt, ansonsten ein **unbeschränkter** Kapitalmarkt. Im Folgenden ist durchgängig ein unbeschränkter Kapitalmarkt unterstellt.

4.4 Entscheidungen bei Sicherheit und Unsicherheit

Finanzwirtschaftliche Entscheidungen können bei Sicherheit oder bei Unsicherheit zu treffen sein.

Sicherheit liegt dann vor, wenn der Entscheidungsträger zum Zeitpunkt seiner Entscheidung die mit einer Handlungsalternative verbundenen zukünftigen Ein- und Auszahlungen exakt kennt. Bei Sicherheit besitzen **alle** Kapitalgeber einen **sicheren** Zahlungsanspruch, sodass alle (laufzeitgleichen) Finanzierungsprojekte **identische** Finanzierungskostensätze aufweisen. Eine Unterscheidung der Finanzierungsformen, z.B. in Eigen- oder Fremdfinanzierung, ist dann nicht erforderlich.

Unsicherheit bedeutet, dass der Entscheidungsträger nicht zweifelsfrei weiß, welche zukünftigen Ein- und Auszahlungen mit einer Handlungsalternative verbunden sein werden. Hier gilt, dass der Entscheidungsträger mindestens zwei unterschiedliche Ergebnisse für möglich hält und nicht angeben kann, welches der möglichen Ergebnisse in der Zukunft eintreten wird. In diesem Fall besitzen auch die Kapitalgeber **unsichere** Zahlungsansprüche. Die Finanzierungsformen tragen einen der jeweils bestehenden Unsicherheit angepassten Zinssatz.

Wenngleich finanzwirtschaftliche Entscheidungen regelmäßig bei Unsicherheit zu treffen sind, werden im Folgenden zunächst Investitionsrechenverfahren vorgestellt, die nur bei Sicherheit anwendbar sind. Die Ausblendung von Unsicherheit erleichtert den Zugang zu den grundlegenden Fragestellungen der Investitionsrechnung.

5 Einzelentscheidungen bei Sicherheit

Die nun darzustellenden Investitionsrechenverfahren gehören zu den sog. dynamischen Investitionsrechenverfahren. Merkmal dieser Verfahren ist, dass sie die Projekteinzahlungen und -auszahlungen in ihrer zeitlichen Struktur erfassen. Mit Ausnahme der „Methode des internen Zinssatzes" berücksichtigen die Verfahren explizit die Zielsetzung des Investors und sie beziehen den Kapitalmarkt in die Entscheidungsrechnung ein, indem dort Mittelüberschüsse investiert und Mitteldefizite durch Kredite finanziert werden.

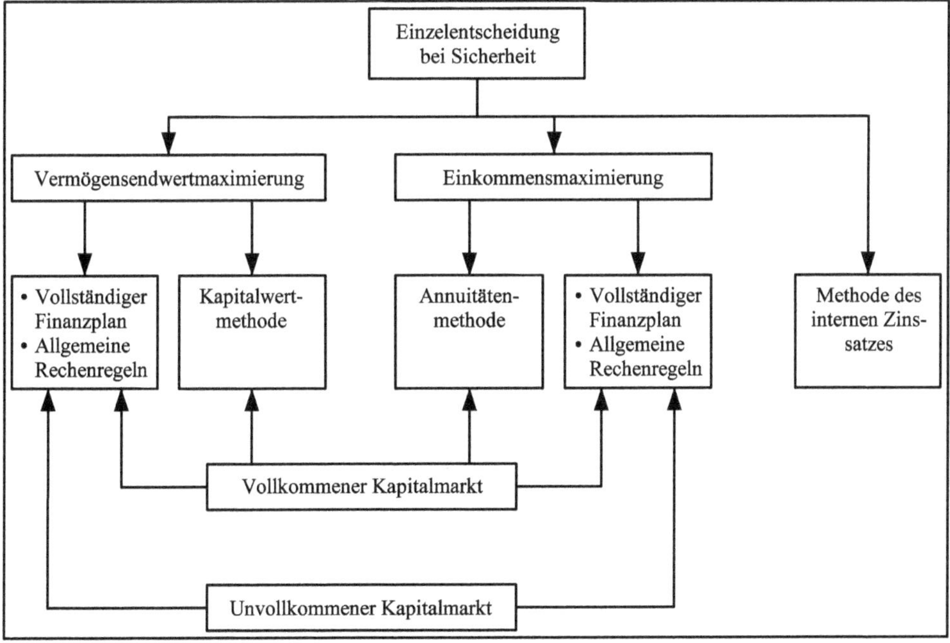

Abb. 5.1 Methoden der Investitionsrechnung bei Einzelentscheidungen und Sicherheit

5.1 Vollständiger Finanzplan

Eine rationale Investitionsentscheidung ist nur möglich, wenn die konkurrierenden Investitionsprojekte **echte Handlungsalternativen** darstellen. Reale Unternehmensinvestitionen sind im Regelfall unvollständige Handlungsalternativen. Die Investitionsprojekte können sich in der Höhe ihrer Kapitaleinsätze, in den Höhen und in den zeitlichen Verteilungen ihrer Rückflüsse sowie in der Länge ihrer Nutzungsdauer unterscheiden. Ein Beispiel mag dies und die sich daraus ergebenden Fragestellungen verdeutlichen.

Ein Investor verfügt über finanzielle Mittel in Höhe von 100 TEUR. Diesem Investor stehen die Investitionsprojekte A und B zur Verfügung (vgl. Abb. 5.2). Der Planungszeitraum beträgt 2 Perioden und der Investor wünscht sein Endvermögen (t=2) zu maximieren:

	0	1	2
TEUR			
A	-50	35	29
B	-150	0	186

Abb. 5.2 *Unvollständige Handlungsalternativen*

Eine begründete Wahl zwischen den Projekten A und B ist nur möglich, wenn im Fall von A zusätzlich angegeben wird, was mit dem verbleibenden Restbetrag (50 TEUR) unternommen werden soll und im Fall von B eine Aussage darüber getroffen wird, wie der Differenzbetrag (-50 TEUR) finanziert werden kann. Zusätzlich ist zu klären, was mit dem Investitionsrückfluss in t=1 geschehen soll.

Die **unechten** Investitionsalternativen A und B müssen durch Setzung geeigneter Annahmen zu echten Handlungsalternativen vervollständigt werden. Dies gelingt mit Hilfe eines **vollständigen Finanzplans**. Ein vollständiger Finanzplan erfasst alle einem Investitionsprojekt zurechenbaren Zahlungsströme in tabellarischer Form. Ferner bildet ein vollständiger Finanzplan die sonstigen beim Investor (Unternehmen) zu- und abfließenden Zahlungen ab und er enthält Angaben, wie mit periodischen Mittelüberschüssen bzw. Mitteldefiziten zu verfahren ist. Dabei arbeitet ein vollständiger Finanzplan generell mit den Annahmen, dass Mittelüberschüsse zur Durchführung weiterer Investitionen (**Ergänzungsinvestition**) genutzt und Mitteldefizite durch zusätzliche Finanzierungsmaßnahmen (**Ergänzungsfinanzierung**) ausgeglichen werden. Für jede Investitionsalternative ist ein solcher vollständiger Finanzplan zu erstellen.

Um im Folgenden eindeutige Finanzpläne aufstellen zu können, wird davon ausgegangen, dass Ergänzungsinvestitionen bzw. -finanzierungen am Kapitalmarkt mit einer Laufzeit von genau einer Periode durchgeführt werden.

Ein vollständiger Finanzplan lässt sich schematisch wie folgt darstellen:

Zeitpunkt		0	1	2	...	n
Basiszahlungen (B) Investitionszahlungen (CF)						
Ergänzungsinvestition	1 2 ⋮ k					
Ergänzungsfinanzierung	1 2 ⋮ 1					
Konsumentnahmen (C)						
Endvermögen (Kontostand K)						

Abb. 5.3 *Vollständiger Finanzplan (in Anlehnung an Kruschwitz 2005, S. 65)*

Basiszahlungen

Unter Basiszahlungen sind die Zahlungen zu verstehen, die ein Unternehmen aufgrund seiner gegenwärtigen Betriebsmittelausstattung („Status quo“) seinen Eigentümern im Planungszeitraum t=0, …,n verfügbar machen kann. Die Höhe der Basiszahlungen im Planungszeitraum hängt nicht davon ab, ob das zur Entscheidung anstehende Investitionsprojekt realisiert wird oder nicht. Basiszahlungen sind entscheidungsunabhängig. Am Ende des Planungszeitraums wird das Unternehmen verkauft. Der Verkaufserlös ist in der Basiszahlung B_n bzw. in der Investitionseinzahlung CF_n berücksichtigt.

Investitionszahlungen

Die Investitionszahlungen sind die Zahlungen, die dem betrachteten Investitionsprojekt zurechenbar sind. Gemeint sind die Zahlungen, die im Falle der Unterlassung nicht auftreten würden. Die Investitionszahlungen sind entscheidungsabhängig. Die Nutzungsdauer (T) des Investitionsprojekts ist höchstens so lang wie der Planungszeitraum (n).

Ergänzungsinvestition / Ergänzungsfinanzierung

Bei einer Ergänzungsinvestition werden überschüssige Finanzmittel für **eine** Periode am Kapitalmarkt zum Haben-Zinssatz angelegt. Bei Durchführung der Investition fließen Mittel ab, in der Folgeperiode fließen diese Mittel zuzüglich Zinsen wieder zu. Bei einer Ergänzungsfinanzierung werden fehlende Mittel am Kapitalmarkt für **eine** Periode zum Soll-Zinssatz aufgenommen. Bei Durchführung der Finanzierung fließen Mittel zu, in der Folgeperiode fließen diese Mittel zuzüglich Zinsen ab. Die gleichzeitige Durchführung einer Ergänzungsinvestition und einer Ergänzungsfinanzierung ist im Falle eines unvollkommenen Kapitalmarktes zu unterlassen. Ergänzungsmaßnahmen sind entscheidungsabhängig, d.h., ihre Notwendigkeit wird vom betrachteten Investitionsprojekt bestimmt.

Konsumentnahmen
Im Falle des **Vermögensstrebens** sind hier die von den Eigentümern gewünschten (entscheidungsunabhängigen) Konsumeinkommenszahlungen zu berücksichtigen. Diese Zahlungen können im Zeitverlauf unterschiedlich sein. Im Falle des **Einkommensstrebens** sind die periodischen Einkommenszahlungen zu maximieren, d.h., sie werden nicht betraglich vorgegeben. In diesem Fall sind die Konsumeinkommenszahlungen entscheidungsabhängig.

Endvermögen (Kontostand)
Es mag hilfreich sein, sich vorzustellen, dass die in einem Finanzplan dargestellten Zahlungsreihen über ein Konto („Bankkonto des Unternehmerhaushalts") abgewickelt werden, wobei die Zahlungen stets am Periodenende auftreten. Der **Kontostand** einer Periode ergibt sich aus der **Basiszahlung** der Periode, der **Investitionszahlung** der Periode, der **Konsumentnahme** der Periode und gegebenenfalls aus der Zahlung einer in der Vorperiode durchgeführten **Ergänzungsmaßnahme**. Stellt sich unter Berücksichtigung dieser Zahlungen in den Perioden $t=0,1,\ldots, n-1$ ein Kontostand ungleich null ein (Finanzmittelüberschuss bzw. -defizit), so ist eine Ergänzungsmaßnahme durchzuführen, um einen Kontostand von null zu erreichen. Der Kontostand der Periode $t=n$ zeigt dann das mit der jeweils betrachteten Investitionsalternative erreichbare Endvermögen.

Ein vollständiger Finanzplan ist eine **Methode der Investitionsrechnung** in tabellarischer Form. Mit diesem Instrument kann die optimale Handlungsalternative sowohl bei der Zielsetzung Vermögensendwertmaximierung als auch bei der Zielsetzung Einkommensmaximierung stets gefunden werden. Alternativ lässt sich die optimale Handlungsweise auf algebraischem Wege unter Anwendung **„Allgemeiner Rechenregeln"** (vgl. Kruschwitz 2005, S. 60ff) finden. Ist der Kapitalmarkt vollkommen, dann lassen sich diese Rechenregeln in die Kapitalwertmethode bzw. in die Annuitätenmethode überführen.

5.2 Vermögensendwertmaximierung

Im Folgenden wird gezeigt, auf welche Weise eine optimale Handlungsalternative unter der Zielsetzung Vermögensendwertmaximierung identifiziert werden kann. Zur Illustration der Methoden dient folgendes Beispiel.

Der einzige Lkw der Tetzlaff Transport oHG ist defekt. Bei der Fahrzeugwerke AG hat das Gesellschafterehepaar Tetzlaff zwei Angebote für einen neuen Lkw eingeholt (Thermofroster Typ A und Typ B). Die Gesellschaft hat in der aktuellen Periode einen Einzahlungsüberschuss (Basiszahlung) von 100.000 € erwirtschaftet. Diese Mittel können im Wege der Selbstfinanzierung zur Deckung der Investitionsauszahlung verwendet werden. Der Disponent der Tetzlaff Transport oHG hat für die angebotenen Lkws folgende Zahlungsreihen (Einzahlungsüberschüsse) ermittelt:

	0	1	2
TEUR			
Basiszahlungen	100,00	0,00	0,00
Thermofroster A	-50,00	35,00	29,00
Thermofroster B	-150,00	0,00	186,00
Konsumentnahmen	-25,00	-25,00	-25,00

Abb. 5.4 *Ausgangsdaten einer Einzelentscheidung bei der Zielsetzung Endvermögensmaximierung*

Die Gesellschafter der Tetzlaff Transport oHG planen das Unternehmen noch zwei Jahre (bis t=2) zu leiten, um anschließend in den wohlverdienten Ruhestand zu gehen. Das Ehepaar Tetzlaff wünscht in jeder Periode des Planungszeitraums (t=0, 1, 2) ein Periodeneinkommen von 25.000 € und darüber hinaus soll das Endvermögen (t=2) möglichst groß sein.

5.2.1 Allgemeine Rechenregeln

Um die optimale Handlungsweise bestimmen zu können, muss ermittelt werden, auf welches Endvermögen die verfügbaren Alternativen (A, B oder Unterlassung) führen. Die **Entscheidungsregel** lautet dann:

- Wähle die Investitionsalternative, die auf das größte Endvermögen (max K_n) führt und das gewünschte Konsumeinkommensniveau C ermöglicht.

Das mit den Investitionsalternativen erreichbare Endvermögen wird zunächst mit dem Instrument des vollständigen Finanzplans berechnet. Anschließend wird gezeigt, wie das Endvermögen auch mittels einfacher Rechenregeln ermittelt werden kann. Dabei wird unterstellt, dass der Kapitalmarkt **unvollkommen** und unbeschränkt ist. Es gilt:

- Eine Kapitalaufnahme (Ergänzungsfinanzierung) für eine Periode ist zum Soll-Zinssatz i_S = 10% und eine Kapitalanlage (Ergänzungsinvestition) für eine Periode ist zum Haben-Zinssatz i_H = 5% in beliebiger Höhe möglich. Es besteht eine flache Zinsstrukturkurve, d.h., die genannten (Einperioden-) Zinssätze gelten in jeder Periode des Planungszeitraums.

Unter dieser Annahme ergeben sich für die Investitionsalternativen des Beispiels die in Abb. 5.5 dargestellten vollständigen Finanzpläne.

	0	1	2
TEUR			
i_S	10%	10%	10%
i_H	5%	5%	5%
Thermofroster A			
Basiszahlungen	100.00	0.00	0.00
Zahlungsreihe Projekt A	-50,00	35,00	29,00
Ergänzungsinvestition 1	-25,00	26,25	
Ergänzungsinvestition 2		-36,25	38,06
Konsumentnahme	-25,00	-25,00	-25,00
Kontostand	0,00	0,00	**42,06**
Thermofroster B			
Basiszahlungen	100,00	0,00	0,00
Zahlungsreihe Projekt B	-150,00	0,00	186,00
Ergänzungsfinanzierung 1	75,00	-82,50	
Ergänzungsfinanzierung 2		107,50	-118,25
Konsumentnahme	-25,00	-25,00	-25,00
Kontostand	0,00	0,00	**42,75**
Unterlassung			
Basiszahlungen	100,00	0,00	0,00
Zahlungsreihe Unterlassung	0,00	0,00	0,00
Ergänzungsinvestition 1	-75,00	78,75	
Ergänzungsinvestition 2		-53,75	56,44
Konsumentnahme	-25,00	-25,00	-25,00
Kontostand	0,00	0,00	**31,44**

Abb. 5.5 *Vollständige Finanzpläne der Investitionsalternativen bei einem unvollkommenen Kapitalmarkt*

Alle Investitionsalternativen gewährleisten das gewünschte Periodeneinkommen. Betrachtet man das jeweils erreichbare **Endvermögen**, dann fällt die Wahl auf die Alternative B. Die optimale Handlungsweise besteht somit in der Durchführung des Projektes B, wobei dieses Projekt jeweils zur Hälfte mit Eigenkapital und Fremdkapital zu finanzieren ist.

Neben der tabellarischen Lösung lässt sich das mit den jeweiligen Investitionsalternativen erreichbare Endvermögen auch unter Anwendung „Allgemeiner Rechenregeln" (vgl. Kruschwitz 2005, S. 61-62) leicht bestimmen. Das Endvermögen K_n kann ausgehend von der Periode t=0 sukzessiv wie folgt ermittelt werden:

- Unter Berücksichtigung der Basiszahlung, der Investitionszahlung und der Konsumentnahme stellt sich in der Periode t=0 der Kontostand K_0 ein:

$$K_0 = B_0 + CF_0 - C_0$$

Der Kontostand der Periode t=0 kann positiv (**Finanzmittelüberschuss**), negativ (**Finanzmitteldefizit**) oder gleich null sein. Bei einem Finanzmittelüberschuss ($K_0 > 0$) ist eine Ergänzungsinvestition in Höhe von K_0 vorzunehmen. Aus dieser (einperiodischen) Ergänzungsinvestition folgt in t=1 eine Einzahlung in Höhe von $(1+i_H)\,K_0$. Bei einem Finanzmitteldefizit ($K_0 < 0$) ist entsprechend eine (einperiodische) Ergänzungsfinanzierung in Höhe von K_0 durchzuführen. Aus der Ergänzungsfinanzierung folgt in t=1 eine Auszahlung in Höhe von $(1+i_S)\,K_0$.

Entsprechend ergibt sich der Kontostand der Periode t=1unter Berücksichtigung der Basiszahlung, der Investitionszahlung, der Konsumentnahme und der Zahlung aus der in t=0 durchgeführten Ergänzungsmaßnahme wie folgt:

- Fallunterscheidung bei der Ermittlung von K_1:

$$\begin{array}{lll} \text{(i)} & K_0 > 0: & K_1 = B_1 + CF_1 - C_1 + (1+i_H)K_0 \\ \text{(ii)} & K_0 < 0: & K_1 = B_1 + CF_1 - C_1 + (1+i_S)K_0 \\ \text{(iii)} & K_0 = 0: & \text{Wahlweise (i) oder (ii)} \end{array}$$

Analog zu dem Vorgehen in der Periode t=0 ist in t=1 ein Finanzmittelüberschuss bzw. ein Finanzmitteldefizit durch eine entsprechende Ergänzungsmaßnahme auszugleichen.

Auf diese Weise ist sukzessiv bis zur Periode t=n weiterzurechnen, für t=2, ..., n gilt:

$$\begin{array}{lll} \text{(i)} & K_{t-1} > 0: & K_t = B_t + CF_t - C_t + (1+i_H)K_{t-1} \\ \text{(ii)} & K_{t-1} < 0: & K_t = B_t + CF_t - C_t + (1+i_S)K_{t-1} \\ \text{(iii)} & K_{t-1} = 0: & \text{Wahlweise (i) oder (ii)} \end{array}$$

Der Kontostand der Periode t=n entspricht dem gesuchten Endvermögen.

Am Beispiel der Investitionsalternative B soll die Anwendung dieser Rechenregeln gezeigt werden:

$$K_0 = B_0 + CF_0 - C_0$$
$$= 100 - 150 - 25 = -75 \quad (K_0 < 0\text{: Ergänzungsfinanzierung erforderlich})$$
$$K_1 = B_1 + CF_1 - C_1 + (1+i_S)K_0$$
$$= 0 + 0 - 25 + (1 + 0{,}1)(-75) = -107{,}5 \quad (K_1 < 0\text{: Ergänzungsfinanzierung erforderlich})$$
$$K_2 = B_2 + CF_2 - C_2 + (1 + i_S)K_1$$
$$= 0 + 186 - 25 + (1 + 0{,}1)(-107{,}5) = 42{,}75$$

5.2.2 Kapitalwertmethode

Bislang wurde davon ausgegangen, dass ein unvollkommener Kapitalmarkt besteht. Nun wird von einem **vollkommenen** Kapitalmarkt ausgegangen:

- Eine einperiodische Kapitalaufnahme (Ergänzungsfinanzierung) und eine einperiodische Kapitalanlage (Ergänzungsinvestition) ist zum **einheitlichen Zinssatz** i = 10% in beliebiger Höhe möglich. Es besteht eine flache Zinsstrukturkurve, d.h., der genannte (Einperioden-) Zinssatz i gilt in jeder Periode des Planungszeitraums.

Die Zielsetzung des Investors besteht nach wie vor in der Maximierung seines Endvermögens.

Grundsätzlich kann auch im Fall eines vollkommenen Kapitalmarktes die optimale Handlungsweise unter Anwendung der gerade behandelten Methoden problemlos gefunden werden. Allerdings kann die optimale Handlungsweise jetzt auch mit einem geringeren Rechenaufwand identifiziert werden. Besteht ein vollkommener Kapitalmarkt, dann lautet die **Entscheidungsregel**:

- Wähle die Investitionsalternative mit dem höchsten (nicht negativen) Kapitalwert (max KW).

Um diese Entscheidungsregel begründen zu können, ist zunächst darzustellen, wie das mit einer Investition erreichbare Endvermögen im Falle eines vollkommenen Kapitalmarkts unter Anwendung der allgemeinen Rechenregeln ermittelt werden kann (vgl. Kruschwitz 2005, S. 66-68).

Ausgangspunkt bildet die Bestimmungsgleichung für den Kontostand der Periode t=0:

$$K_0 = B_0 + CF_0 - C_0$$

Da nun ein einheitlicher Zinssatz i besteht, ist eine Abfrage des Kontostands (Finanzmitteldefizit bzw. Finanzmittelüberschuss) nicht erforderlich.

Der Kontostand der Periode t=1 ergibt sich stets durch:

$$K_1 = B_1 + CF_1 - C_1 + (1 + i)K_0$$

Hierfür kann auch geschrieben werden:

$$K_1 = B_1 + CF_1 - C_1 + (1 + i)\,(B_0 + CF_0 - C_0)$$

oder in kompakterer Schreibweise:

$$K_1 = \sum_{t=0}^{1} (B_t + CF_t - C_t)\,(1 + i)^{(1-t)}$$

Der Kontostand der Periode t=n bestimmt sich dann offensichtlich wie folgt:

$$K_n = \sum_{t=0}^{n} (B_t + CF_t - C_t)\,(1 + i)^{(n-t)}$$

Welchen Beitrag die jeweils betrachtete Investitionsalternative zu dem Endvermögen (K_n) leistet, wird deutlich, wenn die Bestimmungsgleichung für den Kontostand der Periode t=n wie folgt zerlegt wird:

$$K_n = (1 + i)^n \sum_{t=0}^{n} \frac{B_t - C_t}{(1 + i)^t} + (1 + i)^n \sum_{t=0}^{n} \frac{CF_t}{(1 + i)^t}$$

Die mit den jeweiligen Investitionsalternativen erreichbaren Kontoendstände unterscheiden sich nur durch den zweiten Term. Dieser Term stellt den auf den Zeitpunkt t=n bezogenen Kapitalwert (KW_n) des Investitionsprojektes dar. Es gilt:

$$(1 + i)^n \sum_{t=0}^{n} \frac{CF_t}{(1 + i)^t} = KW_n = (1 + i)^n\, KW_0$$

Daraus folgt, dass das Endvermögen genau dann maximal ist, wenn die Investitionsalternative mit dem höchsten Kapitalwert gewählt wird.

Der **Kapitalwert** („Net Present Value") einer Investition entspricht der Summe **aller** Barwerte der Investitionsauszahlungen und -einzahlungen. Üblicherweise wird der Kapitalwert auf den Zeitpunkt t=0 (KW_0) bezogen, sodass sämtliche Zahlungen des Projektes auf eben diesen Zeitpunkt abzuzinsen sind:

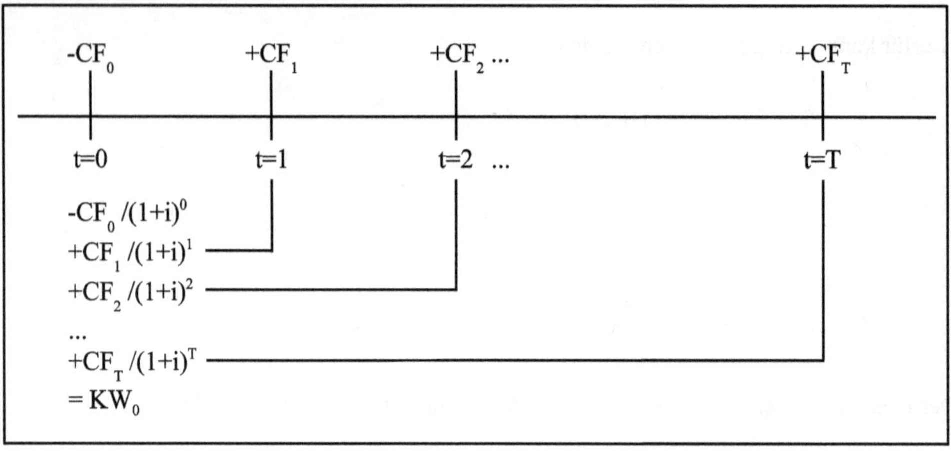

Abb. 5.6 *Kapitalwert einer Investitionszahlungsreihe*

Da in der Periode t=0 annahmegemäß nur die Investitionsauszahlung I_0 auftritt, kann der Kapitalwert eines Investitionsprojektes generell wie folgt ermittelt werden.

$$KW_0 = -I_0 + \sum_{t=1}^{T} \frac{CF_t}{(1+i)^t}$$

$$KW_0 = -I_0 + PV_0$$

Der auf t=0 bezogene Kapitalwert entspricht der Differenz aus der Investitionsauszahlung und der Summe sämtlicher Barwerte der Investitionsrückflüsse („Present Value"(PV)). Der Kapitalwert zeigt den €-Betrag, um den die Shareholder im Zeitpunkt der Investitionsdurchführung (t=0) reicher ($KW_0 > 0$) oder ärmer ($KW_0 < 0$) werden. Wird der Kapitalwert auf die Periode t=n aufgezinst, so ergibt sich die Vermögensänderung in t=n.

Dass der Kapitalwert die Vermögensänderung in t=0 darstellt, kann leicht verdeutlicht werden. Führt der Investor das entsprechende Projekt durch, dann fließen bei ihm Mittel in Höhe von I_0 ab; um diesen Betrag sinkt sein Vermögen in t=0. Auf der anderen Seite erhält der Investor in der Zukunft (t=1,..., T) aus dem Projekt Zahlungen in Höhe von $CF_1,\ldots, CF_T$. Er könnte nun in t=0 Kredite so aufnehmen, dass diese Kredite mit den zukünftigen Cashflows getilgt und verzinst werden können. Das maximale Kreditvolumen wird dann gegeben durch:

$$\text{maximales Kreditvolumen} = PV_0 = \sum_{t=1}^{T} \frac{CF_t}{(1+i)^t}$$

Entscheidet sich der Investor zu dieser Kreditaufnahme, dann fließen bei ihm in t=0 Zahlungsmittel in Höhe von PV_0 zu; sein Kontostand erhöht sich entsprechend. Insgesamt hat sich dann der Kontostand in t=0 um den Betrag $\mathbf{-I_0 + PV_0}$ verändert. Dieser Saldo stellt den **Kapitalwert** des Projektes dar.

Bei einem **vollkommenen Kapitalmarkt** kann die Investitionsentscheidung ausschließlich anhand der Zahlungsreihe des Investitionsprojektes getroffen werden („Partialanalyse"). Es wird später gezeigt, dass diese Aussage auch bei der Zielsetzung Einkommensmaximierung ihre Gültigkeit behält. Wir brauchen uns dann nicht um die weiteren beim Investor möglicherweise zu- und abfließenden Zahlungen (Basiszahlungen, Konsumentnahmen, Zahlungen aus Ergänzungsmaßnahmen) kümmern, sie sind nicht entscheidungsrelevant. Es ist nicht einmal notwendig, die Projektfinanzierung explizit zu betrachten. Es kann immer unterstellt werden, dass das Projekt mit einem Kredit finanziert wird. Da ein vollkommener Kapitalmarkt durch die Bedingung $i_S = i_H$ beschrieben ist, können eine Kapitalaufnahme und eine Kapitalanlage **gleichzeitig** und **vermögensneutral** durchgeführt werden. Es ist für das erreichbare Endvermögen daher ohne Bedeutung, ob der Investor eigene Mittel am Kapitalmarkt investiert und das Projekt mit einem Kredit finanziert oder seine Mittel zur Finanzierung des Projektes nutzt.

Investoren, die das Ziel verfolgen, ihr Endvermögen zu maximieren und auf einem vollkommenen Kapitalmarkt agieren, sollten ihre Investitionsentscheidung daher am Kapitalwert der Investitionsalternativen ausrichten. Dabei gilt generell:

- Durchzuführen ist das Projekt mit dem höchsten Kapitalwert.
- Projekte mit negativem Kapitalwert dürfen keinesfalls realisiert werden, da der Kapitalwert der Unterlassungsalternative (Zahlungsreihe: 0,....,0) gerade gleich null ist.

Die Kapitalwertmethode soll an dem bereits eingeführten Beispiel (vgl. Kap. 5.2) demonstriert werden. Den Kapitalwert der Alternative A erhält man durch:

$$KW_0(A) = -50 + \frac{35}{(1+0{,}1)^1} + \frac{29}{(1+0{,}1)^2} = -50 + 31{,}82 + 23{,}97 = 5{,}79$$

	0	1	2
TEUR			
i	10%	10%	10%
Zahlungsreihe Projekt A	-50,00	35,00	29,00
Barwerte t=0	-50,00	31,82	23,97
PV_0	55,79		
KW_0	5,79		
Zahlungsreihe Projekt B	-150,00	0,00	186,00
Barwerte t=0	-150,00	0,00	153,72
PV_0	153,72		
KW_0	3,72		
Zahlungsreihe Unterlassung	0,00	0,00	0,00
Barwerte t=0	0,00	0,00	0,00
PV_0	0,00		
KW_0	0,00		

Abb. 5.7 *Kapitalwerte der Investitionsalternativen*

Den höchsten Kapitalwert weist die Investitionsalternative A auf. Führt der Investor diese Alternative durch, so erhöht sich sein Vermögen und damit seine Konsummöglichkeiten im Zeitpunkt t=0 um 5,79 TEUR. Mit A wird ein Endvermögen von 45,25 TEUR, mit B von 42,75 TEUR und im Falle der Unterlassung von 38,25 TEUR erreicht.

Kapitalwert und Shareholder Value

Im Abschnitt 1.2 wurde dargelegt und begründet, dass unternehmerische Entscheidungen am Shareholder Value auszurichten sind. Im Folgenden wird gezeigt, dass der Shareholder Value dann maximiert wird, wenn eine Unternehmung die Investitionsprojekte mit den höchsten (nicht-negativen) Kapitalwerten realisiert.

Der Kapitalwert eines Investitionsprojektes entspricht der Differenz zwischen dem Wert des Projektes (Present Value der Investitionsrückflüsse) und der Investitionsauszahlung. Umgekehrt gilt, dass der Wert eines Investitionsprojektes den Investitionskosten zuzüglich des Kapitalwertes entspricht:

$$PV_0 = I_0 + KW_0$$

Ein Investitionsprojekt mit einem positiven Kapitalwert ist somit mehr Wert, als es kostet.

Der Zusammenhang zwischen dem Kapitalwert und dem Shareholder Value sei an einem einfachen Beispiel verdeutlicht. Die vollständig mit Eigenkapital finanzierte Beta GmbH verfügt über Assets mit einem Marktwert (Present Value) von 190 Mio. € sowie über einen frei verfügbaren Kassenbestand in Höhe von 10 Mio. €. Der Shareholder Value der Beta GmbH beträgt somit 200 Mio. €.

Assets	190 Mio. €	Shareholder Value	200 Mio. €
Cash	10 Mio. €		
Assets	200 Mio. €	Firm Value	200 Mio. €

Abb. 5.8 *Marktwert-Bilanz der Beta GmbH*

Es sei angenommen, die Beta AG könnte die 10 Mio. € in ein einjähriges Projekt investieren, welches in einem Jahr einen sicheren Rückfluss in Höhe von 13 Mio. € generiert. Der Kapitalmarktzinssatz betrage 10%.

Der Wert des Projektes beträgt 11,82 Mio. €

$$PV_0 = \frac{13 \text{ Mio. €}}{(1 + 0{,}1)^1} = 11{,}82 \text{ Mio. €}$$

und die Investitionskosten belaufen sich auf 10 Mio. €. Das Projekt besitzt somit einen Kapitalwert in Höhe von 1,82 Mio. €.

Wird das Projekt realisiert, dann beträgt das Vermögen der Eigentümer der Beta GmbH:

$$\begin{aligned} \text{Shareholder Value} &= 190 \text{ Mio. €} + \frac{13 \text{ Mio. €}}{(1 + 0{,}1)^1} \\ &= 190 \text{ Mio. €} + 11{,}82 \text{ Mio. €} \\ &= 201{,}82 \text{ Mio. €} \end{aligned}$$

Der Shareholder Value der Beta GmbH steigt somit um 1,82 Mio. € auf 201,82 Mio. €. Der Vermögenszuwachs der Shareholder entspricht dem Kapitalwert des Projektes.

Market Values Beta GmbH		
	ohne Projekt	mit Projekt
Assets	190 Mio. €	190 Mio. €
Projekt	0 €	11,82 Mio. €
Cash	10 Mio. €	0 €
Shareholder Value	200 Mio. €	201,82 Mio. €

Abb. 5.9 *Market Values Beta GmbH*

Eine Unternehmensstrategie, die stets die Investitionsprojekte mit den höchsten (nicht-negativen) Kapitalwerten realisiert, maximiert den Shareholder Value.

Kapitalwertmethode und Opportunitätszinssatz

In unseren bisherigen Betrachtungen brauchten wir uns um die Frage, mit welchem Kapitalmarktzinssatz wir rechnen müssen, nicht weiter kümmern. Wir haben stets unterstellt, dass an den Kapitalmärkten nur ein Zinssatz existiert, zu dem Kapital aufgenommen und angelegt werden kann. Mit anderen Worten haben wir angenommen, dass alle Finanzanlagen am Kapitalmarkt identische Renditen erwirtschaften. Die Realitätsferne dieser Annahme ist offensichtlich.

Die am Kapitalmarkt angebotenen Finanzanlagen unterscheiden sich sowohl in ihrem **Risikogehalt** als auch in ihrer **Laufzeit**. Von einer riskanten Finanzanlage erwarten wir eine höhere Rendite, als von einer laufzeitgleichen risikolosen Finanzanlage. Der Zusammenhang zwischen der Laufzeit einer Kapitalanlage und dem jeweiligen Zinssatz kommt in der Zinsstruktur zum Ausdruck.

Bei der Bestimmung des Kapitalwertes eines Investitionsprojektes müssen wir mit dem Zinssatz rechnen, den der Kapitalmarkt den Investoren für eine **laufzeit- und risikogleiche Finanzanlage** in Aussicht stellt, dieser Zinssatz wird als **Opportunitätszinssatz** bezeichnet:

$$KW_0 = - I_0 + \sum_{t=1}^{n} \frac{CF_t}{(1 + i^{Opportunitätszinssatz})^t}$$

Begründung:

- Wenn das Unternehmen auf das Investment verzichtet und die finanziellen Mittel an die Shareholder auszahlt, können die Shareholder in die entsprechende Finanzanlage investieren. Sie verdienen dann den Opportunitätszinssatz.

- Wenn das Unternehmen das Investitionsprojekt dagegen realisiert, entstehen den Shareholdern Opportunitätskosten in Höhe der entgangenen Zinserträge der Alternativanlage.

Ein Unternehmen generiert nur dann Wert für die Shareholder, wenn das Investitionsprojekt mindestens die „Opportunitätskosten" erwirtschaftet. Mit anderen Worten, Wert wird nur dann generiert, wenn die Kapitalverzinsung des Investitionsprojektes höher ist, als die am Kapitalmarkt mit einer **vergleichbaren Finanzanlage** erzielbare Kapitalverzinsung. Der Opportunitätszinssatz entspricht dem **Kapitalkostensatz der Unternehmung** für das zur Entscheidung anstehende Projekt.

Kapitalwertmethode bei nicht-flacher Zinsstruktur

Bislang wurde davon ausgegangen, dass eine **flache** Zinsstruktur vorliegt. In diesem Fall gilt der Kalkulationszinssatz i in jedem Laufzeitbereich und in jeder Periode. Eine laufzeit- und periodenbezogene Unterscheidung der Zinssätze war nicht erforderlich. Bei einer nicht-flachen Zinsstruktur ändert sich dies.

Bei einer **nicht-flachen** Zinsstruktur kann nicht unterstellt werden, dass die heutigen Zinssätze (t=0) in allen zukünftigen Perioden (t=1, 2,...) gelten. Die Zinssätze sind dann nicht nur laufzeitabhängig, sondern auch periodenabhängig. Der heutige Einperiodenzinssatz wird sich von dem Einperiodenzinssatz der nächsten Periode unterscheiden.

Kassazinssätze („spot rates") gelten in der Gegenwart. Sie geben an, zu welchem Zinssatz in dem jeweils betrachteten Laufzeitbereich heute (t=0) Geld angelegt bzw. aufgenommen werden kann. **Terminzinssätze** („forward rates") sind dagegen Zinssätze, die erst in der Zukunft (t=1, 2,..) gelten. Solche Terminzinssätze können in der Gegenwart fest vereinbart werden; man spricht dann von einem „Forward rate agreement".

Um Missverständnisse hinsichtlich des gemeinten Zinssatzes i zu vermeiden, wird die folgende Schreibweise eingeführt:

> $i_{0,T}$ bezeichne einen T-Periodenzinssatz im Zeitpunkt t=0. Ein Zweiperioden-Terminzinssatz, der im Zeitraum t=1 bis t=3 gelten soll, wird dargestellt durch $i_{1,3}$.

Aus der heutigen Kassazinsstruktur lassen sich sog. implizite Terminzinssätze wie folgt herleiten:

$$i_{t,T} = \sqrt[T-t]{\frac{(1+i_{0,T})^T}{(1+i_{0,T})^t}} - 1$$

Es bereitet keine Schwierigkeiten, zeitlich variable Kalkulationszinssätze in das System der allgemeinen Rechenregeln zu integrieren. Es ist dann lediglich zu berücksichtigen, dass die Ergänzungsmaßnahmen mit periodisch spezifischen Zinssätzen durchzuführen sind. Ausgehend von der Periode t=0 ergibt sich die Bestimmungsgleichung für den Kontostand der Periode t=n dann wie folgt:

$$K_0 = B_0 + CF_0 - C_0$$

Der Kontostand der Periode t=1 wird gegeben durch:

$$\begin{aligned} K_1 &= B_1 + CF_1 - C_1 + (1 + i_{0,1})\, K_0 \\ &= B_1 + CF_1 - C_1 + (1 + i_{0,1})\, (B_0 + CF_0 - C_0) \end{aligned}$$

Entsprechendes gilt für den Kontostand der Periode t=2:

$$\begin{aligned} K_2 &= B_2 + CF_2 - C_2 + (1 + i_{1,2})\, K_1 \\ &= B_2 + CF_2 - C_2 + (1 + i_{1,2})\, [(B_1 + CF_1 - C_1) + (1 + i_{0,1})\, (B_0 + CF_0 - C_0)] \\ &= B_2 + CF_2 - C_2 + (1 + i_{1,2})\, (B_1 + CF_1 - C_1) + (1 + i_{1,2})\, (1 + i_{0,1})\, (B_0 + CF_0 - C_0) \end{aligned}$$

oder in kompakterer Schreibweise mit $i_{-1,0} = 0$:

$$K_2 = \prod_{j=0}^{2} (1 + i_{j-1,j}) \sum_{t=0}^{2} \frac{B_t + CF_t - C_t}{\prod_{j=0}^{t} (1 + i_{j-1,j})}$$

Der Kontostand der Periode t=n bestimmt sich dann offenkundig durch:

$$K_n = \prod_{j=0}^{n} (1 + i_{j-1,j}) \sum_{t=0}^{n} \frac{B_t + CF_t - C_t}{\prod_{j=0}^{t} (1 + i_{j-1,j})}$$

Die Zerlegung des Summanden liefert:

$$K_n = \prod_{j=0}^{n} (1 + i_{j-1,j}) \sum_{t=0}^{n} \frac{B_t - C_t}{\prod_{j=0}^{t} (1 + i_{j-1,j})} + \prod_{j=0}^{n} (1 + i_{j-1,j}) \sum_{t=0}^{n} \frac{CF_t}{\prod_{j=0}^{t} (1 + i_{j-1,j})}$$

Wie im Fall der flachen Zinsstruktur gilt auch hier, dass Unterschiede in den erreichbaren Kontoendständen nur durch den zweiten Term (= KW_n) resultieren können:

$$\prod_{j=0}^{n}(1+i_{j-1,j})\sum_{t=0}^{n}\frac{CF_t}{\prod_{j=0}^{t}(1+i_{j-1,j})}=KW_n=\prod_{j=0}^{n}(1+i_{j-1,j})\,KW_0$$

Im Fall einer nicht-flachen Zinsstruktur bestimmt sich der Kapitalwert einer Investition in t=0 wie folgt:

$$KW_0=-I_0+\sum_{t=1}^{n}\frac{CF_t}{\prod_{j=1}^{t}(1+i_{j-1,j})}$$

Um den Kapitalwert berechnen zu können, müssen wir allerdings zunächst aus der Kassazinsstruktur die entsprechenden **Einperioden-Terminzinssätze** ableiten. Hierauf können wir verzichten, wenn wir statt Einperioden-Terminzinssätze **laufzeitadäquate Kassazinssätze** verwenden.

Da gilt:

$$\prod_{j=1}^{m}(1+i_{j-1,j})=(1+i_{0,1})*\ldots*(1+i_{m-1,m})=(1+i_{0,m})^m$$

bestimmt sich der Kapitalwert eines Investitionsprojektes bei nicht-flacher Zinsstruktur generell wie folgt:

$$KW_0=-I_0+\sum_{t=1}^{n}\frac{CF_t}{(1+i_{0,t})^t}$$

Kapitalwertmethode bei Vorliegen eines unvollkommenen Kapitalmarktes und Dauerschulden

Zweifellos steht die Annahme eines vollkommenen Kapitalmarktes im Widerspruch zu den realen Gegebenheiten. Auch bei Sicherheit tragen Transaktionskosten und Gewinnaufschläge der Kreditgeber dazu bei, dass der Soll-Zinssatz regelmäßig den Haben-Zinssatz übersteigt. Zwar können auch bei einem gespaltenem Kalkulationszinssatz Kapitalwerte berechnet werden, allerdings geht dann im Allgemeinen der Zusammenhang zwischen dem Kapitalwert und dem erreichbaren Endvermögen verloren. Es kann dann nicht mehr ohne Weiteres unterstellt werden, dass die Investitionsalternative mit dem höchsten Kapitalwert auf das größte Endvermögen führt.

Ein einfaches Beispiel soll dies verdeutlichen. Ein Investor verfügt über die Investitionsprojekte 1 und 2, der Kapitalmarkt sei unvollkommen und es gelten die in der Abb. 5.10 dargestellten Rahmenbedingungen:

	0	1	2
TEUR			
i_S	10%	10%	10%
i_H	5%	5%	5%
Basiszahlungen	100,00	0,00	0,00
Zahlungsreihe Projekt 1	-100,00	0,00	126,00
Konsumentnahme	0,00	0,00	0,00
Kontostand	0,00	0,00	126,00
Basiszahlungen	100,00	0,00	0,00
Zahlungsreihe Projekt 2	-100,00	114,70	0,00
Ergänzungsinvestition		-114,70	120,44
Konsumentnahme	0,00	0,00	0,00
Kontostand	0,00	0,00	120,44
Basiszahlungen	100,00	0,00	0,00
Zahlungsreihe Unterlassung	0,00	0,00	0,00
Ergänzungsinvestition 1	-100,00	105,00	
Ergänzungsinvestition 2		-105,00	110,25
Konsumentnahme	0,00	0,00	0,00
Kontostand	0,00	0,00	110,25

Abb. 5.10 *Vollständige Finanzpläne für die Investitionsalternativen 1 und 2*

Der Investor sollte sich für das Projekt 1 entscheiden, da mit diesem Projekt das größere Endvermögen erreicht wird. Unter Verwendung des Soll-Zinssatzes als „Kalkulationszinssatz" ergeben sich für die Projekte 1 und 2 folgende Kapitalwerte:

$$KW_0(1) = -100 + \frac{0}{1{,}1} + \frac{126}{1{,}1^2} = 4{,}13$$

$$KW_0(2) = -100 + \frac{114{,}7}{1{,}1} + \frac{0}{1{,}1^2} = 4{,}27$$

Der Kapitalwert ist beim zweiten Projekt höher. Bei der Investitionsentscheidung sollte dies jedoch keine Rolle spielen, da mit Projekt 1 ein größeres Endvermögen erreicht wird.

Offenbar führt die Kapitalwertmethode hier zu einer falschen Investitionsentscheidung. Wenn wie hier mit dem Soll-Zinssatz gerechnet wird, dann zeigen die Kapitalwerte zwar nach wie vor den korrekten Vermögenszuwachs in t=0, ein Aufzinsen der Kapitalwerte mit diesem Zinssatz führt aber im Allgemeinen nicht auf das korrekte Endvermögen. Wie das Beispiel zeigt, erhalten wir auf diese Weise nur für das Projekt 1 das korrekte Endvermögen:

$$K_2(1) = (1 + i_S)^2 B_0 + (1 + i_S)^2 KW_0 = (1 + i_S)^2 (B_0 + KW_0)$$

$$K_2(1) = (1 + 0{,}1)^2 (100 + 4{,}13) = 126 \text{ TEUR}$$

Dagegen wird für das zweite Projekt ein falsches Endvermögen ermittelt:

$$K_2(2) = (1 + 0{,}1)^2 (100 + 4{,}27) = 126{,}17 \text{ TEUR}$$

Die richtige Bewertung des ersten Projekts durch die Kapitalwertmethode ist darauf zurückzuführen, dass bei diesem Projekt zur Ermittlung des **Endvermögens** weder der Haben- noch der Soll-Zinssatz benötigt werden. Es spielt dann natürlich keine Rolle, mit welchem Zinssatz die Kapitalwertformel rechnet. Beim zweiten Projekt ist die Sachlage dagegen anders. Hier treten in der 1. Periode Mittelüberschüsse auf, die zum **Haben-Zinssatz** angelegt werden müssen. Bei diesem Projekt spielt der Soll-Zinssatz keine Rolle. Es ist somit nicht überraschend, dass die mit dem Soll-Zinssatz arbeitende Kapitalwertmethode dieses Projekt falsch bewertet.

Wenn in der **Investitionsrechnung** sowohl mit einem **Haben-Zinssatz** als auch mit einem **Soll-Zinssatz** gerechnet werden muss, dann kann die Kapitalwertmethode schlichtweg nicht angewendet werden. Es stellt sich allerdings die Frage, ob bei der Lösung betrieblicher Investitionsprobleme stets beide Zinssätze benötigt werden. Ohne praktische Bedeutung dürfte der Haben-Zinssatz dann sein, wenn das betrachtete Unternehmen **verschuldet** ist. Ein verschuldetes Unternehmen wird bestrebt sein, Mittelüberschüsse zum Abbau bestehender Verbindlichkeiten zu nutzen. Bei einer Mittelanlage am Kapitalmarktmarkt erzielt das Unternehmen den Haben-Zinssatz, wohingegen eine Schuldenreduzierung Zinsersparnisse (gesparte Zinszahlungen) in Höhe des Soll-Zinssatzes ermöglicht.

Am Beispiel der bereits beschriebenen Entscheidungssituation der Tetzlaff Transport oHG soll dieser Sachverhalt verdeutlicht werden, wobei nun zusätzlich folgende Annahmen gelten:

- Die Tetzlaff Transport oHG ist verschuldet, im Zeitpunkt t=-1 bestehen Schulden in Höhe von 40.000 € (Darlehen). Das Fremdkapital soll **planmäßig** am Ende der Periode t=n in einer Zahlung getilgt werden. Darüber hinaus besteht die Möglichkeit, Sondertilgungen (in beliebiger Höhe) vorzunehmen.
- Mittelüberschüsse werden zu **einperiodischen** „Sondertilgungen" genutzt, d.h., getilgte Kredite werden in der Folgeperiode wieder neu aufgenommen. Ferner wird vorausgesetzt, dass die Mittelüberschüsse in keiner Periode (Ausnahme t=n) den Fremdkapitalbestand (FK) der Periode übertreffen („Dauerschulden"), d.h., $FK_t \geq 0$, für t =0,1, …, n-1.
- Das Fremdkapital ist periodisch mit dem Soll-Zinssatz zu verzinsen; maßgeblich für die Zinszahlung (z) der Perioden t=0, 1, …, n ist der Fremdkapitalbestand der Periode t-1. Diese etwas merkwürdig erscheinende Annahme ist notwendig, da die durch Sondertilgungen eingesparten Zinsen separat als „Zinserträge" erfasst werden.
- Neu eingeführt wird die Variable b. Sie bezeichnet die Basiszahlungen **vor Zinsen und planmäßigen Tilgungen (T)** (es gilt somit: $B_t = b_t - z_t - T_t$).

Unter diesen Annahmen ergibt sich am Beispiel der Investitionsalternative A der Tetzlaff Transport oHG folgender vollständiger Finanzplan:

	-1	0	1	2
TEUR				
i_S	10%	10%	10%	10%
i_H	5%	5%	5%	5%
Basiszahlungen vor Zinsen und Tilgung		104,00	4,00	44,00
Zinszahlungen bezogen auf FK_{t-1}		-4,00	-4,00	-4,00
Tilgung bezogen auf FK_{t-1}		0,00	0,00	-40,00
Basiszahlung (B)		100,00	0,00	0,00
Zahlungsreihe Projekt A		-50,00	35,00	29,00
Sondertilgung 1		-25,00		
ersparte Zinsen			2,50	
Kreditneuaufnahme 1			25,00	
Sondertilgung 2			-37,50	
ersparte Zinsen				3,75
Kreditneuaufnahme 2				37,50
Fremdkapitalbestand	40,00	15,00	2,50	0,00
Konsumentnahme		-25,00	-25,00	-25,00
Kontostand		0,00	0,00	42,25

Abb. 5.11 *Vollständiger Finanzplan für das Investitionsprojekt A bei Verwendung von Mittelüberschüssen zum Schuldenabbau*

Das Endvermögen (K_2) kann unter Anwendung der allgemeinen Rechenregeln leicht ermittelt werden, wobei jetzt **Zins-** und **Tilgungszahlungen** zusätzlich zu berücksichtigen sind. Der Kontostand der Periode t=0 bestimmt sich wie folgt:

$$K_0 = b_0 - z_0 - T_0 + CF_0 - C_0$$

Da annahmegemäß gilt:

$$B_t = b_t - z_t - T_t$$

kann für K_0 auch geschrieben werden:

$$K_0 = B_0 + CF_0 - C_0$$

Der Kontostand in t=0 kann positiv, negativ oder gleich null sein. Bei einem positiven Kontostand (K_0>0) werden die überschüssigen Mittel zum Schuldenabbau verwendet. Da der in t=0 getilgte Kredit annahmegemäß in t=1 wieder aufgenommen wird, stellt sich in t=1 aus dieser Maßnahme ein Mittelzufluss in Höhe von $(1+i_S)\,K_0$ ein. Der Term $i_s{*}K_0$ bezeichnet die eingesparten Zinsen. Bei einem negativen Kontostand in t=0 (K_0<0) ist eine einperiodische Ergänzungsfinanzierung durchzuführen. In diesem Fall fließen in der Periode t=1 Mittel in Höhe von $(1+i_S)\,K_0$ ab. Bei einem Kontostand K_0=0 besteht kein Handlungsbedarf.

Da nun unabhängig von dem Kontostand stets mit dem Soll-Zinssatz gerechnet werden muss folgt:

$$K_1 = B_1 + CF_1 - C_1 + (1 + i_S)\,K_0$$

$$K_1 = B_1 + CF_1 - C_1 + (1 + i_S)\,(B_0 + CF_0 - C_0)$$

Diese Gleichung wurde bereits bei der Herleitung der Kapitalwertmethode verwendet, wobei hier nun der Soll-Zinssatz i_S und nicht der Kalkulationszinssatz i in der Gleichung auftritt. Wenden wir die Rechenregeln für die Perioden t=2, …, n analog an, so ergibt sich:

$$K_n = (1 + i_S)^n \sum_{t=0}^{n} \frac{B_t - C_t}{(1 + i_S)^t} + (1 + i_S)^n \sum_{t=0}^{n} \frac{CF_t}{(1 + i_S)^t}$$

Der funktionale Zusammenhang zwischen dem Kapitalwert und dem erreichbaren Endvermögen bleibt nun erhalten. Es gilt:

$$K_n = (1 + i_S)^n \sum_{t=0}^{n} \frac{B_t - C_t}{(1 + i_S)^t} + (1 + i_S)^n KW_0$$

$$KW_0 = - I_0 + \sum_{t=1}^{T} \frac{CF_t}{(1 + i_S)^t}$$

Bei dauerhaft verschuldeten Unternehmen lässt sich somit die Kapitalwertmethode auch bei einem **unvollkommenen Kapitalmarkt** anwenden, wenn Mittelüberschüsse stets zum Abbau bestehender Verbindlichkeiten genutzt werden.

5.3 Einkommensmaximierung

Bislang wurden Investoren mit der Zielsetzung Vermögensendwertmaximierung betrachtet. Nun wird es um Investoren gehen, die ihr Periodeneinkommen maximieren wollen, wobei als Nebenbedingung ein gewünschtes Endvermögen erreicht werden muss. Die Problemstellung lautet somit:

- Gesucht ist die Handlungsalternative, die in jeder Periode ein maximales Konsumeinkommen (max C_0, C_1, ..., C_T) gewährleistet und auf das gewünschte Endvermögen K_n führt.

Die in den einzelnen Perioden realisierbaren Konsumentnahmen müssen dabei nicht notwendigerweise gleich hoch sein. Im Folgenden wird dennoch davon ausgegangen, dass der Investor in jeder Periode seines Planungszeitraums ein **konstantes** Periodeneinkommen (C) wünscht. Die **Entscheidungsregel** lautet dann:

- Wähle die Investitionsalternative, die das höchste Konsumeinkommen C (max C) ermöglicht und auf das gewünschte Endvermögen K_n führt.

5.3.1 Allgemeine Rechenregeln

Zunächst sei der Fall betrachtet, dass der Kapitalmarkt **unvollkommen** und unbeschränkt ist. Es gilt somit:

- Eine Kapitalaufnahme (Ergänzungsfinanzierung) für eine Periode ist zum Soll-Zinssatz i_S = 10% und eine Kapitalanlage (Ergänzungsinvestition) für eine Periode ist zum Haben-Zinssatz i_H = 5% in beliebiger Höhe möglich. Es besteht eine flache Zinsstrukturkurve, d.h., die genannten (Einperioden-) Zinssätze gelten in jeder Periode des Planungszeitraums.

Es sei hier angemerkt, dass im Falle einer dauerhaft verschuldeten Unternehmung die „Annuitätenmethode“ zur Bestimmung der einkommensmaximalen Handlungsalternative genutzt werden kann, da dann der Haben-Zinssatz in der Rechnung nicht benötigt wird. Aber auch für den in der Realität eher seltenen Fall einer unverschuldeten bzw. nur geringfügig verschuldeten Unternehmung kann die optimale Handlungsweise gefunden werden. Allerdings ist der Rechenaufwand dann erheblich größer.

Die optimale Handlungsalternative kann mit Hilfe vollständiger Finanzpläne oder unter Anwendung der bereits eingeführten Rechenregeln bestimmt werden. Dabei ist nun allerdings die Konsumentnahme C unsere **Zielgröße**, d.h., wir haben zu bestimmen, welches Konsumeinkommen die einzelnen Handlungsalternativen dem Investor ermöglichen. Durch geschicktes **Ausprobieren** lässt sich das bei Durchführung einer Investition maximal realisierbare Konsumeinkommen mit Hilfe eines vollständigen Finanzplans ermitteln. Das maximale Konsumeinkommen C erfüllt die folgenden Bedingungen:

- $K_t = 0$, für t=0,1, ..., n-1 (dies ist durch Ergänzungsmaßnahmen sicherzustellen).
- Der Kontostand der Periode t=n entspricht dem **gewünschten** Kontostand.

Bei der Suche nach dem maximalen Konsumeinkommen C empfiehlt sich folgende Vorgehensweise (vgl. Kruschwitz, 2005, S. 79):

1. Vorgabe einer beliebigen Konsumentnahme C. Der vollständige Finanzplan ist unter Vorgabe dieser Größe durchzurechnen und der Kontostand $K_n(C)$ zu bestimmen. Wenn $K_n(C)$ bestimmt ist, sind folgende Fälle möglich:

   i) $K_n(C)$ entspricht (zufällig) dem gewünschten Endvermögen K_n, es gilt: $K_n(C) = K_n$. In diesem Fall ist mit C das maximale Konsumeinkommen bestimmt.

   ii) $K_n(C) > K_n$. In diesem Fall ist C zu niedrig, wir bezeichnen dieses Konsumniveau mit C_1^n.

   iii) $K_n(C) < K_n$. In diesem Fall ist C zu hoch, wir bezeichnen dieses Konsumniveau mit C_1^h.
2. Sofern nicht zufällig das maximale Konsumeinkommen bereits bestimmt wurde, ist der Vorgang (1) solange zu wiederholen, bis ein C_1^n und ein C_1^h gefunden wurden.
3. Für das maximale Konsumeinkommen C gilt: $C_1^n < C < C_1^h$. Wir könnten jetzt ein neues Konsumentnahmeniveau C_2 ausprobieren, welches im Intervall C_1^n und C_1^h liegt. Alternativ kann ein neuer „Kandidat" mit Hilfe der linearen Interpolation ermittelt werden:

$$C_2 = C_1^h + [K_n - K_n(C_1^h)]\,\frac{C_1^n - C_1^h}{K_n(C_1^n) - K_n(C_1^h)}$$

4. Unter Verwendung von C_2 ist der vollständige Finanzplan abermals durchzurechnen und der sich einstellende Kontoendstand $K_n(C_2)$ zu bestimmen.
5. Auf diese Weise haben wir möglicherweise mit C_2 bereits die maximale Konsumentnahme ($K_n(C_2)= K_n$) bestimmt oder ein neues zu hohes Konsumentnahmeniveau C_2^h ($C_2^h < C_1^h$) oder ein neues zu niedriges Konsumentnahmeniveau C_2^n ($C_2^n > C_1^n$) gefunden:

$$C_2^n = \left\{\begin{matrix} C_2 \text{ wenn } K_n(C_2) > K_n \\ C_1^n \text{ sonst} \end{matrix}\right\} \text{ und } C_2^h = \left\{\begin{matrix} C_2 \text{ wenn } K_n(C_2) < K_n \\ C_1^h \text{ sonst} \end{matrix}\right\}$$

6. Die Prozedur ist ab (3) zu wiederholen, man erhöhe hierzu den „Zeitzählerindex" bei der Variablen C um eins. Wenn durch C_j j=3,... der gewünschte Kontoendstand hinreichend genau erreicht wird ($K_n(C_j)\approx K_n$), ist mit C_j das maximale Konsumeinkommen bestimmt.

Ein Beispiel soll dieses „Probierverfahren" verdeutlichen. Hierzu sei abermals das Investitionsentscheidungsproblem der Tetzlaff Transport oHG betrachtet, wobei nun das Endvermögen und nicht das Konsumentnahmeniveau vorgegeben ist:

	0	1	2
TEUR			
i_S	10%	10%	10%
i_H	5%	5%	5%
Basiszahlungen	100,00	0,00	0,00
Thermofroster A	-50,00	35,00	29,00
Thermofroster B	-150,00	0,00	186,00
Kontostand			10,00

Abb. 5.12 *Ausgangsdaten einer Einzelentscheidung bei der Zielsetzung Einkommensmaximierung unter den Bedingungen eines unvollkommenen Kapitalmarktes*

Der Planungszeitraum beträgt zwei Perioden und die Gesellschafter wünschen in jeder Periode ein **maximales Einkommen**, wobei ein **Endvermögen von 10.000 €** erreicht werden soll.

Betrachten wir die Investitionsalternative A (vgl. Abb. 5.13). Starten wir die Suche nach dem maximalen Einkommen bei C=34 TEUR und berechnen mit Hilfe eines vollständigen Finanzplans das dann erreichbare Endvermögen. Es ergibt sich mit 13,69 TEUR ein höheres als gewünschtes Endvermögen, damit ist eine **höhere** Konsumentnahme möglich. Wir haben ein C_1^n mit 34 TEUR bestimmt. Wir erhöhen nun die Konsumentnahme und rechnen mit C=35,5 TEUR. Nun stellt sich mit 8,96 TEUR ein zu niedriges Endvermögen ein, wir setzen C_1^h = 35,5 TEUR. Mit Hilfe der linearen Interpolation wird ein neues Konsumentnahmeniveau C_2 ermittelt und das hiermit erreichbare Endvermögen bestimmt:

$$C_2 = 35{,}5 + [10 - 8{,}96]\ \frac{34 - 35{,}5}{13{,}69 - 8{,}96} = 35{,}17$$

Mit C_2 = 35,17 TEUR wird ein Endvermögen von gerade 10.000 € erreicht, damit ist das bei der Investitionsalternative A maximal mögliche Konsumentnahmeniveau bestimmt.

TEUR	0	1	2
i_S	10%	10%	10%
i_H	5%	5%	5%
Basiszahlungen	100,00	0,00	0,00
Zahlungsreihe Projekt A	-50,00	35,00	29,00
Ergänzungsinvestition 1	-16,00	16,80	
Ergänzungsinvestition 2		-17,80	18,69
Konsumentnahme	**-34,00**	**-34,00**	**-34,00**
Kontostand	0,00	0,00	13,69
Basiszahlungen	100,00	0,00	0,00
Zahlungsreihe Projekt A	-50,00	35,00	29,00
Ergänzungsinvestition 1	-14,50	15,23	
Ergänzungsinvestition 2		-14,73	15,46
Konsumentnahme	**-35,50**	**-35,50**	**-35,50**
Kontostand	0,00	0,00	8,96
Basiszahlungen	100,00	0,00	0,00
Zahlungsreihe Projekt A	-50,00	35,00	29,00
Ergänzungsinvestition 1	-14,38	15,57	
Ergänzungsinvestition 2		-15,40	16,17
Konsumentnahme	**-35,17**	**-35,17**	**-35,17**
Kontostand	0,00	0,00	10,00

Abb. 5.13 *Suchverfahren zur Bestimmung der maximalen Konsumentnahme bei dem Investitionsprojekt A*

Wenden wir das Probierverfahren auf die übrigen Handlungsmöglichkeiten der Tetzlaff Transport oHG analog an, so ergeben sich zusammenfassend folgende Ergebnisse:

TEUR	max C	Endvermögen
Projekt A	35,17	10,00
Projekt B	34,89	10,00
Unterlassung	31,80	10,00

Abb. 5.14 *Unvollkommener Kapitalmarkt und Einkommensstreben*

Zu wählen ist das Investitionsprojekt A, da diese Alternative das höchste Periodeneinkommen ermöglicht.

Vergleicht man die Ziele **Einkommensstreben** und **Vermögensstreben**, so gilt offenbar, dass bei Bestehen eines **unvollkommenen Kapitalmarktes** unterschiedliche Investitionsentscheidungen getroffen werden können.

5.3.2 Annuitätenmethode

Bislang wurde die Zielsetzung Einkommensmaximierung bei Bestehen eines unvollkommenen Kapitalmarktes betrachtet. Nun wird von einem **vollkommenen** und unbeschränkten Kapitalmarkt ausgegangen.

Die **einkommensmaximale** Handlungsalternative lässt sich in diesem Fall mit Hilfe der **Annuitätenrechnung** leicht finden. In der Finanzmathematik ist die **Annuität** definiert als eine im Zeitraum t=1 bis t=n periodisch zu leistende **gleich hohe Zahlung** (Annuität), um eine im Zeitpunkt t=0 bestehende Schuld zu verzinsen und vollständig zu tilgen (vgl. Kap. 3.3.4 (Annuitätendarlehen)). Wir können diese Betrachtung umkehren und die Annuität interpretieren als den konstanten Betrag, der ausgehend von einem bestimmten Kontostand in t=0 (K_0) im Zeitraum t=1 bis t=n periodisch vom Konto abgebucht werden kann, wenn das Konto verzinst und das Konto in t=n (K_n) ein bestimmtes Restguthaben aufweisen soll. In diesem Fall drückt die Annuität aus, welche Konsumentnahmen C im Planungszeitraum durch das in t=0 vorhandene Vermögen finanzierbar sind.

Um entscheiden zu können, welche Handlungsalternative bei der Zielsetzung Einkommensmaximierung optimal ist, muss nur bekannt sein, um welchen Betrag sich das Periodeneinkommen im Planungszeitraum durch die einzelnen Investitionsalternativen erhöhen lässt. Die Alternative mit dem **höchsten Zusatzeinkommen** (ΔC) führt auch zwingend auf das höchste **Periodeneinkommen** C. Die **Entscheidungsregel** lautet somit:

- Wähle die Investitionsalternative mit dem höchsten Zusatzeinkommen ΔC (max ΔC).

Der **Kapitalwert** (KW_0) einer Investition zeigt den mit einer Investition verbundenen **Vermögenszuwachs** in t=0 an. Verteilen wir diesen Betrag mit Hilfe der **Annuitätenrechnung** auf eine uniforme Reihe im Planungszeitraum (t=1,..,n), so ist das Zusatzeinkommen (ΔC) bereits bestimmt.

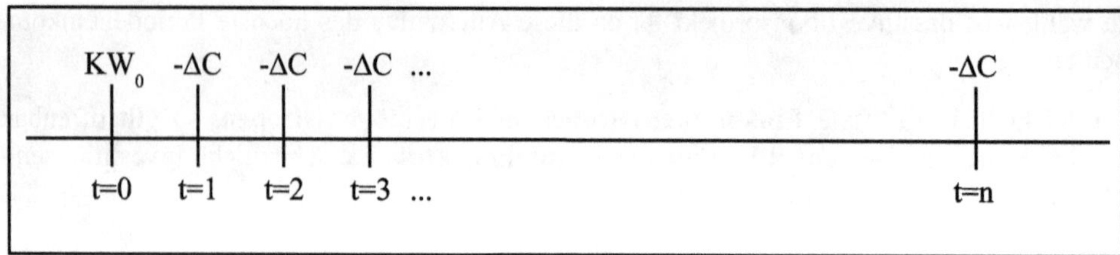

Abb. 5.15 Kapitalwert und Annuität

Es gilt:

$$\Delta C = KW_0 \cdot ATF$$

mit ATF (Annuitätenfaktor)

$$ATF = \frac{i\,(1+i)^n}{(1+i)^n - 1}$$

Da Annuitätenmethode und Kapitalwertmethode in einem engen Zusammenhang stehen, sind beide Rechenverfahren vollkommen **entscheidungsäquivalent**. Mit anderen Worten, auf dem vollkommenen Kapitalmarkt stellen Vermögensstreben und Einkommensstreben komplementäre Ziele dar.

5.4 Methode des internen Zinssatzes

Es mag ungewöhnlich sein, bei der Vorstellung einer Methode mit einem Warnhinweis zu beginnen. Bei der Methode des internen Zinssatzes ist ein solches Vorgehen jedoch angebracht. Dieses Verfahren weist einen Defekt auf, der sich dann unangenehm auswirken kann, wenn es um **Einzelentscheidungen** geht.

Während die bisher behandelten Investitionsrechenverfahren die Vorteilhaftigkeit einer Investitionsalternative in Abhängigkeit des verfolgten Ziels entweder anhand ihrer Vermögenswirkung oder ihrer Einkommenswirkung beurteilt haben, wird nun eine **Rentabilitätskennziffer** verwendet. Die Methode des internen Zinssatzes beurteilt die Vorteilhaftigkeit eines Investitionsprojektes anhand der mit diesem Projekt verbundenen **Kapitalverzinsung i***, wobei i* den „internen" Zinssatz der Projektzahlungsreihe bezeichnet. Unter bestimmten Voraussetzungen drückt der interne Zinssatz einer Investition aus, welche Verzinsung das in einem Investitionsprojekt jeweils gebundene Kapital erwirtschaftet. Aus einem Vergleich der internen Zinssätze der jeweiligen Handlungsalternativen untereinander sowie mit dem Kalkulationszinssatz i leitet diese Methode folgende **Entscheidungsregel** ab:

- Wähle die Investitionsalternative mit dem höchsten internen Zinssatz i*, sofern gilt: $i^* > i$ ($\max (i^*-i) > 0$).

Der interne Zinssatz i* ist dabei definiert als derjenige **Kalkulationszinssatz**, der gerade noch gewährleistet, dass mit den Einzahlungsüberschüssen die Investitionsauszahlung verzinst und getilgt (amortisiert) werden kann. Formal erfüllt dieser Zinssatz folgende Bedingung:

$$KW_0 = -I_0 + \sum_{t=1}^{T} \frac{CF_t}{(1+i^*)^t} = 0$$

Zur Bestimmung des internen Zinssatzes ist die Kapitalwertfunktion gleich 0 zu setzen und anschließend ist nach dem gesuchten Zinssatz i* aufzulösen.

Beginnen wir unsere kritische Betrachtung dieser Methode bei der Frage, welche **ökonomische Interpretation** i* besitzt. Nicht ohne Probleme ist die Behauptung, dass i* die Projektrendite darstellt:

- Die Verwendung von i* als „Kalkulationszinssatz" in der Kapitalwertfunktion setzt implizit voraus, dass zu diesem Zinssatz finanzielle Mittel sowohl beschafft als auch angelegt werden können („Wiederanlageprämisse").
- Da eine Polynomgleichung T-ten Grades insgesamt T unterschiedliche Lösungen (oder keine Lösung) aufweisen kann, ist zunächst völlig unklar, welche Lösung die Projektrendite bezeichnet.

Allerdings greifen diese Einwände nicht in jedem Fall. Wenn eine „**Normalinvestition**", d.h., eine Zahlungsreihe mit nur einem Vorzeichenwechsel vorliegt, dann gilt:

- Die Polynomgleichung T-ten Grades besitzt genau eine ökonomisch relevante Lösung mit $i^* > -100\%$.
- Das im Investitionsprojekt **gebundene Kapital** verzinst sich mit dem internen Zinssatz i*. In diesem Sinne bezeichnet i* die Projektrendite, auch wenn am Kapitalmarkt ein anderer Zinssatz i vorherrscht.

Letzteres soll anhand eines Beispiels verdeutlicht werden. Hierzu sei das Investitionsprojekt mit der Zahlungsreihe

$$-I_0 = -100,\ CF_1 = 70 \text{ und } CF_2 = 60$$

betrachtet.

Zunächst ist der interne Zinssatz i* für dieses Investitionsprojekt zu ermitteln. Formal besteht die Aufgabe, die Nullstellen der folgenden (quadratischen) Gleichung zu bestimmen:

$$0 = -I_0 + \frac{CF_1}{1+i^*} + \frac{CF_2}{(1+i^*)^2} = -100 + \frac{70}{1+i^*} + \frac{60}{(1+i^*)^2}$$

Die Lösung können wir entweder unter Verwendung von Excel mit der Funktion ikv(.) finden oder wir nutzen die für Gleichungen 2-ter Ordnung entwickelte allgemeine Lösungsform:

$$i^*_{1,2} = \frac{\pm\sqrt{Z_1^{\,2} - 4(-I_0)Z_2} - Z_1}{2(-I_0)} - 1 = \frac{\pm\sqrt{70^2 - 4(-100)60} - 70}{2(-100)} - 1$$

Aus der allgemeinen Lösungsform erhalten wir die beiden Lösungen:

$i_1^* = -150\%$
$i_2^* = 20\%$

Da bei einer Sachinvestition maximal das eingesetzte Kapital verloren gehen kann, ist die Lösung i_1^* ökonomisch nicht relevant. Damit steht fest, dass der interne Zinssatz des Projektes 20% beträgt. Wie Abb. 5.16 verdeutlicht, verzinst sich das im Investitionsprojekt jeweils **gebundene** Kapital gerade mit diesem Zinssatz, i* stellt somit die **Projektrendite** dar (vgl. z.B. Schäfer 1999, S. 155-156).

	Kapital-bindung	CF	Verzinsung des jeweils gebundenen Kapitals mit i* = 20%	Tilgung bzw. Kapital-amortisation
0	100,00	-100,00		
1	50,00	70,00	20,00	50,00
2	0,00	60,00	10,00	50,00

Abb. 5.16 *Verzinsung des in einem Investitionsprojekt gebundenen Kapitals mit i**

Nun soll es um die Frage gehen, welche **Mächtigkeit** die Methode des internen Zinssatzes besitzt, wenn es um Einzelentscheidungen geht. Im Kern ist zu klären, ob die Anwendung dieser Methode stets sicherstellt, dass die optimale Handlungsweise gefunden wird. Auf den ersten Blick scheint es vernünftig zu sein, immer das Projekt mit der höchsten Projektrendite (i*>i) auszuwählen. Dieser Anschein ist allerdings trügerisch! Investoren, die entweder ihr

Periodeneinkommen oder ihr Endvermögen maximieren möchten, laufen Gefahr eine Fehlentscheidung zu treffen, wenn sie dieser Empfehlung folgen.

Um den Defekt dieser Methode bei Einzelentscheidungen verdeutlichen zu können, sei angenommen, dass ein Investor sein **Endvermögen** maximieren möchte und dass dieser Investor über die Investitionsprojekte A und B verfügt. Der Kapitalmarkt sei vollkommen und unbeschränkt.

Es sei unterstellt, dass diese Projekte die in der Abb. 5.17 dargestellten (stilisierten) Kapitalwertkurven besitzen.

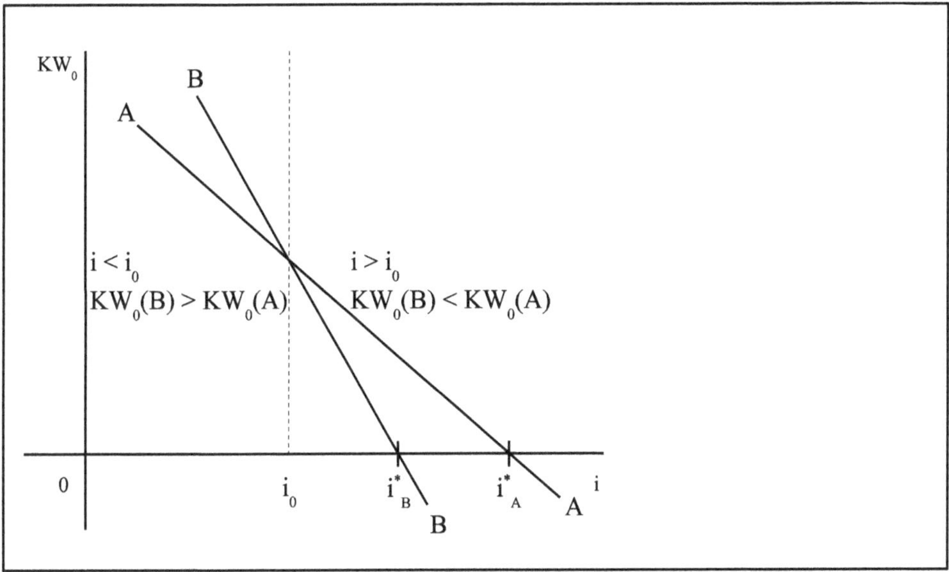

Abb. 5.17 *Stilisierte Kapitalwertkurven der Projekte A und B (in Anlehnung an Breuer 2002, S. 140)*

Der Abb. 5.17 ist zu entnehmen, dass der interne Zinssatz beim Projekt A höher ist als beim Projekt B. Folgt man der Methode des internen Zinssatzes, dann ist offenbar das Projekt A durchzuführen. Dieses Projekt stellt jedoch nicht in jedem Fall die optimale Handlungsalternative dar. Es hängt vom vorherrschenden Kapitalmarktzinssatz i ab, welches Projekt das Ziel des Investors am besten erfüllt. Bei einem Kapitalmarktzinssatz $i<i_0$ erreicht man mit Projekt B das größere Endvermögen, im anderen Fall ($i>i_0$) mit Projekt A. Das erreichbare **Endvermögen** hängt eben nicht nur davon ab, wie sich das jeweils im Investitionsprojekt **gebundene** Kapital verzinst, sondern auch von der Verzinsung bereits **freigesetzter** Mittel. Diese können jedoch nur zum herrschenden Kapitalmarktzinssatz i angelegt werden (gleiches gilt natürlich auch für die beim Investor gegebenenfalls vorhandenen **überschüssigen** Mittel).

Im Ergebnis folgt damit, dass bei ausschließlicher Kenntnis der **Projektrenditen** (interne Zinssätze) Fehlentscheidungen möglich sind. Nur wenn sich die Zahlungsreihen der betrachteten Projekte **nicht** wesentlich unterscheiden (z.B. Finanzinvestitionen oder Zahlungsreihen vergleichbarer Darlehen), kann diese Methode richtige Ergebnisse hervorbringen. In allen anderen Fällen sollte sie nicht angewendet werden.

6 Einzelentscheidungen bei Unsicherheit

Die bisher vorgestellten Methoden der Investitionsrechnung basieren auf der (realitätsfernen) Annahme, dass dem Entscheidungsträger die zukünftigen Investitionswirkungen zweifelsfrei bekannt sind. Eine solche Sicherheit besteht bei betrieblichen Investitionen grundsätzlich nicht. Welches Ergebnis mit einer betrieblichen Investition in der Zukunft erreicht wird, hängt von einer Reihe von Faktoren ab, auf deren Wirken der Entscheidungsträger keinen Einfluss hat. So wird das Investitionsergebnis unter anderem von der allgemeinen konjunkturellen Entwicklung, von der Lohnentwicklung, von der Geld- und Steuerpolitik und möglicherweise von dem Verhalten der Wettbewerber abhängig sein. Die das Investitionsergebnis beeinflussenden Rahmenbedingungen werden als **Umweltzustände** bezeichnet.

Eine Entscheidungssituation bei **Unsicherheit** ist dadurch gekennzeichnet, dass mindestens **zwei unterschiedliche Umweltzustände** und damit dann auch mindestens **zwei unterschiedliche Investitionsergebnisse** eintreten können und der **Zufall** darüber entscheidet, welcher Umweltzustand sich konkretisiert. Damit ist dann aber das Investitionsergebnis selbst zufallsabhängig, d.h., eine **Zufallsvariable**.

Es sind zwei Formen der Unsicherheit zu unterscheiden: Ungewissheit und Risiko.

Ungewissheit liegt vor, wenn der Entscheidungsträger **alle** möglichen Umweltzustände (S_j, $j=1,..,J$) genau kennt und angeben kann, welche Ergebnisse in Abhängigkeit der möglichen Umweltzustände erreicht werden. Unsicherheit besteht nur hinsichtlich der Frage, welcher Umweltzustand tatsächlich eintreten wird.

Bei **Risiko** ist der Entscheidungsträger zusätzlich in der Lage, den möglichen Umweltzuständen (objektive oder subjektive) **Eintrittswahrscheinlichkeiten** zuzuordnen. **Objektive** Eintrittswahrscheinlichkeiten können beispielsweise auf einer empirischen Häufigkeitsverteilung beruhen, die dann vorliegt, wenn ähnliche Projekte in der Vergangenheit bereits mehrfach durchgeführt worden sind. **Subjektive** Eintrittswahrscheinlichkeiten beruhen auf persönliche Einschätzungen des Entscheidungsträgers.

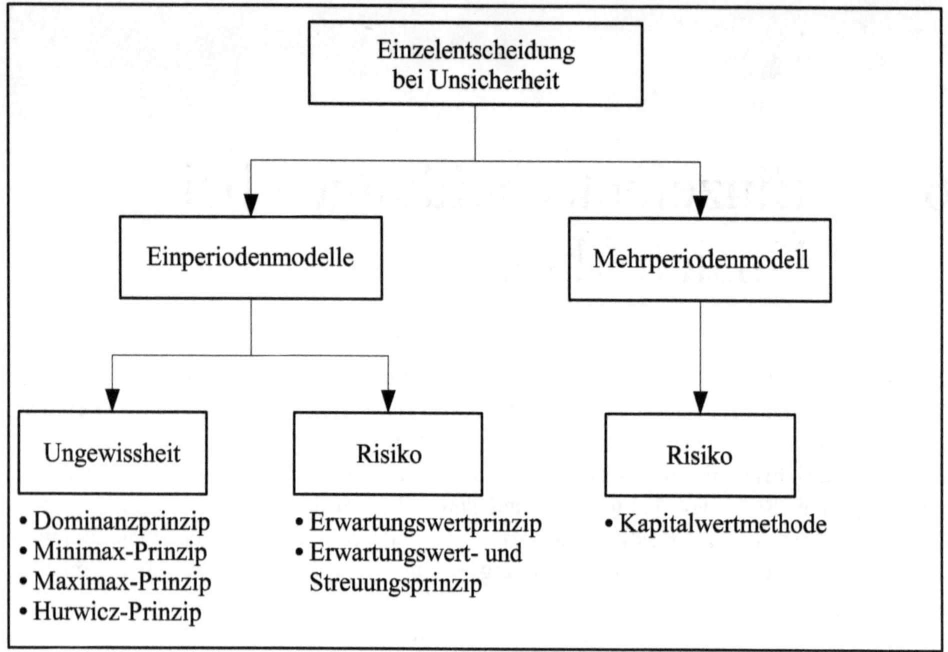

Abb. 6.1 *Methoden der Investitionsrechnung bei Einzelentscheidungen und Unsicherheit*

Bei der Darstellung der (einperiodischen) Investitionsrechenverfahren wird folgendes Beispiel verwendet:

- Betrachtet wird ein Investor mit einem Planungszeitraum von einer Periode (n=1) und mit dem Ziel Vermögensstreben.
- Dem Investor stehen die in der Abb. 6.2 dargestellten Investitionsalternativen offen. Die Investitionsauszahlung ist sicher und beträgt bei allen Alternativen 100 TEUR. Der Investitionsrückfluss ist unsicher, dieser hängt von dem Umweltzustand der Periode t=1 ab. Der Investor hält insgesamt 3 Umweltzustände (S_1, S_2, S_3) für möglich.
- Die Basiszahlung der Periode t=0 beträgt 100 TEUR, ferner gelte: $B_1 = C_0 = C_1 = 0$.
- Am Kapitalmarkt kann eine (einperiodische) Kapitalanlage mit einem sicheren Rückfluss („risikolose" Kapitalanlage) durchgeführt werden. Der hierbei erzielbare Zinssatz („risikoloser" Zinssatz) betrage 10% und wird mit r_f („risk free rate") bezeichnet. Es sei angemerkt, dass bei Unsicherheit „risikolose" Kapitalanlagen den Ausnahmefall und nicht den Regelfall darstellen.

	t=0	t=1		
TEUR		S_1	S_2	S_3
Basiszahlung	100,00	0,00	0,00	0,00
Konsumentnahme	0,00	0,00	0,00	0,00
I1	-100,00	100,00	105,00	110,00
I2	-100,00	90,00	115,00	120,00
I3	-100,00	80,00	120,00	125,00
I4	-100,00	105,00	115,00	119,00
Unterlassung	0,00	0,00	0,00	0,00

Abb. 6.2 *Ausgangsdaten einer Einzelentscheidung bei Unsicherheit im Falle des Vermögensstrebens*

Diese Annahmen stellen sicher, dass beim Investor im Zeitpunkt t=1 neben der Zahlung aus dem Investitionsprojekt (bzw. aus der Ergänzungsinvestition) keine weiteren Zahlungen auftreten, sodass von dem (zustandsabhängigen) Investitionsrückfluss ohne Weiteres auf den Kontostand der Periode t=1 und damit auf das jeweils erreichbare Endvermögen geschlossen werden kann (vgl. Abb. 6.3).

	Kontostand in t=1		
TEUR	S_1	S_2	S_3
I1	100,00	105,00	110,00
I2	90,00	115,00	120,00
I3	80,00	120,00	125,00
I4	105,00	115,00	119,00
Unterlassung*	110,00	110,00	110,00

* Die Unterlassungsalternative wird durch die risikolose Kapitalanlage repräsentiert

Abb. 6.3 *Zustandsabhängige Kontoendstände der Handlungsalternativen bei Unsicherheit*

6.1 Entscheidungen bei Ungewissheit

Das **Dominanzprinzip** ist ein allgemeines Prinzip des Entscheidens bei Ungewissheit und sollte von allen rational handelnden Entscheidungsträgern akzeptiert werden. Bei diesem Prinzip kommt es auf die Risikoeinstellung des Entscheidungsträgers nicht an.

Nach dem Dominanzprinzip sind die Handlungsalternativen zu verwerfen, die von anderen Handlungsalternativen dominiert werden. Eine Alternative dominiert eine Zweite, wenn die zweite Alternative in keinem Umweltzustand ein besseres Ergebnis liefert, jedoch mindestens in einem Umweltzustand ein schlechteres Ergebnis aufweist. Die unterlegene Alternative sollte nicht weiter verfolgt werden.

Wendet man das Dominanzprinzip auf die eingeführten Investitionsalternativen an und führt einen **paarweisen** Vergleich der Investitionsalternativen durch, so zeigt sich, dass nur eine Investitionsalternative dominiert wird: Die Alternative I4 dominiert die Alternative I1, I1 sollte daher nicht weiter verfolgt werden.

	t=1		
TEUR	S_1	S_2	S_3
I1	100,00	105,00	110,00
I2	90,00	115,00	120,00
I3	80,00	120,00	125,00
I4	105,00	115,00	119,00
Unterlassung*	110,00	110,00	110,00

* Die Unterlassungsalternative wird durch die risikolose Kapitalanlage repräsentiert

Abb. 6.4 *Mögliche Rückflüsse der Handlungsalternativen bei Ungewissheit*

Im Beispiel liefert das Dominanzprinzip keine eindeutige Lösung des Entscheidungsproblems. Dieses Prinzip kann nicht zwischen den übrigen Alternativen (I2, I3, I4, Unterlassung) diskriminieren. Eine weitergehende Bewertung der verbliebenen Handlungsalternativen kann nur unter **Risikogesichtspunkten** erfolgen.

Umgangssprachlich bezeichnet „Risiko“ zumeist die Möglichkeit, dass ein Schaden eintreten kann. Generell kann Risiko als die **Möglichkeit** des Eintritts einer **ungünstigen** Situation bezeichnet werden. In diesem Sinne drückt die **Risikoeinstellung** eines Investors dessen Bereitschaft aus, Projekte auch dann durchzuführen, wenn diese im ungünstigen Fall mit einem schlechten Ergebnis (bezogen auf das gesetzte Ziel) verbunden sein können. Das Eingehen von Risiken setzt generell die Möglichkeit voraus, mit dem riskanten Projekt auch ein sehr gutes Ergebnis erzielen zu können („Chance“). Die Risikoeinstellung eines Investors bringt letztendlich zum Ausdruck, welche **Chance** diesem Investor geboten werden muss, damit dieser ein gleichzeitig bestehendes **Risiko** akzeptiert. Die Bereitschaft, Risiken einzugehen, ist individuell unterschiedlich ausgeprägt.

Die **Minimax-Regel** wird von Investoren angewendet, die über alle Maßen risikoscheu sind. Nach dieser Regel ist die Alternative zu wählen, bei der die **geringstmögliche** Einzahlung unter allen Handlungsalternativen **maximal** ist. Diese Regel wird von Entscheidern angewendet, die davon überzeugt sind (subjektive Einschätzung), dass der ungünstigste Umweltzustand eintreten wird. Aus diesem Grunde beurteilen sie die Handlungsalternativen nur hinsichtlich ihrer **Einzahlung** im **ungünstigsten Fall**. Diese Regel wird daher auch als Pessimismus-Regel bezeichnet. Eine solche Regel ist zur Lösung betrieblicher Investitionsentscheidungsprobleme kaum akzeptabel, da grundsätzlich alle Unternehmensinvestitionen (Sachinvestitionen) zu Verlusten führen können.

Investoren, die über alle Maßen optimistisch sind, wenden die **Maximax-Regel** an. Diese „Optimismus-Regel" wählt diejenige Alternative, bei der die **höchstmögliche** Einzahlung unter allen Handlungsalternativen **maximal** ist. Entscheidungsträger, die diese Regel anwenden, sind davon überzeugt, dass der günstigste Umweltzustand eintreten wird. Aus diesem Grunde erfolgt die Alternativenbewertung nur hinsichtlich ihrer **Einzahlung** im **günstigsten** Fall. Auch diese Regel ist kaum zur Lösung betrieblicher Investitionsprobleme geeignet, da hierbei Risikobetrachtungen vollkommen ausgeblendet werden.

Die Minimax- und Maximax-Regel bezeichnen Eckpunkte eines facettenreichen Spektrums weiterer Entscheidungsregeln. Die **Hurwicz-Regel** stellt einen Kompromiss zwischen der pessimistischen Minimax-Regel und der optimistischen Maximax-Regel dar. Das Hurwicz-Prinzip beurteilt eine Handlungsalternative anhand des **besten und** des **schlechtesten** Ergebnisses. Hierzu wird das bei einer Handlungsalternative jeweils mögliche maximale und minimale Ergebnis mit Hilfe einer **Gewichtung** zu einem **Entscheidungswert** verdichtet. Das maximal mögliche Ergebnis wird mit dem sog. „Optimismusparameter" λ $(0 \leq \lambda \leq 1)$ und das minimal mögliche Ergebnis entsprechend mit $(1\text{-}\lambda)$ gewichtet. Zu wählen ist die Alternative mit dem höchsten Entscheidungswert. Der Optimierungsparameter ist vom Investor zu bestimmen und hängt von dessen Risikobereitschaft ab. Je risikobereiter ein Investor ist, desto größer wird λ gewählt. Durch eine entsprechende Setzung von λ geht dieses Prinzip in das Minimax- bzw. Maximax-Prinzip über.

	t=1			Minimax-Prinzip	Maximax-Prinzip	Hurwicz-Prinzip		
TEUR	S_1	S_2	S_3			λ=0,3 (Risikoaversion)	λ=0,5 (Risikoneutralität)	λ=0,9 (Risikofreude)
I2	90,00	115,00	120,00			99,00	105,00	117,00
I3	80,00	120,00	125,00		X	93,50	102,50	120,50
I4	105,00	115,00	119,00			109,20	112,00	117,60
Unterlassung*	110,00	110,00	110,00	X		110,00	110,00	110,00

* Die Unterlassungsalternative wird durch die risikolose Kapitalanlage repräsentiert

Abb. 6.5 *Entscheidungen bei Ungewissheit: Minimax-, Maximax- und Hurwicz-Prinzip*

6.2 Entscheidungen bei Risiko

Sind dem Entscheidungsträger (subjektive oder objektive) **Eintrittswahrscheinlichkeiten** (q_j) für die möglichen Umweltzustände S_j bekannt, dann besteht eine Entscheidungssituation bei Risiko. In einem solchen Fall kann die **Wahrscheinlichkeitsverteilung** des Ergebnisses („Ergebnisverteilung") ermittelt werden. Eine Wahrscheinlichkeitsverteilung ordnet den möglichen Realisationen einer Zufallsvariablen eine Wahrscheinlichkeit zu. Eine solche Verteilung kann durch **statistische Kennzahlen** vollständig beschrieben werden, wobei dies im einfachsten Fall durch den **Erwartungswert** und durch die **Varianz** möglich ist.

Da die für Risikosituationen entwickelten **klassischen Entscheidungsprinzipien** auf statistischen Kennzahlen basieren, sollen diese hier kurz eingeführt werden.

Der Erwartungswert (μ_Y) einer Zufallsvariablen Y mit den Realisationsmöglichkeiten y_j und den dazugehörigen Eintrittswahrscheinlichkeiten q_j ist definiert:

$$\mu_Y = \sum_{j=1}^{J} y_j q_j$$

Für die Varianz (σ^2_Y) bzw. Standardabweichung (σ_Y) der Zufallsvariablen Y gilt:

$$\sigma_Y = \sqrt{\sigma^2_Y} = \sqrt{\sum_{j=1}^{J} (y_j - \mu_y)^2 q_j}$$

Der **Erwartungswert** einer Zufallsvariablen gibt Auskunft darüber, mit welchem Ergebnis im Durchschnitt gerechnet werden kann, wenn der Zufallsprozess hinreichend oft wiederholt wird. Der Erwartungswert ist der Mittelwert der Ergebnisverteilung. Zur Beschreibung der Wahrscheinlichkeitsverteilung wird neben dem Erwartungswert eine weitere Kennzahl benötigt, in der die möglichen Abweichungen der Prozessrealisationen vom Erwartungswert zum Ausdruck kommen. Letzteres wird durch die Varianz bzw. durch die Standardabweichung erfasst. Die **Standardabweichung** informiert über die Höhe der durchschnittlichen Abweichung der Prozessrealisationen vom Erwartungswert, wenn der Zufallsprozess hinreichend oft wiederholt wird. Die Standardabweichung gibt Auskunft darüber, inwieweit das Ergebnis des Zufallsprozesses im Durchschnitt über oder unter dem Erwartungswert liegt. Im Parameter σ manifestiert sich somit eine schöne Seite (positive Abweichung vom Erwartungswert) und eine hässliche Seite (negative Abweichung vom Erwartungswert). Gleichwohl wird σ als **Risikomaß** interpretiert.

Mit Hilfe von σ kann die individuelle **Risikoeinstellung** eines Investors näher klassifiziert werden. Dies soll an einem einfachen Beispiel verdeutlicht werden. Es sei angenommen, ein Investor verfügt über die in der Abb. 6.6 dargestellten riskanten Investitionsalternativen A1, A2 und A3:

TEUR	μ	σ
A1	105,00	10,00
A2	105,00	15,00
A3	106,00	12,00

Abb. 6.6 *Riskante Investitionsalternativen*

Betrachten wir zunächst nur die Alternativen A1 und A2. Ein pessimistischer Investor sieht in σ in erster Linie eine Verlustgefahr, d.h., die Möglichkeit, ein schlechteres Ergebnis als den Erwartungswert zu realisieren. Ein solcher Investor wird die Alternative A1 wählen, da diese Alternative gegenüber der Alternative 2 zwar den gleichen Erwartungswert aber ein niedrigeres, durch σ gemessenes, Risiko besitzt. Einen solchen Investor bezeichnen wir im Folgenden als **risikoscheu**. Ein risikoscheuer Investor beachtet eine Verlustgefahr (schlechteres Ergebnis als der Erwartungswert) stärker als eine gleich hohe Gewinnchance (besseres Ergebnis als der Erwartungswert), er bewertet σ daher negativ. Dagegen sieht ein optimistischer Investor in σ eher eine Gewinnchance. Ein solcher Investor wählt die Alternative A2. Ein so handelnder Investor wird als **risikofreudig** bezeichnet. Ein risikofreudiger Investor beachtet eine Gewinnmöglichkeit stärker als eine gleichzeitig bestehende Verlustmöglichkeit, σ wird mithin positiv bewertet. Schließlich kann ein Investor die in σ zum Ausdruck kommende Verlustgefahr und Gewinnchance in gleicher Weise beachten und bewerten. In diesem Fall spielt σ für die Entscheidung des Investors keine Rolle, ein solcher Investor trifft seine Entscheidung ausschließlich anhand des Erwartungswertes. Ein solcher Investortyp wird als **risikoneutral** bezeichnet, dieser Investor ist bezogen auf die Alternativen A1 und A2 indifferent.

Beziehen wir die dritte Alternative (A3) mit in die Betrachtung ein, dann lässt sich nicht mehr ohne Weiteres sagen, welche Alternative ein risikoscheuer bzw. risikofreudiger Investor wählt. Ein risikoscheuer Investor wird sich zwischen den Alternativen A1 und A3, ein risikofreudiger Investor zwischen A2 und A3 entscheiden. Die Wahl hängt davon ab, wie **ausgeprägt** die Risikoaversion bzw. die Risikofreude ist. Der Investor hat nunmehr anzugeben, wie er zwischen dem Erwartungswert und dem Risiko abwägt. Konkret hat der Investor darzulegen, unter welcher Bedingung er eine zusätzliche Risikoeinheit akzeptiert. Die **klassischen Entscheidungsprinzipien** unterstellen generell, dass dieses Abwägen zwischen μ und σ mittels folgender Funktion erfolgt (vgl. Schäfer 1999, S. 254):

$$\Phi = \Phi\,(\mu, \sigma) = \mu + \alpha\sigma$$

Diese Funktion wird als **Präferenzfunktion** bezeichnet. Eine Präferenzfunktion bringt zum Ausdruck, welchen **Wert** (hier in der Dimension EUR) ein Investor einem (riskanten) Projekt beilegt. Der vom Investor numerisch vorzugebende Parameter α zeigt dabei die **Risikoeinstellung** des Investors. In α kommt zum Ausdruck, wie ein Investor zwischen μ und σ entscheidet.

Nennt der Entscheidungsträger ein $\alpha < 0$, so liegt Risikoaversion vor. Ein solcher Investor bewertet σ negativ, d.h., die einem riskanten Projekt entgegengebrachte Wertschätzung ist umso geringer, je größer das Risiko ist. Ein solcher Entscheidungsträger akzeptiert riskantere Projekte nur, wenn diese gegenüber risikoärmeren Projekten höhere erwartete Rückflüsse (Erwartungswerte) in Aussicht stellen. Gilt dagegen $\alpha > 0$, dann ist der Entscheidungsträger risikofreudig. Dieser Investor bewertet σ positiv, d.h., ein riskantes Projekt ist für einen solchen Investor wertvoller als ein risikoarmes Projekt. In diesem Fall akzeptiert der Investor möglicherweise auch dann ein riskanteres Projekt, wenn dieses gegenüber einem risikoärmeren Projekt einen niedrigeren Erwartungswert besitzt. Bei $\alpha = 0$ liegt Risikoneutralität vor. Die einem Projekt entgegengebrachte Wertschätzung hängt dann nur vom Erwartungswert ab.

Der sich in der Präferenzfunktion für ein konkretes Projekt ergebende Präferenzwert kann als **Sicherheitsäquivalent** (SÄ) aufgefasst werden (vgl. Schäfer 1999, S. 256), es gilt somit:

$$\text{SÄ} = \Phi = \mu + \alpha\sigma$$

Das Sicherheitsäquivalent einer unsicheren Investitionsalternative ist die **sichere** Zahlung (in t=1), die ein Investor ebenso schätzt wie die unsicheren Rückflüsse bei dem Investitionsprojekt. Dies bedeutet dann aber, dass es keine Rolle spielt, ob wir ein riskantes Projekt durch die unsicheren Rückflüsse oder durch das entsprechende Sicherheitsäquivalent abbilden. In diesem Zusammenhang mag es hilfreich sein, das Sicherheitsäquivalent als den Preis zu interpretieren, den der Investor bei einem Verkauf der unsicheren Zahlungsströme („des

Projektes") verlangt. Durch den Verkauf kann der Investor die unsicheren Investitionsrückflüsse in einen sicheren Investitionsrückfluss in Höhe des Sicherheitsäquivalents transformieren. Auf diese Weise kann der Investor die bestehende Unsicherheit vollständig eliminieren. Das Investitionsrisiko geht auf den Käufer des Projektes über, der dem Projekt offenkundig einen höheren Wert beilegt als der Investor. Dies ist u.a. dann zu erwarten, wenn die Risikobereitschaft des Käufers größer ist als die des Investors (Verkäufers).

Die Differenz zwischen dem Erwartungswert (μ) und dem Sicherheitsäquivalent (SÄ) kann als **Risikoprämie** (RP) interpretiert werden:

$$RP = \mu - SÄ = -\alpha\sigma$$

Die Risikoprämie lässt ebenfalls die Risikoeinstellung von Investoren erkennen. Risikoaverse Investoren ($\alpha < 0$) „bezahlen" eine Prämie (sie akzeptieren **Abschläge** vom Erwartungswert), wenn sie das Investitionsrisiko verkaufen können. Risikofreudige Investoren ($\alpha > 0$) verlangen eine Prämie und risikoneutrale Investoren ($\alpha = 0$) verkaufen zum Erwartungswert (d.h., sie verlangen keine Prämie).

Die Risikoeinstellung von Investoren kann schließlich auch grafisch verdeutlicht werden. Hierzu ist der Verlauf der „Isopräferenzfunktion" im $\mu\sigma$-Diagramm zu betrachten. Die Isopräferenzfunktion repräsentiert den geometrischen Ort aller $\mu\sigma$-Kombinationen, die der Investor als gleichwertig erachtet.

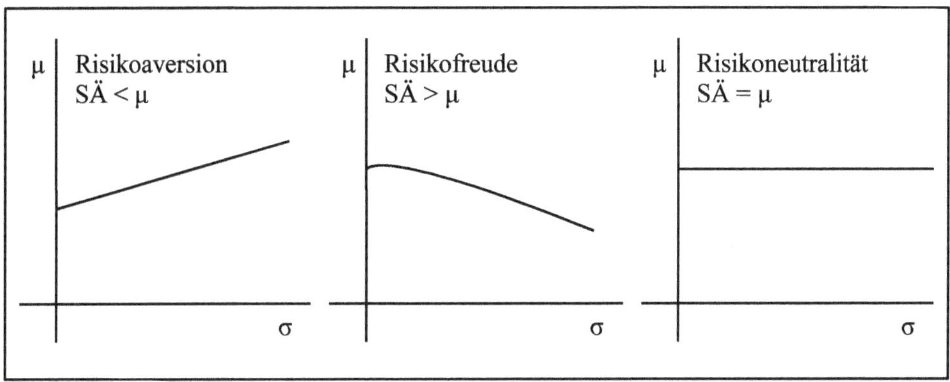

Abb. 6.7 *Isopräferenzfunktionen in Abhängigkeit der Risikoeinstellung (in Anlehnung an Kruschwitz 2005, S. 306)*

Die nun darzustellenden **klassischen Entscheidungsprinzipien** sind keine allgemein akzeptierten Entscheidungsregeln. Nicht jeder Investor ist bereit, seine Investitionsentscheidung vom Erwartungswert bzw. vom Erwartungswert und von der Standardabweichung abhängig zu machen. Nur Investoren mit speziellen **Risikonutzenfunktionen** wenden diese Prinzipien an (vgl. hierzu Franke/Hax 1999, S. 297ff).

6.2.1 Erwartungswertprinzip

Das Erwartungswertprinzip unterstellt **risikoneutrale** Investoren. Es wird davon ausgegangen, dass die Wertschätzung, die ein Investor einem riskanten Projekt entgegenbringt, nur vom Erwartungswert des Investitionsrückflusses abhängt. Ein solcher Investor verfügt mithin über folgende Präferenzfunktion (Φ):

$$\Phi = \mu$$

Die einem riskanten Investitionsprojekt entgegengebrachte Wertschätzung ist somit umso höher, je größer der Erwartungswert ist. Bei diesem Prinzip lautet die **Entscheidungsregel**:

- Wähle diejenige Handlungsalternative mit dem höchsten Präferenzwert, mithin die Alternative mit dem größten Erwartungswert μ.

Wendet man das Erwartungswertprinzip auf die eingeführten Investitionsalternativen an (wobei für die Umweltzustände S_j folgende Eintrittswahrscheinlichkeiten gelten: $q_1 = 0{,}3$; $q_2 = 0{,}5$; $q_3 = 0{,}2$), so ist die Investitionsalternative I4 zu wählen.

	t=1				
TEUR	S_1 q_1=0,3	S_2 q_2=0,5	S_3 q_3=0,2	μ	Φ=μ
I2	90,00	115,00	120,00	108,5=90*0,3+115*0,5+120*0,2	108,50
I3	80,00	120,00	125,00	109=80*0,3+120*0,5+125*0,2	109,00
I4	105,00	115,00	119,00	112,8=105*0,3+115*0,5+119*0,2	112,80
Unterlassung*	110,00	110,00	110,00	110=110*0,3+110*0,5+110*0,2	110,00

* Die Unterlassungsalternative wird durch die risikolose Kapitalanlage repräsentiert

Abb. 6.8 *Entscheidung nach dem Erwartungswertprinzip*

6.2.2 Erwartungswert- und Streuungsprinzip

Das Erwartungswert- und Streuungsprinzip wird von Investoren angewendet, die dem Risiko nicht neutral gegenüberstehen, d.h., entweder **risikoscheu** oder **risikoavers** sind. Die Wertschätzung die solche Investoren riskanten Projekten entgegenbringen hängt nicht nur vom Erwartungswert, sondern auch vom Risiko ab. Die Präferenzfunktion Φ hat nunmehr folgende Gestalt:

$$\Phi = \mu + \alpha\sigma$$

Bei diesem Prinzip lautet die **Entscheidungsregel**:

- Wähle diejenige Handlungsalternative mit dem höchsten Präferenzwert Φ.

Um die optimale Handlungsweise ermitteln zu können, muss nun zusätzlich der Parameter α numerisch bekannt sein.

Im Beispiel folgt für α =-0,5 bzw. α = 0,5:

	t=1						
TEUR	S_1 q_1=0,3	S_2 q_2=0,5	S_3 q_3=0,2	μ	σ	Φ=μ-0,5σ	Φ=μ+0,5σ
I2	90,00	115,00	120,00	108,50	12,26	102,37	114,63
I3	80,00	120,00	125,00	109,00	19,08	99,46	118,54
I4	105,00	115,00	119,00	112,80	5,33	110,14	115,46
Unterlassung*	110,00	110,00	110,00	110,00	0,00	110,00	110,00

* Die Unterlassungsalternative wird durch die risikolose Kapitalanlage repräsentiert

$$\sigma_{I2} = \sqrt{(90 - 108{,}5)^2 \cdot 0{,}3 + (115 - 108{,}5)^2 \cdot 0{,}5 + (120 - 108{,}5)^2 \cdot 0{,}2} = 12{,}26$$

$$\sigma_{I3} = \sqrt{(80 - 109)^2 \cdot 0{,}3 + (120 - 109)^2 \cdot 0{,}5 + (125 - 109)^2 \cdot 0{,}2} = 19{,}08$$

$$\sigma_{I4} = \sqrt{(105 - 112{,}8)^2 \cdot 0{,}3 + (115 - 112{,}8)^2 \cdot 0{,}5 + (119 - 112{,}8)^2 \cdot 0{,}2} = 5{,}33$$

$$\sigma_{U} = \sqrt{(110 - 110)^2 \cdot 0{,}3 + (110 - 110)^2 \cdot 0{,}5 + (110 - 110)^2 \cdot 0{,}2} = 0$$

Abb. 6.9 Entscheidung nach dem Erwartungswert- und Streuungsprinzip

Ein risikoscheuer Investor (α = - 0,5) wählt die Investitionsalternative I4, während ein risikofreudiger Investor (α = + 0,5) die Alternative I3 bevorzugt.

Eine Entscheidungsfindung mit dem μσ-Prinzip (entsprechendes gilt für das μ-Prinzip) setzt voraus, dass der Entscheidungsträger dazu in der Lage ist, seine Risikobereitschaft durch den Parameter α anzugeben. Für den Parameter α existieren Schranken, da die einer Investitionsalternative entgegengebrachte Wertschätzung Φ vernünftigerweise zwischen der bei dieser Alternative möglichen minimalen und maximalen Zahlung liegen sollte. Da das μσ-Prinzip dominierte Alternativen nicht erkennt, müssen diese im Vorfeld ausgesondert werden.

6.2.3 Kapitalwertmethode bei Risiko

Der Kapitalwert eines riskanten Projektes kann auf unterschiedlichen Wegen ermittelt werden. Zwei Varianten werden im Folgenden kurz vorgestellt, wobei generell unterstellt wird, dass der Investor das μσ-Prinzip akzeptiert und **risikoavers** (α < 0) ist. Zunächst sei der **Einperiodenfall** betrachtet.

Die sog. **Risikoabschlagsmethode** ermittelt den Kapitalwert eines riskanten Projektes, indem sie das Sicherheitsäquivalent mit dem risikolosen Zinssatz (r_f) diskontiert:

$$KW_0 = -I_0 + \frac{SÄ_1}{1+r_f} = -I_0 + \frac{\mu + \alpha\sigma}{1+r_f}$$

Diese Methode kürzt somit den **erwarteten Rückfluss** um einen individuellen Betrag (**Risikoabschlag**), um anschließend mit dem **risikolosen** Zinssatz zu diskontieren. Die Höhe des Risikoabschlags hängt vom Risiko des Projektes und vom Ausmaß der **individuellen** Risikoabneigung des Investors ab.

Ein anderer, in der Praxis häufiger anzutreffender Weg zur Ermittlung des Kapitalwertes eines riskanten Projektes besteht darin, den **erwarteten Rückfluss** mittels eines **risikoadjustierten** Zinssatzes i zu diskontieren. Diese Vorgehensweise wird als **Risikozuschlagsmethode** bezeichnet. Der risikoadjustierte Zinssatz i wird aus dem risikolosen Zinssatz r_f und einer der individuellen Risikoabneigung entsprechenden Risikoprämie p gebildet und bezeichnet den **Kapitalkostensatz** der Unternehmung für das zur Entscheidung anstehende Projekt:

$$i = r_f + p$$

In diesem Fall bestimmt sich der Kapitalwert mittels:

$$KW_0 = -I_0 + \frac{\mu}{1+r_f+p} = -I_0 + \frac{\mu}{1+i}$$

Diese Methode diskontiert den **erwarteten Rückfluss** mit einem um eine Risikoprämie **erhöhten** Kalkulationszinssatz i. Auch hier gilt, dass die Höhe der Risikoprämie vom Risiko des Projektes und vom Grad der Risikoaversion des jeweiligen Investors abhängt.

Da beide Methoden zum gleichen Ergebnis führen müssen, kann die Risikoprämie p wie folgt bestimmt werden. Es gilt:

$$-I_0 + \frac{\mu + \alpha\sigma}{1+r_f} = -I_0 + \frac{\mu}{1+r_f+p}$$

Umstellen nach p liefert:

$$p = \frac{\mu(1+r_f)}{\mu + \alpha\sigma} - (1+r_f)$$

Auch wenn somit zwei Kapitalwertformeln bei Risiko gefunden wurden, ihre praktische Anwendung ist nicht ohne Probleme. Ebenso wie beim μσ-Prinzip gilt auch hier, dass der Entscheidungsträger dazu in der Lage sein muss, seine Risikobereitschaft durch den Parameter α auszudrücken. Eine Anforderung, die kaum zu erfüllen ist. Ohne Kenntnis von α können wir allerdings keine Präferenzwerte und damit auch keine Kapitalwerte berechnen. Die vorgestellten Methoden sind dann ohne praktischen Nutzen. Aus diesem Dilemma kommen wir nur heraus, wenn der Entscheidungsträger auf eine **individuelle**, d.h., auf eine seiner persönlichen Risikoeinstellung entsprechende Bewertung unsicherer Zahlungsströme verzichtet.

Kapitalmarktorientierte Bewertung riskanter Projekte

Von einer kapitalmarktorientierten Bewertung wird dann gesprochen, wenn der Zahlungsstrom eines Projektes nicht mit einem individuellen, von den Präferenzen des Entscheidungsträgers abhängigen Zinssatz, sondern mit einem Zinssatz bewertet wird, wie er von einer risiko- und laufzeitgleichen Alternativanlage am Kapitalmarkt in Aussicht gestellt wird. Wie bereits erwähnt, wird dieser Zinssatz als Opportunitätszinssatz bezeichnet. In diesem Fall verlangen wir von dem Investitionsprojekt eine Rendite, wie sie von einer risikogleichen Finanzanlage am Kapitalmarkt angeboten wird. Da eine solche Vorgehensweise nicht auf den **individuellen** Präferenzen des Entscheidungsträgers, sondern auf den **objektivierten** Risikobewertungen des Kapitalmarktes basiert, wird sie als kapitalmarktorientierte Bewertung bezeichnet.

Bei Rückgriff auf **kapitalmarktbestimmte Opportunitätszinssätze** kann eine von den Präferenzen des Entscheidungsträgers unabhängige Kapitalwertformel für den Mehrperiodenfall hergeleitet werden. Bezüglich der Beschaffenheit des Kapitalmarktes sei angenommen:

- Es bestehe bezüglich der risk free rates eine flache Zinsstruktur und die (Einperioden-) Risikoprämien seien im Zeitverlauf **konstant**. Unter diesen Annahmen besteht dann in jeder **Risikoklasse** eine **flache Zinsstrukturkurve** (vgl. Abb. 6.10).

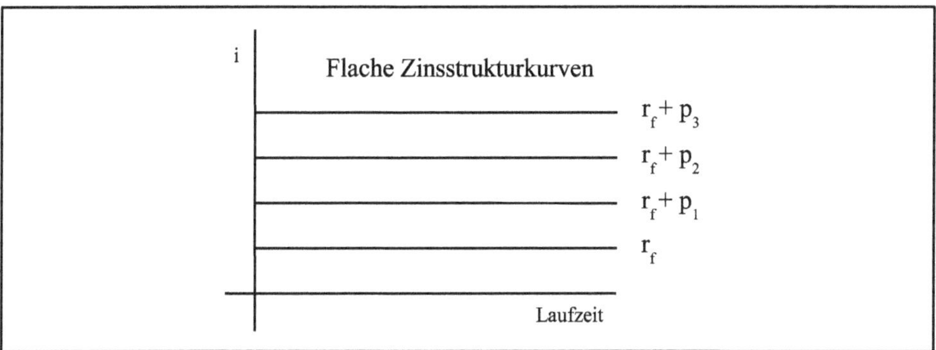

Abb. 6.10 Risikoadjustierte Zinsstrukturkurven

Im Mehrperiodenfall bestimmt sich der Present Value eines riskanten Projektes, indem die periodenbezogenen **erwarteten Einzahlungsüberschüsse** (μ_t) mit einem entsprechenden **Opportunitätszinssatz** diskontiert werden:

$$PV_0 = \sum_{t=1}^{T} \frac{\mu_t}{(1 + i^{\text{Opportunitätszinssatz}})^t}$$

Der Present Value drückt nun den **Marktwert** (Market Value) des riskanten Projektes aus. In dem Marktwert kommt zum Ausdruck, welchen Wert das Projekt für den Kapitalmarkt besitzt, d.h., zu welchem Preis heute der riskante Zahlungsstrom am Kapitalmarkt verkauft werden könnte.

Der Kapitalwert des Projektes ergibt sich, wenn von dem Marktwert des Projektes die Investitionsauszahlung subtrahiert wird:

$$KW_0 = -I_0 + \sum_{t=1}^{T} \frac{\mu_t}{(1 + i^{\text{Opportunitätszinssatz}})^t}$$

Unterwirft sich der Entscheidungsträger dem Urteil des Kapitalmarktes, dann sollte er das Projekt mit dem höchsten Kapitalwert wählen.

Ein einfaches Beispiel soll den Sachverhalt verdeutlichen. Die Schröder AG verfügt über ein einjähriges Investitionsprojekt mit einer Investitionsauszahlung von 100 TEUR und folgenden zustandsabhängigen Investitionsrückflüssen:

	t = 1			
TEUR	S_1 $q_1 = 0{,}25$	S_2 $q_2 = 0{,}5$	S_3 $q_3 = 0{,}25$	μ
RT Projekt	100	120	140	120

Abb. 6.11 *RT Projekt der Schröder AG*

Um den Kapitalwert von diesem Projekt sachgerecht bestimmen zu können, muss uns der zu diesem Projekt passende Opportunitätszinssatz bekannt sein. Auf der Suche nach einer risikogleichen Finanzanlage ist uns die (dividendenlose) X-Aktie aufgefallen. Der Aktienkurs der X-Aktie besitzt die gleiche Verteilung wie der Cashflow des RT-Projektes. Die X-Aktie ist somit im Vergleich zum RT Projekt ein risikogleiches Investment.

	t = 1			
EUR	S_1 $q_1 = 0{,}25$	S_2 $q_2 = 0{,}5$	S_3 $q_3 = 0{,}25$	μ
X-Aktie	100	120	140	120

Abb. 6.12 *Aktienkursverteilung der dividendenlosen X-Aktie*

Der Aktienkurs der X-Aktie betrage aktuell 109,09 €. Da der erwartete Aktienkurs der X-Aktien in einem Jahr 120 € beträgt, stellt dieses Investment auf Sicht eines Jahres somit eine **Rendite** in Höhe von rund 10% in Aussicht:

$$\text{erwartete Rendite X - Aktie} = \frac{120 - 109{,}09}{109{,}09} \approx 0{,}1$$

Der für das RT Projekt der Schröder AG maßgebliche Opportunitätszinssatz ist damit gefunden! Er beträgt 10%. Auf diese (risikoadjustierte) Rendite verzichten die Shareholder, wenn die Schröder AG das RT Projekt realisiert.

Um den Marktwert des RT Projektes zu bestimmen, müssen wir den erwarteten Investitionsrückfluss bei diesem Projekt mit dem Opportunitätszinssatz i=10% abzinsen:

$$PV_0 = \frac{\mu}{1 + i^{\text{Opportunitätszinssatz}}} = \frac{120 \text{ TEUR}}{1 + 10\%} = 109{,}09 \text{ TEUR}$$

Der Kapitalwert des RT Projektes ergibt sich, wenn von dem Marktwert des Projektes die Investitionsauszahlung subtrahiert wird:

$$KW_0 = - I_0 + PV_0 = - 100 \text{ TEUR} + 109{,}09 \text{ TEUR} = 9{,}09 \text{ TEUR}$$

Es sei an dieser Stelle darauf hingewiesen, dass dieses Beispiel das eigentliche Problem der Bewertung riskanter Projekte umgeht. Durch eine Annahme konnten wir den Opportunitätszinssatz für das RT Projekt leicht bestimmen. In der Realität ist dies keineswegs so leicht. Gleichwohl können Opportunitätszinssatze mit Hilfe theoretischer Modelle abgeleitet werden, am häufigsten kommt hierbei das „Capital Asset Pricing Model“ zur Anwendung.

7 Kapitalkosten

Dieses Kapital versucht einen ersten Einblick in die Determinanten der Kapitalkosten von Unternehmen zu geben. Wir unterstellen dabei einen idealen Kapitalmarkt, welcher sich u.a. durch die Abwesenheit von Steuern und Transaktionskosten auszeichnet. Ferner gehen wir implizit von einer symmetrischen Informationsverteilung zwischen den Kapitalgebern und Kapitalnehmern und von der Möglichkeit einer kostenlosen Insolvenz aus. Da somit eine ganze Reihe realitätsferner Annahmen verwendet werden, sind die hier dargestellten Ergebnisse nicht ohne Weiteres auf reale Unternehmen übertragbar.

Bevor ein Unternehmen in Vermögenswerte investieren kann, muss es sich zunächst die hierzu erforderlichen finanziellen Mittel durch den Verkauf von Finanztiteln beschaffen. Die Käufer dieser Finanztitel sind die Kapitalgeber der Unternehmung und werden als Finanzinvestoren bezeichnet. Gewöhnlich besitzt ein Unternehmen zwei Gruppen von Finanzinvestoren: Eigenkapitalgeber und Fremdkapitalgeber. Die Kapitalkosten einer Unternehmung (Cost of Capital) ergeben sich aus den Kosten für das Eigenkapital (Cost of Equity) und den Kosten für das Fremdkapital (Cost of Debt).

Ein Unternehmen wird nur dann Kapitalgeber finden, wenn es ihnen eine angemessene Kapitalverzinsung offerieren kann. Angemessen bedeutet in diesem Zusammenhang, dass das Unternehmen mindestens die Kapitalverzinsung offerieren muss, die von risikogleichen Finanzanlagen am Kapitalmarkt in Aussicht gestellt wird. Die **Kapitalkosten** eines Unternehmens werden bestimmrt durch die **Opportunitätskosten der Kapitalgeber**.

Der Kapitalkostensatz eines Unternehmens entspricht der erwarteten Rendite eines Portfolios aus Finanzanlagen, welches die Finanztitel (die Finanzierungsweise) einer Unternehmung vollständig nachbildet. Der Kapitalkostensatz einer Unternehmung kann auch aus den Opportunitätszinssätzen der einzelnen Investitionsprojekte abgeleitet werden. Letzteres lässt unmittelbarer erkennen, wodurch der Kapitalkostensatz einer Unternehmung determiniert wird. Der Kapitalkostensatz einer Unternehmung hängt von den Investitionsentscheidungen einer Unternehmung ab, da diese das Risiko der Kapitalgeber bestimmen.

7.1 Cost of Debt

Die Cost of Debt bezeichnen die von den Gläubigern **erwartete** Verzinsung ihres Kapitals. Der aus den Finanzierungsvereinbarungen resultierende Fremdkapitalzinssatz stellt die dem Gläubiger **versprochene** Verzinsung dar. Sofern das Unternehmen seine Zahlungsverpflichtungen mit Sicherheit erfüllt (nicht ausfallbedrohtes Fremdkapital), entspricht die erwartete Verzinsung der versprochenen Verzinsung. In diesem Fall entsprechen die Cost of Debt dem risikolosen Zinssatz. In den meisten Fällen ist die Position der Kreditgeber einer Unternehmung jedoch nicht risikolos, die Cost of Debt übersteigen dann den risikolosen Zinssatz.

Im Folgenden sind durchweg nicht ausfallbedrohtes Fremdkapital und eine flache Zinsstrukturkurve unterstellt. In diesem Szenario bereitet die Ermittlung der Cost of Debt keine Schwierigkeiten.

7.2 Cost of Equity

Die Cost of Equity bezeichnen die von den Shareholdern **erwartete** Kapitalverzinsung. Anders als die Fremdkapitalgeber besitzen die Shareholder keine vertraglich fixierten Zahlungsansprüche, sie haben Anspruch auf den erwirtschafteten Einzahlungsüberschuss des Geschäftsjahres (vgl. Abb. 7.1). Die Zahlungsansprüche der Shareholder sind risikobehaftet. Das Risiko der Shareholder hängt einerseits von den Risiken der Investitionsprojekte (leistungswirtschaftliches Risiko oder auch **Business Risk**) und andererseits von dem Verschuldungsgrad der Unternehmung (**Leverage Risik**) ab.

Operativer Cashflow[1]	Earnings before interest and taxes (EBIT) + Abschreibungen - Zunahme Net Working Capital (+ Abnahme Net Working Capital)
- Auszahlungen für Investitionen + Einzahlungen aus Des-Investitionen	
= Cashflow from Assets (Free Cashflow)	
= Cashflow to Debt	Auszahlungen an die Fremdkapitalgeber (Zinsen und Tilgungen) - Einzahlungen der Fremdkapitalgeber
= Cashflow to Equity	Auszahlungen an die Eigenkapitalgeber - Einzahlungen der Eigenkapitalgeber

[1] Steuern und Rückstellungen werden im Folgenden unterdrückt.

***Abb. 7.1** Cashflow-Definitionen*

Das **Business Risk** der Shareholder kommt in Abb. 7.2 zum Ausdruck, wobei hier **unverschuldete** Unternehmen unterstellt sind. Die Investitionsrückflüsse (Cashflow form Assets) der High Risk GmbH besitzen eine größere Streuung als die Investitionsrückflüsse der Low

Risk GmbH. Die Shareholder der High Risk GmbH tragen damit ein höheres Risiko als die Shareholder der Low Risk GmbH. Da wir von riskanten Finanzanlagen höhere Renditen erwarten als von risikoarmen Finanzanlagen, sind die Cost of Equity der High Risk GmbH höher als die Cost of Equity der Low Risk GmbH.

	Unverschuldete Low Risk GmbH			Unverschuldete High Risk GmbH		
in Mio. €	Best Case	Worst Case	Erwartet	Best Case	Worst Case	Erwartet
Operativer Cashflow	110	90	100	170	30	100
Auszahlungen für Investitionen	5	5	5	5	5	5
Cashflow from Assets	105	85	95	165	25	95
Cashflow to Debt	0	0	0	0	0	0
Cashflow to Equity	105	85	95	165	25	95

Abb. *7.2 Business Risk der Shareholder*

Um die Cost of Equity einer **unverschuldeten** Unternehmung zu bestimmen, existieren zwei Wege. Der direkte Weg besteht in der Ermittlung eines entsprechenden Opportunitätszinssatzes, d.h., wir ermitteln die Rendite, die wir mit einer vergleichbaren Finanzanlagen am Kapitalmarkt erzielen könnten. An dieser Stelle kann abermals nur auf das Capital Asset Pricing Model verwiesen werden. Der zweite (aufwendigere) Weg leitet die Cost of Equity (einer unverschuldeten Unternehmung) aus den Opportunitätszinssätzen der Investitionsprojekte einer Unternehmung ab. Wenngleich auch dieser Weg die Ermittlung von Opportunitätszinssätzen bedingt, sei er dennoch kurz diskutiert, da wir so Einblicke in den Zusammenhang zwischen dem Business Risk und den Cost of Equity einer (unverschuldeten) Unternehmung gewinnen können.

Die vollständig mit Eigenkapital finanzierte Startup GmbH wurde gerade durch Einzahlung eines Stammkapitals von 5 Mio. € gegründet. Das Unternehmen hat noch keine Investitionen getätigt, es verfügt lediglich über einen Kassenbestand von 5 Mio. €. Es sei angenommen, dass die Startup GmbH drei einperiodische Investitionsmöglichkeiten besitzt, wobei die Beispiele so gewählt sind, dass alle Investitionsprojekte einen Kapitalwert von null aufweisen. Die Investitionsmöglichkeiten der Startup GmbH sind in der Abb. 7.3 dargestellt.

Investitionsmöglichkeiten der Startup GmbH						
Investitions-projekt	Investitions-auszahlung	Erwarteter Investitions-rückfluss	Risiko	Opportuni-tätszinssatz	Market Value	Kapital-wert
# 1	1 Mio. €	1,05 Mio. €	risikolos	5%	1 Mio. €	0 €
# 2	2 Mio. €	2,2 Mio. €	mittleres Risiko	10%	2 Mio. €	0 €
# 3	2 Mio. €	2,3 Mio. €	hohes Risiko	15%	2 Mio. €	0 €
		∑ 5,55 Mio. €			∑ 5 Mio. €	

***Abb.** 7.3 Investitionsmöglichkeiten der Startup GmbH*

Führt die Startup GmbH die drei Projekte durch, dann beträgt die den Shareholdern in Aussicht gestellte Rendite 11%. Auf dieses Ergebnis gelangen wir, wenn wir den erwarteten Rückfluss der drei Projekte durch den **Marktwert** des investierten Kapitals (Firm Value) dividieren und 1 subtrahieren:

$$\text{Cost of Equity} = \frac{5{,}55 \text{ Mio. €}}{5 \text{ Mio. €}} - 1 = 0{,}11 \text{ bzw. } 11\%$$

Alternativ können wir die Cost of Equity der Startup GmbH aus den Opportunitätszinssätzen der Investitionsprojekte ableiten. Die Cost of Equity entsprechen dem gewichteten Durchschnitt der Opportunitätszinssätze, wobei die Gewichtung mit den in Marktwerten gemessenen Beiträgen der einzelnen Projekte zum Gesamtwert der Assets (Value Assets = Firm Value) erfolgt:

$$\text{Cost of Equity} = \frac{1 \text{ Mio. €}}{5 \text{ Mio. €}} \cdot 5\% + \frac{2 \text{ Mio. €}}{5 \text{ Mio. €}} \cdot 10\%$$

$$+ \frac{2 \text{ Mio. €}}{5 \text{ Mio. €}} \cdot 15\% = 11\%$$

Je riskanter die Investitionsprojekte einer Unternehmung sind, desto höher sind die Opportunitätszinssätze und damit die Cost of Equity der Unternehmung.

Die Cost of Equity hängen jedoch nicht nur von dem Business Risk, sondern darüber hinaus auch von dem Verschuldungsgrad (Debt / Equity Ratio) einer Unternehmung ab. Der Zusammenhang zwischen dem Verschuldungsgrad einer Unternehmung und dem Risiko der Shareholder (**Leverage Risk**) sei an einem einfachen Beispiel demonstriert (vgl. Abb. 7.4).

	Unverschuldete AG			Verschuldete AG		
Value Assets	100 Mio. €			100 Mio. €		
Shareholder Value[1]	100 Mio. €			50 Mio. €		
Debt Value[1]	0 €			50 Mio. € (i=10%)		
Firm Value	100 Mio. €			100 Mio. €		
	Best Case	Worst Case	Erwartet	Best Case	Worst Case	Erwartet
EBIT	23 Mio. €	5 Mio. €	14 Mio. €	23 Mio. €	5 Mio. €	14 Mio. €
ROA	23%	5%	14%	23%	5%	14%
Zinszahlungen	0 €	0 €	0 €	5 Mio. €	5 Mio. €	5 Mio. €
EBT	23 Mio. €	5 Mio. €	14 Mio. €	18 Mio. €	0 €	9 Mio. €
ROE	23%	5%	14%	36%	0%	18%

[1] Die Marktwerte entsprechen ihren Buchwerten

Abb. 7.4 *Leverage Risk*

Die Unverschuldete AG besitzt kein Fremdkapital. Der Firm Value des Unternehmens beträgt 100 Mio. € und entspricht dem Marktwert des Eigenkapitals (Shareholder Value). In Abhängigkeit der konjunkturellen Entwicklung rechnet das Management mit einem Ergebnis vor Zinsen und Steuern (EBIT) in Höhe von 23 Mio. € oder 5 Mio. €, der Erwartungswert beträgt 14 Mio. €. Da das Unternehmen unverschuldet ist und Steuern unterdrückt werden, entspricht das EBIT dem EBT und kann in Form einer Dividende an die Eigentümer ausgeschüttet werden. Der erwartete Return on Assets (ROA) beträgt 14%:

$$\text{ROA} = \text{Cost of Capital} = \frac{\text{erwartetes EBIT}}{\text{Firm Value}} = \frac{14 \text{ Mio. €}}{100 \text{ Mio. €}} = 0{,}14$$

Der Return on Assets bezeichnet die in Marktwerten gemessene **erwartete** Verzinsung des investierten Kapitals dar. Diese Größe bezeichnet den Kapitalkostensatz einer Unternehmung. Da das Unternehmen unverschuldet ist, entspricht der ROA der von den Eigentümern **erwarteten** Verzinsung ihres Kapitals (ROE, Return on Equity):

$$\text{ROE} = \text{Cost of Equity} = \frac{\text{erwartetes EBT}}{\text{Shareholder Value}} = 0{,}14$$

Die Cost of Equity einer **unverschuldeten** Unternehmung werden im Folgenden mit „unlevered“ Cost of Equity bezeichnet.

Betrachten wir nun die Verschuldete AG. Dieses Unternehmen sei mit der Unverschuldeten AG bis auf die Finanzierungsweise vollständig identisch, d.h., beide Unternehmen verfügen über identische Assets. Im Unterschied zu der Unverschuldeten AG hat die Verschuldete AG Fremdkapital mit einem Marktwert von 50 Mio. € aufgenommen. Der Shareholder Value der Verschuldeten AG betrage 50 Mio. €. Der Firm Value der Verschuldeten AG beträgt dann 100 Mio. € und stimmt somit mit dem Firm Value der Unverschuldeten AG überein. Die Verschuldete AG erzielt das gleiche Ergebnis vor Zinsen und Steuern (EBIT) und den gleichen Return on Assets wie die Unverschuldete AG.

Als Zwischenergebnis können wir an dieser Stelle vermerken, dass die Finanzierungsweise einer Unternehmung die den Kapitalgebern einer Unternehmung in Aussicht gestellte Rendite (Return on Assets) nicht beeinflusst und dass der Return on Assets einer verschuldeten Unternehmung dem Return on Equity einer identischen, aber unverschuldeten Unternehmung entspricht. Mit anderen Worten, der Kapitalkostensatz (Cost of Capital) einer verschuldeten Unternehmung entspricht dem Eigenkapitalkostensatz einer identischen aber unverschuldeten Unternehmung (unlevered Cost of Equity).

Welche Kapitalverzinsung offeriert die Verschuldete AG ihren Shareholdern? Da das Unternehmen verschuldet ist, geht ein Teil des EBIT an die Fremdkapitalgeber, für die Shareholder bleibt ein erwarteter „Rest“ von 9 Mio. € übrig. Dividiert man die 9 Mio. € durch den Marktwert des von den Shareholdern investierten Kapitals (50 Mio. €), so erhält man für den erwarteten ROE einen Wert von 18%.

Offenbar stellt die Verschuldete AG ihren Shareholdern mit 18% eine höhere Kapitalverzinsung in Aussicht, als die Unverschuldete AG (14%). Sind die Shareholder der Verschuldeten AG damit besser gestellt als die Shareholder der Unverschuldeten AG? Richtig ist, dass die Shareholder der Verschuldeten AG eine höhere Renditeerwartung besitzen, als die Shareholder der Unverschuldeten AG. Betrachten wir die ROE-Verteilung in Abb. 7.4 genauer, dann können wir erkennen, warum das so sein sollte. Die Renditeverteilung der Verschuldeten AG weist mit 36% bis 0% eine größere Streuung auf, als die Renditeverteilung der Unverschuldeten AG (23% bis 14%). Im Vergleich zu den Shareholdern der Unverschuldeten AG sind die Shareholder der Verschuldeten AG in wirtschaftlich guten Zeiten besser gestellt, aber schlechter gestellt, in wirtschaftlich schwierigen Zeiten. Die Shareholder der Verschuldeten AG tragen somit ein höheres Risiko als die Shareholder der Unverschuldeten AG. Aus diesem Grund fordern sie eine höhere Rendite. Die Position der Shareholder der Verschuldeten AG ist gegenüber den Shareholdern der Unverschuldeten AG riskanter, da die Verschuldete AG aus den unsicheren Unternehmenseinzahlungen höhere Auszahlungen leisten muss als die Unverschuldete AG. Je höher die Unternehmensverschuldung, desto höher ist der zwingend zu erfüllende Zahlungsanspruch der Fremdkapitalgeber und umso höher ist damit das

„Haftungsrisiko" der Eigentümer einer Unternehmung. Dieses Risiko wird als Finanzierungsrisiko oder auch **Leverage Risk** bezeichnet.

Die („levered") Cost of Equity einer verschuldeten Unternehmung sind damit höher als die („unlevered") Cost of Equity einer identischen aber unverschuldeten Unternehmung. Der Grund liegt darin, dass die Shareholder einer unverschuldeten Unternehmung ausschließlich das Business Risk tragen, während die Shareholder einer verschuldeten Unternehmung darüber hinaus das Finanzierungsrisiko tragen müssen.

Zwischen den levered Cost of Equity und den unlevered Cost of Equity besteht folgender Zusammenhang:

$$k^L = k + (k - i) \frac{D}{S^L}$$

mit:

- k^L: Cost of Equity einer verschuldeten Unternehmung
- k : Cost of Equity einer unverschuldeten Unternehmung
- i : Cost of Debt
- D: Debt Value (Marktwert des Fremdkapitals)
- S^L: Shareholder Value einer verschuldeten Unternehmung (Marktwert des Eigenkapitals einer verschuldeten Unternehmung)

Wir können die levered Cost of Equity der Verschuldeten AG nunmehr auch wie folgt bestimmen:

$$k^L = 14\% + (14\% - 10\%) \frac{50}{50} = 18\%$$

7.3 Cost of Capital

Die Cost of Capital einer verschuldeten Unternehmung entsprechen der von allen Kapitalgebern einer Unternehmung **erwarteten** Kapitalverzinsung. Diese bestimmt sich durch:

$$= \frac{\text{erwartetes EBIT}}{\text{Firm Value}}$$

Üblicherweise werden die Cost of Capital mittels der so bezeichneten „Lehrbuch-Formel" aus dem gewichteten Durchschnitt der Renditeerwartungen der Shareholder (Cost of Equity) und der Fremdkapitalgeber (Cost of Debt) ermittelt, wobei die Gewichtung mit den in **Marktwerten** gemessenen Eigen- und Fremdkapitalanteilen erfolgt. Bezeichnet WACC (Weighted Average Cost of Capital) den durchschnittlichen Kapitalkostensatz der Unternehmung, dann gilt:

$$WACC = \frac{S^L}{V^L} \cdot k^L + \frac{D}{V^L} \cdot i$$

mit:

V^L: Firm Value einer verschuldeten Unternehmung

Die WACC-Formel birgt eine Gefahr in sich. Bei einer flüchtigen Betrachtung der WACC-Formel könnte man zu dem Ergebnis gelangen, dass der Kapitalkostensatz sinkt, wenn ein Unternehmen teueres Eigenkapital durch relativ billiges Fremdkapital ersetzt. Dies ist jedoch nicht der Fall. Ersetzt ein Unternehmen Eigenkapital durch Fremdkapital, dann steigt das Risiko der Shareholder und somit steigen die Cost of Equity. Im Ergebnis bleibt WACC konstant. Der Kapitalkostensatz einer Unternehmung wird nicht von der Finanzierungsweise beeinflusst, es gilt:

$$WACC = k$$

Ebenso wie die unlevered Cost of Equity (k) wird somit auch WACC ausschließlich von dem durch die Investitionsentscheidungen einer Unternehmung determinierten Business Risk bestimmt. Mit anderen Worten, die Kapitalkosten eines Unternehmens hängen nur von den Kapitalverwendungsentscheidungen ab. Wie ein Unternehmen die Assets finanziert, spielt für die Kapitalkosten der Unternehmung keine Rolle. Auf diesen Sachverhalt haben erstmals Modigliani / Miller (1958) hingewiesen. Die Finanzierungsentscheidungen einer Unternehmung legen nur fest, wie das Risiko auf die Kapitalgeber verteilt wird, auf das Gesamtrisiko aller Kapitalgeber haben sie dagegen keinen Einfluss. Letzteres wird durch die Volatilität der Cashflows from Assets bestimmt.

Am Beispiel der Verschuldeten AG (vgl. Abb. 7.5), sei die Ermittlung von WACC gezeigt.

Assets	100 Mio. €	Shareholder Value ($k^L = 18\%$)	50 Mio. €
		Debt Value ($i = 10\%$)	50 Mio. €
Value Assets	100 Mio. €	Firm Value	100 Mio. €

***Abb.** 7.5 Market Values der Verschuldeten AG*

Der Kapitalkostensatz der Verschuldeten AG ermittelt sich mit der Lehrbuch-Formel wie folgt:

$$WACC = \frac{50}{100} \cdot 18\% + \frac{50}{100} \cdot 10\% = 14\%$$

Mit dem Kapitalkostensatz einer Unternehmung (WACC) dürfen wir allerdings nur Projekte mit einem **durchschnittlichen Risiko** bewerten, d.h., deren Risiken dem durchschnittlichen Risiko aller Investitionsprojekte der Unternehmung entsprechen. Weicht das Risiko eines Projektes von dem durchschnittlichen Unternehmensrisiko ab, müssen projektspezifische Cost of Capital herangezogen werden.

8 Literaturübersicht

Bieg, H. / Kußmaul, H.: Investitions- und Finanzierungsmanagement, Band II: Finanzierung, München 2000 (Vahlen)

Breuer, W.: Investitionen I - Entscheidungen bei Sicherheit, 2.A., Wiesbaden 2002 (Gabler)

Busse, F.-J.: Grundlagen der betrieblichen Finanzwirtschaft, 5.A., München, Wien 2003 (Oldenbourg)

Franke, G. / Hax, H.: Finanzwirtschaft des Unternehmens am Kapitalmarkt, 4.A., Berlin, Heidelberg, New York 1999 (Springer)

Kruschwitz, L.: Investitionsrechnung, 10.A., München, Wien 2005 (Oldenbourg)

Modigliani, F. / Miller, M.H.: The Cost of Capital, Corporation Finance and the Theory of Investment, in: American Economic Review, 1958, S. 261-297

Perridon, L. / Steiner, M.: Finanzwirtschaft der Unternehmung, 13.A., München 2004 (Vahlen)

Rappaport, A.: Creating Shareholder Value, New York 1986 (Free Press)

Schäfer, H.: Unternehmensivestitionen - Grundzüge in Theorie und Management, Heidelberg 1999 (Physica)

Schäfer, H.: Unternehmensfinanzen - Grundzüge in Theorie und Management, 2.A., Heidelberg 2002 (Physica)

V Supply Chain Management

Bernd Eichler

1 Grundlagen der Logistik und des SCM

Bevor die Logistik und das Supply Chain Management erläutert werden, soll zunächst auf die **güterwirtschaftlichen Grundlagen** der Betriebswirtschaftslehre eingegangen werden.

1.1 Güter und Produktionsfaktoren

Güter sind werthaltige Sachen und Problemlösungen, die größtenteils einen Bedarf befriedigen. Sie stellen wichtige Grundelemente in Betriebswirtschaftslehre und Logistik dar. Güter treten sowohl auf der Outputseite der betrieblichen Prozesse, speziell der Produktionsprozesse auf („Produkte"), als auch als Inputgüter, die der Versorgung dieser Prozesse dienen.

Zur systematischen Klassifizierung der Güter nach physikalisch-technischen Eigenheiten (vgl. Abb. 1.1) kann man zunächst in materielle und immaterielle Güter unterscheiden. **Immaterielle Güter** treten in verschiedenen Erscheinungsformen auf:

- **Dienstleistungen** sind menschliche oder maschinelle Leistungen, die am Kunden selbst oder an dessen Verfügungsobjekt eine gewollte Änderung bewirken oder einen Zustand erhalten sollen (vgl. Corsten/Gössinger, 2007, S.21).
- **Rechte** an Etwas, wie z. B. Patente, Lizenzen, abstrakte Eigentums- und Nutzungsrechte an materiellen Gütern aber auch Firmennamen, Marken usw.
- **Digital** abbildbare Güter, wie z. B. Texte, Musikstücke, Filme und Fotografien sowie Software. Sie waren früher relativ fest mit einem materiellen Träger (Buch, Schallplatte, CD, Magnetband usw.) verbunden, aber oft viel mehr wert als ihr Träger. Heute lassen sie sich als **„virtuelle Güter"** nahezu aufwandslos reproduzieren und raum-zeitlich übertragen (z. B. im Internet).

Zu den **materiellen Gütern** gehören zunächst die sog. **Stückgüter**, die dreidimensional geformt sind und zur Mengenerfassung typischerweise gezählt werden („Stückzahl"). Sie dominieren die heute verbreitete „Stückgutlogistik" und treten in sehr vielfältigen Erscheinungsformen auf.

Zweidimensional geformte Güter besitzen natürlich auch eine dritte Dimension, diese bestimmt dabei aber meist die Menge und wird im fließenden Produktionsprozess - zumindest kurzfristig - oft als „unendlich" angesehen, weil jede Unterbrechung des Prozessflusses als

Störung anzusehen ist. Alle Formen von Fäden und Drähten, Bahnen aus Papier, Kunststoff, Textil aber auch Metall („Bleche“) sowie Schläuche und extrudierte Profile (wie z. B. für Fensterrahmen etc.) sind hier als Beispiele anzuführen. Diese Güter werden meist am Ende ihres fließenden Produktionsprozesses durch Abtrennen und ggf. Aufrollen zu Stückgütern wie z. B. Garnrollen, Papierrollen oder Blechcoils.

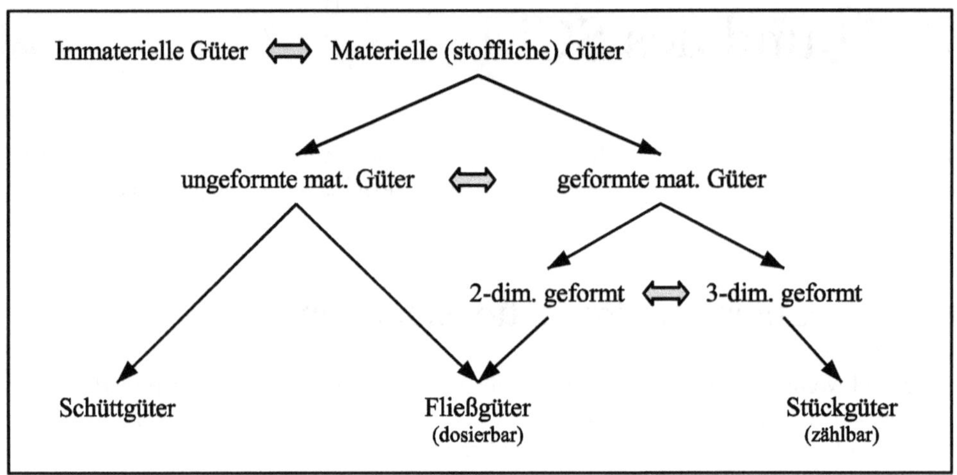

Abb. 1.1 Gütersystematik nach Riebel

Die andere Kategorie der **Fließgüter**, die in den physikalischen Aggregatzuständen flüssig oder gasförmig vorliegen, müssen zum Fließen in Rohr- oder Schlauchsystemen geführt werden. Sie lassen sich aber auch in Behälter (Tanks, Fässer, Flaschen) abfüllen, was dann zumindest bei kleineren Behältern wiederum eine Überführung zu Stückgütern bedeutet.

Dies ist durch Verpackung auch bei den **ungeformten Schüttgütern** möglich, die z. B. als Erde, Sand, Mahlgut oder „Kleinteile“ auftreten. So werden Sandkörner, wie auch Mehl oder Erbsen typischerweise nicht einzeln *(„lose“)* gehandelt und gezählt, sondern „aggregiert“ verpackt und gewogen, d.h. die Menge wird über Gewichtsmaße (oder auch Volumen) definiert. Hier ergibt sich aber auch ein Übergang zu den Stückgütern, der zum Teil von Wert und Bedeutung der Kleinteile abhängt. So werden Erbsen oder Kieselsteine sicherlich selten gezählt, bei wesentlich kleineren Diamanten oder teuren Marmorsteinen dürfte dies aber die Regel sein. Ebenso können Schrauben in der Produktion sowohl als Stückgut wie auch als Schüttgut gelten! Insofern hängt die Zuordnung auch von der logistischen Handhabung ab.

Eine weitere Unterscheidung trennt die bisher betrachteten Realgüter von den **Nominalgütern**, die i. d. R. einen aufgedruckten Wert besitzen, der wenig Bezug zu ihrem materiellen Wert hat, wie das z. B. bei Banknoten oder Wertpapieren der Fall ist.

Wirtschaftsgüter sind **knappe Güter**, während es noch einige **freie Güter**, wie die Atemluft oder eine (nicht mit Eintrittspreisen bedingte) schöne Aussicht gibt. Wichtig sind auch die Differenzierungen in Input- und Outputgüter sowie Gebrauchs- und Verbrauchsgüter:

Speziell die **Inputgüter** eines Produktionsprozesses unterscheiden sich in **Gebrauchs- und Verbrauchsgüter**, je nachdem ob sie für viele Prozessdurchläufe zur Verfügung stehen oder im Produktionsprozess untergehen.

Gutenberg hat die **betriebswirtschaftlichen Produktionsfaktoren** in die dispositiven Faktoren Planung, Organisation und Leitung (= Führung) und die Elementarfaktoren Menschliche Arbeit, Betriebsmittel (=Gebrauchs- oder Potenzialfaktoren) und Werkstoffe (=Verbrauchsfaktoren) unterteilt, die als Input in den Produktionsprozess einfließen. Als gewünschte **Outputgüter** fallen dann die **Produkte** an, deren Herstellung Zweck der „betrieblichen Leistungserstellung“ (=Produktion) ist.

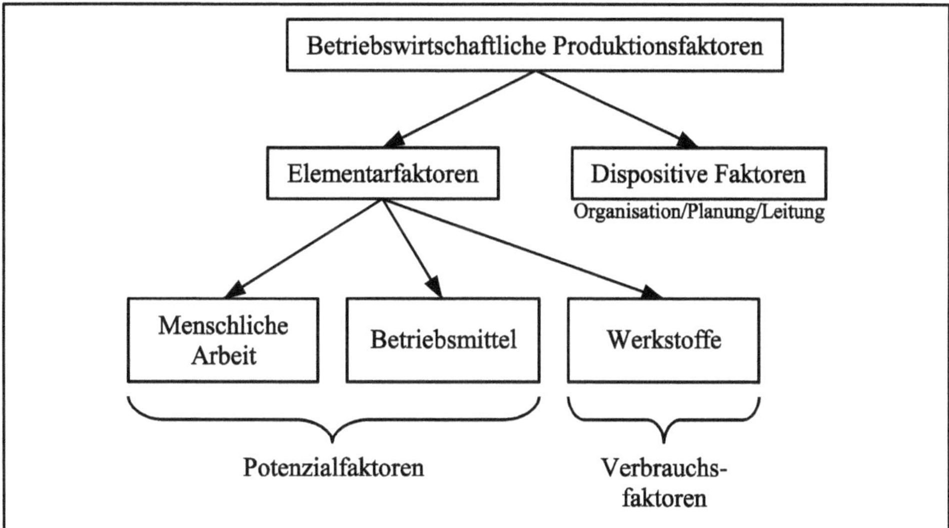

Abb. 1.2 Betriebswirtschaftliche Produktionsfaktoren nach Gutenberg

Die menschliche **Arbeit** tritt in vielfältigen Formen auf und wird in ihrem Ergebnis geprägt durch die

- Qualifikation und
- Motivation der Mitarbeiter sowie die
- Arbeitsbedingungen, die erst ein hochwertiges Arbeitsergebnis ermöglichen.

Zu den **Betriebsmitteln** zählen

- Anlagen und Maschinen,
- Gebäude und Grundstücke,

- Werkzeuge,
- Vorrichtungen,
- Messgeräte sowie
- Verkehrs- und Fördermittel.

Die **Werkstoffe** werden nach Gutenberg in die **Roh-, Hilfs- und Betriebsstoffe** unterschieden, die ja auch eine Bilanzposition (siehe § 266(2) HGB) darstellen.

- **Rohstoffe** in diesem - etwas ungewöhnlichen - weitesten Sinne sind alle Hauptbestandteile des Produktes. Dazu gehören neben den - intuitiv verständlicheren - Rohstoffen im engeren Sinne, die aus Bodenschätzen oder in der Land- und Forstwirtschaft gewonnen werden, auch die bereits urgeformten Rohstoffe wie z. B. Rohstahl oder Kunststoffgranulate, aber auch geformte Teile und Komponenten sowie sogar vormontierte Baugruppen und Teilsysteme des Produktes wie z. B. der Motor eines Autos.
- **Hilfsstoffe** gehen als weniger wertvolle Nebenbestandteile in das Produkt ein, sind aber für Qualität und Sicherheit oft sehr wichtig. Beispiele sind Verbindungsmaterialien wie Nägel, Nieten, Schrauben, Leim oder Gewürze und Zutaten wie das *"Salz in der Suppe"*.
- **Betriebsstoffe** werden nicht Bestandteil des Produktes, obwohl sie bei seiner Produktion verbraucht werden, wie z.B. Schmiermittel, Energie für Betriebsmittel sowie Reinigungsflüssigkeiten etc., die nicht in das Produkt eingehen.

Die Mengen für diese Werkstoffe werden in der **Bedarfsermittlung**, die sowohl für Beschaffungs- wie auch Produktionsprozesse wichtig ist (siehe 5.4.2), sinnvoll auf eine Periode bezogen und als Sekundär- bzw. Tertiärbedarf bezeichnet. Insgesamt werden die **Bedarfsarten** differenziert in:

- **Primärbedarf** ist Bedarf für Lieferungen an Kunden, vor allem an Produkten (Output).
- **Sekundärbedarf** ist der Bedarf an Rohstoffen i.w.S. (also incl. Teilen und Baugruppen) zur Produktion des Primärbedarfs.
- **Tertiärbedarf** ist der Bedarf an Hilfs- und Betriebsstoffen.
- **Bruttobedarf** umfasst den in einer Periode benötigten Primär-, Sekundär- und Tertiärbedarf, während beim
- **Nettobedarf** der Bruttobedarf um den **verfügbaren Lagerbestand gemindert** wird. Das bedeutet aber, dass nicht nur der aktuelle Lagerbestand abgezogen wird, sondern auch in Lieferung befindliche Mengen und andererseits z. B. Sicherheitsbestände und reservierte Bestände (für andere Aufträge) zu addieren sind. Außerdem gilt die Regel, dass Nettobedarf niemals negative Werte annimmt, sondern „Null" gesetzt wird, wenn Nichts gebraucht wird.

Neben die drei Elementarfaktoren Arbeit, Betriebsmittel und Material, wie wir die Werkstoffe nunmehr bezeichnen wollen, treten im Informationszeitalter die **Informationen** als vierter Inputfaktor. Sie ersetzen dabei z. T. die dispositiven Faktoren, die sich aber auch im Faktor Arbeit widerspiegeln, der heute nicht mehr als nur ausführend, sondern als durchaus mitdenkend angesehen wird. Andererseits werden heute vielfach auch wichtige Informationen benötigt, die nicht mehr in den Köpfen der Mitarbeiter verfügbar sind, sondern als Dateien oder Programme bereit zu stellen sind.

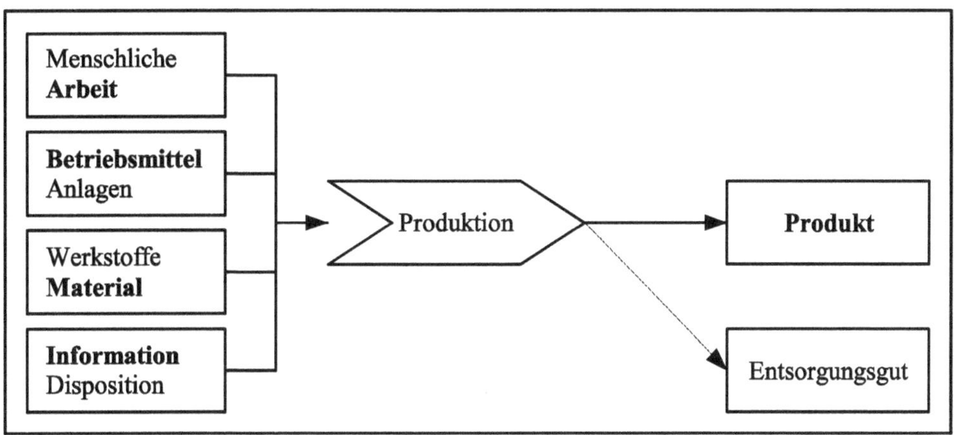

Abb. 1.3 *Das Produktionsmodell*

Aus der nun als Prozess betrachteten **Produktion**, definiert als *„betriebliche Leistungserstellung"(siehe Kap. 5)*, entstehen neben den Produkten auch sog. Entsorgungsgüter, die nicht erwünscht sind und stören, also möglichst zu vermeiden sind (Siehe dazu vertiefend Kap. 7).

1.2 Logistikkonzepte und Supply Chain Management

Logistik umfasst die *Planung, Gestaltung und Steuerung der Material-, Waren- und Informationsflüsse vom Lieferanten durch das Unternehmen bis hin zum Kunden mit dem Ziel, die Wettbewerbsfähigkeit zu sichern bzw. zu steigern.*

Der Logistikbegriff bezog sich ursprünglich auf „logische" mathematische Systeme, wurde dann später auch für systematische militärische Nachschub- und Versorgungssysteme verwendet und erst nach dem 2. Weltkrieg auf die Unternehmenspraxis übertragen, wo er verschiedene Entwicklungsstufen durchlief (siehe z. B. Kummer et al., 2013, S. 255ff):

- So beschränkte sich Logistik zunächst auf eine **funktional** spezialisierte **Lager- und Transportwirtschaft** mit punktueller Optimierung, die sich oft auch als betriebliche Abteilung zeigte: Z. B. ein Lagerleiter trägt auch Verantwortung für den Versand und den eigenen kleinen Fuhrpark. Dieses „enge" Verständnis von Logistik ist in der Praxis durchaus noch vorzufinden.
- Als **Bereichs- und Unternehmensübergreifende Koordinationsfunktion** wird Logistik zur Querschnittsfunktion, die die Güterflüsse in der Wertschöpfungskette von den Lieferanten bis zu den Kunden betrachtet, und zum Instrument für die Durchsetzung von Wettbewerbsstrategien: Die Optimierung von Lieferrelationen, die Synchronisierung von

Produktionssystemen und Lieferungen sowie die systemgestützte Planung und Steuerung (PPS, CIM) bestimmen in dieser Entwicklungsstufe die Aufgaben der Logistik.

- Die weitere Entwicklung weist der Logistik dann eine **Führungsfunktion**, zumindest aber eine Wächterfunktion für die Durchsetzung der **Flussorientierung** und **Prozessoptimierung** zu. Das Denken in umfassenden Stoff-, Güter- und Informationsflüssen sowie Kreisläufen, die zunehmende Bedeutung der vernetzten Informationslogistik und der Selbststeuerung von Prozessen (anstatt hierarchischer Planung) sowie der Anspruch, dass stets *„Alles fließt"*, prägen dann letztlich die gesamte Unternehmenspolitik.
- Damit gelangt die moderne Logistik bereits in die Nähe von Verkettungskonzepten wie **Supply Chain Management** (SCM), das die umfassende **Wertschöpfungsoptimierung** betreibt. SCM kann sowohl als derzeit höchste Entwicklungsstufe der Logistik wie auch als „die Logistik" überwindende Weiterentwicklung betrachtet werden. Es ist aber unstrittig, dass SCM eine „integrale Logistikkonzeption" voraussetzt bzw. stets als Baustein (vgl. Zäpfel, 2001a, S. 9ff.) enthält.

Die Unterschiede dieser Entwicklungsstufen liegen in der Breite des Betrachtungswinkels, im Integrationsgrad und im Strategiebezug. Neben den betriebswirtschaftlichen Optimierungskriterien „Qualität und Kosten" bleiben dabei als **Gestaltungsfelder der Logistik** zu optimieren:

- Raumüberwindung,
- Zeitverbrauch und -überbrückung,
- Disposition der Mengen und Termine sowie
- Wertschöpfungsketten.

Die **Raumüberwindung** als traditionelle Kernaufgabe der Logistik schließt die räumlichen Distanzen zwischen den Aufenthaltsorten der Güter, verschiedenen Produktionsstätten, Lagern und den Bedarfsorten. Diese Notwendigkeit, Entfernungen zu überwinden, besteht sowohl in der Mikroperspektive eines Produktionssystems, z. B. eines Fließbandes, wo Werkstücke von einer Bearbeitungsstation zur nächsten gelangen müssen, wie auch im globalen Maßstab in internationalen Wertschöpfungsnetzwerken, wenn z. B. Bauteile von Asien nach Europa gebracht werden und die daraus entstehenden Produkte in Amerika konsumiert werden. Probleme der Raumüberwindung entstehen vor allem durch

- Räumliche Trennung von Produktion und Konsumption sowie
- eine auf verschiedene Standorte verteilte Güterproduktion,
  wobei durch
- Globalisierung von Produktion und Konsumption sowie
- Steigende Komplexität und Spezialisierung der Systeme

die zu überwindenden Entfernungen tendenziell steigen, was immer höhere Anforderungen an die Transportsysteme (siehe Kap. 3.2.1.) stellt.

Wie diese Transporte verbrauchen alle Logistikketten Zeit und bestehen aus Teilprozessen, die in wechselnder Folge miteinander verbunden sind und deren **Zeitverbrauch** man bei

- Input⌧Output-Prozessen als **Durchlaufzeiten** und bei
- Output◆Input-Prozessen als **Lieferzeiten**

bezeichnet. Diese Zeiten können sich auf innerbetriebliche Prozesse und Verkettungen, z. B. von einzelnen Maschinen wie auf globale Netzwerke beziehen. Durchlauf- und Lieferzeiten ergeben sich aber nicht einfach als Summe der minimalen Vorgangszeiten; denn Durchlaufzeiten bestehen oft zu mehr als 90% aus Liege- und Wartezeiten und auch Lieferzeiten beinhalten neben reinen Transportzeiten meist Wartezeiten und darüber hinaus Handhabungs- und Umschlagzeiten.

Damit ist die **Zeitüberbrückung** als weitere Kernaufgabe der Logistik angesprochen, deren Probleme vor allem daraus resultieren, dass die meisten Prozessketten kaum unterbrechungsfrei zu synchronisieren und somit Wartezeiten und Lagerbestände in Kauf zu nehmen sind. Zeitüberbrückungsmaßnahmen werden also notwendig vor allem durch:
- Zeitliche Trennung von Produktion und Konsumption sowie
- asynchrone Beschaffungs-, Produktions- und Distributionsprozesse.

Dabei sind vor allem gezielte und geplante Unterbrechungen an den richtigen Stellen der Güterflüsse anzustreben, was ein stetes Abwägen der zugrundeliegenden Gegensätze bzw. Wechselwirkungen bedeutet:
- Sicherheit versus Risiko,
- Verzögerung versus Beschleunigung,
- Glättung (auch statistischer Ausgleich) versus Anpassung (Adaption, Flexibilität).

So wird die Disposition der **Mengen und Termine** zu einer weiteren zentralen Aufgabe der Logistik. Zwischen Mengen einerseits und Terminen andererseits bestehen verschiedene wechselseitige Zusammenhänge (**Interdependenzen**), wenn
- Bestände (=„Mengen") bzw. Kapazitäten (=„Menge pro Periode") Liefer- bzw. Produktionsbereitschaft und damit Liefertermine bestimmen,
- die Aufteilung von Gesamtmengen auf Teilmengen mit Prozesshäufigkeiten und damit Terminen (z. B. wöchentliche oder tägliche Lieferung?) korrespondieren und
- Mengendifferenzen in Logistikketten zu Fehlmengen oder Lagerhaltung führen, die sich auch als „zu späte" bzw. „zu frühe" Ereignisse interpretieren lassen.

Der ideale Anspruch eines perfekten **„Just in time" (JIT)** erfordert daher die Fähigkeit zur totalen Mengenflexibilität (Losgröße = „1") und absolute Synchronisation ohne jedes „zu früh" oder „zu spät" (Bestände = „0"). Dies ist in zu engen Zeitrastern (Sekunde, Minute, Stunde) sicherlich meist unrealistisch. Bezogen auf Tage aber auch Stunden als Referenzperioden (und Lagerreichweiten) wird diese Just-in-time-Philosophie *(„lagerlos")* in der Praxis aber vielfach angestrebt und auch weitgehend realisiert.

„Das richtige Material, in der richtigen Menge und Qualität, zur richtigen Zeit am richtigen Ort, zu minimalen Kosten" hat sich daher von einer Vision („materialwirtschaftliches Optimum" von Grochla) zum strategischen Anspruch an die operative Logistik entwickelt, dessen Erfüllung heute als selbstverständlich gilt.

Neben der JIT-Philosophie hat vor allem die **Wertschöpfungsoptimierung** die moderne Logistik geprägt. Sie folgt immer weiter greifenden **Verkettungskonzepten** wie beim SCM:

Supply Chain Management (SCM) ist die *„Optimierende Gestaltung und Koordination der Güter- und Informationsflüsse über den gesamten Wertschöpfungsprozess"*. Es basiert auf den drei Bausteinen (siehe Zäpfel, 2001a):

- **Integrale Logistikkonzeption,**
- **Partnerintegration** und
- **Daten- und Planintegration** durch neue Planungs- und Kommunikationstechnologie

und damit letztlich einer Weiterentwicklung und Ausweitung der Logistischen Kette zur

- Unternehmensübergreifenden Integration von mehrstufigen **Wertschöpfungsketten** bzw. -netzwerken,
- die neben den herkömmlichen Güterflüssen (Material, Produkte, Waren) auch Geld- und Informationsflüsse berücksichtigt,
- im Wechsel aus
  - **Input ⊠Output**-Prozessen bzw. -Systemen (z. B. Produktion) und
  - **Output◆Input**-Prozessen bzw. -Relationen (z. B. Lieferbeziehungen) besteht,
- auf eine konsequente Kundenorientierung baut und
- die drei Prozessebenen
  - **Marketing**
  - **Abwicklung** und
  - **Logistik**

verbindet:

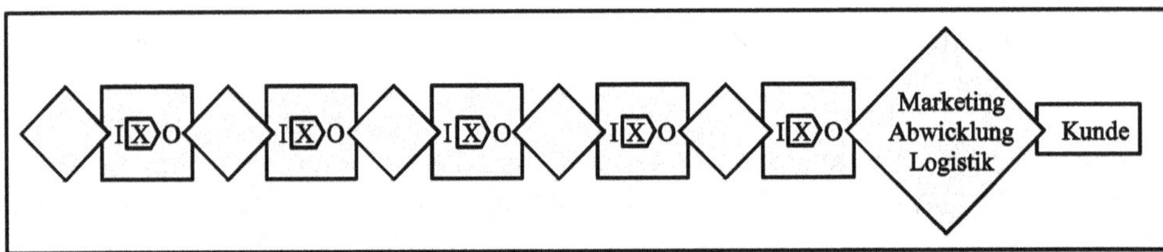

Abb. 1.4 *Struktur einer Wertschöpfungskette („Supply Chain")*

1.3 Das SCOR-Modell

Beim Supply Chain Reference Model (SCOR-Modell) handelt es sich um einen Ansatz, die Liefer- und Wertschöpfungskette eines Unternehmens zu definieren (vgl. Bolstorf et al., 2007, S. 15f.; s.a. Poluha, 2010a). Dieses Beschreibungsmodell wird vom Supply Chain Council (SCC, siehe *www.supply-chain.org*), einer aus der Praxis entstandenen Organisation, veröffentlicht und weiterentwickelt. Es dient als internationaler Standard, der es Unternehmen ermöglichen soll, ihre Wertschöpfungsketten aufeinander abzustimmen, miteinander zu verzahnen und zu vergleichen *(„benchmarking")*.

Das SCOR-Modell ist hierarchisch in verschiedene **Ebenen** (*Levels*) unterteilt (vgl. SCC, 2009, S. 7 u. 13). Nur die ersten drei Ebenen sind Modellbestandteil und werden hier vorgestellt. Ebene 4 ist als Implementierungsebene nicht mehr branchenunabhängig standardisiert, sondern lässt branchen- oder unternehmensintern entwickelte Aufgabenstrukturen und -beschreibungen zu, die dann auf Ebene 5 und 6 weiter in unternehmensspezifische Aktivitäten und Arbeitsanweisungen detailliert werden können.

Auf der obersten 1. Ebene (*Top Level*) wird aus einer Managementperspektive die komplette betriebliche Wertschöpfungskette in die bekannten **SCOR-Hauptprozesse** *Plan, Source, Make, Deliver und Return* aufgeteilt, die weiter unten beschrieben sind.

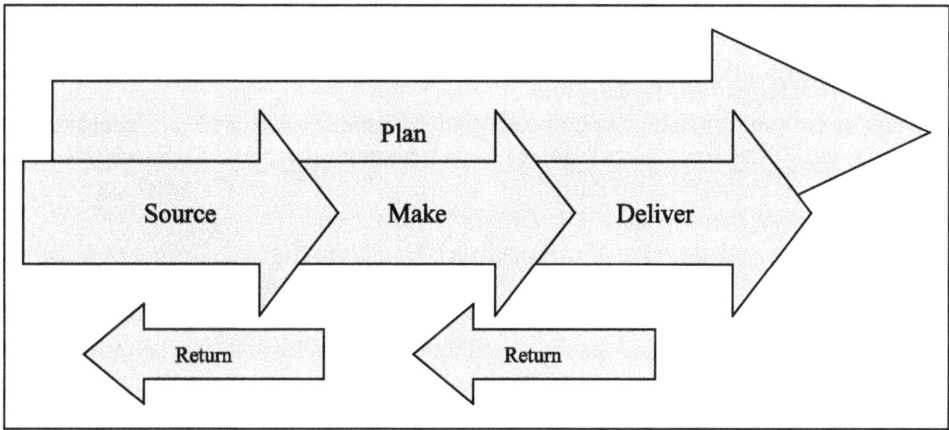

Abb. 1.5 *Hauptprozesse auf dem Top Level des SCOR-Modells*

In der 2. Konfigurationsebene (*Configuration Level*) werden die fünf Hauptprozesse einerseits perspektivisch in die **drei Prozesstypen** unterteilt:

- Planungsprozesse *(Planning)*, die aggregiert Nachfrage und Kapazität ausgleichen,
- Durchführungsprozesse (*Execution*), die den Zustand der Güter nachfragegerecht verändern, und
- Unterstützungsprozesse (*Enable*), die Informationen bzw. Beziehungen vorbereiten, pflegen und steuern, die sich auf die andern beiden Prozesstypen beziehen.

Zum anderen werden sie auch nach prozessspezifischen **Prozesskategorien** aufgesplittet, die im Folgenden mit den Hauptprozessen erläutert werden.

Auf der 3. Gestaltungsebene (*Process Element Level*) werden die Hauptprozesse differenziert nach den auf Level 2 unterschiedenen Prozesskategorien in **Prozesselemente** zerlegt (*Decomposition*). Auf dieser Ebene lassen sich branchenübergreifend Optimierungsansätze und -systeme, Input-Output-Analysen, Best Practice-Beispiele und Leistungskennzahlen nutzen.

Die **SCOR-Hauptprozesse** mit ihren Prozesskategorien stehen für wesentliche Elemente eigentlich jeder Wertschöpfungskette und sind auch Grundlage späterer Kapitel dieses Beitrages (vgl. zur folgenden Beschreibung SCC, 2009, S. 4-10, sowie Bolstorf et al., 2007, S. 134ff.):

- **Plan**: Planen, um für die gesamte Supply Chain (P1) sowie die anderen Hauptprozesse Beschaffen (P2), Produzieren (P3), Liefern (P4) und Rückgeben (P5) im Einzelnen die Nachfrage- und Angebotsketten sowie die Kapazitäten abzugleichen und zu steuern.
- **Source**: Beschaffen von Material, Waren und Dienstleistungen, um geplanten oder gegenwärtigen Bedarf abzudecken, für die hier zu unterscheidenden Prozesskategorien:
  - Beschaffen gelagerter Güter (S1: *Source Stocked Product*),
  - Beschaffen von auftragsgefertigten Gütern (S2: *Source Make-to-Order Product*),
  - Beschaffen spezialangefertigter Güter (S3: *Source Engineer-to-Order Product*).
- **Make**: Produzieren durch Umwandeln von Gütern in einen Endzustand, der geplante oder gegenwärtige Nachfrage erfüllt, für die Prozesskategorien:
  - Produzieren auf Lager/Lagerfertigung (M1: *Make-to-Stock*),
  - Auftragsfertigung (M2: *Make-to-Order*),
  - Spezialanfertigung (M3: *Engineer-to-Order*).
- **Deliver**: Liefern von fertigen Produkten und Dienstleistungen, um eine geplante oder gegenwärtige Nachfrage zu befriedigen, was typischerweise Auftragsabwicklung sowie Lager-, Kommissionier- und Transportprozesse einschließt, für die Prozesskategorien:
  - Liefern gelagerter Produkte (D1: *Deliver Stocked Product*),
  - Liefern von auftragsgefertigten Produkten (D2: *Deliver Make-to-Order Product*),
  - Liefern spezialangefertigter Produkte (D3: *Deliver Engineered-to-Order Product*),
  - Liefern von Handelswaren (D4: *Deliver Retail Product*).
- **Return**: Die Rückgabe von Material oder Produkten kann sowohl vom betrachteten Unternehmen an einen Lieferanten (SR: *Source Return*) als auch vom Kunden an das Unternehmen (DR: *Deliver Return*) erfolgen. Gründe für solche *Rücklieferungen („Retrologistik")* sind Defekte (R1), Wartung oder Reparaturen (R2) sowie Überschüsse (R3).

Mit dem Supply Chain Reference Model (SCOR-Modell) des Supply Chain Council liegt also ein Beschreibungsschema vor, das nicht nur geeignet ist, Unternehmen bei der Analyse, Beschreibung und Optimierung ihrer Prozesse zu unterstützen, sondern auch hilft, die Funktionsweise der logistischen Hauptprozesse im Unternehmen und der unternehmensübergreifenden Liefer- und Wertschöpfungsketten *(„Supply Chain")* zu erläutern und zu verstehen.

2 Produkte und Qualität

Produkte stellen das Ergebnis des betrieblichen Leistungserstellungsprozesses dar (s.o., Abb. 1.3) und verbinden den Produktionsprozess mit dem Absatzmarkt, auf dem diese Güter angeboten werden, und damit auch mit den Kunden. Aus Marktsicht müssen sie absetzbar sein und den (potentiellen) Kunden eine **Problemlösung** bieten. Daher besitzen auch materielle Produkte oft eine immaterielle Aura von Nebenleistungen.

2.1 Produktentwicklung und Innovation

Produkte stehen im Spannungsfeld zwischen Markt und Technik, letztlich müssen aber Marketingsicht und Sicht der Produktion bzw. Logistik zusammen passen wie die beiden Seiten einer Münze. Denn es macht ebenso wenig Sinn nicht vermarktbare Produkte zu produzieren wie nicht herstellbare Produkte zu verkaufen. Das kann sich übrigens auch „nur" auf die Mengen pro Periode beziehen, wenn z. B. vom Verkauf 10.000 Stück für die nächste Woche versprochen werden, aber bis dahin nur 5.000 Stück produziert werden können.

Produktinnovationen führen zu neuartigen Produkten, wobei sich die „Neuheit" oft nur auf bestimmte Teile oder Funktionen des Produktes bezieht. So gibt es Autos schon seit über 100 Jahren, Innovationen wie ABS, Abstandsregelung oder Navigation zeigen aber dennoch den technischen Fortschritt. Manche Innovationen versprechen hohe Anfangsgewinne, andere sichern nur Marktpositionen. Sie bergen aber stets Risiken, können sich als Fehlschläge im Markt oder vorher bereits als technisches Problem in der Entwicklung erweisen.

Um produziert werden zu können, muss zunächst eine **Produktidee** definiert und entwickelt werden. Wichtig ist dabei, dass die Produktdefinition und damit der Entwicklungsauftrag rechtzeitig und eindeutig festgelegt werden, um teuere Fehlinvestitionen in fehlgeleitete bzw. abgebrochene Entwicklungsprojekte in Grenzen zu halten. Schnelligkeit („time to market") der Entwicklungsprozesse hilft dabei Marktnähe und Flexibilität zu erhalten.

Neben der konstruktiven **Produktentwicklung** („Konstruktion") und den mit ihr verbundenen Erprobungsaktivitäten („Produkterprobung") ist die **Prozessentwicklung** zu beachten: Sie umfasst die Arbeitsplanung (Was ist zu tun? In welcher Reihenfolge? Wie lange dauert was?), die Entwicklung der produktspezifischen Betriebsmittel, vor allen der oft sehr teuren Werkzeuge, sowie die Prozesserprobung insbesondere durch Produktionsversuche („Musterfertigung"). Durch parallele Abwicklung einzelner Entwicklungsschritte lassen sich Entwicklungsprojekte deutlich verkürzen *(„Simultaneous Engineering")*. Das gilt auch für die Überlappung mit den Entwicklungsaktivitäten von frühzeitig ausgewählten Lieferanten *(„Entwicklungslieferanten“).*

Schließlich ist auch die **Produkteinführung** rechtzeitig zwischen Marketing und Produktion abzustimmen, damit der ggf. nach Märkten und Produktvarianten differenzierte Produktionsbeginn *(SOP := „Start of Production“; „job1“)* bzw. die Anlaufkurve für steigende Produktionsmengen zur Markteinführung mit den entsprechenden Marketingaktivitäten und der Distribution der Produkte ins Händlernetz passt.

Die mehr oder weniger langen und aufwändigen Entwicklungsprojekte verursachen natürlich auch unterschiedliche Kosten, die als Investitionen in einen zukünftigen Produktlebenszyklus (Siehe Teil II, Abb. 2.4) angesehen werden können, und hier als **Innovationskosten** bezeichnet werden. Sie stellen Fixkosten dar, da sie kaum mit der zu produzierenden Stückzahl korrelieren. Wenn man sie schematisch den ebenfalls von Produkt zu Produkt unterschiedlichen **Reproduktionskosten**, die also pro Stück bzw. Kopie eines vorhandenen Produktes anfallen (variable Kosten), gegenüberstellt, ergibt sich Abb. 2.1.

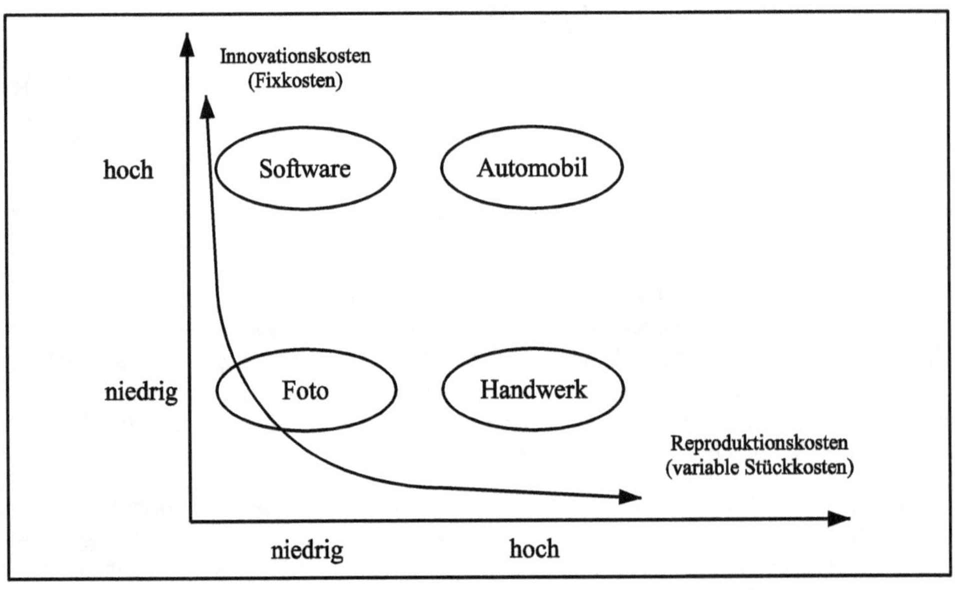

Abb. 2.1 *Innovations- und Reproduktionskosten*

Dort sind vier Beispiele nur relativ grob mit „hoch“ und „niedrig“ differenziert: Produkte mit sehr niedrigen Reproduktionskosten sind vor allem digitale (immaterielle) Güter. Der Innovationsaufwand kann dabei aber sehr unterschiedlich ausfallen: Bei Software aber auch Spielfilmen ist er tendenziell sehr hoch, während ein Digitalfoto schnell und günstig aufgenommen und vervielfältigt werden kann. Aber auch bei preiswert zu reproduzierenden materiellen Gütern variieren die Innovationskosten, wenn man z. B. ein Bonbon oder eine Schokolinse mit einer Tablette (Medikament) vergleicht, die gigantische Erprobungs- und Zulassungskosten verursacht.

Wenn die Herstellung eines Produktes zahlreiche Produktionsschritte, viel Zeit oder teure Produktionsfaktoren, insbesondere Materialien benötigt, entstehen hohe Reproduktionskosten. Reines Kopieren setzt voraus, dass es das Produkt oder etwas Ähnliches bereits gibt und kaum Entwicklungsaufwand anfällt. Dies kommt vielfach im Kunsthandwerk, aber auch bei zeitaufwändigen Arbeiten im Dienstleistungs-, Handwerks- oder Baubereich vor. Bei den meisten technischen Sachgütern wie Autos, Computern oder Elektrogeräten halten sich Innovations- und Reproduktionskosten tendenziell die Waage, sie sind zumindest beide nicht zu vernachlässigen.

Bei hohen Innovationskosten, die wie bereits erwähnt nicht nur durch Entwicklungsarbeiten, sondern auch produktspezifische Betriebsmittel, speziell teure Werkzeuge verursacht werden, ist dann stets zu fragen, ob und wann sich die Innovationskosten amortisieren. Insofern sind sie ins Verhältnis zur geplanten, absetzbaren oder produzierbaren Stückzahl zu setzen. Wenn z. B. in der Automobilindustrie die Entwicklung eines Modells 1,5 Mrd. € kostet und davon 1 Mio. Stück abzusetzen sind, müssen 1.500€ pro Auto für die Entwicklung umgelegt werden, was in allen Preislagen machbar erscheint. Wenn Sie aber nur 100.000 Stück verkaufen, sind schon 15.000€ pro Auto nötig, um die Entwicklungskosten zu amortisieren. Bei nur 10.000 Stück ergeben sich sogar 150.000€ pro Auto, was dann sicherlich schon schwierig wird. Auch daher kostet also ein Luxussportwagen viel mehr als ein Volumenmodell.

2.2 Produktvariantenvielfalt

Alle Produkte haben Eigenschaften, die von verschiedenen (potentiellen) Käufern ganz unterschiedlich wahrgenommen und bewertet werden. So beeinflussen sie nur zum Teil die Kaufentscheidung, werden teilweise auch als „selbstverständlich" betrachtet und dann u. U. auch gar nicht kommuniziert. Um möglichst vielen unterschiedlichen Kunden zu gefallen, werden daher viele Produkte in **Varianten** angeboten, die bestimmte Märkte oder Kundengruppen gezielter ansprechen sollen oder sogar von Kunden selbst über Wahlmöglichkeiten konfiguriert werden können.

So entsteht eine **Angebotsvielfalt**, die sich in möglichen Produktvarianten und der damit zusammenhängenden **Teilevariantenvielfalt** niederschlägt. Vielfalt verursacht aber Komplexität, die es dann vor allen in der Produktion und in der Logistik zu beherrschen gilt. Wenn ein Produkt in n Eigenschaftenfamilien differiert und diese Familien m (≥ 2) Eigenschaften besitzen, ergibt sich die Variantenvielfalt als

$$\text{Variantenvielfalt} = \prod_{i=1}^{n} m_i$$

Wenn im Minimum jedes m=2 ist, was also jeweils nur zweiwertige („dichotome“) Optionen wie „groß-klein“ oder „ohne-mit“ bedeutet, nimmt diese Funktion als Untergrenze die Exponentialfunktion 2^n an, so dass mit steigendem n für die Vielfalt enorme Werte erreicht werden. Bei 10 Familien sind also mindestens 1024 bei 20 Familien schon über eine Million Varianten möglich.

Diese **Produktvariantenvielfalt** lässt sich nun in Beziehung zur **Vielzahl** (= Menge) setzen, die eine gewisse Homogenität der Produkte voraussetzt bzw. vorhandene Unterschiede als situativ unwichtig ignoriert. Wenn man nun nach und nach unterschiedliche Eigenschaften berücksichtigt, bilden sich Teilmengen bis im Extremfall eine Menge von 100 zur hundertfachen Vielfalt mit jeweils der Menge=1 wird. So kann z. B. eine Brauerei 100.000 Bierflaschen am Tag abfüllen, die sich aber nach Biersorten *(Pils, Alt, Kölsch, Weizen)* und Gebindeformen *(Einweg-Mehrweg, Glas-Kunststoff, 0,33l-0,5l, Flaschenform etc.)* sowie nach Marken und darüber hinaus den Etiketten *(Farben, Sprachen, Texte)* durchaus in vielfältige Untermengen aufteilen können. Bei extremer, in Produktionsbetrieben meist nicht relevanter Betrachtung ist jede Flasche ein Unikat z. B. hinsichtlich exaktem Gewicht oder Zahl der Atome.

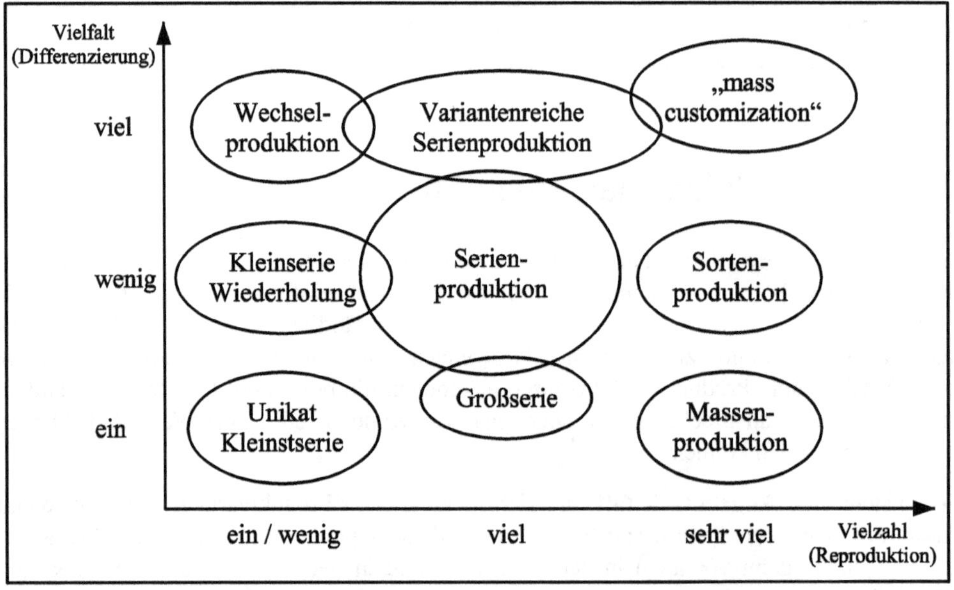

Abb. 2.2 Charakterisierung von Produktionsprozessen nach Vielfalt und Vielzahl der Produkte

Insoweit ist es teilweise eine Ermessensfrage, ob eine Menge eher als Vielzahl oder Vielfalt gesehen wird, was sich nach der Zweckmäßigkeit richten sollte. Wenn ein Kunde allerdings Produktvarianten wählen kann oder in verschiedenen Märkten bzw. Ländern unterschiedliche Produkteigenschaften angeboten werden, muss zumindest diese Angebotsvielfalt auch in den **Produktionsprozessen** (siehe später Kap. 5) abgebildet werden. Diese lassen sich insofern auch nach verschiedenen Ausprägungen der Vielfalt und Vielzahl und damit der Produktkomplexität charakterisieren (siehe Abb. 2.2).

Die Produktion großer Menge erlaubt sog. **Mengendegressionseffekte**, die die Stückpreise mit zunehmenden Mengen sinken lassen. Sie beruhen entweder auf **Rationalisierung**, wie sie z. B. durch Lernkurven oder technischen Fortschritt hervorgerufen wird, oder auf der **Fixkostendegression** *(FK/x)*, die sich durch die Verteilung einer festen Summe FK, die z. B. für die in Kap. 2.1 angesprochenen Innovationskosten steht, auf immer mehr Elemente (Menge = x) ergibt. Diese Mengendegressionseffekte werden aber bei Auftreten von Produkt- und vor allem Teilevielfalt z.T. empfindlich gestört:
So können für verschiedene Teile unterschiedliche und damit mehrere Werkzeuge notwendig werden, Lernkurven mangels Wiederholung ihre Wirkung verlieren und zunehmende Fehlerraten, z. B. durch Verwechslungen, steigende Kosten verursachen. Produktvariantenvielfalt wirkt auch **Komplexität steigernd** auf betriebliche Prozesse, wie z. B. die Auftragsabwicklung, den Zusammenbau, die Kommissionierung und Distribution, und damit oft auf Betriebsmittel und Logistiksysteme (s.u. Kap. 3.), die diese Komplexität bewältigen sollen. Dann wird ein gezieltes **Komplexitätsmanagement** notwendig, dass über Ansätze wie Produktmodularisierung, späte Differenzierung der Prozesse oder Systemflexibilisierung die negativen Folgen der Vielfalt zu begrenzen sucht, ohne die marktrelevante Angebotsvielfalt zu beschränken.

2.3 Produktqualität und Qualitätsmanagement

Qualität ist der sprachliche Gegensatz zur Quantität, also der reproduzierten Menge. Die DIN EN ISO 9000:2000 definiert Qualität als *„Vermögen einer Gesamtheit inhärenter Merkmale eines Produktes, Systems oder Prozesses, zur Erfüllung von Forderungen von Kunden und anderen interessierten Parteien“*. Neben der Erfüllung vereinbarter Kundenforderungen und Spezifikationen werden im modernen Qualitätsmanagement zunehmend subjektive Aspekte berücksichtigt: *„Quality is what customer says it is“ (Feigenbaum)* bedeutet für die Produktqualität letztlich die **Fähigkeit seine Kunden dauerhaft zufrieden zu stellen**. (vgl. Bogaschewsky/Rollberg, 1998, S. 147).

Produktqualität lässt sich operational in sog. **Teilqualitäten** aufspalten:

- **Funktionalqualität** führt zu *„fitness for use“* (Juran) und lässt sich noch nach Hauptfunktionen und Nebenfunktionen differenzieren: Was muss das Produkt können? Wichtige Nebenfunktionen betreffen oft Ergonomie, Komfort und Sicherheit.
- **Stilqualität** betrifft Form und Farbe, muss den subjektiven Geschmack treffen und ist zeitlichen Veränderungen *(„Moden“)* unterworfen. Sie ist oft kaufentscheidend und wird selbst für die Vermarktung solcher Produkte immer wichtiger, bei denen man intuitiv die Funktion im Vordergrund sieht (z. B. Geräte, Maschinen).

- **Dauerqualität** betrifft die (zeitliche) Haltbarkeit des Produktes und wird im Qualitätsmanagement auch als **Zuverlässigkeit** bezeichnet. Sie sollte bei jeder Produktentwicklung klar definiert sein und kann auch modische Aspekte *(„zeitloses Design“)* beinhalten.
- **Integrationsqualität** fragt, ob das Produkt zu seinem vorgesehenen Umfeld passst? Dies kann technisch (z. B. Elektrik = 230V etc.), gesetzlich normativ (in einem Land erlaubt?) aber auch geschmacklich (z. B. farblich) oder sogar gewohnheitsbezogen bis ideologisch verstanden werden.
- **Umweltqualität** kann auch als Nebenfunktion oder Aspekt der Integrationsqualität aufgefasst werden. Dabei sind Wirkungen auf die Umwelt in der Produktionskette, beim Verbrauch bzw. während der Nutzung und schließlich nach Gebrauch zu unterscheiden.

Mit ihrem **Qualitätsmanagement** versuchen Unternehmen die Qualität ihres Handelns kundenorientiert sicher zu stellen. Die Produktqualität lässt sich durch zielgerichtete Qualitätsplanung, qualitätssichernde Durchführungsprozesse und angemessene Prüfungen erreichen. Im modernen Qualitätsmanagement spielen aber neben der Produktqualität auch die Prozessqualität und vor allem die **Systemqualität** eine bedeutende Rolle. So wird z. B. nach der weltweit verbreiteten Norm DIN EN ISO 9001 das Qualitätsmanagementsystem eines Betriebes zertifiziert, nicht aber die Qualität seiner Produkte.

Das Total Quality Management (TQM) ist dann die *„auf die Mitwirkung aller ihrer Mitglieder gestützte Managementmethode einer Organisation, die Qualität in den Mittelpunkt stellt und durch Zufriedenstellung der Kunden auf langfristigen Geschäftserfolg sowie Nutzen für die Mitglieder der Organisation und für die Gesellschaft zielt.“ (ehem. DIN ISO 8402).*

3 Logistiksysteme

Die Logistik als Kette stellt ein bereichsübergreifendes System dar, das sowohl die einzelnen Funktionsbereiche (Beschaffung, Produktion, Absatz, Entsorgung) des Unternehmens untereinander als auch das Unternehmen mit seinen Lieferanten und Kunden verbindet.

3.1 Differenzierung von Logistiksystemen

Obwohl Logistik etwas Ganzheitliches darstellt, lässt sie sich nach verschiedenen Gesichtspunkten in Teilsysteme aufspalten:

Eine **funktionale Abgrenzung** von Teillogistiken unterscheidet
- Beschaffungslogistik,
- Produktionslogistik,
- Distributionslogistik,
- Retrologistik bzw.
- Entsorgungslogistik.

Sie folgt also zunächst den drei betriebswirtschaftlichen Grundfunktionen Beschaffung, Produktion, Absatz (siehe auch Kap. 4, 5 und 6) und berücksichtigt dann die Rückflüsse und die Entsorgung, die in Kap. 7 kurz angesprochen wird.

Nach **institutionellen Gesichtspunkten** lässt sich die Logistik zunächst in die welt- oder volkswirtschaftliche Makrologistik und die betriebswirtschaftliche Mikrologistik differenzieren. Eine weitergehende institutionelle Untergliederung unterscheidet nach Wirtschaftsbereichen z. B. die
- **Industrielle Logistik**, die die Güter- und Informationsflüsse produzierender Betriebe betrachtet,
- **Handelslogistik**, bei der Beschaffung und Distribution direkt zu verknüpfen sind,
- **Logistikdienstleister**, die Logistikaufgaben für andere Unternehmen übernehmen,
- **Dienstleistungslogistik** als die Logistik in Dienstleistungsbetrieben (ohne Logistikdienstleister), die sicherlich die vielfältigsten Formen annehmen kann,

wobei aber auch andere Spezialsegmente wie Militärlogistik, Krankenhauslogistik oder Städtische Logistik zu nennen sind. Die institutionelle Systematik setzt sich dann verfeinernd in die betriebliche Organisationsstruktur fort.

Nach **Führungs- bzw. Planungsebenen** differenzieren sich Logistiksysteme in die

- **Strategische Logistik**, die sich - tendenziell langfristig - mit kompletten Wertschöpfungsketten befasst,
- **Taktische Logistik**, die vor allem die - nur mittelfristig zu verändernde - Gestaltung der technisch-organisatorischen Logistiksysteme (=Investitionen) betrachtet, und
- **Operative Logistik**, die für kurzfristige und konkrete Steuerung und Durchführung der Logistikprozesse steht.

Auf dieser operativen Ebene lassen sich alle Logistikprozesse in Teilaktivitäten aufspalten, die durch die folgenden **Prozesselemente** zu beschreiben sind:
- Bearbeiten (=Verändern),
- Prüfen (Ansehen, zählen, messen, wiegen, ausprobieren),
- Transportieren,
- Lagern,
- Handhaben.

Auf Grundlage dieser Elemente lassen sich nun die technisch-organisatorischen Teilsysteme der Logistik beschreiben. Da Bearbeitungssysteme vor allem in Produktionssystemen enthalten sind, werden sie hier nicht betrachtet.

3.2 Technisch-organisatorische Teilsysteme der Logistik

3.2.1 Transportsysteme und Transportmittel

Transportieren bedeutet die Raumkoordinaten von Gütern zu verändern bzw. einfacher sie von einem Versandpunkt A zu einem Empfangspunkt B zu bringen. Dabei wird regelmäßig auch Zeit verbraucht.

Transportsysteme lösen also das logistische Problem der **Raumüberwindung** und sind bestimmt durch das Transportgut (als Objekt), das Transportieren (als Prozess) und die **Transportmittel** (als Betriebsmittel).
Innerbetriebliche Transportmittel werden als **Fördermittel** bezeichnet und danach unterschieden, ob sie flurgebunden, also über den Boden, oder flurfrei fördern sowie ob sie linienförmig an eine Förderstrecke gebunden sind (vgl. Koether, 2007, S. 30ff.). Beispiele für **Fördermittel** sind:
- Handwagen (flurgebunden)
- Gabelstapler (flurgebunden)
- Rollenbahn (linienförmig)
- Fließband (linienförmig)
- Kran (flurfrei)
- Hängebahn (flurfrei, linienförmig)

Verkehrsmittel erledigen über- und zwischenbetriebliche Transporte und betten sich in gesamtwirtschaftliche Verkehrssysteme ein, die neben dem Güterverkehr auch den Personenverkehr umfassen und traditionell in Nah- und Fernverkehrssysteme sowie Landverkehr, Luftverkehr und Wasserverkehr unterschieden werden. Wichtige Verkehrsmittel sind z. B.

- Lieferwagen (Straßen-/ Nahverkehr)
- Lastkraftwagen (LKW) (Straßen-/ Fernverkehr)
- Eisenbahn (Schienenverkehr)
- Flugzeug (Luftverkehr)
- Binnenschiff (Wasserstraßenverkehr)
- Küstenmotorschiff (Seeverkehr)
- Containerlinienschiff (Binnen-/ Seeverkehr)
- Großtanker (Hochseeverkehr)
- Gaspipeline (Rohrleitungsverkehr)

3.2.2 Lagersysteme

Lagersysteme sind bestimmt durch das Lagergut (als Objekt), das Lagerhaus (als Betriebsmittel) und das Lagern bzw. die Lagerhaltung (als Prozess), die das Problem der **Zeitüberbrückung** löst.

Lagerhaltung entsteht durch die Unterbrechung von Güterflüssen und schlägt sich in **Beständen** nieder, die nicht nur in - als solchen ausgewiesenen - Lagern, sondern überall im Unternehmen vorkommen können. Insofern sind z. B. auch vor Maschinen wartende Materialien oder im Schreibtisch liegende Druckerpatronen als Lagerbestände zu werten.

Aus Sicht einer modernen Logistik sind Lagerbestände möglichst zu vermeiden. Sie entstehen aber immer wieder vor allen durch Mengen- und Geschwindigkeitsdifferenzen in der Logistischen Kette. Ein hundertprozentiges Fließen setzt aber vollständige Synchronisation *(absolutes „Just in Time")* und damit unbegrenzte Flexibilität sowie keinerlei Störungen voraus und ist somit unrealistisch.

Die **Ursachen für Lagerhaltung** liegen vor allen in **Mengendifferenzen**, die sich aufgrund von unterschiedlichen

- Geschwindigkeiten,
- Kapazitäten oder
- Dispositionen

zwischen verschiedenen Teilprozessen oder Stationen ergeben.

Weitere Gründe für Lagerhaltung sind:

- Lieferzeitverkürzung, z. B. durch Produktion auf Lager oder das Vorhalten von Waren für den Verkauf, z. B. im Supermarkt,
- Risikominderung („Sicherheitsbestände"),
- Sortieren (Kommissionieren, Umschlagen) und
- Wertschöpfung (Reifung, Spekulation).

Gerade kurzfristige Lagerhaltung kann zwar quasi überall vorkommen, systematisches und wirtschaftliches Lagern setzt aber das Vorhandensein eines **Lagerhauses** voraus. Seine Gestaltungselemente beeinflussen sich wechselseitig stark, sollen hier aber kurz getrennt vorgestellt werden:

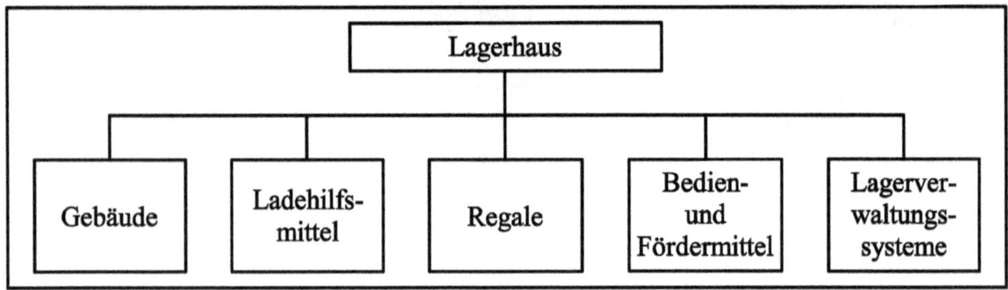

Abb. 3.1 *Gestaltungselemente eines Lagerhauses*

Bezüglich des **Gebäudes** sind sein Vorhandensein (*Freiluftlager, alte Halle oder Neubau*), die Höhe und Ausmaße (*Layout*) sowie die bauliche Ausführung zu beachten. Bei Neubauten wird sich das Gebäude an den geplanten Regalsystemen ausrichten.

Die **Ladehilfsmittel** (auch Lagerhilfsmittel) bestimmen die möglichen Konturen und Gewichte der Lagereinheiten. Sie prägen die Anforderungen an die technische Ausrüstung des Lagers. So erfordern Paletten, Gitterboxen, Klein- oder Großbehälter, speziell angefertigte Gestelle oder Silos bzw. Tanks für Schütt- bzw. Fließgüter jeweils verschiedene Lagersysteme. Eine Standardisierung kann zu wesentlichen Vereinfachungen führen, ist bei unterschiedlichen Formen, Größen und Gewichten der Lagergüter aber meist sehr schwierig.

Die Aufbewahrungseinrichtungen, hier pauschal als „**Regale**" bezeichnet, werden stark von den eingesetzten Ladehilfsmitteln beeinflusst. Sie lassen sich vor allem nach der Höhe (*kein Regal, Flachregal, Hochregal*), den Abständen (Raum für Bedien- und Fördermittel) sowie der Tragfähigkeit charakterisieren.

Die **Bedien- und Fördermittel** müssen gleichermaßen für Transport und Handhabung der (beladenen) Ladehilfsmittel und den Zugriff auf die Regale geeignet sein. So ist eine manuelle Regalbedienung nur bei nicht zu schweren Lagereinheiten im menschlichen Zugriffsbereich möglich. In Flachregalen kann mit geeigneten Gabelstaplern, in Hochregallagern nur mit speziellen Regalbediengeräten ein- und ausgelagert werden.

Das **Lagerverwaltungssystem** (LVS) übernimmt die Steuerung der Ein- und Auslagerung und bewahrt den Überblick über Bestände und Lagerplätze. Vor allem wenn keine festen Lagerplätze für bestimmte Güter vorgesehen sind (*„chaotische Lagerung"*), ist ein gutes Lagerverwaltungssystem unabdingbar. Bei Automatisierung ist zusätzlich die Steuerung der Bedien- und Fördermittel (*Automatensteuerung*) sicherzustellen.

3.2.3 Handhabungs- und Umschlagssysteme

Handhabungs- und Umschlagsvorgänge gelten als die teuersten Aktivitäten in der Logistik. Sie treten immer dann auf, wenn in Logistikketten die Betriebsmittel oder die Ladehilfsmittel bzw. Verpackungen gewechselt werden und besonders, wenn dabei die Zusammensetzung logistischer Einheiten verändert wird. Jeder Wechsel zwischen verschiedenen Produktionsmitteln, Lagersystemen sowie Verkehrs- und Fördermitteln verursacht also Handhabungs- bzw. Umschlagsaktivitäten.

Beispielhaft zu nennen sind Tätigkeiten wie

- Be- und Entladen,
- Verpacken und Auspacken,
- Einlagern und Auslagern,
- Kommissionieren und Sortieren,
- Konsolidieren und Auflösen von Ladeeinheiten.

Relevant für die Handhabungs- und Umschlagskosten ist also die Frage, ob Güter zusammengefasst (*konsolidiert*) werden können oder größere Einheiten aufgelöst werden müssen. Denn jede *„Stück für Stück"*-Handhabung ist teurer und zeitaufwändiger als ein Komplettumschlag, was auch die stark zunehmende Verbreitung des Containers (*Großbehälters*) begründet. Ein Ansatz zur Logistikoptimierung ist, die genannten Handhabungs- und Umschlagsvorgänge auch in längeren Logistikketten **möglichst selten** vorzusehen.

3.2.4 Kommissioniersysteme

Kommissioniersysteme sind spezielle Handhabungs- und Umschlagsysteme, bei denen das **Sortieren** im Mittelpunkt steht. Kommissionieren bedeutet ein bedarfs- bzw. auftragsgerechtes Zusammenstellen von bestimmten Teilmengen aus einer bereitgestellten Gesamtmenge (vgl. VDI-Richtlinie 3590). Meist kann man vom Übergang von einer **artorientierten** zu einer bedarfs- bzw. **auftragsgerechten** Sortierung sprechen, wie wir das auch beim Einkaufen im Supermarkt durchführen.

Systematisch sind beim Kommissionieren die folgenden Schritte in irgendeiner Weise zu erledigen:

- Suchen und Auffinden,
- Entnehmen („Picken"),
- auftragsgerecht Zusammenführen,
- Bereitstellen bzw. Abgeben.

Beim **Suchen und Auffinden** hilft traditionell die sog. Kommissionierliste, die zeilenweise die zu entnehmenden Güter und Mengen sowie den Entnahmeplatz (=Lagerplatz) angibt. Automatisierungsansätze haben in den letzten Jahren zu verschiedene Formen des **beleglosen Kommissionierens** geführt:

- **Display-Anweisungen** können z. B. den Fahrern von Gabelstaplern, aber auch anderen Kommissionierenden über Handgeräte die notwendige Information meist per Funk online übermitteln.
- **„Pick-by-light"** setzt Signale am Entnahmeplatz, also in den Regalen voraus, die blinken oder Zahlen anzeigen.
- Beim **„Pick-by-voice"** wird die Kommissionieranweisung per Funk auf Kopfhörer übertragen, was effektive Sprachverarbeitungssysteme voraussetzt.

Diese **statischen Kommissioniersysteme**, bei denen die Kommissionierenden durch die Regale gehen bzw. fahren („Mann/Frau zur Ware") und unmittelbar manuell oder mit Hilfe mechanischer Fördermittel (wie eines Gabelstaplers) die Ware entnehmen, stehen die **dynamischen Kommissioniersysteme** („Ware zum Mann/Frau") gegenüber, bei denen automatische Betriebsmittel (wie Regalbediengeräte) die Waren z. B. aus einen Hochregallager direkt zu einer Kommissionierstation bringen und dort an die Kommissionierenden übergeben.

3.2.5 Informations- und Kommunikationssysteme (IuK)

Im Zuge des technischen Fortschritts und der Entwicklung zum Informationszeitalter haben Informations- und Kommunikationssysteme (IuK-Systeme) enorm an Bedeutung gewonnen. Die Entwicklung der betrieblichen Informationssysteme und Elektronischen Datenverarbeitung (EDV) zu umfassenden und sogar unternehmensübergreifenden Anwendungen, die zunehmende **Automatisierung** sowie die Verbreitung der **Internettechnologie** haben auch der Informationslogistik und Telematik einen hohen Stellenwert zugewiesen.

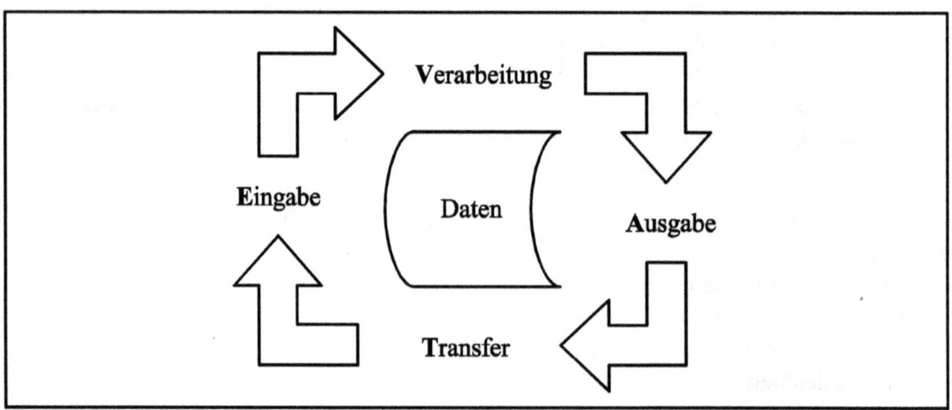

Abb. 3.2 *Schema eines IuK-Systems*

Während betriebliche Informationssysteme früherer Generationen als sog. Datenverarbeitungssysteme nach dem EVA-Prinzip (**E**ingabe > **V**erarbeitung > **A**usgabe) arbeiteten und untereinander kaum verknüpft waren, hat sich inzwischen der elektronische **Datenaustausch**

und Informationstransfer zu einem wesentlichen Element der IuK-Systeme entwickelt, was jede manuelle Eingabe von anderswo ausgegebenen („gedruckten“) Daten als Systembruch und große Verschwendung erscheinen lässt.

Der **Eingabebereich** setzt sich im Bereich SCM/Logistik zum einen aus zu pflegenden **Stammdaten** wie z. B.

- Produktdaten,
- Stücklisten,
- Arbeitsplänen,
- Maschinenstammsätzen,
- Lieferantenstämme,
- Kundendateien

zusammen, die durch aktuelle **Bewegungsdaten** ergänzt werden wie z. B.

- Aufträge,
- Lagerentnahmen,
- Wareneingänge etc.

Verarbeitet werden diese Daten durch diverse Planungs-, Steuerungs-, Regelungs- und Kontrollroutinen, die z. B.

- alle Aufgaben der Produktionsplanung und -steuerung (PPS, siehe später Kap. 5.4) erledigen,
- im technischen Bereich z. B. Konstruktionsaufgaben (CAD) und die Arbeitsplanung (CAP) in integrierenden Managementsystemen (CIM, s.u. Kap. 3.4) erfüllen oder
- die Betriebsmittelsteuerung (CAM, CNC, DNC etc.) ausführen,
- in Lagerhäusern die Lagerplätze und Bestände verwalten (Lagerverwaltungssysteme) oder
- Touren- und Routenplanungen für den Versand optimieren.

Als **Ausgaben** ergeben sich dann unzählige Listen, Blätter, Bildschirmanzeigen und Impulse, deren mögliche Inhalte hier nur **beispielhaft** und verkürzt wiedergegeben werden können:

- Produktionsaufträge,
- Bestellvorschläge,
- Lagerbestände,
- Kommissionierlisten,
- Transportaufträge/ -touren oder
- Steuerimpulse für Automaten
- u.v.m.

Die **Transfer**möglichkeiten stehen für die Kommunikationskomponente, deren Automatisierung die Entwicklung zum elektronischen Geschäftsverkehr *(„E-Business“)* ermöglicht hat. Dabei wird u. a. die Verbindung von Unternehmen mit ihren Konsumenten-Kunden (B2C - *„Business to Consumer“*) von der Verknüpfung von Unternehmen (B2B - *„Business to Business“*) in Lieferanten-Kunden-Beziehungen unterschieden. Die Kommunikationsmöglichkeiten beginnen aber nach wie vor meist mit dem persönlichen Kontakt und ergeben sich als:

- unmittelbarer Informationsaustausch durch persönliche **Gespräche**,
- klassische **Telekommunikation** mittels Briefverkehr, Telefon, Telefax,
- Datenfernübertragung (**DFÜ**) z. B. über EDI-Dienste, ISDN etc.
- **Internetdienste** wie z. B. www, e-mail, FTP, news, blog, wiki usw.

Insofern gibt es heute eine **große Auswahl an Kommunikationsmitteln**, um Geschäftspartnern aktiv Informationen zu übermitteln oder zum Abruf (passiv) bereitzustellen.

Für die Zukunft stellt sich die Frage, inwieweit die Entwicklung der Kommunikationsmöglichkeiten im Internet, die unter dem Label "*Web 2.0*" vor allem in die Richtungen

- Soziale Netzwerke,
- Kollektive Intelligenz,
- Kollaborative Planung und Durchführung,
- Freie Systemnutzung und einfache Kombinierbarkeit von Software,
- Einbezug dynamischer Medien wie Audio und Video

fortschreitet, die Kommunikation und Zusammenarbeit in und zwischen Unternehmen sowie mit ihren Mitarbeitern und Kunden verändern werden?

3.3 Logistikintegration

In Kap. 1.2 ist bereits angesprochen worden, dass SCM als einen seiner drei Bausteine eine **„integrale Logistikkonzeption“** voraussetzt bzw. enthält. Insofern ist es extrem wichtig, dass in Wertschöpfungsketten die im vorigen Abschnitt dargestellten Teilsysteme der Logistik untereinander sowie mit den Produktionssystemen (siehe Kap. 5) eng aufeinander abgestimmt werden und zueinander passen. Innerhalb von Produktionsbetrieben („Werken“) aber auch in unternehmensinternen Produktionsverbünden wirkt diese Forderung eigentlich als organisatorische Selbstverständlichkeit. Sie setzt aber klare Standards und Vorgaben für Logistik- und IuK-Systeme und ihre Schnittstellen voraus. Schon in größeren Konzernen und erst recht unternehmens-/konzernübergreifend lässt sich eine derartige **Logistikintegration** aber nur durch Industrie- oder **Branchenstandards**, die nur partiell existieren und durchgesetzt sind, oder vielfältige wechselseitige **Vereinbarungen zwischen Lieferpartnern** in den Lieferbeziehungen realisieren.

Jede Optimierung der Lieferrelationen (siehe Kap. 6.3) setzt eine abgestimmte Gestaltung der Logistikketten von Lieferant und Abnehmer voraus. Somit hängt die Effizienz intensiver Lieferbeziehungen stark von der Logistikintegration zwischen den Lieferpartnern ab. Dabei ist oft auch in eine Vereinheitlichung von Betriebsmitteln und Prozessen zu investieren, die sich über Kosteneinsparungen und Zeitgewinne im operativen Geschäft amortisieren muss. Dies dürfte aber gerade bei permanenten bzw. sich häufig wiederholenden Lieferungen nur selten ein Problem darstellen.

Logistikintegration betrifft vor allem die Abstimmung der folgenden Systeme:

- Die **technischen Güterflusssysteme** sind oben (Kap. 3.2.1-3.2.4) als Transport-, Lager-, Handhabungs-, Umschlags- und Kommissioniersysteme vorgestellt worden. Eine grundlegende Voraussetzung integrierter Logistikprozesse ist hier die Verwendung gemeinsam geplanter bzw. **verbindlich festgelegter Ladehilfsmittel**, also Behälter und Verpackungen, Gestelle und Paletten. Damit werden die besonders kostenintensiven Handhabungs- und Umschlagsaktivitäten sowie die damit verbundenen Wartezeiten vermieden bzw. reduziert. In der Folge lassen sich so auch die von den Ladehilfsmitteln und ihren Konturen geprägten Lager- und Transportsysteme vereinheitlichen. Darüber hinaus können weitere Vorgaben wie z. B. Füllmenge, Packhöhe, Gewicht u. ä. abgestimmt werden. Im Idealfall gelangt also ein Material in demselben Behälter von der Produktion des Lieferanten bis zur Verwendung beim Abnehmer, ohne Probleme oder zusätzlichen Aufwand in Transportmitteln oder Lagerhäusern zu verursachen. Das gleiche gilt für Waren, wenn sie z. B. auf derselben Palette vom Hersteller über das Warenverteilzentrum des Großhändlers bis in den Verkaufsraum des Händlers gelangen.
- Eine Abstimmung der **Qualitätsmanagementsysteme** vermeidet unnötigen Prüfungsaufwand z. B. durch Doppelprüfungen sowie Missverständnisse, die zu Reklamationen führen. Dazu sind vorab klare und detaillierte **Qualitätsvereinbarungen** zu treffen, die sowohl die Anforderungen an die Produkte wie auch die Produktionsprozesse und die Prüfplanung regeln. So können z. B. **Dokumentationen** des Lieferanten über eine Prozesskontrolle oder eine Ausgangsprüfung vom Abnehmer akzeptiert werden. Weitergehend sind **Nullfehler-Vereinbarungen** ohne Qualitätsprüfung, die Lieferungen beschleunigen und z. B. bei JIT-Lieferungen üblich sind, aber ein sehr hohes wechselseitiges Vertrauen voraussetzen!
- Eine unternehmensübergreifend abgestimmte **Ablauflogik** der Liefer-, Planungs- und Abwicklungsprozesse erlaubt optimierte Lieferrelationen, beschleunigt den Gesamtprozess und vermeidet Reibungsverluste, besonders an den Schnittstellen, die dadurch zu Nahtstellen werden. Dafür müssen nicht zwingend komplexe IuK-Systeme genutzt werden, oft reichen auch clever eingesetzte **Regelkreise** und einfachere **Lieferabwicklungskonzepte**, wie z. B. eine Behältersteuerung oder die mit farbigen Karten arbeitende sog. *Kanban*-Steuerung. Auch eine Vereinbarung von Standard-Mengen und Fix-Terminen kann Auftragsabwicklung und Disposition erleichtern.
- Die **Informations- und Kommunikationssysteme** sollen möglichst eine Kommunikation ohne Medienbruch und Zeitverluste durch Datentransfer (DFÜ/EDI/FTP) über proprietäre Netzwerke oder öffentliche Netze wie das Internet ermöglichen. Dies setzt einige bilaterale Vereinbarungen und Abstimmungen voraus, die sich vereinfachend an unternehmensübergreifenden, ggf. sogar internationalen **Standards** orientieren sollten:
  - Einheitliche klare Bezeichnungen, Datenformate bzw. Nummernsysteme,
  - Vereinbarte Kennzeichnungen (Aufkleber, Barcode, RFID) zur Identifikation,
  - Geregelte Schnittstellen für die Datenübertragung,
  - Kompatible Datenstrukturen, die eine unmittelbare Weiterverarbeitung zulassen.

3.4 Integrierende Planungsansätze

Datenverarbeitungssysteme zur Lösung einzelner Probleme sind schon früh z. B. für die Materialbedarfsplanung (MRP := *„Material Requirement Planning“*) oder die Werkstattsteuerung (*„job shop scheduling“*) geschaffen worden. Integrationsansätze führten dann zunächst für die Produktion und Beschaffung zu den verbreiteten **PPS-Systemen** (siehe Kap. 5.4), die auch als MRP II (:= *„Manufacturing Resource Planning“*) bezeichnet werden. Weitergehende integrierende Planungsansätze haben dann ihre Objektumfänge in verschiedene Richtungen ausgeweitet:

- **CIM** (:= *„Computer Integrated Manufacturing“*), also die vom Computer gesteuerte und unterstützte Produktion hat die **PPS-Systeme** mit den technischen Bereichen und deren CAx-Systemen verbunden, wobei die CIM-Euphorie der 80er Jahre inzwischen einer realistischeren segmentierten Umsetzungsphilosophie gewichen ist. CAx-Systeme sind z. B.:
  - **CAD** (:= *„Computer-Aided Design“*) ist die computergestütze **Konstruktion** von Produkten und Baugruppen (Produktentwicklung), bei der im Rechner 2D- bzw. 3D-Zeichnungen entstehen, aber auch ergänzende Datensätze wie Stücklisten und technische Beschreibungen.
  - **CAP** (:= *„Computer-Aided Planning“*) steht für die computerunterstützte **Arbeitsplanung**, also die Festlegung aller in einem Produktionsprozess zu erledigenden Arbeitsschritte (Prozessentwicklung), ihrer Reihenfolge und Vorgabezeiten in einem Arbeitsplan. Diese Planung darf nicht mit der PPS verwechselt werden.
  - **CAM** (:= *„Computer-Aided Manufacturing“*) umfasst alle Formen der computergesteuerten **Fertigung mit Hilfe von Automaten**, die von mehr oder weniger flexibel programmierten Computern ihre Arbeitsanweisungen und -aufträge erhalten. Im Idealfall kann die CAD-Zeichnung vom Arbeitsplaner am CAP-System direkt in ein Programm umgesetzt werden, das die Maschine versteht und mit dem sie die aus der PPS stammenden Aufträge ausführt.
  - **CAQ** (:= *„Computer Aided Quality Management“*) bedeutet, dass die Computer und Rechnernetze, die Konstruktion, Planung und Fertigung unterstützen, auch Aufgaben des Qualitätsmanagements übernehmen bzw. unterstützen.
- **ERP**-Systeme (:= *„Enterprise Resource Planning“*) haben den Anspruch **alle Unternehmensbereiche** in einer integrierten Software zusammenzuführen. So sind Module für das Finanz- und Rechnungswesen, die Auftragsabwicklung und den Verkauf, die Kostenrechnung und den Personalbereich mit Materialwirtschaft und PPS zu verknüpfen. ERP wurde in den 90er Jahren in den meisten Unternehmen eingeführt, hatte aber zunächst Probleme mit unternehmensübergreifenden Lieferbeziehungen, wofür dann Ergänzungs-Module notwendig wurden.
- **CRM** und **SRM** als *„Customer Relationship Management“* bzw. *„Supplier Relationship Management“* sorgten dann für die Einbindung der unmittelbaren Geschäftspartner, nämlich der Kunden und Lieferanten, allerdings nicht nur auf der Planungs- und Systemebene, sondern auch im Sinne der Partnerintegration des SCM insbesondere auf der Kommunikationsebene mit all ihren Facetten.
- **ECR** (= *„Efficient Consumer Response“)* ist eine spezielle unternehmensübergreifende Problemlösung für die Verkettung von Konsumgüterherstellern mit den Händlern ihres

Absatznetzwerkes, bei der zeitnahe Informationen über Bestände und Verkäufe in den verschiedenen Handelsstufen für den Hersteller sichtbar werden. Durch die Verbreitung der Scannerkassen im Einzelhandel können die Verkaufsbestände im Laden ebenso aktuell gehalten werden wie die Bestände in Warenverteilzentren oder bei Großhändlern, so dass die Hersteller ihre Beschaffungs- und Produktionspläne an den aktuellen Absätzen ausrichten können.

- **APS**-Systeme (:= *„Advanced Planning & Scheduling Systems„*) verkörpern erste Ansätze einer standortübergreifenden verketteten Produktionsplanung für Produktionsverbünde in Konzernen und sonstigen Wertschöpfungsnetzwerken. Dabei werden die ERP-Systeme einzelner Unternehmen über die jeweiligen APS mit den APS der anderen Unternehmen verknüpft, so dass vor allem die Absatz-, Bedarfs- Produktions- und Transportplanungen möglichst medienbruchfrei abgestimmt werden können.
- In **DWH**-Systemen (:= *„Data-Warehous- Systems"*) stehen dann die zugrundeliegenden Daten zur Verfügung, die auch weitere Auswertungen und Schlussfolgerungen zulassen. Bei eindeutiger Architektur stellen sie sicher, dass alle Nutzer auf die gleichen aktuellen Datenbestände Zugriff haben, wie das in Konzernen inzwischen verbreitet ist. Bei unternehmens- und konzernübergreifenden Lösungen setzt dies aber ein sehr großes Vertrauen zwischen den beteiligten Partnern sowie eine passende Konfiguration der Zugriffsrechte auf die jeweils „fremden" Daten voraus.
- **SCM-Solutions** bzw. -Systeme haben sich vor allem aus den APS entwickelt, versuchen aber auch SRM, CRM, ECR und weitere Lösungen je nach Problemstellung einzubeziehen. Für sie wird oft undifferenziert und missverständlich der Begriff „SCM" allein verwendet. Sie bestehen aus einem übergreifenden Netzwerk- oder Masterplan und darunter den zu verbindenden Einzelaufgaben in und zwischen den beteiligten Unternehmen. Als besonders wichtig ist dabei meist die übergreifende Absatz-/Nachfrageplanung *(„Demand Planning")* hervorzuheben, die mit weiteren APS-Modulen verzahnt ist. Als wichtigste SCM-Solutions-Module (z. B. bei i2 und SAP SCM) sind also zu nennen:
  - SC-Planning bzw. Master Plan bilden vor allem das übergreifende Logistiknetzwerk *(„SC Design")* und die Strategische Planung *(„SC Strategist")*ab.
  - Collaboration sichert die Zusammenarbeit mit den Geschäftspartnern über alle wichtigen Kommunikationskomponenten.
  - Verschiedene Koordinationsmodule stimmen die Aktivitäten der Partner untereinander ab.
  - Ausführungsmodule *(„Execution")* betreffen vor allem die Auftragsabwicklung, die Produktionsplanung und -feinsteuerung, das Materialbedarfs- und Lagermanagement sowie die Distributions- und Transportplanung.
- **Supply Chain Controlling** *(„SCC")* wird sowohl als SCM-Modul wie auch als eigenständiger oder sogar übergreifenden Ansatz betrachtet. Es widmet sich vor allem der Performance (Erfolgsbeiträge) des SCM und verwendet strategische Methoden wie die Balanced Score Card („BSC") sowie neuere Ansätze der Kosten- und Leistungsrechnung.

Abschließend lässt sich also feststellen, dass die rasante Entwicklung der Planungs- und Kommunikationstechnologie in den letzten 10-20 Jahren die umfassende unternehmensübergreifende **Daten- und Planintegration** als dritten Baustein des SCM neben **Partnerintegration** und **Integraler Logistikkonzeption** (s.o. Kap. 1.2) erst ermöglicht hat.

4 Beschaffungsprozesse

Grundsätzlich ist die Beschaffung aller Produktionsfaktoren Gegenstand der betrieblichen Beschaffungsfunktion. Üblicherweise werden aber die Personalbeschaffung und die Finanzmittelbeschaffung nicht vom Beschaffungsmanagement („Einkauf") erledigt, sondern der Schwerpunkt liegt auf der **Versorgung mit Verbrauchsfaktoren** also der Materialbeschaffung. Die Beschaffung von Betriebsmitteln und Dienstleistungen ist aber kaum abzugrenzen, besonders wenn sich die zu Grunde liegenden Beschaffungsprozesse gleichen. Diese differenzieren sich nämlich eher nach der Wertigkeit der Beschaffungsgüter, so dass z. B. die Besorgung eines PC, einer kleineren Handwerkerleistung und von zehn Kisten Rohmaterial durchaus vergleichbare Beschaffungsaktivitäten auslösen können.

Eine der Hauptaufgaben des Beschaffungsmanagements ist die **Beeinflussung der Materialkosten**, die in den meisten Industrieunternehmen als dominante Kostenart mehr als die Hälfte des Umsatzes ausmachen. Auch im Handel stellt der Wareneinkauf typischerweise den größten Kostenblock dar, so dass die Bedeutung des Fremdbezuges nur im Dienstleistungssektor hinter die Lohnkosten zurücktreten dürfte. Insoweit prägt die Frage „Was kosten die Beschaffungsobjekte?" nicht nur die **Effektivität der Beschaffungsprozesse**, sondern sie beeinflusst bei den meisten Unternehmen schwergewichtig Umsatzrendite und Gewinn. Da die Beschaffungsprozesse aber auch selbst Ressourcen verbrauchen, verursachen sie „Beschaffungsprozesskosten", die immer in einem angemessenen Verhältnis zu den einzusparenden Materialkosten und sonstigen Fremdbezugskosten stehen sollten, um die betriebswirtschaftliche **Effizienz der Beschaffungsprozesse** zu sichern.

4.1 Beschaffungsmarketing und -logistik

Wie in allen Lieferbeziehungen und der Supply Chain ist es auch für das Beschaffungsmanagement sinnvoll, die Ebenen Marketing und Logistik grundsätzlich zu unterscheiden, die durch eine dritte Abwicklungs- und Dispositionsebene miteinander verbunden sind. Bezogen auf die Beschaffung ergeben sich dann Beschaffungsmarketing, -abwicklung und -logistik:

- Im **Beschaffungsmarketing** werden Beschaffungsmärkte beeinflusst und Lieferbeziehungen gestaltet, die mit versorgenden Geschäftspartnern, den sog. Lieferanten eingegangen werden. Ziel ist dabei, mit diesen Lieferanten Vereinbarungen über die bedarfsgerechte Lieferung von Gütern zu treffen. Letztlich sind dafür juristisch Verträge abzuschließen, um Rechte bzw. das Eigentum an den benötigten Gütern zu erwerben. Als wichtige Grundsatzentscheidung im Beschaffungsmarketing ist meist die Wahl zwischen einem Direktbezug vom Hersteller oder eine Beschaffung über Zwischenhändler („Intermediäre") zu treffen.

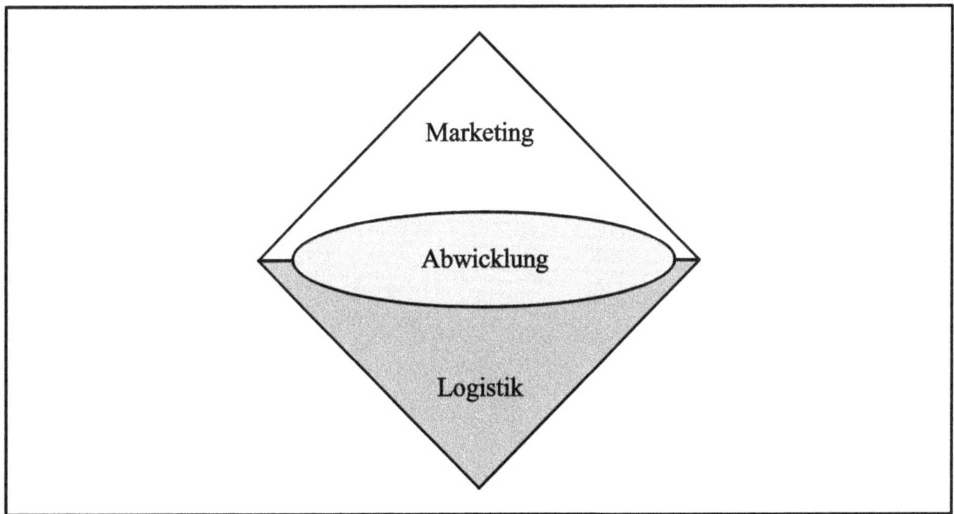

Abb. 4.1 Ebenen der Lieferbeziehung

- Die **Beschaffungsabwicklung** unterstützt Beschaffungsmarketing und Beschaffungslogistik mit ihren Informations-, Kommunikations-, Dispositions- und Steuerungsprozessen. Hier hat in den letzten Jahren eine starke Automatisierung und Durchdringung mit moderner IuK-Technologie stattgefunden. Diese führt aber nur dann zur Senkung der Beschaffungsprozesskosten, wenn die Prozess- bzw. Systemvielfalt in Grenzen bleibt, was entweder die Durchsetzung eigener Abwicklungsvorschriften bei allen Lieferanten oder eine Konzentration auf verbreitete Standards voraussetzt. Auch eine Reduzierung der Lieferantenzahl und die Verlagerung von Abwicklungsaufgaben zu Lieferanten (IuK-Service) können hier vereinfachend wirken.
- Die **Beschaffungslogistik** - als Teilsystem der eigentlich funktionsübergreifenden Logistik - gestaltet und steuert die für die Versorgung mit Beschaffungsobjekten notwendigen Güterflüsse und optimiert die Lieferrelationen und die versorgende Logistikkette. Ziel der Beschaffungslogistik sind die operative Verfügbarkeit und der Besitz der Beschaffungsgüter, die am falschen Ort (≠ Bedarfsort) meist weniger nützlich sind. Um die Bedarfsgüter zur richtigen Zeit am richtigen Ort zu haben, sind also die beiden strategischen Probleme der Logistik „Raumüberwindung" und „Zeitüberbrückung" durch Transportieren und Lagerhaltung zu lösen.

4.2 Beschaffungsmanagementprozess

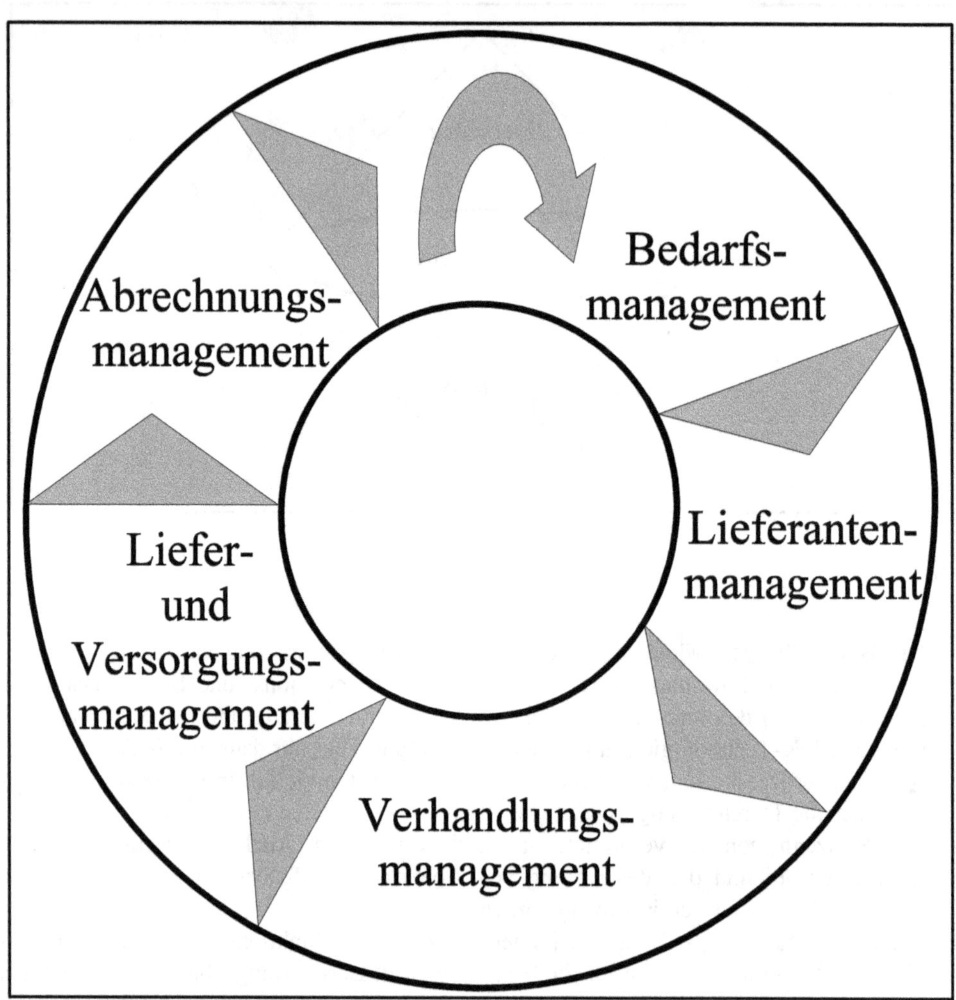

Abb. 4.2 Beschaffungsmanagementprozess

Um einen Überblick über Aufgaben und Methoden des Beschaffungsmanagements zu geben, soll nun den Phasen des Beschaffungsmanagementprozesses gefolgt werden (vgl. zu Details: Eichler, 2003, S. 115ff), der sich in die fünf Phasen des Beschaffungsmanagements gliedert:

- Bedarfsmanagement
- Lieferantenmanagement
- Verhandlungsmanagement

- Liefer- und Versorgungsmanagement
- Abrechnungsmanagement

In jeder dieser Phasen sind die in Kap. 4.1 angesprochenen Ebenen, also Beschaffungsmarketing, Beschaffungsabwicklung und Disposition sowie Beschaffungslogistik enthalten, da es jeweils sowohl um marktbezogene Lieferbeziehungen wie auch Güterflüsse und die verbindende Abwicklung geht.

4.2.1 Bedarfsmanagement

Im Bedarfsmanagement als der ersten Phase des Beschaffungsprozesses wird festgelegt, **was** beschafft werden soll. Hier wird also der **Bedarf als Objektbereich** der Beschaffung - nach **Art und Menge** - abgegrenzt. So stehen hier die Bedarfsdefinition (Art) und die Bedarfsermittlung (Menge) im Mittelpunkt der Betrachtung. Daneben sind aber als weitere Aufgaben zu berücksichtigen:

- Produktrecherchen als Teil der Beschaffungsmarktforschung („Produktforschung"),
- Bedarfsklassifizierungen, z.B. als Hilfe für eine Materialgruppenbildung oder Zusammenfassung geeigneter Sortimente,
- Einflussnahme auf die Produktgestaltung bzw. Produktpolitik der Lieferanten als Alternative zur reinen Suche nach Standard- und Lieferantenprodukten,
- ablauforganisatorische Fragen bzgl. der Beschaffungsanforderung (Banf) als der internen Bestellung vom Bedarfsträger an die Beschaffungsabteilung,
- Verwendung und Aufbau von elektronischen Katalogen,
- über die Bedarfsermittlung hinausgehende Mengendisposition und Lagerhaltung („Mengen und Termine").

- Die **Bedarfsdefinition** legt die **Art und Qualität** der Bedarfsobjekte fest, um die vergleichbaren Güter abzugrenzen, die für die Erfüllung des gegebenen Bedarfes geeignet sind. Dabei ist zu fragen,
  - **wer** den Bedarf und damit die potentiellen Beschaffungsobjekte definiert, z. B. der Bedarfsträger selbst oder ein den Beschaffungsprozess beeinflussender Experte?
  - welchen **Umfang** diese Definition besitzt? Dieser kann von einer (Bestell-)Nummer über eine knappe oder ausführliche Produktbeschreibung bis zu umfassenden technischen Unterlagen reichen.
  - welche **Freiheitsgrade** die Bedarfsdefinition den beschaffenden Personen lässt? (z. B. präzise Festlegung oder vage Umschreibung?).

  Neben diesen drei wichtigsten Fragen beeinflussen noch weitere Aspekte die Bedarf definierenden Prozesse, wobei besonders die Anforderungen an die **Produktqualität** und die erwarteten **Nebenleistungen** zu nennen sind.
- Bei der **Bedarfsermittlung** geht es dann um die Festlegung der Mengen für die verschiedenen Bedarfsarten. Zur Ermittlung der zu beschaffenden Sekundär- und Tertiärbedarfe lassen sich neben intuitiven Erfahrungswerten methodisch die Verfahren der
  - „**Programmgebundene Bedarfsermittlung**" und der

- **„Verbrauchsgebundene Bedarfsermittlung“** einsetzen, die später in Kap. 5.4.2 vorgestellt werden.

4.2.2 Lieferantenmanagement

Im Lieferantenmanagement, wird festgelegt, **von wem** bezogen werden kann und wie die Beziehungen zu diesen Lieferanten gestaltet werden. Es widmet sich also der unmittelbaren **Lieferbeziehung** und dem Umgang mit dem Geschäftspartner „Lieferant“. Im Einzelnen sind dabei die folgenden Aufgaben zu erfüllen:

- Suche nach Lieferanten,
- Wahl der Beschaffungskanäle und Lieferantenvorauswahl,
- Lieferantenbetreuung und Projekte mit Lieferanten,
- Lieferantenbewertung und Lieferantendifferenzierung,
- Gestaltung der Kommunikation mit Lieferanten sowie
- Gestaltung der Logistikintegration und ihrer Intensität.

Die **Lieferantenauswahl** selbst basiert dann auf

- Grundsatzentscheidungen wie den noch vorzustellenden **Sourcingkonzepten** (Kap. 4.4),
- vorgewählten **Beschaffungskanälen** wie direkte oder indirekte Beschaffung. So sollte bei geringer Nachfragemacht, im C-Teile-Bereich sowie bei Nebensortimenten stets eine Beschaffung über leistungsfähige Intermediäre angestrebt werden, während enge technische Kooperation mehr für einen Direktbezug vom Hersteller spricht.
- **Angeboten** aus denen Preise, Konditionen und aktuelle Lieferfähigkeit hervorgehen sowie nicht zuletzt
- auf der **Lieferantenbewertung** bzw. Erfahrung mit den Lieferanten. Eine systematische Lieferantenbewertung, deren Intensität aber nach Bedeutung der Lieferanten abgestuft wird, ist als Controllinginstrument und zur Unterstützung flexibler Auswahlentscheidungen immer wichtiger geworden. Bei bisher unbekannten Lieferanten kann mit Lieferantenfragebögen, Probeanfragen und anschließender Bemusterung sowie allgemeineren Audits und Besuchen ein Bild gewonnen werden. Bei Lieferanten, die bereits länger liefern, sind Audits und Zusatzanalysen mehr Instrumente für Krisenfälle. Hier rückt die systematische, transparente und **regelmäßige Beurteilung** in den Vordergrund, die eine permanente Datenerfassung voraussetzt. **Bewertungskriterien** sind z. B.
  - **Qualität**, wobei zwischen Produktqualität und (zertifizierter) Systemqualität zu unterscheiden ist,
  - **Preis- und Kostenniveau** sowie Verhandlungsverhalten,
  - **Logistikkompetenz**, die sich z. B. in Liefertreue und Lieferflexibilität ausdrückt, aber auch höhere Anforderungen an eine Logistikintegration umfassen kann,
  - **Technische Kompetenz**, besonders bei Entwicklungspartnern,
  - **Kommunikationsfähigkeit**, in technischer wie sprachlicher Hinsicht,
  - **Reaktionsgeschwindigkeit** und Flexibilität sowie
  - **Service** vor, während und nach der Lieferung und schließlich
  - auch **die finanzielle und wirtschaftliche Situation**, die aber oft am schwierigsten einzuschätzen ist.

4.2.3 Verhandlungsmanagement

Im Verhandlungsmanagement werden die eher **formalen** Aspekte der **Lieferverhältnisse**, die **Entgelte und Konditionen** sowie die **Bestellprozesse** und Verhandlungsmöglichkeiten betrachtet. Die Abwägung der hier verursachten Kosten gegen die Beeinflussung der Entgelte führt zu den Fragen nach der Vorteilhaftigkeit von Verhandlungen, der Effizienz von Bestellprozessen und der Gestaltung von Entgelt- und Konditionenvereinbarungen.

- **Verhandlungen** sollte man nur führen, wenn sie Vorteile versprechen, die den Verhandlungsaufwand übersteigen. Über eine gezielte Vorbereitung lässt sich der Aufwand vorbestimmen. Dabei sollten zunächst die Verhandlungsziele geklärt werden und die operativen Rahmenbedingungen (Ort und Zeit, Beteiligte, notwendige Unterlagen, Dauer und Ablauf) abgestimmt werden. In Verhandlungen lassen sich Phasen differenzieren, die unterschiedlichen Zwecken dienen:
  - **Annäherungsphase**: Kennenlernen und eine vertrauensvolle Atmosphäre schaffen.
  - **Eingrenzungsphase**: Erwartungen und Verhandlungsinhalte klären.
  - **Argumentations- und Einigungsphase**: Kompromisse finden („Win-Win").
  - **Abschlussphase**: Verhandlungsergebnisse sichern; weiteres Vorgehen vereinbaren.
- Die **Entgeltpolitik** bestimmt bzw. beeinflusst die **Gegenleistung** an den Lieferanten, die er für seine Lieferung erhält. Sie ist meist einer der wichtigsten Verhandlungsinhalte und steht für die Effektivität des Beschaffungsmanagements, da sie wesentliche Kosten des Unternehmens betrifft. Das Entgelt lässt sich am besten als Zahlungsreihe definieren, da nicht nur Preise relevant sind, sondern verschiedene Faktoren wirken:
  - **Preisvereinbarungen** bilden zwar die Grundlage jedes Entgelts, sind aber oft am schwersten zu verhandeln, so dass **Entgeltminderungen** insofern wichtiger sind:
  - **Rabatte** knüpfen an eine Bestellung an und reduzieren die Rechnungssumme prozentual („*Abschlag*"). Sie sind oft mengenabhängig *(„Mengenrabatt", „Rabattstaffel*").
  - Ein **Bonus** bezieht sich auf eine längere Lieferbeziehung und wird nachträglich periodenbezogen, z. B. für das Vorjahr gewährt („*Gutschrift*").
  - **Skonto** wird für frühzeitige Zahlung eingeräumt und kann sowohl als Rechnungsabschlag (ähnlich Rabatt) als auch als eingesparte Verzinsung eines Lieferantenkredites interpretiert werden.
  - **Entgeltzuschläge** werden meist für Mindermengen oder Produktdifferenzierungen erhoben, sind aus Sicht der Beschaffung aber unerwünscht und möglichst zu vermeiden.
  - **Entgelte für Nebenleistungen** sind nicht immer klar zuzuordnen und lassen sich über (offene oder versteckte) Stückpreiszuschläge, Pauschalen oder getrennte Abrechnung vergüten. Sie bieten ein interessantes Verhandlungsfeld, wenn Nebenleistungen relevant sind.
  - **Tauschgeschäfte** („*barter*") bieten eine aus anderen Gütern bestehende sachliche Gegenleistung, die oft zu Bewertungs- und Vermarktungsproblemen führt.
  - Auch **Lieferkonditionen** regeln Zahlungen, z. B. für Transporte (Siehe Kap. 6.4.).
  - **Zahlungskonditionen** bestimmen wichtige strukturelle Aspekte des Entgelts (Siehe Kap. 4.2.5).

- Die Festlegung der Vereinbarungen, Entgelte und Konditionen führt zur **Ausgestaltung und Gültigkeit von Verträgen** (= *Wirtschaftsrecht*). Bei globaler Beschaffung können dabei besonders diffizile Rechts- und Sprachprobleme bedeutend werden.
- Die **Bestellprozesse** hat man durch die Entwicklung des E-Procurement (Kap. 4.3) in den letzten Jahren zunehmend automatisiert. C-Teile-Management, Katalogsysteme und Elektronische Marktplätze haben hier zu spürbaren Rationalisierungen und Effizienzsteigerungen geführt.
- Über **Bedarfskonsolidierung und Kooperationen** lassen sich durch unternehmensinterne wie auch -übergreifende Mengensteigerungen die Verhandlungspositionen und damit Entgelte und Konditionen verbessern. Einkaufsgenossenschaften nutzen diese Mengeneffekte ebenso wie neuerdings virtuelle Provider bzw. Marktplätze. Aber auch klassische Intermediäre wie Großhändler können diese Konsolidierungsaufgabe übernehmen.

4.2.4 Liefer- und Versorgungsmanagement

Im Liefer- und Versorgungsmanagement wird die **Lieferung** als das „**Wie**" der physischen Versorgung mit Beschaffungsobjekten gestaltet und gesteuert. Hier dominiert also die Beschaffungslogistik und spiegelt in vielen Aspekten die Distribution (siehe Kap. 6.1). Optimierende Gestaltung und Steuerung der Lieferungen bzw. Lieferrelationen sowie die Wahl der Lieferkonditionen und Transportmittel als Kostenkriterien bilden hier die Schwerpunkte. Wesentliche Aufgaben des Liefer- und Versorgungsmanagements sind also:

- Gestaltung bzw. Beeinflussung der **Lieferkonditionen** (siehe Kap. 6.4)
- Die **Lieferüberwachung** gewährleistet durch Terminsicherung und Lieferkontrolle die Einhaltung der vereinbarten Liefertermine und damit das Funktionieren der Logistikkette.
- Durch die **Wareneingangsprüfung** wird der Eingang der Lieferung dokumentiert. Grundlegend sind dabei die
  - Identifikation (Artprüfung) und
  - Mengenprüfung, die Fehlmengen und Überlieferungen feststellt.
  - Qualitätsprüfungen gehen darüber hinaus und sollen sichern, dass der Lieferant sich an die getroffenen Qualitätsvereinbarungen hält.
- Die **Optimierung ganzer Lieferrelationen**, besonders wenn das abnehmende Unternehmen sich nicht nur beliefern lässt, sondern eine aktive oder strategische Beschaffungslogistik (siehe Eichler, 2008a) betreibt. Dabei fallen umfassende Entscheidungen an, die ansonsten auch als Einzelaufgaben betrachtet werden können:
- Durch die **Transportmittelwahl** werden oft wesentliche Teile der Beschaffungsprozesskosten bestimmt und darüber hinaus Wege, Entfernungen, Dauern und damit Termine beeinflusst.
- Auch die **Lagerhaltung** in der beschaffungslogistischen Kette ist ein Kostenfaktor und hat Einfluss auf zeitliche Aspekte. Dies gilt nicht nur für Unterbrechungen des Lieferflusses unterwegs, sondern auch für verbrauchsnahe Bevorratungen am oder im empfangenden Betrieb, die sich z. B. in „Just in time"-Lagern, Konsignationslagern oder Wareneingangslagern niederschlagen, wobei die Lagermengen dann vor allem von der Risikobereitschaft („Sicherheitsbestände") und den Versorgungsprinzipien abhängen.

- Die **Versorgungsprinzipien** regeln das Verhältnis zwischen Bestell- und Liefermenge bzw. die Aufteilung großer Mengen auf kleinere Teilmengen mit entsprechenden Auswirkungen auf die Lieferfrequenzen und -termine. Sie basieren somit auf einer dispositiven Trennung von Marketing- und Logistikebene in der Versorgungskette. Drei typische Versorgungsprinzipien sind:
  - **Liefermenge = Bestellmenge** bedeutet, dass der Bedarf für eine längere Periode, einen umfassenden Auftrag oder ein Projekt rechtzeitig in der bestellten Menge geliefert wird. Die bedarfsgerechte Aufteilung erfolgt dann aus einem Lager beim Abnehmer.
  - **Liefereinteilung** (< Bestellmenge) bedeutet, dass eine Bestellung bzw. Kontraktmenge auf mehrere Lieferungen und Liefertermine verteilt wird. So lässt sich z. B. ein Jahres- oder Monatsbedarf wöchentlich ausliefern, um Lagerhaltung zu reduzieren.
  - **Just in time-Lieferung (JIT)** (< Feinplanung < Bestellmenge) bedeutet, dass sich Lieferungen sehr zeitnah und ohne Mengentoleranzen an die kurzfristigen Verbräuche anpassen, also weder zu früh noch zu spät erfolgen. Obwohl der JIT-Begriff oft großzügiger benutzt wird, sollte sich JIT auf Tages- oder Stundenbedarf (Lagerreichweite ≤ 24 Std.) beziehen. Wenn die exakte Reihenfolge des Bedarfs abgerufen wird (z. B. bei großvolumigen oder variantenreichen Modulen) wird JIT zu „JIS“ (*just-in-sequence*).

4.2.5 Abrechnungsmanagement

Das Abrechnungsmanagement schließt den Beschaffungsprozess und den Leistungsaustausch ab. Es umfasst neben Gestaltung und Steuerung der **Zahlungen** weitere Aspekte der Lieferbeziehung nach der Lieferung, wie:

- **Reklamationen**, die sich aus der Lieferung oder dem Verhalten des Lieferanten ergeben,
- Evtl. notwendige zusätzliche **Leistungen nach Lieferung** und die mit diesen beiden Punkten zusammenhängende
- Regelung der **Retrologistik**, die sowohl Rücklieferungen von Beschaffungsobjekten an den Lieferanten wie auch von Ladehilfsmitteln und Verpackungen (z. B. Mehrweg) umfasst und darüber hinaus auch Teile der Entsorgungslogistik und Kreislaufwirtschaft (siehe Kap. 7) einschließt.

Da im Abrechnungsmanagement der Leistungsaustausch abgeschlossen wird, sind die Abwicklung, Gestaltung, Bewertung und Prüfung der Rechnungen und Zahlungen die zentralen Aufgaben. Die **Rechnungs- und Zahlungsprozesse** folgen tendenziell dem Ablaufschema:

- Wareneingangsprüfung/Lieferschein (Ende der Lieferung),
- Rechnungseingang,
- Rechnungsprüfung,
- Sortierung nach Skontofristen und Zahlungszielen; ggf. Zahlungsart,
- Zahlungsanweisung,
- Ggf. Reaktion auf Zahlungserinnerungen/Mahnungen.

Dabei sind die Konsistenz der Mengenprüfung beim Wareneingang, des Lieferscheins, der Rechnung und der zu Grunde liegenden vertraglichen Vereinbarungen zu sichern, um unerwünschte Abweichungen zu erkennen und zu reklamieren. Soweit die Rechnung als Zahlungsauslöser wirkt, kommt der **Rechnungsprüfung** eine wichtige Rolle zu, die auch bei Automatisierung bzw. E-Procurement zu gewährleisten ist. Die Effizienz der Rechnungs- und Zahlungsabwicklung lässt sich durch die Vereinbarung monatlicher Sammelrechnungen und die Integration der Abrechnung in die Bestellsysteme steigern.

Die **Zahlungskonditionen** sind Inhalt der Liefervereinbarungen (-verträge) und regeln insbesondere wie der Abnehmer die Entgelte als Gegenleistungen an den Lieferanten zu begleichen hat:

- **Was löst den Zahlungsprozess aus?** Typisch ist hier die Rechnung. Bei langfristigen Lieferbeziehungen lassen sich aber auch andere Bedingungen wie Lagerentnahme, Einbau oder Weiterverkauf vereinbaren.
- **Art** der Zahlung: Hier sind klassisch Scheckzahlung und Überweisung zu nennen, die im Geschäftsverkehr aber vielfach durch die Sammelverfahren über Lastschrift- oder Gutschriftvereinbarungen ersetzt werden.
- **Ort** und **Währung** der Zahlung sind nur bei gewissen internationalen Geschäftsbeziehungen zu regeln, insbesondere wenn zwei oder mehr Währungen im Spiel sind bzw. ein freier Zahlungsverkehr nicht gesichert ist. Um die Risiken von Währungsschwankungen zu begrenzen, empfehlen sich Wechselkurssicherungsmaßnahmen („hedging“), ansonsten betreibt man (gefährliche) Währungsspekulation!

- Der **Termin** der Zahlung ist ins Verhältnis zum Liefertermin zu setzen und steht auch für die Frage, wer wen finanziert?:
  - **Vorkasse** („prepay“) sollte allenfalls als Anzahlung akzeptiert werden.
  - „**Zug um Zug**“-Zahlungen erfolgen bei Übergabe (wie im Supermarkt) und sind im heutigen Geschäftsverkehr kaum sinnvoll. Im Internethandel können sie aber neue Bedeutung gewinnen.
  - **Sofortzahlungen** erfolgen nach der Lieferung in einer Frist von bis zu 10 Tagen.
  - **Zielzahlungen** gewähren dem Abnehmer einen Lieferantenkredit und damit einen Zahlungsaufschub, den er zur Verarbeitung bzw. zum Weiterverkauf nutzen kann. So erfüllen großzügige Zahlungsziele eine wertvolle Finanzierungsfunktion, die oft als willkommene Alternative zu Bankdarlehen zu sehen sind.
  - **Skontoklauseln** gewähren dem Zahlungspflichtigen die Wahl zwischen einer mit Skontoabzug belohnten Sofortzahlung und einer Zielzahlung, die dann aber meist einen sehr teuren Lieferantenkredit darstellt.

4.3 Elektronische Beschaffung: E-Procurement

Die Entwicklungen der Informations- und Kommunikationstechnologie haben neben einer elektronischen Kundenbeziehung („*E-commerce*“, „B2C“:= *business to consumer*) auch neue elektronische Formen der **zwischenbetrieblichen Kommunikation** und Zusammenarbeit ermöglicht („B2B“:= *business to business*). Teil dieses „E-Business“ ist auch die elektronische Beschaffung („*E-Procurement*“), die neben den Kommunikations- und Kooperationsformen auch die unternehmensinternen Beschaffungsabläufe stark verändert hat. Als wesentliche Potentiale durch E-Procurement sind zu nennen:

- Steigerung der globalen **Markttransparenz** durch schnelle Verfügbarkeit aktueller Informationen über Produkte und Technologie, Lieferanten und Rahmenbedingungen.
- **Dezentralisierung** der dispositiven Beschaffungsabläufe („Mengen und Termine“) zum Bedarfsträger, was aber zentrale Strategien und Rahmenvereinbarungen sowie standardisierte Systeme und zentral abgestimmte Bedarfsdefinitionen (z. B. Kataloge) voraussetzt.
- Veränderung der **Kommunikation mit Lieferanten** durch neue Medien und den Austausch „elektronischer Erklärungen“.
- Abbildung von **Kooperationen** in virtuellen Netzwerken bis hin zum kompletten Outsourcing (siehe Kap. 4.4.4) der Beschaffungsaufgaben.

Die Vorteile des E-Procurement sind an den gewonnenen Informationen und der Optimierung der Prozesse zu bewerten:

- Die **Informationsgewinnung** fördert vor allem Markttransparenz und steigert so die Effektivität der Beschaffung, z. B. durch:
  - Beschaffungsmarktforschung, incl. Produktforschung,
  - Lieferantensuche über Kataloge, Marktplätze und Suchmaschinen,
  - Lieferantenansprache auf Beschaffungs-Homepages und Marktplätzen,
  - Beschaffungsinformationssysteme als aktueller und für alle gleicher Wissensspeicher.
- Die **Prozessoptimierung** sichert die Effizienz der Beschaffung, wenn im E-Procurement die folgenden Teilprozesse neu definiert und vereinfacht werden:
  - Elektronische Ausschreibungen, Auktionen und Vergabeverhandlungen,
  - Automatisierte Bedarfsermittlung, Beschaffungsanforderung und Bestellung,
  - Elektronische Übermittlung von Transportaufträgen.
  - Elektronische Erledigung von „Formalitäten“ (Frachtpapiere, Zollabwicklung etc.),
  - Zeitnahe Lieferavis und Lieferüberwachung („*tracking&tracing*“),
  - Automatisierte Rechnungs- und Zahlungsabläufe.

Während sich die Lieferabwicklung durch E-Procurement stark vereinfachen und verkürzen lässt, bleiben die Lieferungen selbst weitgehend unverändert, da sich nur virtuelle Güter online liefern lassen.

Grundsätzlich ergeben sich für die Umsetzung des E-Procurement zwei Möglichkeiten:

- Zum einen können im Unternehmen **Systeme implementiert** werden, die Beschaffungsaufgaben automatisieren. Das ist heute nicht immer mit Investitionen verbunden, die Anwendungen lassen sich auch über sog. „Application Service Provider“ (ASP) betreiben, was nutzungsabhängige Kosten verursacht und technologische Änderungen vereinfacht.
- Zum anderen lassen sich **Dienstleister** finden, die Beschaffungsaufgaben übernehmen, in dem sie z. B. einen elektronischen Marktplatz betreiben. Dabei handelt es sich aber um einen Intermediär, der in der Beschaffungskette eine Handelsstufe darstellt und für sein eigenes Überleben Erlöse erzielen muss.

Insofern stellt sich also auch bei elektronischer Beschaffung die strategische Frage, ob man indirekt über Intermediäre beschaffen soll oder sich direkt an die Hersteller der Bedarfsobjekte wendet, was durch die moderne IuK-Technologie einfacher geworden ist.

4.4 Sourcing-Konzepte

Aus Diskussionen über die „richtige" Fertigungstiefe und die „optimale" Zahl der Lieferanten und beeinflusst von der Globalisierung haben sich in der Praxis Sourcing-Konzepte als **Grundsatzentscheidungen für die Lieferantenauswahl** herausgebildet. Zunächst bestimmten Single, Global und Modular Sourcing als innovative Konzepte die strategische Neuausrichtung des Beschaffungsmanagements und wurden der herkömmlichen Vorgehensweise gegenüberstellt. Diskussionen der Vor- und Nachteile, Weiterentwicklungen der Praxis sowie Systematisierungsansätze haben dann zur Bildung verschiedener **Konzeptgruppen** geführt, die diese Konzepte wegen ihrer Vielschichtigkeit aber nur grob beschreiben können (vgl. Eichler, 2003, S. 54ff).

4.4.1 Anzahl der Lieferanten

Bei den Sourcing-Konzepten nach der **Anzahl der Lieferanten** und der **Intensität der Zusammenarbeit** geht es um die Frage, mit wie vielen Lieferanten für **ein Beschaffungsobjekt** oder -sortiment und wie stark integriert zusammengearbeitet werden soll? Dabei sprechen Lieferantenbetreuung („Partnerschaft") und Investitionen in die Abwicklungs- und Logistikintegration für möglichst wenige und umfassende Lieferbeziehungen („*Single Sourcing*"), während Marketingstrategien viele potentielle Lieferanten (=„Markt") präferieren, um den Angebotswettbewerb zu erhalten. Da die Konzepte aber bzgl. Zeit- und Objektbezug unklar erscheinen, stellen sie keine eindeutigen Handlungsvorgaben dar. Sie regen aber kreative Ideen zur Optimierung der Lieferantenzahl an, wobei Integration und Wettbewerb gegeneinander abzuwägen sind. Typische Konzepte sind hier:

- **Single Sourcing**: Jedes Beschaffungsobjekt wird (freiwillig) von nur **einem Lieferanten** bezogen, mit dem dann eng kooperiert wird.
- **Multiple Sourcing**: Jedes Beschaffungsobjekt wird grundsätzlich von **mehreren Lieferanten** bezogen. Entweder wird der Bedarf stets aufgeteilt („Quotenbezug") oder opportunistisch wechselnd nach aktuell bestem Angebot vergeben, z.B. in wöchentlichen Ausschreibungen.
- **Dual Sourcing**: Wenn sich die gleichen Beschaffungsobjekte nach Produktlinien oder Standorten klar differenzieren lassen, kann eine „clevere" Aufteilung auf zwei (oder mehr) Lieferanten erfolgen, die einerseits die Integrationsvorteile des Single Sourcing „vor Ort" sichert, aber zugleich einen begrenzten Wettbewerb zulässt, in dem dauerhaft mit zwei Anbietern eng zusammen gearbeitet wird

4.4.2 Regionale Herkunft der Lieferanten

Die Sourcing-Konzepte nach der **Regionalen Herkunft** der Lieferanten stellen die Frage, **wo** nach potentiellen Lieferanten gesucht wird. **Arealkonzepte** differenzieren dabei eher Entfernungen oder geographische Grenzen, während die dynamische Interpretation die **regionale Ausweitung** der Beschaffungsmärkte in Abhängigkeit vom Status quo betont, um letztlich den weitesten Marktüberblick (=Weltmarkt) zu gewährleisten. Dabei ist strategisch zu beachten, ob **Synergien mit dem Absatz** in diesen Märkten erkennbar sind.

- **Global Sourcing** bedeutet, **weltweit** den **besten** Lieferanten zu suchen! Es schafft damit die optimale **globale Markttransparenz**. Die Öffnung des freien Welthandels und die modernen Kommunikationsmedien fördern diese dynamische **Ausdehnungsstrategie** ebenso wie die im Inland steigenden Beschaffungsentgelte und die globalisierungsbedingte Wettbewerbsverschärfung. Dagegen sind Nachteile der operativen Umsetzung abzuwägen, wie die tendenziell steigenden Beschaffungsprozesskosten in Logistik und Beschaffungsorganisation sowie die höheren allgemeinen Risiken.
- Beim **Local Sourcing** werden dagegen grundsätzlich nur Lieferanten **aus der Nähe** des Abnehmers beauftragt, die dann zu definieren ist (z. B. < 150 km). Sie kann auch partnerschaftlich („Hoflieferant“) oder als Konservativstrategie ("Kein Lieferantenwechsel") interpretiert werden.
- **Domestic Sourcing** fordert dagegen eindeutiger einen Bezug **aus dem Inland**.
- **Euro Sourcing** lässt sich dann definieren als: **Europaweit** den **besten** Lieferanten suchen! Es wurde zeitweise als erster Schritt in Richtung Global Sourcing empfohlen, ganz im Sinne der Ausdehnungsstrategie.

4.4.3 Aufgabenumfang des Lieferanten

Sourcing-Konzepte nach dem **Aufgabenumfang des Lieferanten** bzw. **Objektkonzepte** grenzen die Beschaffungsobjekte nach ihrer Komplexität und ihrem logischen bzw. physischen Zusammenhang ab, oft ohne die Auflösungsebene und Funktionsdifferenzierung klar zu definieren. Daher konkurriert diese Sichtweise auch z. T. mit der Position in Zulieferpyramiden, die den Wertschöpfungsanteil des Lieferanten und die Mittelbarkeit der Lieferbeziehung betrachten (siehe später 8.3).

- **System Sourcing** („Systembezug“) bedeutet, dass der Systemlieferant komplette Systeme liefert, die wichtige Teilmengen des Endproduktes darstellen, und dafür auch Entwicklungsleistungen und technisches Know How einbringt. Dabei lässt sich differenzieren, ob diese Systeme physisch zusammenhängen („vormontiert“) oder nur in einem funktional-logischen Zusammenhang stehen:
- **Modular Sourcing** bezieht sich in diesem Sinne auf **einbaufertige, physisch zusammenhängende,** meist vormontierte Module, die als komplexe Einheit in das Endprodukt eingehen. Frontend, Antriebsstrang oder Instrumententafel eines Autos sind ebenso Beispiele wie komplette Nasszellen für Hotel- oder Schiffsneubauten. Modular Sourcing wird z. T. auch auf weniger aggregierte Einheiten bezogen, die dann in die Systeme als „einfache“ Module eingehen, also auf einer tieferen Stufe der Zusammenbaupyramide stehen.

- **Set Sourcing** bildet dann das Komplement zum Modular Sourcing als Bezug von **einbaufertigen** - physisch getrennten - **Teilesätzen**, die nur in einem funktional-logischen Zusammenhang stehen und manchmal auch eine logistische Einheit bilden. Die Verglasung, Elektrik oder die Sitze eines Autos sind hier ebenso Beispiele wie die Elektronik eines Flugzeugtriebwerkes oder die Fenster mit Rolladen beim Hausbau. Ansonsten lässt sich Set Sourcing auch als Bezug vollständiger Sortimente z. B. Büroartikelbedarf oder abgegrenzter Teilsortimente im Handel interpretieren.
- Der Bezug einfacher Komponenten, Einzelteile oder Rohstoffe erfordert weitergehende Vorfertigungs- oder Vormontagetätigkeiten im Hause des industriellen Abnehmers (mehr Wertschöpfung). Er kann als Unit oder Particular Sourcing bezeichnet werden.

4.4.4 Outsourcing

Neben den drei genannten Konzeptgruppen gibt es noch einige weitere Sourcing-Konzepte (vgl. Eichler, 2003, S. 72ff), die sich aber schlechter systematisieren lassen. Hier soll daher nur noch kurz auf das sog. „Outsourcing“ als Konzept der **strategischen Wertschöpfungsverlagerung** eingegangen werden.

Die Zuordnung der Wertschöpfung führt grundsätzlich zu den Fragen

- Eigenfertigung oder Fremdbezug? („*Make or Buy?*“),
  die sich heute auch stellt als
- Interne oder externe Lieferanten?

Die klassische Wahl zwischen Eigenfertigung und Fremdbezug gilt für einzelne Aufträge und stellt eine operative, meist kapazitätsabhängige Make or Buy-Entscheidung dar, die auf Basis von Kostenbetrachtungen getroffen wird. Dies setzt voraus, dass das Unternehmen sowohl in der Lage ist, den betrachteten Bedarf selbst zu produzieren als auch über geeignete externe Lieferquellen verfügt.

Beim Outsourcing werden hingegen **bisher intern erledigte Aufgaben** dauerhaft (endgültig?) **an Externe vergeben**! Outsourcing ist also strategisch zu verstehen und bedeutet meist Schließung oder Verkauf von Unternehmensteilen, weil sich das Unternehmen auf seine **Kernkompetenzen** konzentrieren soll (vgl. Teil II, Kap. 2.2.2). Seinen historischen Ursprung hat das Outsourcing-Konzept nicht in der Produktion, sondern in der Datenverarbeitung, die dann nicht mehr im Unternehmen, sondern von Servicerechenzentren und Programmierbüros abgewickelt wurde. Dieses Konzept wurde dann zunächst auf andere **Gemeinkostenbereiche** wie z. B. Instandhaltung, Werkschutz, Reinigungsdienste und Kantinen etc. übertragen, indem externe Dienstleister diese Aufgaben übernahmen.

Auch für die betriebliche Logistik hat es in den letzten Jahrzehnten deutliche Outsourcing-Tendenzen gegeben, wenn z. B. Unternehmen ihren eigenen Fuhrpark abschaffen oder ihr Auslieferungslager schließen und Transporte bzw. Lagerhaltung an kompetente Logistikdienstleister (siehe Kap. 6.2) oder Intermediäre wie z. B. Großhändler delegieren, die dann für ihre Kunden lagern, kommissionieren und bedarfsgerecht liefern. Dies kann spürbare Kostenvorteile bieten, es ist aber zu diskutieren, inwieweit und wann Logistikaufgaben auch Kernkompetenzen darstellen?

Der Fremdbezug von (vor)gefertigten Teilen, Komponenten und Modulen wird zunehmend ebenfalls als Outsourcing bezeichnet. Dies setzt voraus, dass vorher Eigenfertigung stattfand und (Vor-)Fertigungsbereiche aufgegeben wurden. Meist hängen diese strategischen Fremdvergaben mit anderen oben angesprochenen Sourcing-Konzepten zusammen wie z. B. einem System oder Modular Sourcing (Verlagerung von Aufgaben auf den Systemlieferanten) oder auch dem Global Sourcing, wenn der inzwischen als „interner Lieferant" gesehene eigene Vorfertigungsbereich nicht mehr mit Anbietern aus *„Best Cost Countries"* konkurrieren kann.

Kein Outsourcing sind aber eine Verlagerung der **eigenen** Vorfertigung ins Ausland (sog. *„Offshoring"*) oder die reine Fremdvergabe von Aufgaben, die man **niemals selbst** erledigt hat oder - bei Existenzgründungen - selbst nicht machen kann oder will.

5 Produktionsprozesse

Produktion wird definiert als **„betriebliche Leistungserstellung"**, ihre Grundstruktur mit den Produktionsfaktoren als Input, dem Transformationsprozess und den Produkten als Output wurde bereits als Produktionsmodell in Abb. 1.3 vorgestellt.

5.1 Produktionssysteme

Neben dieser in Kap. 1 vorherrschenden Güterflusssicht kann Produktion aber organisatorisch auch als Produktionssystem betrachtet werden, das aus Menschen und Betriebsmitteln, den sog Produktiveinheiten besteht. Diese Produktiveinheiten, die man auch als **Arbeitsplätze** ansehen kann, geben Nutzungspotentiale für den Produktionsprozess ab, wenn sie zielgerichtet Arbeitsaufgaben übernehmen. Diese Aufgabenzuordnung bestimmt die Arbeitsteiligkeit des Produktionssystems, die man auch als seine **Mikrostruktur** bezeichnet (vgl. Zäpfel, 2000b, S. 92 + 95). Sie wird später in Kap. 5.3.4 kurz betrachtet.

Außerdem lassen sich solche Produktiveinheiten auch verketten, so dass mehrere Produktionsstufen und letztlich Wertschöpfungsketten entstehen. Diese Systemkopplung nennt man dann **Makrostruktur** (ebd.) eines Produktionssystems, sie kann nach verschiedenen organisatorischen Prinzipien gestaltet werden, woraus dann die in Kap. 5.3.1 - 5.3.3 beschriebenen Organisationstypen der Produktion resultieren. Die Makrostruktur setzt sich also aus einzelnen **Input-Output-Systemen** (siehe Abb. 1.4) - z. B. verketteten Arbeitsplätzen - zusammen, bildet aber - z. B. als Werk - auch selbst ein Input-Output-System, das dann im Sinne des SCM in Werksverbünden oder Lieferketten in eine übergeordnete Struktur eingeht. Da diese Verkettungen aber nicht zwingend linear sind, soll hier zunächst eine Betrachtung der (allgemeinen) Prozesstypen und ihrer Erscheinungsformen in der Produktion eingeschoben werden.

5.2 Prozesstypen und Produktionstypen

Jede Wertschöpfung erfordert einen Prozess! Bei Prozessen handelt es sich um *„Zeit beanspruchende, zusammengehörende Tätigkeiten" (Bogaschewsky/Rollberg, 1998, S. 185)*, also letztlich um Abläufe, die aus irgendwie zusammenhängenden Vorgängen oder Verrichtungen bestehen und zu einem Ergebnis führen. Sind Input und Ergebnis (Output) messbar, handelt es sich um einen **Geschäftsprozess**, wie z. B. den Produktionsprozess, der aus den Inputfaktoren (s.o. Abb. 1.3) die Produkte als wertschöpfenden Output hervorbringt.

Einmalige Prozesse führen zum Projektmanagement, während sich bei **wiederholenden** Prozessen die Frage stellt, ob sie sich immer gleich und mit demselben Ergebnis wiederholen oder instabil sind. Bei Stabilität der Ergebnisse spricht man auch von *„reproduzierbarer Qualität“*. Außerdem lassen sich **einstufige** und **mehrstufige** (Produktions-) Prozesse unterscheiden, wobei diese Differenzierung auch von der eingesetzten Technik und der Detaillierung der Betrachtung abhängt (Vom Handgriff bis zum internationalen Werkverbund!).

Hinsichtlich der **Güterflussstrukturen** lassen sich vier grundsätzliche Prozesstypen unterscheiden, die neben Produktionstypen auch Logistikstrukturen erklären können:

- **Glatte Prozesse** laufen linear und direkt durch, haben **einen** Ausgangspunkt und **ein** Ziel bzw. **ein** Ergebnis. Beispiel für die Logistik ist die Direktlieferung (siehe erstes Strukturbeispiel in Abb. 6.2). Glatte Produktionsprozesse verarbeiten **ein Ausgangsmaterial** (oft genau ein Stück) zu **einem Produkt**. Umformen einer Blechplatine zu einem Kotflügel oder Erzeugen eines Zahnrades aus einer Metallscheibe sind ebenso Beispiele wie das Gießen eines Körpers aus einem Metall oder Kunststoff.
- **Konvergierende Produktionsprozesse** verbinden mehrere Inputgüter bzw. Materialien zu **einem** Produkt. Das **Montieren** von Produkten, die aus verschiedenen Komponenten und Baugruppen bestehen, ist ein verbreiteter Produktionsprozess, z. B. in der Automobil-, Computer- oder Hausgeräteindustrie. Aber auch das **Mischen** verschiedener Substanzen wie es in der Pharma- oder Lebensmittelindustrie üblich ist, gehört zu diesem Prozesstyp. Konvergierende Logistikprozesse sind z. B. das Einsammeln und die konsolidierende Bildung von Ladeeinheiten.
- **Divergierende Prozesse** lassen aus **einem** Ausgangszustand bzw. Inputmaterial mehrere verschiedene Produkte bzw. Ergebnisse entstehen. **Demontage- und Zerlegungsarbeiten** kommen nicht nur in der Kreislaufwirtschaft (siehe Kap. 7) vor, sondern sind auch bei der Rohstoffgewinnung und -verarbeitung (in Land- und Forstwirtschaft sowie Bergbau), z. B. bei der Holzverarbeitung (Sägewerk) oder Erzwäsche verbreitet. Eine besondere Erscheinungsform ist die **Kuppelproduktion**, bei der die resultierenden Produkte mengenmäßig in einem fixen Verhältnis stehen, wie das z. B. in der Ölraffinerie mit ihren diversen Derivaten, aber auch im Schlachthof bei der Zerlegung von Tieren zu beobachten ist. Die Auflösung von Ladeeinheiten, z. B. beim Entladen eines Schiffes, und alle verteilenden Lieferprozesse (Briefträger, Paketdienst) sind typische Beispiele aus der Logistik.
- **Umgruppierende Prozesse** erzeugen aus mehreren verschiedenen Inputgütern mehrere verschiedene Erzeugnisse, ohne dass eine eindeutige Entsprechung zwischen In- und Output besteht. Chemie- und Lebensmittelproduktion sind hier ebenso zu nennen wie die Roheisenerzeugung im Hochofen, bei der aus Erz, Koks und Möller auch nutzbare Gase, Hitze und Schlacke entstehen. Letzteres zeigt aber, dass sich bei Einbezug von Hilfs- und Betriebsstoffen sowie Entsorgungsgütern in die Betrachtung fast alle Produktionsprozesse als umgruppierend oder zumindest divergierend einstufen lassen. Sortierende Logistikprozesse, die beim Umschlagen und Kommissionieren anfallen, sind analog auch hier einzuordnen.

5.3 Produktionsorganisation

Die Zuordnung von Aufgaben („Aufträge") auf Produktionsmittel und -mitarbeiter und die Verkettung dieser **Produktiveinheiten** („Arbeitsplätze") sind die wesentlichen Aspekte der Produktionsorganisation. Dabei lässt sich wie bei allen Organisationstätigkeiten die Verrichtungsorientierung von der Objektorientierung differenzieren.

5.3.1 Werkstattfertigung

Die Organisation nach dem **Verrichtungsprinzip** führt in der Produktion zur sog. Werkstattfertigung, bei der die organisatorische Einheit „Werkstatt" nach dem Gesichtpunkt der **Verfahrensspezialisierung** gebildet wird: Gleiche oder sehr ähnliche technische Verfahren werden - unabhängig vom Automatisierungsgrad - in einer Werkstatt zusammengefasst, während andere technische Verfahren in getrennten weiteren Werkstätten erledigt werden. Drehen, Fräsen, Bohren und Schleifen werden also z. B. in vier verschiedenen Werkstätten durchgeführt. Dabei sind auch die entsprechenden Produktiveinheiten dieser Werkstatt zugeordnet: So stehen die Drehautomaten in der Dreherei, wo auch die gelernten „Dreher" (Zerspanungsmechaniker) arbeiten.

Bei der Werkstattfertigung lassen sich organisatorisch beliebige Reihenfolgen im Ablauf realisieren und eine Werkstatt kann auch mehrfach durchlaufen werden. Dies führt einerseits zu einer sehr **hohen Flexibilität**, andererseits entstehen dadurch Reihenfolgeprobleme und Engpässe sowie sehr hohe Anforderungen an die Koordination *(„Werkstattsteuerung")*. Daraus resultieren auch als Hauptnachteile die **langen Durchlaufzeiten** mit hohen Lagerbeständen und der relativ große Raumbedarf.

5.3.2 Fließfertigung

Die Organisation nach dem **Objektprinzip** richtet sich in der Produktion meist an dem Objekt „Produkt" aus, so dass auch von einer **produktspezialisierten** Organisation gesprochen werden kann. Die produktspezifische technische Bearbeitungsreihenfolge bestimmt also die Anordnung der Produktiveinheiten (=Arbeitsstationen), über die die zu bearbeitenden bzw. zu vervollständigenden Güter fließen. Diese Reihenfolge lässt sich nicht variieren, für Produkte mit anderen Bearbeitungsfolgen sind weitere parallele Fließfertigungssysteme notwendig. Außerdem ist eine **Kapazitätsabstimmung** zwischen den Stationen erforderlich, da ansonsten Leerlauf oder Staus bzw. Zwischenlager entstehen. Diese Abstimmung kann bei Vorhandensein von Puffern relativ grob erfolgen, was zu der ungetakteten **Reihenfertigung** führt, deren Automatisierungs- und Mechanisierungsgrad oft relativ gering ist. Bei der **Taktfertigung** gibt es hingegen eine durchgängige Taktzeit, innerhalb der die Aufgaben an den verschiedenen Arbeitsstationen zu erledigen sind. Eine möglichst gleichmäßige Verteilung der Aufgaben auf die Arbeitsstationen ist Ziel der Austaktung. Bei **Fließbandfertigung** bestimmt die Bandgeschwindigkeit die Taktzeit, die sich an den i.d.R. hoch automatisierten **Transferstraßen** aus der Bearbeitungszeit und der Vorschubzeit zusammensetzt. Einen

Spezialfall der Fließfertigung stellt die **Prozessfertigung** dar, bei der die Güter naturbedingt „fließen“, da es sich um Fließgüter (s.o. Abb. 1.1) wie Flüssigkeiten, Gase oder zweidimensional geformte Güter (mit der Menge als dritter Dimension) handelt. **Mangelnde Flexibilität**, erhebliche Störanfälligkeit und die meist hohen Investitionen und Vorbereitungskosten sind die Hauptnachteile der Fließfertigung, die gegen ihre hohe Produktivität und **kurze Durchlaufzeiten** abzuwägen sind.

5.3.3 Gruppenfertigung

Bestrebungen, fließende Produktionsabläufe mit hoher Flexibilität zu verbinden, haben zu vielfältigen Organisationsformen zwischen Fließ- und Werkstattfertigung geführt. Das grundsätzlich auch hier geltende **Objektprinzip** wird dabei zu einer **Prozessorientierung** bzw. Gruppierung (**Gruppenprinzip**) ausgeweitet, was dann die erwünschte höhere Flexibilität erlaubt. Erscheinungsformen der Gruppierten Fertigung bzw. Gruppenfertigung, die nicht mit Gruppenarbeit (s.u.) verwechselt werden darf, sind z. B.

- Fertigungsinseln,
- Ansätze der Fertigungssegmentierung,
- Fertigungszellen,
- Flexible Fertigungssysteme.

Die höhere Flexibilität wirkt bei diesen meist sehr speziell gestalteten Systemen nicht nur hinsichtlich der Produktvariantenvielfalt („Bearbeitungsfamilien“), sondern ermöglicht hier auch Reihenfolgevariationen und berücksichtigt Mengendifferenzen, wenn z. B. speziell „Rennerlinien“ für Standardprodukte und „Exotensysteme“ für kleinere Losgrößen separiert werden.

5.3.4 Arbeitsstrukturierung

Die drei dargestellten Organisationstypen der Produktion bilden sich durch unterschiedliche Verkettung der Produktiveinheiten auf einer höheren Ebene, der Makrostruktur. Auf der **Arbeitsplatzebene** wird oft genau die gegenläufige organisatorische Logik angewendet. So sind die Aufgaben der einzelnen Arbeitsstationen an einem Fließband nach Verrichtungen differenziert, weil jeder etwas Anderes macht. Ebenso können mehrere Maschinen in einer Werkstatt objektspezialisiert eingesetzt werden, wenn z. B. verschiedene Drehmaschinen oder Pressen unterschiedliche Werkstückgrößen bearbeiten. Insofern ist also die Organisation auf Arbeitsplatzebene (Mikrostruktur) vor allen vor dem Hintergrund der Arbeitsteilung und Arbeitszerlegung zu betrachten. **Arbeitsteilung** ermöglicht Spezialisierung und damit Qualifikation. Sie ist im Informationszeitalter nicht zu vermeiden, sonst könnte jeder halbwegs intelligente Mensch gleichzeitig Betriebswirt, Ingenieur, Arzt, Rechtsanwalt und universeller Handwerker sein.

Die **Arbeitszerlegung** *(„Taylorismus“)* hat in einigen Produktionsbereichen in der Vergangenheit zu sehr kleinen Aufgabenumfängen („drei Handgriffe“) mit sehr hoher Wiederholhäufigkeit (z. B. 240 mal pro Stunde bei Taktzeit = 15 sec.) und entsprechender Eintönigkeit

(„*Monotonie*“) geführt. Zahlreiche Projekte haben in den letzten Jahrzehnten versucht, die **Arbeitsinhalte aufzuwerten**, natürlichere ganzheitliche Arbeitsabläufe zu erreichen und die Produktionsmitarbeiter als denkende Menschen in die Produktionsoptimierung z. B. durch kontinuierliche Verbesserungsprozesse („*KVP*“) einzubeziehen:

- **Job enlargement** beschreibt Erweiterungen des quantitativen („18 anstatt drei Handgriffe“) sowie **job enrichment** des qualitativen („15 Handgriffe sowie selbst prüfen und entscheiden“) Arbeitsumfangs an **einzelnen Arbeitsplätzen**. Damit gehen regelmäßig auch Taktzeitverlängerungen einher, die die Wiederholhäufigkeit verringern und oft zur Qualitätssicherung beitragen. Zu beachten ist dabei aber, dass die an einem Arbeitsplatz produzierbare Stückzahl entsprechend zurückgeht, wass dann auch für ganze Fließfertigungssysteme gilt.
- **Job rotation** lässt Produktionsmitarbeiter die Arbeitsplätze systematisch (z. B. alle zwei Stunden) wechseln. Dies soll - auch bei relativ kurzen Taktzeiten - demotivierende Eintönigkeit und einseitige Belastungen vermindern, fördert aber auch die flexible Einsetzbarkeit und Qualifikation der Mitarbeiter.
- **Gruppenarbeit** überlässt einer aus 5-12 Mitarbeitern bestehenden „selbststeuernden Arbeitsgruppe“ eine umfassendere Aufgabe, die z. B. bisher an 5-12 isolierten Arbeitsplätzen erledigt wurde. Dabei bekommt die Arbeitsgruppe - allerdings nur im Innenverhältnis - weit reichende Kompetenzen zur eigenständigen Organisation und Steuerung ihrer Arbeitsabläufe, während die Gruppe nach außen in die Produktionskette eingebettet ist und die Erledigung ihrer Aufträge schuldet. Geleitet wird die Gruppe von einem ernannten oder gewählten Gruppensprecher, die Rolle der Meister verändert sich zur Beratungs- und Koordinationsaufgabe. Gruppenarbeit lässt sich **mit allen Organisationstypen** der Produktion kombinieren: So kann die Arbeitsgruppe sowohl eine Werkstatt betreiben, als auch für einen Bandabschnitt von 10 Arbeitsstationen an einem Fließband mit insgesamt 200 Stationen zuständig sein. Bei den wenig automatisierten Erscheinungsformen der Gruppierten Fertigung wie z. B. den Fertigungssegmenten ist Gruppenarbeit weit verbreitet und üblich.

5.4 PPS: Produktionsplanung und -steuerung

Traditionell wird die Produktionsplanung und -steuerung (PPS) in fünf Aufgabenkomplexe (vgl. z. B. Zäpfel, 2001b, S. 57) gegliedert:

- Die **Programmplanung** legt den **Output** des Produktionssystems, also die Produktarten und -mengen für die Planungsperioden fest.
- Die **Mengenplanung** bezieht sich auf den **Input** des Produktionssystems, wird aber meist auf die Verbrauchsfaktoren (Material) beschränkt. Dazu gehört also die Ermittlung der Materialbedarfe für die Planungsperioden (**Bedarfsermittlung**), darüber hinaus aber auch die weitergehende **Mengenoptimierung**. Diese Bedarfe und Mengen lassen sich i.d.R. in Vorfertigungsbedarf (interne Lieferanten, also vorgelagerte Produktionsstufen) und zu beschaffenden Bedarf (Bestellungen an externe Lieferanten) differenzieren.

- Die **Termin- und Kapazitätsplanung** plant zunächst zeitlich den Produktionsprozess (Terminierung). Da die Potentialfaktoren „Arbeit" und „Betriebsmittel" nur begrenzt nutzbar sind, müssen aufgrund dieser Kapazitätsrestriktionen meist weitergehende Kapazitätsabstimmungen vorgenommen werden.
- Die **Auftragsveranlassung** soll die Planung organisatorisch umsetzen und durchführbar machen und gehört damit ebenso zur „Steuerung" (besser Regelung) wie
- die **Auftragsüberwachung**, die die richtige Durchführung der Produktionsprozesse überprüft, Abweichungen feststellt und dann gegensteuert (Auftragssicherung).

Im Weiteren kann hier nur sehr kurz auf einige methodische Aspekte dieser PPS-Aufgaben eingegangen werden (Zur tieferen Betrachtung der Methoden vgl. z. B. Corsten/Gössinger, 2009, Tysiak, 2000 oder Zäpfel, 2001b). Außerdem wird die Mengenplanung in die Bedarfsermittlung und die Mengenoptimierung aufgespalten, während Auftragsveranlassung und -überwachung zusammengefasst werden.

5.4.1 Programmplanung

In der Programmplanung ist die Frage zu beantworten: **Welche Leistungen** sind in einer Periode zu produzieren? Das Ergebnis beschreibt die zu erstellenden Produkte nach Art und jeweiliger Menge und wird als **Produktionsprogramm** bezeichnet (immer mit Periodenbezug!). Es hängt in seiner Entstehung meist mit dem Absatzprogramm zusammen, berücksichtigt auch schon grobe Kapazitätsrestriktionen, ohne eine genaue Kapazitätsplanung vorwegzunehmen.

Grundsätzlich zu unterscheiden sind nach der Datenbasis der Programmplanung

- die **Kundenauftragsgetriebene Programmbildung**, die Bestellungen von Kunden oder Aufträge von Konzernzentralen voraussetzt *(„make to order")* und damit deterministisch plant, und
- die **Prognosegetriebene Programmbildung**, die Programmmengen aus Vergangenheitswerten und -erfahrungen stochastisch ableitet und somit Prognoserisiken in Kauf nimmt, aber auch kurze Lieferzeiten für die Kunden erlaubt, da auf Lager produziert wird *(„make to stock")*.

Grundsätzlich dürften aber in fast jedem Unternehmen nur **Mischtypen** vorkommen, da es mehrere Differenzierungsebenen gibt, die ein Nebeneinander bzw. Nacheinander der beiden Programmbildungsverfahren zulassen:

- **Verschiedene Produkt- oder Kundengruppen** können unterschiedliche Programmplanungen nebeneinander erfordern. Während z. B. die Standardprodukte oft prognosegetrieben, also ohne Kundenauftrag in die Distributionsnetzwerke gelangen, werden Spezialanfertigungen nur nach Kundenauftrag erstellt.
- **Vor- und nachgelagerte Produktionsbereiche** können bei langwierigen Produktionsprozessen zu unterschiedlicher Programmplanung führen, wenn z. B. Vorfertigungsbereiche prognosegetrieben und die - oft erst die vielen Produktvarianten erzeugenden - Endmontagen kundenauftragsgetrieben geplant werden.

- Logischerweise lassen sich nur Perioden innerhalb der garantierten oder von den Kunden akzeptierten Lieferzeit kundenauftragsbezogen planen. Soweit in einer **längerfristigen Planung** auch für weitere Perioden Programme geplant werden sollen (z. B. Jahres-, Quartals- oder Monatsprogramme), bleibt methodisch nur die Prognose. Insofern geht in vielen Unternehmen die prognosebasierte Planung entweder mit Eintreffen der Kundenaufträge oder systematisch z. B. genau drei Wochen vor Produktionstermin in eine kundenauftragsgetriebenes Programm über. Dabei können schwerwiegende Planungsbrüche auftreten, wenn falsch prognostiziert wurde.

Immer wenn eine kurzfristige Belieferung von Kunden (wie z. B. bei Ersatzteilen) oder sogar eine Warenpräsenz (wie im Konsumgüterbereich) wichtig ist, die eine kundenauftragsgetriebene Produktionszeit nicht zulässt, ist eine prognosegetrieben Programmbildung und damit eine Produktion auf Lager zwingend erforderlich.

5.4.2 Bedarfsermittlung

Der Materialbedarf für eine Produktion lässt sich grundsätzlich auf drei Arten ermitteln:
- **Programmgebundene** Bedarfsermittlung,
- **Verbrauchsgebundene** Bedarfsermittlung,
- **Intuitive** Schätzung.

Die intuitive Schätzung basiert auf Erfahrungen und ist nicht methodisch darstellbar. Sie spielt aber in der unternehmerischen Tätigkeit oft eine große Rolle.

Bei der **programmgebundenen Bedarfsermittlung** wird der Materialbedarf als Sekundärbedarf an Rohstoffen und wesentlichen Komponenten des Produktes aus dem Produktionsprogramm (=Primärbedarf) deterministisch abgeleitet. Dafür benötigt man Informationen über die Zusammensetzung des Produktes, wie sie z. B. in **Stücklisten** wiedergeben werden. Dabei sind grundsätzlich zu unterscheiden:
- **Strukturstücklisten**, die Aufbau und Mengenbeziehungen des gesamten Produktes komplett darstellen;
- **Baukastenstücklisten**, die jeweils nur die direkt, d. h. unmittelbar in ein Produkt bzw. in eine Baugruppe eingehenden Bestandteile enthält, so dass auch für Baugruppen eigene Baukastenstücklisten anzulegen sind, und die
- **Mengenübersichtsstücklisten**, die nur die Gesamtmengen aller Baugruppen und Teile eines Produktes zeigen, ohne eine Strukturinformation zu geben.

Sie gibt damit aber genau den Materialbedarf für ein Produkt wieder und lässt sich so ebenso wie sog. Stücklistenprozessoren zur Ermittlung der Materialbedarfe für beliebige Produktmengen einsetzen. Mathematisch lässt sich diese Vorgehensweise im sog. **GOZINTO-Verfahren** (vgl. z. B. Tysiak, 2000, S. 66ff) abbilden, das anstatt der Stücklisten Direkt- und Gesamtbedarfsmatrizen einsetzt und sich damit den Methoden der Linearen Algebra öffnet.

So kann man als Hauptvorteil der Programmgebundenen Bedarfsermittlung die exakte Errechnung des Materialbedarfes nennen, was - bei Eintreffen aller Planungsprämissen - eine

hohe Planungssicherheit ohne Fehlmengen und (Sicherheits-) Bestände garantiert, eventuelle Risiken aber kaum berücksichtigt.

Der Hauptnachteil liegt aber nicht in dem - von allen deterministischen Planungen vorausgesetzten - Vertrauen in die Vorhersagbarkeit der Zukunft, sondern in den für die Anwendung dieses Verfahrens **notwendigen Lieferzeiten**. Denn erst nach der Bedarfsermittlung, die u. U. auch selbst Zeit kostet, können der ermittelte Materialbedarf bestellt und die Produkte produziert werden. So muss der Kunde eine Lieferzeit akzeptieren, die mindestens die (längste) Beschaffungszeit plus die Produktionszeit überschreitet.

Die **Verbrauchsgebundene Bedarfsermittlung** akzeptiert dagegen die Unsicherheit der Zukunft und arbeitet mit stochastischen Methoden, speziell Prognoseverfahren, die vom Verbrauch der Vergangenheit auf den Bedarf der Zukunft schließen. Methodisch lassen sich dabei unterscheiden:

- **funktionsgebundene Methoden** wie z. B. die Trendrechnung oder Regressionsanalyse,
- **autoadaptive Verfahren**, die nur die nächste Periode vorhersagen, wie z. B. die Methode der exponentiellen Glättung sowie
- **Dispositionsverfahren**, die Bedarfsmengen und Bestelltermine aus Regeln ableiten, die den Verbrauch der unmittelbaren Vergangenheit berücksichtigen, wie z. B. Lagerhaltungspolitiken sowie die Behälter- oder Kanbansteuerung.

Hauptnachteile sind hier das Prognoserisiko, das meist über Sicherheitsbestände aufgefangen wird, und vor allem die resultierende **hohe Lagerhaltung**.

5.4.3 Mengenoptimierung

Sowohl die mit Hilfe der programmgebundenen Bedarfsermittlung aus dem Primärbedarf abgeleiteten wie auch die prognostizierten Materialbedarfe können beliebige Werte annehmen. Daher stellt sich stets die Frage, inwieweit mehrere Perioden zusammengefasst werden können, um dadurch Prozesskosten zu sparen. Dies können die Kosten der Bestellung und der Anlieferung bei Fremdbezug sein, aber ebenso bei Eigenfertigung die so genannten **Rüstkosten**, die anfallen, wenn ein Produktionssystem für die Herstellung eines Produktes bzw. Auftrages „gerüstet", d. h. fertig gemacht wird. Vor allen Werkzeug- und Vorrichtungswechsel aber auch notwendige Änderungen der Materialzuführung, Reinigungsvorgänge und der Austausch von Montageplänen bzw. Computerprogrammen führen zu Rüstzeiten, die sich dann in Rüstkosten bewerten lassen. Diesen Prozesskosten sind die **Lagerkosten** gegenüberzustellen, die immer anfallen, wenn zu früh bestellt oder vorgefertigt wird. Die Abwägung der über Häufigkeiten der Bestellungen bzw. Rüstvorgänge getriebenen Prozesskosten gegen die meist wertabhängig verrechneten Lagerkosten führt zur Ermittlung der **optimalen Bestellmenge** bzw. **optimalen Losgröße**, für die zahlreiche Modelle und Rechenansätze existieren.

Der beliebte Ansatz von Andler/Harris basiert auf der Gesamtkostenfunktion,

$$\text{Gesamtkosten} = K_p \cdot \frac{b}{q} + \frac{q}{2} \cdot c \cdot W$$

die aus der Summe einer **Prozesskostenfunktion** und einer **Lagerkostenfunktion** besteht. In der Prozesskostenfunktion wird ein Kostenfaktor K_p, der für die Kosten **eines** Bestellprozesses bzw. **eines** Rüstprozesses steht, mit der Häufigkeit dieser Prozesse multipliziert, die sich hier als stetige Variable aus der Division des Periodenbedarfes (z. B. Jahresbedarf) b durch die Menge q ergibt. Diese Menge q ist die zu optimierende Bestellmenge bzw. Losgröße.

Die **Lagerkosten** ergeben sich nach Andler/Harris durch die Multiplikation des durchschnittlichen Lagerbestandes, der aus dem für die Verbrauchscharakteristik unterstellten *„Sägezahnmodell"* resultiert, mit einem Lagerkostenfaktor K_L. Dieser steht für die Lagerkosten pro Stück, die sich wiederum durch Multiplikation eines Lagerkostensatzes c mit dem monetären Wert eines Stückes W errechnen. Dieser Wert lässt sich für die optimale Bestellmenge aus dem Einstandspreis, bei der optimalen Losgröße aus den kalkulierten Herstellkosten am Ende des betrachteten Produktionsschrittes ableiten.

Durch Optimierung der Gesamtkostenfunktion (zur Ableitung vgl. Tysiak, 2000, S. 89f) ergibt sich dann die **Andlerformel** der optimalen Bestellmenge bzw. optimalen Losgröße als

$$q^* = \sqrt{\frac{2 \cdot b \cdot K_p}{c \cdot W}}$$

Diese Formel basiert auf einigen Annahmen und Voraussetzungen, die auch Kritik an diesem Ansatz begründen (Zur Vertiefung vgl. Eichler, 2003, S. 212 ff):

- Es liegt ein stetiger kontinuierlicher Verbrauch („Sägezahnmodell") vor.
- Sofortiger Lagerzugang bedeutet Lieferzeit = 0.
- Der (Gesamt) Periodenbedarf b, z. B. Jahresbedarf ist bekannt.
- Die Prozesskosten K_p sind bekannt und innerhalb der Planungsperiode konstant.
- Statisches Umfeld, d.h. in der Planungsperiode treten keine relevanten Änderungen auf.
- Der Lagerkostensatz c unterstellt wertabhängige Lagerkosten (vor allem Kapitalbindung, weniger Lagerplatz- und Handlingkosten).
- **Punktuelle „Optimierung"**, d.h. aus der Logistikkette wird nur ein isolierter Ausschnitt betrachtet.

Während sich die meisten dieser Kritikpunkte als „planungstypisch" entkräften lassen, stellt die „punktuelle Optimierung" eine Sichtweise dar, die den Anliegen einer modernen Logistik und des SCM widerspricht! So kommt es in Logistikketten wie Lieferbeziehungen oder Folgen von Produktionsschritten auf **durchgängig gleiche Mengen** und möglichst **gleichmäßige Bearbeitung** an. Nur so werden störende Wartezeiten und sinnlose Lagerhaltung vermieden. Insofern lässt eine Just-in-time-Logistik die verschwenderische Lagerhaltung durch

Mengenabweichungen auch dann nicht zu, wenn sie sich punktuell betrachtet rechnet. Denn aus der Gesamtsicht führt sie nur zu teuren Unregelmäßigkeiten und unnötigen Beständen, die einer Flussorientierung und damit dem SCM widersprechen.

5.4.4 Termin- und Kapazitätsplanung

Jeder Produktionsauftrag lässt sich auf der Grundlage seines **Arbeitsplanes**, der alle notwendigen Aktivitäten mit Reihenfolgerestriktionen und Vorgabezeiten enthält, grob terminieren (Durchlaufterminierung). Dafür werden für jeden Produktionsschritt die auftragsbezogenen Rüstzeiten mit den Ausführungszeiten addiert, die sich wiederum aus der Menge (Losgröße) multipliziert mit der Vorgabezeit pro Stück t_e ergeben. Diese **Bearbeitungszeit** stellt allerdings nur die meist unerreichbare Untergrenze für die tatsächliche Durchlaufzeit dar, da Übergangs- und Wartezeiten noch keine Berücksichtigung finden. Diese stellen aber in vielen Produktionsbereichen - auch in Abhängigkeit von der Organisation der Produktionskette (siehe Kap. 5.3) - ein Vielfaches der „reinen" Bearbeitungszeit dar. Um nicht zu vollkommen unrealistischen Ergebnissen zu gelangen, werden daher oft schon für die Durchlaufterminierung Durchlaufzeiten aufgrund von Vergangenheitswerten geschätzt. Kapazitätsrestriktionen und -engpässe werden dabei noch kaum berücksichtigt.

Wenn man auf dieser Basis die Kapazitätsnachfrage über alle bekannten Aufträge für verschiedene Perioden ermittelt hat, entsprechen diese nur selten genau dem verfügbaren Kapazitätsangebot, so dass ein **Kapazitätsabgleich** (auch Kapazitätsabstimmung) erfolgen muss, um die Gleichung

Kapazitätsnachfrage = Kapazität(sangebot)

zu erzielen. Dafür kann zum einen die **Kapazitätsnachfrage** an die Kapazität angepasst werden durch

- Zeitliche Verschiebungen,
- Ändern der Auftragsmengen,
- Forcieren oder Aussetzen von Marketingmaßnahmen,
- Erhöhen oder Abbauen der Fremdvergabe (soweit möglich).

Zum anderen kann aber auch die **Kapazität,** die das „*zeitliche Leistungsvermögen des betrachteten (Produktions-)Systems in einer Periode*" bedeutet, an die jeweils vorliegende Kapazitätsnachfrage angepasst werden:

- Die **quantitative Kapazitätsanpassung** verändert die **Menge** der Betriebsmittel durch Investition bzw. Desinvestition oder der Mitarbeiter durch Personalaufbau bzw. -abbau.
- Die **zeitliche Kapazitätsanpassung** erhöht bzw. senkt die tägliche oder wöchentliche Anlagennutzung oder verändert die Arbeitszeit der Mitarbeiter z. B. durch Überstunden bzw. Kurzarbeit.
- Die **intensitätsmäßige Kapazitätsanpassung** verändert die **Produktivität** z. B. durch Geschwindigkeitsveränderungen, kurzfristige Leistungssteigerungen sowie langfristige Rationalisierung *(„Ratio-Effekte")*.

Diese Kapazitätsanpassungsmaßnahmen können auch kombiniert eingesetzt werden. Dies betrifft insbesondere eine differenzierte Anwendung bzgl. der Potentialfaktoren Mensch und Maschine; denn wenn z. B. eine zusätzliche Schicht eingeführt wird, ist dies eine zeitliche Kapazitätsanpassung bei den Betriebsmitteln. Die Mitarbeiter werden dann aber sicherlich nicht täglich 16 oder 24 Stunden arbeiten, sondern es wird notwendig sein, Mitarbeiter einzustellen, also eine quantitative Kapazitätsanpassung im Personalbereich vorzunehmen.

Erst wenn Kapazitätsangebot und Kapazitätsnachfrage abgestimmt sind, liegt eine umsetzbare Produktionsplanung vor.

5.4.5 Auftragsveranlassung und -überwachung

Das Vorliegen einer Planung bedeutet i.d.R. nicht, dass sie auch ohne Weiteres durchgeführt wird. So dürfte es in einer Fabrik kaum sinnvoll sein, die kompletten Produktionspläne an alle Mitarbeiter zu verteilen. Wichtiger ist, dass jeder Mitarbeiter die **konkreten Aufträge** für seinen Arbeitsplatz bekommt. Diese sind nicht nur für jeden Produktionsarbeitsplatz aus der Produktionsplanung abzuleiten, sondern auch für notwendige Lager- und Transportaktivitäten und jedem Beteiligten aufgabengerecht zu kommunizieren. Bei automatisierten Produktionsprozessen hat dasselbe für die Anlagen zu geschehen, d.h. Programme, Steuerimpulse und Datensätze (z. B. Mengen) sind gezielt zu übertragen. Damit ist die komplexe Aufgabenstellung der **Auftragsveranlassung** zusammenfassend charakterisiert. Ihr Zweck ist es, die Planung durchführbar zu machen.

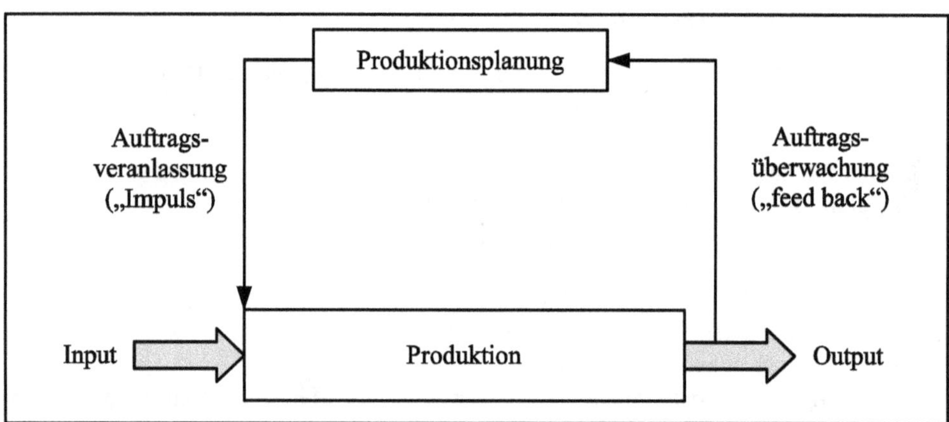

Abb. 5.1 *Regelkreis in der Produktionssteuerung*

Wenn man den Regelkreis in Abb. 5.1 betrachtet, gibt die Auftragsveranlassung also den Impuls für den Produktionsprozess mit allen seinen Aufgaben und Teilprozessen, die zu steuern sind. Die **Auftragsüberwachung** schließt dann im Idealfall den Regelkreis mit dem *„feedback“*, ob die Produktionsprozesse plangerecht durchgeführt wurden und welche Abweichungen hinsichtlich Mengen, Termine, evtl. auch Qualität eingetreten sind. Wenn über den *„Regler"* PPS noch kurzfristig und gezielt gegengesteuert werden kann, ist von einer **Regelung** der Produktionsprozesse zu sprechen. Sie ist in letzter Zeit durch Computervernetzung der Produktionsbereiche mit *„real time"* arbeitender Online-Betriebsdatenerfassung vielfach Realität geworden. Wenn ein zeitnahes Feedback ausbleibt, weil die Betriebsdatenerfassung (BDE) aufgrund verzögerter Bildschirmeingaben oder einer „Zettelwirtschaft" zu spät kommt, um noch rechtzeitig in laufende Produktionsprozesse sichernd einzugreifen, liegt nur **Steuerung** vor. Für die PPS bedeutet diese Steuerung eine gewisse „Blindflugphase", in der weder genaue Informationen über den Produktionsfortschritt vorliegen noch eine gezielte Auftragssicherung möglich ist.

6 Lieferprozesse

Die Belieferung der Kunden mit den produzierten Produkten oder den gehandelten Waren steht im Mittelpunkt dieses Kapitels. Soweit es sich um Lieferbeziehungen zwischen Unternehmen handelt (B2B - „*Business to Business*") kann man dabei auch die Beschaffungsperspektive einnehmen, die insofern eine Umkehrung der Distributionssicht darstellt.

6.1 Distributionsprozesse

Im Kapitel 4, aber auch davor bei den Logistiksystemen (Kap. 3) sind bereits viele Aspekte angesprochen worden, die grundlegende oder operative Entscheidungen zur Gestaltung von Lieferprozessen und der Distributionslogistik betreffen. Auf der strategischen und investitionsorientierten Ebene sind die folgenden **Grundsatzentscheidungen** zu nennen:

- Standortwahl der Lager,
- Gestaltung der Lagerhäuser,
- Gestaltung der Kommissioniersysteme,
- Gestaltung der Verpackungen,
- Transportplanung und Transportmittelwahl sowie
- Wahl zwischen eigenen Logistikleistungen und denen von Logistikdienstleistern.

Damit sind die wesentlichen Elemente der distributionslogistischen Kette festgelegt und gestaltet, die sich überwiegend auf die drei Bereiche

- Versandlager,
- Kommissionierung und
- Transport zum Kunden

beziehen.

In diesen Bereichen sind dann auf **operativer** Ebene **Dispositionen** zu treffen und Aktivitäten durchzuführen wie:

- Lagerhaltung (Lieferbereitschaft, Bestände),
- Kommissionieren,
- Verpacken,
- Verladen,
- Lieferrelationen konkretisieren,
- Tourenplanung und
- Frachtraumplanung.

Hinsichtlich der Struktur von Absatz- und Distributionskanälen können für die **Lieferbeziehung zwischen Herstellern und Konsumenten** (B2C - „*Business to Consumer*") grob drei Grundstrukturen differenziert werden, die am Beispiel der privaten Lebensmittelversorgung veranschaulicht werden sollen:

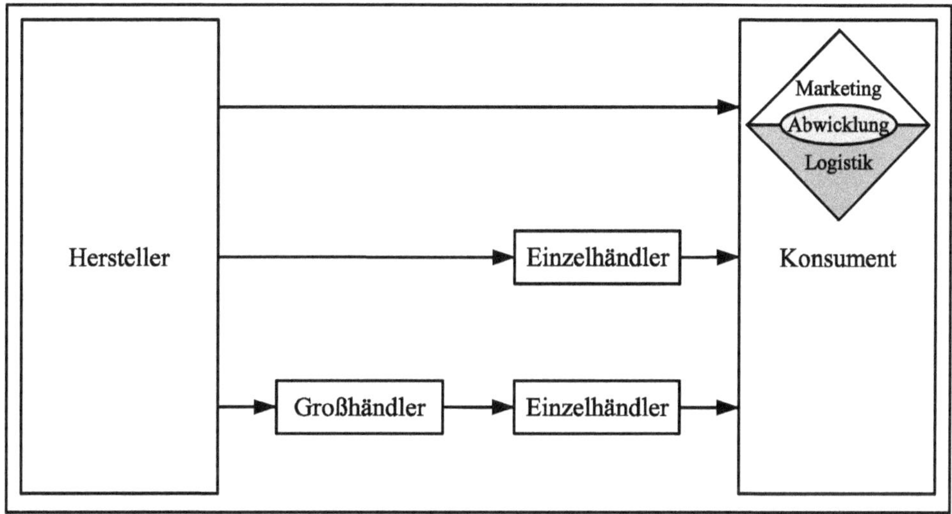

Abb. 6.1 *Distributionskanäle im Konsumgüterbereich (B2C)*

Der Konsument kann **direkt beim Hersteller** kaufen, z. B. seine Kartoffeln oder Äpfel direkt beim Biobauern. Diese Distributionsform ist sicherlich mit der Entwicklung spezialisierter Handelssysteme in vielen Branchen weitgehend verschwunden, hat aber in den letzten Jahren durch die Entwicklung des Internetvertriebs durchaus neue Bedeutung gewonnen.

Wenn der Konsument hingegen seinen **Bedarf im Einzelhandel deckt**, kann dies eine große durchgängige Einzelhandelskette sein (wie z. B. die bekannten Lebensmitteldiscounter), die sich direkt bei den Herstellern versorgt, oder auch ein kleiner selbstständiger Einzelhändler, der mit einer Großhandelskette kooperiert und dort einkauft, ohne eine direkte Lieferbeziehung zu den Herstellern aufzubauen.

Diese Grundstrukturen treten aber in der Praxis oft **nicht einheitlich** auf, wenn man Marketing, Abwicklung und Logistik als die drei Ebenen der Versorgungskette differenziert. Denn auf diesen Ebenen können die Strukturen gleich oder jeweils unterschiedlich gestaltet werden. So ist z. B. denkbar, dass ein Kunde über einen Einzelhändler kauft und bestellt, die Ware (z. B. ein größeres Haushaltsgerät) aber direkt vom Hersteller oder aus einem Großhandelslager an den Kunden ausgeliefert wird. Umgekehrt werden Direktbestellungen beim Hersteller, z. B. auf Internetportalen teilweise über örtliche Händler ausgeliefert. Schließlich sind auch bei den großen Einzelhandelsketten auf der Logistikebene Strukturen erkennbar, die der Zwischenschaltung einer Großhandelsstufe entsprechen, wenn z. B. Filialen bei regionalen Warenverteilzentren bestellen und von dort beliefert werden. Diese differenzierten Lieferstrukturen gibt es natürlich auch bei den Beziehungen zwischen Unternehmen (B2B), wobei dann die Einzelhandelsstufe entfällt, aber andere Typen von **Intermediären** wie z. B. Handelsvertreter oder Verkaufsniederlassungen zu berücksichtigen sind. Außerdem sind heute meist Logistikdienstleister auf der Abwicklungs- und Logistikebene beteiligt.

6.2 Logistikdienstleister

Logistikdienstleister übernehmen vielfältige Aufgaben in der Versorgungskette für die beteiligten Unternehmen und das nicht erst seit dem auch im Logistikbereich der Trend zum Outsourcing immer stärker geworden ist.

Ausgangspunkt waren und sind aber sicherlich die **Transportdienstleistungen**, wo auch die klassischen Typen der Logistikdienstleister zu finden sind. Andererseits treten immer mehr Logistikdienstleister mit **Komplettleistungen** an den Markt, die von einzelnen mehrstufigen Transporten bis zur längerfristigen Komplettabwicklung von umfassenden Beschaffungs- oder Distributionsbeziehungen („Kontraktlogistik") reichen. Um einen Überblick zu gewähren, sollen hier nur einige ausgewählte Bezeichnungen vorgestellt und kurz erläutert werden:

- Der **Verlader** ist selbst kein Logistikdienstleister, sondern **Auftraggeber** für Logistikdienstleistungen. Dabei handelt es sich in der Distributionslogistik meist um den Versender, bei einer aktiven Beschaffungslogistik kann aber auch der Empfänger als Verlader auftreten, wenn er z. B. Güter von Gebietsspediteuren bei Lieferanten abholen lässt.
- Wenn ein versendendes oder empfangendes Unternehmen mit **eigenem Fuhrpark** transportiert, also nicht *„verladet"*, spricht man von **Werkverkehr**.
- Sonst erbringt ein **Frachtführer** die eigentliche **Transportleistung**, er verpflichtet sich per Frachtvertrag, *„das Gut zum Bestimmungsort zu befördern und dort an dem Empfänger abzuliefern*" (§ 407 HGB). Frachtführer sind oft zugleich Spediteure oder arbeiten als Subunternehmer für eine Spedition. Sie werden z. T. auch als Transport- und Verkehrsbetriebe oder Verfrachter bezeichnet und können alle Verkehrsmittel (s.o. Kap 3.2.1) nutzen.
- **Spediteure** verpflichten sich durch den Speditionsvertrag, eine Versendung zu besorgen (§ 453 (1) HGB), also zu **organisieren** und zu **vermitteln**. Sie dürfen auch selbst transportieren *(„Selbsteintritt"* als Frachtführer), müssen es aber nicht. Darüber hinaus können Spediteure vielfältige **weitere Dienstleistungen** anbieten, z. B. Lagern, Kommissionieren und Verpacken, Qualitätsprüfungen, Zollabwicklung, oder sogar Konfektionieren bis hin zu „Full-Service-Paketen" (siehe Kontraktlogistik).
- **Verkehrsträger** stellen die **Infrastruktur**, die dann vor allem von Frachtführern, aber auch Werkverkehren genutzt werden kann:
  - **Wege** (Straßen, Bahntrassen, Kanäle etc.) und
  - **Stationen** (Häfen, Flughäfen, Bahnhöfe etc.)

  gehören in vielen Ländern dem Staat oder staatseigenen Unternehmen, gehen aber zunehmend auch in privates Unternehmenseigentum über. Sie können auch mit der Frachtführerfunktion zu Verkehrsbetrieben verbunden sein (z. B. Deutsche Bahn) oder nur eine Station für bestimmte Verkehrsmittel betreiben (z. B. Flughafen AG).

- **Lagerhalter** (vgl. § 467 HGB) gewinnen durch den zunehmenden gebrochenen und kombinierten Verkehr sowie das Outsourcing von industriellen Auslieferungslagern und Warenverteilzentren wieder an Bedeutung. Sie sind oft mit Verkehrsträgern (an Stationen) oder Speditionsbetrieben verbunden und erledigen auch weitere Logistikaufgaben wie z. B. Packen, Stauen, Umschlagen, Kommissionieren und vor allem den Versand.
- **KEP-Dienstleister** erbringen mit unterschiedlicher Schwerpunktsetzung **Kurier-, Express- und Paketdienste**, die durch einen integrativen Haus zu Haus-Service mit klar definierten Produkten, Preislisten sowie relativ kurzen und oft garantierten Lieferzeiten charakterisiert sind. In diesem Rahmen kommt es
  - bei **Kurierdiensten** dann vor allem auf Flexibilität und Zuverlässigkeit und
  - bei **Expressdiensten** auf besondere Schnelligkeit an, während
  - bei **Paketdiensten** Standardisierung (< 31,5 kg, Formatgrenzen) und Wirtschaftlichkeit im Vordergrund stehen.
- **Agenten** und **Makler vermitteln** Vertragsabschlüsse zwischen Verladern und Logistikdienstleistern, an die die Agenten als Handelsvertreter dauerhaft gebunden sind, während Makler relativ unabhängig Frachtraum vermitteln, z. B. auch *„Frachtbörsen"* betreiben.
- Für die **Seeschifffahrt** existieren internationale Abkommen (sog. *Konferenzen*) und spezielle Logistikdienstleister, von denen hier nur die **Reedereien** erwähnt werden sollen: Sie betreiben und befrachten Seeschiffe und werden daher auch als Verfrachter bezeichnet.
- Unter **Kontraktlogistik** wird eine umfassende *(„Full Service")* und längerfristig fest vereinbarte Spediteursleistung verstanden, die mit einem Systemlieferanten (s.o. Kap. 4.4.3) für Logistikaufgaben gleich zu setzen ist. Meist liegt ein **Outsourcing** (eines Teilsystems) der Logistik zu Grunde, so dass der kompetente Logistikdienstleister für seinen Kunden dauerhaft und eigenverantwortlich z. B. lagert, kommissioniert und auftragsgerecht liefert. Das kann spürbare Kostenvorteile bieten und ist gegen die eigenen internen Logistikkosten - die allerdings nicht unterschätzt werden dürfen - abzuwägen! Der Kontraktlogistiker kann als sog. Third Party-Logistiker *(„3PL")* die Logistikaufgaben nach eigenem Belieben an weitere Subunternehmer vergeben, während ein *„4PL"* (Fourth Party-Logistiker) nur übergeordnete Planungs- und Steuerungsaufgaben mit Hilfe ausgefeilter IuK-Systeme übernimmt und die operative Logistik an *„3PL",* Spediteure aber auch Zulieferer und Abnehmer in der Wertschöpfungskette delegiert.

6.3 Lieferrelationen

Lieferrelationen sind eine formalisierte **abstrakte Betrachtungsweise** der Logistikkette und z. T. auch der Abwicklung einer Lieferbeziehung. Sie dienen vor allem **Optimierungszwecken**, die oft auf der Basis von über- oder innerbetrieblichen Prozessvergleichen *(„benchmarking")* angestrebt werden. Jede Lieferrelation ist definiert durch eine **Quelle** *(„Woher?")*, eine **Senke** *(„Wohin?)* und das **Objekt** *(„Was?")*. Wenn sich einer dieser drei Parameter ändert, entsteht eine neue Lieferrelation, wobei die Objekte aber auch Sortimente sein können. In Abb. 6.2 sind acht idealtypische Lieferrelationen in ihrer Struktur skizziert. Sie lassen sich beliebig erweitern, verändern und kombinieren.

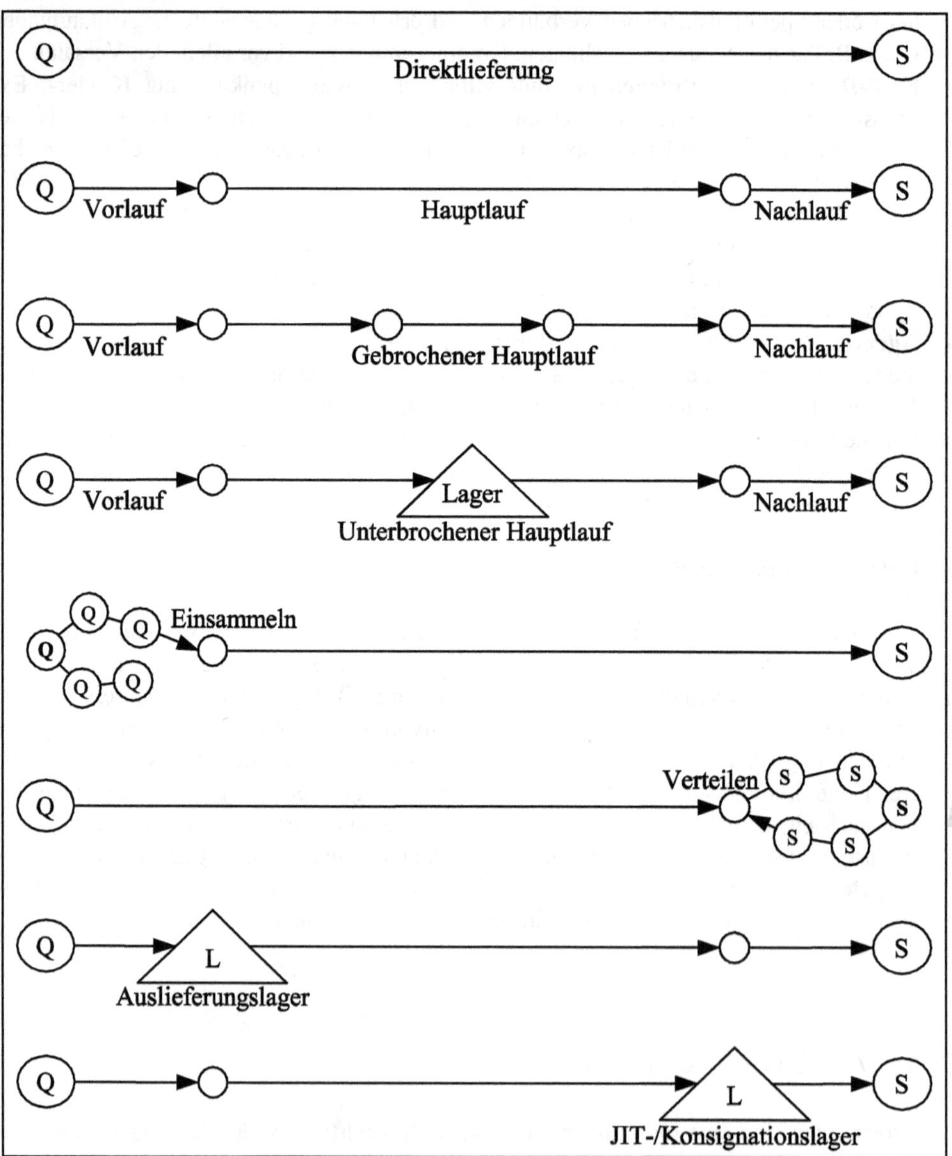

Abb. 6.2 Acht Strukturbeispiele für Lieferrelationen

Dieser **Strukturaspekt** beantwortet aber nur die Fragen *„Wie?"* und *„Wie aufgeteilt?"* und lässt sich in praktischen Fällen über Wege und Entfernungsangaben konkretisieren. Daneben sind aber noch weitere Parameter der Lieferrelation zu betrachten:

- Die Wahl des **Transportmittels** *(„Womit?")* kann die Wege beeinflussen aber auch von diesen abhängen, da für Ozeanüberquerungen nur Schiff und Flugzeug in Frage kommen. Konkreter kann hier auch die Wahl des Logistikdienstleisters *(„Wer?")* einfließen.
- **Liefermengen** und **Häufigkeiten** (*„Wie viel?"*und *„Wie oft?")* können vorgegeben sein oder sich aus der optimierenden Aufteilung von Gesamtmengen ergeben. Insoweit sind sie auch mit der Transportmittelwahl abzustimmen. Sie können auch in verschiedenen Abschnitten (z. B. Vorlauf, Hauptlauf, Nachlauf) einer Lieferrelation variieren.
- **Dauer** und **Termine** (*„Wie lange?"*und *„Wann?"*) lassen sich dann sowohl für die gesamte Lieferrelation wie für einzelne Abschnitte ableiten. Sie hängen letztlich von allem vorgenannten Aspekten ab und lassen sich als Bewertungs- und Optimierungskriterien nutzen, die dann gegen
- die **Kosten** der Lieferrelation (*„Wie teuer?"*) abzuwägen sind. Deren Ermittlung setzt aber meist das Vorliegen konkreter Angebote oder Entgeltvereinbarungen voraus und diese können sich im Zeitablauf verändern.

6.4 Lieferkonditionen

Lieferkonditionen prägen als Vertrags- und Kostenbestandteile die Lieferbeziehung und klären die folgenden Fragen:

- Wer **trägt** welches **Risiko** in welcher Lieferphase? (Gefahrübergang)
- Wer **zahlt** welche Phase der Lieferung? (Kostenverteilung)
- Wer **bestimmt** und steuert die Lieferung in welcher Phase? (Transportzuständigkeit)

Dabei kann man die Phasen hier beispielhaft auf die zweite in Abb. 6.2 skizzierte Lieferrelation mit Vorlauf, Hauptlauf und Nachlauf beziehen.

Beim **Gefahrübergang** geht es um das Risiko *„des zufälligen Untergangs und der zufälligen Verschlechterung"* (§ 446 BGB) und die damit verbundene Frage, ob der Abnehmer die Gegenleistung zu erbringen hat, wenn das Lieferobjekt untergegangen ist. Ohne besondere Vereinbarung trägt bei Kaufverträgen im Inland der Abnehmer die Gefahr während der gesamten Lieferung (§§ 269, 447 BGB). Davon abweichend kann der Gefahrübergang in Verträgen und Geschäftsbedingungen aber **frei vereinbart** werden. **Transportversicherungen** können das Lieferrisiko zum Teil auf die Versicherungsgesellschaft verlagern, wobei dann die Übernahme der Kosten der Versicherungspolice zu regeln ist und stets ein *„unversicherbares"* Restrisiko bleibt.

Weiterhin gilt grundsätzlich, dass (beim Kaufvertrag) der **Abnehmer** die **Transportkosten** trägt (§ 448 (1) BGB) und den Transport organisieren kann (*„Warenschulden sind Holschulden"*). Vertraglich ist aber jede sinnvolle Kostenaufteilung möglich, wobei detaillierte Vereinbarungen für einzelne Phasen auch vom gewählten Transportmittel abhängen, was die Bedeutung der **Transportzuständigkeit** unterstreicht.

Lieferklauseln regeln vereinfachend Gefahrübergang und Kostenübernahme:

- **Ab Werk**: Der **Abnehmer** trägt alle Kosten und die „Gefahr" ab Übergabe beim Lieferanten, also für die **gesamte** Lieferrelation.
- **Unfrei**: Der **Abnehmer** trägt Kosten und „Gefahr" **ab Versandstation**, so dass der Verkäufer also Kosten und Gefahr für den Vorlauf übernimmt. „Versandstation" kann der örtliche Bahnhof, der nächstgelegene Flughafen oder Hafen sein, aber auch die Niederlassung eines Logistikdienstleisters wie z. B. eines Paketdienstes.
- **Frachtfrei**: Der **Verkäufer** trägt Kosten und „Gefahr" **bis zur Empfangsstation**, der Abnehmer übernimmt den Nachlauf. Die Empfangsstation ist dabei genau festzulegen.
- **Frei Werk** *(frei Haus)*: Der **Verkäufer** übernimmt Kosten und Gefahr für die **komplette Lieferung.**

Aus betriebswirtschaftlicher Sicht ist aber gerade bei länger währenden Lieferbeziehungen eine Optimierung der Lieferrelationen und der Transportkosten wichtiger als die Kostenaufteilung. Insofern sollte derjenige die Kosten tragen und den Transport bestimmen, der bessere Konditionen und Transportkosten erzielt.

Im internationalen Geschäftsverkehr spielen die sog. **INCO-Terms** eine vergleichbare Rolle. Sie werden von der internationalen Handelskammer in Paris (ICC) als *„International Commercial Terms"* in Englisch, Französisch und Deutsch herausgegeben und lassen sich in der siebten Fassung als *„Incoterms® 2010"* auch auf nationale Lieferbeziehungen anwenden. Sie gliedern sich in vier Kategorien, die den vorstehend beschriebenen Lieferklauseln ähneln. Für den Schiffsverkehr gelten vier spezielle Klauseln, die hier nur *(kursiv)* erwähnt sind, die sieben erläuterten Klauseln sind **multimodal**, d.h. für alle Transportmittel anwendbar:

- **E-Klausel**: Abholklausel: **EXW** := „Ex Works" (...named place); siehe „ab Werk".
- **F-Klauseln**: Absendeklauseln bei denen der Haupttransport vom Abnehmer bezahlt wird („Free ..."): *FAS, FOB*, **FCA;**
  - FCA := Free Carrier (...named place): Der Lieferant übergibt die Güter am benannten Ort dem Frachtführer, dessen Kosten dann der Abnehmer trägt.
- **C-Klauseln**: Absendeklauseln bei denen der Haupttransport vom Lieferanten bezahlt wird: *CFR, CIF*, **CPT**, **CIP**
  - CPT := Carriage paid to (...named place of destination): Der Lieferant übernimmt das Risiko nur für den Vorlauf, aber sämtliche Transportkosten bis zum benannten Bestimmungsort, dessen Festlegung dabei relativ frei ist.
  - CIP := Carriage and insurance paid to (...named place of destination): Wie CPT und der Lieferant zahlt zusätzlich eine risikomindernde Kargoversicherung.
- **D-Klauseln**: Ankunftsklauseln („Delivered" ... „): **DAP, DAT, DDP**
  - DAP := Delivered at place (...named destination) und
  - DAT := Delivered at terminal (...named terminal): Der Lieferant liefert auf seine Kosten und Risiko bis zu einem (möglichst genau) vereinbarten Bestimmungsort bzw. einem benannten Terminal (z.B. Hafenkai, Containerterminal, Luftfrachtterminal etc.), wo der Abnehmer die Lieferung und damit i.d.R. den Nachlauf übernimmt.

- DDP := Delivered Duty Paid (...named place of destination) ähnelt „frei Werk“, da der Lieferant auf seine Kosten und Risiko bis zum (benannten) Standort des Abnehmers liefert und auch eine evtl. Verzollung vornimmt.

INCO-Terms sind **nur bei ausdrücklicher Vereinbarung** für die beiden Geschäftspartner verbindlich. Sie besitzen also keine Gesetzeskraft und gelten in Zweifelsfällen nicht!

7 Kreislauf- und Entsorgungswirtschaft

Bei der Kreislauf- und Entsorgungswirtschaft geht es um die Behandlung der in den betrieblichen Leistungserstellungsprozessen entstehenden **Entsorgungsgüter**. Diese sind keine Produkte, ihre Herstellung ist **nicht** Ziel des Betriebes. Beispiele für Entsorgungsgüter sind:

- Abfälle zur Beseitigung,
- Abfälle zur Verwertung,
- Abwasser,
- Abgase,
- Lärm,
- Hitze,
- Strahlung und
- sonstige Störungen.

Während die Vermeidung, Verminderung und Verwertung dieser Entsorgungsgüter als **Kreislaufwirtschaft** bezeichnet wird, geht es in der **Entsorgungswirtschaft** mehr um die kontrollierte Sammlung und Abgabe der Entsorgungsgüter, die vielfach als unerwünschte Kuppelprodukte im Produktionsprozess anfallen. Daneben sind aber auch gebrauchte und nicht mehr benötigte Güter des Betriebes Gegenstand der Kreislauf- und Entsorgungswirtschaft, deren Betrachtung wir hier und im Folgenden **auf Abfälle einschränken** werden.

Die Kreislaufwirtschaft basiert in Deutschland auf dem Kreislaufwirtschafts- und Abfallgesetz (KrWG) von 2012, das die bundesrechtlichen Regelungen enthält und zahlreiche Grundregeln zur Vermeidung, Verwertung und Beseitigung von Abfällen sowie ihrer Durchführung enthält.

Neben dem Kreislaufwirtschaftsgesetz bestimmen aber auch übergeordnete EU-Richtlinien, die Landesabfallgesetze und diverse Verordnungen (z. B. die bekannte VerpackungsVO), Technische Anleitungen (z. B. TA Siedlungsabfall) und nicht zuletzt kommunale Satzungen, die z. B. lokale Anschluss- und Benutzungspflichten regeln, den für einzelne Betriebe bzw. Standorte geltenden abfallrechtlichen Rahmen, der so letztlich **nur standortabhängig** zu würdigen ist.

Um einige Ideen der betrieblichen Kreislaufwirtschaft zu vermitteln, sollen nun einige zentrale Begriffe („5V“) der Kreislauf- und Entsorgungswirtschaft erläutert werden:

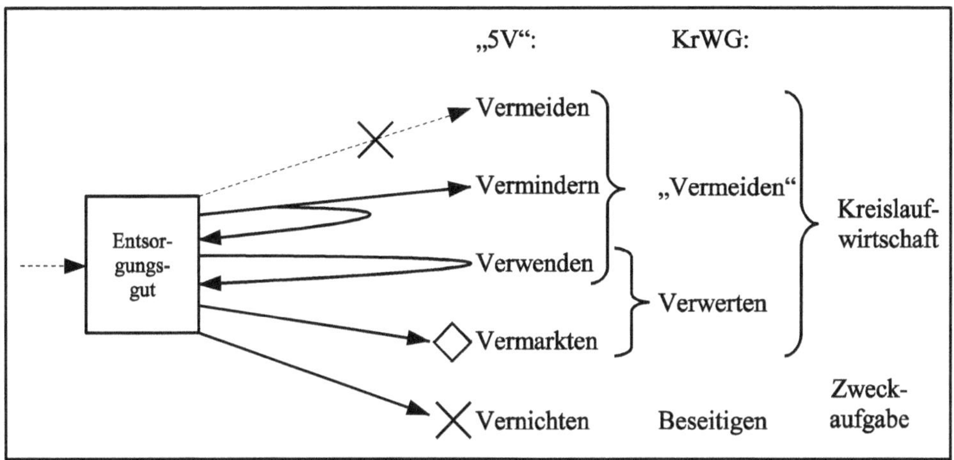

Abb. 7.1 *“5V“ der Kreislauf- und Entsorgungswirtschaft*

- **Vermeiden**: *„Der beste Abfall ist der, der erst gar nicht entsteht!“* Dieser Spruch gilt insbesondere für die unerwünschten Kuppelprodukte und Reste aus Produktionsprozessen. Dieses Vermeiden bedingt meist eine (technische) Prozessänderung oder eine exaktere Disposition. Dieses Verständnis von Vermeiden als **„gar nicht entstehen“** ist wesentlich enger als der gesetzliche Begriff der Vermeidung, der auch Vermindern und Verwenden einschließt.
- Beim **Vermindern** von Abfällen denkt man zunächst an das **quantitative** Reduzieren von **Volumen** (wie z. B. durch Verbrennen um ca. 70%) oder **Gewicht**, das oft die Grundlage der Entsorgungsgebühren und damit der Entsorgungskosten bildet. Daneben ist aber auch das **qualitative** Vermindern zu beachten, das sich auf eine Reduzierung der Toxizität („Giftigkeit“) oder Umweltschädlichkeit und die Zuordnung zu bestimmten **Abfallklassen** bezieht. Auch diese Aspekte sind oft Grundlage von Gebührenordnungen und Kosten treibenden Vorschriften, so dass sich z. B. ein Entgiften von wertvollen aber verschmutzten Metallen durchaus betriebswirtschaftlich *„rechnen“* kann.
- **Verwenden** und **Verwerten** werden unterschiedlich abgegrenzt. So kann man die Frage stellen, ob die Form und Gestalt des Entsorgungsgutes erhalten bleibt oder zerstört wird. Dann ergeben sich in Kombination mit einer Betrachtung des Verwendungszweckes die folgenden **Recyclingoptionen**, die am Beispiel einer Getränkeflasche erläutert werden sollen:
  - **Wiederverwendung**: Gestalt bleibt erhalten und erneute Nutzung mit gleichem Verwendungszweck, wie z. B. bei einer Mehrwegflasche.
  - **Wiederverwertung**: Gestalt wird zerstört, aber das Material einem vergleichbaren Verwendungszweck zugeführt, wenn z. B. aus Flaschenscherben wieder Flaschen produziert werden.
  - **Weiterverwendung**: Gestalt bleibt erhalten, aber der Verwendungszweck wird verändert, wenn die Flasche z. B. als Kerzenständer oder Blumenvase genutzt wird.

- **Weiterverwertung**: Gestalt wird zerstört und das Material wird als Sekundärwerkstoff in einen anderen Produktionsprozess überführt, z. B. die Flaschenscherben als Füllmaterial oder Straßenuntergrund.

Die mit „Weiter-" bezeichneten Optionen erfüllen oft einen minderwertigeren Zweck, so dass man auch von *„downcycling"* reden kann. Bzgl. der Auflösung bzw. Zerstörung der Gestalt sind bei zusammengesetzten Produkten meist mehrere **Ebenen der Rückgewinnung** zu differenzieren, da z. B. bei Autos, Computern oder Elektrogeräten eher einzelne Bauteile oder Werkstoffe recycelt werden können:

- Produktrecycling (gesamt s.o.),
- Bauteilrecycling (nach Demontage),
- Werkstoffrecycling (Physikalisch),
- Rohstoffrecycling (Chemisch),
- Energierecycling (als Ersatzbrennstoff).

Ziel der Kreislaufwirtschaft sind **sinnvolle Verwendungs- bzw. Verwertungskreisläufe** auf einer dieser Ebenen. Voraussetzung ist dafür eine mehr oder weniger große **Sortenreinheit** der Objekte bzw. Materialien, die entweder durch getrennt gehaltene Stoffströme oder späteres Trennen bzw. Sortieren erzielt werden können. Darüber hinaus können auch weitere Aufbereitungsmaßnahmen (Reinigen, Demontieren, Reparieren etc.) die Qualität der Sekundärwertstoffe erhöhen.

- Der Begriff „Verwenden" lässt sich aber auch auf das **unternehmensinterne Verwerten** beschränken und gehört dann in der Terminologie des KrWG sogar zur Vermeidung (im sehr weiten Sinne). Dem steht dann das **unternehmensexterne** Verwerten gegenüber, das über Marktbeziehungen zu gestalten ist:
- Dieses **Vermarkten** lässt sich innerhalb einer Industrie bzw. Branche *(intra-industriell)* oder branchenübergreifend *(inter-industriell)* gestalten, wenn sich Kreisläufe über verschiedene Industrien entwickeln. **Entsorgungsdienstleister** als Spezialbetriebe bieten die dritte, heutzutage sicherlich wichtigste Möglichkeit, da sie in den vorgenannten Kreisläufen ihren Platz als Intermediäre finden und umfangreiche Dienstleistungen bieten. **Entsorgungsmärkte** kennen im Gegensatz zu Produktmärkten auch **negative Preise**, wenn also der Verkäufer für die Entsorgung Geld zu zahlen hat. Insofern ergeben sich unter Berücksichtigung der evtl. notwendigen Aufbereitung die folgenden betriebswirtschaftlichen Marktkonstellationen:

1. Gut hat Preis > 0 → *Normale Vermarktung*;
2. Gut hat nach Aufbereitung (Kosten > 0) einen Preis > 0:
   a.) Preis > Kosten → *siehe 1.*
   b.) Preis ≤ Kosten → *siehe 3.*
3. Gut hat Preis ≤ 0 → *Betriebswirtschaftliches Problem!*

Die Marktsituation mit negativen Preisen führt zu betriebswirtschaftlichen und auch gemeinwirtschaftlichen Problemen, da die Gefahren einer ungeordneten Entsorgung oder unerlaubten Vernichtung gegeben sind. Ihnen kann der Staat durch

- **Subventionen**, die den negativen Preis ausgleichen,
- **Strafandrohung** und vor allem eine
- umfassende **Haftung** für Folgekosten entgegenwirken.

- Das **Vernichten** als letztes „V" steht für die Abfallbeseitigung und **Zweckaufgabe**. Eine wirkliche Vernichtung von Materie ist physikalisch nicht möglich, daher handelt es sich bei der Beseitigung eigentlich immer um ein endgültiges Lager, die sog. **Deponie** und damit ein Ausscheiden aus dem Wirtschaftskreislauf. Dem können verschiedene **Aufbereitungsschritte** vorangehen, wie ein Volumen reduzierendes und „entgiftendes" Verbrennen oder andere physikalische, biologische oder chemische Behandlungen, mit dem Zweck, die immer strenger geregelten Anforderungen an eine „geordnete Deponie" zu erfüllen. Grundsätzlich hat die Beseitigung im Inland zu erfolgen und dem gesetzlichen Anspruch zu folgen. *„Abfälle sind so zu beseitigen, dass das Wohl der Allgemeinheit nicht beeinträchtigt wird."* (§ 15 (2) KrWG)

Wesentliche Grundlage der Kreislauf- und Entsorgungswirtschaft ist die **Entsorgungslogistik**, die als Teil der Retrologistik angesehen wird. Sie besteht aus den üblichen Logistikprozesselementen wie Transportieren, Umschlagen, Lagern sowie Bearbeitungsmaßnahmen (Verdichten, Behandeln, Aufbereiten etc.), zeigt aber auch Besonderheiten durch das Endlagern (s.o.) und die Betonung der **Sammellogistik** als Schwerpunkt.

Dabei ist innerbetrieblich wie außerbetrieblich stets zwischen dem - in der Versorgungslogistik ja weitgehend zwingenden - **Getrennt halten** der Stoffströme einerseits und dem die Vielfalt reduzierenden **Vermischen** von Gütern und Stoffen andererseits betriebswirtschaftlich abzuwägen. Dies gilt besonders, wenn eine Aufbereitung, eine Verwertung oder gar ein Vermischungsverbot für die Deponie ein späteres **Sortieren** oder erneutes Trennen ohnehin erforderlich machen.

8 Wertschöpfungsnetzwerke

Die Begriffe Supply **Chain** Management, Logistik**kette** und Wertschöpfungs**kette** vermitteln den Eindruck, dass es sich nur um lineare „glatte" Prozessstrukturen handelt. Dies mag für einzeln betrachtete Lieferbeziehungen zwischen einem Lieferanten und einem Weiterverarbeiter bzw. zwischen einem Produzenten und einem Kunden zwar stimmen und bei der Optimierung von Lieferrelationen sinnvoll sein. Bei einer für das SCM definitorisch geforderten (s.o. Kap. 1.2) **Mehrstufigkeit**, d.h. mehr als zwei Stufen zu berücksichtigen, ist eine weder zusammenlaufende (konvergierende) noch verzweigende (divergierende) Struktur aber selten:

So haben Lieferanten nur in Ausnahmefällen genau einen Vorlieferanten, sondern meist mehrere Bezugsquellen. Ebenso wird ein Kunde, der als (Groß)Händler wiederverkauft, meist nicht nur einen Einzelhandel oder Endkunden beliefern, sondern zahlreiche. Außerdem gibt es Branchen, wie z. B. die Stahlindustrie und -verarbeitung, wo derselbe Geschäftspartner sowohl als Kunde wie auch als Lieferant auftritt. Schließlich existieren neben Lieferbeziehungen noch weitere Kooperationsmuster zwischen Unternehmen, die hier aber nicht vertieft werden sollen.

Insofern enthalten *Wertschöpfungsketten* vielfältige Verzweigungen und Verknüpfungen und damit *„Vernetzungen"*, so dass man aus übergreifender Perspektive von **Wertschöpfungsnetzwerken** sprechen sollte, die schon seit einiger Zeit Gegenstand betriebswirtschaftlicher Forschung sind (für einen Überblick vgl. Bach et al., 2003). Wertschöpfungsnetzwerke überschreiten aber nicht nur Unternehmensgrenzen, was ja auch für die moderne Logistik und das SCM typisch ist (s.o. Kap. 1.2), sondern sie überwinden als hybride Organisationsform zwischen Markt und Hierarchie auch klassische betriebswirtschaftliche Denkweisen: Da **Vertrauen** an die Stelle dieser herkömmlichen Koordinationsmechanismen tritt, stellen sie - im Gegensatz zu Betrieben und Unternehmen - weniger hierarchisch strukturierte und schwächer zusammenhängende Gebilde dar, die eine deutliche Tendenz zur Dezentralisierung zeigen. Durch mehr oder weniger stabile kooperative Beziehungen zwischen rechtlich selbständigen, aber in ihrer Wertschöpfung verflochtenen Unternehmen sollen **kollaborative Wettbewerbsvorteile** erzielt werden. Wertschöpfungsnetzwerke treten in vielfältigen Formen auf, wobei im Kontext „SCM" der innere Zusammenhang über bilaterale Lieferbeziehungen im Vordergrund der Betrachtung steht.

8.1 Netzwerktypen

Für eine idealtypische Differenzierung von Netzwerktypen (siehe Abb. 8.1) lassen sich zunächst zwei besonders wichtige Kriterien anwenden:

- **Steuerungsform**: Bei Monozentrischer Steuerung des Netzwerkes gibt es **einen** steuernden *„fokalen"* Partner, während die polyzentrische Steuerung eher von Gleichberechtigung der Beteiligten ausgeht.
- **Zeitliche Dauer** der Kooperation: Stabile Netzwerke sind auf langfristige Zusammenarbeit angelegt, dynamische Netzwerke entstehen hingegen für eine abgegrenzte gemeinsame Aufgabe *(„Projekt")* zeitlich befristet.

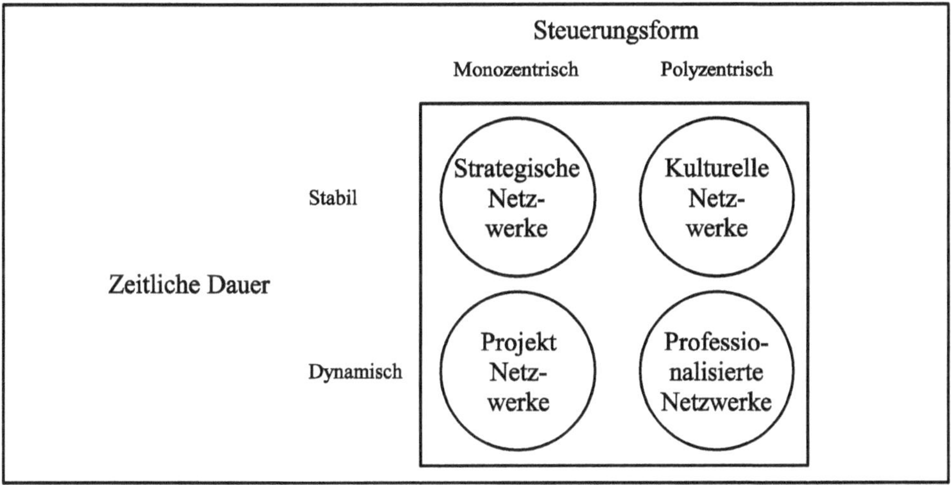

Abb. 8.1 *Typen von Wertschöpfungsnetzwerken*

Natürlich sind auch weitere Unterscheidungen und vielfältige Zwischenlösungen denkbar und praktisch relevant, vieldiskutiert und hier vorzustellen sind aber als Netzwerktypen:

- In **Strategischen Netzwerken** dominiert ein so genanntes fokales Unternehmen, das die Wertschöpfung steuert und das Netzwerk hierarchisch koordiniert bzw. sogar führt. Die anderen beteiligten Partner bringen ihre Ressourcen und Kompetenzen zur gemeinsamen Leistungserstellung ein. Beispiele sind Zuliefernetzwerke der Autoindustrie oder Franchisesysteme im Handel.
- **Kulturelle Netzwerke** besitzen auf Dauer gemeinsame Wertschöpfungsziele. Ihre Zusammenarbeit basiert auf gemeinsamen Wertvorstellungen und sozialen Bindungen *(„Clubcharakter")*. Beispiele bieten die japanischen Keiretsu oder regionale Cluster („Silicon valley", „Deutschland AG").
- Zu **Projektnetzwerken** schließen sich komplementäre Partner für die Dauer eines Projektes zusammen, wobei meist ein Partner als Generalunternehmer gegenüber dem Auftraggeber die Verantwortung übernimmt. Flexible Kapazitätserweiterung und die Additi-

on spezifischer Kompetenzen erzeugen hier Wettbewerbsvorteile. Dabei zeigt sich oft auch das Phänomen des *„coopetition“*, d.h. der Zusammenarbeit in einem Projekt bei gleichzeitiger Konkurrenz in anderen Projekten. Beispiele finden sich in der Bauindustrie, bei der Filmproduktion und im Beratungsgeschäft.

- **Professionalisierte Netzwerke** dienen vor allem dem Durchsetzen von Industriestandards (*„Netzeffekte“)* oder der Durchführung komplexer hochinvestiver Forschungsprojekte (*„Risk sharing“*), womit ein Unternehmen allein überfordert wäre. Sie bilden sich also temporär problembezogen und jeder Partner versucht möglichst seine Selbständigkeit, evtl. sogar seine Vorteile zu wahren, daher eine sehr schwierige und labile polyzentrische Koordination. Die Wettbewerbsstrukturen wandeln sich dann zu *„Netzwerk gegen Netzwerk“*. Beispiele finden sich in der Halbleiterindustrie (Chips), Unterhaltungselektronik (neue Decoder, DVD) oder Softwareentwicklung (z. B. Linux).
- Für einen fünften Netzwerktyp, nämlich die **virtuellen Unternehmen** ist eine eindeutige Positionierung in der Typisierungsmatrix von Abb. 8.1 schwierig, da beide Kriterien nicht abgrenzend greifen. *„Virtuell“* bedeutet, dass das Unternehmen nicht real existiert, aber gegenüber Dritten fiktiv wie ein Unternehmen erscheint. Zur aufgabenspezifischen Verknüpfung von komplementären Kernkompetenzen schließen sich also rechtlich selbständige Unternehmen zu einem vertrauensbasierten Netzwerk zusammen, das gegenüber den Kunden **wie ein Unternehmen** auftritt. Diese virtuelle Identität wird oft durch eine gemeinsam genutzte Marke geschaffen. Internetbasierte Informations- und Kommunikationssysteme spielen eine zentrale Rolle für diese vernetzte Zusammenarbeit.

Neben den angesprochenen Idealtypen lassen sich nach den zu Grunde liegenden Strategien und Geschäftsfeldern viele **reale Typen** von Wertschöpfungsnetzwerken beobachten, die sich hier nicht abschließend aufzählen lassen. Beispielhaft seien einige typische Erscheinungsformen genannt:

- **Entwicklungsnetzwerke** kooperieren bei der Entwicklung von Produkten und Technologien, oft auch im Rahmen staatlich geförderter Projekte.
- **Standortnetzwerke** koordinieren das räumliche Zusammenleben mehrerer Unternehmen, z. B. in Industrieparks, auf Großbaustellen („Potsdamer Platz“) oder in Einkaufszentren und schöpfen Synergien aus gemeinsamer Ressourcennutzung.
- **Markennetzwerke** benutzen dieselbe Marke, z. B. den Namen eines Modeschöpfers oder Sportlers für ganz unterschiedliche Produkte, die von den Herstellern auch getrennt vertrieben werden. Besteht auch ein gemeinsames Vertriebsnetz handelt es sich um ein virtuelles Unternehmen.
- **Produktionsnetzwerke** lassen sich in ihrer **vertikalen** Form, wenn sie also der Wertschöpfungskette folgen, kaum von Liefernetzwerken abgrenzen. **Horizontale** Produktionsverbünde, bei denen sich die Einzelleistungen komplementär ergänzen, lassen sich vor allem in der Bauindustrie und im Anlagen- und Flugzeugbau beobachten. Auch eine regional verteilte Produktion mit lizensiertem „Gebietsschutz“ und andere koordinierte Lizenzfertigungen lassen sich hier einordnen.
- **Liefernetzwerke** stellen ihren inneren Zusammenhang über bilaterale Lieferbeziehungen her und stehen im Kontext „SCM“ daher im Mittelpunkt des Interesses. So hat eigentlich jedes Unternehmen seine **Absatz- und Zuliefernetzwerke** (siehe Abb. 8.2), die je nach seinem Standpunkt im Gesamtnetz größer oder kleiner ausfallen und auch miteinander

verbunden sein können. Da die Zuliefernetzwerke abschließend in Kap. 8.3 noch etwas ausführlicher erläutert und anhand der Netzwerktypen und ausgewählter Beispiele charakterisiert werden, sollen hier nur einige Beispiele für **Absatznetzwerke** kurz angesprochen werden, für die eine rein opportunistische Vermarktungsbeziehung nicht ausreicht. In vielen Distributionskanälen sind daher weitergehende Kooperationsmuster zu beobachten wie z. B.:

- (Marken-)**Fachhändler** mit Werbegemeinschaften und Platzierungsvereinbarungen,
- **Großhandelsgenossenschaften** mit verbundenen Einzelhändlern,
- Langjährige „gute" **Geschäftspartner**, oft mit kulturellen Gemeinsamkeiten,
- **Bankenkonsortien** zur Platzierung von Wertpapieren,
- **Importeure** mit exklusiver Vermarktung in ihren Ländern,
- **Franchisenetzwerke** sowie
- Exklusivbindungen wie z. B. bei selbständigen **Handelsvertretern**, die für nur einen Auftraggeber verkaufen (siehe § 84 HGB).

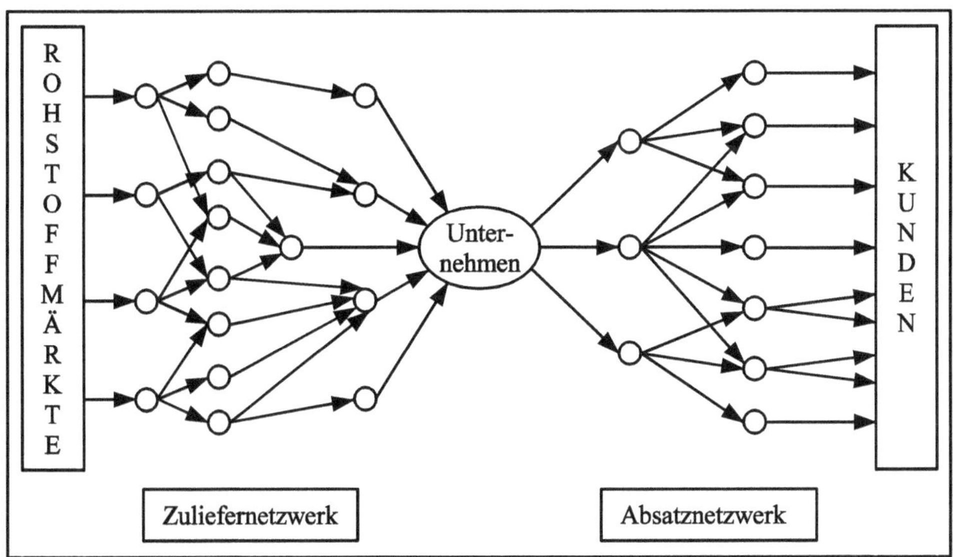

Abb. 8.2 Absatz- und Zuliefernetzwerke

8.2 Geschäftsmodell eines Netzwerkes

Unabhängig vom Netzwerktyp sind die **Strategie** und das **Geschäftsmodell** des Netzwerkes festzulegen bzw. (weiter) zu entwickeln. Insbesondere die Koordination der Partner und die Steuerung der gemeinsamen Wertschöpfung sind dabei so zu regeln, dass das Netzwerk im

Markt wettbewerbsfähig agieren kann. Damit ist also der für das SCM fundamentale Baustein **„Partnerintegration"** angesprochen (s.o. Kap. 1.2). Insofern ist das Geschäftsmodell mit seinen vier Teilmodellen charakterisiert durch die Frage: *Wie funktioniert so ein Wertschöpfungsnetzwerk?*

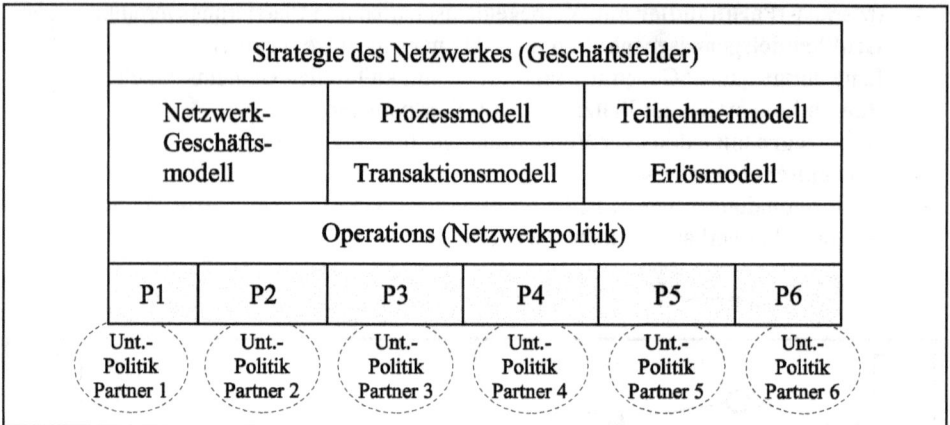

<table>
<tr><td colspan="6">Strategie des Netzwerkes (Geschäftsfelder)</td></tr>
<tr><td colspan="2" rowspan="2">Netzwerk-Geschäfts-modell</td><td colspan="2">Prozessmodell</td><td colspan="2">Teilnehmermodell</td></tr>
<tr><td colspan="2">Transaktionsmodell</td><td colspan="2">Erlösmodell</td></tr>
<tr><td colspan="6">Operations (Netzwerkpolitik)</td></tr>
<tr><td>P1</td><td>P2</td><td>P3</td><td>P4</td><td>P5</td><td>P6</td></tr>
<tr><td>Unt.-Politik Partner 1</td><td>Unt.-Politik Partner 2</td><td>Unt.-Politik Partner 3</td><td>Unt.-Politik Partner 4</td><td>Unt.-Politik Partner 5</td><td>Unt.-Politik Partner 6</td></tr>
</table>

Abb. 8.3 *Geschäftsmodell eines Wertschöpfungsnetzwerkes*

Die **Netzwerk-Strategie** im Sinne eines Produkt-Markt-Konzeptes dürfte meist auf einem Grundkonsens der Netzwerk-Partner beruhen. Bei monozentrischen Netzwerken kann eine Strategieänderung auch „autoritär" diktiert werden. Dabei ist aber zu berücksichtigen, dass sich Netzwerke auflösen und von Netzwerk-Teilnehmern verlassen werden können.

Aus der Netzwerkstrategie folgt **im Geschäftsmodell** zunächst das **Prozessmodell**, das die notwendigen Wertschöpfungsprozesse abbildet. Es bestimmt also Festlegung, Integration und Ablauf der Prozesse sowie die Abgrenzung zu den proprietären Prozessen der Netzwerk-Partner in ihrem Unternehmen. Deren Arbeitsteilung („Rollenverteilung") ergibt sich grundsätzlich aus dem **Teilnehmermodell**, das aber auch die Zusammensetzung und Veränderung des Partnerkreises regelt.

Das **Erlösmodell** bestimmt die Wertschöpfungsverteilung, wobei neben der Erlösverteilung auch die Erlösentstehung sowie Kostenverteilung oder -erstattung zu regeln sind. Damit ist auch unmittelbar das **Transaktionsmodell** angesprochen, das die Geschäfte zwischen den Netzwerk-Partnern koordiniert: „Kostenverrechnung" und nicht-monetäre Schnittstellen sind durch Verträge (=Regeln), situative Spot-Abschlüsse (=Markt) oder auf Vertrauensbasis festzulegen, Regelwerke oder Steuerungskompetenzen sind zu vereinbaren.

Die „**Operations**" bilden die operative Netzwerkpolitik unterhalb des Geschäftsmodells ab. Sie folgen der vereinbarten Arbeitsteilung und werden vom Netzwerk möglichst weitgehend und eindeutig an die Netzwerk-Partner in ihre proprietären Bereiche („Unternehmenspolitik") delegiert, damit diese Unternehmen ihre Kompetenzen zugunsten des Erfolges und der Wertschöpfung des Netzwerkes möglichst reibungslos ausspielen können.

Von der Tragfähigkeit des zu Grunde liegenden Geschäftsmodells hängen also die Wertschöpfung und die Wettbewerbsfähigkeit eines Netzwerkes im Markt ab.

8.3 Zuliefernetzwerke

Zuliefernetzwerke bestehen grundsätzlich aus allen Unternehmen, die einen Hersteller oder Händler direkt oder indirekt beliefern, also auch den Vor- und Rohstofflieferanten. Wenn vom Abnehmer eine aktive Beschaffungslogistik betrieben wird, sind auch die an der Versorgung beteiligten Logistikdienstleister (s.o. Kap. 6.2) als Mitglieder des Zuliefernetzwerkes anzusehen.

Wenn der Abnehmer eine hohe Marktmacht besitzt, ein ausgeprägtes Lieferantenmanagement betreibt (s.o. Kap. 4.2.2) und starken Einfluss auf seine Lieferanten und deren Vorlieferanten und damit das Teilnehmermodell nimmt, dürfte es sich um **Strategische Netzwerke** handeln. Typische Beispiele sind die Zuliefernetzwerke der großen OEM (:= *Original Equipment Manufacturer*, Markeninhaber, der das Endprodukt vertreibt.) in der Automobil- oder Elektro-/Elektronikindustrie sowie der bekannten Handelsketten, insbesondere im Lebensmittelbereich. Auch aufgrund der Anwendung bestimmter Sourcing-Konzepte wie Single und System bzw. Modular Sourcing (s.o. Kap. 4.4) haben sich dort **Zulieferpyramiden** gebildet, wie sie in Abb. 8.4 für einen OEM dargestellt sind.

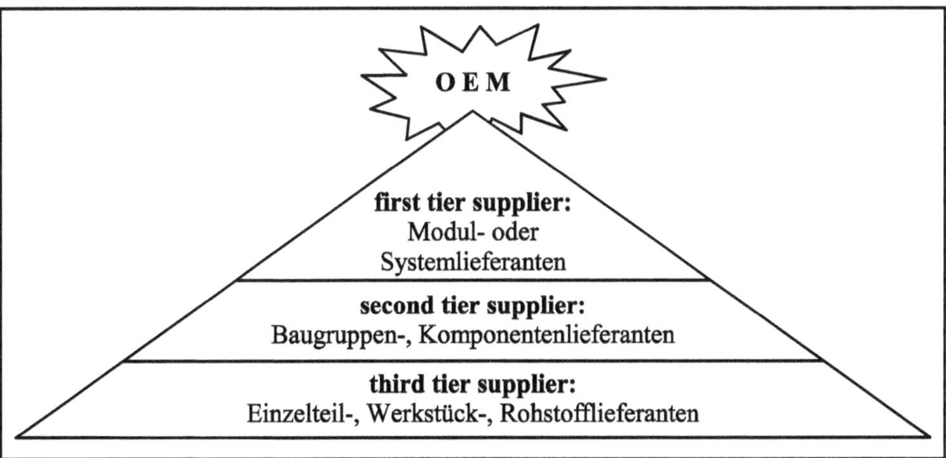

Abb. 8.4 *Zulieferpyramide*

Dabei stehen nur die als „first tier-Supplier" bezeichneten Systemlieferanten in direkter Lieferbeziehung zum OEM. Sie koordinieren eigenverantwortlich die weitergehenden Zulieferketten bzgl. Baugruppen, Komponenten, Einzelteilen und Rohstoffen in der zweiten und dritten Ebene. Inwieweit der OEM auf diese Ebenen Einfluss nimmt, hängt von seiner Strategie ab und kann sich auch bzgl. einzelner Systeme bzw. Versorgungsstränge unterscheiden.

Zuliefernetzwerke können natürlich auch **Projekt-Netzwerke** sein, wenn es z. B. um die Erstellung einer Großanlage oder die Ausstattung eines Bauwerkes durch einen Generalunternehmer geht. Wenn sich dieser Generalunternehmer aber - in verschiedenen Projekten - immer wieder von denselben Partnern beliefern lässt, können derartige „Seilschaften" durchaus Ähnlichkeit mit Strategischen Netzwerken bekommen. Dies gilt auch für Projekte mit Entwicklungslieferanten, die zwar formal projektbezogen, faktisch aber oft dauerhaft mit ihren Auftraggebern zusammenarbeiten.

Wenn der Einfluss des beschaffenden Unternehmens auf seine Lieferanten gering ist, wie das für Mittelständler typisch ist, die von großen Rohstoffkonzernen beziehen, können sich die Steuerungsmöglichkeiten im Extremfall auf die reine Nachfrageausübung reduzieren, so dass dann eher Marktbeziehungen als Netzwerke vorliegen. Langfristig stabile Lieferbeziehungen und horizontale Beschaffungskooperationen zwischen verschiedenen kleineren Nachfragern lassen aber innere Zusammenhänge entstehen, die dann durchaus als **Polyzentrische Zuliefernetzwerke** angesehen werden können. Soweit darüber hinaus gemeinsame Ideale bzw. Werte, regionale Verbundenheit oder eine ausgeprägte Branchenidentität existieren, liegen **Kulturelle Zuliefernetzwerke** vor. Als Beispiele sind die Hersteller und Händler von Bio-Lebensmitteln, einige mittelständisch geprägte Regionen mit Branchenspezialisierung, Local Sourcing-Strategien und regen Lieferbeziehungen sowie die institutionalisierten Einkaufsgenossenschaften und Beschaffungsplattformen *(Buy Side-Marktplätze)* im Internet zu nennen.

Professionalisierte Netzwerke dürften im Zulieferbereich seltener vorkommen, bilden sich aber evtl. in High Tech-Branchen als Entwicklungspartnerschaften zwischen OEM und eng verbundenen Entwicklungslieferanten, um sich durch eine gemeinsame Innovation im Markt einen Wettbewerbsvorteil zu verschaffen. **Virtuelle Unternehmen** enthalten i.d.R. ausgeprägte Zuliefernetzwerke, die dann aber in diesem Kontext meist Züge von Strategischen Netzwerken annehmen, da die Zulieferer dort selten gleichberechtigte Partner sind.

Durch die Verbreitung gerade der Strategischen Zuliefernetzwerke wird deutlich, dass sich das Supply Chain Management vielfach zum **Management von Wertschöpfungsnetzwerken** weiterentwickelt.

9 Literaturübersicht

Aktuelle Wirtschaftsgesetze 2011, 14. A., München 2013 (Beck)

Appelfeller, W.; Buchholz W.: Supplier Relationship Management, 2.A., Wiesbaden 2011 (Gabler)

Arndt, H.: Supply Chain Management, 6.A., Wiesbaden 2013 (Gabler)

Bach, N., Buchholz W., Eichler B.: Geschäftsmodelle für Wertschöpfungsnetzwerke - Begriffliche und konzeptionelle Grundlagen, in: Bach, Buchholz, Eichler (Hrsg.): Geschäftsmodelle für Wertschöpfungsnetzwerke, Wiesbaden 2003 (Gabler), S. 1-20

Bogaschewsky, R.; Rollberg R.: Prozeßorientiertes Management, Berlin/Heidelberg 1998 (Springer)

Bolstorff, P. A.; Rosenbaum, R. G.; Poluha, R. G.: Spitzenleistungen im Supply Chain Management, Berlin/Heidelberg/New York 2007 (Springer)

Carsten, H.; Gossinger, R.; Produktions- und Logistikmanagement, Konstanz/München 2013 (UVK/UTB)

Corsten, H.; Gössinger, R.: Produktionswirtschaft. Einführung in das industrielle Produktionsmanagement, 13.A., München/Wien 2012 (Oldenbourg)

Corsten, H.; Gössinger, R.: Dienstleistungsmanagement; 5. Aufl., München/Wien 2007 (Oldenbourg)

Eichler, B.: Beschaffungsmarketing und -logistik, Herne/Berlin 2003 (NWB)

Eichler, B.: Beschaffungslogistik, in: Häberle, S.G.(Hrsg.): Das neue Lexikon der Betriebswirtschaftslehre, München/Wien 2008a (Oldenbourg), S. 108-110.

Eichler, B.: Kostenmanagement in Beschaffung, Lagerwirtschaft und Logistik, in: Krüger, W., Wittberg V. (Hrsg.): Nachhaltiges Kostenmanagement. Kostentreibern auf der Spur, Stuttgart 2008b (Schaeffer-Poeschel), S. 61-77

ICC Deutschland e.V.: Incoterms® 2010 - Kommentierung für die Praxis inklusive offiziellem Regelwerk, Berlin 2012 (Bundesanzeiger)

IHK zu Dortmund: Incoterms 2010, auf: www.dortmund.ihk24.de/produktmarken/international/import_und_export/za_inco.jsp

Kamiske, G.F., J.P. Breuer: Qualitätsmanagement von A-Z, 7.A., München, Wien 2011 (Hanser)

Koether, R. (Hrsg.): Taschenbuch der Logistik, 4.A., München, Wien 2011 (Hanser)

Koether, R.: Technische Logistik, 3.A., München, Wien 2007 (Hanser)

Kummer, S., Grün O., Jammernegg W.: Grundzüge der Beschaffung, Produktion und Logistik, München, 3.A., (Pearson Studium) 2013

Melzer-Ridinger, R.: Supply Chain Management, München 2007 (Oldenbourg)

Pfohl, H.-C.: Logistiksysteme, 8.A., Berlin/Heidelberg 2009 (Springer)

Piontek, J.: Bausteine des Logistikmanagements, 4.A., Herne/Berlin 2013 (NWB)

Poluha, R. G.: Anwendung des SCOR-Modells zur Analyse der Supply Chain, 5.A., Lohmar, Köln 2010a (Eul)

Poluha, R. G.: Quintessenz des Supply Chain Managements, Berlin/Heidelberg, 2010b (Springer)

Pulic, A.: Incoterms® 2010, auf. www.logistikrecht.info/incoterms-2010

SCC (Supply Chain Council): Supply-Chain Operations Reference-Model. SCOR Overview, version 9.0, aus: www.supply-chain.org (4/2009)

Schmitt, R., Pfeifer,T.: Qualitätsmanagement. Strategien, Methoden, Techniken, München, Wien 2010 (Hanser)

Tysiak, W.: Einführung in die Fertigungswirtschaft, München/Wien 2000 (Hanser).

Werner, H.: Supply Chain Management, 5.A. Wiesbaden 2013 (Gabler)

Zäpfel, G.: Strategisches Produktions-Management, 2.A., München/Wien 2000a (Oldenbourg)

Zäpfel, G.: Taktisches Produktions-Management, 2.A. München/Wien 2000b (Oldenbourg)

Zäpfel, G.: Bausteine und Architekturen von Supply Chain Management-Systemen, in: PPS-Management, 6. Jg. 2001a, S. 9-16

Zäpfel, G.: Grundzüge des Produktions- und Logistikmanagement, 2.A., München/Wien 2001b (Oldenbourg)

Sachverzeichnis